锦天城法律实务丛书

LEGAL PRACTICE OF
OPEN SOURCE SOFTWARE COMPLIANCE

开源软件
合规法律实务

丁　华　黄　威　陈岱源
著

法律出版社 LAW PRESS · CHINA
北京

图书在版编目(CIP)数据

开源软件合规法律实务 / 丁华,黄威,陈岱源著
. -- 北京:法律出版社,2024
(锦天城法律实务丛书)
ISBN 978 - 7 - 5197 - 8917 - 6

Ⅰ.①开… Ⅱ.①丁… ②黄… ③陈… Ⅲ.①软件开发 - 科学技术管理法规 - 基本知识 - 中国 Ⅳ.①D922.17

中国国家版本馆 CIP 数据核字(2024)第 051092 号

锦天城法律实务丛书

开源软件合规法律实务
KAIYUAN RUANJIAN HEGUI FALÜ SHIWU

丁 华 黄 威 陈岱源 著

策划编辑 田 浩
责任编辑 田 浩
装帧设计 臧晓飞

出版发行 法律出版社
编辑统筹 法商出版分社
责任校对 张翼羽
责任印制 胡晓雅
经　　销 新华书店

开本 710 毫米×1000 毫米 1/16
印张 37.75 **字数** 345 千
版本 2024 年 5 月第 1 版
印次 2024 年 5 月第 1 次印刷
印刷 北京盛通印刷股份有限公司

地址:北京市丰台区莲花池西里 7 号(100073)
网址:www.lawpress.com.cn
投稿邮箱:info@lawpress.com.cn
举报盗版邮箱:jbwq@lawpress.com.cn

销售电话:010 - 83938349
客服电话:010 - 83938350
咨询电话:010 - 63939796

书号:ISBN 978 - 7 - 5197 - 8917 - 6
定价:148.00 元

凡购买本社图书,如有印装错误,我社负责退换。电话:010 - 83938349

序　言

锦天城作为一家服务全球并享有盛誉的综合性律师事务所，以卓越服务、一流品牌为目标，坚持规范化、专业化、数字化、国际化发展，持续进行法律专业服务的升级与迭代。锦天城历来从“法律领域专业化”和“行业领域专业化”两个维度对律师标签进行交叉定位，帮助和敦促锦天城律师成为扎根具体行业、了解行业脉络、明晰行业风险及发展痛点、能够为客户切实提供行业内全流程全周期法律服务的专家。

目前，锦天城已成立了包括知识产权、互联网和信息技术等二十个专业和行业委员会，坚持在专业和行业相结合背景下为客户提供一站式的精细化和专业化的卓越法律服务。锦天城一直在密切关注互联网与信息技术、开源软件技术、开源社区的动态和发展趋势，并持续优化法律服务质量。

数字化转型是当前的时代趋势，硬件、软件和数据是数字时代的三大要素。2021 年 3 月 11 日十三届全国人大四次会议通过的《中华人民共和国国民经济和社会发展第十四个五年规划和 2035 年远景目标纲要》提出了数字中国的总体建设目标，并针对开源软件和开源社区具体提出：“支持数字技术开源社区等创新联合体发展，完善开源知识产权和法律体系，鼓励企业开放软件源代码、硬件设计和应用服务”。2021 年 11 月工业和信息化部在《“十四五”软件和信息技术服务业发展规划》中提到要加快繁荣开源生态，总体要求到 2025 年，建设 2—3 个有国际影响力的开源社区，培育超过 10 个优质开源项目。前述国家级的战略规划足以显现出国家和政府对发展开源软件相关的技术、社区、生态的重视。

数字化经济活动中大量企业的服务和产品都通过软件提供和维护。随着互联网云服务的快速发展，相比较于闭源软件的开发模式，开源软件模式具有共享共创的巨大优势，也是我国软件业实现跨越式发展的重要路径。因此，越来越多数字化转型中的企业关注开源软件的合规问题。例如，在金融机构开源技术的应用方面，2021 年中国人民银行办公厅、中央网信办秘书局、工业和信息化部办公厅、银保监会办公厅、证监会办公厅联合发布的《关于规范金融业开源技术应用与发展的意见》就为规范金融机构合理应用开源技术，提高应用水平和自主可控能力，促进开源技术健康可持续发展，提出具体指导意见。

作为国内较早开始关注开源软件并持续提供包括知识产权在内的合规法律服务的律师团队之一，本书的撰写人都是在多年前就开始为企业提供开源软件领域内的合规法律服务的专业律师，就企业在开源软件的引入、使用、发布及开源社区贡献等多环节的法律合规实务积累了相当丰富的经验，已经在开源软件合规领域形成了一定的知名度。

为更好地分享开源软件合规的专业经验，积极践行社会责任，本书的撰写团队结合实务操作经验，撰写《开源软件合规法律实务》一书，其中包含对开源软件相关概念、历史、现状的简介；对流行和有强大社区支持的开源许可证从法律专业角度的介绍和评述；对开源许可证的传染性、兼容性等常见专业问题的分析探讨；对国内外开源软件相关司法案例的介绍和分析；对企业开源软件从引入到发布的全流程的合规实务介绍等。

以本书的出版为契机，真诚希望更多的法律专业人士和技术专业人士能够参与到开源软件合规这个技术和法律交叉学科的“大课题”中来，让我国的软件产业能够借助开源这种开放创新的模式，实现“弯道超车”，推动并引领世界的软件科技发展的“大潮”。

是为序。

上海市锦天城律师事务所

主任　顾功耘

声　明

本书中为了介绍和评论引用的开源许可证原文来源：木兰系列许可证的中英文原文来源于 http：//license. coscl. org. cn/，其他开源许可证英文原文来源于 https：//opensource. org/licenses、https：//www. gnu. org/licenses/licenses. html、https：//www. apache. org/licenses/、https：//www. eclipse. org/legal/和 https：//www. mozilla. org/en - US/MPL/。相关开源许可证原文版权归属开源许可证版权人。对上述网站中开源许可证的中文参考译文，仅为介绍和评论上述英文开源许可证的非官方中文参考译文，开源许可证条款和条件应以官方发布许可证原文为准。参考译文亦遵从原许可证版权人的版权和许可证及其官方管理机构的相关要求（如有）。开源许可证的中文参考译文可能存在错误或疏漏，欢迎读者指正。参考译文以及在参考译文基础上对相关许可证的分析和评述不构成具有法律约束力的任何法律建议或意见，仅供读者参考，因使用参考译文及相关分析评述引起的任何后果由使用者自行承担。

The original sources of the open source licenses cited in this book for the purpose of introduction and comments：the original English and Chinese versions of the Mulan Permissive Software License and Mulan Public License are from http：//license. coscl. org. cn/. The original English versions of the other open source licenses are from https：//opensource. org/licenses，https：//www. gnu. org/licenses/licenses. html，https：//www. apache. org/licenses/，https：//www. eclipse. org/legal/and https：//www. mozilla. org/en - US/MPL/. The copyright of which belongs to the copyright holder. This unofficial Simplified Chinese translation of the original English text is solely for the purpose of introduction, commentary and explanation of a certain issue, which can not replace the original English text. The original English text of the terms and conditions listed in the license agreement shall prevail at all times. This unofficial Simplified Chinese translation acknowledge the copyright of the copyright holder and complies with the requirements of the official management agency of this license agreement (if any). There may be errors or omissions in the unofficial Simplified Chinese translation, readers are welcome to correct them. Neither the unofficial translations nor the analysis and comments shall constitute any legally binding advice or opinions, they are for reference only. Any consequences arising from the use of this unofficial translations and related analysis and comments shall be borne by the users themselves.

目·录

第四章 常见开源协议参考译文及评述

第五章 开源软件的传染性问题

第六章 开源许可证的兼容性问题

第七章 开源软件与著作权

第八章 开源软件与商标

第十三章 软件开发阶段开源代码使用合规

第十四章 开源代码发布阶段合规

后记

第一章 概述

第一节 计算机软件的发展历史和现状

计算机软件是现代科技和信息社会的重要组成部分。它的发展历程跨越了几个世纪，经历了从低级的机器语言到高级的智能化应用的演进。本章节将回顾、梳理计算机与计算机软件的发展历史，并探讨它对人们的日常生活和全球变革的影响。

一、计算机与计算机软件的历史

（一）早期计算机原型

根据《计算机软件保护条例（2013 修订）》的定义，计算机软件指的是计算机程序及其有关文档。[①] 其中，“计算机程序”是指为了得到某种结果而可以由计算机等具有信息处理能力的装置执行的代码化指令序列，或者可以被自动转换成代码化指令序列的符号化指令序列或者符号化语句序列；“文档”是指用来描述程序的内容、组成、设计、功能规格、开发情况、测试结果及使用方法的文字资料和图表等，如程序设计说明书、流程图、用户手册等。[②] 综合来说，计算机

① 参见《计算机软件保护条例（2013 修订）》第 2 条。
② 参见《计算机软件保护条例（2013 修订）》第 3 条。

软件是按照特定顺序组织的数据和指令，是计算机中的无形部分，与计算机硬件为相对概念，后者为计算机的有形部分。

“计算”这一概念可以追溯至公元前2700年至公元前2300年苏美尔人发明的算盘（abacus），其后，世界各地相继出现了形态相似的算盘、“安提基特拉机械装置（Antikythera）”、星盘、机械天文钟等设备。这些机械设备通常被认为是计算机硬件的最初原型。

这些人类历史早期出现的计算设备严格来说均为基于特定的机械机构和工程需要设计的硬件，与“软件”“程序”这类无形概念尚未产生联系。

（二）查尔斯·巴贝奇与“分析机”

19世纪初，英国发明家查尔斯·巴贝奇（Charles Babbage）设计了差分机一号（Difference Engine No. 1），该机器利用N次多项式求值会有共通的N次阶差的特性，以齿轮运转，带动十进位的数值相加减、进位。[①]

差分机一号发明的基本想法是希望利用“机器”将计算到印刷的过程全部自动化，全面去除人为疏失（如计算错误、抄写错误、校对错误、印制错误等）。但是由于大量精密零件的制造十分困难，加之巴贝奇不停地边制造边修改设计，该设备的制造不断延期并且实施成本远超英国政府的预期资助，最终未能完成完整的制造。[②] 在失去政府的资助后，巴贝奇又继续设计了更为复杂的分析机（analytical engine），分析机由蒸汽机驱动，大约有30米长、10米宽，其输入方式采用当时的织布机广泛采用的打孔卡的方式，输出则由一台打印机、一个绘图仪和一个铃铛构成。分析机的“内存”大约可以存储1000个40位的十进制数，有一个算术逻辑单元可以进行四则运算、比较和求平方根操作，算术逻辑单元使用的微程序存储插在被称为“桶”的滚筒上的支柱中，这为用户指定更加复杂的运算提供了便利。分析机使用的编程语言支持循环语句和条件分支，巴比奇在1837年至1840年间写下了24份程序，这些程序可以计算多项式、迭代公式、高斯消元法和伯努利数。[③]

---

① 参见维基百科：差分机，载 https：//zh. wikipedia. org/zh－hans/差分機，最后访问日期：2023年9月24日。

② 参见维基百科：查尔斯·巴贝奇，载 https：//zh. wikipedia. org/zh－hans/查尔斯·巴贝奇，最后访问日期：2023年9月24日。

③ 参见维基百科：分析机，载 https：//zh. wikipedia. org/zh－hans/分析機，最后访问日期：2023年9月24日。

（三）埃达·洛夫莱斯的第一个计算机算法

分析机被认为是现代计算机最早的真实代表，但对于第一位编写计算机程序的人是谁，在历史上存在争议，有历史记录指出与巴贝奇一同设计分析机的英国数学家埃达·洛夫莱斯（Ada Lovelace），在翻译并批注费德里科·路易吉（Federico Luigi）讲述巴贝奇的分析机的意大利语论文时，以笔记的形式记录了如何使用分析机计算伯努利数的算法。但是也有观点认为，其实巴贝奇早年设计分析机时的写作已经能够被视为计算机程序，设计差分机和分析机的巴贝奇应当被视为第一位计算机算法的设计者。但遗憾的是分析机最终也未能完整制造，未能运行埃达·洛夫莱斯设计的算法。①

（四）阿兰·图灵与图灵机

英国科学家阿兰·图灵（Alan Turing）被视为计算机科学之父，1936 年 11 月 12 日，图灵发表了计算机理论的奠基性论文《论可计算数及其在判定问题中的应用》（On Computable Numbers，with Application to the Entscheidungsproblem），在这篇文章中，图灵提出了计算机的抽象模型“图灵机”，即将人类的数学运算过程进行抽象，由一个虚拟的机器进行模拟。图灵机的意义在于其证明了通用计算理论，给出了计算机应有的主要架构。并且引入了读写、算法与程序语言的概念②。

（五）第一台电子计算机 ABC

第一台电子计算机的发明人是美国人约翰·文森特·阿塔那索夫（John Vincent Atanasoff）。阿塔那索夫和他的研究生克利福特·贝瑞（Clifford Berry）于 1937 年设计成功，并在 1942 年测试成功，它不可编程，只能用于计算线性方程组。阿塔那索夫把这台机器命名为 ABC（Atanasoff - Berry - Computer），ABC 具有了现代计算机的重要元素，包括二进制和电子开关。③

（六）第一台通用计算机 ENIAC

第二次世界大战爆发后，为了计算火炮弹道，1946 年，宾夕法尼亚大学在

---

① 参见维基百科：爱达·勒芙蕾丝，载 https：//zh. wikipedia. org/zh - hans/愛達·勒芙蕾絲，最后访问日期：2023 年 9 月 24 日。

② 参见 https：//baike. baidu. com/item/% E5% 9B% BE% E7% 81% B5% E6% 9C% BA/2112989 # reference - 2 - 117065 - wrap，最后访问日期：2023 年 9 月 24 日。

③ 参见维基百科：阿塔纳索夫贝瑞计算机，载 https：//zh. wikipedia. org/zh - sg/% E9% 98% BF% E5% A1% 94% E7% BA% B3% E7% B4% A2% E5% A4% AB - % E8% B4% 9D% E7% 91% 9E% E8% AE% A1% E7% AE% 97% E6% 9C% BA#cite_note - 3，最后访问日期：2023 年 9 月 24 日。

ABC 的启发下，研制出了第一台通用计算机——ENIAC。ENIAC 在 1946 年公布时被当时的新闻赞誉为“巨脑”，因其计算速度比机电机器提高了一千倍。除了速度之外，ENIAC 最引人注目的就是它的体积和复杂性。ENIAC 包含了 17468 个电子管、7200 个晶体二极管、1500 个继电器、10000 个电容器，还有大约 500 万个手工焊接头。它的重量达 27 吨，占地 167 平方米。ENIAC 是模块化计算机，不仅能做加减运算，还能存储十位十进制数①。

（七）第一个保存在电子存储器中的程序

1948 年，克劳德·香农（Claude Shannon）发表了划时代的论文——《通信的数学理论》，奠定了现代信息论的基础，论文中概述了如何实施二进制逻辑来为计算机编程。第一个运行在电子储存器上的程序是运行在曼彻斯特大学研发的“曼彻斯特一型”计算机上的一个搜索梅森素数的程序，该程序在 1949 年 6 月 16 日至 17 日的晚上无误差地运行了 9 个小时。该事件被认定为“软件的诞生”②。

（八）第一个高级语言 Fortran

随着计算机硬件性能的提升，高级程序设计语言开始出现。Fortran 是世界上第一个被正式采用并流传至今的高级编程语言。Fortran 是 Formula Translation 的缩写，即“公式翻译”器。

Fortran 的起源要追溯到 1954 年 IBM 的一项计划。IBM 尝试着在 IBM 704 计算机上开发一套程序，它可以把接近数学语言的文本翻译成机器语言。1957 年，IBM 开发出第一套 Fortran 编译器。一个革命性的产品 Fortran 也随之诞生了。20 世纪 60 年代初，在国防、教育和科技领域对高性能计算工具的迫切需求下，Fortran 语言蓬勃发展，成为当时统治计算机世界的高级语言之王，有很多软件公司都推出了自己的编译程序。③

---

① 参见维基百科：电子数值积分计算机，载 https：//zh. wikipedia. org/zh - sg/% E9% 9B% BB% E5% AD% 90% E6% 95% B8% E5% 80% BC% E7% A9% 8D% E5% 88% 86% E8% A8% 88% E7% AE% 97% E6% A9% 9F#% E6% 8F% 8F% E8% BF% B0，最后访问日期：2023 年 9 月 24 日。

② 参见维基百科：曼彻斯特一型，载 https：//zh. wikipedia. org/wiki/% E6% 9B% BC% E5% BD% BB% E6% 96% AF% E7% 89% B9% E4% B8% 80% E5% 9E% 8B，最后访问日期：2023 年 9 月 24 日。

③ 参见百度百科：Fortran 编译器，载 https：//baike. baidu. com/item/Fortran% E7% BC% 96% E8% AF% 91% E5% 99% A8/22042710，最后访问日期：2023 年 9 月 24 日。

二、软件行业的发展历史

（一）第一代软件服务公司（1949—1959 年）

早期专业服务时代的时间跨度为 1949—1959 年，这是软件刚刚起步的时代，出现了为个人客户开发定制解决方案的、独立于卖主的专业软件服务公司。这一阶段的典型软件项目均为政府认购，大型公司分包的软件项目，项目应用的领域很窄，客户具有很高的专业性。软件公司定制化地为客户提供软件以及附带的技术咨询和维护服务，软件的销售是一次性的。

当时美国的程序员人数仅 1000 多人，而大部分程序员曾经投身于这些巨型项目的开发，这些大型软件项目被称为“程序员的大学”，第一代程序员和美国软件公司在这些大型软件项目中积累了重要的经验，此后许多程序员遍布全国，大部分创立了自己的软件公司，这奠定了美国软件业的至高无上的地位。①

1949—1959 年这一时期，产生的软件不多，但是出现了几个非常著名的软件，包括 SAGE 防空系统软件项目和 SABRE 机票预订系统。前者是雇用了 700 名软件工程师，耗资 80 亿美元的防空导弹系统，后者是雇用了约 200 名软件工程师，耗资 3000 万美元的在线旅行社系统。②

这些第一代软件服务公司在当时尚没有足够的资源为美国政府这样的超大型客户以外的中等规模客户开发软件。直到 1955 年，两位前 IBM 的员工 Elmer C. Kubie 和 John W. Sheldon 成立了世界上第一家独立软件公司 CUC（Computer Usage Company）。这家独立软件公司的启动资金只有 4 万美元，但是却开始为不止一个平台提供软件服务。

CUC 的第一个软件项目是为加利福尼亚研究公司（California Research Corporation）编写的模拟石油流动的程序。③ 之后，在技术总监 George R. Trimble Jr. 的带领下，CUC 又完成了一个将美国联邦航空管理局的空中交通管制系统计

---

① 参见《商务周刊：政府采购难以保护国产软件》，载 http：//news. sohu. com/20040921/n222158640. shtml，最后访问日期：2023 年 9 月 24 日。

② 参见《中美计算机行业发展史》，载 https：//xueqiu. com/2052572206/133299660，最后访问日期：2023 年 9 月 24 日。

③ 参见“Computer Usage Corporation（CUC）”. Computer Museum web site. Archived from the original on July 14，2010. Retrieved May 29，2010. 转引自 https：//en. wikipedia. org/wiki/Computer_Usage_Company#cite_note – timeline – 5，最后访问日期：2023 年 9 月 24 日。

算机化的项目。[①] CUC 吸纳了大量 IBM 的前员工，在 1960 年时已经具有了一个专门负责销售计算机软件的部门，到 1967 年时，CUC 已经相继在特拉华州、华盛顿哥伦比亚特区、洛杉矶等 12 处开设了办事处,[②] 并拥有 700 多名员工，收入超过 1300 万美元。

越来越多的美国企业开始追随 CUC，如由琼斯（Fletcher Jones）和纳特（Roy Nutt）于 1959 年创立的计算机科学公司（CSC）、1959 年成立的应用数据研究公司；1962 年的美国电子数据系统公司（EDS）、1963 年的管理美国科学公司（MSA）、1962 年的加州分析中心公司（CACI）以及 1965 年的基恩公司（Keane）。[③]

在 20 世纪 60 年代初，计算机的速度、大小和数量都有了巨大的提高，软件服务迅速发展。为了提高效率，计算机硬件的生产商们将自己的软件开发项目大部分转包出去。例如，CUC 有一支 20 人的队伍为 IBM/360 系统的软件工作，而 CSC 是霍尼韦尔国际（Honeywell）的一个主要的软件的承包商。到 1965 年，美国有大约 45 个大型软件承包商，有些雇用了超过 100 名程序员，年收入达到 1 亿美元。除此之外还有无数小型软件承包商。1967 年，据估计美国已经有 2800 家软件服务公司。[④]

与美国相比，欧洲大型软件承包商的出现时间稍显落后，在法国，SEMA 作为 Marcel Loichot 管理顾问公司和巴黎银行的合资企业，于 1958 年成立，其早期的客户包括炼油和炼糖业，以及防务机构（这些业务中有许多要求对本地有特殊了解，或者是防务相关的，这有效地排除了海外竞争者）。到 20 世纪 60 年代初，SEMA 已经有了差不多 120 名员工。在英国，两家大软件服务公司 CAP 和 Logica

---

① 参见 George R. Trimble Jr. （June 24，2005）. “CUC History” . Computer History Museum. Retrieved May 30，2010. 转引自 https：//en. wikipedia. org/wiki/Computer_Usage_Company#cite_note – timeline – 5，最后访问日期：2023 年 9 月 24 日。

② 参见 https：//en. wikipedia. org/wiki/Computer_Usage_Company#cite_note – timeline – 5，最后访问日期：2023 年 9 月 24 日。

③ 参见“Computer Usage Corporation（CUC）” . Computer Museum web site. Archived from the original on July 14，2010. Retrieved May 29，2010. 转引自 https：//en. wikipedia. org/wiki/Computer_Usage_Company#cite_note – timeline – 5，最后访问日期：2023 年 9 月 24 日。

④ 参见《半个多世纪以来全球软件产业的发展历史》，载 https：//blog. csdn. net/junecauzhang/article/details/8585973，最后访问日期：2023 年 9 月 24 日。

于20世纪60年代初才成立。[①]

（二）早期软件产品公司（1959—1969年）

在20世纪60年代，传统观念认为软件是不能脱离硬件单独实现盈利的，因为软件是定制化编写的和硬件捆绑在一起且通常是由硬件厂商赠送的。大多数计算机经理相信不会存在一个单独的软件产品市场，[②] 直到1959年美国第一家软件产品公司ADR（Applied Data Research）成立。

在ADR尝试开发标准化软件产品之前，ADR通过与Bendix、Sperry Rand以及美国政府签署的系统软件开发合同盈利，但是这些合同基本均为竞标性的固定价格，所以盈利空间很小。在当时，一家新兴的计算机制造商RCA委托ADR设计一个自动流程图系统，ADR在1964年如约设计出一个自动流程图程序，但是原始版本十分粗糙，需要在要绘制流程图的每一行汇编语言代码的注释部分中都放置一个字符代码。RCA对这个结果非常失望，于是ADR就转而向其他几家计算机制造商推销软件，他们都表现出一致的兴趣。于是，ADR没有放弃流程图程序，决定开发一个用于RCA501计算机的设计原型来证明流程图系统的可行性，ADR的程序员花费了约半年时间编写了更新的程序，并命名为Autoflow，该程序除了能够生成可读性极强的流程图外，还能生成交叉引用列表，这些列表在调试阶段被证明非常有用。ADR将更新的程序展示给了RCA，再次引起了RCA的兴趣。在完成这个项目后，ADR决定一鼓作气，将Autoflow以2400美元的价格许可给大约100个RCA501计算机的用户，并最终成功销售出了两份软件许可。[③]

到了1965年，ADR为当时市场上流通最为广泛的IBM 1400和IBM 1401计算机定制了新的Autoflow程序，由于流程图系统市场的日趋成熟，ADR的这项商业操作取得了很大的成功，在几年里数千台IBM计算机使用了ADR的软件。

1962年3月，Informatics公司成立，Informatics公司于1967年11月发布了MARK IV软件，且销量巨大。但是随即Informatics公司就面临了软件的配套服

---

① 参见《中美计算机行业发展史》，载https：//xueqiu. com/205272206/133299660，最后访问日期：2023年9月24日。

② 参见《中美计算机行业发展史》，载https：//xueqiu. com/205272206/133299660，最后访问日期：2023年9月24日。

③ 参见https：//archive. computerhistory. org/resources/access/text/2012/10/102746516 – 05 – 01 – acc. pdf，最后访问日期：2023年9月24日。

务的定价问题，因为在当时的软件行业中，如 IBM 这样的大型硬件供应商往往选择将软件的配套服务都囊括在计算机硬件的售价之中，因此，Informatics 公司最初也采用了这样的销售策略，为 MARK IV 软件提供免费的软件维护服务和升级。经过了 4 年的经营和摸索，Informatics 公司终于逐步摸清了软件配套服务的真实成本，决定不再提供免费的软件配套服务，而是将这些服务从软件售价中分离出来，为了软件公司的权益，Informatics 公司首创了影响软件行业至今的软件许可证服务模式，这一模式给用户使用软件的永久许可，但确保了程序代码的所有权仍属于软件开发公司。同一时间，ADR 公司为了防范自己研发的软件被未经授权地复制，将 Autoflow 申请了专利，使其成为历史上第一个软件专利产品。

至此，通过许可证模式销售、通过专利模式保护软件的商业模式逐渐清晰并蔚然成风。1969 年 6 月 23 日，IBM 做出了一个影响整个产业发展的声明：停止发送随机免费软件，开始分别为硬件和软件定价。这一天被誉为“软件业的诞生日”，从此软件迈开了产业化发展的步伐。①

（三）企业解决方案供应商（1970—1980 年）

IBM 将软件和服务与硬件分开定价后，越来越多的独立软件公司破土而出，软件企业开始以企业解决方案供应商的面目出现。这一时期的典型公司有 Cincom 系统公司（成立于 1968 年）、Software AG 公司（成立于 1969 年）、计算机联合（CA）公司（成立于 1976 年）、Oracle 公司（成立于 1977 年）。

（四）客户大众市场软件（1981—1994 年）

20 世纪 80 年代，软件产业以激动人心的增长率（约为每年 20%）发展。1981 年 IBM 推出了 IBMPC，开启了个人计算机时代，软件产品的市场也进一步扩展到了大众市场，大众市场套装软件开始大量出现，公众第一次可以在商店中购买到软件并且立即使用。微软是这个时代最成功和最有影响力的代表性软件公司，其在 1997 年的收入达到 116 亿美元。这个时期其他成功的代表公司还有 Adobe、Autodesk、Corel、Intuit 和 Novell 等。② 大众市场成套软件至今仍在广泛使用，从编程语言如 C + + 到操作系统，市场上数千计的产品实际上只是这个软

① 参见《SaaS 深度 | 创新模式才有春暖花开》，载 https：//cloud. tencent. com/developer/article/1641143？from = article. detail. 1690712&areaSource = 106000. 10&traceId = UZZcd_XhydcPfHLVAOSnp，最后访问日期：2023 年 9 月 24 日。

② 参见《全球软件产业的发展历程》，载 https：//www. chyxx. com/industry/200806/97412853CZ. html，最后访问日期：2023 年 9 月 24 日。

件领域的一部分。①

（五）互联网增值服务（1994 年至今）

由于互联网的介入，软件产业发展开创了一个全新的时代。高速发展的互联网给软件产业带来了革命性的意义，给软件发展提供了一个崭新的舞台。当电脑开始普及的时候，软件是建立在电脑平台上的；而互联网出现以后，网络逐渐成为软件产品新的平台，大量基于网络的软件不断涌现，大大繁荣了软件产业的发展，Yahoo、Google 等公司开始占据主流。

三、软件行业的发展现状

（一）全球软件行业发展现状

当前，全球软件产业正处于快速发展的阶段。软件行业规模庞大且持续增长，软件开发和服务领域的市场价值不断扩大，预计未来将继续增长。《中国软件行业市场前瞻与投资战略规划分析报告》指出，根据 Gartner 数据显示，2022 年全球软件支出额为 6748.89 亿美元，IT 服务支出额为 12651.27 亿美元。2023 年，全球软件市场规模预计将达到 7548.08 亿美元；IT 服务支出规模将达到 13728.98 亿美元②，云计算和软件即服务（SaaS）是主要的发展趋势，越来越多的组织选择将软件和服务部署在云平台上，以降低成本、提高灵活性。开源软件和社区的发展推动了软件创新和合作，许多开源项目成为行业标准和核心技术。人工智能和机器学习技术的应用领域不断扩大，移动应用和移动互联网的发展也成为一个重要领域。安全和隐私保护、自动化和智能化等领域也得到了广泛关注和应用。此外，跨国合作和外包在全球软件产业中扮演着重要角色，通过跨境合作和利用全球人才资源来提高软件开发效率和降低成本。总的来说，全球软件产业正处于快速发展、不断创新和变革的阶段。

（二）中国软件行业发展现状

据统计，2013—2020 年，软件行业收入占我国 GDP 的比重从 5.14% 上升至 8.03%。2021 年 1—9 月，软件行业收入达 69,007 亿元，同比上涨 20.5%，占

① 参见《中美计算机行业发展史》，载 https://xueqiu.com/2052572206/133299660，最后访问日期：2023 年 9 月 24 日。

② 参见《中国软件行业市场前瞻与投资战略规划分析报告》，载 https://bg.qianzhan.com/report/detail/300/230802-e410c483.html，最后访问日期：2023 年 9 月 24 日。

GDP 的比重增加至 8.71%，软件行业在国民经济中的地位日益加重。①

截至 2022 年 12 月，全国软件和信息技术服务业规模以上企业超过 3.5 万家，累计完成软件业务收入 108,126 亿元，同比增长 11.2%；软件业利润总额 12,648 亿元，同比增长 5.7%；软件业务出口 524.1 亿美元，同比增长 3%。2022 年软件业务收入居前 5 的省（直辖市）分别为北京、广东、江苏、山东和浙江，共同完成收入 74,537 亿元，占全国软件业比重的 68.9%。②

第二节 开源软件概述

开源软件是软件的一个子概念，是一种以开放、协作和共享为基础的软件开发模式，它将软件的源代码（Source Code）公开并授予用户使用、修改和分发的权利。在软件行业的发展历史中，软件的开发模式和产品形态一直在适应着生产力的发展而不断变化：从企业定制化解决方案，到个人计算机兴起后的大众市场成套软件产品。20 世纪 80 年代开源软件的兴起为技术行业带来了巨大的变革和影响，通过开源，开发者能够自由地访问和修改软件的源代码，这种开放性促进了创新、合作和共享，开源软件的成功例子如 Linux、Apache、MySQL 和 Python 等成为广泛应用的技术基石，至今仍然在持续地给软件行业和产业带来深远的影响。

一、开源软件的历史

开放源代码的软件的出现时间其实早于“开源软件”成为一个特定术语的时间，因为在 20 世纪 60 年代，大多数软件是作为计算机硬件的附随品存在的，

① 参见《2022 年中国软件行业发展现状及出口情况分析软件业务收入超 8 万亿》，载 http://finance.sina.com.cn/roll/2021-12-21/doc-ikyamrmz0317642.shtml，最后访问日期：2023 年 9 月 24 日。

② 参见《2022 年中国软件行业经济运行报告》，载 https://m.askci.com/news/chanye/20230204/0951072675475466641045 77.shtml，最后访问日期：2023 年 9 月 24 日。

没有单独的售价和费用，并且以开源的形式提供，一方面是因为软件的用户（同时也是软件的开发者或者计算机研究人员）能够有更大的自由来修改软件从而适应自身的硬件条件和使用需求，另一方面也能够缓解计算机企业的售后压力。按照这样的模式提供软件的例子有 1953 年雷明顿兰德公司（Remington Rand）在 UNIVAC 上开发的 A－2 系统，这个系统是开源的，雷明顿兰德公司也邀请 A－2 系统的用户将他们对源代码的改进发给 UNIVAC，因此 A－2 被认为是第一个自由及开放源代码的软件。

随着计算机硬件的发展，独立的专门软件公司蓬勃兴起，推动了软件产业的独立化进程。1969 年，美国政府对 IBM 提起反垄断诉讼，指控捆绑式销售软件是违反竞争法的。IBM 在同年宣布将软件目录中的一部分单独出售。从此，用户需要为软件单独付费，这进一步促进了软件市场的发展，专业的软件公司一方面开发出在使用上更加便利的专业软件，另一方面开始通过技术和法律手段来保护自身的权益，限制软件的共享、修改。1974 年美国版权作品新技术使用委员会（CONTU）决定“计算机程序，只要体现了作者的原创，就是适当的版权主题”，随后 1983 年苹果诉富兰克林案中的目标代码，使计算机程序获得了文学作品的版权地位，[①] 并开始了软件的许可和收缩包装的封闭式软件商业模式。到 20 世纪 70 年代中期，原始的自由软件逐渐退出历史舞台，商业闭源软件已经成为常态。[②]

20 世纪 70 年代末至 20 世纪 80 年代初，计算机供应商和专业软件公司已经将软件许可收费模式作为商业模式惯例，将软件作为一种新的产品进行营销，并通过版权、商标和租用合同对新软件的开发设置法律上的限制，因为从法律上来说对软件改进和更新也被视为软件著作权人的财产。

1976 年，比尔·盖茨发表了著名的《致爱好者的公开信》（An Open Letter to Hobbyists）文章，信中表达了他对业余爱好者广泛分享微软的产品 Altair

① 是否将软件的源代码作为著作权的客体在过去曾经有很大的争议，软件的源代码曾经被视为功能性的文本，其唯一的作用就是让计算机来执行从而实现一定的功能，因此曾经被认为是不受著作权法保护的思想范畴，这成为了在 70 年代以前，软件提供者会将源代码一起提供给用户的法律基础。参见 https：//zhuanlan. zhihu. com/p/119958494，最后访问日期：2023 年 9 月 24 日。

② See A Brief History of Free，Open Source Software and Its Communities，载 https：//www. computer. org/csdl/magazine/co/2021/02/09353517/1r8kwgBjU9W，最后访问日期：2023 年 9 月 24 日。

BASIC ①而不支付其许可费的失望。比尔·盖茨在公开信中指出，如此广泛的未经授权的复制实际上阻碍了开发人员在创建高质量软件上投入时间和金钱。在不支付报酬的情况下，从软件作者的时间、精力和资本中获得好处是不公平的。②

1983 年，美国电话电报公司（AT&T）宣布其开发的 UNIX 操作系统③从 v7 版本开始，不再开放源代码给学术机构，并且对之前的 UNIX 及其变种声明了版权权利。但是由于 UNIX 此前采用开放源代码的推广策略，经过 10 多年的铺垫，UNIX 已经被很多学术机构和大型企业所使用。因此，UNIX 技术社区对 AT&T 对 UNIX 的源代码开始收费的决定的反应最为激烈，社区中一部分主张“黑客精神”的开发者开始寻求新的开放源代码和不受商业陷阱阻碍的操作系统，其中最著名的“黑客”当属 GNU 项目的创始人 Richard Stallman。

GNU 项目是一个旨在编写一个不受源代码使用限制的完整操作系统的项目，该项目由 Richard Stallman 在 1983 年发起。发起这个项目的契机，是 Stallman 于 2001 年在纽约大学发表的一次演讲中提到了一个关于激光打印机的轶事：

“那时候施乐公司（Xerox）给我工作的人工智能实验室提供了一台激光打印机，速度很快，各方面都很好，但是工作并不是很可靠，因为这是一台利用高速复印机改装成的打印机，复印机本身很容易卡纸，但是好在复印的人会及时修理，但是打印机卡纸时，没有人会在边上立即修理。于是我们产生了一个修改打印程序的想法，使打印机在卡纸的时候能够通知等待打印输出的用户去及时修理。但是这个想法被施乐公司拒绝了，因为运行这个打印机的软件并不是一个自由软件，它是一个随打印机一起提供的二进制文件，因此我们实验室里的人都无法获得它的源代码。尽管我们的实验室中的程序员技术高超，但我们对这台打印机也是无能为力的……后来我听说某个大学的人有这个软件的源代码的副本，我曾去向他索取，他说自己曾经签署过保密协议，禁止对外提供源代码，这让我很生

① Altair BASIC 为 BASIC 直译器的一种，由比尔·盖兹及保罗·艾伦于 1975 年共同为 Altair 8800 电脑所开发。Altair BASIC 的成功开发，让比尔·盖兹进一步创立微软，Altair BASIC 后来也成为 Microsoft BASIC 的前身。参见 https：//zh. wikipedia. org/wiki/Altair_BASIC，最后访问日期：2023 年 9 月 24 日。

② 参见 https：//zh. wikipedia. org/wiki/致爱好者的公开信，最后访问日期：2023 年 9 月 24 日。公开信全文详见：http：//www. blinkenlights. com/classiccmp/gateswhine. html，最后访问日期：2023 年 9 月 24 日。

③ UNIX 操作系统由 AT&T 公司在 1969 年开始开发，但是由于 AT&T 在电话行业的垄断地位，美国司法部迫使 AT&T 签署了一份长达 15 年的不得销售任何计算机有关产品的承诺，因此 UNIX 诞生后的 15 年内，AT&T 并没有对其源代码收费。

气……我意识到我看到的不仅仅是一个孤立的混蛋，而是一个重要的社会现象。”①

Stallman在这次演讲中同时还指出，其发起GNU项目的主要驱动点是UNIX及其各种组件在当时出现了可能迅速转变为闭源专有软件的趋势。②

“问题和困境对我和其他所有人都存在，因为现代计算机的所有可用的操作系统都是专有的，免费操作系统只能用于那些旧的、过时的计算机……所以我决定要开发一个免费的操作系统，并且让这个系统和当时最流行的UNIX兼容。”③

Stallman在1985年发表了GNU宣言④，概述了GNU项目的目标并呼吁人们参与和支持自由软件运动。在启动后不久，他使用现有的术语“自由软件”，并成立了自由软件基金会（FSF）来推广自由软件。自由软件基金会创建了保护GNU和其他自由软件项目的法律和制度框架，包括Stallman代表的自由软件哲学的GPL许可证。

截至1991年，自由软件基金会已经开发了GNU操作系统的大部分组件（如编译器、编辑器、用户界面等），但GNU操作系统的内核（名称为Hurd）却遭遇了研发难点，研发工作长期停滞不前。GNU操作系统内核开发的长期缺失，使得一个著名的操作系统得以有机会登上历史舞台，那就是Linux。1991年，Linus Torvalds开发出了Linux内核，并使用GNU的GPL许可证⑤。Linux内核与GNU的系统软件集结合之后，就形成了Linux操作系统的基础，该操作系统几乎垄断了除个人电脑层面外的其他所有计算设备的操作系统，从世界前500台超级计算机到大量的移动设备（主要是安卓操作系统）都在使用Linux或其变种。

到了20世纪90年代后期，GNU、Linux以及其他重要的软件项目中自由软件的使用已经越来越普及，甚至开始反压专有软件一头，于是有部分“黑客”开始担心Stallman和自由软件基金会在推广自由软件运动时，过分强调软件开发与哲学等意识形态的关系，与现实脱节，反而容易导致自由软件曲高和寡。为了让

---

① See Free Software: Freedom and Cooperation，载https://www.gnu.org/philosophy/rms-nyu-2001-transcript.en.html#top，最后访问日期：2023年9月24日。

② 参见https://zh.wikipedia.org/wiki/GNU宣言，最后访问日期：2023年9月24日。

③ 参见https://zh.wikipedia.org/wiki/GNU宣言，最后访问日期：2023年9月24日。

④ 参见《GNU宣言》，载https://www.gnu.org/gnu/manifesto.html，最后访问日期：2023年9月24日。

⑤ Linus于1991年9月编写了0.01版的Linux内核，而该版内核甚至还无法运行。不过1个月后他就写出了0.02版，该版本已可以运行各种GNU组件了（所以Linux也常被称为GNU Linux）。在0.02版后，来自世界各地的程序员们加入了Linux内核的开发中，使其迅速完善。在1992年2月释放0.12版时，Linus将Linux内核的许可证改为GPL许可证第二版，并一直保持至今。

自由软件尽可能大范围地取得成功，这些“黑客”认为应该侧重于提供源代码的实用价值，而不是过多地涉及共享和道德的哲学原则，其中的代表人物就是埃里克·雷蒙（Eric Raymond）。

Eric Raymond 在 1997 年撰写了著名的文章《大教堂与集市》（The Cathedral and the Bazaar），这篇文章在 1999 年被出版成书，被誉为“开源运动的圣经”。在该文章中，Eric Raymond 比较了两种不同的自由软件的开发模式，以 GNU Emacs 及 GCC 为例，这些软件的源代码在软件发行之后被公开，在软件开发的过程中则是由一个专门的团队负责管控的，类似于大教堂，其特点是封闭式开发、成本高、周期长、品质优异；以 Linux 核心的创始者 Linus Torvalds 带领 Linux 核心的开发为例，这些软件的源代码在开发的过程中就已经在网络上被公开，供其他开发者检查和开发，类似于吵闹的集市，其特点是开放式开发、成本低、周期短、品质平庸。

《大教堂与集市》这篇文章让大量原先采用大教堂模式的自由软件的开发者转而开始采用集市模式开发自由软件，甚至也有例如网景公司这样的商业软件公司，受到这篇文章的影响后决定将其旗舰应用程序“网景浏览器”（Netscape Navigator，之后演变为 Mozilla 火狐浏览器）作为自由软件进行开源。这一事件标志着自由软件正在成为软件公司的核心，软件公司完全可以将一个自由软件作为其商业战略的一部分。①

1998 年，Eric Raymond 邀请了大约十几个自由软件社区的著名成员一起开会，希望可以促使更多公司理解黑客社区的开放式软件开发流程的独特优势，使这种先进流程能够得到更广泛的应用。在这次会议上，与会者决定趁网景公司开放源代码的契机，将自由软件与商业活动不冲突的核心理念推广出去，他们决定使用“开源软件 open source software”来代替“自由软件 free software”，以推广开源这一概念，让大众更清晰地明白其与免费软件、专有软件之间的差别，并以较少涉及意识形态的方式来传递价值②。会后 Linux 的开发者 Linus Torvalds 也对

① 参见《自由软件、开源软件其开源社区发展简史》，载 https：//shanghaiopen. org. cn/blog/1/71，最后访问日期：2023 年 9 月 24 日。

② 与会者都同意自由（Free）软件这一词存在问题，除去 Free 带给普通人的免费（Free）、质量低劣的印象，“自由”一词本身带有哲学和道德层次的意味，这意味着选择开源也就与利润无缘，而实际上并非如此，这些都不利于推动这一运动的进一步发展。经过几番头脑风暴，Christine Peterson 提出的“开源”（Open – Source）一词被确定下来，它表达的意思很简单，即开放源代码，而不涉及商业模式的选择。参见 Demon：《开源软件简史》，载 https：//zhuanlan. zhihu. com/p/530687991，最后访问日期：2023 年 9 月 24 日。

这个用语表示认可，这个新名称很快就流传开来。1998 年 2 月，Eric Raymond 创立了开放源代码促进会（Open Source Initiative，OSI），正式和 GNU 的自由软件基金会分庭抗礼。

1999 年 8 月 11 日，红帽公司正式上市，成为第一家上市的开源公司，这是自由和开源软件具有商业意义最有力的证明。

2007 年，谷歌发布基于 Linux 内核的安卓操作系统，这款移动设备的操作系统将自由和开源软件提供给更多的普通用户。尽管目前 Windows 操作系统占据了大部分桌面操作系统的市场份额，但是 Linux 在移动设备端与超级计算机等专业设备端仍然是当之无愧的统治者。

2008 年，开源代码托管平台 Github 诞生。在此之前，大多数自由和开源软件项目的贡献者通过电子邮件或私有的版本控制系统（如 Subversion 或 BitKeeper）进行协作，这种做法不仅笨重而且某些版本控制系统还是专有的。Github 提供使用 Git 进行版本控制的软件源代码托管服务。Git 是一个开源的分布式版本控制系统，由 Linus Torvalds 开发，于 2005 年在 GPL 开源许可证下发布。①

GitHub 的出现，使得更多开发者能更方便地参与开源项目，为开源项目做贡献，任何人都可以轻松提交自己的代码，并在 GitHub 上托管自己的开源项目。因为几乎所有人都把自己的代码托管在 GitHub 上，所以更容易查找开源项目，而且因为协作方式的改变，开发者也不再需要获得开发者社区的权限后才能参与开源项目②。

二、开源软件与自由软件、免费软件

（一）自由软件的定义和判断标准

从历史上来看，我们现在习惯称呼的“开源软件”，最初的名字其实是“自由软件”，原因是“自由软件运动”的创始人 Richard Stallman 在创建 GNU 项目时，将这种共享源代码的软件命名“自由软件”。

自由软件基金会的官网对于自由软件的定义是：

“一个软件如果是自由软件，则它必须为用户提供以下四项基本自由：自由

---

① 参见 Christopher Tozzi：《从 UNIX 到 GitHub：十个关于自由和开源软件历史的重要事件》，载 https：//linux. cn/article－8998－1. html，最后访问日期：2023 年 9 月 24 日。

② 参见 Christopher Tozzi：《从 UNIX 到 GitHub：十个关于自由和开源软件历史的重要事件》，载 https：//linux. cn/article－8998－1. html，最后访问日期：2023 年 9 月 24 日。

度0：无论用户出于何种目的，必须可以按照用户意愿，自由地运行该软件。自由度1：用户可以自由地学习并修改该软件，以此来帮助用户完成用户自己的计算。作为前提，用户必须可以访问到该软件的源代码。自由度2：用户可以自由地分发该软件的拷贝，这样就可以助人。自由度3：用户可以自由地分发该软件修改后的拷贝。借此，用户可以把改进后的软件分享给整个社区令他人也从中受益。作为前提，用户必须可以访问到该软件的源代码。"①

"自由度0：自由地运行程序"意味着任何人或组织可以在任何（支持的）计算机系统上，出于任何目的去运行该程序，并且没有义务通知软件的开发者或任何个人或团体。这一自由的重点在于软件开发者的目的或软件本身被设计出来以实现的目的，均不能限制软件的使用者的目的。

"自由度1"（自由地修改软件）和"自由度3"（自由地发布修改后的软件）意味着用户必须有权访问程序的源代码。由此，访问源代码成为自由软件的必要条件。

"自由度1"（用户可以自由地学习并修改该软件、访问到该软件的源代码）包括用户可以自由地运行自己修改后的程序以替代原版程序，对软件的修改可能是出于各种目的。另外，"自由度1"还包含"删除程序的自由"。

自由软件基金会举例了违反"自由度1"的情形：（1）如果硬件厂商出于"安全启动"的理由，只允许设备运行厂商修改的软件而不能运行用户修改的软件，这种情形就违反了"自由度1"。（2）如果某个程序的许可证要求用户只能使用用户拥有版权的代码，而禁止用户使用已经取得合理授权的代码（此时用户不拥有版权，但拥有合理授权），那么这样的许可证也违反了"自由度1"。

"自由度2"和"自由度3"合并起来是自由（再）分发的含义，意味着自由软件的用户必须有权把软件的原版或者修改版再分发（发布）给任何地方的任何人。② 这样的自由（再）分发既可以是对下游免费的，也可以是对下游收费的，并且无须征得上游的许可，也不必向上游支付费用。

"自由度3"还意味着用户可以继续凭借自由软件许可证发布软件的修改版，这就是著佐权（copyleft）原则，但是"自由度3"也不排斥用户以非自由软件

---

① 《什么是自由软件?》，载 https：//www. gnu. org/philosophy/free - sw. zh - cn. html#f1，最后访问日期：2023 年 9 月 24 日。

② 自由软件的哲学定义排斥进出口管制对于软件分发的限制，但是事实上开源软件的分发和发布不可避免地会受到一个国家的进出口管制法律的影响。

的形式发布软件的修改版。

（二）开源软件的定义和判断标准

类似于自由软件基金会，OSI 的官网中同样也有对“开源”的定义和判断标准：

1. 免费再分发（Free Rcdistribution）

如果一个软件是一个包含了来自不同来源的多个程序的聚合体软件的一部分，那么软件的许可证不应限制任何一方销售或赠送软件，软件的许可证不得为此类销售行为收取特许权使用费或其他费用。

2. 源代码

程序必须包括源代码，并且必须允许以源代码形式以及“已编译”形式分发。如果以某种形式分发的产品没有附带源代码，则必须提供一种广为人知的方式，让他人获取源代码，并且他人为此所付出的成本应当是合理的，最好是通过互联网提供免费的下载。源代码必须采用便利程序员修改程序的形式，禁止有意地混编源代码，禁止使用如预处理器或翻译器的输出结果等中间形式取代源代码。

3. 衍生作品（Derived Works）

许可证必须允许修改和衍生作品，并且必须允许它们按照与原始软件许可证相同的条款进行分发。

4. 作者源代码的完整性（Integrity of The Author's Source Code）

仅当许可证允许分发带有源代码的“补丁文件”以便在开发程序时修改程序的，许可证才可以禁止源代码以修改后的形式分发。① 许可证必须明确允许分发以修改后的源代码构建的软件。许可证可以要求衍生作品使用与原始软件不同的名称或版本号。

5. 不歧视个人或群体（No Discrimination Against Persons or Groups）

许可证不得歧视任何人或群体。

---

① 该条款来自 *Debian Free Software Guidelines*，通常而言开源软件（许可证）不应禁止他人对开源软件的修改和对修改版的再分发，但是例如 TeX 这样的软件的许可证，为了保障官方源代码的完整性和唯一性，曾经要求下游开发者只能以软件补丁的方式发布修改后的源代码，禁止直接发布修改后的完整源代码，因此 OSI 借鉴该条的规定是为了明确这种强制以补丁形式发布源代码的情形必须作为一种例外，原则上开源软件的许可证不应禁止直接发布修改后的完整源代码。参见 https：//opensource. stackexchange. com/questions/1198/understanding – 4th – point – restriction – to – distribute – modified – source – code – of – open，最后访问日期：2023 年 9 月 24 日。

6. 不歧视任何领域的尝试（No Discrimination Against Fields of Endeavor）

许可证不得限制任何人在特定领域使用该程序。例如，它不应限制该程序在商业中使用，或用于基因研究。

7. 许可证的分发（Distribution of License）

程序附带的权利必须适用于接收重新分发的所有人，而无须这些人再签署一个额外的许可。

8. 许可证不得指定软件必须依附于特定的产品（License Must Not Be Specific to a Product）

附加到程序上的权利不得限定于该程序必须是分发的特定软件的一部分。如果这个程序被从特定软件的分发中提取出来，按照特定软件的许可条款被使用或者分发，那么分发的对象享有的权利应当与合并分发时相同。

9. 许可证不得限制其他软件（License Must Not Restrict Other Software）

许可证不得对“与许可软件一起分发的其他软件”附加限制条件。例如，许可证不得坚持要求在同一介质上分发的所有其他程序都必须是开源软件。

10. 许可证必须是技术中立的（License Must Be Technology - Neutral）

不得以任何个别技术或界面风格为条件提供许可。①

（三）开源软件和自由软件的关系

从上述 OSI 对开源软件的定义标准来看，开源软件并不是字面上所说的开放源代码的软件，其对软件的许可证也有着类似于自由软件必须有“自由度”的要求。从字面范围来说，自由软件是开源软件的子集，自由软件必然是开放源代码的软件，但是开源软件不一定是自由软件，因为自由软件是一个比开源软件更严格的概念。但在现实上，自由软件和开源软件基本上指的是同一范围的程序，自由软件注重哲学与价值观，开源软件则注重软件开发上的优势和与商业实践的匹配性。

尽管 Richard Stallman 反复强调自由软件的术语有着比开源软件更加深刻的哲学和道德内涵，但是其也不得不承认这两者描述的对象在很大程度上是一致的。② 由于实践中开源软件基本上是采用 OSI 批准的开源协议的自由软件，因此

① See The Open Source Definition，载 https：//opensource. org/osd/，最后访问日期：2023 年 9 月 24 日。

② See Why Open Source Misses the Point of Free Software，载 https：//www. gnu. org/philosophy/open - source - misses - the - point. html，最后访问日期：2023 年 9 月 24 日。

本文统一采用使用范围较广的“开源软件”这一称谓。

（四）开源软件与免费软件的关系

尽管在单词含义上自由软件（free software）可能被理解成“免费软件”，但是这两者不是相同的概念。免费软件可能不向用户收取费用，但是其仍是一个专有的软件，因为一个软件的许可条款除了包含费用外，可能还包含其他的限制义务，如使用者无权进行修改和再次分发等。而开源（自由）软件则不同，用户可能通过付费的方式获得了开源（自由）软件的复制件，也可能通过免费的方式获得软件的复制件，但是无论获得复制件的方式如何，开源（自由）软件均许可用户自由复制和修改该软件，甚至出售该软件的复制件。

三、开源软件与商业闭源软件

商业软件的定义其实非常宽泛，并不仅仅局限于闭源软件，开源软件也并不排斥商业化的功能和使用，因此开源软件和商业软件的范围是交叉的。自由软件基金会在官网中提到，自由软件并不是商业软件的对立面，与之相反，自由软件的自由必须包含商业使用、商业再开发、商业再发布的自由。①

本小节所讨论的商业闭源软件是开源软件的相对概念，但是这两个概念之间其实存在不少相似之处，并非“水火不容”的关系。实践中，无论是软件开发人员还是法律工作人员，对这二者的认识往往存在误区，本节列举分析如下：

（一）误区一：开源软件没有权利人，商业闭源软件有权利人

对开源软件的一大误解是开源软件要么根本没有权利人，要么权利人是一些虚无缥缈的基金会或者公益组织，对开源软件的使用不管不问。然而事实上，开源软件的权利人完全可能与商业闭源软件一样是商业公司。软件公司为了更快地推广软件产品，会采取开源软件与商业发行版软件并行的推广策略，即在开源社区发布使用开源许可证的开源版本，供用户学习、修改，吸取反馈，同时推广功能更加完善、性能更加稳定的付费商业版本。因此开源软件的权利人很有可能是实力雄厚的商业公司。

（二）误区二：开源软件不受法律保护，商业闭源软件受法律保护

由于开源软件免费获取源代码的属性，会使公众产生开源软件不受法律保

---

① 参见《什么是自由软件?》，载 https：//www. gnu. org/philosophy/free - sw. zh - cn. html#selling，最后访问日期：2023 年 9 月 24 日。

护，是一种无版权作品的误解。但是事实上，开源软件与进入公有领域的代码不同，开源软件受到完整的法律保护，包括著作权法、商标法（涉及开源软件权利人的商标时）、专利法、竞争法。开源软件的权利人从未声明放弃任何权利，而是选择通过开源许可证来许可给使用者部分权利。开源软件的许可证在法律性质上与商业闭源软件的许可证并无二致，如果违反了许可证约定的义务，无论是开源软件的使用者还是商业闭源软件的使用者，均可能承担违约或侵权责任，责任的严重程度并不会因为开源软件可以免费获得源代码而变得更低。

事实上，开源软件与商业闭源软件的主要区别在运营模式上，商业闭源软件更类似于前文提到的“大教堂”式的运营模式，由一小部分开发者以集中工作的方式进行开发和维护，在软件的开发阶段需要投入较大的成本，以完善的售后服务和稳定的性能吸引用户，与这样高成本服务模式对应的是高回报，软件的源代码会成为软件公司的核心技术秘密，软件也会采用收费许可模式。而开源软件在运营模式上采用“集市”模式，软件公司会采用一个合适的开源许可证并在开源代码平台公开源代码，并持续关注公众对开源软件的反馈和修改情况，适时合并可用的修改和改进并更新新的版本，从而推进软件的不断完善。开源软件的运营模式相当于用销售软件的利润交换了软件开发和维护的成本。

第三节 开源许可证概述

开源许可证是开源软件开发中的重要法律工具，推动了开源软件的原始作者和后续开发者之间的互动与合作。开源许可证通过书面的方式，确定了开源软件的许可条件，提供了一个允许任何人查看、使用、修改和分发软件的框架，也通过“使用即接受约束”的方式不断传递着开源的文化和共享知识的理念。开放的源代码与开源许可证的结合，使得软件的开发成为一个汇聚集体智慧的过程。开源许可证就像是一张维系着开源代码原创作者和全世界的开源开发者的大网，通过书面约定的方式凝聚了整个开源社区的力量。

一、开源许可证的概念

介绍开源许可证的概念就不得不先介绍它的上位概念。软件许可证，软件许可证的本质是软件的权利人与用户签订的合同。由于软件作品是一种智力成果，因此软件的销售不同于普通商品的销售，软件的买卖双方签订的是许可合同而非买卖合同，软件的权利人保留软件的知识产权，但是在一定程度上许可用户对软件进行使用。

开源软件许可证在软件许可证的基础上结合了开源软件本身的特点，在权利义务的约定上，更加强调用户对开源软件的源代码享有何等权利，承担何种义务，由于开放源代码的特性，开源软件许可证去除了软件许可费用的约定，转变为可能的软件用户对软件著作权的声明、免责声明、修改的声明、修改后的源代码是否需要发布等相关义务的约定。

二、开源许可证的分类

开源许可证最为常见的分类标准是开源义务的性质和严格程度，按照这个标准，开源许可证被分为著佐权许可证（Copyleft License）和宽松许可证（Permissive License）。

著佐权的定义来源于 GNU 对自由软件的定义，按照目前 GNU 官网的解释，“Copyleft”是一种让程序或其他作品保持自由的通用方法，其含义是要求对采用 Copyleft 标准的程序的任何修改和扩展都必须继续保持自由。可以进一步解释为：任何人都可以重新分发软件，不管有没有进行修改，但是必须同时保留自由软件本身具有的“自由”的特性。具体的执行措施是，如果一个软件声明遵循 Copyleft 标准，那么相应的 Copyleft 许可证就会赋予所有人使用、修改和重新分发软件的代码及其衍生作品的权利，但要求在这个过程中保持分发的规则不变。① GNU 认为版权是大部分商业专有软件剥夺用户自由的工具，但是“有限的许可”也可以成为开源软件许可证保障用户自由的工具，因此 GNU 将“版权（Copyright）”改称为“著佐权 Copyleft”，“Copyleft”中的“left”并不是英语中“离开”的意思，而是指它（left，左）与通常的“版权（Copyright）”中的

① 参见《什么是 Copyleft?》，载 https：//www. gnu. org/licenses/copyleft. zh – cn. html，最后访问日期：2023 年 9 月 24 日。

“right（右）”具有镜像的关系。①

因此，著佐权许可证是约定用户有权自由使用、修改和传播原始（开源）作品，但是在再发布原始作品的修改或者衍生作品时，必须仍采用原始作品的限制条款的一类许可证。在开源软件合规领域，被称为具有“传染性”的开源许可证，通常指的就是这一类著佐权许可证。也有观点将著佐权许可证概念进一步分类成强著佐权许可证与弱著佐权许可证（Weak Copyleft License），其分类的依据主要是对衍生作品再分发时的开源义务的严格程度。

宽松许可证则恰恰相反，宽松许可证不强制要求对原始（开源）软件的修改和开发的衍生作品必须保持与原始作品相同的限制条款。因此宽松许可证赋予了用户更大的自由。部分宽松许可证甚至允许用户在修改开源软件之后对其采用非自由的许可证从而变为专有软件。近年来，宽松许可证因其适用的简便性和较高的自由度，逐渐成为更加流行的开源许可证，大量具有影响力的新发布开源项目都倾向于采用宽松许可证，但是依然也有许多占据行业基础地位的开源项目采用类似于 GPL 的著佐权许可证。

三、开源许可证的法律性质

对于开源许可证在我国法律体系中的法律性质，我国法院已有生效判决对此作出明确认定。在广州知识产权法院（2019）粤 73 知民初 207 号民事判决书中，首先，法院认为涉案的 GPL v3 许可证具备合同的特征，属于广义的合同范畴，是授权方和用户之间形成的以取得开源软件源代码著作权为目的的一种民事法律行为。开源软件的授权方发布开源软件的行为属于发布要约，用户使用开源软件的行为属于承诺，在用户使用开源软件时，合同成立。其次，开源许可证属于一种非典型合同，其向不特定的使用者让渡著作权的部分权利，不含有转让对价等传统著作权许可合同的主要条款。再次，开源许可证是预先拟定的格式合同，且预先拟定的内容与法律并不冲突，合法有效。最后，对开源许可证的承诺是通过行为作出的，GPL 许可证中约定“一旦修改和传播一个受保护作品，就表明你接受本协议”，而大部分其他开源许可证中也有这样的约定。因此开源软件的使用者通过使用开源软件的实际行动对开源许可证作出承诺，无须再签订书面合同。

① 参见《什么是 Copyleft?》，载 https://www.gnu.org/licenses/copyleft.zh-cn.html，最后访问日期：2023 年 9 月 24 日。

综上，广州知识产权法院在该案判决书中认定 GPL v3 协议具有合同性质，是授权方和用户订立的格式化著作权协议，属于我国合同法调整的范围。①

四、开源许可证的文本范式

开源许可证本质上是开源软件的著作权人预先拟定的一种格式合同，因此开源许可证并没有强制的编写体例，任何人都可以按照自己的需求编写自己认为合适的开源许可证，甚至部分主流开源许可证也十分推荐感兴趣的开发者以本开源许可证为模版，起草一些新的许可证。

开源许可证可长可短，一般而言，文字较少的许可证较为宽松，例如 BSD 与 MIT 许可证，只有两到三个条款，约定一些原则性的宽松义务。文字较多的许可证则通常而言更为严格，其约定的许可的权利和用户的义务更加细致和严谨。

以 Apache 2.0 许可证为例，Apache 2.0 许可证的体例如下：

- 术语定义：介绍许可证中提及的各种术语的定义。
- 著作权的许可：通常而言权利的许可部分是开源许可证的核心内容，开源软件的接收者（用户）需要在该部分重点关注该许可证许可了哪些权利，权利的范围如何，能否涵盖接收者的实际需要。
- 专利权的许可：专利许可对于开源软件的开发并不是必需的，因此并不是每个开源许可证都会授予专利许可，甚至部分开源许可证承认由于缺少专利许可，因此开源软件的用户将不得不面临潜在的专利风险。但是 Apache 2.0 许可证就明确给予了用户专利许可，这也是 Apache 2.0 许可证在近年来十分流行的原因之一。
- 重新分发的条件：重新分发的条件通常是开源软件的使用者最为关注的条款，因为在这个部分开源许可证会约定较多的开源义务，特别是一些传染性较强的许可证会约定在何种情形下需要履行强制开源义务。对开源软件的法律合规工作而言，逐一审视重新分发需要履行的开源义务是否完整履行是合规工作的重点。
- 如何提交贡献：开源协议作为维系开源软件开发生态的法律框架，通常会约定如何向开源软件的管理人（权利人）提交贡献。开源软件的使用者如果在修改开源软件之后产生了更好的代码结果或者修补了功能缺陷，那么开源软件的

---

① 参见济宁市罗盒网络科技有限公司、广州市玩友网络科技有限公司等侵害计算机软件著作权纠纷案，广州知识产权法院（2019）粤 73 知民初 207 号民事判决书。

管理人将欢迎后续开发者将自己的“贡献”回馈给开源社区。由于“贡献”属于后续开发者的智力成果，因此在实践中，贡献者可能还需要签署贡献协议来明确“贡献”成果的权利义务。

- 商标和商业名称的权利保留：开源许可证通常不会许可开源软件权利人或者开源协议、开源组织本身的商标或商业名称的相关权利，因此在大部分的开源许可证中，均有“无商标、商业名称授权”的条款。

- 免责声明和责任限制：开源软件的特点就是自由开发、风险自担，因此开源软件并不会承诺软件本身的质量或者功能适用性。特别是在允许开发者使用任何手段、以任何目的进行自由再开发的情况下，开源软件最终会被修改成什么模样是无法预测的，因此开源许可证无一例外地会规定免责声明和责任限制条款。

五、开源许可证的认证

据黑鸭子知识库（Black Duck Knowledge Base）统计，包含在开源软件中的相关许可证种类超过2600种，但是其中绝大多数许可证或者不符合开源许可证的定义，或者是内容重复或私人修改的非官方版本，这给开源软件的合规使用带来了巨大的问题，因此为了规范开源许可证的适用，OSI在其官网设置了开源许可证评审程序，确保了标记为“Open Source”的许可证符合现有的开源社区规范和公众对开源的期望。根据认证规则，许可证的起草单位可以向OSI提交许可证认证申请，OSI会在约60天内对许可证进行审查。① 尽管这样的许可证认证并不是强制的，但是经过正式批准流程的许可证在开源自由度以及官方唯一性上具有OSI的背书，其受认可度将显著高于没有通过认证的开源协议。

目前，我国的“木兰宽松许可证”第2版（Mulan PSL v2）已经通过了OSI许可证审查委员会和董事会会议审核，被正式批准为国际类别开源许可证（International licenses）。OSI表示“中文版的开源许可证可以鼓励广大中国社区积极参与开源，同时也是对已批准开源许可证列表的宝贵补充”。木兰宽松许可证成为首个由中国开源产业界联合编制并通过OSI认证的开源软件许可证，意味着其正式具有国际通用性，可被任一国际开源基金会或开源社区支持采用，并为

① See *The License Review process*，载 https：//opensource. org/licenses/review - process/，最后访问日期：2023年9月24日。

任一开源项目提供服务。这是我国重点研发计划成果的一次重要突破，也标志着我国开源界立足中国贡献全球方面取得突破性进展。①

除 OSI 认证之外，Linux 基金会推出了用于交流软件材料清单信息的开放标准：软件数据交换包（Software Package Data Exchange，SPDX），SPDX 当前已经对超过 400 个开源许可证的名称、标识符等信息进行标准化②。Linux 基金会编制了 SPDX 许可证清单，包括一个标准化的短标识符、全称、许可证文本，以及每个许可证和例外情况的规范性永久网址③。

六、开源许可证的更新

为消除歧义，本节所介绍的开源许可证的更新仅指开源许可证本身的迭代更新，并非指开源软件更换许可证的情形。

开源许可证自身会迭代更新，例如 GPL 许可证，目前已经更新到了第三版，但是开源许可证的更新并不必然导致此前的版本被淘汰或者不再使用，恰好相反，即便新的开源许可证被编制出来，适用上一个版本的开源软件并不会自动升级到新的开源许可证，而是会默认继续使用上一个版本的许可证。因此多个版本的开源许可证同时处于活跃状态是十分常见的现象。

开源许可证的更新频率并不高，新版本的出现往往是出于适应技术的发展和解决开发者对旧版本提出的问题的需要。以 GPL v3 为例，自由软件基金会表示他们会适时升级 GPL 许可证以免法律或技术的发展对其造成逐步的削弱，其在 GPL v3 中就对应新增了防止 Tivoization、中立化禁止自由软件的法律、歧视性专利交易的新条款④。而有时，如果当更新开源许可证已经无法解决现有的问题或者有必要针对某一个重要的问题制定专门的许可证时，开源组织也会编织一些适用于特别情形下的许可证，例如 GNU 的 AGPL 许可证，就是在 GPL 许可证的基础上为了解决软件即服务的商业模式推出的专门适用于服务器端开源软件的许可证。

---

① 参见《木兰宽松许可证（Mulan PSL v2）正式通过 OSI 认证，成为首个中英双语国际开源许可证》，载中国电子技术标准化研究院网，http：//www. cesi. cn/202002/6081. html，最后访问日期：2023 年 9 月 24 日。

② 参见《谈谈常见开源许可证合规风险及解决方案》，载墨菲安全网，https：//www. murphysec. com/blog/knowledge - popularization/4169. html，最后访问日期：2023 年 9 月 24 日。

③ See SPDX License List，载 https：//spdx. org/licenses/，最后访问日期：2023 年 9 月 24 日。

④ 参见《GPL v3 快速指导》，载 https：//www. gnu. org/licenses/quick - guide - gplv3. zh - cn. html，最后访问日期：2023 年 9 月 24 日。

第二章 开源发展现状

随着信息技术的迅猛发展和全球数字化的推进，开源软件作为一种重要的创新模式和知识共享方式，正日益受到世界各国的关注和重视。本章节聚焦于开源软件的发展现状，分别从国际国内与开源软件（产业）相关的政策体系、法律法规体系和配套技术体系方面进行介绍。

第一节 开源相关的政策体系

一、我国与开源技术相关的政策体系

（一）国家层面发布的政策文件

在政策层面，我国的多部政策性文件已经体现出国家层面对开源软件技术和产业的重视。截至目前，文件层级最高的是2021年3月11日十三届全国人大四次会议通过的《中华人民共和国国民经济和社会发展第十四个五年规划和2035年远景目标纲要》，其中，在第5篇“加快数字化发展　建设数字中国”，第15章第1节“加强关键数字技术创新应用”中强调：“聚焦高端芯片、操作系统、人工智能关键算法、传感器等关键领域，加快推进基础理论、基础算法、装备材

料等研发突破与迭代应用。加强通用处理器、云计算系统和软件核心技术一体化研发。加快布局量子计算、量子通信、神经芯片、DNA 存储等前沿技术，加强信息科学与生命科学、材料等基础学科的交叉创新，支持数字技术开源社区等创新联合体发展，完善开源知识产权和法律体系，鼓励企业开放软件源代码、硬件设计和应用服务。”①

目前，我国已成为全球开源生态的重要贡献力量，在知名的国际开源社区中参与协作与贡献的中国企业越来越多，中国本土的开源社区②和开源项目也在逐步发展和成熟，开源基金会的建设也取得了实质性的进展③，已经出现了中国自主编制且通过 OSI 认证的开源许可证。因此，在数字经济成为全球经济复苏新引擎的历史时期，我国“十四五”规划明确提出支持开源发展，体现了国家对开源发展新机遇和新形势的正确把握④。

我国作为互联网技术强国，通过开源商业模式和技术模式进行科技创新已经是现状而非设想。庞大的应用市场和丰富的开发者群体等资源优势使得我国在全球数字的浪潮中有机会直接接触到行业领先的技术，实现“弯道超车”。但是开源技术与商业模式也存在挑战，我国开源仍处在起步阶段，开源基金会与开源许可证均处在尝试阶段，且许可开源活动的参与主体对开源法律合规的意识缺乏，无论是技术的独立性方面还是知识产权的保护方面，仍需要国家推动行业进行努力。在国家顶层设计对开源建设提出要求后，仍需要相关部门和行业制定更加具体的发展政策，完善开源大生态中的“小生态”。

（二）部委层面发布的政策文件

在“十三五”规划时期，我国部委层级就已经对开源技术以及开源创新模式予以了肯定和关注。在 2016 年，工业和信息化部就发布了《软件和信息技术服务业发展规划（2016—2020 年）》，其中明确指出“开源、众包等群智化研发模式成为技术创新的主流方向”。在“重点任务和重大工程”中提到，全面提高创新发展能力要构筑开源开放的技术产品创新和应用生态。支持企业、高校、科研

---

① 《中华人民共和国国民经济和社会发展第十四个五年规划和 2035 年远景目标纲要》。

② 2020 年，工业和信息化部等部门联合 Gitee 建设中国独立的开源托管平台。

③ 2020 年中国的开放原子开源基金会挂牌成立。

④ 参见隆云滔、王晓明：《构建“开源”创新体系　助力我国关键数字技术“弯道超车”》，载人民网，http：//finance. people. com. cn/n1/2021/0628/c1004 – 32142216. html，最后访问日期：2023 年 9 月 23 日。

院所等参与和主导国际开源项目，发挥开源社团、产业联盟、论坛会议等平台作用，汇集国内外优秀开源资源，提升对开源资源的整合利用能力。通过联合建立开源基金等方式，支持基于开源模式的公益性生态环境建设，加强开源技术、产品创新和人才培养，增强开源社区对产业发展的支撑能力，支持建设创客空间、开源社区等新型众创空间，发展创业孵化、专业咨询、人才培训、检验检测、投融资等专业化服务，优化改善中小企业创新创业环境。发挥开源社区对创新的支撑促进作用，强化开源技术成果在创新中的应用，构建有利于创新的开放式、协作化、国际化开源生态。①

2016 年 12 月，工业和信息化部联合国家发展和改革委员会又发布《信息产业发展指南》，《信息产业发展指南》的“主要任务”提到要积极参与和组建开源社区，支持企业牵头承担国家重大科技研发和产业化项目，对于发展重点之一的基础软件和工业软件，要建立安全可靠的基础软件产品体系，支持开源、开放的开发模式，重点推进云操作系统、云中间件、新型数据库管理系统、移动端和云端办公套件等基础软件产品的研发和应用。②

总体来说，“十三五”期间，我国高度重视软件和信息技术服务业的发展，产业规模效益快速增长。在开源软件技术领域，我国不仅已经形成了初具规模的国内开源代码托管平台和一批开源软件和企业，在国际开源社区中的贡献度和影响力也在不断提升。2021 年 11 月，工业和信息化部在系统梳理总结软件和信息技术服务业“十三五”规划实施情况、吸纳国家“十四五”规划纲要等要求的基础上，编写了《“十四五”软件和信息技术服务业发展规划》③。

《“十四五”软件和信息技术服务业发展规划》在“发展形势”中指出，开放、平等、协作、共享的开源模式，加速软件迭代升级，促进产用协同创新，推动产业生态完善，成为全球软件技术和产业创新的主导模式。当前，开源已覆盖软件开发的全域场景，正在构建新的软件技术创新体系，引领新一代信息技术创新发展，全球 97% 的软件开发者和 99% 的企业使用开源软件，基础软件、工业

---

① 参见《软件和信息技术服务业发展规划（2016—2020 年）》，载 https：//www. ndrc. gov. cn/fggz/fzzlgh/gjjzxgh/201706/t20170622_1196824. html，最后访问日期：2023 年 9 月 23 日。

② 参见《信息产业发展指南》，载 http：//www. cac. gov. cn/2017 －01/19/c_1120346635. htm？ from = groupmessage，最后访问日期：2023 年 9 月 23 日。

③ 参见《“十四五”软件和信息技术服务业发展规划》解读，载中华人民共和国中央人民政府网，https：//www. gov. cn/zhengce/2021 －12/01/content_5655200. htm，最后访问日期：2023 年 9 月 23 日。

软件、新兴平台软件大多基于开源，开源软件已经成为软件产业创新源泉和“标准件库”。同时，开源开辟了产业竞争新赛道，基于全球开发者众研众用众创的开源生态正加速形成。在“指导思想”中指出，要“加快繁荣开源生态”，总体要求到2025年，“建设2—3个有国际影响力的开源社区，培育超过10个优质开源项目”。“繁荣国内开源生态”被列为“主要任务”，具体为，大力发展国内开源基金会等开源组织，完善开源软件治理规则，普及开源软件文化。加快建设开源代码托管平台等基础设施。面向重点领域布局开源项目，建设开源社区，汇聚优秀开源人才，构建开源软件生态。加强与国际开源组织交流合作，提升国内企业在全球开源体系中的影响力。

（三）行业层面发布的政策文件

以金融行业为例，北京金融科技产业联盟在2021年发布的《金融机构开源软件应用情况调研报告（2020年）》中指出，调研数据显示，90%被调研金融机构已广泛应用和试用开源软件，其中，5%的机构已将开源软件作为主要软件来源，26%的机构（股份制商业银行为主）已有一定规模应用。金融机构选用开源软件的首要原因是开源软件产品及方案选型丰富、有效避免技术垄断、采购成本低。①

开源技术在金融业各领域得到广泛应用，在推动金融机构科技创新和数字化转型方面发挥着积极作用，但也面临安全可控等诸多挑战。②《金融机构开源软件应用情况调研报告（2020年）》调查发现，7成以上的金融机构仅通过采购外部法律服务和通过成立兼职法律团队应对合规风险；仅有6%的机构成立了专职法律法规团队应对开源合规风险。金融机构已建立“开源管理办公室”或类似专职管理团队的不足2成。③

面对金融机构广泛使用开源软件技术，但风险防控能力不足的问题，2021年10月，中国人民银行办公厅、中央网络安全信息化委员会办公室秘书局、工业和信息化部办公厅、中国银行保险监督管理委员会办公厅、中国证券监督管理委员会办公厅联合发布《关于规范金融业开源技术应用与发展的意见》。文件提到

---

① 参见《金融机构开源软件应用情况调研报告（2020年）》，载https：//www. bfia. org. cn/upload/file/20220107/19786782201071404002. pdf，最后访问日期：2023年9月23日。

② 参见《五部门联合发文：规范金融业开源技术应用与发展》，载http：//finance. people. com. cn/n1/2021/1021/c1004－32259696. html，最后访问日期：2023年9月23日。

③ 参见《金融机构开源软件应用情况调研报告（2020年）》，载https：//www. bfia. org. cn/upload/file/20220107/19786782201071404002. pdf，最后访问日期：2023年9月23日。

金融机构在使用开源技术时应遵循以下原则：（1）坚持安全可控。金融机构应当把保障信息系统安全作为使用开源技术的底线，认真开展事前技术评估和安全评估，堵塞安全漏洞，切实保证技术可持续和供应链安全，提升信息系统业务连续性水平。（2）坚持合规使用。金融机构应当遵循开源技术相关法律和许可要求，合规使用开源技术，明确开源技术的使用范围和使用的权利与义务，保障开源技术作者或权利人的合法权益。（3）坚持问题导向。鼓励金融机构有针对性地选择和使用开源技术，建立开源技术使用问题发现、反馈、解决等闭环机制，推动开源技术不断迭代升级。（4）坚持开放创新。鼓励金融机构重视开源技术应用与发展，积极参与国际国内开源技术社区建设，汲取先进技术，贡献中国智慧，培育适合金融场景的开源产业链，提升开源技术话语权。①

二、域外开源发展政策简介

（一）美国的开源政策

2004 年，美国联邦金融机构审查委员会发布了《开源软件风险管理指引》，要求金融机构在采用开源软件时参照该指引加强风险管理。

2016 年 8 月 8 日，美国政府发布的“联邦源代码政策”（Federal Source Code Policy）指出，联邦政府每年花费在软件采购上的预算超过 60 亿美元，政府使用的软件包含专有软件、开源软件或者混合了开源代码的软件。当一个政府部门发现无法从现有的政府或者商业软件解决方案中获得所需要的功能时，其倾向于自行定制开发或者付费定制开发，但是当这一定制开发成果完成后，政府部门没有足够的积极性将这个新的定制软件提供给联邦政府的其他部门继续使用，因而造成了财政的浪费。为了解决这个问题，“联邦源代码政策”制定了一项试点计划，要求政府机构在委托定制新的软件时，将不少于 20% 的新开发的源代码以开源软件的形式公开发布，并且要求开源至少 3 年。② 这一试点计划还有让广泛的开源社区用户实施代码并且对软件进行改进的优势。

---

① 《关于规范金融业开源技术应用与发展的意见》（银办发〔2021〕146 号）。

② See OMB M－16－21. Federal Source Code Policy：Achieving Efficiency，Transparency，and Innovation through Reusable and Open Source Software. August 2016，载 https：//obamawhitehouse. archives. gov/sites/default/files/omb/memoranda/2016/m_16_21. pdf，最后访问日期：2023 年 9 月 23 日。转引自隆云滔、王晓明等：《国际开源发展经验及其对我国开源创新体系建设的启示》，载《中国科学院院刊》2021 年第 12 期。

（二）欧盟的开源政策

据欧盟委员会“开源观测”项目2020年发布的分析报告，欧盟成员国过去20年来共出台了不少于75份政策文件（如政府计划、战略文件等）和25份法律文件（如议会决议、法律、法规等）以推动开源发展；其中，有25份政策文件和6份法律文件专门针对开源软件而制定，其他文件则是在其数字化议题中提到了开源。欧美国家政府促进开源发展的政策主要包括：推动政府软件开源和公共数据开放、引导业界关注开源风险等。①

2020年10月21日，欧盟委员会批准了新的《开源软件战略2020—2023》（Open Source Software Strategy 2020—2023）。这一战略以“开放思考”（Think Open）为主题，提出了鼓励和利用“开源及其原则和开发实践”的“变革、创新和协作力量”的愿景。它促进软件解决方案、知识和专业知识的共享和重用，以提供更好的服务，造福社会并降低社会成本。欧盟委员会承诺不仅在IT等实际领域，而且在具有战略意义的领域增加对开源的使用。开源软件战略的实施将遵循6项原则：开放思考、变革、共享、贡献、安全、掌控。在实践中，委员会旨在加强主要基于开源原则的内部工作文化，并通过以下具体行动实现该战略的目标：在委员会设立开源项目办公室；设置并提升内部源默认值；增强软件存储库；修改软件分发实践；通过开源实验室实现和创造创新；发展技能和招聘专业知识；加强对社区的宣传；将开源融入内部IT治理；确保开源软件的安全；激励和促进内在开源。②

2021年9月，欧盟发布了一篇名为《研究开源软件和硬件对欧盟经济技术独立性、竞争力和创新的影响》（Study about the Impact of Open Source Software and Hardware on Technological Independence，Competitiveness and Innovation in the EU Economy）。文章指出：“开源越来越多地应用于数字技术。这需要深入分析其当前在欧洲经济中的角色、地位和潜力。过去十年来，开源软件已成为软件行业各个领域的主流。相反，开源硬件的成熟度目前似乎要低得多。然而，职业安全与健康的商业生态系统正在快速发展。如果开源硬件要遵循与开源软件相同的

① 参见隆云滔、王晓明等：《国际开源发展经验及其对我国开源创新体系建设的启示》，载《中国科学院院刊》2021年第12期。

② See Open source software strategy 2020—2023，载 https：//commission. europa. eu/about - european - commission/departments - and - executive - agencies/informatics/open - source - software - strategy_en，最后访问日期：2023年9月23日。

发展方向，它可能会成为未来物联网（IoT）、计算以及数字十年末欧洲工业数字化转型的基石。”①

第二节 开源相关的法律法规体系

一、基础法律规则

根据本书第 1 章的分析和援引的案例，开源协议的法律性质是一种预先拟定的著作权许可合同，开源协议约束的双方或多方，在本质上仍处于平等的民事法律关系中，因此与开源软件（许可证）相关的基础法律是规范民事合同关系的《民法典》。下文将对《民法典》中与开源软件（许可证）相关的几个重要条款进行针对性的解读。

（一）一种以默示方式作出的意思表示

开源许可证通常具有使用开源软件即代表使用者默认接受开源许可证约束的规定，与之对应的是《民法典》第 140 条第 1 款的规定，“行为人可以明示或者默示作出意思表示”。通常而言，视为接受开源许可证的行为起点是开发者复制、修改、分发开源软件。因此，当开源软件的使用者复制、修改、分发开源软件时，就视为以默示的方式作出接受开源许可证约束的意思表示，与开源软件的著作权人之间达成合同关系。

（二）通常情况下有效的格式条款

开源许可证通常是由开源软件的著作权人选择或者草拟的格式文本，尽管开源许可证也存在一定的更新周期，但是通常对于一个特定的开源软件而言，其适

① See Study about the impact of open source software and hardware on technological independence, competitiveness and innovation in the EU economy，载 https：//digital – strategy. ec. europa. eu/en/library/study – about – impact – open – source – software – and – hardware – technological – independence – competitiveness – and，最后访问日期：2023 年 9 月 23 日。

用的许可证是唯一且相对稳定的。因此开源许可证符合《民法典》第496条第1款的规定，是一种“当事人为了重复使用而预先拟定，并在订立合同时未与对方协商的条款”。开源许可证属于格式合同已经成为我国司法实践的共识。

但是格式合同存在被认定为无效的可能性，《民法典》第497条规定，具有下列情形之一的，该格式条款无效：“（一）具有本法第一编第六章第三节和本法第五百零六条规定的无效情形；（二）提供格式条款一方不合理地免除或者减轻其责任、加重对方责任、限制对方主要权利；（三）提供格式条款一方排除对方主要权利。”开源许可证通过要求开源软件的使用者履行一定的开源义务，换取免费的对开源代码的著作权许可，已经形成了一种软件开发领域的惯例，因此对于主流的开源协议，目前尚未有司法判例认定开源许可证的约定属于“不合理”的先例。

二、专门法律规则体系

（一）著作权法

计算机软件可以通过《著作权法》进行保护，开源软件亦是如此。大部分开源软件都会附带版权声明，向开发者展示软件的著作权人以及软件的创作时间。《著作权法》第3条规定，“本法所称的作品，是指文学、艺术和科学领域内具有独创性并能以一定形式表现的智力成果，包括：……（八）计算机软件”。开源软件采用《著作权法》保护最为快速，在开源软件创作完成时便自动获得了《著作权法》的保护，并且著作权登记的形式要求也较为简单，开源软件的权利人往往可以通过一个简单的著作权登记证书就可以对开源软件进行维权。例如，在济宁市罗盒网络科技有限公司、广州市玩友网络科技有限公司等侵害计算机软件著作权纠纷案中，原告罗盒网络科技有限公司就举证了涉案开源软件的计算机软件著作权登记证书以证明其对涉案软件享有著作权。

大部分开源许可证均要求在使用开源软件时，必须保留开源软件的著作权声明，这一要求即反映出开源这种软件开发模式对开源软件原始作者的署名权的尊重。例如，Apache 2.0开源许可证中第4条（c）项，要求开发者在以源代码的形式重新分发开源代码时，必须原封不动地保留原始作品源代码中的著作权、专利、商标和权利归属声明。

如果开源软件的使用者使用了开源软件，却删除了开源软件的著作权声明，将被视为一种严重的违反开源许可证的行为，轻者会受到开源社区的舆论声讨，严重时则可能招致著作权诉讼。

（二）专利法

《著作权法》对于软件的保护并不是完整的，由于著作权只保护表达而不保护思想，计算机软件的创新之处又恰恰在于其解决问题的算法和思想，因此尽管通过著作权保护计算机软件已经成为一种通行的做法，但是在实践操作中对于开源软件的法律保护往往是多维度的，除《著作权法》外，还可能涉及《专利法》《商标法》等。

不同于《著作权法》直接保护软件的源代码，《专利法》保护的是基于计算机软件的技术方案。专利对于计算机软件的保护程度较著作权的保护程度更高，一旦计算机软件被授予专利权后，其他计算机软件开发者再开发与已取得专利权的软件表现方式或思想相同或相似的计算机软件将被认定为侵权。但是专利申请的步骤相对于著作权登记而言则更为烦琐，申请程序一般需要两到三年才能完成，这一时间可能已经超出计算机软件本身的淘汰周期。

开源组织对软件专利的看法不一，如 Apache 2. 0 开源许可证，就明确表示将会授予开发者开源软件的专利许可，而有一些开源许可证则只存在著作权的许可，如 BSD 许可证。笔者倾向于认为，开源许可证对于专利的许可应当通过明确约定的形式作出，如果一个开源许可证没有约定授予使用者开源软件的专利许可，则应采取保守态度，视为该许可证没有授予专利许可，对相应开源软件的使用行为可能会存在专利侵权的风险。GNU 组织的创始人 Richard Stallman 也撰文指出“软件专利就像地雷一样：你的每个设计决策都存在踩踏到专利的风险，这可能会毁掉你的项目”。①

（三）商标法

开源软件合规与《商标法》的交集主要是开源组织、基金会、开源许可证与开源软件的著作权人的商标和标识。通常而言，开源许可证不会授予开发者商标的许可，因此开源软件的开发者不得使用与开源软件相关的商标或商业标识。例如，Apache 2. 0 许可证第 6 条就规定：“本许可不授予使用许可方的商号、商标、服务标志或产品名称的许可，除非在描述作品的来源和复制 NOTICE 文件的内容

---

① 参见《与软件专利作斗争——个别斗争与总体斗争》，载 https：//www. gnu. org/philosophy/fighting - software - patents. zh - cn. html，最后访问日期：2023 年 9 月 24 日。

时出于合理和习惯使用的需要。”①

（四）反不正当竞争法

开源软件合规与《反不正当竞争法》可能的交集主要在于商业秘密保护与混淆行为。就商业秘密保护而言，由于开源软件将直接对外公开软件作品的源代码，相应的软件的表达和思想均将暴露在公众的视野中，因此将软件作为开源软件进行发布属于《反不正当竞争法》第9条第1款第3项规定的“披露”行为，如果没有取得软件权利人的允许，则可能构成对软件权利人商业秘密的侵犯。

通过《反不正当竞争法》对混淆行为的规制属于对《商标法》不能保护的竞争性权益的兜底保护。《反不正当竞争法》第6条规定：“经营者不得实施下列混淆行为，引人误认为是他人商品或者与他人存在特定联系：（一）擅自使用与他人有一定影响的商品名称、包装、装潢等相同或者近似的标识；（二）擅自使用他人有一定影响的企业名称（包括简称、字号等）、社会组织名称（包括简称等）、姓名（包括笔名、艺名、译名等）；（三）擅自使用他人有一定影响的域名主体部分、网站名称、网页等；（四）其他足以引人误认为是他人商品或者与他人存在特定联系的混淆行为。”如果开源软件的使用者未经许可使用的并非开源软件权利人的企业名称或者已经构成有一定影响的商品名称的软件名称，那么可能会存在违反《反不正当竞争法》的风险。

三、行政法规、部门规章体系

国务院于2001年12月20日颁布了《计算机软件保护条例》，该条例自2002年1月1日起开始实施；根据2011年1月8日《国务院关于废止和修改部分行政法规的决定》进行第1次修订；根据2013年1月30日《国务院关于修改〈计算机软件保护条例〉的决定》进行第2次修订。《计算机软件保护条例》的主要目的在于调整计算机软件在开发、传播和使用中发生的利益关系，鼓励计算机软件的开发与应用。由于计算机软件是网络时代和数字时代创新驱动的重要工具，而计算机技术与大众的生活存在一定的认知门槛，因此《计算机软件保护条例》有助于解释司法实践中常见的计算机技术与法律的疑难问题，如《计算机软件保护条例》明确了计算机程序、文档等相关技术性概念的含义；软件开发者与软件著作权人的主要区别；软件著作权人的主要权利；合作开发软件、委托开发软件、

---

① Apache license 2.0 第6条。

接受任务开发软件、职务开发软件的权利归属；软件的合法复制品所有人享有的权利；侵犯软件著作权的法律责任等。

开源软件也符合《计算机软件保护条例》对计算机软件的定义：为了得到某种结果而可以由计算机等具有信息处理能力的装置执行的代码化指令序列，或者可以被自动转换成代码化指令序列的符号化指令序列或者符号化语句序列，开源软件的著作权人根据《计算机软件保护条例》的规定可享有发表权、署名权、修改权、复制权、发行权、出租权、信息网络传播权、翻译权、应当由软件著作权人享有的其他权利 9 项权利。

四、国家标准

开源相关的法律法规体系从广义上来说还包含一些国家标准。例如，国家标准化管理委员会主管，全国信息技术标准化技术委员会归口的国家标准《信息技术　开源　开源许可证框架》正处于审查阶段，这一标准旨在提供规范、完善的开源许可证框架，解决目前开源许可证之间差异较大无统一规范、广大开源参与者难以理解开源许可证、一些开源许可证对被许可方责任和义务的表述不够完善等问题，帮助开源参与者对现有开源许可证的理解和分析，进一步指导中国开源许可证的制定和完善，降低业界力量参与开源的风险，减少知识产权等法律纠纷，推动我国开源技术和产业持续健康发展，促进国内外开源的交流和合作。①

《信息技术　开源　开源许可证框架》给出了常见的开源许可证的总体框架，用于指导开源许可证的使用及新开源许可证的编制，围绕许可证基本信息、许可证序言以及许可证涉及的具体条款与条件，给出了各条款维度的含义和组成要素，并结合现有开源许可证的内容，明确了各条款维度在使用中的基本要求，通过总结共性和差异，梳理了开源许可证的必选条款和可选条款；最后提供了基于本标准研制的两种不同类型的开源许可证实例。②

除《信息技术　开源　开源许可证框架》之外，还有《金融行业开源软件测评规范》。

---

① 参见《开源许可证框架》，载全国标准信息公共服务平台，https：//std. samr. gov. cn/gb/search/gbDetailed? id = AA117BCAB2EFB2CCE05397BE0A0AD65F，最后访问日期：2023 年 9 月 23 日。

② 参见《开源许可证框架》，载全国标准信息公共服务平台，https：//std. samr. gov. cn/gb/search/gbDetailed? id = AA117BCAB2EFB2CCE05397BE0A0AD65F，最后访问日期：2023 年 9 月 23 日。

五、行业标准

除了国家标准外，开源社区亦有自身的标准化体系，例如，中国开源云联盟已经发布有《信息技术　开源　开源治理框架与能力模型（征求意见）》《信息技术　开源　开源概览与术语（征求意见）》等多项行业标准或团体标准。①

又例如，中国信息通信研究院（以下简称中国信通院）制定了可信开源标准体系，包含可信开源社区、可信开源项目的评价标准。阿里巴巴的开源项目OceanBase已经通过云计算开源产业联盟（OSCAR）专家评审，成为首批获得可信开源社区、可信开源项目两项评估认证的数据库。②

第三节 开源的技术生态

本节将围绕开源与现有的前沿科技的关系展开，进一步说明开源技术在现有的众多前沿科技领域的重要性，开源技术与前沿技术相结合的紧密程度，从而从侧面说明开源合规的重要性。

一、开源与大数据

2023年2月，国内最大的开源代码托管平台Gitee发布《2022中国开源开发者报告》，该报告分为3个部分，第一部分为“前沿开源技术领域解读”，其中分别介绍了开源云原生、开源AI、开源大前端、开源大数据、开源DevOps、RISC－V、开源操作系统、开源数据库、编程语言9大技术板块。③

在开源大数据板块，《2022中国开源开发者报告》提到，近几年，数据技术

---

① 中国开源云联盟发布的标准详见https：//www. coscl. org. cn/event. html，最后访问日期：2023年9月23日。

② 参见《OceanBase成为信通院首批可信开源社区、可信开源项目》，载阿里云，https：//developer. aliyun. com/article/938088，最后访问日期：2023年9月23日。

③ 参见《2022中国开源开发者报告》，载https：//blog. gitee. com/2023/02/06/report/，最后访问日期：2023年9月24日。

快速发展，技术栈逐渐成熟，从新一代数据源体系到数据处理体系，再到数据分析、AI 算法体系，数据技术逐步相互融合、相互支持形成有机整体。OLAP、数据湖、数据集成、DataOps、MLOps 等领域变得更加火热。未来，大数据技术会沿着异构计算、批流融合、云化、兼容 AI、内存计算等方向持续更迭。①

《2022 中国开源开发者报告》还引用 Apache 基金会成员郭炜的观点，指出："2021 年，美国硅谷最火爆的词汇就是现代数据栈（Modern Data Stack，MDS），它们是以云原生、开源为背景的一系列全新数据技术引擎。相对于传统的闭源、私有化的数据技术来讲，现代数据栈凭借其开放性及公有云的 SaaS 服务快速得到了大量企业用户的认可。现代数据栈分为若干层次，每个层次相互支持，相互协助，形成一个有机的整体。企业使用的时候，很容易就能利用 SaaS 模式将其整合到一起解决企业数据问题。而开源模式，又给 MDS 生态加入了新的活力，快速发展社区的同时让上下游快速出现新的合作。近几年，国内出现了大量的开源数据技术。2022 年，这些技术形成了具有上下游的有机集合体，从新一代数据源体系到数据处理体系，再到数据分析、AI 算法体系，逐步相互融合、相互支持形成有机整体。"②

二、开源与云计算、云原生

中国信通院发布的《云计算白皮书（2022 年）》显示，我国云计算市场持续高速增长。2021 年中国云计算总体处于快速发展阶段，市场规模达 3229 亿元，较 2020 年增长 54.4%，其中，公有云（Public Cloud）市场规模增长 70.8% 至 2181 亿元，私有云（Private Cloud）市场突破千亿元大关，同比增长 28.7% 至 1048 亿元。③

云计算是一种通过互联网提供计算资源和服务的技术模型。它允许用户通过互联网访问可用的计算资源，如虚拟机、存储、数据库、网络、开发工具和应用程序等，而无须拥有或管理这些资源的物理设备。

---

① 参见《2022 中国开源开发者报告》，载 https://blog.gitee.com/2023/02/06/report/，最后访问日期：2023 年 9 月 24 日。

② 参见 https://gitee.com/report/china-open-source-2022/advanced-technology#big-data，最后访问日期：2023 年 9 月 24 日。

③ 参见《云计算白皮书（2022 年）》，载贵州省大数据发展管理局网，https://dsj.guizhou.gov.cn/xwzx/gnyw/202207/t20220722_75668850.html，最后访问日期：2023 年 9 月 24 日。

传统上，企业或个人需要购买、配置和维护自己的硬件和软件来满足计算需求。但云计算改变了这种模式，使用户能够将计算工作交给云服务提供商处理。这些服务提供商管理着大规模的数据中心，用于存储和处理用户的数据和应用程序。云计算在现代信息技术领域扮演着至关重要的角色，它为企业、开发者和个人提供了强大的计算能力和灵活性，促进了创新和业务的发展。

云计算的主要特点包括：（1）按需部署与计费：用户可以根据自己的需求自动获取所需的资源，并且按照实际使用的资源量付费，无须人工干预；（2）广泛的网络访问：通过互联网，用户可以从任何地点和设备访问云服务，获取服务的便利性大大提高；（3）资源池共享：目前市场上大多数 IT 资源，软、硬件都支持虚拟化，比如存储网络、操作系统和开发软、硬件等，虚拟化要素统一放在云系统资源虚拟池当中进行管理，使云计算具有极高的兼容性，可以兼容不同配置、不同厂商的硬件产品，还能够外设获得更高性能计算①；（4）快速弹性扩展：用户可以根据需要快速扩展或缩减计算资源，实现弹性的计算能力。②

云计算通常分为三种部署模式：（1）公有云：这是由云服务提供商向公众提供云服务，资源在多个客户间共享的模式，如 Amazon Web Services（AWS）、Microsoft Azure 等，用户通过互联网进行访问；（2）私有云：私有云是在企业内部部署和管理的云基础设施，用于满足特定组织的需求，提供更高的安全性和定制性；（3）混合云（Hybrid Cloud）：混合云结合了公有云和私有云的特性，允许数据和应用程序在不同云之间进行迁移，以实现更大的灵活性和数据控制功能。

云原生（Cloud Native）是一种软件开发和交付的方法论，旨在充分利用云计算的优势和特性。它强调将应用程序设计、构建和部署在云环境中，以最大程度地发挥云计算的弹性、可伸缩性、可靠性和高可用性等特点。

云原生的主要特征是：（1）容器化：云原生应用程序通常使用容器化技术（如 Docker）进行打包和部署，从而实现环境的一致性，并方便跨多个平台和云服务提供商进行移植；（2）微服务架构：应用程序被拆分成更小、更独立的部分，每个部分都是一个独立的微服务，这样的架构有利于快速开发、部署和维

---

① 参见《云计算是什么？云计算有什么特点?》，载 https：//www. huaweicloud. com/zhishi/edit - 582228. html，最后访问日期：2023 年 9 月 24 日。

② 参见《云计算的特点都有哪些》，载 https：//worktile. com/kb/p/54400，最后访问日期：2023 年 9 月 4 日。

护，并允许不同团队并行开发不同的微服务；（3）动态管理：云原生应用程序通过自动化和自我治理来实现动态管理，它们可以根据负载和需求自动扩展或缩减，从而确保高性能和高可用性；（4）故障容忍：云原生应用程序被设计为可以在云环境中容忍故障，它们利用多个实例和负载均衡来确保即使发生故障，也能继续提供服务；（5）持续交付：云原生开发中的自动化流程使得持续集成、持续交付和持续部署成为可能，从而加快了应用程序的发布和更新速度。

总体来说，云计算是一种计算资源的交付模型，其强调的是基础设施层面的灵活性和资源共享。而云原生是一种针对于软件开发和交付的方法论，强调的是应用程序的设计和构建方式，使得应用程序能够充分利用云计算的特性。云原生着重于容器化、微服务架构、动态管理、故障容忍和持续交付等概念，以提高应用程序的可靠性、弹性和可扩展性。云计算为云原生提供了基础设施和资源支持，而云原生则充分利用云计算的特性来打造现代化的应用程序架构。

许多云原生的理念和实践都依赖于开源软件，这些开源软件提供了支持云原生的关键技术和工具。首先，部分作为云原生基础设施的云计算平台就是开源项目，如 OpenStack。OpenStack 是由美国国家航空航天局（NASA）和 Rackspace 合作研发，由 Apache 许可的开源项目，成立于 2010 年，是当时第一个开源的云计算平台项目。运行至今已有来自 100 多个国家的数万名个人和 200 多家企业参与到 OpenStack 的开发中，如 NASA、华为、谷歌、惠普、Intel、IBM、微软等。这些机构与个人将 OpenStack 作为基础设施即服务资源的通用前端。①

其次，云原生应用通常使用容器化技术进行打包和部署，使用容器编排系统进行管理和自动化。这些关键技术也都是开源项目，由开源社区进行维护和改进，如容器化技术 Docker 是一个开源的应用容器引擎，基于 Go 语言，并遵从 Apache2. 0 协议开源。Docker 可以让开发者打包应用以及依赖包到一个轻量级、可移植的容器中，然后发布到任何流行的 Linux 机器上，也可以实现虚拟化。Docker 可用于开发应用、交付应用、运行应用等场景。② 又例如容器编排系统 Kubernetes，其由 Google 开发，2014 年其代码被捐赠给了 Linux 基金会，成为一个开放的社区项目，并同样采用 Apache 2. 0 许可证。开源软件的灵活性和广泛社

---

① 参见《什么是 OpenStack?》，载 https：//info. support. huawei. com/info - finder/encyclopedia/zh/OpenStack. html，最后访问日期：2023 年 9 月 24 日。

② 参见《开发者们，Docker 到底是什么，能干什么?》，载 https：//ost. 51cto. com/posts/16060，最后访问日期：2023 年 9 月 24 日。

区支持为云原生应用的开发和运维提供了便利。

最后，云原生社区倡导开源文化，鼓励开发者共享代码和经验，促进创新和合作。在云原生领域，很多开源项目得到广泛采用，同时，很多公司和组织也积极参与到开源社区中，共同推动云原生技术的发展。

总的来说，云原生和云计算技术是相辅相成，互相促进发展的。云计算技术为云原生提供了基础设施，而云原生通过开源软件和开源文化推动了云计算技术的进步和创新。这种紧密结合促使云原生在现代应用开发和交付中扮演着越来越重要的角色。

三、开源与人工智能

人工智能软件在发展初期仅有少量的开源软件产品，21 世纪以来，以 OpenCV（2000 年）和 NLTK（2001 年）为代表的人工智能开源项目开始带动人工智能开源生态的发展，并在接下来的数十年中引领出现了一大批世界知名的人工智能开源项目，如 2011 年由 GoogleBrain 团队创建的 DistBelief 项目（TensorFlow 前身，于 2015 年正式开源 TensorFlow），2013 年在 UCBerkely 发布的 Caffe，2014 年发布的 Apache 基金会顶级项目 MLlib，2016 年发布的 PyTorch 等。①

《2022 中国开源开发者报告》指出：开源支撑着 AI 的创新与发展，使得 AI 标准化和规模化趋势开始成型。从框架开源，数据集、算法开源，再到模型开源，开源极大推动了 AI 在技术、应用等方面的发展。更重要的是，开源模式使得 AI 标准化和规模化趋势开始成型，从算法的标准化开始，带来了软件标准化的机会，而硬件、技术平台、最佳实践也在标准化。开源打破了很多技术壁垒，从框架开源到模型开源，必将进一步推动软件 2.0 时代 AI 技术的普惠化。未来，任何一家传统企业即使没有专业的 AI 科学家，借助这些开源工具和模型也能获得 AI 的能力。②

2023 年 1 月，行业研究机构 Omdia 发布《中国人工智能框架市场调研报告》，调研显示，2021 年全球人工智能软件市场规模达到 370 亿美元，预计到

① 参见《2022 OpenI 启智社区人工智能开源发展报告》，载 https：//openi. org. cn/html/2023/dongtai_0324/684. html，最后访问日期：2023 年 9 月 24 日。

② 参见 https：//gitee. com/report/china – open – source – 2022/advanced – technology#AI，最后访问日期：2023 年 9 月 24 日。

2027 年，全球人工智能软件市场规模将增长到 1423 亿美元。

“人工智能框架”是算法模型设计、训练和验证的一套标准接口、特性库和工具包。人工智能框架通过对深度学习算法进行模块化的封装，面向开发者提供简单的开发界面和高效的执行平台，通过标准化的流程训练、调优、部署、测试和监控模型，在人工智能行业处于核心地位。几乎所有人工智能项目，包括商业和学术项目，都是建立在一个或多个人工智能框架之上，如 TensorFlow、PyTorch 等，而这些人工智能框架大部分是开源的。①

在人工智能开源领域，我国也处在快速发展的轨道上，越来越多的国产优秀开源项目在世界范围也得到了广泛认可。

在软件环境方面，有启智 AI 开发协作平台启智磐石（AIForge），AIForge 是一个在线 Web 应用，旨在为人工智能算法、模型开发提供在线协同工作环境，它提供了代码托管、数据集管理与共享、免费云端算力资源支持（GPU/NPU）、共享镜像等功能，其采用 MIT 开源许可证授权。②

在人工智能开源框架方面，有百度的飞桨 PaddlePaddle、华为的昇思 MindSpore 等开源项目。

飞桨 PaddlePaddle 以百度多年的深度学习技术研究和业务应用为基础，是中国首个自主研发、功能完备、开源开放的产业级深度学习平台，集深度学习核心训练和推理框架、基础模型库、端到端开发套件和丰富的工具组件于一体。目前，飞桨 PaddlePaddle 有累计开发者 535 万人，服务企业 20 万家，基于飞桨 PaddlePaddle 开源深度学习平台产生了 67 万个模型③。

昇思 MindSpore④ 是华为公司开源的覆盖端边云全场景的新一代开源 AI 框架，旨在实现易开发、高效执行、全场景覆盖 3 大目标，源于全产业的最佳实践，最佳匹配 AI 处理器算力，支持端、边、云全场景灵活部署，开创全新的 AI

---

① 参见《中国人工智能框架市场调研报告》，载 https：//omdia. tech. informa. com/ –/media/tech/omdia/marketing/commissioned – research/pdfs/china – ai – frameworks – market – report – 2023_. pdf?rev = 17271213af9941638fa33796b1074944，最后访问日期：2023 年 9 月 24 日。

② 参见启智磐石 AIForge 官网，载 https：//openi. org. cn/projects/forge/，最后访问日期：2023 年 9 月 24 日。

③ 参见 https：//gitee. com/paddlepaddle/Paddle，最后访问日期：2023 年 9 月 24 日。

④ 参见 https：//gitee. com/mindspore/mindspore，最后访问日期：2023 年 9 月 24 日。

编程范式，降低 AI 开发门槛，推动人工智能软硬件应用生态繁荣发展①。

在模型及工具类人工智能开源软件方面，以鹏城实验室为首的联合团队在基于国产芯片昇腾 910 的 E 级智能算力平台——鹏城云脑 II 上训练了全球首个全开源（适用 Apache 2.0 许可证）2000 亿参数自回归中文预训练语言大模型——鹏程·盘古，其先后突破了 100TB 级中文语料清理评估大数据平台、随机顺序自回归中文语言模型算法、国产 E 级智算平台软硬件协同优化、大规模分布式训练与图算融合、多任务小样本学习等关键技术，成功研制出全球首个 2000 亿参数中文预训练语言模型。②

① 参见《2022 OpenI 启智社区人工智能开源发展报告》，载 https：//openi.org.cn/html/2023/dongtai_0324/684.html，最后访问日期：2023 年 9 月 24 日。

② 参见 https：//openi.org.cn/pangu/，最后访问日期：2023 年 9 月 24 日。

第三章 开源软件与开源协议合规

本章将正式开始介绍本书的主题：开源软件和开源协议的合规内容。开源软件的属性是受知识产权法保护的软件作品，其受到著作权法、专利法、商标法的保护。因此，如上一章所言，开源软件具有完整的知识产权法律保护体系，开源软件的使用必须满足合法性、合规性的条件。本章将从整体视角，对开源软件和开源协议的总体合规要求和方案进行阐述。

第一节 开源合规的必要性

一、开源软件相关的法律风险

考虑到开源软件面向不特定的开发者，因此开源软件的作者通过为开源软件选择特定的开源许可证来管理开源软件的授权许可可以节约极大的管理成本。开源软件许可证是维系开源软件作者和开源软件使用者的法律纽带，如果使用者遵守开源许可证，则可以获得软件的著作权许可，部分许可证还赋予使用者开源软件的专利许可。如果使用者不遵守开源许可证，则会导致侵权和违约的竞合，即违反开源许可证的行为既会构成对开源软件著作权的侵犯，也会构成对开源许可证这一软件许可合同的违约。

（一）开源软件的侵权法律风险

就违反开源许可证的侵权法律风险来说，分别存在著作权侵权风险、专利侵权风险和商标侵权风险。

开源软件在性质上是受到法律保护的计算机软件作品，故而其首先受到著作权相关法律法规的保护。开源软件并不因其公开了软件的源代码，就丧失了著作权法的保护，对于违反开源许可证的软件使用行为，其侵权本质与未经许可使用商业闭源软件无异。举例而言，如果软件的使用者将开源软件原样复制到了自己的软件中，在未经过开源许可证许可的情况下，即属于侵犯复制权的行为。如果使用者删除了开源软件自带的版权声明，则属于侵犯软件署名权的行为，如果使用者将开源软件进行修改后添加到自己的软件中，则可能构成侵犯开源软件的修改权的行为。

专利侵权风险在实践中会分成几种不同的情况：首先，如果开源软件的作者对软件申请了专利，而后将这个软件开源，如果其选择了具有专利许可的开源许可证，则开源软件的使用者在不违反开源许可证的情况下，将获得开源软件的专利许可，但是如果使用者违反了许可证，那么开源软件的专利权人也可以向其主张专利权侵权。其次，同样基于开源软件的作者对开源软件申请了软件专利的假设，如果软件的专利权人没有在开源许可证中授予专利许可，而是选择了一个没有专利许可的许可证，则默认权利人并未做出专利许可行为，软件的使用者在遵守开源许可证的前提下，也仅能获得软件著作权的授权，而无法获得专利权的授权，因此同样会存在开源软件的专利权人在日后对软件的使用者主张专利权的风险。但是通常来说，这一情形发生的概率较低，因为在开源软件的专利权人和著作权人通常系同一主体的情况下，一方面授予开源软件的使用者著作权许可，另一方面却又对著作权许可的行为主张专利权侵权，违反诚实信用原则，有违开源软件的初衷。因此这一侵权风险具有理论上的可能性，在实践中发生的可能性较小。最后，开源软件的专利侵权风险还有可能来自于软件的瑕疵代码。尽管开源许可证由 OSI 的背书保证其官方性和唯一性，但是每个具体的开源软件却没有一个官方机构为其权利的清洁性背书。相反，大部分开源许可证都包含有免责声明和无担保声明，以保护开源软件的作者。部分免责声明的保护范围之宽，以至于开源软件的作者无须对开源软件的代码的清洁性做出任何的担保和承诺。因此，开源软件的使用者即便严格遵循开源许可证的要求使用开源软件，依然需要面临开源代码本身可能侵犯第三方专利权的固有风险。除开源软件本身可能含有专利瑕疵代码外，开源软件在更新的过程中，吸收的开发者的“贡献”也可能含有专利瑕疵代码。

开源软件的侵权法律风险还包含侵犯商标权的法律风险。开源软件、开源许可证、开源软件管理组织的标识、名称、图形等识别符号可能是已经注册的商标，开源软件的使用者如果未经同意将前述识别符号进行商标性的使用，则极可能侵犯开源软件相关权利人的商标权。

（二）开源软件的违约法律风险

开源许可证的法律性质是格式的知识产权许可合同，因此开源软件的使用者违反开源许可证的义务也是一种合同违约行为。违反许可证规定的直接后果是知识产权许可的终止。例如，GPL v2 许可证第 4 条规定：“除了本许可证明确规定的情况外，你不得复制、修改、分许可或分发本程序。任何其他试图复制、修改、分许可或分发本程序的行为都是无效的，并将自动终止你在本许可证下的权利。”① 其含义即为，使用者必须在接受许可证义务并且履行许可证义务的前提下才能获得知识产权的许可，如果不接受许可证的约束或者违反相关义务，“试图复制、修改、分许可或分发本程序的行为”将是无效的，即缺乏权利人的授权，构成侵权行为。同时，使用者在许可证项下的权利也将自动终止。

但是大部分开源许可证考虑到开发者可能并不是法律层面的专业人士，并且为了促进开源软件在最大限度上能够传播与分享，往往会在开源许可证中约定违约行为的纠正条款，赋予违约方一定的期限纠正违约行为。例如，GPL v3 第 8 条规定，违约方如果停止违反许可证的行为，则其从版权所有者处获得的许可将暂时恢复，在许可暂时恢复的 60 天之内，开源软件的权利人仍有权向违约方发送终止许可的通知，但是如果超过 60 天，权利人仍然没有发送终止许可的通知，那么违约方的许可就将永久恢复。②

另外需要注意的是，上游开发者的违约行为通常不会导致下游开发者的许可的无效。由于开源软件的开发流程是一个不断累积前人贡献的过程，因此很多下游开发者使用的开源软件可能已经吸纳了上游开发者的贡献，如果上游开发者违反开源许可证，下游使用者只要仍然保证自身遵守许可证的义务，则不会受到上

① 参见 GPL v2 第 4 条。

② 参见 GPL v3 第 8 条。

游开发者违约的影响。[①]

（三）开源软件的其他风险

开源软件的其他风险主要是开源软件本身的技术性风险。软件本身均具有固有风险，如软件是否符合功能性的要求，是否存在软件漏洞或 Bug 等，可能对企业的软件安全、信息安全、商业活动带来安全风险。

奇安信代码安全实验室发布的《2023 中国软件供应链安全分析报告》调查指出了如下开源软件的安全风险：（1）开源软件漏洞的数量持续增长，2022 年全年，“奇安信开源项目检测计划”对 2098 个开源软件项目的源代码进行了安全检测，代码总量为 173, 174, 712 行，共发现安全缺陷 3, 646, 486 个，其中高危缺陷 222, 640 个，整体缺陷密度为 21. 06 个/千行，高危缺陷密度为 1. 29 个/千行。（2）开源软件的漏洞修复率很低，安全问题的修复率仅为 36. 9%。（3）国内企业因使用开源软件而引入安全风险的比重极高，国内企业的软件项目，平均每个项目使用 155 个开源软件，存在已知开源软件漏洞的项目占比达 91. 6%，平均每个项目存在 110 个已知开源软件漏洞。[②]

企业在决定是否使用开源软件时，首先应该意识到开源软件的此类技术性风险，优先选择大型的、知名的开源项目，通常这样的开源项目经过长期的实践检验，功能较为成熟。企业还需及时跟踪公开漏洞库更新的漏洞信息，以便对开源软件的漏洞进行识别和处理。

开源软件本身的其他风险还包含出口管制相关风险。随着各国政府对于软件产业发展的日益重视，各国均意识到开源软件存在暴露国家核心技术秘密的可能性，发达的网络环境只需一次简单的点击提交行为，就会使核心技术秘密在全球公开。因此软件产业的发达国家均采取相应的措施对开源软件的发布进行管制，其中就包括将开源软件的发布和贡献的提交行为纳入进出口相关法律体系的管制。尽管开源软件的精神是“自由”，但是其仍要依托具体建立在某个国家的开源代码托管平台，也需要依赖每一个真实地从事开源软件开发工作的个体，这些个体遍布世界各国，所以客观上来说，开源软件也不可避免地要受到国家的出口法律规制。

---

① 参见 GPL v2 第 4 条。

② 参见《2023 中国软件供应链安全分析报告》，载 https：//m. freebuf. com/articles/paper/373078. html，最后访问日期：2023 年 9 月 23 日。

二、开源合规工作的现状和存在的问题

随着政府和企业对开源软件发展的逐步重视和对开源软件相关法律风险认识的逐渐深入，越来越多的人认识到开源软件合规的必要性，开源软件合规已经成为开源产业的共识，与开源合规相关的分析报告、计划、指南等大量出现。例如，中国信通院发起了“可信开源合规计划”，旨在完善开源合规的标准体系，输出开源合规建设经验，提升我国的开源合规水平，该计划的首批成员已经包括阿里巴巴、华为、百度等国内领先的软件企业。① 2022 年，“可信开源合规计划”团队编写了《开源合规指南（企业篇）》，为推动我国企业开源合规建设提供了参考。目前，“可信开源合规计划”已经包含对开源社区、开源治理能力、开源项目、开源治理工具、开源供应链的“可信”评估。

可以说，目前大型软件企业的开源合规工作已经具有较好的基础，并且逐渐形成了完善的合规制度。除了具有较强的技术水平和合规能力的大型软件公司之外，仍有大量的中小规模的企业也对开源软件有着极大的应用需求，但是其缺少相应的合规治理能力和合规意识。由于认识水平的参差不齐，我国目前的开源软件的合规工作整体上仍处于一个摸索前进、各自为政的阶段，尚未有统一的、实用性强的具体合规标准。

在现阶段，开源软件的合规工作仍然存在着以下问题。

首先，开源软件的合规工作仍以技术层面为主导，法律专业人士的协同参与较少。软件技术人员是接触开源软件的第一线，技术人员群体对于开源软件本身的认识具有先发优势，而法律专业人士则由于专业限制，在开源软件产业的研究能力和认识水平上均有所不及。但是开源软件的合规问题最终仍会暴露在法律层面，需要企业运用法律武器去维护自身的合法权益，也只有通过法律手段才能对技术的合法性作出最终的认定，因此法律专业人士仍需要奋起直追，与技术专业人员协同配合，共同筑起技术和法律的开源软件合规防火墙。

其次，开源软件的合规工作的有效性仍具有不确定性，尚待司法实践的检验。在本书撰写之时，我国开源软件领域的司法实践已经出现，但是在数量上和开源许可证的覆盖率上，尚不足以形成完整的参考。大量开源许可证的有效性，

① 参见《网易数帆首批加入可信开源合规计划，参与编写开源合规白皮书发布》，载中国日报网，https://caijing.chinadaily.com.cn/a/202205/25/WS628da277a3101c3ee7ad70d5.html，最后访问日期：2023 年 9 月 23 日。

相关开源义务的执行标准，开源软件传染性、兼容性问题的判断标准，仍然有待于司法实践的进一步检验。

最后，开源软件的合规工作仍未触及大量的中小型企业。目前开源领域的企业合规实践的主体为具有较大的软件开发实力和经济实力的大型企业，这些大型企业走在软件技术发展的前沿，拥有国际化的视野，对开源软件合规的重视程度较高。但是反观国内的中小型企业，尽管同样存在着开源软件的合规需求，同样面临着合规风险，但是由于经济体量、合规意识等种种因素的制约，开源合规工作在中小型企业并未引起足够的重视。

第二节 开源合规的原则

一、全面调查原则

全面调查原则指的是企业对自身开源软件的使用情况必须进行全面的调查和了解。开源合规首先需要企业明确自身使用了哪些开源软件，开源软件适用什么样的开源许可证，许可证有什么样的规定，开源软件的来源，开源软件位于自身软件产品的什么位置，开源软件的具体作用等诸多事实问题。只有在了解这些事实情况的基础上，企业对于开源软件的风险研判、合规方案的制订才能有所依据。

全面调查原则体现在企业日常的合规管理过程中，宜早不宜迟。企业如果在面临真实的法律风险时，才临时对开源软件的使用情况进行全面调查，则会陷入被动。一个具有良好的合规意识的企业，应当建立起开源软件引入的合规制度，在开源软件首次引入之时，就对开源软件相关的种种信息进行登记和备案。

在实践过程中，通常是企业的软件技术人员首先产生了使用开源软件的需求，希望通过使用开源软件来解决技术问题，将开源软件原样或者修改后版本移植到企业的软件中。因此企业应当对软件技术人员的开源软件引入行为设置前置的登记规范，登记规范应体现出全面调查原则，要求引入开源软件的技术人员详细记录开源软件的来源、版本、适用许可证等信息，以便法务部门进行整理后进一步开展法律合规风险评估。

二、个案评估原则

个案评估原则指的是企业在进行开源软件合规时，应当按照开源软件使用的特定情形，逐一对开源软件在特定情形下的合规义务进行梳理，并逐一完成特定情形下的合规工作。

开源软件的合规是一个对“软件”+“许可证”+“使用环境”三个要素的串行叠加过程，三个要素中的任何一个要素发生变化，均会对合规义务产生影响。因此对开源软件的合规必须具体到每一个特定的场景下，综合该场景的三要素进行分析。即便是均适用某个开源许可证的开源软件，在不同的应用环境下，也会存在不同的合规义务。例如，部分开源许可证需要开源软件的应用环境存在人机交互界面的，则会额外要求软件的使用者在人机交互界面的特定位置展示开源软件的权利归属声明，相反，如果使用环境中不存在人机交互界面，则无须履行这样的开源合规义务。

三、技术与法律协同原则

开源软件的合规问题本身并不复杂，但是由于涉及学科交叉，而大部分软件领域的技术人员不懂法律，法律领域的专业人员也很难理解计算机软件的惯性逻辑，因此开源软件的合规在很长时间处于“偏科”状态，仅仅是计算机领域的独自狂欢，法律专业人员的介入甚少。但是随着开源软件的使用率不断提高，开源软件的法律风险正在倒逼技术人员学习法律知识，法律人员学习技术原理。因此，开源软件的合规工作离不开技术部门和法律部门的互相配合。

对待开源软件的合规工作，技术部门和法律部门的工作应该是相辅相成的，技术部门需要对开源软件使用的必要性和技术方案进行分析和评估，在明确技术层面对开源软件的应用存在确实需要使用的情况下，技术部门应当将开源软件的应用需求提交法律部门进行法律风险的评估和合规义务的梳理。

技术部门首先应当统计开源软件的使用情况，在提交给法律部门进行分析评估，听取法律部门出具的法律风险评估结果后，企业的管理层应当对是否使用开源软件进行最终的决策，如果决定使用开源软件的，则可要求法律部门进一步对开源协议的部署过程中以及部署之后的合规义务作出指导和建议，技术部门具体落实开源软件的部署和开源义务的履行，在部署的过程中，技术部门和法律部门应当协同工作，互通信息。在最终开源软件部署完成后，技术部门可对开源软件的技术效果进行事后评估，法律部门也可对开源合规义务的完成情况和外界的反馈作出总结性的评估。

四、风险和成本控制原则

开源软件合规的风险和成本控制原则指的是企业在决定是否使用开源软件之前，应当对开源软件的技术风险和法律风险具有清晰的认知，这一认知首先依赖前述技术部门和法律部门的协同工作。风险和成本控制原则要求企业在面临技术需求和合规风险并存的情况时，应当审慎决策。例如，当同时具有多个开源软件可以实现技术目的的情况时，企业应当优先选择使用法律风险较小的开源软件；又例如，当企业面临可以使用开源软件，也可以通过自主研发代码替代开源软件的情况时，企业应当评估开源软件的合规风险和自研软件替代的技术成本，作出最适合企业的选择。而当企业经过法律部门的评估后发现，开源软件虽然能够便捷地实现技术目的，但是开源软件的法律风险较高，且通过合法的方式均无法规避风险较高的开源合规义务时，企业应当审慎决定是否使用开源软件。

五、全面履行原则

全面履行原则指的是企业在决定使用开源软件的情况下，应当严格按照开源许可证的要求和开源软件的实际使用情况，全面、完整地履行开源许可证规定的所有义务。

企业如果已经明确自身需要使用某个开源软件，则在企业实施复制、修改、分发等行为时，已经自动受到开源许可证的约束，企业应当全面、完整地履行开源许可证的所有义务，以避免因违反许可证导致的软件侵权或许可证违约行为。

第三节

开源合规的基本流程

一、组建企业开源合规治理团队

企业的开源软件合规方案是企业应对开源软件合规问题的制式流程。目前已经有部分开源研究机构开始为企业制定体系化的开源合规方案，为企业的开源合规提供参考。

企业的开源合规方案应该包含开源合规的人员配置和事务配置。

开源合规的人员配置指的是企业根据技术与法律协同原则，组织企业内部和外部的技术与法律人员，组成开源合规团队。在具体的人员配置上，一个建制齐全的开源治理团队应当包含技术人员、法律人员和企业管理人员。根据企业的不同需求，也可以加入产品研发团队和供应链管理相关人员。正是由于开源软件合规事务可能涉及从技术部门到法律部门再到产品部门乃至于企业管理和发展的各个方面，因此开源合规团队应当具备充足的人员配置和具有较高的话语权。

事务配置指的是开源合规团队负责整个企业的开源软件合规治理工作，介入开源软件从引进到发布的全过程，参与技术与法律合规的全流程。

二、制定企业的开源软件合规方案

开源软件合规方案应当是企业的开源软件的管理团队根据企业的定位以及经营状况，不断完善和调整的一个关于开源软件的指导性文件。企业通过不断地引入、使用开源软件，直到自身积累一定的技术实力发布开源软件，在这些过程中，企业累积的开源合规经验都能以制度化的解决方案的形式，编入企业的开源软件合规方案。同时，与开源合规方案配套的一些其他的制度性文件，如软件技术人员的编程注意事项、软件供应链的制式合同模版等配套性文件均可以逐步完善起来。随着开源政策的不断变化，企业的开源软件合规方案也可以不断更新，成为企业的整体合规方案中的一个重要环节。

三、企业内部引入开源软件的合规流程

大部分国内的企业目前阶段面临的主要问题是企业内部引入、使用开源软件的合规问题。大量主流的开源软件已经成为一些核心操作系统、数据库软件、云计算软件的标准化配件，因此我国的企业在对国际中高端软件发展迎头赶上的时期，会引入大量的开源软件，其可能直接打包引入自身的软件系统或者软件产品中，也可能经过修改后引入自身的软件系统或者软件产品中。无论是哪一种引入和使用方式，企业都会面临开源软件合规义务。下文将概括性地介绍针对企业内部引入开源软件时的合规流程，对于引入阶段的具体合规内容和注意事项可参阅本书的第十二章“开源代码引入阶段合规”。

（一）全面了解引入的开源软件和许可证的相关情况

根据前文介绍的全面调查原则，企业内部引入开源软件首先应当全面了解引入的开源软件的具体情况，包括开源软件的名称、格式、下载来源、权利人、适用的开源协议及其版本、软件的功能及其版本等，为后续的代码融合与法律合规提供足够的信息。

（二）根据实际情况分析使用行为的性质与开源义务

第二步是企业对开源软件的使用行为进行归纳和定性。开源软件的使用行为通常包含复制、使用、修改、分发，其中，使用行为和分发行为均可以根据企业的实际情况进行进一步的分类。开源义务与使用行为具有鲜明的对照关系，因此企业在拟引入开源软件之前，需要对开源软件的使用方案进行预先的梳理和明确。

（三）严格按照许可证的规定履行开源相关义务

企业一旦确定了开源软件的使用情形，则应按照开源许可证的规定严格履行开源相关义务。特别是当涉及具有“传染性”的开源许可证时，履行开放源代码义务时，需要特别注意自研代码与开源代码之间的结构关系，如果经过开源合规团队的研判，得出的结论是自研代码部分也被开源代码“传染”，则企业应当公开所有该被传染的自研部分的源代码，即“应开源，尽开源”。

（四）对开源义务的履行情况进行检验和评估

对开源义务的履行不是开源合规的终点，企业在履行开源义务后，开源合规团队仍然应当对履行义务的完整性和效果进行评估，查漏补缺。必要时，也可引进外部法律和技术团队对开源义务的履行情况进行评估，以防止出现“当局者迷”的困境。

（五）形成系统化的合规步骤和流程

每一个开源项目的合规工作都是对企业开源合规实力的一次实战锻炼，因此企业在开源合规项目的不断实践中，可以总结相关经验和做法，形成系统化的合规步骤和流程，也即企业的开源软件合规方案。开源合规方案可以下发至企业的技术团队和法律团队，从而全面提升企业的开源合规意识和水平。

四、企业对外主动开源发布的合规流程

企业除了引入他人开发的开源软件外，还有可能存在自行发布开源软件的需

求。企业主动发布开源软件的合规要求，主要体现在发布行为的规范性以及对企业作为开源软件的权利人的保护上。

（一）确保代码的权利清洁性

企业主动发布开源软件的行为，实则是将自身的研发成果暴露在公众的视野之中，这一方面有企业内部对商业秘密进行保护的权衡问题，另一方面也存在着对外宣称的代码权利的清洁性问题。

首先，企业需要评估开源成果是否侵犯他方的商业秘密。开源软件一旦提交公开，软件的源代码和相应的软件算法思想均会被公开，因此企业在决定对外主动开源时，需要审核自己是否有这样做的权利，例如，企业拟开源的软件中包含了他方享有权利的软件代码，如果企业未经权利人同意贸然公开，则可能侵犯他方的商业秘密。

其次，企业对于自研代码的权利归属也应提前部署相应的文件约定，例如，与员工在劳动合同中约定职务作品的归属等。

最后，在一些情况下，企业主动开源的软件本身也包含了第三方的开源软件，然而存在第三方开源软件并不会构成企业主动开源的阻碍，但是企业在开源时，应当对第三方享有权利的内容进行明确的声明，以避免侵犯第三方权利人的署名权等权利。

（二）选择合适的开源许可证

开源许可证是一个开源软件最重要的法律文件，因此企业在主动开源时，需要选择一个符合自身开源目的的开源许可证。不同的开源许可证各自具有不同的特点和权利许可范围，对开源软件的推广效果也有所不同。可以说开源许可证就像是为开源软件量身定制的，通常来说，选定的开源许可证将会跟随开源软件的整个生命周期，更换许可证需要付出巨大的成本，也可能因为新旧更替产生一系列法律问题。因此企业应当在充分研讨开源目的的基础上，选择合适自身的开源许可证。

（三）选择合适的代码托管平台

代码托管平台是企业开源软件的源代码的对外提供平台，起到对开源软件的直接宣传作用。因此选择一个主流的、知名的代码托管平台就好像为开源软件这一特殊的商品选择了一个合适的推销渠道。目前境外主流的开源代码托管平台是Github，境内主流的开源代码托管平台是Gitee。我国大部分企业的开源软件都会选择同时在这两个平台发布，以便国内外用户访问。

需要注意的是，不同的代码托管平台部署的国家不同，相应的平台规则也有所不同。特别是当平台规则涉及法律问题时，企业应当产生足够的重视。例如，境外托管平台可能需要符合境外法律的相关规定，而我国的代码托管平台也受到我国法律的管制。

（四）制定贡献者协议

贡献者协议是开源软件的重要组成部分，用于不特定的开发者向开源软件的管理者提交与开源软件有关的技术反馈，是连接不特定开发者与开源软件管理者的纽带。

由于开源软件的协作开发特性，不特定的用户在使用、修改、研究开源软件的过程中，会发现很多开源软件的管理者不能发现或者没有机会发现的技术问题，不特定的开发者向管理者提交这样的技术问题或者技术解决方案就称为“贡献”。主流的开源许可证会附带有贡献者协议的模版，供开源企业使用。企业也可以制定自己的贡献者协议，在其中约定与不特定开发者之间的权利义务关系。

（五）长期维护与更新

开源软件发布之后，企业就作为开源软件的管理者，需要承担开源软件的维护与更新的责任。需要注意的是，这并非一种法律规定的义务，而仅仅是企业的社会责任。

企业在收到社会上不特定的开发者对开源软件作出的反馈之后，可以对各种反馈和问题进行有目的的筛选，从中挑选出能够实质性地解决技术问题，合法合规的技术方案，从而对开源软件的核心版本进行迭代更新，并发布更新版的开源软件。同时，企业也可以适时地参加一些开源社区组织的宣讲活动，对自身的开源软件进行宣传推广。

企业作为开源软件的权利人，对于侵犯开源软件相关权利或权益的行为，也应当积极采取各种手段维护合法权益。企业可以长期关注自身的开源软件的使用情况，对使用者的使用行为进行监督管理。根据现有的司法判例，开源软件的管理人无须经过不特定的贡献者的同意，即可以著作权人的名义对侵犯开源软件著作权或违反开源许可证的行为提起诉讼。

第四节
开源合规的工具

一、开源软件的合规标准

（一）国际开源合规标准 OpenChain

OpenChain 项目是由 Linux 基金会发起的一项旨在制定开源软件供应链标准，帮助全球企业更高效地解决开源许可证的一致性问题的计划。开源软件的蓬勃发展使人们意识到开源软件的质量和架构缺少一个清晰的标准。

2021 年 8 月 17 日，Linux 基金会发起 OpenChain 项目，该项目还发布了 ISO/IEC 5230：2020 国际标准专门用于开源软件的合规。其是针对开源许可证及合规性的质量要求标准，旨在用户使用开源软件进行产品开发时，指导涉及该产品的各组织之间建立信任的基准规范。

不同于其他的开源社区项目，OpenChain 项目聚焦在设计与管理上，而非传统的软件代码上。它使得开源合规工作更加的可预测、更易理解、更加高效，解决了以往开源合规的重复劳动、困惑和资源浪费的问题。①

OpenChain 项目的基本理念十分简单，就是识别出高效的开源软件管理的核心步骤。OpenChain 项目的目标是减少使用第三方开源代码的瓶颈和风险，从而使开源合规变得简单，而且能够在软件的整个供应链中统一运用。

OpenChain 项目对企业来说最具有实际参考价值的是 OpenChain 国际标准，其包含 OpenChain ISO/IEC 5230：2020，一个开源许可证合规的国际标准②和 ISO/IEC DIS 18974 OpenChain 安全保障标准（OpenChain Security Assurance

---

① See The OpenChain Project：From A to Community，载 https：//www. linuxfoundation. org/blog/blog/openchain－project－community，最后访问日期：2023 年 9 月 23 日。

② 参见 OpenChain 官网，载 https：//www. openchainproject. org/license－compliance，最后访问日期：2023 年 9 月 23 日。

Specification），一个开源安全保障的工业标准。[1] 上述两个标准均适用于任何规模和领域的所有企业。

对于上述标准，企业均可以自由选择“自我认证”、“独立评估”或者“第三方认证”三种方式来进行适用。通常而言，对于首次采用 OpenChain 标准评估的企业，推荐对一个小规模的项目进行自我认证，OpenChain 项目同时还提供免费的自我认证评估清单[2]，这些清单均可在 OpenChain 项目的官网上找到。

（二）SPDX

SPDX 的全称是“软件数据交换包”（Software Package Data Exchange），起初是 Linux 基金会推出的一个开源项目，是用于交流软件材料清单信息的开放标准。SPDX 倡导的软件交流材料包含：软件的来源、许可证、安全性以及其他的相关信息。

SPDX 标准的出现，提供了普遍通用的交换重要数据的模版，减少了重复劳动，从而改善了软件的合规性、安全性和可靠性。SPDX 也有自己的 ISO 标准——ISO/IEC 5962：2021，这一标准已经是软件安全、许可证合规和软件供应链合规的国际性标准[3]。这一标准已经更新了 7 个版本，目前最新的是第 2.3 版[4]，包含 13 个条款和 11 个附件[5]。

除了上述国际标准外，SPDX 还具有认证的开源许可证列表[6]和协同工作的工具和库。

SPDX 对开源软件合规的重要意义在于开源软件信息展示的一致性。开源软件供应链安全的基础是企业需要清楚地了解自己使用的各种开源软件的作者、来源、许可证、漏洞情况等信息，这些信息的整合结果称为软件物料清单。传统闭源软件不需要软件物料清单，因为闭源软件的提供者通常就是软件的权利人。闭源软件的软件许可协议中也会包含权利人的相关承诺。但是开源软件并不如此，开源软件的功能和适用性在企业真正付诸使用之前均是未知的，因此开源软件的软件物料清单就尤为重要。当企业掌握了开源软件的软件

---

① 参见 OpenChain 官网，载 https：//www. openchainproject. org/security - assurance，最后访问日期：2023 年 9 月 23 日。
② 参见 https：//www. openchainproject. org/get - started，最后访问日期：2023 年 9 月 23 日。
③ 参见 https：//spdx. dev/about/，最后访问日期：2023 年 9 月 23 日。
④ 参见 https：//spdx. dev/use/specifications/，最后访问日期：2023 年 9 月 23 日。
⑤ 参见 https：//spdx. github. io/spdx - spec/v2. 3/，最后访问日期：2023 年 9 月 23 日。
⑥ 参见 https：//spdx. org/licenses/，最后访问日期：2023 年 9 月 23 日。

物料清单，就可以快速锁定开源软件的重要信息，提高开源软件的合规性和安全性。

目前，大部分企业均采取自研+开源结合的方式开发软件，因此企业的软件产品中的软件来源非常丰富，如果每种软件都携带自身的软件信息，则企业在进行软件合规时需要面对各种各样格式的软件信息，这大大降低了企业进行开源软件合规的效率。而SPDX统一了软件信息的标准，使各种来源的软件物料清单具有统一的格式，从而增强软件供应链的透明度和安全性。SPDX已经成为最成熟且最为广泛采用的软件物料清单标准。

二、开源代码/许可证扫描工具

近年来，开源许可证扫描已经成为企业进行开源软件管理与合规风险控制的重要手段，企业在进行开源代码合规时要学会利用丰富的扫描工具。由于企业的软件开发活动大多是自研+开源的混合开发模式，因此在开发软件时难免出现代码来源难以溯源的情形，特别是一些早期开发的软件项目，由于开发时的合规意识缺乏，软件研发档案已经无从寻找，如果放任不管则会给企业带来较大的合规风险。因此，当企业开始重视开源软件的合规问题时，对于缺少开发资料的软件项目，企业可以利用代码扫描工具进行地毯式的筛查。

企业通过扫描工具获得软件项目的开源软件使用情况和漏洞信息后，可以进一步提供给技术部门评估软件漏洞的技术风险，提供给法律部门评估开源软件合规使用的风险。

三、开源代码托管平台的参考作用

开源代码托管平台通常是开源企业或组织对外公布开源代码的渠道，是开源生态的基础设施，但是只要运用得当，开源代码托管平台甚至可以作为企业开源合规的一个重要工具。上述的原因在于，开源代码托管平台上有非常多成熟、优质的开源项目，其中就包括一些主流开源基金会发布的原生孵化项目。这些项目在技术上具有领先性，在合规层面来说，其同样是其他开源项目合规的重要参考范例。

在我国的开源软件合规领域中，大量企业都还处于摸索阶段，加之司法实践的案例较为缺乏，尚未有成熟的、通过一致认可的合规标准。而恰恰在境外的开源代码托管平台中，就存在着“他山之石，可以攻玉”的范例。在企业履行开源义务或者发布开源软件时，可以参考同类的成熟开源软件，特别是开源基金会发布的原生开源软件，参考第三方来源代码的标注规范、权利声明的撰写等。

但是必须要提醒企业注意的是，不存在所谓的“境外的开源软件就一定合规”的假设。开源代码托管平台中的其他开源项目仅仅可以起到一个参考的作用，并不能必然保证合规性。而成熟的开源项目与开源基金会的原生项目也仅是在理论上具有更高的合规的可能性。企业最终采取的合规方案仍然需要结合企业自身的开源软件使用实际情况进行具体判断。

四、开源基金会的官方问答

开源软件植根于国外，且大部分开源组织、开源软件、基金会等均位于国外，因此在研究合规的具体方式时，企业将不得不大量地参考国外的开源社区、基金会等组织的相关经验，在此过程中，开源基金会的官方问答可以算是最具有权威性的合规经验。不少官方问答以“Frequently Asked Questions（FAQ）”的形式出现，如 Apache 基金会就发布有“FREQUENT QUESTIONS ABOUT APACHE LICENSING”①，GNU 也发布有“Frequently Asked Questions about the GNU Licenses”②，这些官方问答整理了开源软件使用者最关心的技术问题和法律问题，并且给出了原则性的回复，代表开源许可证的作者或基金会的管理者对开源许可证的解读。部分官方问题已经有了官方的中文翻译（但出现冲突时仍需以英文为准），可供企业在合规时参考。

---

① 参见 Apache 基金会官网，载 https：//www. apache. org/foundation/faq，最后访问日期：2023 年 9 月 23 日。

② 参见《GNU 许可证常见问题》，载 https：//www. gnu. org/licenses/gpl – faq. html，最后访问日期：2023 年 9 月 23 日。

第四章 常见开源协议参考译文及评述

开放源代码促进会（OSI）的网站上发布了开源的定义（The Open Source Definition，详见 https：//opensource. org/osd/）和开放源代码促进会审核开源许可证的具体流程和标准（https：//opensource. org/licenses/review – process/）。目前通过开放源代码促进会审核的开源许可证有一百多个，本书由于篇幅所限难以全部介绍，下面将对开放源代码促进会网站上归类为流行或有强大社区支持（POPULAR/STRONG COMMUNITY）的常见开源许可证以及我国主导制定的木兰宽松许可证系列和木兰公共许可证系列进行介绍和评述。

第一节 GNU GPL 参考译文及其评述和介绍

被 OSI 批准的 GNU 通用公共许可证包括 Version 1、Version 2 和 Version 3 三个版本，现将协议英文、参考译文及评述简介如下：

一、GNU General Public License，version 1（GPL-1.0）

（一）GNU General Public License，version 1 许可协议英文版

GNU GENERAL PUBLIC LICENSE

Version 1，February 1989

Copyright © 1989 Free Software Foundation，Inc.

51 Franklin St，Fifth Floor，Boston，MA 02110-1301 USA

Everyone is permitted to copy and distribute verbatim copies of this license document，but changing it is not allowed.

Preamble

The license agreements of most software companies try to keep users at the mercy of those companies. By contrast，our General Public License is intended to guarantee your freedom to share and change free software—to make sure the software is free for all its users. The General Public License applies to the Free Software Foundation's software and to any other program whose authors commit to using it. You can use it for your programs，too.

When we speak of free software，we are referring to freedom，not price. Specifically，the General Public License is designed to make sure that you have the freedom to give away or sell copies of free software，that you receive source code or can get it if you want it，that you can change the software or use pieces of it in new free programs；and that you know you can do these things.

To protect your rights，we need to make restrictions that forbid anyone to deny you these rights or to ask you to surrender the rights. These restrictions translate to certain responsibilities for you if you distribute copies of the software，or if you modify it.

For example，if you distribute copies of a such a program，whether gratis or for a fee，you must give the recipients all the rights that you have. You must make sure that they，too，receive or can get the source code. And you must tell them their rights.

We protect your rights with two steps：（1）copyright the software，and（2）offer you this license which gives you legal permission to copy，distribute and/or modify the software.

Also，for each author's protection and ours，we want to make certain that everyone understands that there is no warranty for this free software. If the software is modified by someone else and passed on, we want its recipients to know that what they have is not the original, so that any problems introduced by others will not reflect on the original authors' reputations.

The precise terms and conditions for copying, distribution and modification follow.

GNU GENERAL PUBLIC LICENSE

TERMS AND CONDITIONS FOR COPYING,

DISTRIBUTION AND MODIFICATION

0. This License Agreement applies to any program or other work which contains a notice placed by the copyright holder saying it may be distributed under the terms of this General Public License. The "Program", below, refers to any such program or work, and a "work based on the Program" means either the Program or any work containing the Program or a portion of it, either verbatim or with modifications. Each licensee is addressed as "you".

1. You may copy and distribute verbatim copies of the Program's source code as you receive it, in any medium, provided that you conspicuously and appropriately publish on each copy an appropriate copyright notice and disclaimer of warranty; keep intact all the notices that refer to this General Public License and to the absence of any warranty; and give any other recipients of the Program a copy of this General Public License along with the Program. You may charge a fee for the physical act of transferring a copy.

2. You may modify your copy or copies of the Program or any portion of it, and copy and distribute such modifications under the terms of Paragraph 1 above, provided that you also do the following:

a) cause the modified files to carry prominent notices stating that you changed the files and the date of any change; and

b) cause the whole of any work that you distribute or publish, that in whole or in part contains the Program or any part thereof, either with or without modifications, to be licensed at no charge to all third parties under the terms of this General Public License (except that you may choose to grant warranty protection to some or all third parties, at your option).

c) If the modified program normally reads commands interactively when run, you must cause it, when started running for such interactive use in the simplest and most usual way, to print or display an announcement including an appropriate copyright notice and a notice that there is no warranty (or else, saying that you provide a warranty) and that users may redistribute the program under these conditions, and telling the user how to view a copy of this General Public License.

d) You may charge a fee for the physical act of transferring a copy, and you may at your option offer warranty protection in exchange for a fee.

Mere aggregation of another independent work with the Program (or its derivative) on a volume of a storage or distribution medium does not bring the other work under the scope of these terms.

3. You may copy and distribute the Program (or a portion or derivative of it, under Paragraph 2) in object code or executable form under the terms of Paragraphs 1 and 2 above provided that you also do one of the following:

a) accompany it with the complete corresponding machine – readable source code, which must be distributed under the terms of Paragraphs 1 and 2 above; or,

b) accompany it with a written offer, valid for at least three years, to give any third party free (except for a nominal charge for the cost of distribution) a complete machine – readable copy of the corresponding source code, to be distributed under the terms of Paragraphs 1 and 2 above; or,

c) accompany it with the information you received as to where the corresponding source code may be obtained. (This alternative is allowed only for noncommercial distribution and only if you received the program in object code or executable form alone.)

Source code for a work means the preferred form of the work for making modifications to it. For an executable file, complete source code means all the source code for all modules it contains; but, as a special exception, it need not include source code for modules which are standard libraries that accompany the operating system on which the executable file runs, or for standard header files or definitions files that accompany that operating system.

4. You may not copy, modify, sublicense, distribute or transfer the Program except as expressly provided under this General Public License. Any attempt otherwise to copy, modify, sublicense, distribute or transfer the Program is void, and will automatically terminate your rights to use the Program under this License. However, parties who have received copies, or rights to use copies, from you under this General Public License will not have their licenses terminated so long as such parties remain in full compliance.

5. By copying, distributing or modifying the Program (or any work based on the Program) you indicate your acceptance of this license to do so, and all its terms and conditions.

6. Each time you redistribute the Program (or any work based on the Program), the recipient automatically receives a license from the original licensor to copy, distribute or modify the Program subject to these terms and conditions. You may not impose any further restrictions on the recipients' exercise of the rights granted herein.

7. The Free Software Foundation may publish revised and/or new versions of the General Public License from time to time. Such new versions will be similar in spirit to the present version, but may differ in detail to address new problems or concerns.

Each version is given a distinguishing version number. If the Program specifies a version number of the license which applies to it and "any later version", you have the option of following the terms and conditions either of that version or of any later version published by the Free Software Foundation. If the Program does not specify a version number of the license, you may choose any version ever published by the Free Software Foundation.

8. If you wish to incorporate parts of the Program into other free programs whose distribution conditions are different, write to the author to ask for permission. For software which is copyrighted by the Free Software Foundation, write to the Free Software Foundation; we sometimes make exceptions for this. Our decision will be guided by the two goals of preserving the free status of all derivatives of our free software and of promoting the sharing and reuse of software generally.

NO WARRANTY

9. BECAUSE THE PROGRAM IS LICENSED FREE OF CHARGE, THERE IS

NO WARRANTY FOR THE PROGRAM, TO THE EXTENT PERMITTED BY APPLICABLE LAW. EXCEPT WHEN OTHERWISE STATED IN WRITING THE COPYRIGHT HOLDERS AND/OR OTHER PARTIES PROVIDE THE PROGRAM "AS IS" WITHOUT WARRANTY OF ANY KIND, EITHER EXPRESSED OR IMPLIED, INCLUDING, BUT NOT LIMITED TO, THE IMPLIED WARRANTIES OF MERCHANTABILITY AND FITNESS FOR A PARTICULAR PURPOSE. THE ENTIRE RISK AS TO THE QUALITY AND PERFORMANCE OF THE PROGRAM IS WITH YOU. SHOULD THE PROGRAM PROVE DEFECTIVE, YOU ASSUME THE COST OF ALL NECESSARY SERVICING, REPAIR OR CORRECTION.

10. IN NO EVENT UNLESS REQUIRED BY APPLICABLE LAW OR AGREED TO IN WRITING WILL ANY COPYRIGHT HOLDER, OR ANY OTHER PARTY WHO MAY MODIFY AND/OR REDISTRIBUTE THE PROGRAM AS PERMITTED ABOVE, BE LIABLE TO YOU FOR DAMAGES, INCLUDING ANY GENERAL, SPECIAL, INCIDENTAL OR CONSEQUENTIAL DAMAGES ARISING OUT OF THE USE OR INABILITY TO USE THE PROGRAM (INCLUDING BUT NOT LIMITED TO LOSS OF DATA OR DATA BEING RENDERED INACCURATE OR LOSSES SUSTAINED BY YOU OR THIRD PARTIES OR A FAILURE OF THE PROGRAM TO OPERATE WITH ANY OTHER PROGRAMS), EVEN IF SUCH HOLDER OR OTHER PARTY HAS BEEN ADVISED OF THE POSSIBILITY OF SUCH DAMAGES.

END OF TERMS AND CONDITIONS

Appendix: How to Apply These Terms to Your New Programs

If you develop a new program, and you want it to be of the greatest possible use to humanity, the best way to achieve this is to make it free software which everyone can redistribute and change under these terms.

To do so, attach the following notices to the program. It is safest to attach them to the start of each source file to most effectively convey the exclusion of warranty; and each file should have at least the "copyright" line and a pointer to where the full notice is found.

<one line to give the program's name and a brief idea of what it does. >

Copyright © 19yy <name of author>

This program is free software; you can redistribute it and/or modify it under the terms of the GNU General Public License as published by the Free Software Foundation; either version 1, or (at your option) anylater version.

This program is distributed in the hope that it will be useful, but WITHOUT ANY WARRANTY; without even the implied warranty of MERCHANTABILITY or FITNESS FOR A PARTICULAR PURPOSE. See the GNU General Public License for more details.

You should have received a copy of the GNU General Public License along with this program; if not, write to the Free Software Foundation, Inc., 51 Franklin Street, Fifth Floor, Boston MA 02110 – 1301 USA.

Also add information on how to contact you by electronic and paper mail.

If the program is interactive, make it output a short notice like this when it starts in an interactive mode:

Gnomovision version 69, Copyright © 19xx name of author

Gnomovision comes with ABSOLUTELY NO WARRANTY; for details type 'show w'.

This is free software, and you are welcome to redistribute it under certain conditions; type 'show c' for details.

The hypothetical commands 'show w' and 'show c' should show the appropriate parts of the General Public License. Of course, the commands you use may be called something other than 'show w' and 'show c'; they could even be mouse – clicks or menu items—whatever suits your program.

You should also get your employer (if you work as a programmer) or your school, if any, to sign a "copyright disclaimer" for the program, if necessary. Here a sample; alter the names:

Yoyodyne, Inc., hereby disclaims all copyright interest in the program 'Gnomovision' (a program to direct compilers to make passes at assemblers) written by James Hacker.

< signature of Ty Coon >, 1 April 1989

Ty Coon, President of Vice

That's all there is to it!

（二）GNU General Public License，version 1 许可协议参考译文

为了介绍和评论引用的开源许可证原文来源于：https：//www. gnu. org/licenses/licenses. html。相关开源许可证原文版权归属开源许可证版权人。对上述网站中开源许可证的中文参考译文，仅为介绍和评论上述英文开源许可证的非官方中文参考译文，开源许可证条款和条件应以官方发布许可证原文为准。参考译文亦遵从原许可证版权人的版权和许可证及其官方管理机构的相关要求（如有）。开源许可证的中文参考译文可能存在错误或疏漏，欢迎读者指正。参考译文以及在参考译文基础上对相关许可证的分析和评述不构成具有法律约束力的任何法律建议或意见，仅供读者参考，因使用参考译文及相关分析评述引起的任何后果由使用者自行承担。

The original English text of this license cited herein for the purpose of introduction and comments could be found at：https：//www. gnu. org/licenses/licenses. html，the copyright of which belongs to the copyright holder. This unofficial Simplified Chinese translation of the original English text is solely for the purpose of introduction，commentary and explanation of a certain issue，which can not replace the original English text. The original English text of the terms and conditions listed in the license agreement shall prevail at all times. This unofficial Simplified Chinese translation acknowledge the copyright of the copyright holder and complies with the requirements of the official management agency of this license agreement（if any）. There may be errors or omissions in the unofficial Simplified Chinese translation，readers are welcome to correct them. Neither the unofficial translations nor the analysis and comments shall constitute any legally binding advice or opinions，they are for reference only. Any consequences arising from the use of this unofficial translations and related analysis and comments shall be borne by the users themselves.

GNU 通用公共许可证

版本 1，1989 年 2 月

版权所有 1989 自由软件基金会股份有限公司

地址：51 Franklin St，Fifth Floor，Boston，MA 02110－1301 USA

每个人都被允许复制和分发本许可文件的原样副本，但不允许改变它。

序言

大多数软件公司的许可协议都试图让用户听从这些公司的摆布。相比之下，

我们的通用公共许可证旨在保证你分享和修改自由软件的自由——确保软件对其所有用户都是自由的。通用公共许可证适用于自由软件基金会的软件和任何其他作者承诺使用它的程序。你也可以在你的程序中使用它。

当我们谈到自由软件时，我们指的是自由，而不是价格。具体来说，通用公共许可证的目的是确保你有赠送或出售自由软件副本的自由，确保你能在你需要的时候收到或能够获取到源代码，确保你能修改软件或在新的自由程序中使用自由软件的片段，并确保你知道你能做这些事情。

为了保护你的权利，我们需要做出限制，禁止任何人剥夺你的这些权利或要求你放弃这些权利。如果你分发软件的副本，或修改软件，这些限制将转化为你的某些责任。

例如，如果你分发这样一个程序的副本，无论是免费的还是有偿的，你必须给接收者你拥有的所有权利。你必须确保他们也能收到或能得到源代码。而且你必须告诉他们他们的权利。

我们通过两个步骤保护你的权利：（1）对软件进行版权保护，（2）向你提供本许可证，允许你合法地复制、分发或修改软件。

此外，为了对每个作者和我们进行保护，我们想确定每个人都明白，这个自由软件没有任何担保。如果该软件被他人修改并传给别人，我们希望接收者知道他们拥有的不是原版软件。因此任何由他人引入的问题都不会影响到原作者的声誉。

复制、分发和修改的具体条款和条件如下。

GNU 通用公共许可证

复制、分发和修改的条款和条件

0. 本许可协议适用于任何包含版权持有人声明并根据本通用公共许可证条款分发的程序或其他作品。下述“程序”是指任何前述这样的程序或作品，而“基于程序的作品”是指包含程序或其中一部分的程序或任何作品。既可以是包含未经修改的程序，也可以是包含修改过的程序。被许可人被称为“你”或“您”。

1. 你可以在收到本程序的源代码后，以任何媒介复制和分发其未经修改的副本，但你必须在每份副本上醒目地、适当地发布合适的版权声明和免责声明；保持所有提及通用公共许可证的声明和没有任何担保的声明的完整；并将通用公共许可证的副本连同本程序一起交给任何其他接收者。你可以对转让副本的实体行为收取一定的费用。

2. 你可以修改程序或其任何部分的副本，并遵守上述第 1 条的规定复制和分发这样的修改文件，而且你必须同时做到以下几点：

a）使修改后的文件带有醒目的通知，说明你修改了这些文件以及修改日期。

b）使你分发或发布的任何全部或部分包含本程序或其任何部分的任何作品整体，无论是否经过修改，都将根据通用公共许可条款免费授权给所有第三方（你可选择向一些或全部第三方提供担保保护的除外）。

c）如果被你修改的程序在运行时通常会以交互方式读取命令，你必须使它在开始运行这种交互式使用时以最简单和最通常的方式，打印或显示一个公告，包括适当的版权声明和没有担保的声明（或者说你提供一个担保），用户可以在这些条件下再分发程序，并告诉用户如何查看本通用公共许可证副本。

d）你可以对转让副本的实体行为收取费用，你也可以选择提供担保保护以收取费用。

仅将其他独立作品与程序（或它的派生物）聚合在一些存储或分发媒介上，并不会将其他作品纳入本条款的范围。

3. 你可以根据上述第 1 条和第 2 条的条款，以目标代码或可执行的形式复制和分发程序（或第 2 条项下定义的程序的一部分或程序的派生作品），但你必须同时做到以下要求之一：

a）附带完整的相应的机器可读的源代码，这些源代码必须根据上述第 1 条和第 2 条的条款分发。

b）附上一份至少 3 年内有效的书面要约，免费向任何第三方提供（除收取正常的分发成本外）相应源代码的完整机读副本，并根据上述第 1 条和第 2 条的条款进行分发。

c）附上你收到的关于在哪里可以获得相应的源代码的信息。（这个选择只允许用于非商业性的传播，并且只适用于你收到的程序是单独的目标代码或可执行形式的情况。）

作品的源代码是指对作品进行修改的优选形式。对于一个可执行文件，完整的源代码是指它所包含的所有模块的所有源代码；但是，存在一个特殊的例外，它不需要包含作为标准库的模块的源代码，这些标准库是操作系统的配套，可执行文件在操作系统上运行，也不需要包含该操作系统配套的标准头文件或定义文件。

4. 除了本通用公共许可证明确规定的情况外，你不得复制、修改、分许可、分发或转让本程序。任何用其他方式复制、修改、分许可、分发或转让本程序的行为都是无效的，并将自动终止你在本许可证下使用本程序的权利。但是，根据本通用公共许可证已经从你那里得到副本或使用副本权利的各方，只要他们仍然完全遵守本通用公共许可证的规定，他们的许可就不会被终止。

5. 复制、分发或修改本程序（或任何基于本程序的作品），即表明你接受本许可及其所有的条款和条件。

6. 每次你再分发本程序（或基于本程序的任何作品）时，接收者都会自动收到原始许可人的许可，其可以根据这些条款和条件复制、分发或修改本程序。你不得对接收者行使本协议授予的权利施加任何进一步的限制。

7. 自由软件基金会可能会不时地发布通用公共许可证的修订版或新版本。这些新版本在精神上与现有版本相似，但在细节上可能有所不同，以解决新的问题或关切。

每个版本都有一个可区分的版本号。如果程序指定了适用于它的许可证版本号和“任何后来的版本”，你可以选择遵守该版本许可证或自由软件基金会发布的任何后来版本的条款和条件。如果程序没有指定许可证的版本号，你可以选择自由软件基金会发布的任何版本。

8. 如果你想把本程序的部分内容并入其他发行条件不同的自由程序中，请写信给作者，请求批准。对于受自由软件基金会版权保护的软件，请写信给自由软件基金会，我们有时会对此做出例外处理。我们的决定将以两个目标为指导：一是保持我们自由软件的所有衍生作品的自由地位，二是促进软件的普遍共享和重复利用。

9. 因为本程序是免费许可的，所以在适用法律允许的范围内，本程序没有任何担保。除非另有书面说明，否则版权持有人和/或其他各方“按原样”提供该程序，不提供任何明示或暗示的担保，包括但不限于对适销性和特定用途的适用性的暗示担保。关于程序的质量和性能的全部风险由你承担。如果该程序被证明有缺陷，你将承担所有必要的服务、修理或纠正的费用。

10. 在任何情况下，除非适用的法律要求或书面同意，任何版权持有人或任何其他可以修改和/或重新发布上述程序的一方，都不对你的损害负责，包括任何因使用或无法使用该程序而引起的一般的、特殊的、偶然的或间接的损害（包括但不限于数据丢失或数据不准确或你或第三方遭受的损失或该程序无法与任何其他程序一起运行)，即使该持有人或其他方已被告知有可能发生这种损害。

条款和条件结束

附件：如何将这些条款应用于你的新程序

如果你开发了一个新程序，并且你希望人类最大可能地使用它，那么实现这一点的最好方法就是让它成为自由软件，每个人都可以在这些条款下重新分发和更改程序。

为此，请在程序中附上以下通知事项。最安全的做法是将它们附加到每个源代码文件的开头以最有效地传达排除担保的信息；每个文件都应该至少有“版权”行和一个指向完整通知所在位置的提示。

<一行给出程序的名称和它的简要功能。>

版权所有 19xx <作者名称>

本程序是自由软件；你可以根据自由软件基金会发布的 GNU 通用公共许可证条款版本 1 或（由你选择）任何后续版本重新分发和/或修改它。

本程序被分发是希望它能够有用，但没有任何担保，甚至没有对适销性或特定用途适用性的隐含担保。请参阅 GNU 通用公共许可证了解更多详细信息。

你应该已经收到一份本程序所附的 GNU 通用公共许可证的副本；如果没有，请写信给自由软件基金会股份有限公司，地址：51 Franklin Street，Fifth Floor，Boston MA 02110 - 1301 USA。

还应添加有关如何通过电子和纸质邮件与你联系的信息。

如果程序是交互式的，当它在交互式模式下启动时，使其输出一个简短通知：

Gnomovision 版本 69，版权所有© 19xx 作者名称

Gnomovision 完全不提供任何担保；请键入“show w”了解详细信息。

本软件是自由软件，欢迎你在特定条件下重新分发；键入“show c”了解详细信息。

假设命令“show w”和“show c”应显示通用公共许可证的适当部分。当然，你使用的命令可以为“show w”和“show c”以外的其他命令；它们甚至可以是鼠标点击或菜单项——任何适合你程序的方式。

如有必要，你还应该让你的雇主（如果你是一名程序员）或你的学校（如果有的话）签署该程序的“放弃版权声明”。这里是一个样本，可更改名称：

Yoyodyne 公司在此放弃 James Hacker 编写的程序“Gnomovision”（指导编

译器在汇编程序中进行传递的程序）的所有版权权益。

<Ty Coon 签名>，1989 年 4 月 1 日

副总裁 Ty Coon

这就是它的全部！

（三）GNU 通用公共许可证版本 1 的评述和介绍

GNU 通用公共许可证版本 1 是自由软件基金会在 1989 年 2 月发布的首个开源许可协议，具有开创性意义。

1. 适用范围

GNU 通用公共许可证版本 1 在第 0 条明确，GNU 通用公共许可证版本 1 适用于任何包含版权持有人声明并根据本通用公共许可证的条款分发的程序或其他作品。

2. 授权机制

GNU 通用公共许可证版本 1 首先承认计算机软件作者对软件享有的著作权，然后通过 GNU 通用公共许可证版本 1 所载的条款和条件由软件著作权人授予软件接收者复制、分发或修改软件的权利。软件接收者对 GNU 通用公共许可证版本 1 所载的条款和条件的遵守保障了开源软件被自由使用。

3. 许可条件

GNU 通用公共许可证版本 1 第 1、2、3 条规定了复制、分发未修改的程序源代码，修改程序源代码和复制分发程序的目标代码或其他可执行的形式需要遵守的条件。

GNU 通用公共许可证版本 1 第 1 条规定了复制、分发未经修改的程序源代码的条件：发布版权声明、保留所有提及公共许可证的声明、无担保声明和免责声明，并附上 GNU 通用公共许可证版本 1 的副本。

GNU 通用公共许可证版本 1 第 2 条规定了修改程序的条件：在符合第 1 条规定条件基础上，还需要同时满足以下条件：说明修改者、修改日期和修改的文件，修改后的衍生作品亦适用 GNU 通用公共许可证版本 1；如采用交互方式，在交互时显示版权声明、免责声明和如何查看修改后的衍生作品所适用的 GNU 通用公共许可证版本 1 的副本。

GNU 通用公共许可证版本 1 第 3 条规定了以目标代码或可执行的形式复制和分发程序或修改后程序的条件：在符合第 1 条和第 2 条规定条件的基础上，还应符合以下条件之一：附带源代码；附上一份至少三年内有效的书面要约，免费提

供（除收取正常的分发成本外）源代码；附上关于在哪里可以获得相应的源代码的信息（只允许用于非商业性的传播，并且收到的程序是单独的目标代码或可执行形式的情况）。

4. 版权/著作权许可

GNU 通用公共许可证版本 1 仅依据作者享有的版权（著作权）对程序进行了附条件的许可和授权。

5. 无专利许可

GNU 通用公共许可证版本 1 没有对软件相关的专利权许可和授权的规定，也没有关于专利权同 GNU 通用公共许可证版本 1 项下的许可发生冲突时如何处理的规定。

6. 传染性及其例外

从以上 GNU 通用公共许可证版本 1 第 2 条规定可以看出，适用 GNU 通用公共许可证版本 1 的程序被修改时，包含程序/程序一部分形成的衍生作品亦适用 GNU 通用公共许可证版本 1。

传染性的例外情况为，如果仅仅将其他独立作品与开源程序（或它的派生物）聚合在一些存储或分发媒介上，并不会导致其他独立作品适用 GNU 通用公共许可证版本 1。

7. 无担保、无赔偿

适用 GNU 通用公共许可证版本 1 的程序在适用法律允许的范围内没有任何担保；亦在任何情况下，任何版权持有人或任何其他可以修改和/或重新发布上述程序的一方，都不对程序使用者的损害进行赔偿。

8. 许可证更改及兼容性

GNU 通用公共许可证版本 1 是自由软件基金会发布的最早的开源许可证协议版本，没有对其他类型协议的兼容性作出特别规定，仅对自由软件基金会发布后续 GNU 通用公共许可证版本的情况进行了规定。

如果作者指定适用 GNU 通用公共许可证版本 1 和任何后续版本，则可以选择适用 GNU 通用公共许可证版本 1 或后续版本；如果作者仅指定适用 GNU 通用公共许可证（未指定特定版本），则可以选择适用 GNU 通用公共许可证的任何版本。

如果想把适用 GNU 通用公共许可证版本 1 的程序全部或部分并入适用其他许可证的程序中，则需要写信给作者，获得作者（著作权人/版权人）的批准。

对于受自由软件基金会版权保护的软件，请写信给自由软件基金会，获得自由软件基金会的批准。

二、GNU General Public License，version 2（GPL－2.0）

（一）GNU General Public License，version 2 许可协议英文版

GNU GENERAL PUBLIC LICENSE

Version 2，June 1991

Copyright © 1989，1991 Free Software Foundation，Inc.

51 Franklin Street，Fifth Floor，Boston，MA 02110－1301 USA

Everyone is permitted to copy and distribute verbatim copies of this license document，but changing it is not allowed.

Preamble

The licenses for most software are designed to take away your freedom to share and change it. By contrast，the GNU General Public License is intended to guarantee your freedom to share and change free software—to make sure the software is free for all its users. This General Public License applies to most of the Free Software Foundation's software and to any other program whose authors commit to using it.（Some other Free Software Foundation software is covered by the GNU Library General Public License instead.）You can apply it to your programs，too.

When we speak of free software，we are referring to freedom，not price. Our General Public Licenses are designed to make sure that you have the freedom to distribute copies of free software（and charge for this service if you wish），that you receive source code or can get it if you want it，that you can change the software or use pieces of it in new free programs；and that you know you can do these things.

To protect your rights，we need to make restrictions that forbid anyone to deny you these rights or to ask you to surrender the rights. These restrictions translate to certain responsibilities for you if you distribute copies of the software，or if you modify it.

For example，if you distribute copies of such a program，whether gratis or for a fee，you must give the recipients all the rights that you have. You must make sure that they，too，receive or can get the source code. And you must show them these terms so they know their rights.

We protect your rights with two steps: (1) copyright the software, and (2) offer you this license which gives you legal permission to copy, distribute and/or modify the software.

Also, for each author's protection and ours, we want to make certain that everyone understands that there is no warranty for this free software. If the software is modified by someone else and passed on, we want its recipients to know that what they have is not the original, so that any problems introduced by others will not reflect on the original authors' reputations.

Finally, any free program is threatened constantly by software patents. We wish to avoid the danger that redistributors of a free program will individually obtain patent licenses, in effect making the program proprietary. To prevent this, we have made it clear that any patent must be licensed for everyone's free use or not licensed at all.

The precise terms and conditions for copying, distribution and modification follow.

TERMS AND CONDITIONS FOR COPYING, DISTRIBUTION AND MODIFICATION

0. This License applies to any program or other work which contains a notice placed by the copyright holder saying it may be distributed under the terms of this General Public License. The "Program", below, refers to any such program or work, and a "work based on the Program" means either the Program or any derivative work under copyright law: that is to say, a work containing the Program or a portion of it, either verbatim or with modifications and/or translated into another language. (Hereinafter, translation is included without limitation in the term "modification".) Each licensee is addressed as "you".

Activities other than copying, distribution and modification are not covered by this License; they are outside its scope. The act of running the Program is not restricted, and the output from the Program is covered only if its contents constitute a work based on the Program (independent of having been made by running the Program). Whether that is true depends on what the Program does.

1. You may copy and distribute verbatim copies of the Program's source code as you receive it, in any medium, provided that you conspicuously and appropriately

publish on each copy an appropriate copyright notice and disclaimer of warranty；keep intact all the notices that refer to this License and to the absence of any warranty；and give any other recipients of the Program a copy of this License along with the Program. You may charge a fee for the physical act of transferring a copy，and you may at your option offer warranty protection in exchange for a fee.

2. You may modify your copy or copies of the Program or any portion of it，thus forming a work based on the Program，and copy and distribute such modifications or work under the terms of Section 1 above，provided that you also meet all of these conditions：

a）You must cause the modified files to carry prominent notices stating that you changed the files and the date of any change.

b）You must cause any work that you distribute or publish，that in whole or in part contains or is derived from the Program or any part thereof，to be licensed as a whole at no charge to all third parties under the terms of this License.

c）If the modified program normally reads commands interactively when run，you must cause it，when started running for such interactive use in the most ordinary way，to print or display an announcement including an appropriate copyright notice and a notice that there is no warranty（or else，saying that you provide a warranty）and that users may redistribute the program under these conditions，and telling the user how to view a copy of this License.（Exception：if the Program itself is interactive but does not normally print such an announcement，your work based on the Program is not required to print an announcement.）

These requirements apply to the modified work as a whole. If identifiable sections of that work are not derived from the Program，and can be reasonably considered independent and separate works in themselves，then this License，and its terms，do not apply to those sections when you distribute them as separate works. But when you distribute the same sections as part of a whole which is a work based on the Program，the distribution of the whole must be on the terms of this License，whose permissions for other licensees extend to the entire whole，and thus to each and every part regardless of who wrote it.

Thus，it is not the intent of this section to claim rights or contest your rights to work written entirely by you; rather, the intent is to exercise the right to control the distribution of derivative or collective works based on the Program.

In addition, mere aggregation of another work not based on the Program with the Program (or with a work based on the Program) on a volume of a storage or distribution medium does not bring the other work under the scope of this License.

3. You may copy and distribute the Program (or a work based on it, under Section 2) in object code or executable form under the terms of Sections 1 and 2 above provided that you also do one of the following:

a) Accompany it with the complete corresponding machine – readable source code, which must be distributed under the terms of Sections 1 and 2 above on a medium customarily used for software interchange; or,

b) Accompany it with a written offer, valid for at least three years, to give any third party, for a charge no more than your cost of physically performing source distribution, a complete machine – readable copy of the corresponding source code, to be distributed under the terms of Sections 1 and 2 above on a medium customarily used for software interchange; or,

c) Accompany it with the information you received as to the offer to distribute corresponding source code. (This alternative is allowed only for noncommercial distribution and only if you received the program in object code or executable form with such an offer, in accord with Subsection b above.)

The source code for a work means the preferred form of the work for making modifications to it. For an executable work, complete source code means all the source code for all modules it contains, plus any associated interface definition files, plus the scripts used to control compilation and installation of the executable. However, as a special exception, the source code distributed need not include anything that is normally distributed (in either source or binary form) with the major components (compiler, kernel, and so on) of the operating system on which the executable runs, unless that component itself accompanies the executable.

If distribution of executable or object code is made by offering access to copy from a designated place, then offering equivalent access to copy the source code from the same place counts as distribution of the source code, even though third parties are not compelled to copy the source along with the object code.

4. You may not copy, modify, sublicense, or distribute the Program except as expressly provided under this License. Any attempt otherwise to copy, modify, sublicense or distribute the Program is void, and will automatically terminate your rights under this License. However, parties who have received copies, or rights, from you under this License will not have their licenses terminated so long as such parties remain in full compliance.

5. You are not required to accept this License, since you have not signed it. However, nothing else grants you permission to modify or distribute the Program or its derivative works. These actions are prohibited by law if you do not accept this License. Therefore, by modifying or distributing the Program (or any work based on the Program), you indicate your acceptance of this License to do so, and all its terms and conditions for copying, distributing or modifying the Program or works based on it.

6. Each time you redistribute the Program (or any work based on the Program), the recipient automatically receives a license from the original licensor to copy, distribute or modify the Program subject to these terms and conditions. You may not impose any further restrictions on the recipients' exercise of the rights granted herein. You are not responsible for enforcing compliance by third parties to this License.

7. If, as a consequence of a court judgment or allegation of patent infringement or for any other reason (not limited to patent issues), conditions are imposed on you (whether by court order, agreement or otherwise) that contradict the conditions of this License, they do not excuse you from the conditions of this License. If you cannot distribute so as to satisfy simultaneously your obligations under this License and any other pertinent obligations, then as a consequence you may not distribute the Program at all. For example, if a patent license would not permit royalty - free redistribution of the Program by all those who receive copies directly or indirectly through you, then the only way you could satisfy both it and this License would be to refrain entirely from distribution of the Program.

If any portion of this section is held invalid or unenforceable under any particular circumstance, the balance of the section is intended to apply and the section as a whole is intended to apply in other circumstances.

It is not the purpose of this section to induce you to infringe any patents or other property right claims or to contest validity of any such claims; this section has the sole purpose of protecting the integrity of the free software distribution system, which is implemented by public license practices. Many people have made generous contributions to the wide range of software distributed through that system in reliance on consistent application of that system; it is up to the author/donor to decide if he or she is willing to distribute software through any other system and a licensee cannot impose that choice.

This section is intended to make thoroughly clear what is believed to be a consequence of the rest of this License.

8. If the distribution and/or use of the Program is restricted in certain countries either by patents or by copyrighted interfaces, the original copyright holder who places the Program under this License may add an explicit geographical distribution limitation excluding those countries, so that distribution is permitted only in or among countries not thus excluded. In such case, this License incorporates the limitation as if written in the body of this License.

9. The Free Software Foundation may publish revised and/or new versions of the General Public License from time to time. Such new versions will be similar in spirit to the present version, but may differ in detail to address new problems or concerns.

Each version is given a distinguishing version number. If the Program specifies a version number of this License which applies to it and "any later version", you have the option of following the terms and conditions either of that version or of any later version published by the Free Software Foundation. If the Program does not specify a version number of this License, you may choose any version ever published by the Free Software Foundation.

10. If you wish to incorporate parts of the Program into other free programs whose distribution conditions are different, write to the author to ask for permission. For software which is copyrighted by the Free Software Foundation, write to the Free Software Foundation; we sometimes make exceptions for this. Our decision will be

guided by the two goals of preserving the free status of all derivatives of our free software and of promoting the sharing and reuse of software generally.

NO WARRANTY

11. BECAUSE THE PROGRAM IS LICENSED FREE OF CHARGE, THERE IS NO WARRANTY FOR THE PROGRAM, TO THE EXTENT PERMITTED BY APPLICABLE LAW. EXCEPT WHEN OTHERWISE STATED IN WRITING THE COPYRIGHT HOLDERS AND/OR OTHER PARTIES PROVIDE THE PROGRAM "AS IS" WITHOUT WARRANTY OF ANY KIND, EITHER EXPRESSED OR IMPLIED, INCLUDING, BUT NOT LIMITED TO, THE IMPLIED WARRANTIES OF MERCHANTABILITY AND FITNESS FOR A PARTICULAR PURPOSE. THE ENTIRE RISK AS TO THE QUALITY AND PERFORMANCE OF THE PROGRAM IS WITH YOU. SHOULD THE PROGRAM PROVE DEFECTIVE, YOU ASSUME THE COST OF ALL NECESSARY SERVICING, REPAIR OR CORRECTION.

12. IN NO EVENT UNLESS REQUIRED BY APPLICABLE LAW OR AGREED TO IN WRITING WILL ANY COPYRIGHT HOLDER, OR ANY OTHER PARTY WHO MAY MODIFY AND/OR REDISTRIBUTE THE PROGRAM AS PERMITTED ABOVE, BE LIABLE TO YOU FOR DAMAGES, INCLUDING ANY GENERAL, SPECIAL, INCIDENTAL OR CONSEQUENTIAL DAMAGES ARISING OUT OF THE USE OR INABILITY TO USE THE PROGRAM (INCLUDING BUT NOT LIMITED TO LOSS OF DATA OR DATA BEING RENDERED INACCURATE OR LOSSES SUSTAINED BY YOU OR THIRD PARTIES OR A FAILURE OF THE PROGRAM TO OPERATE WITH ANY OTHER PROGRAMS), EVEN IF SUCH HOLDER OR OTHER PARTY HAS BEEN ADVISED OF THE POSSIBILITY OF SUCH DAMAGES.

END OF TERMS AND CONDITIONS

How to Apply These Terms to Your New Programs

If you develop a new program, and you want it to be of the greatest possible use to the public, the best way to achieve this is to make it free software which everyone can redistribute and change under these terms.

To do so, attach the following notices to the program. It is safest to attach them to the start of each source file to most effectively convey the exclusion of warranty; and each file should have at least the "copyright" line and a pointer to where the full notice is found.

One line to give the program's name and a brief idea of what it does.

Copyright © < year > < name of author >

This program is free software; you can redistribute it and/or modify it under the terms of the GNU General Public License as published by the Free Software Foundation; either version 2 of the License, or (at your option) any later version.

This program is distributed in the hope that it will be useful, but WITHOUT ANY WARRANTY; without even the implied warranty of MERCHANTABILITY or FITNESS FOR A PARTICULAR PURPOSE. See the GNU General Public License for more details.

You should have received a copy of the GNU General Public License along with this program; if not, write to the Free Software Foundation, Inc., 59 Temple Place, Suite 330, Boston, MA 02111 - 1307 USA.

Also add information on how to contact you by electronic and paper mail.

If the program is interactive, make it output a short notice like this when it starts in an interactive mode:

Gnomovision version 69, Copyright © year name of author

Gnomovision comes with ABSOLUTELY NO WARRANTY; for details type 'show w'.

This is free software, and you are welcome to redistribute it under certain conditions; type 'show c' for details.

The hypothetical commands 'show w' and 'show c' should show the appropriate parts of the General Public License. Of course, the commands you use may be called something other than 'show w' and 'show c'; they could even be mouse - clicks or menu items—whatever suits your program.

You should also get your employer (if you work as a programmer) or your school, if any, to sign a "copyright disclaimer" for the program, if necessary. Here is a sample; alter the names:

Yoyodyne, Inc., hereby disclaims all copyright interest in the program 'Gnomovision' (which makes passes at compilers) written by James Hacker.

signature of Ty Coon, 1 April 1989

Ty Coon, President of Vice

This General Public License does not permit incorporating your program into proprietary programs. If your program is a subroutine library, you may consider it more useful to permit linking proprietary applications with the library. If this is what you want to do, use the GNU Library General Public License instead of this License.

(二) GNU General Public License, version 2 许可协议参考译文

为了介绍和评论引用的开源许可证原文来源于：https：//www. gnu. org/licenses/licenses. html。相关开源许可证原文版权归属开源许可证版权人。对上述网站中开源许可证的中文参考译文，仅为介绍和评论上述英文开源许可证的非官方中文参考译文，开源许可证条款和条件应以官方发布许可证原文为准。参考译文亦遵从原许可证版权人的版权和许可证及其官方管理机构的相关要求（如有）。开源许可证的中文参考译文可能存在错误或疏漏，欢迎读者指正。参考译文以及在参考译文基础上对相关许可证的分析和评述不构成具有法律约束力的任何法律建议或意见，仅供读者参考，因使用参考译文及相关分析评述引起的任何后果由使用者自行承担。

The original English text of this license cited herein for the purpose of introduction and comments could be found at: https：//www. gnu. org/licenses/licenses. html, the copyright of which belongs to the copyright holder. This unofficial Simplified Chinese translation of the original English text is solely for the purpose of introduction, commentary and explanation of a certain issue, which can not replace the original English text. The original English text of the terms and conditions listed in the license agreement shall prevail at all times. This unofficial Simplified Chinese translation acknowledge the copyright of the copyright holder and complies with the requirements of the official management agency of this license agreement (if any). There may be errors or omissions in the unofficial Simplified Chinese translation, readers are welcome to correct them. Neither the unofficial translations nor the analysis and comments shall constitute any legally binding advice or opinions, they are for reference only. Any consequences arising from the use of this unofficial translations and related analysis and comments shall be borne by the users themselves.

GNU通用公共许可证

版本2，1991年6月

版权所有1989，1991自由软件基金会股份有限公司

51 Franklin Street，Fifth Floor，Boston，MA 02110－1301 USA

每个人都被允许复制和分发本许可文件的原样副本，但不允许改变它。

序言

大部分软件的许可证被设计为剥夺你分享和修改软件的自由。相反，GNU通用公共许可证旨在保证你分享和改变自由软件的自由——确保软件对其所有用户都是自由的。GNU通用公共许可证适用于大部分自由软件基金会的软件和任何其他程序，该程序作者同意使用GNU通用公共许可证。（一些其他的自由软件基金会的软件适用GNU库通用公共许可证。）你也可以在你的程序中使用它。

当我们谈到自由软件时，我们指的是自由，而不是价格。我们的通用公共许可证被设计为确保你有分发自由软件副本（并且为此服务收费，如果你希望）的自由，确保你能在你需要的时候收到或能够获取到源代码，确保你能修改软件或在新的自由程序中使用软件片段，并确保你知道你能做这些事情。

为了保护你的权利，我们需要做出限制，禁止任何人否认你的这些权利或要求你放弃这些权利。如果你分发软件的副本，或修改软件，这些限制将转化为你的某些责任。

例如，如果你分发这样一个程序的副本，无论是免费的还是有偿的，你必须给接收者所有你拥有的权利。你必须确保他们也收到或能获得源代码。而且你必须向他们展示这些条款，让他们知道自己的权利。

我们通过两个步骤保护你的权利：（1）使用版权保护该软件，（2）向你提供合法许可你复制、分发或修改该软件的本许可证。

此外，为了保护每个作者和我们的权利，我们想确定每个人都明白，这个自由软件没有任何担保。如果该软件被他人修改并被传递，我们希望接收者知道他们拥有的不是原始软件，因此任何由他人引入的问题都不会影响到原作者的声誉。

最后，任何自由程序都会不断受到软件专利的威胁。我们希望避免这样的危险，即自由程序的再分发者会单独地获得专利，使该程序成为专有财产。为了防止这种情况，我们已经明确表示，为每个人的自由使用，任何专利都必须被许可，否则这样的专利不应被授权。

复制、分发和修改的具体条款和条件如下。

0. 本许可协议适用于任何包含版权持有人声明并根据本通用公共许可证条款分发的程序或其他作品。下面的“程序”是指任何这样的程序或作品，“基于该程序的作品”，指该程序或版权法律规定的任何派生作品：也就是说，包含该程序或其一部分的作品，可以是未经修改的，也可以是经过修改和/或翻译成另一种语言的。（下文中的“修改”一词包括但不限于翻译。）每个被许可人被称为“你”或“您”。

复制、分发和修改以外的行为不适用本许可证，它们在本许可证的范围之外。运行程序的行为不受限制，运行程序的输出结果只有在其内容构成基于程序的作品（与运行程序的制作物无关）的时候才适用本许可证。以上情形如何判断，取决于该程序在实际情况中的作用。

1. 你可以在收到本程序源代码后，以任何媒介复制和分发未修改的程序源代码副本，但你必须在每份副本上醒目地、适当地分发合适的版权声明和免责声明；保持所有提及本许可证的声明和没有任何担保的声明的完整；并将本许可证的副本连同本程序一起交给任何其他接收者。你可以对转移副本的实体行为收取一定的费用。如果你愿意提供担保保护，那你也可以收取相关的费用。

2. 你可以修改程序或其任何部分的副本，从而形成一个基于程序的作品，然后你可以根据上述第 1 条的规定，复制、分发这样的修改或者作品，前提是你还需要满足下列所有条件：

a）你必须使修改后的文件带有明显的通知，说明你修改了这些文件，以及任何修改的日期。

b）你必须使你分发或发布的全部或部分包含或派生自本程序或其任何部分的作品，都将整体根据本许可证免费授权给所有第三方。

c）如果被你修改的程序在运行时通常是以交互方式读取命令，你必须使它在开始运行这种交互式使用时以最通常的方式，打印或显示一个公告，包括适当的版权声明和没有担保的声明（或者说你提供担保），用户可以在这些条件下再分发程序，并告诉用户如何查看本许可证副本。（例外：如果程序本身是交互的但通常不打印这样的公告，那么你基于该程序的作品就不需要打印公告。）

这些要求适用于被修改的作品整体。但是如果该作品中可识别的部件不是派生自该程序，并且它们本身可以合理地被认为是独立的、单独的作品，那么当你把这些部件作为单独的作品分发时，这个许可证和它的条款不适用于这些部件。

但是，当你把前述相同的部件作为基于程序的作品的部分分发时，作品整体的分发必须遵守本许可证的条款。本许可证对其他被许可人的许可适用于整个作品，因此也适用于作品的每一个部分，无论其作者是谁。

因此，本节的目的不是对完全由你创作的作品进行主张权利或对你的权利提出挑战；相反，目的在于行使权利以控制基于本程序的派生作品或汇编作品的分发。

此外，仅仅将非基于本程序的另一作品与本程序（或一个基于本程序的作品）聚合在一些存储或传播媒介上，并不会导致该其他作品纳入本许可证的范围。

3. 你可以根据上述第 1 条和第 2 条的规定，以目标代码或可执行的形式复制和分发本程序（或第 2 条规定的基于本程序的作品），但你必须做到以下条件之一。

a）附带完整的相应的机器可读的源代码，这些源代码必须根据上述第 1 条和第 2 条的规定在软件交换的通常媒介上分发。

b）附带一份至少三年内有效的书面要约，收费不超过你实施分发源代码的实际成本，向任何第三方提供相应源代码的完整机读副本，这样的源代码也必须根据上述第 1 条和第 2 条的条款在用于软件交换的通常媒介上分发。

c）附带你收到的关于提供被分发的相应源代码的要约的信息。[这个选择只适用于非商业分发，并且仅限于你收到的程序是目标代码形式或可执行形式，且附随符合前述 b）项规定那样的要约]。

作品的源代码指的是对作品进行修改的优选作品形式。对于一个可执行文件，完整的源代码是指它所包含的所有模块的所有源代码，以及任何相关的接口定义文件和用于控制可执行文件的编译和安装的脚本。然而，存在一个特殊的例外，可执行文件在操作系统上运行时，分发这个可执行文件的源代码，不需要包括任何通常“与操作系统的主要组件（编译器、内核等）一起分发的东西（无论是源代码还是二进制形式）”，除非该组件本身伴随着可执行文件。

如果可执行代码或目标代码的分发是提供指定地点供人复制，那么提供从同一地点复制源代码的同等机会也算作源代码的分发，即使第三方不被强迫与目标代码一起复制源代码。

4. 除了本许可证明确规定的情况外，你不得复制、修改、分许可或分发本程序。任何其他试图复制、修改、分许可或分发本程序的行为都是无效的，并将自动终止你在本许可证下的权利。但是，根据本许可证从你那里获得副本或权利的各方，只要他们仍然完全遵守规定，他们的授权就不会被终止。

5. 因为你还没有签署它，所以你不被要求接受本许可证。但是，没有任何其他东西授予你修改或分发本程序或其衍生作品的许可。如果你不接受本许可证，这些行为将被法律所禁止。因此，通过实施修改或分发本程序（或任何基于本程序的作品）的行为，你表示接受本许可证及其所有关于复制、分发或修改本程序或基于本程序的作品的条款和条件。

6. 每次你再分发本程序（或基于程序的任何作品）时，接收者都会自动从原始许可人那里获得一份许可，即在遵守这些条款和条件的前提下复制、分发或修改本程序。你不得对接收者行使本协议在此授予的权利施加任何进一步的限制。你无须负责强迫第三方遵守本许可证。

7. 如果由于法院判决或专利侵权指控或任何其他原因（其他原因不限于专利问题），你被施加的一些条件（无论是通过法院命令、协议或其他方式）与本许可的条件相冲突，它们也并不能免除你在本许可证项下的义务。如果你不能同时符合本许可证规定的义务和任何其他相关的义务而进行分发，那么结果就是你根本就不应分发本程序。例如，如果一项专利许可不允许所有通过你直接或间接获得软件副本的人以免许可费的方式再分发本程序，那么你要同时满足专利许可和本许可证的要求的唯一的办法就是彻底不分发本程序。

如果本条的任何部分在任何特定情况下被认为是无效的或不可执行的，本条的其余部分仍然能够适用。本条在其他情况下是作为一个整体适用的。

本条的目的不是诱使你侵犯任何专利或其他财产权，或对这样的权利的有效性提出异议；本条的唯一目的是保护自由软件分发系统的完整性，它是由公共许可证的实践来实施的。依靠该系统的持续运行，许多人对通过该系统分发的广泛种类的软件做出了慷慨的贡献；作者/贡献者是否愿意通过任何其他系统分发软件，是由他/她自己决定的，被许可人不能强迫其做出选择。

本条旨在彻底阐明被认为适用本许可证的其余部分的结果。

8. 如果本程序的分发和/或使用在某些国家受到专利或被版权保护的交互界面的限制，那么将本程序置于本许可证之下的原始版权人可以增加一个明确的地域分发限制，将这些国家排除在外，这样分发就只在未被排除的国家中和未被排除的国家间被允许。在这种情况下，这样的限制被视为许可证本体的一部分。

9. 自由软件基金会可能会不时地发布通用公共许可证的修订版和/或新版本。这些新版本在精神上与现有版本相似，但在细节上可能有所不同，以解决新的问题或关切。

每个版本都有一个可区分的版本号。如果程序指定了适用于它和“任何后续的版本”的许可证版本号，你可以选择遵守该版本或自由软件基金会发布的任何后续版本的条款和条件。如果程序没有指定许可证的版本号，你可以选择自由软件基金会发布的任何版本。

10. 如果你想把本程序的部分内容并入其他发行条件不同的自由程序中，请写信给作者，请求批准。对于受自由软件基金会版权保护的软件，请写信给自由软件基金会，我们有时会对此做出例外处理。我们的决定将以两个目标为指导：一是保持我们自由软件的所有衍生作品的自由地位，二是促进软件的普遍共享和重复使用。

11. 因为本程序是免费许可的，所以在适用法律允许的范围内，本程序没有任何担保。除非另有书面说明，否则版权持有人和/或其他各方“按原样”提供该程序，不提供任何明示或暗示的担保，包括但不限于对适销性和特定用途的适用性的暗示担保。关于程序的质量和运行的全部风险由你承担。如果该程序被证明有缺陷，你将承担所有必要的服务、修理或纠正的费用。

12. 在任何情况下，除非适用的法律要求或书面同意，任何版权持有人或任何其他可以修改和/或重新发布上述程序的一方，都不对你的损害负责，包括任何因使用或无法使用该程序而引起的一般的、特殊的、偶然的或间接的损害（包括但不限于数据丢失或数据不准确或你或第三方遭受的持续损失或该程序无法与任何其他程序一起运行），即使该持有人或其他方已被告知有可能发生这种损害。

如何将这些条款应用于你的新程序？

如果你开发了一个新程序，并且你希望公众最大可能地使用它，那么实现这一点的最好方法就是让它成为自由软件，每个人都可以在这些条款下重新分发和更改该程序。

为此，请在程序中附上以下通知事项。最安全的做法是将它们附加到每个源代码文件的开头以最有效地传达排除担保的信息；每个文件都应该至少有“版权”行和一个指向完整通知所在位置的提示。

<一行给出程序的名称和它的简要功能。>

版权所有 <年份> <作者名称>

本程序是自由软件；您可以根据自由软件基金会发布的 GNU 通用公共许可

证条款版本 2 或（由你选择）任何后续版本重新分发和/或修改它。

本程序被分发是希望它能够有用，但没有任何担保，甚至没有对适销性或特定用途适用性的隐含担保。请参阅 GNU 通用公共许可证了解更多详细信息。

你应该已经收到一份本程序所附的 GNU 通用公共许可证的副本；如果没有，请写信给自由软件基金会股份有限公司，地址：59 Temple Place，Suite 330，Boston，MA 02111 - 1307 USA。

还应添加有关如何通过电子和纸质邮件与你联系的信息。

如果程序是交互式的，当它在交互式模式下启动时，使其输出一个简短通知：

Gnomovision 版本 69，版权所有©年份　作者名称

Gnomovision 完全不提供任何担保；请键入“show w”了解详细信息。

本软件是自由软件，欢迎您在特定条件下重新分发；键入“show c”了解详细信息。

假设命令“show w”和“show c”应显示通用公共许可证的适当部分。当然，你使用的命令可以是“show w”和“show c”以外的其他命令；它们甚至可以是鼠标点击或菜单项——任何适合您程序的方式。

如有必要，你还应该让你的雇主（如果你是一名程序员）或你的学校（如果有的话）签署该程序的“放弃版权声明”。这里是一个样本，可更改名称：

Yoyodyne 公司在此放弃 James Hacker 编写的程序“Gnomovision”（在编译器中进行传递的程序）的所有版权权益。

Ty Coon 签名，1989 年 4 月 1 日

副总裁 Ty Coon

此通用公共许可证不允许将你的程序合并到专有财产性程序中。如果你的程序是一个子程序库，你可能会认为允许将专有财产性应用程序与该库链接起来更有帮助。如果这是你想要做的，请使用 GNU 库通用公共许可证而不是本许可证。

（三）GNU 通用公共许可证版本 2 的评述和介绍

GNU 通用公共许可证版本 2 是自由软件基金会在 1991 年 6 月，在 GNU 通用公共许可证版本 1 的基础上修订发布的开源许可协议，该许可协议发布后被广泛采用。

1. 适用范围

GNU 通用公共许可证版本 2 第 0 条明确规定，GNU 通用公共许可证版本 2

适用于任何包含版权持有人声明根据本通用公共许可证条款分发的程序或其他作品。

2. 授权机制

GNU 通用公共许可证版本 2 和版本 1 相同，首先承认计算机软件作者对软件享有的著作权，然后通过 GNU 通用公共许可证版本 2 所载的条款和条件由软件著作权人授予软件接收者复制、分发或修改软件的权利。

3. 许可条件

GNU 通用公共许可证版本 2 第 0 条明确规定，复制、分发和修改以外的行为不适用该许可证，在本许可证的范围之外。运行程序的行为不受限制，运行程序的输出结果只有在其内容构成基于程序的作品（与运行程序的制作物无关）的时候才适用本许可证。

GNU 通用公共许可证版本 2 第 1 条、第 2 条、第 3 条规定了复制、分发未修改的程序源代码，修改程序源代码和复制分发程序的目标代码或其他可执行的形式需要遵守的条件。

GNU 通用公共许可证版本 2 第 1 条规定了复制、分发未经修改的程序源代码的条件，条件和版本 1 相同，即发布版权声明、保留所有提及公共许可证的声明、无担保声明和免责声明，并附上 GNU 通用公共许可证版本 2 的副本。

GNU 通用公共许可证版本 2 第 2 条规定了修改程序的条件，条件和版本 1 基本相同，在符合第 1 条规定条件基础上，还需要同时满足以下条件：说明修改者、修改日期和修改的文件；修改后的衍生作品亦适用 GNU 通用公共许可证版本 2；如采用交互方式，在交互时显示版权声明、免责声明和如何查看修改后的衍生作品所适用的 GNU 通用公共许可证版本 2 的副本（通用公共许可证版本 2 增加了例外情况，即如果程序本身是交互的但通常不打印这样的公告，那么可以不打印公告）。

GNU 通用公共许可证版本 2 第 3 条规定了以目标代码或可执行的形式复制和分发程序或修改后程序的条件，条件和版本 1 基本相同，在符合第 1 条和第 2 条规定条件的基础上，还应符合以下条件之一：附带源代码；附上一份至少三年内有效的书面要约，免费提供（除收取正常的分发成本外）源代码；附上关于在哪里可以获得相应的源代码的信息（只允许用于非商业性的传播，并且收到的程序是单独的目标代码或可执行形式的情况）。另外 GNU 通用公共许可证版本 2 第 3 条规定，如果可执行代码或目标代码的分发是提供指定地点供人复制，那么提供从同一地点复制源代码的同等机会也算作源代码的分发。

4. 版权/著作权许可

GNU 通用公共许可证版本 2 和版本 1 相同，仅依据作者享有的版权（著作权）对程序进行了附条件的许可和授权。

5. 专利许可

GNU 通用公共许可证版本 2 和版本 1 均没有对软件相关的专利权许可和授权的明确规定。但 GNU 通用公共许可证版本 2 关注到了软件专利权对 GNU 通用公共许可证许可体系的威胁，并相应修订了许可协议条款。

为了避免软件再分发者单独申请专利权，使该软件成为其专有财产，自由软件基金会的处理原则是，任何软件专利都必须被许可以保证软件的自由使用，否则这样的专利不应被授权。具体而言，自由软件基金会不认可再分发者申请软件专利，并通过“限制/终止对申请专利权的再分发者的软件授权的惩罚措施”来进行规制。例如，GNU 通用公共许可证版本 2 第 7 条规定“如果一项专利许可不允许所有通过你直接或间接获得软件副本的人以免许可费的方式再分发本程序，那么你要同时满足专利许可和本许可证的要求的唯一的办法就是彻底不分发本程序”。本条规定是通过取消对申请专利的个别再分发者的软件分发权，来抑制特定再分发者申请专利的行为。

GNU 通用公共许可证版本 2 第 8 条规定“如果本程序的分发和/或使用在某些国家受到专利或被版权保护的交互界面的限制，那么将本程序置于本许可证之下的原始版权人可以增加一个明确的地域分发限制，将这些国家排除在外”。本条规定是通过取消对某一个国家所有再分发者的软件分发权，来抑制该国不特定再分发者申请专利的行为。

但是上述两项专利禁止性规定并不会对恶意申请专利的开源软件作者或者存在专利壁垒的国家起到实质性的作用，反而表现出 GNU 对于专利问题阻碍开源软件的分发的无奈。GNU 寄希望于开源软件的分发者能够在面对专利壁垒问题时，主动且善意地完全停止或在某一个国家停止分发开源软件，以避免更多的下游接收者称为专利侵权人。这一希望完全建立在开源软件的分发者的主观善意的基础上，对企业或者开源软件使用者来说，却无法成为有效的防御措施。

6. 传染性及其例外

GNU 通用公共许可证版本 2 和版本 1 相同，在第 2 条规定，适用 GNU 通用公共许可证版本 2 的开源程序被修改时，包含开源程序/开源程序一部分形成的衍生作品亦适用 GNU 通用公共许可证版本 2。

GNU 通用公共许可证版本 2 传染性的例外情况：（1）如果仅仅将其他独立作品与程序（或一个基于本程序的作品）聚合在一些存储或分发媒介上，并不会导致其他独立作品适用 GNU 通用公共许可证版本 2；（2）如果作品中可识别的部件不是派生自该程序，并且这些部件本身可以合理地被认为是独立的、单独的作品，当把这些部件作为单独的作品分发时，那么 GNU 通用公共许可证版本 2 和它的条款不适用于这些部件，但如果把前述相同的部件作为基于程序的作品的部分分发时，作品整体的分发必须遵守 GNU 通用公共许可证版本 2 的条款。

由上可以看出 GNU 通用公共许可证版本 2 传染性例外比 GNU 通用公共许可证版本 1 更为宽松，当可识别的部件和作品虽然存在联系，但相互联系较弱，达不到构成作品部分和作品整体的紧密联系程度，可识别的部件作为独立作品进行分发的情形可以作为传染性的例外。

另外 GNU 通用公共许可证版本 2 在其文本最后提到了该许可证和 GNU 库通用公共许可证因传染性差异产生的相关的选择问题。如果将适用 GNU 通用公共许可证版本 2 的程序合并到专有财产性程序中，会导致专有财产性程序被传染，从而适用 GNU 通用公共许可证版本 2。如果企业希望子程序库（a subroutine library）适用的开源许可证协议在合并后不传染（企业自身的或他人的）专有财产性程序（proprietary programs），则可以考虑将专有财产性程序与该库链接起来，并为子程序库选择适用 GNU 库通用公共许可证而不是 GNU 通用公共许可证版本 2。

7. 无担保、无赔偿

GNU 通用公共许可证版本 2 和版本 1 在免责问题上的规定基本无差异，即程序在适用法律允许的范围内没有任何担保；亦在任何情况下，任何版权持有人或任何其他可以修改和/或重新发布上述程序的一方，都不对程序使用者的损害进行赔偿。

8. 许可证更改及兼容性

GNU 通用公共许可证版本 2 和版本 1 在更改许可证上的规定基本无差异。

如果想把适用 GNU 通用公共许可证版本 2 的程序全部或部分并入适用其他许可证的程序中，需要写信给作者，获得作者（著作权人/版权人）的批准。对于受自由软件基金会版权保护的软件，请写信给自由软件基金会，获得自由软件基金会的批准。

如果作者指定适用GNU通用公共许可证版本2和任何后续版本，则可以选择适用GNU通用公共许可证版本2或后续版本；如果作者仅指定适用GNU通用公共许可证（未指定特定版本），则可以选择适用GNU通用公共许可证的任何版本。

三、GNU General Public License，version 3（GPL－3.0）

（一）GNU General Public License，version 3许可协议英文版

GNU GENERAL PUBLIC LICENSE

Version 3，29 June 2007

Copyright © 2007 Free Software Foundation，Inc. https：//fsf. org/

Everyone is permitted to copy and distribute verbatim copies of this license document，but changing it is not allowed.

Preamble

The GNU General Public License is a free，copyleft license for software and other kinds of works.

The licenses for most software and other practical works are designed to take away your freedom to share and change the works. By contrast，the GNU General Public License is intended to guarantee your freedom to share and change all versions of a program—to make sure it remains free software for all its users. We，the Free Software Foundation，use the GNU General Public License for most of our software；it applies also to any other work released this way by its authors. You can apply it to your programs，too.

When we speak of free software，we are referring to freedom，not price. Our General Public Licenses are designed to make sure that you have the freedom to distribute copies of free software（and charge for them if you wish），that you receive source code or can get it if you want it，that you can change the software or use pieces of it in new free programs，and that you know you can do these things.

To protect your rights，we need to prevent others from denying you these rights or asking you to surrender the rights. Therefore，you have certain responsibilities if you distribute copies of the software，or if you modify it：responsibilities to respect the freedom of others.

For example, if you distribute copies of such a program, whether gratis or for a fee, you must pass on to the recipients the same freedoms that you received. You must make sure that they, too, receive or can get the source code. And you must show them these terms so they know their rights.

Developers that use the GNU GPL protect your rights with two steps: (1) assert copyright on the software, and (2) offer you this License giving you legal permission to copy, distribute and/or modify it.

For the developers' and authors' protection, the GPL clearly explains that there is no warranty for this free software. For both users' and authors' sake, the GPL requires that modified versions be marked as changed, so that their problems will not be attributed erroneously to authors of previous versions.

Some devices are designed to deny users access to install or run modified versions of the software inside them, although the manufacturer can do so. This is fundamentally incompatible with the aim of protecting users' freedom to change the software. The systematic pattern of such abuse occurs in the area of products for individuals to use, which is precisely where it is most unacceptable. Therefore, we have designed this version of the GPL to prohibit the practice for those products. If such problems arise substantially in other domains, we stand ready to extend this provision to those domains in future versions of the GPL, as needed to protect the freedom of users.

Finally, every program is threatened constantly by software patents. States should not allow patents to restrict development and use of software on general – purpose computers, but in those that do, we wish to avoid the special danger that patents applied to a free program could make it effectively proprietary. To prevent this, the GPL assures that patents cannot be used to render the program non – free.

The precise terms and conditions for copying, distribution and modification follow.

TERMS AND CONDITIONS

0. Definitions.

"This License" refers to version 3 of the GNU General Public License.

"Copyright" also means copyright – like laws that apply to other kinds of works, such as semiconductor masks.

"The Program" refers to any copyrightable work licensed under this License. Each licensee is addressed as "you". "Licensees" and "recipients" may be individuals or organizations.

To "modify" a work means to copy from or adapt all or part of the work in a fashion requiring copyright permission, other than the making of an exact copy. The resulting work is called a "modified version" of the earlier work or a work "based on" the earlier work.

A "covered work" means either the unmodified Program or a work based on the Program.

To "propagate" a work means to do anything with it that, without permission, would make you directly or secondarily liable for infringement under applicable copyright law, except executing it on a computer or modifying a private copy. Propagation includes copying, distribution (with or without modification), making available to the public, and in some countries other activities as well.

To "convey" a work means any kind of propagation that enables other parties to make or receive copies. Mere interaction with a user through a computer network, with no transfer of a copy, is not conveying.

An interactive user interface displays "Appropriate Legal Notices" to the extent that it includes a convenient and prominently visible feature that (1) displays an appropriate copyright notice, and (2) tells the user that there is no warranty for the work (except to the extent that warranties are provided), that licensees may convey the work under this License, and how to view a copy of this License. If the interface presents a list of user commands or options, such as a menu, a prominent item in the list meets this criterion.

1. Source Code.

The "source code" for a work means the preferred form of the work for making modifications to it. "Object code" means any non – source form of a work.

A "Standard Interface" means an interface that either is an official standard defined by a recognized standards body, or, in the case of interfaces specified for a particular programming language, one that is widely used among developers working in that language.

The "System Libraries" of an executable work include anything, other than the work as a whole, that (a) is included in the normal form of packaging a Major Component, but which is not part of that Major Component, and (b) serves only to enable use of the work with that Major Component, or to implement a Standard Interface for which an implementation is available to the public in source code form. A "Major Component", in this context, means a major essential component (kernel, window system, and so on) of the specific operating system (if any) on which the executable work runs, or a compiler used to produce the work, or an object code interpreter used to run it.

The "Corresponding Source" for a work in object code form means all the source code needed to generate, install, and (for an executable work) run the object code and to modify the work, including scripts to control those activities. However, it does not include the work's System Libraries, or general - purpose tools or generally available free programs which are used unmodified in performing those activities but which are not part of the work. For example, Corresponding Source includes interface definition files associated with source files for the work, and the source code for shared libraries and dynamically linked subprograms that the work is specifically designed to require, such as by intimate data communication or control flow between those subprograms and other parts of the work.

The Corresponding Source need not include anything that users can regenerate automatically from other parts of the Corresponding Source.

The Corresponding Source for a work in source code form is that same work.

2. Basic Permissions.

All rights granted under this License are granted for the term of copyright on the Program, and are irrevocable provided the stated conditions are met. This License explicitly affirms your unlimited permission to run the unmodified Program. The output from running a covered work is covered by this License only if the output, given its content, constitutes a covered work. This License acknowledges your rights of fair use or other equivalent, as provided by copyright law.

You may make, run and propagate covered works that you do not convey, without conditions so long as your license otherwise remains in force. You may convey covered works to others for the sole purpose of having them make modifications exclusively for you, or provide you with facilities for running those works, provided that you comply with the terms of this License in conveying all material for which you do not control copyright. Those thus making or running the covered works for you must do so exclusively on your behalf, under your direction and control, on terms that prohibit them from making any copies of your copyrighted material outside their relationship with you.

Conveying under any other circumstances is permitted solely under the conditions stated below. Sublicensing is not allowed; section 10 makes it unnecessary.

3. Protecting Users' Legal Rights From Anti – Circumvention Law.

No covered work shall be deemed part of an effective technological measure under any applicable law fulfilling obligations under article 11 of the WIPO copyright treaty adopted on 20 December 1996, or similar laws prohibiting or restricting circumvention of such measures.

When you convey a covered work, you waive any legal power to forbid circumvention of technological measures to the extent such circumvention is effected by exercising rights under this License with respect to the covered work, and you disclaim any intention to limit operation or modification of the work as a means of enforcing, against the work's users, your or third parties' legal rights to forbid circumvention of technological measures.

4. Conveying Verbatim Copies.

You may convey verbatim copies of the Program's source code as you receive it, in any medium, provided that you conspicuously and appropriately publish on each copy an appropriate copyright notice; keep intact all notices stating that this License and any non – permissive terms added in accord with section 7 apply to the code; keep intact all notices of the absence of any warranty; and give all recipients a copy of this License along with the Program.

You may charge any price or no price for each copy that you convey, and you may offer support or warranty protection for a fee.

5. Conveying Modified Source Versions.

You may convey a work based on the Program, or the modifications to produce it from the Program, in the form of source code under the terms of section 4, provided that you also meet all of these conditions:

a) The work must carry prominent notices stating that you modified it, and giving a relevant date.

b) The work must carry prominent notices stating that it is released under this License and any conditions added under section 7. This requirement modifies the requirement in section 4 to "keep intact all notices".

c) You must license the entire work, as a whole, under this License to anyone who comes into possession of a copy. This License will therefore apply, along with any applicable section 7 additional terms, to the whole of the work, and all its parts, regardless of how they are packaged. This License gives no permission to license the work in any other way, but it does not invalidate such permission if you have separately received it.

d) If the work has interactive user interfaces, each must display Appropriate Legal Notices; however, if the Program has interactive interfaces that do not display Appropriate Legal Notices, your work need not make them do so.

A compilation of a covered work with other separate and independent works, which are not by their nature extensions of the covered work, and which are not combined with it such as to form a larger program, in or on a volume of a storage or distribution medium, is called an "aggregate" if the compilation and its resulting copyright are not used to limit the access or legal rights of the compilation's users beyond what the individual works permit. Inclusion of a covered work in an aggregate does not cause this License to apply to the other parts of the aggregate.

6. Conveying Non - Source Forms.

You may convey a covered work in object code form under the terms of sections 4 and 5, provided that you also convey the machine - readable Corresponding Source under the terms of this License, in one of these ways:

a) Convey the object code in, or embodied in, a physical product (including a physical distribution medium), accompanied by the Corresponding Source fixed on a durable physical medium customarily used for software interchange.

b) Convey the object code in, or embodied in, a physical product (including a physical distribution medium), accompanied by a written offer, valid for at least three years and valid for as long as you offer spare parts or customer support for that product model, to give anyone who possesses the object code either (1) a copy of the Corresponding Source for all the software in the product that is covered by this License, on a durable physical medium customarily used for software interchange, for a price no more than your reasonable cost of physically performing this conveying of source, or (2) access to copy the Corresponding Source from a network server at no charge.

c) Convey individual copies of the object code with a copy of the written offer to provide the Corresponding Source. This alternative is allowed only occasionally and noncommercially, and only if you received the object code with such an offer, inaccord with subsection 6b.

d) Convey the object code by offering access from a designated place (gratis or for a charge), and offer equivalent access to the Corresponding Source in the same way through the same place at no further charge. You need not require recipients to copy the Corresponding Source along with the object code. If the place to copy the object code is a network server, the Corresponding Source may be on a different server (operated by you or a third party) that supports equivalent copying facilities, provided you maintain clear directions next to the object code saying where to find the Corresponding Source. Regardless of what server hosts the Corresponding Source, you remain obligated to ensure that it is available for as long as needed to satisfy these requirements.

e) Convey the object code using peer – to – peer transmission, provided you inform other peers where the object code and Corresponding Source of the work are being offered to the general public at no charge under subsection 6d.

A separable portion of the object code, whose source code is excluded from the Corresponding Source as a System Library, need not be included in conveying the object code work.

A "User Product" is either (1) a "consumer product", which means any tangible personal property which is normally used for personal, family, or household purposes, or (2) anything designed or sold for incorporation into a dwelling. In determining whether a product is a consumer product, doubtful cases shall be resolved in favor of coverage. For a particular product received by a particular user, "normally used" refers to a typical or common use of that class of product, regardless of the status of the particular user or of the way in which the particular user actually uses, or expects or is expected to use, the product. A product is a consumer product regardless of whether the product has substantial commercial, industrial or non-consumer uses, unless such uses represent the only significant mode of use of the product.

"Installation Information" for a User Product means any methods, procedures, authorization keys, or other information required to install and execute modified versions of a covered work in that User Product from a modified version of its Corresponding Source. The information must suffice to ensure that the continued functioning of the modified object code is in no case prevented or interfered with solely because modification has been made.

If you convey an object code work under this section in, or with, or specifically for use in, a User Product, and the conveying occurs as part of a transaction in which the right of possession and use of the User Product is transferred to the recipient in perpetuity or for a fixed term (regardless of how the transaction is characterized), the Corresponding Source conveyed under this section must be accompanied by the Installation Information. But this requirement does not apply if neither you nor any third party retains the ability to install modified object code on the User Product (for example, the work has been installed in ROM).

The requirement to provide Installation Information does not include a requirement to continue to provide support service, warranty, or updates for a work that has been modified or installed by the recipient, or for the User Product in which it has been modified or installed. Access to a network may be denied when the modification itself materially and adversely affects the operation of the network or violates the rules and protocols for communication across the network.

Corresponding Source conveyed, and Installation Information provided, in accord with this section must be in a format that is publicly documented (and with an implementation available to the public in source code form), and must require no special password or key for unpacking, reading or copying.

7. Additional Terms.

"Additional permissions" are terms that supplement the terms of this License by making exceptions from one or more of its conditions. Additional permissions that are applicable to the entire Program shall be treated as though they were included in this License, to the extent that they are valid under applicable law. If additional permissions apply only to part of the Program, that part may be used separately under those permissions, but the entire Program remains governed by this License without regard to the additional permissions.

When you convey a copy of a covered work, you may at your option remove any additional permissions from that copy, or from any part of it. (Additional permissions may be written to require their own removal in certain cases when you modify the work.) You may place additional permissions on material, added by you to a covered work, for which you have or can give appropriate copyright permission.

Notwithstanding any other provision of this License, for material you add to a covered work, you may (if authorized by the copyright holders of that material) supplement the terms of this License with terms:

a) Disclaiming warranty or limiting liability differently from the terms of sections 15 and 16 of this License; or

b) Requiring preservation of specified reasonable legal notices or author attributions in that material or in the Appropriate Legal Notices displayed by works containing it; or

c) Prohibiting misrepresentation of the origin of that material, or requiring that modified versions of such material be marked in reasonable ways as different from the original version; or

d) Limiting the use for publicity purposes of names of licensors or authorsof the material; or

e) Declining to grant rights under trademark law for use of some trade names, trademarks, or service marks; or

f) Requiring indemnification of licensors and authors of that material by anyone who conveys the material (or modifiedversions of it) with contractual assumptions of liability to the recipient, for any liability that these contractual assumptions directly impose on those licensors and authors.

All other non – permissive additional terms are considered "further restrictions" within the meaning of section 10. If the Program as you received it, or any part of it, contains a notice stating that it is governed by this License along with a term that is a further restriction, you may remove that term. If a license document contains a further restriction but permits relicensing or conveying under this License, you may add to a covered work material governed by the terms of that license document, provided that the further restriction does not survive such relicensing or conveying.

If you add terms to a covered work in accord with this section, you must place, in the relevant source files, a statement of the additional terms that apply to those files, or a notice indicating where to find the applicable terms.

Additional terms, permissive or non – permissive, may be stated in the form of a separately written license, or stated as exceptions; the above requirements apply either way.

8. Termination.

You may not propagate or modify a covered work except as expressly provided under this License. Any attempt otherwise to propagate or modify it is void, and will automatically terminate your rights under this License (including any patent licenses granted under the third paragraph of section 11).

However, if you cease all violation of this License, then your license from a particular copyright holder is reinstated (a) provisionally, unless and until the copyright holder explicitly and finally terminates your license, and (b) permanently, if the copyright holder fails to notify you of the violation by some reasonable means prior to 60 days after the cessation.

Moreover, your license from a particular copyright holder is reinstated permanently if the copyright holder notifies you of the violation by some reasonable means, this is the first time you have received notice of violation of this License (for any work) from that copyright holder, and you cure the violation prior to 30 days after your receipt of the notice.

Termination of your rights under this section does not terminate the licenses of parties who have received copies or rights from you under this License. If your rights have been terminated and not permanently reinstated, you do not qualify to receive new licenses for the same material under section 10.

9. Acceptance Not Required for Having Copies.

You are not required to accept this License in order to receive or run a copy of the Program. Ancillary propagation of a covered work occurring solely as a consequence of using peer - to - peer transmission to receive a copy likewise does not require acceptance. However, nothing other than this License grants you permission to propagate or modify any covered work. These actions infringe copyright if you do not accept this License. Therefore, by modifying or propagating a covered work, you indicate your acceptance of this License to do so.

10. Automatic Licensing of Downstream Recipients.

Each time you convey a covered work, the recipient automatically receives a license from the original licensors, to run, modify and propagate that work, subject to this License. You are not responsible for enforcing compliance by third parties with this License.

An “entity transaction” is a transaction transferring control of an organization, or substantially all assets of one, or subdividing an organization, or merging organizations. If propagation of a covered work results from an entity transaction, each party to that transaction who receives a copy of the work also receives whatever licenses to the work the party's predecessor in interest had or could give under the previous paragraph, plus a right to possession of the Corresponding Source of the work from the predecessor in interest, if the predecessor has it or can get it with reasonable efforts.

You may not impose any further restrictions on the exercise ofthe rights granted or affirmed under this License. For example, you may not impose a license fee, royalty, or other charge for exercise of rights granted under this License, and you may not initiate litigation (including a cross - claim or counterclaim in a lawsuit) alleging that any patent claim is infringed by making, using, selling, offering for sale, or importing the Program or any portion of it.

11. Patents.

A "contributor" is a copyright holder who authorizes use under this License of the Program or awork on which the Program is based. The work thus licensed is called the contributor's "contributor version".

A contributor's "essential patent claims" are all patent claims owned or controlled by the contributor, whether already acquired or hereafter acquired, that would be infringed by some manner, permitted by this License, of making, using, or selling its contributor version, but do not include claims that would be infringed only as a consequence of further modification of the contributor version. For purposes of this definition, "control" includes the right to grant patent sublicenses in a manner consistent with the requirements of this License.

Each contributor grants you a non – exclusive, worldwide, royalty – free patent license under the contributor's essential patent claims, to make, use, sell, offer for sale, import and otherwise run, modify and propagate the contents of its contributor version.

In the following three paragraphs, a "patent license" is any express agreement or commitment, however denominated, not to enforce a patent (such as an express permission to practice a patent or covenant not to sue for patent infringement). To "grant" such a patent license to a party means to make such an agreement or commitment not to enforce a patent against the party.

If you convey a covered work, knowingly relying on a patent license, and the Corresponding Source of the work is not available for anyone to copy, free of charge and under the terms of this License, through a publicly available network server or other readily accessible means, then you must either (1) cause the Corresponding Source to be so available, or (2) arrange to deprive yourself of the benefit of the patent license for this particular work, or (3) arrange, in a manner consistent with the requirements of this License, to extend the patent license to downstream recipients. "Knowingly relying" means you have actual knowledge that, but for the patent license, your conveying the covered work in a country, or your recipient's use of the covered work in a country, would infringe one or more identifiable patents in that country that you have reason to believe are valid.

If, pursuant to or in connection with a single transaction or arrangement, you convey, or propagate by procuring conveyance of, a covered work, and grant a patent license to some of the parties receiving the covered work authorizing them to use, propagate, modify or convey a specific copy of the covered work, then the patent license you grant is automatically extended to all recipients of the covered work and works based on it.

A patent license is "discriminatory" if it does not include within the scope of its coverage, prohibits the exercise of, or is conditioned on the non – exercise of one or more of the rights that are specifically granted under this License. You may not convey a covered work if you are a party to an arrangement with a third party that is in the business of distributing software, under which you make payment to the third party based on the extent of your activity of conveying the work, and under which the third party grants, to any of the parties who would receive the covered work from you, a discriminatory patent license (a) in connection with copies of the covered work conveyed by you (or copies made from those copies), or (b) primarily for and in connection with specific products or compilations that contain the covered work, unless you entered into that arrangement, or that patent license was granted, prior to 28 March 2007.

Nothing in this License shall beconstrued as excluding or limiting any implied license or other defenses to infringement that may otherwise be available to you under applicable patent law.

12. No Surrender of Others' Freedom.

If conditions are imposed on you (whether by court order, agreement or otherwise) that contradict the conditions of this License, they do not excuse you from the conditions of this License. If you cannot convey a covered work so as to satisfy simultaneously your obligations under this License and any other pertinent obligations, then as a consequence you may not convey it at all. For example, if you agree to terms that obligate you to collect a royalty for further conveying from those to whom you convey the Program, the only way you could satisfy both those terms and this License would be to refrain entirely from conveying the Program.

13. Use with the GNU Affero General Public License.

Notwithstanding any other provision of this License, you have permission to link or combine any covered work with a work licensed under version 3 of the GNU Affero General Public License into a single combined work, and to convey the resulting work. The terms of this License will continue to apply to the part which is the covered work, but the special requirements of the GNU Affero General Public License, section 13, concerning interaction through a network will apply to the combination as such.

14. Revised Versions of this License.

The Free Software Foundation may publish revised and/or new versions of the GNU General Public License from time to time. Such new versions will be similar in spirit to the present version, but may differ in detail to address new problems or concerns.

Each version is given a distinguishing version number. If the Program specifies that a certain numbered version of the GNU General Public License "or any later version" applies to it, you have the option of following the terms and conditions either of that numbered version or of any later version published by the Free Software Foundation. If the Program does not specify a version number of the GNU General Public License, you may choose any version ever published by the Free Software Foundation.

If the Program specifies that a proxy can decide which future versions of the GNU General Public License can be used, that proxy's public statement of acceptance of a version permanently authorizes you to choose that version for the Program.

Later license versions may give you additional or different permissions. However, no additional obligations are imposed on any author or copyright holder as a result of your choosing to follow a later version.

15. Disclaimer of Warranty.

THERE IS NO WARRANTY FOR THE PROGRAM, TO THE EXTENT PERMITTED BY APPLICABLE LAW. EXCEPT WHEN OTHERWISE STATED IN WRITING THE COPYRIGHT HOLDERS AND/OR OTHER PARTIES PROVIDE THE PROGRAM "AS IS" WITHOUT WARRANTY OF ANY KIND, EITHER EXPRESSED OR IMPLIED, INCLUDING, BUT NOT LIMITED TO, THE IMPLIED WARRANTIES OF MERCHANTABILITY AND FITNESS FOR A

PARTICULAR PURPOSE. THE ENTIRE RISK AS TO THE QUALITY AND PERFORMANCE OF THE PROGRAM IS WITH YOU. SHOULD THE PROGRAM PROVE DEFECTIVE, YOU ASSUME THE COST OF ALL NECESSARY SERVICING, REPAIR OR CORRECTION.

16. Limitation of Liability.

IN NO EVENT UNLESS REQUIRED BY APPLICABLE LAW OR AGREED TO IN WRITING WILL ANY COPYRIGHT HOLDER, OR ANY OTHER PARTY WHO MODIFIES AND/OR CONVEYS THE PROGRAM AS PERMITTED ABOVE, BE LIABLE TO YOU FOR DAMAGES, INCLUDING ANY GENERAL, SPECIAL, INCIDENTAL OR CONSEQUENTIAL DAMAGES ARISING OUT OF THE USE OR INABILITY TO USE THE PROGRAM (INCLUDING BUT NOT LIMITED TO LOSS OF DATA OR DATA BEING RENDERED INACCURATE OR LOSSES SUSTAINED BY YOU OR THIRD PARTIES OR A FAILURE OF THE PROGRAM TO OPERATE WITH ANY OTHER PROGRAMS), EVEN IF SUCH HOLDER OR OTHER PARTY HAS BEEN ADVISED OF THE POSSIBILITY OF SUCH DAMAGES.

17. Interpretation of Sections 15 and 16.

If the disclaimer of warranty and limitation of liability provided above cannot be given local legal effect according to their terms, reviewing courts shall apply local law that most closely approximates an absolute waiver of all civil liability in connection with the Program, unless a warranty or assumption of liability accompanies a copy of the Program in return for a fee.

END OF TERMS AND CONDITIONS

How to Apply These Terms to Your New Programs

If you develop a new program, and you want it to be of the greatest possible use to the public, the best way to achieve this is to make it free software which everyone can redistribute and change under these terms.

To do so, attach the following notices to the program. It is safest to attach them to the start of each source file to most effectively state the exclusion of warranty; and each file should have at least the "copyright" line and a pointer to where the full notice is found.

< one line to give the program's name and a brief idea of what it does. >

Copyright © < year > < name of author >

This program is free software: you can redistribute it and/or modify it under the terms of the GNU General Public License as published by the Free Software Foundation, either version 3 of the License, or (at your option) any later version.

This program is distributed in the hope that it will be useful, but WITHOUT ANY WARRANTY; without even the implied warranty of MERCHANTABILITY or FITNESS FOR A PARTICULAR PURPOSE. Seethe GNU General Public License for more details.

You should have received a copy of the GNU General Public License along with this program. If not, see <http://www. gnu. org/licenses/ >.

Also add information on how to contact you by electronic and paper mail.

If the program does terminal interaction, make it output a short notice like this when it starts in an interactive mode:

< program > Copyright © < year > < name of author >

This program comes with ABSOLUTELY NO WARRANTY; for details type 'show w'.

This is free software, and you are welcome to redistribute it under certain conditions; type 'show c' for details.

The hypothetical commands 'show w' and 'show c' should show the appropriate parts of the General Public License. Of course, your program's commands might be different; for a GUI interface, you would use an "about box".

You should also get your employer (if you work as a programmer) or school, if any, to sign a "copyright disclaimer" for the program, if necessary. For more information on this, and how to apply and follow the GNU GPL, see < http: //www. gnu. org/licenses/ >.

The GNU General Public License does not permit incorporating your program into proprietary programs. If your program is a subroutine library, you may consider it more useful to permit linking proprietary applications with the library. If this is what you want to do, use the GNU Lesser General Public License instead of this License. But first, please read < http: //www. gnu. org/philosophy/why - not -

lgpl. html >.

End license text.

（二）GNU General Public License，version 3 许可协议参考译文

为了介绍和评论引用的开源许可证原文来源于：https：//www. gnu. org/licenses/licenses. html。相关开源许可证原文版权归属开源许可证版权人。对上述网站中开源许可证的中文参考译文，仅为介绍和评论上述英文开源许可证的非官方中文参考译文，开源许可证条款和条件应以官方发布许可证原文为准。参考译文亦遵从原许可证版权人的版权和许可证及其官方管理机构的相关要求（如有）。开源许可证的中文参考译文可能存在错误或疏漏，欢迎读者指正。参考译文以及在参考译文基础上对相关许可证的分析和评述不构成具有法律约束力的任何法律建议或意见，仅供读者参考，因使用参考译文及相关分析评述引起的任何后果由使用者自行承担。

The original English text of this license cited herein for the purpose of introduction and comments could be found at：https：//www. gnu. org/licenses/licenses. html, the copyright of which belongs to the copyright holder. This unofficial Simplified Chinese translation of the original English text is solely for the purpose of introduction, commentary and explanation of a certain issue, which can not replace the original English text. The original English text of the terms and conditions listed in the license agreement shall prevail at all times. This unofficial Simplified Chinese translation acknowledge the copyright of the copyright holder and complies with the requirements of the official management agency of this license agreement（if any）. There may be errors or omissions in the unofficial Simplified Chinese translation, readers are welcome to correct them. Neither the unofficial translations nor the analysis and comments shall constitute any legally binding advice or opinions, they are for reference only. Any consequences arising from the use of this unofficial translations and related analysis and comments shall be borne by the users themselves.

GNU 通用公共许可证

版本 3，2007 年 6 月 29 日

版权 2007 自由软件基金会股份有限公司 https：//fsf. org/

每个人都被允许复制和分发本许可文件的原样副本，但不允许改变它。

序言

GNU 通用公共许可证是一个用于软件和其他种类作品的自由的著佐权许可证。

大多数软件和其他实用作品的许可证被设计为剥夺你分享和修改作品的自由。相反，GNU 通用公共许可证旨在保证你分享和修改一个程序的所有版本的自由——以确保它对所有用户仍是自由软件。自由软件基金会对我们的大部分软件使用 GNU 通用公共许可证；本公共许可证也适用于被其作者以这种方式发布的任何其他作品。你也可以在你的程序中使用它。

当我们谈到自由软件时，我们指的是自由，而不是价格。我们的通用公共许可证被设计为确保你有分发自由软件副本（并为副本收费，如果你希望）的自由，确保你能在你需要的时候收到或能够获取到源代码，确保你能修改软件或在新的自由程序中使用软件片段，并确保你知道你能做这些事情。

为保护你的权利，我们需要防止任何其他人否认你的这些权利，或者要求你交出这些权利。因此，如果你分发这些软件副本或修改软件，你有某些责任：尊重他人自由的责任。

例如，如果你分发这样一个程序的副本，无论是免费的还是有偿的，你必须传递给接收者你所接受的同样的自由。你必须确保他们也收到或能获得源代码。而且你必须向他们展示这些条款，让他们知道自己的权利。

采用 GNU 通用公开许可证的开发者通过两个步骤保护你的权利：（1）对软件主张版权，（2）向你提供合法许可你复制、分发和/或修改该软件的本许可证。

为了对开发者和作者进行保护，GNU 通用公开许可证明确表示，这个自由软件没有任何担保。为了用户和作者，GNU 通用公开许可证要求将被修改过的版本标明为已被修改，这样他们的问题就不会被错误地归因于此前版本的作者。

一些设备被设计为拒绝给予用户权限在其内部安装或运行软件的修改版本，尽管制造商能安装和运行它们。这种做法从根本上与保护用户修改软件自由的目标相矛盾。这种系统性的滥用模式发生在个人产品领域，而这正是最不能接受的地方。因此，我们设计了这个版本的 GNU 通用公开许可证来禁止针对这些产品的实际做法。如果这类问题在其他领域大量出现，我们做好准备在 GNU 通用公开许可证的未来版本中把这一条款扩展到那些领域，以保护用户的自由。

每个程序都会不断受到软件专利的威胁。各国不应允许以专利限制通用计算机软件的开发和使用，但在那些有专利限制的国家中，我们希望避免这样一种特殊的危险，即将专利应用于一个自由程序，从而使其成为一个实质上的私有财产。为了防止出现这种情况，GNU 通用公开许可证宣告专利不能被用来使程序变得不自由。

复制、分发和修改的具体条款和条件如下。

0. 定义

“本许可证”是指 GNU 通用公开许可证第 3 版。

“版权”也指适用于其他种类作品（例如半导体掩模）的版权类的法律。

“程序”是指在本许可证下许可的任何可被版权保护的作品。每个被许可人都被称呼为“你”。“被许可人”和“接收者”，可以是个人或组织。

“修改”一个作品是指仿照或改编该作品的全部或部分，以需要版权许可的方式，但不包括（单独）制作一个完全一样的副本。由此产生的作品被称为在先作品的“修改后的版本”或“基于在先作品的作品”。

“受保护的作品”，是指未经修改的程序或基于程序的作品。

“传播”作品是指在未经许可的情况下，对作品做任何事情，使你在适用的版权法律下直接或间接地承担侵权责任，但在计算机上运行作品或修改私人副本除外。传播包括复制、分发（无论是否修改）、使公众可以获得，在一些国家还包括其他活动。

“传输”作品是指使其他方能够制作或接受副本的任何一种传播方式。但是，仅仅是通过计算机网络与用户交互而没有副本的转移，并不是传输。

交互式用户界面显示“适当的法律声明”的程度是，应显示出一个方便的和显著的视觉信息，包含（1）显示适当的版权声明，（2）告诉用户该作品没有任何担保（除非担保被提供），被许可人可以根据本许可证传输该作品，以及如何查看本许可证的副本。如果交互界面呈现的是“用户命令或选项”的列表，例如一个菜单，那么列表中的显著条目则符合这个标准。

1. 源代码

作品的“源代码”是指对作品进行修改的优选作品形式。“目标代码”是指作品的任何非源代码形式。

“标准接口”是指由公认的标准机构定义的官方标准，或者在某一特定编程语言定义“接口”的情况下，在使用该语言工作的开发者中被广泛使用的接口。

可执行作品的“系统库”不是指整个作品，而是包括下列任何东西：（a）被包括在“主要组成部分”的通常形式之中，但却非“主要的组成部分”的一部分，（b）仅为和“主要的组成部分”一起，使作品可用，或实现一个标准接口，目的是以源代码形式使公众可以实施。“主要组成部分”在这里指可执行作品运行依赖的“具体操作系统”（如有）的“一个主要的必要部分”（内核、窗口系统等），或生成该作品的编译器，或被用于运行的目标代码解释器。

目标代码形式的作品的“相应的源代码”指：所有生成、安装、运行（对可执行作品而言）目标代码和修改作品所需的全部源代码，包括控制上述行为的脚本。但是，“相应的源代码”不包括作品的系统库、通用目的工具、通常可获取的自由软件，该自由软件未被修改而直接被用于执行那些并非该作品一部分的功能。例如，“相应的源代码”包含与作品的源文件关联的接口定义文件，共享库的源代码和作品特别设计所需的动态链接子程序的源代码，例如那些子程序与作品的其他部分之间的密切数据通信或控制流。

“相应的源代码”不必包含那些用户可以通过“相应的源代码”的其他部分自动再生成的内容。

源代码形式作品的“相应的源代码”即这个作品本身。

2. 基本许可

本许可证授予的所有权利都在本程序的版权有效期内授予，并且在满足规定的条件之后不可撤销。本许可证明确声明你可以不受限制地运行未经修改的程序。运行“受保护作品”的输出，仅当其内容构成一个“受保护作品”时才会适用本许可证。本许可证承认版权法律规定的你的合理使用权或其他同等权利。

只要你的许可在其他方面保持有效，你就可以无条件地制作、运行和传播但不传输受保护作品。只要你遵守本许可证规定的关于传输你不控制著作权的所有材料的条款，你就可以传输受保护的作品给其他人，仅仅为了使其他人专门为你进行修改，或者使其他人为你提供运行这些作品的设施。那些因此而为你制作或者运行受保护的作品的人，必须在你的指导和控制下，仅仅代表你来做上述的事情，并且你还要禁止他们在和你的关系之外制作你的有版权材料的任何副本。

其他情况下的传输行为，必须符合本许可证下文的规定。不允许再许可，第10节的规定使再许可没有必要。

3. 保护用户的合法权益免受反规避技术措施法律①的限制

任何受保护的作品均不得被视为有效技术措施的一部分，该有效技术措施被要求履行 1996 年 12 月 20 日通过的《世界知识产权组织版权条约》第 11 条义务的任何适用法律，或其他禁止或限制规避此类措施的类似法律的规定。

当你传输一个受保护作品时，你应放弃任何禁止规避技术措施的法律权利，只要这种规避技术措施是通过行使本许可证项下关于受保护的作品的权利来实现的，即已表明你放弃通过限制作品用户的“操作或修改作品的行为”的方式，来执行你的或第三方的禁止规避技术措施的法定权利。

4. 传输原样副本

你可以通过任何媒介，传输你接收到的本程序的源代码的原样副本，前提是：你为每一个副本醒目而恰当地发布合适的版权声明；完整地保留关于本许可证的声明及按第 7 条的规定被增加的适用于代码的任何非许可性条款；完整地保留所有无担保声明以及给接收者一份附随程序的本许可证副本。

你可以对你传输的每个副本收取任何费用或不收取任何费用，并且你可以提供收费的支持或担保保护。

5. 传输修改过的源代码版本

你可以根据第 4 条规定的条款，以源代码形式传输一个基于程序的作品或一个可以依据程序制作基于程序作品的修改，前提是你还需要满足以下所有的要求：

a）该作品必须带有显著的声明表示你修改过它，并且标明相关的日期。

b）该作品必须带有显著的声明，指出其在本许可证及任何根据第 7 条附加的条件下发布。这个要求修正了第 4 条关于“完整保留所有的声明”的内容。

c）你必须将全部作品作为一个整体，按照本许可证，授权给任何拥有一份副本的人。无论作品怎样打包在一起，本许可证及按照第 7 条附加的条款均适用于整个作品和它所有的部分。本许可证不允许以任何其他方式许可作品，如果你分开收到它，也不会使此许可无效。

---

① 《世界知识产权组织版权条约》第 11 条，缔约各方应规定适当的法律保护和有效的法律补救办法，制止规避由作者为行使本条约或《伯尔尼公约》所规定的权利而使用的、对就其作品进行未经该有关作者许可或未由法律准许的行为加以约束的有效技术措施。参见 http：//ipr.mofcom.gov.cn/zhuanti/law/conventions/wipo/1/WCT/WCT_right.html，最后访问日期：2023 年 9 月 24 日。

d）如果该作品有交互式用户界面，则其交互界面必须显示适当的法律声明。然而，当程序有交互式界面却不显示适当的法律声明时，你的作品也不必使它们显示适当的法律声明。

在一个存储或分发媒介上，受保护作品和其他分开的独立作品的一个联合被称为一个聚合体，其条件是该分开的独立作品既不是该受保护作品的自然扩展，也不以组成一个更大的程序而联合，并且该联合及因联合产生的版权不会以其超过单个作品的许可范围，去限制联合作品使用者的访问或合法权利。在聚合作品中包含受保护作品并不会使本许可证适用于聚合体（aggregate）的其他部分。

6. 以非源代码形式传输

你可以根据第 4 条和第 5 条规定的条款，以目标代码形式传输受保护作品，前提是你同时按照本许可证条款的规定，以这些方式之一传输机器可读的相应的源代码：

a）传输在实物产品中或体现在实物产品（包括一个实物分发媒介）中的目标代码时，应随附安装在通常用于软件交换的耐久性物理媒介上的相应的源代码。

b）传输在实物产品中或体现在实物产品（包括一个实物分发媒介）中的目标代码时，应随附至少三年有效且与你为该产品模型提供备用零件或消费者支持服务的期限相同的一个书面要约，给予任何目标代码的拥有者下列之一：（1）该产品中的所有适用本许可证的软件相应源代码的一份副本，在通常用于软件交换的耐久性物理媒介上传输，且收费不超过你合理的实际实施传输源代码的成本；（2）从网络服务器免费复制相应的源代码的路径。

c）传输目标代码的单独副本时，应附上提供相应源代码的一个书面要约副本。本选项只能偶尔和非商业性使用，且仅在你根据第 6 条（b）项收到附有这样要约的目标代码的情况下才能选用。

d）通过提供指定位置路径的方式传输目标代码（免费或收费）时，应以同等路径在相同的位置以同样的方式提供相应的源代码，并不得额外收费。你无须要求接收者在复制目标代码的同时复制相应的源代码。如果复制目标代码的位置为一个网络服务器，则相应源代码可以在另一个支持同等复制功能的不同服务器（由你或者第三方运营的）上，前提是你要在目标代码旁保持在哪里可以找到相应源代码的清晰指示。无论使用什么服务器托管相应源代码，你仍然有义务确保服务器在满足这些要求所需的时间内可用。

e）通过点对点传输目标代码时，前提是你已告知其他接受点，目标代码和相应的源代码在何处以第 6 条（d）项的方式供公众免费获取。

目标代码中的可分离的部分，其源代码不属于相应源代码，例如系统库，不必包括在传输目标代码的作品中。

“用户产品”是指下列之一：(1)“消费品”，即任何通常用于个人、家庭或家居目的的有形个人财产，(2) 以并入住宅为目的而设计或者销售的任何东西。在决定一个产品是否为消费品时，应当以有利于包含的方式解决存疑的情况。对于特定接收人所接受的特定产品而言，“一般用途”是指该类产品典型的或者普遍的用途，而与特定使用人自身状况，特定使用人实际使用、期望或者被期望使用产品的方式无关。产品是消费品，无论该产品是否具有实质性的商业、工业或非消费用途，除非这些用途代表了该产品的唯一重要使用方式。

用户产品的“安装信息”是指用来安装和执行由修改相应的源代码形成的用户产品中受保护作品的修改版本所需的任何方法、步骤、授权秘钥，或者其他信息。“安装信息”应当足以保证被修改的目标代码的继续运行不会仅因为其曾被修改过，而受到阻止或者干扰。

如果你按照本节的规定传输一个目标代码作品，无论目标代码作品是否包含在“用户产品”中，或者与“用户产品”在一起，或者为了特别用于“用户产品”，并且使传输行为成为转让行为的一部分，那么在这项转让行为中，“用户产品”的所有权和使用权将永久性地或者在一定期限内转移到接收者名下（无论此项交易的特征如何）。按照本节规定传输的相应的源代码必须附带安装信息，但是在无论是你还是第三方都不具备在“用户产品”中安装“修改版的目标代码”的能力时（例如，该作品已经被安装到 ROM 上时），这个要求可以不适用。

提供安装信息的要求并不包含被接收者已经修改或安装的作品，或为已经被修改或被安装作品的用户产品继续提供支持服务、担保或升级的要求。当修改本身对网络运行有实质的和负面的影响，或违背了网络间通信协议和规则时，联网可能会被拒绝。

根据本条，被传输的相应源代码及被提供的安装信息，必须是公共记录的文件格式（并且附上公众可实施的源代码形式），同时不得对解压、阅读和复制设置任何特别的密码或密钥。

7. 附加条款

“附加许可”是通过对本许可的一项或多项条件作出例外，来补充本许可条款的附加条款。适用于整个程序的附加许可应被视为包含在本许可中，只要它们在适用的法律下有效。如果附加许可仅适用于该程序的一部分，则该部分可以在那些许可下单独使用，但整个程序仍受本许可的约束，而不适用该附加许可。

当你传输受保护的作品的副本时，你可根据你的选择从该副本或其任何部分中删除任何附加许可。（在某些情况下，当你修改作品时，一些附加许可可能要求自行将自己删除。）你可在你拥有或可以授予适当的版权许可的材料上设置附加许可，这些材料将被你添加到受保护的作品中。

尽管有本许可证其他条款，但是对添加到受保护作品的材料，你仍然可以（如果你获得该材料版权持有人的授权）以如下条款补充本许可证的条款：

a）与本许可证第 15 条和第 16 条不同的无担保声明或责任限制条款；

b）要求在该材料或包含该材料的作品显示的适当法律通知中保留特别的合理法律通知或作者归属；

c）禁止对该材料的来源进行虚假陈述，或要求以合理的方式将此类材料的修改版本标记为与原始版本不同；

d）限制因宣传目的使用材料的许可人或作者的名称；

e）拒绝根据商标法授予使用某些商号、商标或服务标志的权利；

f）就直接强加给那些许可人和作者的这些合同性责任，向传输材料（或其修改版本）并附上对接收者的合同性责任承担的任何人要求对许可人和材料作者进行补偿。

所有其他的非许可性附加条款都被视作第 10 条所说的“进一步的限制”。如果你接收到的程序或其任何部分包含声明称受本许可证和这种进一步的限制条款约束，你可以删除那些条款。如果一个许可证文本包含进一步的限制，但允许按照本许可证再许可或传输，你可以将那些许可证文本条款约束的材料添加到一个受保护作品中，前提是该进一步的限制在此类再许可或传输后不再有效。

如果你根据本条向一个受保护作品添加了条款，那么你必须在相关的源文件中加入关于适用于这些文件的附加条款的声明，或者指明在哪里可以找到这些适用条款的通知。

附加条款，不管是许可性的还是非许可性的，均可以区别的书面许可证形式声明，或作为例外情况声明，上述要求适用于任何一种方式。

8. 终止

除非本许可证明确允许，否则你不得传播或修改一个受保护作品。任何以其他方式传播或修改受保护作品的尝试都是无效的，并将自动终止你在本许可证项下的权利（包括第 11 条第 3 段中提到的任何专利许可）。

然而，当你停止所有违反本许可证的行为，你从特定的版权所有人处获得的许可将被：（a）暂时恢复，除非并直到版权所有人明确并最终终止对你的许可；（b）永久恢复，如果版权所有者未能在违规行为停止后 60 天之内通过某种合理的方式通知你违反本许可证。

此外，如果版权持有人通过某种合理方式通知你违反本许可证，并且你是第一次收到特定版权持有人关于你违反本许可证（对任何作品）的合理通知，且你在收到通知后 30 天内改正，那么你从这个特定的版权持有人处获得的许可将会永久性恢复。

根据本条，你的权利终止，并不会终止根据本许可证从你那里收到副本或权利的他方的许可。如果你的权利已被终止且未永久恢复，则你没有资格根据第 10 条规定获得相同材料的新许可。

9. 持有副本无须接受

你无须接受本许可证，就可以接收、运行一个程序副本。仅由于使用点对点传输而接收副本或类似发生的受保护作品的辅助传播，同样不需要接受本许可证。然而，除了本许可证之外，没有东西能够授权你传播或修改任何受保护的作品。如果你不接受本许可证，这些行为就侵犯了版权。因此，修改或传播一个受保护作品的行为，即表明你接受本许可证的约束。

10. 下游接收者自动许可

你每次传输一个受保护作品，接收者都自动收到了来自原始许可人的许可，可根据本许可证运行、修改和传播该作品。你不负责强制第三方遵守本许可证。

“实体交易”是指转移组织控制权，或者几乎所有资产，或者拆分组织，或者合并组织的交易。如果传播作品是由一项实体交易导致的，每一个收到作品副本的交易方，将同样接收到来自前利益相关方已有的或者按照前段所述能给予的该作品的任何许可，如果其前利益相关方已经拥有或者通过合理的努力可以取得相应源代码，则该交易方亦有权获取该作品的相应源代码。

你不能对本许可证授予或者确认的权利的实施行为施加任何进一步的限制。例如，你不能对实施本许可证所授予权利的行为，强制收取许可费、版税或者其他费用，并且不能对制作、使用、销售、许诺销售，或进口程序/程序的任何部分的行为提起诉讼（包括交叉诉讼和反诉），声称任何专利权被侵犯。

11. 专利

“贡献者”指在本许可证项下授予程序或程序所基于的作品使用权的版权持有人。前述被授权的作品被称为贡献者的“贡献者版本”。

贡献者的“基本专利权利要求”是贡献者拥有或控制的所有专利权利要求，无论是已经获得还是之后获得的。该“基本专利权利要求”将被本许可证许可的以某种方式制造、使用或销售其贡献者版本的行为所侵犯的要求包括在内，但“基本专利权利要求”不包括仅因进一步修改贡献者版本而侵犯的专利权利要求。在本定义中，“控制”包括以符合本许可证要求的方式获得专利分许可的权利。

每个贡献者根据贡献者的基本专利权利要求授予你非排他性、全球性、免版税的专利许可，以制作、使用、销售、许诺销售、进口和其他方式运行、修改和传播其贡献者版本的内容。

在以下三段中，“专利许可”不执行专利权的任何明示协议或承诺，无论其名称如何（如明确许可实施专利或不起诉专利侵权的契约）。将这样的专利许可“授予”给一方意味着就不针对该方执行专利权做出前述的协议或承诺。

如果你传输一个受保护作品，明知其依赖于一个专利许可，且作品的相应源代码尚未向公众开放复制，即根据本许可证的条款通过公共网络服务器或者其他容易获得的方式免费获取副本，则你必须做到下述之一：（1）使相应源代码可被获取；（2）放弃你就该特别作品享有的专利利益；（3）以符合本许可证要求的方式，安排将专利授权许可延伸到下游的接收者。“明知依赖”指你已经实际知道，若没有专利许可，在某些国家你传输受保护作品或者你的接收者使用此受保护作品，将会侵犯一项或者多项在该国可识别的专利，而且你也有理由知道这些专利是有效的。

如果根据或关联到一个单独的交易或者相关安排，你传输或者通过（使接收者）获得传输方式的方式传播一个受保护作品，并授予某些受保护作品接收方一个专利许可，授权他们使用、传播、修改或者传输某份受保护作品的一个特定副本，那么你授予的专利许可，将自动延伸至受保护作品或者基于受保护作品的作品所有接收方。

如果专利许可未包括在专利覆盖范围内、禁止行使本许可证特别授予的一项或多项权利，或以不行使本许可证特别授予的一项或多项权利为条件，则该专利许可是“歧视性的”。如果你是与从事软件分发业务的第三方达成协议的一方，根据该协议，根据你传输作品活动的范围向第三方付款，并且第三方向“将从你那里接收的受保护作品的任何一方”授予一个“歧视性专利许可”。在下列情况下你不得传输受保护作品：（a）与你传送的受保护作品的副本（或从这些副本制作的副本）相关，（b）主要用于或与之相关的包含受保护作品的特定产品或组合，除非你在2007年3月28日之前达成该安排或专利许可被授予，否则你不得传输受保护的作品。

本授权许可证的全部条款，都不应当被解释为排除或者限制在适用的专利法下你可以援引的任何默示许可或针对侵权采取抗辩的行为。

12. 不放弃他人的自由

如果施加于你的条件（无论是法院命令、协议或者其他）与本许可证的条件相冲突，那些情况并不能使你免除本许可证的条件。如果你不能在传输受保护的作品时同时履行本许可证项下的义务及其他相关义务，则结果是你不得传输受保护作品。例如，如果你同意某种合同条款，其要求你向你传输程序的接收方就进一步传输行为收取许可费用，唯一让你满足此条款义务和本许可证义务的做法只有完全停止传输该程序。

13. 与GNU AGPL许可证一起使用

尽管存在本许可证的任何其他规定，但你仍被许可将任何受保护作品和一个适用GNU AGPL许可证的作品链接或者结合成一个单独的组合作品，并传输该组合作品。本许可证条款将对受保护的作品这一部分继续有效，但是GNU AGPL许可证里的特别要求，即第13条关于网络交互的部分将适用于整个组合。

14. 本许可证的修改版本

自由软件基金会可能会不时地发布GNU通用公共许可证的修订版和/或新版本。这些新版本在精神上与现有版本相似，但在细节上可能有所不同，以解决新的问题或关切。

每一个版本都有一个可以区分的版本号。如果程序具体说明适用一个特定版本的GNU通用公共许可证或任何后续版本，则你可以选择适用标明特定版本号的版本的条件和条款，或适用自由软件基金会发布的后续版本的条件和条款。如果程序没有特别标明适用的GNU通用公共许可证的版本号，则你可以选择适用任何一个由自由软件基金会发布的版本。

如果程序中标明一个代理人可以决定未来哪一个版本的GNU通用公共许可证可以被适用，则该代理人接受某一个版本的公开声明，将永久性地授权你为程序选择该版本。

后续版本可能给你增加额外的或者不同的许可。但是，你选择适用后续的版本，并不会增加作者或者版权所有人的额外义务。

15. 无担保声明

在适用法律允许的范围内，本程序没有任何担保。除非另有书面说明，否则版权持有人和/或其他各方“按原样”提供该程序，不提供任何明示或暗示的担保，包括但不限于对适销性和特定用途的适用性的暗示担保。关于程序的质量和程序执行的全部风险由你承担。如果该程序被证明有缺陷，你将承担所有必要的服务、修理或纠正的费用。

16. 责任限制

在任何情况下，除非适用的法律要求或书面同意，任何版权持有人或任何其他修改和/或传输上述被许可的程序的一方，都不对你的损害负责，包括任何因使用或无法使用该程序而引起的一般的、特殊的、偶然的或间接的损害（包括但不限于数据丢失或数据不准确或你或第三方遭受的损失或该程序无法与任何其他程序一起运行），即使该持有人或其他方已被告知有可能发生这种损害。

17. 第 15 条和第 16 条的解释

如果前述无担保和责任限制声明的条款无法具有当地的法律效力，那么审查法院应当以最接近放弃一切与本程序有关的民事责任的方式来适用当地法律，除非程序副本附有担保或承担责任并以此换取费用的条款。

条款和条件结束

如何将这些条款应用于你的新程序?

如果你开发了一个新程序，并且你希望公众最大可能地使用它，那么实现这一点的最好方法就是让它成为自由软件，每个人都可以在这些条款下重新分发和更改。

为此，请在程序中附上以下通知事项。最安全的做法是将它们附加到每个源代码文件的开头以最有效的声明排除担保；每个文件都应该至少有“版权”行和一个指向完整通知所在位置的指示。

<一行给出程序的名称和它的简要功能。>

版权所有<年份><作者名称>

这个程序是自由软件，您可以根据自由软件基金会发布的 GNU 通用公共许可证版本 3 或（由您选择）任何后续版本重新分发和/或修改它。

本程序被分发是希望它有用，但它没有任何担保，甚至没有对适销性或特定用途适用性的隐含担保。请参阅 GNU 通用公共许可证了解更多详细信息。

你应该已经收到一份这个程序所附的 GNU 通用公共许可证的副本；如果没有，请访问 http：//www. gnu. org/licenses/。

还应添加有关如何通过电子和纸质邮件与你联系的信息。

如果程序进行终端交互，当它在交互式模式下启动时，使其输出一个简短通知：

<程序>版权所有© <年份> <作者名称>

这个程序完全不提供任何担保；请键入“show w”了解详细信息。

本软件是自由软件，欢迎您在特定条件下重新分发；键入“show c”了解详细信息。

假设命令“show w”和“show c”应显示通用公共许可证的适当部分。当然，你使用的程序的命令可以不同；关于图形用户界面你可以使用“关于对话框”选项。

如有必要，你还应该让你的雇主（如果你是一名程序员）或学校（如果有的话）签署该程序的“放弃版权声明”。有关这方面的更多信息和如何适用和遵循 GNU 通用公共许可证，请访问 <http：//www. gnu. org/licenses/>。

此通用公共许可证不允许将你的程序合并到专有程序中。如果你的程序是一个子程序库，你可能会认为允许将专有应用程序与该库链接起来更有用。如果这是你想要做的，请使用 GNU 通用宽松公共许可证而不是本许可证。但请阅读 <http：//www. gnu. org/philosophy/why－not－lgpl. html>。

（三）GNU 通用公共许可证版本 3 的评述和介绍

GNU 通用公共许可证版本 3 是自由软件基金会在 2007 年 6 月，即在 GNU 通用公共许可证版本 2 发布 16 年后发布的开源许可协议。相比 GNU 通用公共许可证版本 2，自由软件基金会对 GNU 通用公共许可证版本 3 做了较多的修订。

1. 适用范围

GNU 通用公共许可证版本 3 在序言部分明确，GNU 通用公共许可证版本 3 适用于软件和其他种类作品，并提出了与自由软件相联系的著佐权许可证的说法。

2. 授权机制

GNU 通用公共许可证版本 3 和版本 2 及版本 1 均相同，首先承认计算机软件作者对软件享有的著作权，然后通过 GNU 通用公共许可证版本 3 所载的条款和条件由软件著作权人授予软件接收者复制、分发或修改软件的权利。

3. 许可条件

（1）基本许可

GNU 通用公共许可证版本 3 第 2 条首次提出了基本许可（basic permissions）的概念，基本许可包括：程序接收者可以不受限制地运行未经修改的程序；在不实施许可证规定的传输的情况下，可以无条件地制作、运行和传播受保护作品，即 GNU 通用公共许可证版本 3 对传输行为设置了有条件的许可，对传输行为以外的传播和运行、复制、修改受保护作品行为属于无条件的基本许可。

GNU 通用公共许可证版本 3 除了个别条款使用了版本 1 和版本 2 中分发的提法外，重点使用了传播和传输这两个新概念，传输行为包括在传播行为中，但版本 3 对传输（convey）行为具有明确的要求，但是对传输（convey）行为以外的传播（propagate）行为适用基本许可，即无特殊要求。版本 3 对传播的定义是，“传播”作品是指在未经许可的情况下，对作品做任何事，使你在适用的版权法律下直接或间接地承担侵权责任，但在计算机上运行作品或修改私人副本除外。传播包括复制、分发（无论是否修改）、使公众可以获得，在一些国家还包括其他活动。版本 3 对传输的定义是，“传输”作品是指使其他方能够制作或接受副本的任何一种传播方式，但仅通过计算机网络与用户交互，没有副本的转移，并不是传输。

（2）附条件许可

GNU 通用公共许可证版本 3 第 4、5、6 条规定传输未修改的程序源代码、修改过的程序源代码和传输程序的目标代码或其他可执行的形式需要遵守的条件。

GNU 通用公共许可证版本 3 第 4 条规定了传输未经修改的程序源代码的条件。版本 3 和版本 1 及版本 2 复制、分发源代码相同的条件有：发布版权声明，保留所有关于许可证声明、无担保声明和免责声明的条款，提供 GNU 通用公共许可证版本 3 的副本。版本 3 第 4 条新增加的条件为，保留版本 3 按第 7 条的规定增加的非许可条款。

GNU 通用公共许可证版本 3 第 5 条规定了传输修改过的源代码版本的条件，在符合第 4 条规定条件基础上，还需要同时满足以下条件：修改声明需要说明修改者在哪一具体修改日期修改了作品；声明需要指出修改程序在 GNU 通用公共许可证版本 3 及任何根据第 7 条附加的条件下发布（在存在附加条件的特殊情况下，该要求实质上修正了第4条关于“完整保留所有的声明”的内容）；修改后的作品整体亦适用GNU通用公共许可证版本3及任何根据第7条附加的条款；如果有交互式用户界面，则其交互界面必须显示适当的法律声明，如当程序有交互式界面但通常不显示适当的法律声明时，也可不显示。

GNU通用公共许可证版本3第6条规定以非源代码形式传输的条件，在符合第4条和第5条规定条件的基础上，还应符合以下条件之一：传输在实物产品中或体现在实物产品中的程序的目标代码时，应随附提供相应的源代码，且源代码需安装在通常用于软件交换的物理媒介上；传输在实物产品中或体现在实物产品中的程序的目标代码时，应随附书面要约，直接给予接收者相应源代码或间接提供通过网络服务器免费复制源代码的路径；传输目标代码的单独副本时，应附上提供源代码的一个书面要约副本；通过提供指定位置路径的方式传输目标代码时，应以同等路径在相同的位置以同样的方式提供源代码；通过点对点传输目标代码时，应告知其他接受点和相应的源代码在何处可供公众免费获取。

4. 版权/著作权许可

GNU通用公共许可证版本3，依据作者享有的版权（著作权）对程序进行了无条件的基本许可和附条件许可。

5. 专利许可

GNU通用公共许可证版本3，调整了版本2试图绕开软件专利的做法，取消了GNU通用公共许可证版本2第8条规定的地域分发限制制度，开始试图协调专利制度和自由软件制度。

GNU通用公共许可证版本3第11条规定了明确的专利许可，即每个贡献者根据贡献者的基本专利权利要求授予接收者非排他性、全球性、免版税的专利许可，以制作、使用、销售、许诺销售、进口和其他方式运行、修改和传播其贡献者版本的内容。

GNU通用公共许可证版本3第11条规定的专利许可，不执行专利权的任何明示协议或承诺，即明确许可实施专利或不起诉专利侵权的承诺。

GNU通用公共许可证版本3第11条规定，如果传输一个受保护作品，明知其依赖于一个专利许可，须做到下述之一：（1）使相应源代码可被获取；（2）放弃就该特别作品享有的专利利益；（3）以符合本许可证要求的方式，安排将专利授权许可延伸到下游的接收者。

GNU通用公共许可证版本3第11条最后还特别说明，本授权许可证的全部条款，都不应当被解释为排除或者限制在适用的专利法下被许可人可以援引的任何默示许可或针对侵权采取抗辩的行为，以最大可能保护自由软件使用者的利益。

6. 传染性及其例外

GNU 通用公共许可证版本 3 同版本 1、2 对传染性规定的精神相同，GNU 通用公共许可证版本 3 在第 5 条规定，传输一个“基于程序的作品”或一个可以依据程序就可以制作“基于程序作品”的修改，应将整个作品作为一个整体，适用 GNU 通用公共许可证版本 3。

GNU 通用公共许可证版本 3 第 5 条规定了一种传染性例外的情况：在一个存储或分发媒介上，受保护作品和其他分开的独立作品的一个联合被称为一个聚合体的情况下，在聚合作品中包含受保护作品并不会使本许可证适用于聚合体的其他部分。适用聚合体这一例外还有 3 个条件：（1）该分开的独立作品不是该受保护作品的自然扩展；（2）该分开的独立作品和受保护作品不以组成一个更大的程序而联合；（3）该联合及因联合产生的版权不会以其超过单个作品的许可范围，去限制联合作品使用者的访问或合法权利。

由上可以看出 GNU 通用公共许可证版本 3 传染性例外的规定并没有沿着 GNU 通用公共许可证版本 2 对作品和作品可识别部件（identifiable sections）的关系论述上进一步发展，而是回到了 GNU 通用公共许可证版本 1 聚合的表述，提出了聚合体概念，并规定了聚合体作为传染性例外的三个条件。总体上在传染性例外问题上，GNU 通用公共许可证版本 2 比 GNU 通用公共许可证版本 1 有宽松趋势，而 GNU 通用公共许可证版本 3 比 GNU 通用公共许可证版本 2 又有收紧趋势。

7. 用户产品中安装信息的特殊要求

GNU 通用公共许可证版本 3 对通过用户产品传输受保护程序的情形以及安装信息提出了特殊要求。GNU 通用公共许可证版本 3 第 6 条规定，传输在实物产品中或体现在实物形式的用户产品中的目标代码时，除了需要传输相应的源代码外，必须附带用户产品的安装信息（但在传输者或第三方都不具备在“用户产品”中安装“修改版的目标代码”的能力时除外）。

用户产品的“安装信息”是指用来安装和执行由修改相应的源代码形成的用户产品中受保护作品的修改版本所需的任何方法、步骤、授权秘钥，或者其他信息。“安装信息”应当足以保证被修改的目标代码的继续运行不会仅因为它曾被修改过，而受到阻止或者干扰。

8. 附加条款

GNU 通用公共许可证版本 3 第 7 条允许作品的贡献者对其拥有或可以授予适当的版权许可的材料上设置附加许可，但同时对可设置附加许可的事项进行了限制。

可设置附加许可的事项为：（1）与 GNU 通用公共许可证版本 3 第 15 条和第 16 条不同的无担保声明或责任限制条款；（2）要求在显示的适当法律通知中保留特别的合理法律通知或作者归属；（3）禁止对贡献者材料的来源进行虚假陈述，或要求以合理的方式将此类材料的修改版本标记为与原始版本不同；（4）限制因宣传目的使用材料的许可人或作者的名称；（5）拒绝根据商标法授予使用某些商号、商标或服务标志的权利；（6）就直接强加给许可人和作者的合同性责任，许可人和作者有权向传输材料（或其修改版本）并附上对接收者的合同性责任的任何人要求补偿。

超出可设置附加许可的事项的附加条款，将被视为 GNU 通用公共许可证版本 3 第 10 条所说的“进一步的限制”，作品接受使用者可以删除。

9. 许可的终止和恢复

GNU 通用公共许可证版本 3 对许可的终止和恢复进行了规定。GNU 通用公共许可证版本 3 第 8 条规定，任何以许可证规定之外的其他方式传播或修改受保护作品的尝试都是无效的，并将自动终止本许可证项下的许可（包括专利许可）。

但当被许可人停止所有违反本许可证的行为，则许可将被：（a）暂时恢复，除非并直到版权所有人明确并最终终止许可；（b）永久恢复，如果版权所有者未能在违规行为停止后 60 天之内通过某种合理的方式通知被许可人违反本许可证。

如果版权持有人通过某种合理方式通知被许可人违反本许可证，并且被许可人是第一次收到合理通知，且被许可人在收到通知后 30 天内改正，那从这个特定的版权持有人处获得的许可将会永久性地恢复。

10. 无担保无赔偿

GNU 通用公共许可证版本 3 和版本 1、2 在免责问题上的规定基本无差异，即程序在适用法律允许的范围内没有任何担保；亦在任何情况下，任何版权持有人或任何其他可以修改和/或重新发布上述程序的一方，都不对程序使用者的损害进行赔偿。

GNU 通用公共许可证版本 3 进一步考虑到许可证规定和适用法律可能存在的矛盾，在新增的第 17 条中对有管辖权的法院如何适用法律进行规定，如果许可证无担保和免责声明无法具有当地法律效力，审查法院应当以最接近放弃一切与本程序有关的民事责任的方式来适用当地法律。

11. 许可证更改及兼容性

（1）GNU 通用公共许可证版本 3 和版本 1、2 在 GNU 通用公共许可证协议兼容性上的规定基本无差异。

如果作者指定适用 GNU 通用公共许可证版本 3 和任何后续版本，则可以选择适用 GNU 通用公共许可证版本 3 或后续版本；如果作者仅指定适用 GNU 通用公共许可证（未指定特定版本），则可以选择适用 GNU 通用公共许可证任何版本。

GNU 通用公共许可证版本 3 在版本 1、2 的基础上，增加说明：如果程序中标明一个代理人可以决定未来哪一个版本的 GNU 通用公共许可证可以被适用，则该代理人接受某一个版本的公开声明，将永久性地授权为程序选择该版本；后续版本可能给被许可人增加额外的或者不同的许可。但选择适用后续的版本，并不会增加作者或者版权所有人的额外义务。

（2）GNU 通用公共许可证版本 3 同 GNU AGPL 一起使用的规定。

GNU 通用公共许可证版本 3 许可将任何适用 GNU 通用公共许可证版本 3 的受保护作品和一个适用 GNU AGPL 许可证的作品链接或者结合成一个单独的组合作品，并传输该组合作品。

GNU 通用公共许可证版本 3 条款将对受保护的作品这一部分继续有效，但是 GNU AGPL 许可证里的特别要求，即 GNU AGPL 许可证第 13 条关于网络交互的部分将适用于整个组合。

（3）GNU 通用公共许可证版本 3 和版本 1、2 不同，在 GNU 通用公共许可证版本 3 中删除了变更许可证，即通过联系作者/自由软件基金会，获得批准后可变更许可证的条款。

12. 规避技术措施

1996 年 12 月 20 日在日内瓦通过的《世界知识产权组织版权条约》第 11 条“关于技术措施的义务”规定“缔约各方应规定适当的法律保护和有效的法律补救办法，制止规避由作者为行使本条约或《伯尔尼公约》所规定的权利而使用的、对就其作品进行未经该有关作者许可或未由法律准许的行为加以约束的有效技术措施”。该条规定立足于对版权的保护，反对未经版权人许可为规避版权人采取技术措施，进而侵犯版权人权利的行为。

考虑到该条规定可能会被不适当的运用，影响自由软件制度的正常运行，因此 GNU 通用公共许可证版本 3 第 3 条规定，任何受保护的作品均不得被视为有效技术措施的一部分，当传输一个受保护作品时，传输者应放弃任何禁止规避技术措施的法律权利。

第二节 GNU AGPL 参考译文及其评述和介绍

2002 年，在自由软件基金会的同意下，Affero 公司基于 GPL v2 发布了 AGPL 的最初版本。随着 GPL v3 在 2007 年发行，AGPL 也重新在 GPL v3 的基础上，更新了 AGPL v3。一般说起的 AGPL，指的是自由软件基金会 AGPL v3. 0 这一版本①。

一、GNU Affero General Public License，version 3 许可协议英文版

GNU AFFERO GENERAL PUBLIC LICENSE

Version 3，19 November 2007

Copyright © 2007 Free Software Foundation，Inc. <https：//fsf. org/ >

Everyone is permitted to copy and distribute verbatim copies of this license document，but changing it is not allowed.

Preamble

The GNU Affero General Public License is a free，copyleft license for software and other kinds of works，specifically designed to ensure cooperation with the community in the case of network server software.

① 参见《AGPL“失效”》，载 https：//my. oschina. net/u/5324949/blog/5311023，最后访问日期：2023 年 9 月 24 日。

The licenses for most software and other practical works are designed to take away your freedom to share and change the works. By contrast, our General Public Licenses are intended to guarantee your freedom to share and change all versions of a program—to make sure it remains free software for all its users.

When we speak of free software, we are referring to freedom, not price. Our General Public Licenses are designed to make sure that you have the freedom to distribute copies of free software (and charge for them if you wish), that you receive source code or can get it if you want it, that you can change the software or use pieces of it in new free programs, and that you know you can do these things.

Developers that use our General Public Licenses protect your rights with two steps: (1) assert copyright on the software, and (2) offer you this License which gives you legal permission to copy, distribute and/or modify the software.

A secondary benefit of defending all users' freedom is that improvements made in alternate versions of the program, if they receive widespread use, become available for other developers to incorporate. Many developers of free software are heartened and encouraged by the resulting cooperation. However, in the case of software used on network servers, this result may fail to come about. The GNU General Public License permits making a modified version and letting the public access it on a server without ever releasing its source code to the public.

The GNU Affero General Public License is designed specifically to ensure that, in such cases, the modified source code becomes available to the community. It requires the operator of a network server to provide the source code of the modified version running there to the users of that server. Therefore, public use of a modified version, on a publicly accessible server, gives the public access to the source code of the modified version.

An older license, called the Affero General Public License and published by Affero, was designed to accomplish similar goals. This is a different license, not a version of the Affero GPL, but Affero has released a new version of the Affero GPL which permits relicensing under this license.

The precise terms and conditions for copying, distribution and modification follow.

TERMS AND CONDITIONS

0. Definitions.

"This License" refers to version 3 of the GNU Affero General Public License.

"Copyright" also means copyright – like laws that apply to other kinds of works, such as semiconductor masks.

"The Program" refers to any copyrightable work licensed under this License. Each licensee is addressed as "you". "Licensees" and "recipients" may be individuals or organizations.

To "modify" a work means to copy from or adapt all or part of the work in a fashion requiring copyright permission, other than the making of an exact copy. The resulting work is calleda "modified version" of the earlier work or a work "based on" the earlier work.

A "covered work" means either the unmodified Program or a work based on the Program.

To "propagate" a work means to do anything with it that, without permission, would make you directly or secondarily liable for infringement under applicable copyright law, except executing it on a computer or modifying a private copy. Propagation includes copying, distribution (with or without modification), making available to the public, and in some countries other activities as well.

To "convey" a work means any kind of propagation that enables other parties to make or receive copies. Mere interaction with a user through a computer network, with no transfer of a copy, is not conveying.

An interactive user interface displays "Appropriate Legal Notices" to the extent that it includes a convenient and prominently visible feature that (1) displays an appropriate copyright notice, and (2) tells the user that there is no warranty for the work (except to the extent that warranties are provided), that licensees may convey the work under this License, and how to view a copy of this License. If the interface presents a list of user commands or options, such as a menu, a prominent item in the list meets this criterion.

1. Source Code.

The "source code" for a work means the preferred form of the work for making modifications to it. “Object code” means any non – source form of a work.

A “Standard Interface” means an interface that either is an official standard defined by a recognized standards body, or, in the case of interfaces specified for a particular programming language, one that is widely used among developers working in that languagc.

The “System Libraries” of an executable work include anything, other than the work as a whole, that (a) is included in the normal form of packaging a Major Component, but which is not part of that Major Component, and (b) serves only to enable use of the work with that Major Component, or to implement a Standard Interface for which an implementation is available to the public in source code form. A “Major Component”, in this context, means a major essential component (kernel, window system, and so on) of the specific operating system (if any) on which the executable work runs, or a compiler used to produce the work, or an object code interpreter used to run it.

The “Corresponding Source” for a work in object code form means all the source code needed to generate, install, and (for an executable work) run the object code and to modify the work, including scripts to control those activities. However, it does not include the work's System Libraries, or general – purpose tools or generally available free programs which are used unmodified in performing those activities but which are not part of the work. For example, Corresponding Source includes interface definition files associated with source files for the work, and the source code for shared libraries and dynamically linked subprograms that the work is specifically designed to require, such as by intimate data communication or control flow between those subprograms and other parts of the work.

The Corresponding Source need not include anything that users can regenerate automatically from other parts of the Corresponding Source.

The Corresponding Source for a work in source code form is that same work.

2. Basic Permissions.

All rights granted under this License are granted for the term of copyright on the Program, and are irrevocable provided the stated conditions are met. This License explicitly affirms your unlimited permission to run the unmodified Program. The output from running a covered work is covered by this License only if the output, given its content, constitutes a covered work. This License acknowledges your rights of fair use or other equivalent, as provided by copyright law.

You may make, run and propagate covered works that you do not convey, without conditions so long as your license otherwise remains in force. You may convey covered works to others for the sole purpose of having them make modifications exclusively for you, or provide you with facilities for running those works, provided that you comply with the terms of this License in conveying all material for which you do not control copyright. Those thus making or running the covered works for you must do so exclusively on your behalf, under your direction and control, on terms that prohibit them from making any copies of your copyrighted material outside their relationship with you.

Conveying under any other circumstances is permitted solely under the conditions stated below. Sublicensing is not allowed; section 10 makes it unnecessary.

3. Protecting Users' Legal Rights From Anti – Circumvention Law.

No covered work shall be deemed part of an effective technological measure under any applicable law fulfilling obligations under article 11 of the WIPO copyright treaty adopted on 20 December 1996, or similar laws prohibiting or restricting circumvention of such measures.

When you convey a covered work, you waive any legal power to forbid circumvention of technological measures to the extent such circumvention is effected by exercising rights under this License with respect to the covered work, and you disclaim any intention to limit operation or modification of the work as a means of enforcing, against the work's users, your or third parties' legal rights to forbid circumvention of technological measures.

4. Conveying Verbatim Copies.

You may convey verbatim copies of the Program's source code as you receive it, in any medium, provided that you conspicuously and appropriately publish on each copy an appropriate copyright notice; keep intact all notices stating that this License and any non – permissive terms added in accord with section 7 apply to the code; keep intact all notices of the absence of any warranty; and give all recipients a copy of this

License along with the Program.

You may charge any price or no price for each copy that you convey, and you may offer support or warranty protection for a fee.

5. Conveying Modified Source Versions.

You may convey a work based on the Program, or the modifications to produce it from the Program, in the form of source code under the terms of section 4, provided that you also meet all of these conditions:

a) The work must carry prominent notices stating that you modified it, and giving a relevant date.

b) The work must carry prominent notices stating that it is released under this License and any conditions added under section 7. This requirement modifies therequirement in section 4 to "keep intact all notices".

c) You must license the entire work, as a whole, under this License to anyone who comes into possession of a copy. This License will therefore apply, along with any applicable section 7 additional terms, to the whole of the work, and all its parts, regardless of how they are packaged. This License gives no permission to license the work in any other way, but it does not invalidate such permission if you have separately received it.

d) If the work has interactive user interfaces, each must display Appropriate Legal Notices; however, if the Program has interactive interfaces that do not display Appropriate Legal Notices, your work need not make them do so.

A compilation of a covered work with other separate and independent works, which are not by their nature extensions of the covered work, and which are not combined with it such as to form a larger program, in or on a volume of a storage or distribution medium, is called an "aggregate" if the compilation and its resulting copyright are not used to limit the access or legal rights of the compilation's users beyond what the individual works permit. Inclusion of a covered work in an aggregate does not cause this License to apply to the other parts of the aggregate.

6. Conveying Non – Source Forms.

You may convey a covered work in object code form under the terms of sections 4 and 5, provided that you also convey the machine – readable Corresponding Source under the terms of this License, in one of these ways:

a) Convey the object code in, or embodied in, a physical product (including a physical distribution medium), accompanied by the Corresponding Source fixed on a durable physical medium customarily used for software interchange.

b) Convey the object code in, or embodied in, a physical product (including a physical distribution medium), accompanied by a written offer, valid for at least three years and valid for as long as you offer spare parts or customer support for that product model, to give anyone who possesses the object code either (1) a copy of the Corresponding Source for all the software in the product that is covered by this License, on a durable physical medium customarily used for software interchange, for a price no more than your reasonable cost of physically performing this conveying of source, or (2) access to copy the Corresponding Source from a network server at no charge.

c) Convey individual copies of the object code with a copy of the written offer to provide the Corresponding Source. This alternative is allowed only occasionally and noncommercially, and only if you received the object code with such an offer, in accord with subsection 6b.

d) Convey the object code by offering access from a designated place (gratis or for a charge), and offer equivalent access to the Corresponding Source in the same way through the same place at no further charge. You need not require recipients to copy the Corresponding Source along with the object code. If the place to copy the object code is a network server, the Corresponding Source may be on a different server (operated by you or a third party) that supports equivalent copying facilities, provided you maintain clear directions next to the object code saying where to find the Corresponding Source. Regardless of what server hosts the Corresponding Source, you remain obligated to ensure that it is available for as long as needed to satisfy these requirements.

e) Convey the object code using peer – to – peer transmission, provided you inform other peers where the object code and Corresponding Source of the work are being offered to the general public at no charge under subsection 6d.

A separable portion of the object code, whose source code is excluded from the

Corresponding Source as a System Library, need not be included in conveying the object code work.

A "User Product" is either (1) a "consumer product", which means any tangible personal property which is normally used for personal, family, or household purposes, or (2) anything designed or sold for incorporation into a dwelling. In determining whether a product is a consumer product, doubtful cases shall be resolved in favor of coverage. For a particular product received by a particular user, "normally used" refers to a typical or common use of that class of product, regardless of the status of the particular user or of the way in which the particular user actually uses, or expects or is expected to use, the product. A product is a consumer product regardless of whether the product has substantial commercial, industrial or non-consumer uses, unless such uses represent the only significant mode of use of the product.

"Installation Information" for a User Product means any methods, procedures, authorization keys, or other information required to install and execute modified versions of a covered work in that User Product from a modified version of its Corresponding Source. The information must suffice to ensure that the continued functioning of the modified object code is in no case prevented or interfered with solely because modification has been made.

If you convey an object code work under this section in, or with, or specifically for use in, a User Product, and the conveying occurs as part of a transaction in which the right of possession and use of the User Product is transferred to the recipient in perpetuity or for a fixed term (regardless of how the transaction is characterized), the Corresponding Source conveyed under this section must be accompanied by the Installation Information. But this requirement does not apply if neither you nor any third party retains the ability to install modified object code on the User Product (for example, the work has been installed in ROM).

The requirement to provide Installation Information does not include a requirement to continue to provide support service, warranty, or updates for a work that has been modified or installed by the recipient, or for the User Product in which it has been modified or installed. Access to a network may be denied when the modification itself materially and adversely affects the operation of the network or violates the rules and protocols for communication across the network.

Corresponding Source conveyed, and Installation Information provided, in accord with this section must be in a format that is publicly documented (and with an implementation available to the public in source code form), and must require no special password or key for unpacking, reading or copying.

7. Additional Terms.

"Additional permissions" are terms that supplement the terms of this License by making exceptions from one or more of its conditions. Additional permissions that are applicable to the entire Program shall be treated as though they were included in this License, to the extent that they are valid under applicable law. If additional permissions apply only to part of the Program, that part may be used separately under those permissions, but the entire Program remains governed by this License without regard to the additional permissions.

When you convey a copy of a covered work, you may at your option remove any additional permissions from that copy, or from any part of it. (Additional permissions may be written to require their own removal in certain cases when you modify the work.) You may place additional permissions on material, added by you to a covered work, for which you have or can give appropriate copyright permission.

Notwithstanding any other provision of this License, for material you add to a covered work, you may (if authorized by the copyright holders of that material) supplement the terms of this License with terms:

a) Disclaiming warranty or limiting liability differently from the terms of sections 15 and 16 of this License; or

b) Requiring preservation of specified reasonable legal notices or author attributions in that material or in the Appropriate Legal Notices displayed by works containing it; or

c) Prohibiting misrepresentation of the origin of that material, or requiring that modified versions of such material be marked in reasonable ways as different from the original version; or

d) Limiting the use for publicity purposes of names of licensors or authors of the material; or

e) Declining to grant rights under trademark law for use of some trade names, trademarks, or service marks; or

f) Requiring indemnification of licensors and authors of that material by anyone who conveys the material (or modified versions of it) with contractual assumptions of liability to the recipient, for any liability that these contractual assumptions directly impose on those licensors and authors.

All other non-permissive additional terms are considered "further restrictions" within the meaning of section 10. If the Program as you received it, or any part of it, contains a notice stating that it is governed by this License along with a term that is a further restriction, you may remove that term. If a license document contains a further restriction but permits relicensing or conveying under this License, you may add to a covered work material governed by the terms of that license document, provided that the further restriction does not survive such relicensing or conveying.

If you add terms to a covered work in accord with this section, you must place, in the relevant source files, a statement of the additional terms that apply to those files, or a notice indicating where to find the applicable terms.

Additional terms, permissive or non-permissive, may be stated in the form of a separately written license, or stated as exceptions; the above requirements apply either way.

8. Termination.

You may not propagate or modify a covered work except as expressly provided under this License. Any attempt otherwise to propagate or modify it is void, and will automatically terminate your rights under this License (including any patent licenses granted under the third paragraph of section 11).

However, if you cease all violation of this License, then your license from a particular copyright holder is reinstated (a) provisionally, unless and until the copyright holder explicitly and finally terminates your license, and (b) permanently, if the copyright holder fails to notify you of the violation by some reasonable means prior to 60 days after the cessation.

Moreover, your license from a particular copyright holder is reinstated permanently if the copyright holder notifies you of the violation by some reasonable means, this is the first time you have received notice of violation of this License (for any work) from that copyright holder, and you cure the violation prior to 30 days after your receipt of the notice.

Termination of your rights under this section does not terminate the licenses of parties who have received copies or rights from you under this License. If your rights have been terminated and not permanently reinstated, you do not qualify to receive new licenses for the same material under section 10.

9. Acceptance Not Required for Having Copies.

You are not required to accept this License in order to receive or run a copy of the Program. Ancillary propagation of a covered work occurring solely as a consequence of using peer - to - peer transmission to receive a copy likewise does not require acceptance. However, nothing other than this License grants you permission to propagate or modify any covered work. These actions infringe copyright if you do not accept this License. Therefore, by modifying or propagating a covered work, you indicate your acceptance of this License to do so.

10. Automatic Licensing of Downstream Recipients.

Each time you convey a covered work, the recipient automatically receives a license from the original licensors, to run, modify and propagate that work, subject to this License. You are not responsible for enforcing compliance by third parties with this License.

An "entity transaction" is a transaction transferring control of an organization, or substantially all assets of one, or subdividing an organization, or merging organizations. If propagation of a covered work results from an entity transaction, each party to that transaction who receives a copy of the work also receives whatever licenses to the work the party's predecessor in interest had or could give under the previous paragraph, plus a right to possession of the Corresponding Source of the work from the predecessor in interest, if the predecessor has it or can get it with reasonable efforts.

You may not impose any further restrictions on the exercise of the rights granted or affirmed under this License. For example, you may not impose a license fee, royalty, or other charge for exercise of rights granted under this License, and you may not initiate litigation (including a cross - claim or counterclaim in a lawsuit) alleging that any patent claim is infringed by making, using, selling, offering for sale, or importing the Program or any portion of it.

11. Patents.

A "contributor" is a copyright holder who authorizes use under this License of the Program or a work on which the Program is based. The work thus licensed is called the contributor's "contributor version".

A contributor's "essential patent claims" are all patent claims owned or controlled by the contributor, whether already acquired or hereafter acquired, that would be infringed by some manner, permitted by this License, of making, using, or selling its contributor version, but do not include claims that would be infringed only as a consequence of further modification of the contributor version. For purposes of this definition, "control" includes the right to grant patent sublicenses in a manner consistent with the requirements of this License.

Each contributor grants you a non-exclusive, worldwide, royalty-free patent license under the contributor's essential patent claims, to make, use, sell, offer for sale, import and otherwise run, modify and propagate the contents of its contributor version.

In the following three paragraphs, a "patent license" is any express agreement or commitment, however denominated, not to enforce a patent (such as an express permission to practice a patent or covenant not to sue for patent infringement). To "grant" such a patent license to a party means to make such an agreement or commitment not to enforce a patent against the party.

If you convey a covered work, knowingly relying on a patent license, and the Corresponding Source of the work is not available for anyone to copy, free of charge and under the terms of this License, through a publicly available network server or other readily accessible means, then you must either (1) cause the Corresponding Source to be so available, or (2) arrange to deprive yourself of the benefit of the patent license for this particular work, or (3) arrange, in a manner consistent with the requirements of this License, to extend the patent license to downstream recipients. "Knowingly relying" means you have actual knowledge that, but for the patent license, your conveying the covered work in a country, or your recipient's use of the covered work in a country, would infringe one or more identifiable patents in that country that you have reason to believe are valid.

If, pursuant to or in connection with a single transaction or arrangement, you convey, or propagate by procuring conveyance of, a covered work, and grant a patent license to some of the parties receiving the covered work authorizing them to use, propagate, modify or convey a specific copy of the covered work, then the patent license you grant is automatically extended to all recipients of the covered work and works based on it.

A patent license is "discriminatory" if it does not include within the scope of its coverage, prohibits the exercise of, or is conditioned on the non – exercise of one or more of the rights that are specifically granted under this License. You may not convey a covered work if you are a party to an arrangement with a third party that is in the business of distributing software, under which you make payment to the third party based on the extent of your activity of conveying the work, and under which the third party grants, to any of the parties who would receive the covered work from you, a discriminatory patent license (a) in connection with copies of the covered work conveyed by you (or copies made from those copies), or (b) primarily for and in connection with specific products or compilations that contain the covered work, unless you entered into that arrangement, or that patent license was granted, prior to 28 March 2007.

Nothing in this License shall be construed as excluding or limiting any implied license or other defenses to infringement that may otherwise be available to you under applicable patent law.

12. No Surrender of Others' Freedom.

If conditions are imposed on you (whether by court order, agreement or otherwise) that contradict the conditions of this License, they do not excuse you from the conditions of this License. If you cannot convey a covered work so as to satisfy simultaneously your obligations under this License and any other pertinent obligations, then as a consequence you may not convey it at all. For example, if you agree to terms that obligate you to collect a royalty for further conveying from those to whom you convey the Program, the only way you could satisfy both those terms and this License would be to refrain entirely from conveying the Program.

13. Remote Network Interaction; Use with the GNU General Public License.

Notwithstanding any other provision of this License, if you modify the Program, your modified version must prominently offer all users interacting with it remotely through a computer network (if your version supports such interaction) an opportunity to receive the Corresponding Source of your version by providing access to the Corresponding Source from a network server at no charge, through some standard or customary means of facilitating copying of software. This Corresponding Source shall include the Corresponding Source for any work covered by version 3 of the GNU General Public License that is incorporated pursuant to the following paragraph.

Notwithstanding any other provision of this License, you have permission to link or combine any covered work with a work licensed under version 3 of the GNU General Public License into a single combined work, and to convey the resulting work. The terms of this License will continue to apply to the part which is the covered work, but the work with which it is combined will remain governed by version 3 of the GNU General Public License.

14. Revised Versions of this License.

The Free Software Foundation may publish revised and/or new versions of the GNU Affero General Public License from time to time. Such new versions will be similar in spirit to the present version, but may differ in detail to address new problems or concerns.

Each version is given a distinguishing version number. If the Program specifies that a certain numbered version of the GNU Affero General Public License "or any later version" applies to it, you have the option of following the terms and conditions either of that numbered version or of any later version published by the Free Software Foundation. If the Program does not specify a version number of the GNU Affero General Public License, you may choose any version ever published by the Free Software Foundation.

If the Program specifies that a proxy can decide which future versions of the GNU Affero General Public License can be used, that proxy's public statement of acceptance of a version permanently authorizes you to choose that version for the Program.

Later license versions may give you additional or different permissions. However, no additional obligations are imposed on any author or copyright holder as a result of your choosing to follow a later version.

15. Disclaimer of Warranty.

THERE IS NO WARRANTY FOR THE PROGRAM, TO THE EXTENT PERMITTED BY APPLICABLE LAW. EXCEPT WHEN OTHERWISE STATED IN WRITING THE COPYRIGHT HOLDERS AND/OR OTHER PARTIES PROVIDE THE PROGRAM "AS IS" WITHOUT WARRANTY OF ANY KIND, EITHER EXPRESSED OR IMPLIED, INCLUDING, BUT NOT LIMITED TO, THE IMPLIED WARRANTIES OF MERCHANTABILITY AND FITNESS FOR A PARTICULAR PURPOSE. THE ENTIRE RISK AS TO THE QUALITY AND PERFORMANCE OF THE PROGRAM IS WITH YOU. SHOULD THE PROGRAM PROVE DEFECTIVE, YOU ASSUME THE COST OF ALL NECESSARY SERVICING, REPAIR OR CORRECTION.

16. Limitation of Liability.

IN NO EVENT UNLESS REQUIRED BY APPLICABLE LAW OR AGREED TO IN WRITING WILL ANY COPYRIGHT HOLDER, OR ANY OTHER PARTY WHO MODIFIES AND/OR CONVEYS THE PROGRAM AS PERMITTED ABOVE, BE LIABLE TO YOU FOR DAMAGES, INCLUDING ANY GENERAL, SPECIAL, INCIDENTAL OR CONSEQUENTIAL DAMAGES ARISING OUT OF THE USE OR INABILITY TO USE THE PROGRAM (INCLUDING BUT NOT LIMITED TO LOSS OF DATA OR DATA BEING RENDERED INACCURATE OR LOSSES SUSTAINED BY YOU OR THIRD PARTIES OR A FAILURE OF THE PROGRAM TO OPERATE WITH ANY OTHER PROGRAMS), EVEN IF SUCH HOLDER OR OTHER PARTY HAS BEEN ADVISED OF THE POSSIBILITY OF SUCH DAMAGES.

17. Interpretation of Sections 15 and 16.

If the disclaimer of warranty and limitation of liability provided above cannot be given local legal effect according to their terms, reviewing courts shall apply local law that most closely approximates an absolute waiver of all civil liability in connection with the Program, unless a warranty or assumption of liability accompanies a copy of the Program in return for a fee.

END OF TERMS AND CONDITIONS

How to Apply These Terms to Your New Programs

If you develop a new program, and you want it to be of the greatest possible use to the public, the best way to achieve this is to make it free software which everyone can redistribute and change under these terms.

To do so, attach the following notices to the program. It is safest to attach them to the start of each source file to most effectively state the exclusion of warranty; and each file should have at least the "copyright" line and a pointer to where the full notice is found.

< one line to give the program's name and a brief idea of what it does. >

Copyright © < year > < name of author >

This program is free software: you can redistribute it and/or modify it under the terms of the GNU Affero General Public License as published by the Free Software Foundation, either version 3 of the License, or (at your option) any later version.

This program is distributed in the hope that it will be useful, but WITHOUT ANY WARRANTY; without even the implied warranty of MERCHANTABILITY or FITNESS FOR A PARTICULAR PURPOSE. See the GNU Affero General Public License for more details.

You should have received a copy of the GNU Affero General Public License along with this program. If not, see < https://www.gnu.org/licenses/ >.

Also add information on how to contact you by electronic and paper mail.

If your software can interact with users remotely through a computer network, you should also make sure that it provides a way for users to get its source. For example, if your program is a web application, its interface could display a "Source" link that leads users to an archive of the code. There are many ways you could offer source, and different solutions will be better for different programs; see section 13 for the specific requirements.

You should also get your employer (if you work as a programmer) or school, if any, to sign a "copyright disclaimer" for the program, if necessary. For more information on this, and how to apply and follow the GNU AGPL, see < https://

www. gnu. org/licenses/ >.

二、GNU Affero General Public License，version 3 许可协议参考译文

为了介绍和评论引用的开源许可证原文来源于：https：//www. gnu. org/licenses/licenses. html。相关开源许可证原文版权归属开源许可证版权人。对上述网站中开源许可证的中文参考译文，仅为介绍和评论上述英文开源许可证的非官方中文参考译文，开源许可证条款和条件应以官方发布许可证原文为准。参考译文亦遵从原许可证版权人的版权和许可证及其官方管理机构的相关要求（如有）。开源许可证的中文参考译文可能存在错误或疏漏，欢迎读者指正。参考译文以及在参考译文基础上对相关许可证的分析和评述不构成具有法律约束力的任何法律建议或意见，仅供读者参考，因使用参考译文及相关分析评述引起的任何后果由使用者自行承担。

The original English text of this license cited herein for the purpose of introduction and comments could be found at：https：//www. gnu. org/licenses/licenses. html, the copyright of which belongs to the copyright holder. This unofficial Simplified Chinese translation of the original English text is solely for the purpose of introduction, commentary and explanation of a certain issue, which can not replace the original English text. The original English text of the terms and conditions listed in the license agreement shall prevail at all times. This unofficial Simplified Chinese translation acknowledge the copyright of the copyright holder and complies with the requirements of the official management agency of this license agreement（if any）. There may be errors or omissions in the unofficial Simplified Chinese translation, readers are welcome to correct them. Neither the unofficial translations nor the analysis and comments shall constitute any legally binding advice or opinions, they are for reference only. Any consequences arising from the use of this unofficial translations and related analysis and comments shall be borne by the users themselves.

GNU AFFERO 通用公共许可证

版本 3，2007 年 11 月 19 日

版权 2007 自由软件基金会股份有限公司 https：//fsf. org/

每个人都被允许复制和分发本许可文件的原样副本，但不允许改变它。

序言

GNU AFFERO 通用公共许可证是一个用于软件和其他种类作品的，并特别被设计在网络服务器软件情况下确保与社区合作的自由的著佐权许可证。

大多数软件和其他实用作品的许可证被设计为剥夺你分享和修改作品的自由。相反，我们的通用公共许可证旨在保证你分享和修改一个程序的所有版本的自由——以确保它对所有用户仍是自由软件。

当我们谈到自由软件时，我们指的是自由，而不是价格。我们的通用公共许可证被设计为确保你有分发自由软件副本（并且为副本收费，如果你希望）的自由，确保你能在你需要的时候收到或能够获取到源代码，确保你能修改软件或在新的自由程序中使用软件片段，并确保你知道你能做这些事情。

采用我们的通用公开许可证的开发者通过两个步骤保护你的权利：（1）对软件主张版权，（2）向你提供合法许可你复制、分发和/或修改该软件的本许可证。

捍卫所有用户自由的一个次要益处是，在程序的替代版本中所作的改进，如果得到广泛的使用，就可以供其他开发者采纳。许多自由软件的开发者对由此产生的合作感到振奋和鼓舞。然而，针对在网络服务器上使用的软件，这种结果可能无法实现。GNU 通用公共许可证允许制作一个修改的版本，并让公众在服务器上访问它，而不需要向公众公布其源代码。

GNU AFFERO 通用公共许可证是专门设计来确保在此种情况下，修改后的源代码可以被社区利用。它要求网络服务器的运营者向该服务器的用户提供运行在服务器的修改版本的源代码。因此，在一个可公开访问的服务器上公开使用一个修改过的版本，应使公众能够获得该修改版本的源代码。

一个较早的许可证，被称为 Affero 通用公共许可证，由 Affero 发布，旨在实现类似目标。这是一个不同的许可证，不是 Affero 通用公共许可证的一个版本，而是 Affero 已经发布的 Affero 通用公共许可证的一个新版本，该许可证允许在这个许可证下重新许可。

复制、分发和修改的具体条款和条件如下。

0. 定义

“本许可证”是指 GNU Affero 通用公开许可证第 3 版。

“版权”也指适用于其他种类作品（如半导体掩模）的版权类的法律。

“程序”是指在本许可证下许可的任何可被版权保护的作品。每个被许可人都被称呼为“你”。“被许可人”和“接收者”，可以是个人或组织。

"修改"一个作品是指仿照或改编该作品的全部或部分，以需要版权许可的方式，但不包括（单独）制作一个完全一样的副本。由此产生的作品被称为在先作品的"修改后的版本"或"基于在先作品的作品"。

"受保护的作品"，是指未经修改的程序或基于程序的作品。

"传播"作品是指在未经许可的情况下，对作品做任何事情，使你在适用的版权法律下直接或间接地承担侵权责任，但在计算机上运行作品或修改私人副本除外。传播包括复制、分发（无论是否修改）、使公众可以获得，在一些国家还包括其他活动。

"传输"作品是指使其他方能够制作或接受副本的任何一种传播方式。但是，仅仅是通过计算机网络与用户交互而没有副本的转移，并不是传输。

交互式用户界面显示"适当的法律声明"的程度是，应显示出一个方便的和显著的视觉信息，包含（1）显示适当的版权声明，（2）告诉用户该作品没有任何担保（除非担保被提供），被许可人可以根据本许可证传输该作品，以及如何查看本许可证的副本。如果交互界面呈现的是"用户命令或选项"的列表，如一个菜单，那么列表中的显著条目则符合这个标准。

1. 源代码

作品的"源代码"是指对作品进行修改的优选作品形式。"目标代码"是指作品的任何非源代码形式。

"标准接口"是指由公认的标准机构定义的官方标准，或者在某一特定编程语言定义"接口"的情况下，在使用该语言工作的开发者中被广泛使用的接口。

可执行作品的"系统库"不是指整个作品，而是包括下列任何东西：（a）被包括在"主要组成部分"的通常形式之中，但却非"主要的组成部分"的一部分，（b）仅和"主要的组成部分"一起，使作品可用，或实现一个标准接口，目的是以源代码形式使公众可以实施。"主要组成部分"在这里指可执行作品运行依赖的"具体操作系统"（如有）的"一个主要的必要部分"（内核、窗口系统等），或生成该作品的编译器，或被用于运行的目标代码解释器。

目标代码形式的作品的"相应的源代码"指：所有生成、安装、运行（对可执行作品而言）目标代码和修改作品所需的全部源代码，包括控制上述行为的脚本。但是，"相应的源代码"不包括作品的系统库、通用目的工具、通常可获取的自由软件，该自由软件未被修改而直接被用于执行那些并非该作品一部分的功能。例如，"相应的源代码"包含与作品的源文件关联的接口定义文件，共享库的源代码和作品特别设计所需的动态链接子程序的源代码，例如，那些子程序与作品的其他部分之间的密切数据通信或控制流。

“相应的源代码”不必包含那些用户可以通过“相应的源代码”的其他部分自动再生成的内容。

源代码形式作品的“相应的源代码”即这个作品本身。

2. 基本许可

本许可证授予的所有权利都在本程序的版权有效期内授予，并且在满足规定的条件后不可撤销。本许可证明确声明你可以不受限制地运行未经修改的程序。运行“受保护作品”的输出，仅当其内容构成一个“受保护作品”时才会适用本许可证。本许可证承认版权法律规定的你的合理使用权或其他同等权利。

只要你的许可在其他方面保持有效，你就可以无条件地制作、运行和传播但不传输受保护作品。只要你遵守本许可证规定的关于传输你不控制著作权的所有材料的条款，你就可以传输受保护的作品给其他人，仅仅为了使其他人专门为你进行修改，或者使其他人为你提供运行这些作品的设施。那些因此而为你制作或者运行受保护的作品的人，必须在你的指导和控制下，仅仅代表你来做上述的事情，并且你还要禁止他们在和你的关系之外制作你的有版权材料的任何副本。

其他情况下的传输行为，必须符合本许可证下文的规定。不允许再许可，第10条的规定使再许可没有必要。

3. 保护用户的合法权益免受反规避技术措施法律的限制

任何受保护的作品均不得被视为有效技术措施的一部分，该有效技术措施被要求履行1996年12月20日通过的《世界知识产权组织版权条约》第11条义务的任何适用法律，或其他禁止或限制规避此类措施的类似法律的规定。①

当你传输一个受保护作品时，你应放弃任何禁止规避技术措施的法律权利，只要这种规避技术措施是通过行使本许可证项下关于受保护的作品的权利来实现的，即已表明你放弃通过限制作品用户的“操作或修改作品的行为”的方式，来执行你的或第三方的禁止规避技术措施的法定权利。

4. 传输原样副本

你可以通过任何媒介，传输你接收到的本程序的源代码的原样副本，前提

① 参见《世界知识产权组织版权条约》（1996年12月20日在日内瓦通过）第11条，载http://ipr.mofcom.gov.cn/zhuanti/law/conventions/wipo/1/WCT/WCT_right.html，最后访问日期：2023年9月24日。

是：你为每一个副本醒目而恰当地发布合适的版权声明；完整地保留关于本许可证的声明及按第 7 条的规定被增加的适用于代码的任何非许可性条款；完整地保留所有无担保声明以及给接收者一份附随程序的本许可证副本。

你可以对你传输的每个副本收取任何费用或不收取任何费用，并且你可以提供收费的支持或担保保护。

5. 传输修改过的源代码版本

你可以根据第 4 条规定的条款，以源代码形式传输一个基于程序的作品或一个可以依据程序制作基于程序作品的修改，前提是你还需要满足以下所有的要求：

a）该作品必须带有显著的声明表示你修改过它，并且标明相关的日期。

b）该作品必须带有显著的声明，指出其在本许可证及任何根据第 7 条附加的条件下发布。这个要求修正了第 4 条关于“完整保留所有的声明”的内容。

c）你必须将全部作品作为一个整体，按照本许可证，授权给任何拥有一份副本的人。无论作品怎样打包在一起，本许可证及按照第 7 条附加的条款均适用于整个作品和它的所有部分。本许可证不允许以任何其他方式许可作品，如果你分开收到它，也不会使此许可无效。

d）如果该作品有交互式用户界面，则其交互界面必须显示适当的法律声明。然而，当程序有交互式界面而不显示适当的法律声明时，你的作品也不必使它们显示适当的法律声明。

在一个存储或分发媒介上，受保护作品和其他分开的独立作品的一个联合作品被称为一个聚合体，其条件是该分开的独立作品既不是该受保护作品的自然扩展，也不以组成一个更大的程序而联合，并且该联合及因联合产生的版权不会以其超过单个作品的许可范围，去限制联合作品使用者的访问或合法权利。在聚合作品中包含受保护作品并不会使本许可证适用于聚合体的其他部分。

6. 以非源代码形式传输

你可以根据第 4 条和第 5 条规定的条款，以目标代码形式传输受保护作品，前提是你同时按照本许可证条款的规定，以这些方式之一传输机器可读的相应的源代码：

a）传输在实物产品中或体现在实物产品（包括一个实物分发媒介）中的目标代码时，应随附安装在通常用于软件交换的耐久性物理媒介上的相应的源代码。

b）传输在实物产品中或体现在实物产品（包括一个实物分发媒介）中的目标代码时，应随附至少三年有效且与你为该产品模型提供备用零件或消费者支持服务的期限相同的一个书面要约，给予任何目标代码的拥有者下列之一：(1) 该产品中的所有适用本许可证的软件相应源代码的一份副本，在通常用于软件交换的耐久性物理媒介上传输，且收费不超过你合理的实际实施传输源代码的成本；(2) 从网络服务器免费复制相应的源代码的路径。

c）传输目标代码的单独副本时，应附上提供相应源代码的一个书面要约副本。本选项只能偶尔和非商业性使用，且仅在你根据第 6 条（b）项收到附有这样要约的目标代码的情况下才能选用。

d）通过提供指定位置路径的方式传输目标代码（免费或收费）时，应以同等路径在相同的位置以同样的方式提供相应的源代码，并不得额外收费。你无须要求接收者在复制目标代码的同时复制相应的源代码。如果复制目标代码的位置为一个网络服务器，那么相应源代码可以在另一个支持同等复制功能的不同服务器（由你或者第三方运营的）上，前提是你要在目标代码旁保持在哪里可以找到相应源代码的清晰指示。无论使用什么服务器托管相应源代码，你仍然有义务确保服务器在满足这些要求所需的时间内可用。

e）通过点对点传输目标代码时，前提是你已告知其他接受点，目标代码和相应的源代码在何处以第 6 条 d）项的方式可供公众免费获取。

目标代码中的可分离的部分，其源代码不属于相应源代码，如系统库，不必包括在传输目标代码的作品中。

“用户产品”是指下列之一：(1)“消费品”，即任何通常用于个人、家庭或家居目的的有形个人财产，(2) 以并入住宅为目的而设计或者销售的任何东西。在决定一个产品是否为消费品时，应当以有利于包含的方式解决存疑的情况。对于特定接收人所接受的特定产品而言，“一般用途”是指该类产品典型的或者普遍的用途，而与特定使用人自身状况，特定使用人实际使用、期望或者被期望使用产品的方式无关。产品是消费品，无论该产品是否具有实质性的商业、工业或非消费用途，除非这些用途代表了该产品的唯一重要使用方式。

用户产品的“安装信息”是指用来安装和执行由修改相应的源代码形成的用户产品中受保护作品的修改版本所需的任何方法、步骤、授权密钥，或者其他信息。“安装信息”应当足以保证被修改的目标代码的继续运行不会仅因为其曾被修改过，而受到阻止或者干扰。

如果你按照本条的规定传输一个目标代码作品，无论目标代码作品是否包含在“用户产品”中，或者与“用户产品”在一起，或者为了特别用于“用户产品”，并且使传输行为成为转让行为的一部分，那么在这项转让行为中，“用户产品”的所有权和使用权将永久性地或者在一定期限内转移到接收者名下（无论此项交易的特征如何）。按照本节规定传输的相应的源代码必须附带安装信息，但是在无论是你还是第三方都不具备在“用户产品”中安装“修改版的目标代码”的能力时（例如，该作品已经被安装到 ROM 上时），这个要求可以不适用。

提供安装信息的要求并不包含被接收者已经修改或安装的作品，或为已经被修改或被安装作品的用户产品继续提供支持服务、担保或升级的要求。当修改本身对网络运行有实质的和负面的影响，或违背了网络间通信协议和规则时，联网可能会被拒绝。

根据本条，被传输的相应源代码及被提供的安装信息，必须是公共记录的文件格式（并且附上公众可实施的源代码形式），同时不得对解压、阅读和复制设置任何特别的密码或密钥。

7. 附加条款

“附加许可”是通过对本许可的一项或多项条件作出例外，来补充本许可条款的附加条款。适用于整个程序的附加许可应被视为包含在本许可中，只要它们在适用的法律下有效。如果附加许可仅适用于该程序的一部分，则该部分可以在那些许可下单独使用，但整个程序仍受本许可的约束，而不适用该附加许可。

当你传输受保护的作品的副本时，你可根据你的选择从该副本或其任何部分中删除任何附加许可。（在某些情况下，当你修改作品时，一些附加许可可能要求自行将自己删除。）你可在你拥有或可以授予适当的版权许可的材料上设置附加许可，这些材料将被你添加到受保护的作品中。

尽管有本许可证其他条款，但是对添加到受保护作品的材料，你仍然可以（如果你获得该材料版权持有人的授权）以如下条款补充本许可证的条款：

a）与本许可证第 15 条和第 16 条不同的无担保声明或责任限制条款；

b）要求在该材料或包含该材料的作品显示的适当法律通知中保留特别的合理法律通知或作者归属；

c）禁止对该材料的来源进行虚假陈述，或要求以合理的方式将此类材料的修改版本标记为与原始版本不同；

d）限制因宣传目的使用材料的许可人或作者的名称；

e）拒绝根据商标法授予使用某些商号、商标或服务标志的权利；

f）就直接强加给那些许可人和作者的这些合同性责任，向传输材料（或其修改版本）并附上对接收者的合同性责任承担的任何人要求对许可人和材料作者进行补偿。

所有其他的非许可性附加条款都被视作第 10 条所说的“进一步的限制”。如果你接收到的程序或其任何部分包含声明称受本许可证和这种进一步的限制条款约束，你可以删除那些条款。如果一个许可证文本包含进一步的限制，但允许按照本许可证再许可或传输，你可以将那些许可证文本条款约束的材料添加到一个受保护作品中，前提是该进一步的限制在此类再许可或传输后不再有效。

如果你根据本条向一个受保护作品添加了条款，那么你必须在相关的源文件中加入关于适用于这些文件的附加条款的声明，或者指明在哪里可以找到这些适用条款的通知。

附加条款，不管是许可性的还是非许可性的，均可以区别的书面许可证形式声明，或作为例外情况声明，上述要求适用于任何一种方式。

8. 终止

除非本许可证明确允许，否则你不得传播或修改一个受保护作品。任何以其他方式传播或修改受保护作品的尝试都是无效的，并将自动终止你在本许可证项下的权利（包括第 11 条第 3 段中提到的任何专利许可）。

然而，当你停止所有违反本许可证的行为，你从特定的版权所有人处获得的许可将被：（a）暂时恢复，除非并直到版权所有人明确并最终终止对你的许可；（b）永久恢复，如果版权所有者未能在违规行为停止后 60 天之内通过某种合理的方式通知你违反本许可证。

此外，如果版权持有人通过某种合理方式通知你违反本许可证，并且你是第一次收到特定版权持有人关于你违反本许可证（对任何作品）的合理通知，且你在收到通知后 30 天内改正，那么你从这个特定的版权持有人处获得的许可将会永久性恢复。

根据本条，你的权利终止，并不会终止根据本许可证从你那里收到副本或权利的他方的许可。如果你的权利已被终止且未永久恢复，则你没有资格根据第 10 条规定获得相同材料的新许可。

9. 持有副本无须接受

你无须接受本许可证，就可以接收、运行一个程序副本。仅由于使用点对点传输而接收副本或类似发生的受保护作品的辅助传播，同样不需要接受本许可证。然而，除了本许可证之外，没有东西能够授权你传播或修改任何受保护的作品。如果你不接受本许可证，这些行为就侵犯了版权。因此，修改或传播一个受保护作品的行为，即表明你接受本许可证的规定。

10. 下游接收者自动许可

你每次传输一个受保护作品，接收者都自动收到了来自原始许可人的许可，可根据本许可证运行、修改和传播该作品。你不负责强制第三方遵守本许可证。

“实体交易”是指转移组织控制权，或者几乎所有资产，或者拆分组织，或者合并组织的交易。如果传播作品是由一项实体交易导致的，每一个收到作品副本的交易方，将同样接收到来自前利益相关方已有的或者按照前段所述能给予的该作品的任何许可，如果其前利益相关方已经拥有或者通过合理的努力可以取得相应源代码，则该交易方亦有权获取该作品的相应源代码。

你不能对本许可证授予或者确认的权利的实施行为施加任何进一步的限制。例如，你不能对实施本许可证所授予权利的行为，强制收取许可费、版税或者其他费用，并且不能对制作、使用、销售、许诺销售，或进口程序/程序的任何部分的行为提起诉讼（包括交叉诉讼和反诉），声称任何专利权被侵犯。

11. 专利

“贡献者”指在本许可证项下授予程序或程序所基于的作品使用权的版权持有人。前述被授权的作品被称为贡献者的“贡献者版本”。

贡献者的“基本专利权利要求”是贡献者拥有或控制的所有专利权利要求，无论是已经获得还是之后获得的。该“基本专利权利要求”将被本许可证许可的以某种方式制造、使用或销售其贡献者版本的行为所侵犯的要求包括在内，但“基本专利权利要求”不包括仅因进一步修改贡献者版本而侵犯的专利权利要求。在本定义中，“控制”包括以符合本许可证要求的方式获得专利分许可的权利。

每个贡献者根据贡献者的基本专利权利要求授予你非排他性、全球性、免版税的专利许可，以制作、使用、销售、许诺销售、进口和其他方式运行、修改和传播其贡献者版本的内容。

在以下三段中，“专利许可”不执行专利权的任何明示协议或承诺，无论其名称如何（例如，明确许可实施专利或不起诉专利侵权的契约）。将这样的专利许可“授予”给一方意味着就不针对该方执行专利权做出前述的协议或承诺。

如果你传输一个受保护作品，明知其依赖于一个专利许可，且作品的相应源代码尚未向公众开放复制，即根据本许可证的条款通过公共网络服务器或者其他容易获得的方式免费获取副本，则你必须做到下述之一：（1）使相应源代码可被获取；（2）放弃你就该特别作品享有的专利利益；（3）以符合本许可证要求的方式，安排将专利授权许可延伸到下游的接收者。“明知依赖”指你已经实际知道，若没有专利许可，在某些国家你传输受保护作品或者你的接收者使用此受保护作品，将会侵犯一项或者多项在该国可识别的专利，而且你也有理由知道这些专利是有效的。

如果根据或关联到一个单独的交易或者相关安排，你传输或者通过（使接收者）获得传输的方式传播一个受保护作品，并授予某些受保护作品接收方一个专利许可，授权他们使用、传播、修改或者传输某份受保护作品的一个特定副本，那么你授予的专利许可，将自动延伸至受保护作品或者基于受保护作品的作品所有接收方。

如果专利许可未包括在专利覆盖范围内、禁止行使本许可证特别授予的一项或多项权利，或以不行使本许可证特别授予的一项或多项权利为条件，则该专利许可是“歧视性的”。如果你是与从事软件分发业务的第三方达成协议的一方，根据该协议，你根据你传输作品活动的范围向第三方付款，并且第三方向“将从您那里接收的受保护作品的任何一方”授予一个“歧视性专利许可”。在下列情况下你不得传输受保护作品：（a）与你传送的受保护作品的副本（或从这些副本制作的副本）相关，（b）主要用于或与之相关的包含受保护作品的特定产品或组合，除非你在 2007 年 3 月 28 日之前达成该安排或专利许可被授予，否则你不得传输受保护的作品。

本授权许可证的全部条款，都不应当被解释为排除或者限制在适用的专利法下你可以援引的任何默示许可或针对侵权采取抗辩的行为。

12. 不放弃他人的自由

如果施加于你的条件（无论是法院命令、协议或者其他）与本许可证的条件相冲突，那些情况并不能使你免除本许可证的条件。如果你不能在传输受保护的作品时同时履行本许可证项下的义务及其他相关义务，则结果是你不得传输受保护作品。例如，如果你同意某种合同条款，其要求你向你传输程序的接收方就进一步传输行为收取许可费用，唯一让你满足此条款义务和本许可证义务的做法只有完全停止传输该程序。

13. 远程网络交互；与 GNU 公共通用许可证一起使用

尽管存在本许可证的任何其他规定，但是如果你修改本程序，你的修改版本必须向所有通过计算机网络远程与本程序交互的用户（如果你的版本支持这种交互）以醒目的方式提供获得该版本相应源代码的机会，即通过一些标准或习惯的方便进行软件复制的方式，免费提供从网络服务器上对相应源码的访问。该相应源码应包括根据下段规定合并的适用 GNU 通用公共许可证第 3 版的任何作品的相应的源代码。

尽管存在本许可证的任何其他规定，但你有权利将任何受保护的作品与一个适用 GNU 通用公共许可证第 3 版的作品链接或结合成一个单独的组合作品，并传输由此产生的作品。本许可证的条款将继续适用于受保护作品这一部分，但与之合并的作品将继续受 GNU 通用公共许可证第 3 版的管辖。

14. 本许可证的修改版本

自由软件基金会可能会不时地发布 GNU Affero 通用公共许可证的修订版或新版本。这些新版本在精神上与现有版本相似，但在细节上可能有所不同，以解决新的问题或关切。

每一个版本都有一个可以区分的版本号。如果程序具体说明适用一个特定版本的 GNU Affero 通用公共许可证或任何后续版本，则你可以选择适用标明特定版本号的版本的条件和条款，或适用自由软件基金会发布的后续版本的条件和条款。如果程序没有特别标明适用的 GNU Affero 通用公共许可证的版本号，则你可以选择适用任何一个由自由软件基金会发布的版本。

如果程序中标明一个代理人可以决定未来哪一个版本的 GNUAffero 通用公共许可证可以被适用，则该代理人接受某一个版本的公开声明，将永久性地授权你为程序选择该版本。

后续版本可能给你增加额外的或者不同的许可。但是，你选择适用后续的版本，并不会增加作者或者版权所有人的额外义务。

15. 无担保声明

在适用法律允许的范围内，本程序没有任何担保。除非另有书面说明，否则版权持有人和/或其他各方“按原样”提供该程序，不提供任何明示或暗示的担保，包括但不限于对适销性和特定用途的适用性的暗示担保。关于程序的质量和程序执行的全部风险由你承担。如果该程序被证明有缺陷，你将承担所有必要的服务、修理或纠正的费用。

16. 责任限制

在任何情况下，除非适用的法律要求或书面同意，任何版权持有人或任何其他修改和/或传输上述被许可的程序的一方，都不对你的损害负责，包括任何因使用或无法使用该程序而引起的一般的、特殊的、偶然的或间接的损害（包括但不限于数据丢失或数据不准确或你或第三方遭受的损失或该程序无法与任何其他程序一起运行），即使该持有人或其他方已被告知有可能发生这种损害。

17. 第15条和第16条的解释

如果前述无担保和责任限制声明条款无法具有当地的法律效力，那么审查法院应当以最接近放弃一切与本程序有关的民事责任的方式来适用当地法律，除非程序副本附有担保或承担责任并以此换取费用的条款。

如何将这些条款应用于你的新程序？

如果你开发了一个新程序，并且你希望公众最大可能地使用它，那么实现这一点的最好方法就是让它成为自由软件，每个人都可以在这些条款下重新分发和更改。

为此，请在程序中附上以下通知事项。最安全的做法是将它们附加到每个源代码文件的开头以最有效的声明排除担保；每个文件都应该至少有“版权”行和一个指向完整通知所在位置的指示。

<一行给出程序的名称和它的简要功能。>

版权所有<年份><作者名称>

这个程序是自由软件，您可以根据自由软件基金会发布的GNU Affero通用公共许可证版本3或（由您选择）任何后续版本重新分发和/或修改它。

本程序被分发是希望它有用，但它没有任何担保，甚至没有对适销性或特定用途适用性的隐含担保。请参阅GNU Affero通用公共许可证了解更多详细信息。

你应该已经收到一份这个程序所附的GNU Affero通用公共许可证的副本；如果没有，请访问http：//www. gnu. org/licenses/。

还应添加有关如何通过电子和纸质邮件与你联系的信息。

如果你的软件可以通过计算机网络与用户进行远程交互，你也应该确保它能为用户提供一种获得其源代码的方法。例如，如果你的程序是一个网络应用程序，它的交互界面可以显示一个“源代码”链接，引导用户到代码文档。你可以用很多方法提供代码，不同的解决方案适用不同的程序会更好，可查阅第13条了解具体要求。

如有必要，你还应该让你的雇主（如果你是一名程序员）或学校（如果有的话）签署该程序的“放弃版权声明”。有关这方面的更多信息和如何适用和遵循 GNU Affero 通用公共许可证，请访问 < http：//www. gnu. org/licenses/ >。

三、GNU Affero 通用公共许可证版本 3 的评述和介绍

GNU Affero 通用公共许可证版本 3 是自由软件基金会在 2007 年 11 月 19 日发布的开源许可协议，GNU Affero 通用公共许可证版本 3 同自由软件基金会在 2007 年 6 月 29 日发布的 GNU 通用公共许可证版本 3 相比较，除序言部分段落、正文第 13 条和附后说明文本部分表述等有少数内容存在不同外，其他主要内容均相同。因此 GNU Affero 通用公共许可证版本 3 可以被视为 GNU 通用公共许可证版本 3 为适用于网络交互环境的一个分支版本。

基于上述原因，笔者在此仅对 GNU Affero 通用公共许可证版本 3 第 13 条进行评述，对 GNU Affero 通用公共许可证版本 3 其他条款的评述可以参阅前文对 GNU 通用公共许可证版本 3 的评述内容。

自由软件基金会发现，众多开源软件的使用者持续对软件所作的改进被广泛地使用和被其他开发者采纳。由此产生的合作极大地振奋和鼓舞了许多开源软件的开发者。然而，在网络服务器上使用的软件却无法实现这种情况，因为 GNU 通用公共许可证允许制作一个修改的版本，并让公众在服务器上访问它，而不需要向公众公布其源代码。GNU AFFERO 通用公共许可证是专门设计来确保在此种情况下，修改后的源代码可以被社区利用。

GNU AFFERO 通用公共许可证版本 3 第 13 条规定，如果被许可者修改适用 GNU AFFERO 通用公共许可证版本 3 的软件，修改适用版本必须向所有通过计算机网络远程与本程序交互的用户（如果该软件版本支持这种交互）以醒目的方式提供获得该版本相应源代码的机会，即通过一些标准或习惯的方便进行软件复制的方式，免费提供从网络服务器上对相应源码的访问。

另外，被许可者有权利将任何受保护的作品与一个适用 GNU 通用公共许可证版本 3 的作品链接或结合成一个单独的组合作品，并传输由此产生的作品。GNU AFFERO 通用公共许可证版本 3 的条款将继续适用于受保护作品这一部分，但与之合并的作品将继续受 GNU 通用公共许可证第 3 版的管辖。根据 GNU 通用公共许可证版本 3 第 13 条与之对应的规定，合并作品的整体受 GNU AFFERO 通用公共许可证版本 3 的约束。合并作品中适用 GNU 通用公共许可证版本 3 的作

品的源代码，也应当同合并作品中适用 GNU AFFERO 通用公共许可证版本 3 的作品的源代码一样，应当免费从网络服务器上提供给网络交互用户访问。

第三节

GNU LGPL 参考译文及其评述和介绍

一、GNU 库通用公共许可证版本 2（LGPL v2）

（一）GNU 库通用公共许可证版本 2 许可协议英文版

GNU LIBRARY GENERAL PUBLIC LICENSE

Version 2, June 1991

Copyright © 1991 Free Software Foundation, Inc.

51 Franklin St, Fifth Floor, Boston, MA 02110 – 1301, USA

Everyone is permitted to copy and distribute verbatim copies of this license document, but changing it is not allowed.

[This is the first released version of the library GPL. It is numbered 2 because it goes with version 2 of the ordinary GPL.]

Preamble

The licenses for most software are designed to take away your freedom to share and change it. By contrast, the GNU General Public Licenses are intended to guarantee your freedom to share and change free software—to make sure the software is free for all its users.

This license, the Library General Public License, applies to some specially designated Free Software Foundation software, and to any other libraries whose authors decide to use it. You can use it for your libraries, too.

When we speak of free software, we are referring to freedom, not price. Our General Public Licenses are designed to make sure that you have the freedom to distribute copies of free software (and charge for this service if you wish), that you receive source code or can get it if you want it, that you can change the software or use pieces of it in new free programs; and that you know you can do these things.

To protect your rights, we need to make restrictions that forbid anyone to deny you these rights or to ask you to surrender the rights. These restrictions translate to certain responsibilities for you if you distribute copies of the library, or if you modify it.

For example, if you distribute copies of the library, whether gratis or for a fee, you must give the recipients all the rights that we gave you. You must make sure that they, too, receive or can get the source code. If you link a program with the library, you must provide complete object files to the recipients so that they can relink them with the library, after making changes to the library and recompiling it. And you must show them these terms so they know their rights.

Our method of protecting your rights has two steps: (1) copyright the library, and (2) offer you this license which gives you legal permission to copy, distribute and/or modify the library.

Also, for each distributor's protection, we want to make certain that everyone understands that there is no warranty for this free library. If the library is modified by someone else and passed on, we want its recipients to know that what they have is not the original version, so that any problems introduced by others will not reflect on the original authors' reputations.

Finally, any free program is threatened constantly by software patents. We wish to avoid the danger that companies distributing free software will individually obtain patent licenses, thus in effect transforming the program into proprietary software. To prevent this, we have made it clear that any patent must be licensed for everyone's free use or not licensed at all.

Most GNU software, including some libraries, is covered by the ordinary GNU General Public License, which was designed for utility programs. This license, the GNU Library General Public License, applies to certain designated libraries. This license is quite different from the ordinary one; be sure to read it in full, and don't assume that anything in it is the same as in the ordinary license.

The reason we have a separate public license for some libraries is that they blur the distinction we usually make between modifying or adding to a program and simply using it. Linking a program with a library, without changing the library, is in some sense simply using the library, and is analogous to running a utility program or application program. However, in a textual and legal sense, the linked executable is a combined work, a derivative of the original library, and the ordinary General Public License treats it as such.

Because of this blurred distinction, using the ordinary General Public License for libraries did not effectively promote software sharing, because most developers did not use the libraries. We concluded that weaker conditions might promote sharing better.

However, unrestricted linking of non – free programs would deprive the users of those programs of all benefit from the free status of the libraries themselves. This Library General Public License is intended to permit developers of non – free programs to use free libraries, while preserving your freedom as a user of such programs to change the free libraries that are incorporated in them. (We have not seen how to achieve this as regards changes in header files, but we have achieved it as regards changes in the actual functions of the Library.) The hope is that this will lead to faster development of free libraries.

The precise terms and conditions for copying, distribution and modification follow. Pay close attention to the difference between a "work based on the library" and a "work that uses the library". The former contains code derived from the library, while the latter only works together with the library.

Note that it is possible for a library to be covered by the ordinary General Public License rather than by this special one.

TERMS AND CONDITIONS FOR COPYING, DISTRIBUTION AND MODIFICATION

0. This License Agreement applies to any software library which contains a notice placed by the copyright holder or other authorized party saying it may be distributed under the terms of this Library General Public License (also called "this License"). Each licensee is addressed as "you".

A "library" means a collection of software functions and/or data prepared so as to be conveniently linked with application programs (which use some of those functions and data) to form executables.

The "Library", below, refers to any such software library or work which has been distributed under these terms. A "work based on the Library" means either the Library or any derivative work under copyright law: that is to say, a work containing the Library or a portion of it, either verbatim or with modifications and/or translated straightforwardly into another language. (Hereinafter, translation is included without limitation in the term "modification".)

"Source code" for a work means the preferred form of the work for making modifications to it. For a library, complete source code means all the source code for all modules it contains, plus any associated interface definition files, plus the scripts used to control compilation and installation of the library.

Activities other than copying, distribution and modification are not covered by this License; they are outside its scope. The act of running a program using the Library is not restricted, and output from such a program is covered only if its contents constitute a work based on the Library (independent of the use of the Library in a tool for writing it). Whether that is true depends on what the Library does and what the program that uses the Library does.

1. You may copy and distribute verbatim copies of the Library's complete source code as you receive it, in any medium, provided that you conspicuously and appropriately publish on each copy an appropriate copyright notice and disclaimer of warranty; keep intact all the notices that refer to this License and to the absence of any warranty; and distribute a copy of this License along with the Library. You may charge a fee for the physical act of transferring a copy, and you may at your option offer warranty protection in exchange for a fee.

2. You may modify your copy or copies of the Library or any portion of it, thus forming a work based on the Library, and copy and distribute such modifications or work under the terms of Section 1 above, provided that you also meet all of these conditions:

a) The modified work must itself be a software library.

b) You must cause the files modified to carry prominent notices stating that you changed the files and the date of any change.

c) You must cause the whole of the work to be licensed at no charge to all third parties under the terms of this License.

d) If a facility in the modified Library refers to a function or a table of data to be supplied by an application program that uses the facility, other than as an argument passed when the facility is invoked, then you must make a good faith effort to ensure that, in the event an application does not supply such function or table, the facility still operates, and performs whatever part of its purpose remains meaningful.

(For example, a function in a library to compute squareroots has a purpose that is entirely well - defined independent of the application. Therefore, Subsection 2d requires that any application - supplied function or table used by this function must be optional: if the application does not supply it, the square root function must still compute square roots.)

These requirements apply to the modified work as a whole. If identifiable sections of that work are not derived from the Library, and can be reasonably considered independent and separate works in themselves, then this License, and its terms, do not apply to those sections when you distribute them as separate works. But when you distribute the same sections as part of a whole which is a work based on the Library, the distribution of the whole must be on the terms of this License, whose permissions for other licensees extend to the entire whole, and thus to each and every part regardless of who wrote it.

Thus, it is not the intent of this section to claim rights or contest your rights to work written entirely by you; rather, the intent is to exercise the right to control the distribution of derivative or collective works based on the Library.

In addition, mere aggregation of another work not based on the Library with the Library (or with a work based on the Library) on a volume of a storage or distribution medium does not bring the other work under the scope of this License.

3. You may opt to apply the terms of the ordinary GNU General Public License instead of this License to a given copy of the Library. To do this, you must alter all the notices that refer to this License, so that they refer to the ordinary GNU General Public License, version 2, instead of to this License. (If a newer version than version 2 of the ordinary GNU General Public License has appeared, then you can specify that

version instead if you wish.) Do not make any other change in these notices.

Once this change is made in a given copy, it is irreversible for that copy, so the ordinary GNU General Public License applies to all subsequent copies and derivative works made from that copy.

This option is useful when you wish to copy part of the code of the Library into a program that is not a library.

4. You may copy and distribute the Library (or a portion or derivative of it, under Section 2) in object code or executable form under the terms of Sections 1 and 2 above provided that you accompany it with the complete corresponding machine - readable source code, which must be distributed under the terms of Sections 1 and 2 above on a medium customarily used for software interchange.

If distribution of object code is made by offering access to copy from a designated place, then offering equivalent access to copy the source codefrom the same place satisfies the requirement to distribute the source code, even though third parties are not compelled to copy the source along with the object code.

5. A program that contains no derivative of any portion of the Library, but is designed to work with the Library by being compiled or linked with it, is called a "work that uses the Library". Such a work, in isolation, is not a derivative work of the Library, and therefore falls outside the scope of this License.

However, linking a "work that uses the Library" with the Library creates an executable that is a derivative of the Library (because it contains portions of the Library), rather than a "work that uses the library". The executable is therefore covered by this License. Section 6 states terms for distribution of such executables.

When a "work that uses the Library" uses material from a header file that is part of the Library, the object code for the work may be a derivative work of the Library even though the source code is not. Whether this is true is especially significant if the work can be linked without the Library, or if the work is itself a library. The threshold for this to be true is not precisely defined by law.

If such an object file uses only numerical parameters, data structure layouts and accessors, and small macros and small inline functions (ten lines or less in length), then the use of the object file is unrestricted, regardless of whether it is legally a derivative work. (Executables containing this object code plus portions of the Library will still fall under Section 6.)

Otherwise, if the work is a derivative of the Library, you may distribute the object code for the work under the terms of Section 6. Any executables containing that work also fall under Section 6, whether or not they are linked directly with the Library itself.

6. As an exception to the Sections above, you may also compile or link a "work that uses the Library" with the Library to produce a work containing portions of the Library, and distribute that work under terms of your choice, provided that the terms permit modification of the work for the customer's own use and reverse engineering for debugging such modifications.

You must give prominent notice with each copy of the work that the Library is used in it and that the Library and its use are covered by this License. You must supply a copy of this License. If the work during execution displays copyright notices, you must include the copyright notice for the Library among them, as well as a reference directing the user to the copy of this License. Also, you must do one of these things:

a) Accompany the work with the complete corresponding machine - readable source code for the Library including whatever changes were used in the work (which must be distributed under Sections 1 and 2 above); and, if the work is an executable linked with the Library, with the complete machine - readable "work that uses the Library", as object code and/or source code, so that the user can modify the Library and then relink to produce a modified executable containing the modified Library. (It is understood that the user who changes the contents of definitions files in the Library will not necessarily be able to recompile the application to use the modified definitions.)

b) Accompany the work with a written offer, valid for at least three years, to give the same user the materials specified in Subsection 6a, above, for a charge no more than the cost of performing this distribution.

c) If distribution of the work is made by offering access to copy from a designated place, offer equivalent access to copy the above specified materials from the same place.

d) Verify that the user has already received a copy of these materials or that you have already sent this user a copy.

For an executable, the required form of the "work that uses the Library" must include any data and utility programs needed for reproducing the executable from it. However, as a special exception, the source code distributed need not include anything that is normally distributed (in either source or binary form) with the major components (compiler, kernel, and so on) of the operating system on which the executable runs, unless that component itself accompanies the executable.

It may happen that this requirement contradicts the license restrictions of other proprietary libraries that do not normally accompany the operating system. Such a contradiction means you cannot use both them and the Library together in an executable that you distribute.

7. You may place library facilities that are a work based on the Library side - by - side in a single library together with other library facilities not covered by this License, and distribute such a combined library, provided that the separate distribution of the work based on the Library and of the other library facilities is otherwise permitted, and provided that you do these two things:

a) Accompany the combined library with a copy of the same work based on the Library, uncombined with any other library facilities. This must be distributed under the terms of the Sections above.

b) Give prominent notice with the combined library of the fact that part of it is a work based on the Library, and explaining where to find the accompanying uncombined form of the same work.

8. You may not copy, modify, sublicense, link with, or distribute the Library except as expressly provided under this License. Any attempt otherwise to copy, modify, sublicense, link with, or distribute the Library is void, and will automatically terminate your rights under this License. However, parties who have received copies, or rights, from you under this License will not have their licenses terminated so long as such parties remain in full compliance.

9. You are not required to accept this License, since you have not signed it. However, nothing else grants you permission to modify or distribute the Library or

its derivative works. These actions are prohibited by law if you do not accept this License. Therefore, by modifying or distributing the Library (or any work based on the Library), you indicate your acceptance of this License to do so, and all its terms and conditions for copying, distributing or modifying the Library or works based on it.

10. Each time you redistribute the Library (or any work based on the Library), the recipient automatically receives a license from the original licensor to copy, distribute, link with or modify the Library subject to these terms and conditions. You may not impose any further restrictions on the recipients' exercise of the rights granted herein. You are not responsible for enforcing compliance by third parties to this License.

11. If, as a consequence of a court judgment or allegation of patent infringement or for any other reason (not limited to patent issues), conditions are imposed on you (whether by court order, agreement or otherwise) that contradict the conditions of this License, they do not excuse you from the conditions of this License. If you cannot distribute so as to satisfy simultaneously your obligations under this License and any other pertinent obligations, then as a consequence you may not distribute the Library at all. For example, if a patent license would not permit royalty – free redistribution of the Library by all those who receive copies directly or indirectly through you, then the only way you could satisfy both it and this License would be to refrain entirely from distribution of the Library.

If any portion of this section is held invalid or unenforceable under any particular circumstance, the balance of the section is intended to apply, and the section as a whole is intended to apply in other circumstances.

It is not the purpose of this section to induce you to infringe any patents or other property right claims or to contest validity of any such claims; this section has the sole purpose of protecting the integrity of the free software distribution system which is implemented by public license practices. Many people have made generous contributions to the wide range of software distributed through that system in reliance on consistent application of that system; it is up to the author/donor to decide if he or she is willing to distribute software through any other system and a licensee cannot impose that choice.

This section is intended to make thoroughly clear what is believed to be a consequence of the rest of this License.

12. If the distribution and/or use of the Library is restricted in certain countries either by patents or by copyrighted interfaces, the original copyright holder who places the Library under this License may add an explicit geographical distribution limitation excluding those countries, so that distribution is permitted only in or among countries not thus excluded. In such case, this License incorporates the limitation as if written in the body of this License.

13. The Free Software Foundation may publish revised and/or new versions of the Library General Public License from time to time. Such new versions will be similar in spirit to the present version, but may differ in detail to address new problems or concerns.

Each version is given a distinguishing version number. If the Library specifies a version number of this License which applies to it and "any later version", you have the option of following the terms and conditions either of that version or of any later version published by the Free Software Foundation. If the Library does not specify a license version number, you may choose any version ever published by the Free Software Foundation.

14. If you wish to incorporate parts of the Library into other free programs whose distribution conditions are incompatible with these, write to the author to ask for permission. For software which is copyrighted by the Free Software Foundation, write to the Free Software Foundation; we sometimes make exceptions for this. Our decision will be guided by the two goals of preserving the free status of all derivatives of our free software and of promoting the sharing and reuse of software generally.

NO WARRANTY

15. BECAUSE THE LIBRARY IS LICENSED FREE OF CHARGE, THERE IS NO WARRANTY FOR THE LIBRARY, TO THE EXTENT PERMITTED BY APPLICABLE LAW. EXCEPT WHEN OTHERWISE STATED IN WRITING THE COPYRIGHT HOLDERS AND/OR OTHER PARTIES PROVIDE THE LIBRARY "AS IS" WITHOUT WARRANTY OF ANY KIND, EITHER EXPRESSED OR IMPLIED, INCLUDING, BUT NOT LIMITED TO, THE IMPLIED WARRANTIES

OF MERCHANTABILITY AND FITNESS FOR A PARTICULAR PURPOSE. THE ENTIRE RISK AS TO THE QUALITY AND PERFORMANCE OF THE LIBRARY IS WITH YOU. SHOULD THE LIBRARY PROVE DEFECTIVE, YOU ASSUME THE COST OF ALL NECESSARY SERVICING, REPAIR OR CORRECTION.

16. IN NO EVENT UNLESS REQUIRED BY APPLICABLE LAW OR AGREED TO IN WRITING WILL ANY COPYRIGHT HOLDER, OR ANY OTHER PARTY WHO MAY MODIFY AND/OR REDISTRIBUTE THE LIBRARY AS PERMITTED ABOVE, BE LIABLE TO YOU FOR DAMAGES, INCLUDING ANY GENERAL, SPECIAL, INCIDENTAL OR CONSEQUENTIAL DAMAGES ARISING OUT OF THE USE OR INABILITY TO USE THE LIBRARY (INCLUDING BUT NOT LIMITED TO LOSS OF DATA OR DATA BEING RENDERED INACCURATE OR LOSSES SUSTAINED BY YOU OR THIRD PARTIES OR A FAILURE OF THE LIBRARY TO OPERATE WITH ANY OTHER SOFTWARE), EVEN IF SUCH HOLDER OR OTHER PARTY HAS BEEN ADVISED OF THE POSSIBILITY OF SUCH DAMAGES.

END OF TERMS AND CONDITIONS

How to Apply These Terms to Your New Libraries

If you develop a new library, and you want it to be of the greatest possible use to the public, we recommend making it free software that everyone can redistribute and change. You can do so by permitting redistribution under these terms (or, alternatively, under the terms of the ordinary General Public License).

To apply these terms, attach the following notices to the library. It is safest to attach them to the start of each source file to most effectively convey the exclusion of warranty; and each file should have at least the "copyright" line and a pointer to where the full notice is found.

<one line to give the library's name and an idea of what it does. >

Copyright © year name of author

This library is free software; you can redistribute it and/or modify it under the terms of the GNU Library General Public License as published by the Free Software Foundation; either version 2 of the License, or (at your option) any later version.

This library is distributed in the hope that it will be useful, but WITHOUT ANY

WARRANTY; without even the implied warranty of MERCHANTABILITY or FITNESS FOR A PARTICULAR PURPOSE. See the GNU Library General Public License for more details.

You should have received a copy of the GNU Library General Public License along with this library; if not, write to the Free Software Foundation, Inc., 51 Franklin St, Fifth Floor, Boston, MA 02110 - 1301, USA.

Also add information on how to contact you by electronic and paper mail.

You should also get your employer (if you work as a programmer) or your school, if any, to sign a "copyright disclaimer" for the library, if necessary. Here is a sample; alter the names:

Yoyodyne, Inc., hereby disclaims all copyright interest in the library 'Frob' (a library for tweaking knobs) written by James Random Hacker.

signature of Ty Coon, 1 April 1990

Ty Coon, President of Vice

That's all there is to it!

（二）GNU 库通用公共许可证版本 2 许可协议参考译文

为了介绍和评论引用的开源许可证原文来源于：https://www.gnu.org/licenses/licenses.html。相关开源许可证原文版权归属开源许可证版权人。对上述网站中开源许可证的中文参考译文，仅为介绍和评论上述英文开源许可证的非官方中文参考译文，开源许可证条款和条件应以官方发布许可证原文为准。参考译文亦遵从原许可证版权人的版权和许可证及其官方管理机构的相关要求（如有）。开源许可证的中文参考译文可能存在错误或疏漏，欢迎读者指正。参考译文以及在参考译文基础上对相关许可证的分析和评述不构成具有法律约束力的任何法律建议或意见，仅供读者参考，因使用参考译文及相关分析评述引起的任何后果由使用者自行承担。

The original English text of this license cited herein for the purpose of introduction and comments could be found at: https://www.gnu.org/licenses/licenses.html, the copyright of which belongs to the copyright holder. This unofficial Simplified Chinese translation of the original English text is solely for the purpose of introduction, commentary and explanation of a certain issue, which can not replace the original English text. The original English text of the terms and conditions listed in the license agreement shall prevail at all times. This unofficial Simplified Chinese translation acknowledge the copyright of the copyright holder and complies with the requirements of the official management agency of this license agreement (if any). There may be errors or omissions in the unofficial Simplified Chinese translation, readers are welcome to correct them. Neither the unofficial translations nor the analysis and comments shall constitute any legally binding advice or opinions, they are for reference only. Any consequences arising from the use of this unofficial translations and related analysis and comments shall be borne by the users themselves.

GNU 库通用公共许可证

版本 2，1991 年 6 月

版权所有© 1991 自由软件基金股份有限公司

地址：51 富兰克林街，第 5 层，波士顿，MA 02110－1301 美国

每个人都被允许复制和分发本许可文件的原样副本，但不允许改变它。

[这是库通用公共许可证的首个发布版本。它被编号为 2，是因为它与普通通用公共许可证第 2 版相对应。]

序言

大部分软件的许可证被设计为剥夺你分享和修改软件的自由。相反，GNU 通用公共许可证旨在保证你分享和改变自由软件的自由——确保软件对其所有用户都是自由的。

本许可证，即库通用公共许可证，适用于一些特别指定的自由软件基金会软件，以及其作者决定使用它的任何其他库。你也可以将本许可证用于你开发的库。

当我们谈到自由软件时，我们指的是自由，而不是价格。我们的通用公共许可证被设计为确保你有分发自由软件副本（并为此服务收费，如果你希望）的自由；确保你能在你需要的时候收到或能够获取到源代码；确保你能修改软件或在新的自由程序中使用软件片段；并确保你知道你能做这些事情。

为了保护你的权利，我们需要做出限制，禁止任何人否认你的这些权利或要求你放弃这些权利。如果你分发库的副本或修改库，那么这些限制将转化为你的某些责任。

例如，如果你分发这样一个库的副本，那么无论是免费的还是有偿的，你必须给接收者所有你拥有的权利，你必须确保他们也收到或能获得源代码。如果你

将一个程序与该库链接在一起，那么你必须向接收者提供完整的程序目标代码文件，以便他们在对库进行更改并重新编译后，可以重新链接程序与该库，而且你必须向他们展示这些条款，让他们知道自己的权利。

我们保护你的权利的方法有两个步骤：（1）通过版权保护该库，（2）向你提供本许可证，合法许可你复制、分发和/或修改该库。

此外，为了保护每个分发者，我们想确定每个人都明白，这个自由库没有任何担保。如果该软件被他人修改并被传递，我们希望接收者知道他们拥有的不是原始版本，因此任何由他人引入的问题都不会影响到原作者的声誉。

最后，任何自由程序都会不断受到软件专利的威胁。我们希望避免这样的危险，即分发自由程序的公司会单独地获得专利许可，从而实际上使该程序成为专有软件。为了防止这种情况，我们已经明确表示，为每个人的自由使用，任何专利都必须被许可，否则这样的专利不应被授权。

大多数 GNU 软件，包括一些库，都受到普通的 GNU 通用公共许可证的约束，该许可证是为实用程序设计的。而本许可证，GNU 库通用公共许可证，适用于特定的指定库。本许可证与普通许可证相当不同，请务必阅读完整的许可证内容，并不要假设其中的任何内容与普通许可证相同。

我们为一些库单独制定了一个公共许可证是因为它们模糊了我们通常对程序修改或添加与仅仅使用程序之间的差别。将程序与一个库链接，而不改变库本身，在某种意义上仅仅是在使用库，类似于运行实用程序或应用程序。然而，从文本和法律的角度来看，链接后的可执行文件是一个合并作品，是原始库的派生作品，而普通的通用公共许可证就是这样处理它的。

因为这种区别的模糊，使用普通的通用公共许可证来保护库并没有有效促进软件共享，因为大多数开发者不使用这些库。我们得出结论，更弱的限制条件可能更有利于促进共享。然而，对非自由程序的不加限制的链接将剥夺那些程序的用户从库本身的自由状态中所获的全部益处。这个库通用公共许可证旨在允许非自由程序的开发者使用自由库，同时保护这些程序的用户更改其中包含的自由库的自由。（就头文件的更改而言，我们尚未找到方法，但在库的实际函数更改方面已经实现了这一点。）希望这将促进自由库的更快发展。

复制、分发和修改的具体条款和条件如下。请密切注意“基于库的作品”与“使用库的作品”的区别。前者包含派生自该库的代码，而后者仅与该库一起运行。

注意，某个库可能会受到普通通用公共许可证的约束，而非这个特殊许可证。

复制、分发和修改的条款和条件

0. 本许可协议适用于任何软件库，只要库中包含由版权持有人或其他授权方放置的通知，该通知应说明可根据本库通用公共许可证（也称为本许可证）的条款分发该库。每个被许可人被称为“你”。

“库”指的是一组软件函数和/或数据，经过准备以便与应用程序（程序使用其中一些函数和数据）链接，以形成可执行文件。

下文中的“库”指的是根据这些条款分发的任何此类软件库或作品。“基于库的作品”是指版权法下的库或其任何衍生作品：也就是说，一个包含库或库的部分的作品，无论是未经修改的，还是经过修改和/或直接翻译成另一种语言的。（下文中的“修改”包括但不限制“翻译”。）

作品的源代码指的是对作品进行修改的优选作品形式。对于一个库而言，完整的源代码是指它包含的所有模块，加上任何相关的接口定义文件，再加上用于控制库的编译和安装的脚本的所有源代码。

复制、分发和修改以外的行为不适用本许可证，它们在本许可证的范围之外。使用库运行程序的行为不受限制，运行程序的输出结果只有在其内容构成基于库的作品（与使用库作为工具编写它无关）的时候才适用本许可证。以上情形如何判断，取决于库的作用以及使用库的程序的作用。

1. 你可以在收到库的源代码后，以任何媒介复制和分发未修改的库的完整源代码副本，但你必须在每份副本上醒目地、适当地分发适当的版权声明和免责声明；保持所有提及本许可证的声明和没有任何担保的声明的完整；并将本许可证的副本连同本库一起分发。你可以对转移副本的实体行为收取一定的费用。如果你愿意提供担保保护，那你也可以收取费用。

2. 你可以修改本库或其任何部分的副本，从而形成一个基于本库的作品，然后你可以根据上面第 1 条的规定，复制、分发这样的修改或者作品，前提是你还需要满足下列所有条件：

a）修改后的作品本身必须是一个软件库。

b）你必须使已修改的文件带有明显的通知，说明你修改了这些文件，以及任何修改的日期。

c）你必须使整个作品在此许可证的条款下无偿被许可给所有第三方。

d）如果修改后的库中的一个设施引用了一个由使用该设施的应用程序提供的函数或数据表，而不是在调用该设施时传递的参数，则你必须尽力确保在该应用程序未提供该函数或数据表的情况下，该设施仍然可以运行，并执行其仍然具有意义的部分用途。

[例如，一个库中用于计算平方根的函数具有完全独立于应用程序的明确定义的用途。因此，根据第 2 条 d）款的要求，由此函数使用的任何由应用程序提供的函数或数据表必须是可选的：如果应用程序未提供函数或数据，平方根函数仍然必须能计算平方根。]

这些要求适用于被修改的作品整体。但是如果该作品中可识别的部件（identifiable sections）不是派生自该库，并且它们本身可以合理地被认为是独立的、单独的作品，那么当你把这些部件作为单独的作品分发时，这个许可证和它的条款将不适用于这些部件。但是，当你把相同的部件作为基于库的作品的部分（as part of a whole which is a work based on the program）分发时，作品整体的分发必须遵守本许可证的条款。本许可证对其他被许可人的许可适用于整个作品，因此也适用于作品的每一个部分，无论其作者是谁。

因此，本条的目的不是对完全由你创作的作品进行主张权利或对你的权利提出挑战；相反，而是行使权利以控制基于本库的派生作品或汇编作品的分发。

此外，仅仅将非基于本库的另一作品与本库（或一个基于本库的作品）聚合在一些存储或传播媒介上，并不会导致该其他作品被纳入本许可证的范围。

3. 你可以选择将普通的 GNU 通用公共许可证的条款，而不是本许可证应用于本库的一个特定副本。为此，你必须更改所有提到本许可证的通知，使它们提到普通的 GNU 通用公共许可证第 2 版，而不是本许可证。（如果普通的 GNU 通用公共许可证的新版本已经出现，那么你可以按照你的意愿指定该版本。）不要在这些通知中做任何其他更改。

一旦你在一个特定副本中进行了这个更改，对于该副本来说，它是不可逆转的，因此普通的 GNU 通用公共许可证适用于依据该副本制作的所有后续副本和派生作品。

当你希望将库的部分代码复制到不是库的程序中时，这个选项非常有用。

4. 你可以根据上述第 1 条和第 2 条的规定，以目标代码或可执行的形式复制和分发本库（或根据第 2 条规定复制和分发其部分或派生作品），前提是你必须附带完整的相应机器可读的源代码，该源代码必须根据上述第 1 条和第 2 条的规定在软件交换的通常媒介上分发。

如果目标代码的分发是通过从指定地点复制实现的，那么从同一地点复制源代码的同等机会同样满足源代码分发的要求，即使第三方不被强迫与目标代码一起复制源代码。

5. 一个不包含库任何部分的派生作品的程序，并且被设计通过编译或链接与库一起工作，被称为“使用库的作品”。该作品在孤立状态下，不是库的派生作品，因此不落入本许可证的范围之内。

但是，将“使用库的作品”与库链接会创建一个可执行文件，该可执行文件是库的派生作品（因为它包含库的部分），而不是一个“使用库的作品”。因此，该可执行文件受本许可证的约束。第 6 条规定了分发这些可执行文件的条款。

当“使用库的作品”使用库的头文件中的材料，并且该材料是库的一部分时，即使源代码不是从库中派生出来的作品，该作品的目标代码也可能是库的派生作品。如果该作品可以在没有库的情况下被链接，或该作品本身就是一个库，那么这是否真实是特别重要的。不过真实的界限在法律上没有被精确定义。

如果这种目标文件仅使用数值参数、数据结构布局和访问器、简短的宏和简短的内联函数（长度不超过 10 行），则无论它是否是法律上的派生作品，都可以无限制地使用该目标文件。（包含这种目标代码以及库的部分的可执行文件仍落入第 6 条的范围内。）

否则，如果该作品是库的派生作品，你可以根据第 6 条的规定分发该作品的目标代码。包含该作品的任何可执行文件也都落入第 6 条的范围内，无论它们是否直接与库本身链接。

6. 作为上述章节的例外，你还可以与本库一同编译或链接一个“使用库的作品”，以制作一个包含库的部分的作品，并根据你选择的条款分发该作品，前提是该条款允许对作品进行修改供消费者自己使用，并允许进行去除这些修改的反向工程。

你必须在每份作品的副本中给出显著的通知，说明库被用于其中和库及其使用受本许可证的约束。你必须提供本许可证的一份副本。如果作品在执行时显示版权通知，你必须在其中包括库的版权通知，以及一个附注来引导用户至本许可证副本。此外，你必须做以下操作之一：

a）附随作品提供库的完整的相应机器可读的源代码，包括在作品中使用的任何更改（必须根据上述第 1 条和第 2 条分发）；并且，如果作品是与库链接的可执行文件，则还必须提供完整的机器可读的“使用库的作品”的源代码和/或目标代码，以便用户可以修改库，然后重新链接以生成包含修改后库的可执行文件。（据了解，更改库中定义文件内容的用户不一定能够重新编译应用程序以使用修改后的定义。）

b）随作品提供一份书面要约，有效期至少为三年，以向同样用户提供上述第6条a）款中规定的材料，费用不超过执行此分发的成本。

c）如果通过提供从指定位置复制路径的方式来分发作品，则应提供上述规定材料从同一位置被获取的复制路径。

d）证实该用户已经收到了这些材料的一份副本，或者你已经向该用户发送了这些材料的一份副本。

对于可执行文件，“使用库的作品”形式要求必须包括任何数据和实用程序，该数据和实用程序为再制造可执行文件所需要。但是，作为特殊例外，被分发的源代码不需要包括通常与操作系统（可执行文件在操作系统上运行）的主要组件（编译器、内核等）一起被分发（以源代码或二进制形式）的任何内容，除非该组件本身伴随可执行文件。

这一要求与其他不通常伴随操作系统分发的专有库的许可限制相矛盾的情况可能会发生。这种矛盾意味着你不能在你分发的可执行文件中同时使用它们和库。

7. 你可以将库的设施（库的设施是基于库的作品）和不受本许可证约束的其他库的设施并排放置在单个库中，并分发这样的合并库，前提是基于库的作品的单独分发和其他库的设施的单独分发另外被允许，并且你必须执行以下两个操作：

a）同合并库一起附上一份与基于库的相同作品的副本，不与任何其他库的设施合并。这必须根据上述各条的规定分发。

b）同合并库一起给出显著通知，声明合并库的部分是基于库的作品，并解释在哪里可以获取伴随的未合并形式的相同作品。

8. 除了本许可证明确规定的情况外，你不得复制、修改、分许可、链接或分发本库。任何其他试图复制、修改、分许可、链接或分发本库的行为都是无效的，并将自动终止你在本许可证下的权利。但是，根据本许可证从你那里获得副本或权利的各方，只要他们仍然完全遵守规定，他们的许可证就不会被终止。

9. 因为你还没有签署它，所以你不被要求接受本许可证。但是，没有任何其他东西授予你修改或分发本库或其衍生作品的许可。如果你不接受本许可证，这些行为是被法律所禁止的。因此，修改或分发本库（或任何基于本库的作品）的行为，表示你接受本许可证及其所有关于复制、分发或修改本库或基于本库的作品的条款和条件。

10. 每次你再分发本库（或基于本库的任何作品）时，接收者都会自动从原始许可人那里获得一份许可，即在遵守这些条款和条件的前提下复制、分发、链接或修改本库。你不得对接收者行使本协议在此授予的权利施加任何进一步的限制。你不负责强迫第三方遵守本许可证。

11. 如果由于法院判决或专利侵权指控或任何其他原因（其他原因不限于专利问题），你被施加的一些条件（无论是通过法院命令、协议或其他方式）与本许可的条件相冲突，它们也并不能免除你在本许可证项下的义务。如果你不能同时满足本许可证规定的义务和任何其他相关的义务就进行分发，那么结果就是你根本就不应分发本库。例如，如果一项专利许可不允许所有通过你直接或间接获得软件副本的人以免许可费的方式再分发本库，那么你要同时满足专利许可和本许可证的要求的唯一办法就是彻底不分发本库。

如果本条的任何部分在任何特定情况下被认为是无效的或不可执行的，本条的其余部分仍然能够适用。本条在其他情况下是作为一个整体适用的。

本条的目的不是诱使你侵犯任何专利或其他财产权，或对这样的权利的有效性提出异议；本节的唯一目的是保护自由软件分发系统的完整性，它是由公共许可证的实践来实施的。依靠该系统的持续运行，许多人对通过该系统分发的广泛种类的软件做出了慷慨的贡献；作者/贡献者是否愿意通过任何其他系统分发软件，是由他/她自己决定的，被许可人不能强迫其做出选择。

本条旨在彻底阐明被认为适用本许可证的其余部分的结果。

12. 如果本库的分发和/或使用在某些国家受到专利或被版权保护的交互界面的限制，那么将本库置于本许可证之下的原始版权人可以增加一个明确的地域分发限制，将这些国家排除在外，这样分发就只在未被排除的国家中和未被排除的国家间被允许。在这种情况下，这样的限制被视为许可证本体的一部分。

13. 自由软件基金会可能会不时地发布库通用公共许可证的修订版和/或新版本。这些新版本在精神上与现有版本相似，但在细节上可能有所不同，以解决新的问题或关切。

每个版本都有一个区分的版本号。如果本库指定了适用于它和“任何后续的版本”的许可证版本号，你可以选择遵守该版本或自由软件基金会发布的任何后续版本的条款和条件。如果本库没有指定许可证的版本号，你可以选择自由软件基金会发布的任何版本。

14. 如果你想把本库的部分内容并入其他分发条件不兼容的自由程序中，请写信给作者，请求批准。对于受自由软件基金会版权保护的软件，请写信给自由软件基金会；我们有时会对此做出例外处理。我们的决定将以两个目标为指导：一是保持我们自由软件的所有派生物的自由地位，二是促进软件的普遍共享和重复使用。

无担保

15. 因为本库是免费许可的，所以在适用法律允许的范围内，本库没有任何担保。除非另有书面说明，否则版权持有人和/或其他各方将“按原样”提供该库，不提供任何明示或暗示的担保，包括但不限于对适销性和特定用途的适用性的暗示担保。关于本库的质量和运行的全部风险由你承担。如果本库被证明有缺陷，你将承担所有必要的服务、修理或纠正的费用。

16. 在任何情况下，除非适用的法律要求或书面同意，任何版权持有人或任何其他可以修改和/或重新发布上述程序的一方，都不对你的损害负责，包括任何因使用或无法使用该程序而引起的一般的、特殊的、偶然的或间接的损害（包括但不限于数据丢失或数据不准确或你或第三方遭受的持续损失或该程序无法与任何其他程序一起运行），即使该持有人或其他方已被告知有可能发生这种损害。

如何将这些条款应用于你的新库？

如果你开发了一个新的库，并且你希望公众最大可能地使用它，我们建议将其制作成任何人都可以重新分发和更改的自由软件。你可以通过按照这些条款（或者作为替代，按照普通的 GNU 通用公共许可证的条款）许可重新分发来实现。

为了适用这些条款，请在库中附上以下通知事项。最安全的做法是将它们附加到每个源代码文件的开头以最有效地传达排除担保；每个文件都应该至少有“版权”行和一个指向完整通知所在位置的指示。

<一行给出程序的名称和它的简要功能。>

版权所有<年份><作者名称>

本库是自由软件，您可以根据自由软件基金会发布的 GNU 库通用公共许可证版本 2 或（由您选择）任何后续版本重新分发和/或修改它。

本库被分发是希望它有用，但它没有任何担保，甚至没有对适销性或特定用途适用性的隐含担保。请参阅 GNU 库通用公共许可证了解更多详细信息。

你应该已经收到一份本库所附的 GNU 库通用公共许可证的副本；如果没有，请写信给自由软件基金会股份有限公司，地址：51 Franklin St，第五楼，波士顿，MA 02110－1301，美国。

还需要添加有关如何通过电子和纸质邮件与你联系的信息。

如有必要，你还应该让你的雇主（如果你是一名程序员）或你的学校（如果有的话）签署该库的“放弃版权声明”。这里是一个样本，可更改名称：

Yoyodyne 股份有限公司在此放弃由 James Random Hacker 编写的库“Frob”（一个用于调节旋钮的库）的所有版权权益。

Ty Coon 的签名，1990 年 4 月 1 日

Ty Coon，副总裁

就是这样！

（三）GNU 库通用公共许可证版本 2 许可协议的评述和介绍

GNU 库通用公共许可证版本 2（GNU Library General Public License，version 2.0）是自由软件基金会在 1991 年 6 月发布的首个库公共许可证，它被编号为版本 2 是因为它与 GNU 通用公共许可证版本 2 相对应。GNU 库通用公共许可证版本 2 发布后被广泛采用。

1. 适用范围

GNU 库通用公共许可证版本 2 在第 0 条明确，GNU 库通用公共许可证版本 2 适用任何软件库，只要软件库的版权人或授权方放置通知说明该软件库根据 GNU 库通用公共许可证版本 2 分发。而与之对应，GNU 通用公共许可证版本 2 在第 0 条明确，GNU 通用公共许可证版本 2 适用于任何包含版权持有人声明根据本通用公共许可的条款分发的程序或其他作品。

由上一段内容可知，GNU 库通用公共许可证版本 2 和 GNU 通用公共许可证版本 2 在适用范围上有着明确的区分。GNU 通用公共许可证版本 2 主要是针对实用程序设计，而 GNU 库通用公共许可证版本 2 是针对软件库设计，二者在很多具体条款和条件上存在区别。

GNU 库通用公共许可证版本 2 在第 0 条规定，“库”指的是一组软件函数和/或数据，经过准备以便与应用程序（程序使用其中一些函数和数据）链接，以形成可执行文件。

GNU 库通用公共许可证版本 2 对“基于库的作品”与“使用库的作品”进行了区分（前者包含派生自该库的代码，而后者仅与该库一起运行），并根据二者的不同特征对适用库的条件进行了规定。

2. 授权机制

GNU 库通用公共许可证版本 2 和 GNU 通用公共许可证版本 2 相同，首先承认计算机软件作者对软件享有的著作权，然后通过 GNU 库通用公共许可证版本 2 所载的条款和条件由软件著作权人授予软件接收者复制、分发或修改软件库的权利。

3. 许可条件

在 GNU 通用公共许可证版本 2 的基础上，GNU 库通用公共许可证版本 2 结合软件库的实际情况对许可情况进行了规定。

（1）对软件库本身复制、修改、分发的许可条件

GNU 库通用公共许可证版本 2 第 0 条规定，复制、分发和修改以外的行为不适用本许可证，它们在本许可证的范围之外。使用库运行程序的行为不受限制，运行程序的输出结果只有在其内容构成基于库的作品（与使用库作为工具编写它无关）的时候才适用本许可证。

GNU 库通用公共许可证版本 2 第 1 条规定了复制和分发未修改的库的完整源代码的条件，该条件和 GNU 通用公共许可证版本 2 相同，即发布版权声明、免责声明、保留所有提及许可证的声明和无担保声明，并附上 GNU 库通用公共许可证版本 2 的副本。

GNU 库通用公共许可证版本 2 第 2 条规定了修改库从而形成一个基于本库的作品所需要满足的条件：在符合第 1 条规定条件的基础上，还需要同时满足以下条件：a）修改后的作品本身必须是一个软件库（注：修改后的作品必须是库才能继续适用 GNU 库通用公共许可证版本 2，如果不是库就超出了原来的库许可证范围，例如修改后的作品是程序，则可以按照第 3 条规定的情况处理）；b）说明修改者、修改日期和修改的文件；c）修改后的整个派生作品亦适用 GNU 库通用公共许可证版本 2；d）确保修改后的库中的设施的运行。

GNU 库通用公共许可证版本 2 第 4 条规定，以目标代码或可执行的形式复制和分发软件库或其部分或派生作品，必须附带完整的相应机器可读的源代码，该源代码必须根据 GNU 库通用公共许可证版本 2 第 1 条和第 2 条的规定，在软件交换的通常媒介上分发；如果目标代码的分发是通过提供从指定地点复制路径实

现的，那么你也可以提供从同一地点复制源代码的同等机会，以满足源代码分发的要求。

（2）软件库和程序进行编译或链接的许可条件

GNU 库通用公共许可证版本 2 第 5 条规定了“使用库的作品”和“库的派生作品”的一般判断标准和除外情况，并明确“使用库的作品”不适用 GNU 库通用公共许可证版本 2，而“库的派生作品”适用 GNU 库通用公共许可证版本 2。

一个不包含库任何部分的派生作品的程序，通过编译或链接与库一起工作，被称为“使用库的作品”。“使用库的作品”在孤立状态下，不是库的派生作品，因此不落入 GNU 库通用公共许可证版本 2 的范围内。

将“使用库的作品”与库链接并创建一个可执行文件，该可执行文件是库的派生作品（因为它包含库的部分），因此该可执行文件受 GNU 库通用公共许可证版本 2 的约束，并遵守第 6 条规定的分发条件。除外情况：如目标文件仅使用数值参数、数据结构布局和访问器、简短的宏和简短的内联函数（长度不超过 10 行），则无论这个目标文件是否是法律意义上的派生作品，它的使用都不受到许可证的限制（但这种目标代码以及库的部分的可执行文件仍落入第 6 条的范围内）。

另外当“使用库的作品”使用库的头文件中的材料，并且该材料是库的一部分时，即使源代码可能不是从库中派生出来的，该作品的目标代码也可能是库的派生作品（注：此种情况具有不确定性，需要结合该作品是否可以在没有库的情况下被链接，或该作品本身是否就是一个库来进行判断）。如果目标代码属于库的派生作品，则仍需要受 GNU 库通用公共许可证版本 2 的约束。

GNU 库通用公共许可证版本 2 第 6 条对第 5 条规定的应对适用 GNU 库通用公共许可证版本 2 的情况进行了例外规定。

库的使用者可以将一个“使用库的作品”与软件库进行编译或链接，以制作一个包含库的部分的作品，并自由选择其他条款分发该作品，但要满足：允许消费者为自己使用而修改这个作品，或者为了去除修改而实施反向工程；在作品副本中显著声明库被用于其中，库及其使用受 GNU 库通用公共许可证版本 2 的约束，并提供许可证副本，如作品执行时显示版权通知，应显示库的版权通知，并附注引导用户至许可证副本。在满足上述两个条件的基础上，还要满足以下条件之一：

a）提供库的源代码，包括在作品中使用的更改；如果作品是与库链接的可执行文件，则还必须提供“使用库的作品”的源代码和/或目标代码。b）随作品提供一份书面要约，有效期至少为三年，以向同样用户提供上述规定的材料，费用不超过执行此分发的成本。c）如果通过提供从指定位置复制路径的方式来分发作品，则应提供上述规定材料从同一位置被获取的复制路径。d）证实该用户已经收到了这些材料的一份副本，或者已经向用户发送了上述规定材料的一份副本。

由上述规定可知，GNU 库通用公共许可证版本 2 第 6 条对第 5 条规定例外规定的实质是，在分发的作品是“使用库的作品”与库链接的可执行文件时，可以通过提供作品中“使用库的作品”的目标代码，来替代提供“使用库的作品”源代码的义务。

（3）分发合并软件库的许可条件

GNU 库通用公共许可证版本 2 第 7 条规定了分发合并软件库的许可条件。可将库的设施（库的设施是基于库的作品）和不受许可证约束的其他库的设施并排放置在单个库中，并分发这样的合并库，前提是基于库的作品的单独分发和其他库的设施的单独分发另外被允许，其他两个许可条件是：a）同合并库一起附上一份与基于库的相同作品的副本，不与任何其他库的设施联合，并按照 GNU 库通用公共许可证版本 2 上述各条的规定分发。b）同合并库一起给出显著通知，声明合并库的部分是基于库的作品，并说明在哪里获取未组合形式的相同作品。

由上述规定可知，GNU 库通用公共许可证版本 2 第 7 条没有对合并库是否属于库的派生作品或基于库的作品进行判断和界定，但在分发合并库时，对并排放置在合并库中的不受许可证约束的其他库的设施豁免了提供源代码的义务。

4. 版权/著作权许可

GNU 库通用公共许可证版本 2 和 GNU 通用公共许可证版本 2 相同，仅依据作者享有的版权（著作权）对程序进行了附条件的许可和授权。

5. 专利许可

GNU 库通用公共许可证版本 2 和 GNU 通用公共许可证版本 2 相同，均没有对软件相关的专利权许可和授权的明确规定，但关注到了软件专利权对 GNU 通用公共许可证许可体系的威胁，并相应修订了许可协议条款，规定了“限制/终止对申请专利权的再分发者的软件授权的惩罚措施”对软件再分发者单独申请专利权，使该软件成为其专有财产的行为进行规制，具体可参见笔者对 GNU 通用公共许可证版本2专利许可部分的评述。

6. 传染性及其例外

GNU库通用公共许可证版本2和GNU通用公共许可证版本2关于传染性规定的原则相同，前者在第2条规定，适用GNU库通用公共许可证版本2的库或任何部分被修改后形成的基于库的作品，应当在GNU库通用公共许可证版本2的条款下无偿被许可给所有第三方。

GNU库通用公共许可证版本2和GNU通用公共许可证版本2相同的两种传染性例外情况是：（1）如果仅仅将非基于库的另一作品与库（或一个基于库的作品）聚合在一些存储或传播媒介上，并不会导致该其他作品适用GNU库通用公共许可证版本2；（2）如果作品中可识别的部件不是派生自该库，并且其本身可以合理地被认为是独立的、单独的作品，那么当把这些部件作为单独的作品分发时，GNU库通用公共许可证版本2和它的条款将不适用于这些部件，但如果把前述相同的部件作为基于库的作品的部分分发时，作品整体的分发必须遵守GNU库通用公共许可证版本2的条款。

如前介绍，GNU库通用公共许可证版本2在GNU通用公共许可证版本2基础上，还增加了两个传染性例外的情况：第一种是针对“软件库和程序进行编译或链接”情况的例外处理；第二种是针对“合并软件库”情况的例外处理，具体处理可参见前文评述和介绍第3条第（2）项“软件库和程序进行编译或链接的许可条件”和第（3）项“分发合并软件库的许可条件”的评述意见。

7. 无担保无赔偿

GNU库通用公共许可证版本2和GNU通用公共许可证版本2在免责问题上的规定基本无差异，即程序在适用法律允许的范围内没有任何担保；亦在任何情况下，任何版权持有人或任何其他可以修改和/或重新发布上述程序的一方，都不对程序使用者的损害进行赔偿。

8. 许可证更改及兼容性

GNU库通用公共许可证版本2第3条规定，可以选择将GNU库通用公共许可证版本2更改为普通的GNU通用公共许可证并应用于软件库的一个特定副本。相应的只要更改所有提到本许可证的通知，使它们提到普通的GNU通用公共许可证第2版或其后续版本，而不是本许可证即可。通知中不需要做任何其他更改。

GNU库通用公共许可证版本2第3条规定，将软件库的一个副本的许可证由

GNU 库通用公共许可证版本 2 更改为普通的 GNU 通用公共许可证第 2 版或其后续版本是不可逆转的。GNU 库通用公共许可证版本 2 第 3 条规定的变更许可证的情况，在库的使用者需要将库的部分代码复制到不是库的程序中时将非常有用。

GNU 库通用公共许可证版本 2 第 13 条规定，如果作者指定适用 GNU 库通用公共许可证版本 2 和任何后续版本，则可以选择适用 GNU 库通用公共许可证版本 2 或后续版本；如果作者仅指定适用 GNU 库通用公共许可证（未指定特定版本），则只可以选择适用 GNU 库通用公共许可证的任何版本。

GNU 库通用公共许可证版本 2 第 14 条也有和 GNU 通用公共许可证版本 2 相同的规定，如果想把适用 GNU 通用公共许可证版本 2 程序的全部或部分并入适用其他许可证的程序中，需要写信给作者，获得作者（著作权人/版权人）的批准。对于受自由软件基金会版权保护的软件，请写信给自由软件基金会，获得自由软件基金会的批准。

二、GNU 宽松通用公共许可证版本 2.1（LGPL v2.1）

（一）GNU 宽松通用公共许可证版本 2.1 许可协议英文版

GNU LESSER GENERAL PUBLIC LICENSE

Version 2.1, February 1999

Copyright © 1991, 1999 Free Software Foundation, Inc.

51 Franklin Street, Fifth Floor, Boston, MA 02110 – 1301 USA

Everyone is permitted to copy and distribute verbatim copies of this license document, but changing it is not allowed.

[This is the first released version of the Lesser GPL. It also counts as the successor of the GNU Library Public License, version 2, hence the version number 2.1.]

Preamble

The licenses for most software are designed to take away your freedom to share and change it. By contrast, the GNU General Public Licenses are intended to guarantee your freedom to share and change free software—to make sure the software is free for all its users.

This license, the Lesser General Public License, applies to some specially designated software packages—typically libraries—of the Free Software Foundation and other authors who decide to use it. You can use it too, but we suggest you first think carefully about whether this license or the ordinary General Public License is the better strategy to use in any particular case, based on the explanations below.

When we speak of free software, we are referring to freedom of use, not price. Our General Public Licenses are designed to make sure that you have the freedom to distribute copies of free software (and charge for this service if you wish); that you receive source code or can get it if you want it; that you can change the software and use pieces of it in new free programs; and that you are informed that you can do these things.

To protect your rights, we need to make restrictions that forbid distributors to deny you these rights or to ask you to surrender these rights. These restrictions translate to certain responsibilities for you if you distribute copies of the library or if you modify it.

For example, if you distribute copies of the library, whether gratis or for a fee, you must give the recipients all the rights that we gave you. You must make sure that they, too, receive or can get the source code. If you link other code with the library, you must provide complete object files to the recipients, so that they can relink them with the library after making changes to the library and recompiling it. And you must show them these terms so they know their rights.

We protect your rights with a two-step method: (1) we copyright the library, and (2) we offer you this license, which gives you legal permission to copy, distribute and/or modify the library.

To protect each distributor, we want to make it very clear that there is no warranty for the free library. Also, if the library is modified by someone else and passed on, the recipients should know that what they have is not the original version, so that the original author's reputation will not be affected by problems that might be introduced by others.

Finally, software patents pose a constant threat to the existence of any free program. We wish tomake sure that a company cannot effectively restrict the users of a free program by obtaining a restrictive license from a patent holder. Therefore, we insist that any patent license obtained for a version of the library must be consistent with the full freedom of use specified in this license.

Most GNU software, including some libraries, is covered by the ordinary GNU General Public License. This license, the GNU Lesser General Public License, applies to certain designated libraries, and is quite different from the ordinary General Public License. We use this license for certain libraries in order to permit linking those libraries into non – free programs.

When a program is linked with a library, whether statically or using a shared library, the combination of the two is legally speaking a combined work, a derivative of the original library. The ordinary General Public License therefore permits such linking only if the entire combination fits its criteria of freedom. The Lesser General Public License permits more lax criteria for linking other code with the library.

We call this license the "Lesser" General Public License because it does Less to protect the user's freedom than the ordinary General Public License. It also provides other free software developers Less of an advantage over competing non – free programs. These disadvantages are the reason we use the ordinary General Public License for many libraries. However, the Lesser license provides advantages in certain special circumstances.

For example, on rare occasions, there may be a special need to encourage the widest possible use of a certain library, so that it becomes a de – facto standard. To achieve this, non – free programs must be allowed to use the library. A more frequent case is that a free library does the same job as widely used non – free libraries. In this case, there is little to gain by limiting the free library to free software only, so we use the Lesser General Public License.

In other cases, permission to use a particular library in non – free programs enables a greater number of people to use a large body of free software. For example, permission to use the GNU C Library in non – free programs enables many more people to use the whole GNU operating system, as well as its variant, the GNU/Linux operating system.

Although the Lesser General Public License is Less protective of the users' freedom, it does ensure that the user of a program that is linked with the Library has the freedom and the wherewithal to run that program using a modified version of the Library.

The precise terms and conditions for copying, distribution and modification follow. Pay close attention to the difference between a "work based on the library" and a "work that uses the library". The former contains code derived from the library, whereas the latter must be combined with the library in order to run.

TERMS AND CONDITIONS FOR COPYING, DISTRIBUTION AND MODIFICATION

0. This License Agreement applies to any software library or other program which contains a notice placed by the copyright holder or other authorized party saying it may be distributed under the terms of this Lesser General Public License (also called "this License"). Each licensee is addressed as "you".

A "library" means a collection of software functions and/or data prepared so as to be conveniently linked with application programs (which use some of those functions and data) to form executables.

The "Library", below, refers to any such software library or work which has been distributed under these terms. A "work based on the Library" means either the Library or any derivative work under copyright law: that is to say, a work containing the Library or a portion of it, either verbatim or with modifications and/or translated straightforwardly into another language. (Hereinafter, translation is included without limitation in the term "modification".)

"Source code" for a work means the preferred form of the work for making modifications to it. For a library, complete source code means all the source code for all modules it contains, plus any associated interface definition files, plus the scripts used to control compilation and installation of the library.

Activities other than copying, distribution and modification are not covered by this License; they are outside its scope. The act of running a program using the Library is not restricted, and output from such a program is covered only if its contents constitute a work based on the Library (independent of the use of the Library in a tool for writing it). Whether that is true depends on what the Library does and what the program that uses the Library does.

1. You may copy and distribute verbatim copies of the Library's complete source code as you receive it, in any medium, provided that you conspicuously and

appropriately publish on each copy an appropriate copyright notice and disclaimer of warranty; keep intact all the notices that refer to this License and to the absence of any warranty; and distribute a copy of this License along with the Library. You may charge a fee for the physical act of transferring a copy, and you may at your option offer warranty protection in exchange for a fee.

2. You may modify your copy or copies of the Library or any portion of it, thus forming a work based on the Library, and copy and distribute such modifications or work under the terms of Section 1 above, provided that you also meet all of these conditions:

a) The modified work must itself be a software library.

b) You must cause the files modified to carry prominent notices stating that you changed the files and the date of any change.

c) You must cause the whole of the work to be licensed at no charge to all third parties under the terms of this License.

d) If a facility in the modified Library refers to a function or a table of data to be supplied by an application program that uses the facility, other than as an argument passed when the facility is invoked, then you must make a good faith effort to ensure that, in the event an application does not supply such function or table, the facility still operates, and performs whatever part of its purpose remains meaningful.

(For example, a function in a library to compute square roots has a purpose that is entirely well - defined independent of the application. Therefore, Subsection 2d requires that any application - supplied function or table used by this function must be optional: if the application does not supply it, the square root function must still compute square roots.)

These requirements apply to the modified work as a whole. If identifiable sections of that work are not derived from the Library, and can be reasonably considered independent and separate works in themselves, then this License, and its terms, do not apply to those sections when you distribute them as separate works. But when you distribute the same sections as part of a whole which is a work based on the Library, the distribution of the whole must be on the terms of this License, whose permissions for other licensees extend to the entire whole, and thus to each and every part regardless of who wrote it.

Thus, it is not the intent of this section to claim rights or contest your rights to work written entirely by you; rather, the intent is to exercise the right to control the distribution of derivative or collective works based on the Library.

In addition, mere aggregation of another work not based on the Library with the Library (or with a work based on the Library) on a volume of a storage or distribution medium does not bring the other work under the scope of this License.

3. You may opt to apply the terms of the ordinary GNU General Public License instead of this License to a given copy of the Library. To do this, you must alter all the notices that refer to this License, so that they refer to the ordinary GNU General Public License, version 2, instead of to this License. (If a newer version than version 2 of the ordinary GNU General Public License has appeared, then you can specify that version instead if you wish.) Do not make any other change in these notices.

Once this change is made in a given copy, it is irreversible for that copy, so the ordinary GNU General Public License applies to all subsequent copies and derivative works made from that copy.

This option is useful when you wish to copy part of the code of the Library into a program that is not a library.

4. You may copy and distribute the Library (or a portion or derivative of it, under Section 2) in object code or executable form under the terms of Sections 1 and 2 above provided that you accompany it with the complete corresponding machine - readable source code, which must be distributed under the terms of Sections 1 and 2 above on a medium customarily used for software interchange.

If distribution of object code is made by offering access to copy from a designated place, then offering equivalent access to copy the source code from the same place satisfies the requirement to distribute the source code, even though third parties are not compelled to copy the source along with the object code.

5. A program that contains no derivative of any portion of the Library, but is designed to work with the Library by being compiled or linked with it, is called a "work that uses the Library". Such a work, in isolation, is not a derivative work of the Library, and therefore falls outside the scope of this License.

However, linking a "work that uses the Library" with the Library creates an executable that is a derivative of the Library (because it contains portions of the Library), rather than a "work that uses the library". The executable is therefore covered by this License. Section 6 states terms for distribution of such executables.

When a "work that uses the Library" uses material from a header file that is part of the Library, the object code for the work may be a derivative work of the Library even though the source code is not. Whether this is true is especially significant if the work can be linked without the Library, or if the work is itself a library. The threshold for this to be true is not precisely defined by law.

If such an object file uses only numerical parameters, data structure layouts and accessors, and small macros and small inline functions (ten lines or less in length), then the use of the object file is unrestricted, regardless of whether it is legally a derivative work. (Executables containing this object code plus portions of the Library will still fall under Section 6.)

Otherwise, if the work is a derivative of the Library, you may distribute the object code for the work under the terms of Section 6. Any executables containing that work also fall under Section 6, whether or not they are linked directly with the Library itself.

6. As an exception to the Sections above, you may also combine or link a "work that uses the Library" with the Library to produce a work containing portions of the Library, and distribute that work under terms of your choice, provided that the terms permit modification of the work for the customer's own use and reverse engineering for debugging such modifications.

You must give prominent notice with each copy of the work that the Library is used in it and that the Library and its use are covered by this License. You must supply a copy of this License. If the work during execution displays copyright notices, you must include the copyright notice for the Library among them, as well as a reference directing the user to the copy of this License. Also, you must do one of these things:

a) Accompany the work with the complete corresponding machine - readable source code for the Library including whatever changes were used in the work (which must be distributed under Sections 1 and 2 above); and, if the work is an executable linked with the Library, with the complete machine – readable "work that uses the Library", as object code and/or source code, so that the user can modify the Library and then relink to produce a modified executable containing the modified Library. (It is understood that the user who changes the contents of definitions files in the Library will not necessarily be able to recompile the application to use the modified definitions.)

b) Use a suitable shared library mechanism for linking with the Library. A suitable mechanism is one that (1) uses at run time a copy of the library already present on the user's computer system, rather than copying library functions into the executable, and (2) will operate properly with a modified version of the library, if the user installs one, as long as the modified version is interface – compatible with the version that the work was made with.

c) Accompany the work with a written offer, valid for at least three years, to give the same user the materials specified in Subsection 6a, above, for a charge no more than the cost of performing this distribution.

d) If distribution of the work is made by offering access to copy from a designated place, offer equivalent access to copy the above specified materials from the same place.

e) Verify that the user has already received a copy of these materials or that you have already sent this user a copy.

For an executable, the required form of the "work that uses the Library" must include any data and utility programs needed for reproducing the executable from it. However, as a special exception, the materials to be distributed need not include anything that is normally distributed (in either source or binary form) with the major components (compiler, kernel, and so on) of the operating system on which the executable runs, unless that component itself accompanies the executable.

It may happen that this requirement contradicts the license restrictions of other proprietary libraries that do not normally accompany the operating system. Such a contradiction means you cannot use both them and the Library together in an executable that you distribute.

7. You may place library facilities that are a work based on the Library side – by –

side in a single library together with other library facilities not covered by this License, and distribute such a combined library, provided that the separate distribution of the work based on the Library and of the other library facilities is otherwise permitted, and provided that you do these two things:

a) Accompany the combined library with a copy of the same work based on the Library, uncombined with any other library facilities. This must be distributed under the terms of the Sections above.

b) Give prominent notice with the combined library of the fact that part of it is a work based on the Library, and explaining where to find the accompanying uncombined form of the same work.

8. You may not copy, modify, sublicense, link with, or distribute the Library except as expressly provided under this License. Any attempt otherwise to copy, modify, sublicense, link with, or distribute the Library is void, and will automatically terminate your rights under this License. However, parties who have received copies, or rights, from you under this License will not have their licenses terminated so long as such parties remain in full compliance.

9. You are not required to accept this License, since you have not signed it. However, nothing else grants you permission to modify or distribute the Library or its derivative works. These actions are prohibited by law if you do not accept this License. Therefore, by modifying or distributing the Library (or any work based on the Library), you indicate your acceptance of this License to do so, and all its terms and conditions for copying, distributing or modifying the Library or works based on it.

10. Each time you redistribute the Library (or any work based on the Library), the recipient automatically receives a license from the original licensor to copy, distribute, link with or modify the Library subject to these terms and conditions. You may not impose any further restrictions on the recipients' exercise of the rights granted herein. You are not responsible for enforcing compliance by third parties with this License.

11. If, as a consequence of a court judgment or allegation of patent infringement or for any other reason (not limited to patent issues), conditions are imposed on you (whether by court order, agreement or otherwise) that contradict the conditions of

this License, they do not excuse you from the conditions of this License. If you cannot distribute so as to satisfy simultaneously your obligations under this License and any other pertinent obligations, then as a consequence you may not distribute the Library at all. For example, if a patent license would not permit royalty – free redistribution of the Library by all those who receive copies directly or indirectly through you, then the only way you could satisfy both it and this License would be to refrain entirely from distribution of the Library.

If any portion of this section is held invalid or unenforceable under any particular circumstance, the balance of the section is intended to apply, and the section as a whole is intended to apply in other circumstances.

It is not the purpose of this section to induce you to infringe any patents or other property right claims or to contest validity of any such claims; this section has the sole purpose of protecting the integrity of the free software distribution system which is implemented by public license practices. Many people have made generous contributions to the wide range of software distributed through that system in reliance on consistent application of that system; it is up to the author/donor to decide if he or she is willing to distribute software through any other system and a licensee cannot impose that choice.

This section is intended to make thoroughly clear what is believed to be a consequence of the rest of this License.

12. If the distribution and/or use of the Library is restricted in certain countries either by patents or by copyrighted interfaces, the original copyright holder who places the Library under this License may add an explicit geographical distribution limitation excluding those countries, so that distribution is permitted only in or among countries not thus excluded. In such case, this License incorporates the limitation as if written in the body of this License.

13. The Free Software Foundation may publish revised and/or new versions of the Lesser General Public License from time to time. Such new versions will be similar in spirit to the present version, but may differ in detail to address new problems or concerns.

Each version is given a distinguishing version number. If the Library specifies a version number of this License which applies to it and "any later version", you have the option of following the terms and conditions either of that version or of any later version published by the Free Software Foundation. If the Library does not specify a license version number, you may choose any version ever published by the Free Software Foundation.

14. If you wish to incorporate parts of the Library into other free programs whose distribution conditions are incompatible with these, write to the author to ask for permission. For software which is copyrighted by the Free Software Foundation, write to the Free Software Foundation; we sometimes make exceptions for this. Our decision will be guided by the two goals of preserving the free status of all derivatives of our free software and of promoting the sharing and reuse of software generally.

NO WARRANTY

15. BECAUSE THE LIBRARY IS LICENSED FREE OF CHARGE, THERE IS NO WARRANTY FOR THE LIBRARY, TO THE EXTENT PERMITTED BY APPLICABLE LAW. EXCEPT WHEN OTHERWISE STATED IN WRITING THE COPYRIGHT HOLDERS AND/OR OTHER PARTIES PROVIDE THE LIBRARY "AS IS" WITHOUT WARRANTY OF ANY KIND, EITHER EXPRESSED OR IMPLIED, INCLUDING, BUT NOT LIMITED TO, THE IMPLIED WARRANTIES OF MERCHANTABILITY AND FITNESS FOR A PARTICULAR PURPOSE. THE ENTIRE RISK AS TO THE QUALITY AND PERFORMANCE OF THE LIBRARY IS WITH YOU. SHOULD THE LIBRARY PROVE DEFECTIVE, YOU ASSUME THE COST OF ALL NECESSARY SERVICING, REPAIR OR CORRECTION.

16. IN NO EVENT UNLESS REQUIRED BY APPLICABLE LAW OR AGREED TO IN WRITING WILL ANY COPYRIGHT HOLDER, OR ANY OTHER PARTY WHO MAY MODIFY AND/OR REDISTRIBUTE THE LIBRARY AS PERMITTED ABOVE, BE LIABLE TO YOU FOR DAMAGES, INCLUDING ANY GENERAL, SPECIAL, INCIDENTAL OR CONSEQUENTIAL DAMAGES ARISING OUT OF THE USE OR INABILITY TO USE THE LIBRARY (INCLUDING BUT NOT LIMITED TO LOSS OF DATA OR DATA BEING RENDERED INACCURATE OR LOSSES SUSTAINED BY YOU OR THIRD PARTIES OR A FAILURE OF THE LIBRARY TO OPERATE WITH ANY OTHER SOFTWARE), EVEN IF SUCH

HOLDER OR OTHER PARTY HAS BEEN ADVISED OF THE POSSIBILITY OF SUCH DAMAGES.

END OF TERMS AND CONDITIONS

How to Apply These Terms to Your New Libraries

If you develop a new library, and you want it to be of the greatest possible use to the public, we recommend making it free software that everyone can redistribute and change. You can do so by permitting redistribution under these terms (or, alternatively, under the terms of the ordinary General Public License).

To apply these terms, attach the following notices to the library. It is safest to attach them to the start of each source file to most effectively convey the exclusion of warranty; and each file should have at least the "copyright" line and a pointer to where the full notice is found.

<one line to give the library's name and an idea of what it does. >

Copyright © year name of author

This library is free software; you can redistribute it and/or modify it under the terms of the GNU Lesser General Public License as published by the Free Software Foundation; either version 2.1 of the License, or (at your option) any later version.

This library is distributed in the hope that it will be useful, but WITHOUT ANY WARRANTY; without even the implied warranty of MERCHANTABILITY or FITNESS FOR A PARTICULAR PURPOSE. See the GNU Lesser General Public License for more details.

You should have received a copy of the GNU Lesser General Public License along with this library; if not, write to the Free Software Foundation, Inc., 51 Franklin Street, Fifth Floor, Boston, MA 02110-1301 USA.

Also add information on how to contact you by electronic and paper mail.

You should also get your employer (if you work as a programmer) or your school, if any, to sign a "copyright disclaimer" for the library, if necessary. Here is a sample; alter the names:

Yoyodyne, Inc., hereby disclaims all copyright interest in the library 'Frob' (a library for tweaking knobs) written by James Random Hacker.

signature of Ty Coon, 1 April 1990

Ty Coon，President of Vice

That’s all there is to it!

（二）GNU 宽松通用公共许可证版本 2.1 许可协议参考译文

为了介绍和评论引用的开源许可证原文来源于：https：//www. gnu. org/licenses/licenses. html。相关开源许可证原文版权归属开源许可证版权人。对上述网站中开源许可证的中文参考译文，仅为介绍和评论上述英文开源许可证的非官方中文参考译文，开源许可证条款和条件应以官方发布许可证原文为准。参考译文亦遵从原许可证版权人的版权和许可证及其官方管理机构的相关要求（如有）。开源许可证的中文参考译文可能存在错误或疏漏，欢迎读者指正。参考译文以及在参考译文基础上对相关许可证的分析和评述不构成具有法律约束力的任何法律建议或意见，仅供读者参考，因使用参考译文及相关分析评述引起的任何后果由使用者自行承担。

The original English text of this license cited herein for the purpose of introduction and comments could be found at：https：//www. gnu. org/licenses/licenses. html，the copyright of which belongs to the copyright holder. This unofficial Simplified Chinese translation of the original English text is solely for the purpose of introduction，commentary and explanation of a certain issue，which can not replace the original English text. The original English text of the terms and conditions listed in the license agreement shall prevail at all times. This unofficial Simplified Chinese translation acknowledge the copyright of the copyright holder and complies with the requirements of the official management agency of this license agreement（if any）. There may be errors or omissions in the unofficial Simplified Chinese translation，readers are welcome to correct them. Neither the unofficial translations nor the analysis and comments shall constitute any legally binding advice or opinions，they are for reference only. Any consequences arising from the use of this unofficial translations and related analysis and comments shall be borne by the users themselves.

GNU 宽松通用公共许可证

版本 2.1，1999 年 2 月

版权所有© 1991，1999 自由软件基金股份有限公司

地址：51 富兰克林街，第 5 层，波士顿，MA 02110 – 1301 美国

每个人都被允许复制和分发本许可文件的原样副本，但不允许改变它。

这是宽松通用公共许可证的第一个发布版本，它也可被视为 GNU 库通用公共许可证版本 2 的继任版本，因此版本号为 2.1。

序言

大部分软件的许可证被设计为剥夺你分享和修改软件的自由。相反，GNU 通用公共许可证旨在保证你分享和改变自由软件的自由——确保软件对其所有用户都是自由的。

本许可证，即宽松通用公共许可证，适用于一些特别指定的软件包——通常是库——自由软件基金会和其他决定使用它的作者的库。你也可以使用它，但我们建议根据下面的解释，你首先应仔细考虑在特定情况下，本许可证和普通的通用公共许可证哪一个是更好的策略。

当我们谈到自由软件时，我们指的是自由，而不是价格。我们的通用公共许可证被设计为确保你有分发自由软件副本（并为此服务收费，如果你希望）的自由；确保你能在你需要的时候收到或能够获取到源代码；确保你能修改软件或在新的自由程序中使用软件片段；并确保你知道你能做这些事情。

为了保护你的权利，我们需要做出限制，禁止分发者否认你的这些权利或要求你放弃这些权利。如果你分发库的副本或修改库，这些限制将转化为你的某些责任。

例如，如果你分发这样一个库的副本，那么无论是免费的还是有偿的，你必须给接收者所有你拥有的权利，你必须确保他们也收到或能获得源代码。如果你将其他代码与该库链接在一起，那么你必须向接收者提供完整的程序目标代码文件，以便他们在对库进行更改并重新编译后，可以重新链接程序与该库，而且你必须向他们展示这些条款，让他们知道自己的权利。

我们通过两个步骤保护你的权利：（1）我们对软件进行版权保护，（2）我们向你提供本许可证，合法许可你复制、分发和/或修改该库。

为了保护每一个分发者，我们希望非常清楚地表明：自由库没有任何担保。另外，如果该库被别人修改并传递，接收者应该知道他们所拥有的不是原始版本，这样原作者的声誉就不会因为他人可能引入的问题而受到影响。

最后，软件专利对任何自由程序的存在构成了持续威胁。我们希望确保一个公司不能通过从专利持有者那里获得限制性的许可来有效地限制自由程序的使用者。因此，我们坚持库的一个版本所能获得的任何专利许可，必须与本许可中规定的完全自由使用保持一致。

大多数GNU软件，包括一些库，都受到普通的GNU通用公共许可证的约束。本许可证，即GNU宽松通用公共许可证，适用于某些指定的库，并且与普通的GNU通用公共许可证有很大不同。我们对某些库使用宽松许可证是为了允许将那些库链接到非自由程序中。

当一个程序与一个库链接时，无论是静态的链接还是使用一个共享的库，两者的合并从法律上讲都是一个合并作品，是原始库的派生作品。普通的GNU通用公共许可证只在整个合并符合其自由标准的情况下允许这种链接。GNU宽松通用公共许可证允许以更宽松的标准来链接其他代码和库。

我们称这种许可证为“更宽松”的通用公共许可证，因为它对用户自由的保护比普通通用公共许可证做得更少。它也为其他自由软件的开发者同非自由程序竞争提供了更少的优势。这些缺点是我们对许多库使用普通的通用公共许可证的原因。然而，在某些特殊情况下，更宽松的许可证提供了优势。

例如，在极少数情况下可能有一种特殊的需要，即鼓励尽可能广泛地使用某个库，使其成为事实上的标准。为了达到这一点，非自由程序必须被允许使用该库。更常见的情况是，一个自由库和广泛使用的非自由库做着同样的工作。在这种情况下，将自由库限制在自由软件范围内几乎没有益处，所以我们使用GNU宽松通用公共许可证。

在其他情况下，允许在非自由程序中使用一个特定的库可以使更多的人使用大量的自由软件。例如，允许在非自由程序中使用GNU C库使更多的人能够使用整个GNU操作系统以及它的变体，即GNU/Linux操作系统。

尽管GNU宽松通用公共许可证对用户的自由保护较少，但它确保了库链接的程序的用户有自由和必要条件去运行使用了修改版本的库的该程序。

复制、分发和修改的具体条款和条件如下。请密切注意“基于库的作品”与“使用库的作品”的区别。前者包含派生自该库的代码，而后者为了运行必须与库组合。

复制、分发和修改的条款和条件

0. 本许可协议适用于任何软件库或其他程序，只要其中包含由版权持有人或其他授权方设置的通知，该通知说明它可根据本宽松通用公共许可证（也称为本许可证）的条款分发。每个被许可人被称为“你”。

“库”指的是一组软件函数和/或数据，经过准备以便与应用程序（程序使用其中一些函数和数据）链接，以形成可执行文件。

下文中的“库”指的是根据这些条款分发的任何此类软件库或作品。“基于库的作品”是指版权法下的库或其任何衍生作品：也就是说，一个包含库或库的部分的作品，无论是未经修改的，还是经过修改和/或直接翻译成另一种语言的。（下文中的“修改”包括但不限制“翻译”。）

作品的源代码指的是对作品进行修改的优选作品形式。对于一个库而言，完整的源代码是指它包含的所有模块，加上任何相关的接口定义文件，再加上用于控制库的编译和安装的脚本的所有源代码。

复制、分发和修改以外的行为不适用本许可证，它们在本许可证的范围之外。使用库运行程序的行为不受限制，运行程序的输出结果只有在其内容构成基于库的作品（与使用库作为工具编写它无关）的时候才适用本许可证。以上情形如何判断，取决于库的作用以及使用库的程序的作用。

1. 你可以在收到库的源代码后，以任何媒介复制和分发未修改的库的完整源代码副本，但你必须在每份副本上醒目地、适当地分发适当的版权声明和免责声明；保持所有提及本许可证的声明和没有任何担保的声明的完整；并将本许可证的副本连同本库一起分发。你可以对转移副本的实体行为收取一定的费用。如果你愿意提供担保保护，那你也可以收取相应的费用。

2. 你可以修改本库或其任何部分的副本，从而形成一个基于本库的作品，然后你可以根据上面第 1 条的规定，复制、分发这样的修改或者作品，前提是你还需要满足下列所有条件：

a）修改后的作品本身必须是一个软件库。

b）你必须使已修改的文件带有明显的通知，说明你修改了这些文件，以及任何修改的日期。

c）你必须使整个作品在此许可证的条款下无偿被许可给所有第三方。

d）如果修改后的库中的一个设施引用了一个由使用该设施的应用程序提供的函数或数据表，而不是在调用该设施时传递的参数，则你必须尽力确保在该应用程序未提供该函数或数据表的情况下，该设施仍然可以运行，并执行其仍然具有意义的部分用途。

［例如，一个库中用于计算平方根的函数具有完全独立于应用程序的明确定义的用途。因此，根据第 2 条 d）款的要求，由此函数使用的任何由应用程序提供的函数或数据表必须是可选的：如果应用程序未提供函数或数据，平方根函数仍然必须能计算平方根。］

这些要求适用于被修改的作品整体。但是如果该作品中可识别的部件不是派生自该库，并且它们本身可以合理地被认为是独立的、单独的作品，那么当你把这些部件作为单独的作品分发时，这个许可证和它的条款将不适用于这些部件。但是，当你把相同的部件作为基于库的作品的部分分发时，作品整体的分发必须遵守本许可证的条款。本许可证对其他被许可人的许可适用于整个作品，因此也适用于作品的每一个部分，无论其作者是谁。

因此，本条的目的不是对完全由你创作的作品进行主张权利或对你的权利提出挑战；相反，而是行使权利以控制基于本库的派生作品或汇编作品的分发。

此外，仅仅将非基于本库的另一作品与本库（或一个基于本库的作品）聚合在一些存储或传播媒介上，并不会导致该其他作品被纳入本许可证的范围。

3. 你可以选择将普通的 GNU 通用公共许可证的条款，而不是本许可证应用于本库的一个特定副本。为此，你必须更改所有提到本许可证的通知，使它们提到普通的 GNU 通用公共许可证第 2 版，而不是本许可证。（如果普通的 GNU 通用公共许可证的新版本已经出现，那么，你可以按照你的意愿指定该版本。）不要在这些通知中做任何其他更改。

一旦你在一个特定副本中进行了这个更改，对于该副本来说，它是不可逆转的，因此普通的 GNU 通用公共许可证适用于依据该副本制作的所有后续副本和派生作品。

当你希望将库的部分代码复制到不是库的程序中时，这个选项非常有用。

4. 你可以根据上述第 1 条和第 2 条的规定，以目标代码或可执行的形式复制和分发本库（或根据第 2 条规定复制和分发其部分或派生作品），前提是你必须附带完整的相应机器可读的源代码，该源代码必须根据上述第 1 条和第 2 条的规定在软件交换的通常媒介上分发。

如果目标代码的分发是通过提供从指定地点复制实现的，那么提供从同一地点复制源代码的同等机会也满足源代码分发的要求，即使第三方不被强迫与目标代码一起复制源代码。

5. 一个不包含库任何部分的派生作品的程序，并且被设计通过编译或链接与库一起工作，被称为“使用库的作品”。该作品在孤立状态下，不是库的派生作品，因此不落入本许可证的范围之内。

但是，将“使用库的作品”与库链接会创建一个可执行文件，该可执行文件是库的派生作品（因为它包含库的部分），而不是一个“使用库的作品”。

因此，该可执行文件受本许可证的约束。第 6 条规定了分发这些可执行文件的条款。

当“使用库的作品”使用库的头文件中的材料，且该材料是库的一部分时，即使源代码不是从库中派生出来的，该作品的目标代码也可能是库的派生作品。如果该作品可以在没有库的情况下被链接，或该作品本身就是一个库，那么这是否真实是特别重要的。不过真实的界限在法律上没有被精确定义。

如果这种目标文件仅使用数值参数、数据结构布局和访问器、简短的宏和简短的内联函数（长度不超过 10 行），则无论它是否是法律上的派生作品，都可以无限制地使用该目标文件。（包含这种目标代码以及库的部分的可执行文件仍落入第 6 条的范围内。）

否则，如果该作品是库的派生作品，你可以根据第 6 条的条款分发该作品的目标代码。包含该作品的任何可执行文件也都落入第 6 条的范围内，无论它们是否直接与库本身链接。

6. 作为上述章节的例外，你还可以与本库一同合并或链接一个“使用库的作品”，以制作一个包含库的部分的作品，并根据你选择的条款分发该作品，前提是该条款允许对作品进行修改供消费者自己使用，并允许进行去除这些修改的反向工程。

你必须在每份作品的副本中给出显著的通知，说明库被用于其中，以及库及其使用受本许可证的约束。你必须提供本许可证的一份副本。如果作品在执行时显示版权通知，你必须在其中包括库的版权通知，以及一个附注来引导用户至本许可证副本。此外，你必须做以下操作之一：

a）附随作品提供库的完整的相应机器可读的源代码，包括在作品中使用的任何更改（必须根据上述第 1 条和第 2 条分发）；并且，如果作品是与库链接的可执行文件，则还必须提供完整的机器可读的“使用库的作品”的源代码或目标代码，以便用户可以修改库，然后重新链接以生成包含修改后库的可执行文件。（据了解，更改库中定义文件内容的用户不一定能够重新编译应用程序以使用修改后的定义。）

b）使用合适的共享库机制与库链接。合适的机制是指作品在运行时使用用户计算机系统上已存在的库的副本，而不是将库函数复制到可执行文件中，并且只要用户安装的修改版本与作品原来使用的版本接口兼容，作品将与库的修改版本一同正常运行。

c）随作品提供一份书面要约，有效期至少为三年，以向同样用户提供上述第6条a）款中规定的材料，费用不超过执行此分发的成本。

d）如果通过提供从指定位置复制路径的方式来分发作品，则应提供上述规定材料从同一位置被获取的复制路径。

e）证实该用户已经收到了这些材料的一份副本，或者你已经向该用户发送了这些材料的一份副本。

对于可执行文件，“使用库的作品”形式要求必须包括任何数据和实用程序，该数据和实用程序为再制造可执行文件所需要。但是，作为特殊例外，被分发的材料不需要包括通常与操作系统（可执行文件在操作系统上运行）的主要组件（编译器、内核等）一起被分发（以源代码或二进制形式）的任何内容，除非该组件本身伴随可执行文件。

这一要求与其他不通常伴随操作系统分发的专有库的许可限制相矛盾的情况可能会发生。这种矛盾意味着你不能在你分发的可执行文件中同时使用它们和库。

7. 你可以将库的设施（库的设施是基于库的作品）和不受本许可证约束的其他库的设施并排放置在单个库中，并分发这样的合并库，前提是基于库的作品的单独分发和其他库的设施的单独分发另外被允许，并且你必须执行以下两个操作：

a）同合并库一起附上一份与基于库的相同作品的副本，不与任何其他库的设施合并。这必须根据上述各条的规定分发。

b）同合并库一起给出显著通知，声明合并库的部分是基于库的作品，并说明在哪里可以获取伴随的相同作品的未合并形式。

8. 除了本许可证明确规定的情况外，你不得复制、修改、分许可、链接或分发本库。任何其他试图复制、修改、分许可、链接或分发本库的行为都是无效的，并将自动终止你在本许可证下的权利。但是，根据本许可证从你那里获得副本或权利的各方，只要他们仍然完全遵守规定，他们的许可证就不会被终止。

9. 因为你还没有签署它，所以你不被要求接受本许可证。但是，没有任何其他东西授予你修改或分发本库或其衍生作品的许可。如果你不接受本许可证，这些行为是被法律所禁止的。因此，修改或分发本库（或任何基于本库的作品）的行为，表示你接受本许可证及其所有关于复制、分发或修改本库或基于本库的作品的条款和条件。

10. 每次你再分发本库（或基于本库的任何作品）时，接收者都会自动从原始许可人那里获得一份许可，即在遵守这些条款和条件的前提下复制、分发、链接或修改本库。你不得对接收者行使本协议在此授予的权利施加任何进一步的限制。你不负责强迫第三方遵守本许可证。

11. 如果由于法院判决或专利侵权指控或任何其他原因（其他原因不限于专利问题），你被施加的一些条件（无论是通过法院命令、协议或其他方式）与本许可的条件相冲突，它们也并不能免除你在本许可证项下的义务。如果你不能同时满足本许可证规定的义务和任何其他相关的义务就进行分发，那么结果就是你根本就不应分发本库。例如，如果一项专利许可不允许所有通过你直接或间接获得软件副本的人以免许可费的方式再分发本库，那么你要同时满足专利许可和本许可证的要求的唯一办法就是彻底不分发本库。

如果本条的任何部分在任何特定情况下被认为是无效的或不可执行的，本条的其余部分仍然能够适用。本条在其他情况下是作为一个整体适用的。

本条的目的不是诱使你侵犯任何专利或其他财产权，或对这样的权利的有效性提出异议；本条的唯一目的是保护自由软件分发系统的完整性，它是由公共许可证的实践来实施的。依靠该系统的持续运行，许多人对通过该系统分发的广泛种类的软件做出了慷慨的贡献；作者/贡献者是否愿意通过任何其他系统分发软件，是由他/她自己决定的，被许可人不能强迫其做出选择。

本条旨在彻底阐明被认为适用本许可证的其余部分的结果。

12. 如果本库的分发或使用在某些国家受到专利或被版权保护的交互界面的限制，那么将本库置于本许可证之下的原始版权人可以增加一个明确的地域分发限制，将这些国家排除在外，这样分发就只在未被排除的国家中和未被排除的国家间被允许。在这种情况下，这样的限制被视为许可证本体的一部分。

13. 自由软件基金会可能会不时地发布宽松通用公共许可证的修订版和/或新版本。这些新版本在精神上与现有版本相似，但在细节上可能有所不同，以解决新的问题或关切。

每个版本都有一个区分的版本号。如果本库指定了适用于它的本许可证版本号和“任何后续的版本”，你可以选择遵守该版本或自由软件基金会发布的任何后续版本的条款和条件。如果本库没有指定许可证的版本号，你可以选择自由软件基金会发布的任何版本。

14. 如果你想把本库的部分内容并入其他分发条件不兼容的自由程序中，请写信给作者，请求批准。对于受自由软件基金会版权保护的软件，请写信给自由软件基金会；我们有时会对此做出例外处理。我们的决定将以两个目标为指导：一是保持我们自由软件的所有派生物的自由地位，二是促进软件的普遍共享和重复使用。

15. 因为本库是免费许可的，所以在适用法律允许的范围内，本库没有任何担保。除非另有书面说明，否则版权持有人和/或其他各方将“按原样”提供该库，不提供任何明示或暗示的担保，包括但不限于对适销性和特定用途的适用性的暗示担保。关于本库的质量和运行的全部风险由你承担。如果本库被证明有缺陷，你将承担所有必要的服务、修理或纠正的费用。

16. 在任何情况下，除非适用的法律要求或书面同意，任何版权持有人或任何其他可以修改和/或重新发布上述程序的一方，都不对你的损害负责，包括任何因使用或无法使用该程序而引起的一般的、特殊的、偶然的或间接的损害（包括但不限于数据丢失或数据不准确或你或第三方遭受的持续损失或该程序无法与任何其他程序一起运行），即使该持有人或其他方已被告知有可能发生这种损害。

如何将这些条款应用于你的新库？

如果你开发了一个新的库，并且你希望公众最大可能地使用它，我们建议将其制作成任何人都可以重新分发和更改的自由软件。你可以通过按照这些条款（或者作为替代，按照普通的 GNU 通用公共许可证的条款）许可重新分发来实现。

为了适用这些条款，请在库中附上以下通知事项。最安全的做法是将它们附加到每个源代码文件的开头以最有效地传达排除担保；每个文件都应该至少有“版权”行和一个指向完整通知所在位置的指示。

<一行给出程序的名称和它的简要功能。>

版权所有 <年份> <作者名称>

本库是自由软件，您可以根据自由软件基金会发布的 GNU 宽松通用公共许可证版本 2.1 或（由您选择）任何后续版本重新分发和/或修改它。

本库被分发是希望它有用，但其没有任何担保，甚至没有对适销性或特定用途适用性的隐含担保。请参阅 GNU 宽松通用公共许可证了解更多详细信息。

你应该已经收到一份本库所附的 GNU 宽松通用公共许可证的副本；如果没有，请写信给自由软件基金会股份有限公司，地址：51 Franklin St，第五楼，波士顿，MA 02110 - 1301，美国。

还需添加有关如何通过电子和纸质邮件与你联系的信息。

如有必要，你还应该让你的雇主（如果你是一名程序员）或你的学校（如果有的话）签署该库的“放弃版权声明”。这里是一个样本，可更改名称：

Yoyodyne 股份有限公司在此放弃由 James Random Hacker 编写的库“Frob”（一个用于调节旋钮的库）的所有版权权益。

Ty Coon 的签名，1990 年 4 月 1 日

Ty Coon，副总裁

就是这样！

（三）GNU 宽松通用公共许可证版本 2.1 的评述和介绍

GNU 宽松通用公共许可证版本 2.1（GNU Lesser General Public License, version 2.1）是自由软件基金会在 1999 年 2 月，即 GNU 库通用公共许可证版本 2（GNU LIBRARY GENERAL PUBLIC LICENSE）发布约 8 年后发布的首个宽松公共许可证，[①] 因为它也可被视为 GNU 库通用公共许可证版本 2 的继任版本，因此版本号为 2.1。GNU 宽松通用公共许可证版本 2.1 发布后也被广泛采用。

从许可证的名称变化（从“GNU 库通用公共许可证”变更为“GNU 宽松通用公共许可证”）可以看出，自由软件基金会将 GNU 宽松通用公共许可证的适用范围设定为不再仅局限于软件库。

从许可证的具体条款看，GNU 宽松通用公共许可证基本沿袭了 GNU 库通用公共许可证的框架结构和条款内容，仅做了为数不多的内容更新。下面在评述 GNU 宽松通用公共许可证版本 2.1 时，同 GNU 库通用公共许可证相同的内容，我们就不再赘述，仅就差异部分进行评述。

1. 适用范围

GNU 宽松通用公共许可证版本 2.1 在第 0 条明确，GNU 宽松通用公共许可证版本 2.1 适用于任何软件库或其他程序，只要其中包含由版权持有人或其他授权方放置的通知，该通知说明它可根据本宽松通用公共许可证（也称为本许可证）的条款分发。

而与之对应，此前版本 GNU 库通用公共许可证版本 2 在第 0 条明确，GNU 库通用公共许可证版本 2 适用于任何软件库，只要软件库的版权人或授权方放置

---

① 尽管 LGPL2.0 发布的时间更早，但是 LGPL2.0 的定位是库通用，其中 L 的含义为库（library），而 LGPL2.1 中 L 的含义为“宽松”（lesser）。

通知说明该软件库可根据 GNU 库通用公共许可证版本 2 分发。

结合前言部分，自由软件基金会说明，GNU 宽松通用公共许可证被更名为“更宽松”的通用公共许可证，因为它对用户自由的保护比普通通用公共许可证做得更少。由此可见 GNU 宽松通用公共许可证版本 2.1 采用了以对用户的约束程度进行许可证命名的方式，改进了此前库许可证以适用对象命名的局限，拓宽了许可证的适用范围。

2. 授权机制

GNU 宽松通用公共许可证版本 2.1 和 GNU 库通用公共许可证版本 2 相同，首先承认计算机软件作者对软件享有的著作权，然后通过 GNU 宽松通用公共许可证版本 2.1 所载的条款和条件由软件著作权人授予软件接收者复制、分发或修改软件库的权利。

3. 许可条件

在 GNU 库通用公共许可证版本 2 的基础上，GNU 宽松通用公共许可证版本 2.1 对个别条款和字词做了修订。

（1）对软件库本身复制、修改、分发的许可条件

GNU 宽松通用公共许可证版本 2.1 和 GNU 库通用公共许可证版本 2 的有关规定相同，具体可参见前文对 GNU 库通用公共许可证版本 2 以及 GNU 宽松通用公共许可证版本 2.1 的内容介绍。

（2）软件库和程序进行合并或链接的许可条件

GNU 宽松通用公共许可证版本 2.1 第 5 条规定了“使用库的作品”和“库的派生作品”的一般判断标准和除外情况，相关规定和 GNU 库通用公共许可证版本 2 的规定相同，具体可参见前文对 GNU 库通用公共许可证版本 2 以及 GNU 宽松通用公共许可证版本 2.1 的内容介绍。

GNU 宽松通用公共许可证版本 2.1 也在第 6 条对第 5 条规定的应对适用 GNU 宽松通用公共许可证版本 2.1 的情况进行了例外规定。

GNU 宽松通用公共许可证版本 2.1 将第 6 条例外情况的范围进行了调整。GNU 库通用公共许可证版本 2 第 6 条规定“你还可以与本库一同编译或链接一个‘使用库的作品’，以制作一个包含库的部分的作品”，而 GNU 宽松通用公共许可证版本 2.1 第 6 条规定为“你还可以与本库一同合并或链接一个‘使用库的作品’，以制作一个包含库的部分的作品”。由上述可见，GNU 宽松通用公共许可证版本 2.1 将“编译”一词修改为外延更大的“合并”一词，使例外情况适

用的范围扩大。

库的使用者可以与软件库一同合并或链接一个“使用库的作品”，以制作一个包含库的部分的作品，按照使用者选择的其他条款分发，但要满足：允许消费者为自己使用修改作品及消费者为了去除修改而实施的反向工程；在作品副本中显著地通知，说明库被用于其中，库及其使用受GNU宽松通用公共许可证版本2.1的约束，并提供许可证副本，如作品执行时显示版权通知，应包括库的版权通知，并附注来引导用户访问许可证副本。在满足上述两个条件的基础上，还要满足以下条件之一：

a）提供库的源代码，包括在作品中使用的更改；如果作品是与库链接的可执行文件，则还必须提供“使用库的作品”的源代码和/或目标代码。b）使用合适的共享库机制与库链接。合适的机制是指：作品在运行时使用用户计算机系统上已存在的库的副本，而不是将库函数复制到可执行文件中，并且只要下游用户安装的开源库的修改版本与“使用库的作品”原来使用的开源库的版本接口兼容，那么（使用库的作品）将与这个下游用户制作的库的修改版本一同正常运行。c）随作品提供一份书面要约，有效期至少为三年，以向同样用户提供上述规定的材料，费用不超过执行此分发的成本。d）如果通过提供从指定位置复制路径的方式来分发作品，则应提供上述规定材料从同一位置被获取的复制路径。e）证实该用户已经收到了这些材料的一份副本，或者已经向用户发送了上述规定材料的一份副本。

GNU宽松通用公共许可证版本2.1相比GNU库通用公共许可证版本2，增加了“b）使用合适的共享库机制与库链接”的适用条件。

（3）分发合并软件库的许可条件

GNU宽松通用公共许可证版本2.1第7条也规定了分发合并软件库的许可条件，相关规定和GNU库通用公共许可证版本2的规定相同，具体可参见前文对GNU库通用公共许可证版本2的评述和GNU宽松通用公共许可证版本2.1的介绍。

4. 版权/著作权许可

GNU宽松通用公共许可证版本2.1和GNU库通用公共许可证版本2的规定相同，具体可参见前文对GNU库通用公共许可证版本2的评述和GNU宽松通用公共许可证版本2.1的介绍。

5. 专利许可

GNU宽松通用公共许可证版本2.1和GNU库通用公共许可证版本2的规定

相同，具体可参见前文对GNU库通用公共许可证版本2的评述和GNU宽松通用公共许可证版本2.1的介绍。

6. 传染性及其例外

GNU宽松通用公共许可证版本2.1和GNU库通用公共许可证版本2的规定基本相同，具体可参见前文对GNU库通用公共许可证版本2的评述和GNU宽松通用公共许可证版本2.1的介绍。

7. 无担保无赔偿

GNU宽松通用公共许可证版本2.1和GNU库通用公共许可证版本2的规定相同，具体可参见前文对GNU库通用公共许可证版本2的评述和GNU宽松通用公共许可证版本2.1的介绍。

8. 许可证更改及兼容性

GNU宽松通用公共许可证版本2.1和GNU库通用公共许可证版本2的规定相同，具体可参见前文对GNU库通用公共许可证版本2的评述和GNU宽松通用公共许可证版本2.1的介绍。

三、GNU宽松通用公共许可证版本3（LGPL v3.0）

（一）GNU宽松通用公共许可证版本3许可协议英文版

GNU LESSER GENERAL PUBLIC LICENSE

Version 3, 29 June 2007

Copyright © 2007 Free Software Foundation, Inc. <https://fsf.org/>

Everyone is permitted to copy and distribute verbatim copies of this license document, but changing it is not allowed.

This version of the GNU Lesser General Public License incorporates the terms and conditions of version 3 of the GNU General Public License, supplemented by the additional permissions listed below.

0. Additional Definitions.

As used herein, "this License" refers to version 3 of the GNU Lesser General Public License, and the "GNU GPL" refers to version 3 of the GNU General Public License.

"The Library" refers to a covered work governed by this License, other than an Application or a Combined Work as defined below.

An "Application" is any work that makes use of an interface provided by the Library, but which is not otherwise based on the Library. Defining a subclass of a class defined by the Library is deemed a mode of using an interface provided by the Library.

A "Combined Work" is a work produced by combining or linking an Application with thc Library. The particular version of the Library with which the Combined Work was made is also called the "Linked Version".

The "Minimal Corresponding Source" for a Combined Work means the Corresponding Source for the Combined Work, excluding any source code for portions of the Combined Work that, considered in isolation, are based on the Application, and not on the Linked Version.

The "Corresponding Application Code" for a Combined Work means the object code and/or source code for the Application, including any data and utility programs needed for reproducing the Combined Work from the Application, but excluding the System Libraries of the Combined Work.

1. Exception to Section 3 of the GNU GPL.

You may convey a covered work under sections 3 and 4 of this License without being bound by section 3 of the GNU GPL.

2. Conveying Modified Versions.

If you modify a copy of the Library, and, in your modifications, a facility refers to a function or data to be supplied by an Application that uses the facility (other than as an argument passed when the facility is invoked), then you may convey a copy of the modified version:

a) under this License, provided that you make a good faith effort to ensure that, in the event an Application does not supply the function or data, the facility still operates, and performs whatever part of its purpose remains meaningful, or

b) under the GNU GPL, with none of the additional permissions of this License applicable to that copy.

3. Object Code Incorporating Material from Library Header Files.

The object code form of an Application may incorporate material from a header file that is part of the Library. You may convey such object code under terms of your choice, provided that, if the incorporated material is not limited to numerical parameters, data structure layouts and accessors, or small macros, inline functions and templates (ten or fewer lines in length), you do both of the following:

a) Give prominent notice with each copy of the object code that the Library is used in it and that the Library and its use are covered by this License.

b) Accompany the object code with a copy of the GNU GPL and this license document.

4. Combined Works.

You may convey a Combined Work under terms of your choice that, taken together, effectively do not restrict modification of the portions of the Library contained in the Combined Work and reverse engineering for debugging such modifications, if you also do each of the following:

a) Give prominent notice with each copy of the Combined Work that the Library is used in it and that the Library and its use are covered by this License.

b) Accompany the Combined Work with a copy of the GNU GPL and this license document.

c) For a Combined Work that displays copyright notices during execution, include the copyright notice for the Library among these notices, as well as a reference directing the user to the copies of the GNU GPL and this license document.

d) Do one of the following:

0) Convey the Minimal Corresponding Source under the terms of this License, and the Corresponding Application Code in a form suitable for, and under terms that permit, the user to recombine or relink the Application with a modified version of the Linked Version to produce a modified Combined Work, in the manner specified by section 6 of the GNU GPL for conveying Corresponding Source.

1) Use a suitable shared library mechanism for linking with the Library. A suitable mechanism is one that (a) uses at run time a copy of the Library already present on the user's computer system, and (b) will operate properly with a modified version of the Library that is interface - compatible with the Linked Version.

e) Provide Installation Information, but only if you would otherwise be required to provide such information under section 6 of the GNU GPL, and only to the extent that such information is necessary to install and execute a modified version of the

Combined Work produced by recombining or relinking the Application with a modified version of the Linked Version. (If you use option 4d0, the Installation Information must accompany the Minimal Corresponding Source and Corresponding Application Code. If you use option 4d1, you must provide the Installation Information in the manner specified by section 6 of the GNU GPL for conveying Corresponding Source.)

5. Combined Libraries.

You may place library facilities that are a work based on the Library side by side in a single library together with other library facilities that are not Applications and are not covered by this License, and convey such a combined library under terms of your choice, if you do both of the following:

a) Accompany the combined library with a copy of the same work based on the Library, uncombined with any other library facilities, conveyed under the terms of this License.

b) Give prominent notice with the combined library that part of it is a work based on the Library, and explaining where to find the accompanying uncombined form of the same work.

6. Revised Versions of the GNU Lesser General Public License.

The Free Software Foundation may publish revised and/or new versions of the GNU Lesser General Public License from time to time. Such new versions will be similar in spirit to the present version, but may differ in detail to address new problems or concerns.

Each version is given a distinguishing version number. If the Library as you received it specifies that a certain numbered version of the GNU Lesser General Public License "or any later version" applies to it, you have the option of following the terms and conditions either of that published version or of any later version published by the Free Software Foundation. If the Library as you received it does not specify a version number of the GNU Lesser General Public License, you may choose any version of the GNU Lesser General Public License ever published by the Free Software Foundation.

If the Library as you received it specifies that a proxy can decide whether future versions of the GNU Lesser General Public License shall apply, that proxy's public statement of acceptance of any version is permanent authorization for you to choose that version for the Library.

（二）GNU 宽松通用公共许可证版本 3 许可协议参考译文

为了介绍和评论引用的开源许可证原文来源于：https：//www. gnu. org/licenses/licenses. html。相关开源许可证原文版权归属开源许可证版权人。对上述网站中开源许可证的中文参考译文，仅为介绍和评论上述英文开源许可证的非官方中文参考译文，开源许可证条款和条件应以官方发布许可证原文为准。参考译文亦遵从原许可证版权人的版权和许可证及其官方管理机构的相关要求（如有）。开源许可证的中文参考译文可能存在错误或疏漏，欢迎读者指正。参考译文以及在参考译文基础上对相关许可证的分析和评述不构成具有法律约束力的任何法律建议或意见，仅供读者参考，因使用参考译文及相关分析评述引起的任何后果由使用者自行承担。

The original English text of this license cited herein for the purpose of introduction and comments could be found at：https：//www. gnu. org/licenses/licenses. html, the copyright of which belongs to the copyright holder. This unofficial Simplified Chinese translation of the original English text is solely for the purpose of introduction, commentary and explanation of a certain issue, which can not replace the original English text. The original English text of the terms and conditions listed in the license agreement shall prevail at all times. This unofficial Simplified Chinese translation acknowledge the copyright of the copyright holder and complies with the requirements of the official management agency of this license agreement（if any）. There may be errors or omissions in the unofficial Simplified Chinese translation, readers are welcome to correct them. Neither the unofficial translations nor the analysis and comments shall constitute any legally binding advice or opinions, they are for reference only. Any consequences arising from the use of this unofficial translations and related analysis and comments shall be borne by the users themselves.

GNU 宽松通用公共许可证

版本 3，2007 年 6 月 29 日

版权所有© 2007 自由软件基金会股份有限公司 http：//fsf. org/

每个人都被允许复制和分发本许可文件的原样副本，但不允许改变它。

本版本的 GNU 宽松通用公共许可证合并了 GNU 通用公共许可证版本 3 的条款与条件，并由以下列出的额外许可进行补充。

0. 附加定义

在本许可文本中，“本许可证”指的是 GNU 宽松通用公共许可证版本 3，而“GNU GPL”指的是 GNU 通用公共许可证版本 3。

“库”指受本许可证管辖的作品，但不包括下文定义的应用程序或合并作品。

一个“应用程序”是指使用“库”提供的接口的任何作品，但它并不是基于库的作品。定义库已定义的一个类的一个子类被认为是使用“库”提供的接口的一种模式。

“合并作品”是指通过将应用程序与库合并或链接而产生的一个作品。制作合并作品的库的特定版本也被称为“链接版本”。

合并作品的“最小相应源代码”指的是合并作品的相应源代码，不包括在单独考虑时，合并作品基于应用程序而非是链接版本的部分源代码。

合并作品的“相应应用程序代码”是指应用程序（包括由应用程序重新制作合并作品所需的任何数据及实用程序，但不包括合并作品的系统库）的目标代码和/或源代码。

1. GNU GPL 第 3 条的例外

你可以在不受 GNU 通用公共许可证版本 3 第 3 条约束的情况下，根据本许可证第 3 条和第 4 条传输一个受保护的作品。

2. 传输被修改版本

如果你修改了一个库的副本，并且在你的修改中，某一设施引用了由一个使用该设施的应用程序供应的函数或数据（而非在该设施被调用时引用的被传递的参数），则你可以在下列条件下传输一个修改版本的副本：

a）在本许可证下（传输），前提是你要尽力确保在应用程序未提供该函数或数据的情况下，该设施仍然可以运行，并执行其仍然具有意义的部分用途，

b）在 GNU 通用公共许可证版本 3 下（传输），且本许可证的任何附加许可都不适用于该副本。

3. 包含库的头文件的材料的目标代码

应用程序的目标代码形式可以并入来自作为库的一部分的头文件的材料。你可以根据你选择的条款传输那样的目标代码，但前提是，如果并入的材料不仅限

于数字参数、数据结构布局和访问器，或简短的宏、内联函数和模板（长度为10行或更少），你要做到以下两项：

a）在每份目标代码的副本中都要给出显著的通知，说明其中使用了库，并且库及其使用受本许可证的约束。

b）在目标代码中附带一份GNU通用公共许可证版本3和本许可证文件的副本。

4. 合并作品

你可以根据你选择的条款传输一个合并作品，这些条款总体上，有效地不限制对合并作品中所包含的库的部分进行修改，以及去除这些修改的反向工程，前提是你也应做到以下每项操作：

a）在每份合并作品的副本中都要给出显著的通知，说明副本使用了库，并且库及其使用受本许可证的约束。

b）在合并库中附带一份GNU通用公共许可证版本3和本许可证文件的副本。

c）对于在执行过程中显示版权声明的合并作品，在这些声明中包括库的版权声明，以及一个附注来引导用户至GNU通用公共许可证版本3和本许可证文件的副本。

d）做到以下之一：

0）根据本许可证的条款传输最小的相应源代码，并以适合用户将应用程序与修改的链接版本重新合并或重新链接以产生一个修改的合并作品的形式，按照GNU通用公共许可证版本3第6条为传输相应源代码所规定的方式，以允许前述形式和方式的条款传输相应的应用程序代码。

1）使用合适的共享库机制与库链接。合适的机制是指（作品）在运行时使用用户计算机系统上已存在的库的副本，并且（作品）将与同链接版本接口兼容的库的修改版本一同正常运行。

e）提供安装信息，但只有在GNU通用公共许可证版本3第6条要求你提供这些信息，并且只有在这些信息对于安装和执行由应用程序与修改的链接版本重新合并或重新链接而产生的合并作品的修改版本是必要的。（如果你使用选项4d0，安装信息必须伴随最小的相应源代码和相应的应用程序代码。如果你使用选项4d1，你必须按照GNU通用公共许可证版本3第6条为传输相应源代码所规定的方式提供安装信息。）

5. 合并库

你可以将库的设施（库的设施是基于库的作品）和不是应用程序也不受本许可证约束的其他库的设施并排放置在单个库中，并根据你选择的条款传输这样的合并库，如果你做到如下两项：

a）同合并库一起附上一份与基于库的相同作品的副本，不与任何其他库的设施合并，并根据本许可证的条款传输。

b）同合并库一起给出显著通知，声明合并库的部分是基于库的作品，并说明在哪里可以获取伴随的相同作品的未合并形式。

6. GNU 宽松通用公共许可证修订版

自由软件基金会可能会不时地发布 GNU 宽松通用公共许可证的修订版和/或新版本。这些新版本在精神上与现有版本相似，但在细节上可能有所不同，以解决新的问题或关切。

每个版本都有一个可区分的版本号。如果你收到的库指定了适用于它的 GNU 宽松通用公共许可证的一个确定版本号或“任何后续的版本”，你可以选择遵守该发布版本或自由软件基金会发布的任何后续版本的条款和条件。如果你收到的库没有指定 GNU 宽松通用公共许可证的版本号，你可以选择自由软件基金会发布的 GNU 宽松通用公共许可证的任何版本。

如果你收到的库标明一个代理人可以决定是否 GNU 宽松通用公共许可证的未来版本应该被适用，则该代理人接受任何版本的公开声明，将永久性地授权你为该库选择该版本。

（三）GNU 宽松通用公共许可证版本 3 的评述和介绍

GNU 宽松通用公共许可证版本 3（GNU Lesser General Public License, version 3）是自由软件基金会在 2007 年 6 月 29 日，即 GNU 库通用公共许可证版本 2.1 发布 8 年多后发布的第二个宽松公共许可证。该许可证发布后被广泛应用于软件库。

自由软件基金会在同一日（2007 年 6 月 29 日）发布了 GNU 通用公共许可证版本 3 和 GNU 宽松通用公共许可证版本 3。自由软件基金会放弃了之前在 GNU 库/宽松通用公共许可证中规定全部许可条件和条款的做法，而是采用了在相应的 GNU 通用公共许可证许可条件和条款的基础上增加附加许可的方式制定 GNU 库/宽松通用公共许可证。因此 GNU 宽松通用公共许可证版本 3 在前言部分就声明“本版本的GNU宽松通用公共许可证合并了GNU通用公共许可证版本3的条款与条件，并由以下列出的额外许可进行补充”。

考虑到GNU宽松通用公共许可证版本3是合并了GNU通用公共许可证版本3的条款与条件，并在GNU通用公共许可证版本3许可的基础上增加额外许可，因此此处不再赘述前文对GNU通用公共许可证版本3的评述，下面仅就GNU宽松通用公共许可证版本3增加的额外许可进行评述。

GNU宽松通用公共许可证版本3第0条“附加定义”中明确了“库”、“应用程序”、“合并作品”、“链接版本”、“最小的相应源代码”和“相应的应用程序代码”的定义。

考虑到应用程序和合并作品中均可能存在使用库提供的接口的非自由程序的情况，GNU宽松通用公共许可证版本3第1条对GNU通用公共许可证版本3第3条豁免反规避技术措施的安排进行了例外处理。GNU宽松通用公共许可证版本3第1条规定库的权利人可以在不受GNU通用公共许可证版本3第3条（软件权利人不得禁止破解）约束的情况下，根据本许可证第3条和第4条传输一个受保护的作品。①

GNU宽松通用公共许可证版本3第2条规定了在一种特殊情况下传输被修改库的副本的两种选择。如果你修改了一个库的副本，并且在修改中，库的某一个设施（也有观点翻译为“功能”）引用了由一个使用该设施的应用程序供应的函数或数据（而非在该设施被调用时引用的被传递的参数），则你可以选择两种方式传输前述被修改的库的副本：如果修改者能尽力确保在应用程序未提供该函数或数据的情况下，该库设施仍然可以运行，且其执行结果（无论还剩多少功能）仍然具有实用价值，则可以根据GNU宽松通用公共许可证版本3第2条a）款的附加许可传输；否则只能选择b）款在GNU通用公共许可证版本3下传输，且GNU宽松通用公共许可证版本3的任何附加许可都不适用于该副本。

GNU宽松通用公共许可证版本3第3条规定了传输包含库的头文件的材料

① 该条款存在的原因是，由于LGPL v3对其第3条、第4条规定的作品是豁免传染性的，尽管这么做会提高开发者使用库的积极性，但是反过来会打击库的权利人将库开源的积极性，因此LGPL v3将这一点与GPL v3的第3条进行了交换，特此赋予了库的权利人禁止他人破解的权利，从而保护库的权利人的积极性。参见《人话解读LGPL v3》，载https：//blog. csdn. net/kaiyuanshe/article/details/128556692，最后访问日期：2023年10月23日。

的目标代码的额外许可。当应用程序的目标代码形式并入来自作为库的一部分的头文件的材料时，如果并入的材料仅限于数字参数、数据结构布局和访问器，或小型宏、内联函数和模板（长度为10行或更少），则可以根据你自己选择的条款传输前述目标代码（注：GNU 宽松通用公共许可证版本 3 第 3 条虽未明确规定，但结合上下文，并结合 GNU 宽松通用公共许可证版本 2.1 第 5 条第 4 款可以推出前述结论）；但如果并入的材料不仅限于数字参数、数据结构布局和访问器，或小型宏、内联函数和模板（长度为10行或更少），则传输前述包含库的头文件的材料的目标代码还需要做到以下两项：在每份目标代码的副本中都要给出显著的通知，说明其中使用了库，并且库及其使用受本许可证的约束；在目标代码中附带一份 GNU 通用公共许可证版本 3 和本许可证文件的副本。

GNU 宽松通用公共许可证版本3 第4 条规定了传输合并作品的额外许可。你可以根据你选择的条款传输一个合并作品，但是首先，这些条款总体上，不能限制他人对合并作品中所包含的库的部分进行修改，以及去除这些修改的反向工程，其次，前提是你还要做到以下每项操作：a）在合并作品的副本显著通知，说明其中使用了库，并且库及其使用受本许可证的约束。b）在合并库中附带 GNU 通用公共许可证版本 3 和本许可证文件的副本。c）对于在执行过程中显示版权声明的合并作品，在这些声明中应包括库的版权声明，以及一个附注来引导用户至 GNU 通用公共许可证版本 3 和本许可证文件的副本。d）做到二者之一：传输最小的相应源代码和相应的应用程序代码，或者使用合适的共享库机制与库链接。e）提供安装信息。

GNU 宽松通用公共许可证版本3 第5 条规定传输合并库的额外许可。你可以将库的设施（库的设施是基于库的作品）和不是应用程序也不受本许可证约束的其他库的设施并排放置在单个库中，并根据你选择的条款传输这样的合并库，但需要满足两个条件：a）同合并库一起附上一份与基于库的相同作品的副本，不与任何其他库的设施合并，并根据本许可证的条款传输。b）同合并库一起给出显著通知，声明合并库的部分是基于库的作品，并说明在哪里可以获取伴随的相同作品的未合并形式。

第四节

Mozilla 公共许可证版本参考译文及其评述和介绍

一、Mozilla 公共许可证版本 1.0（MPL－1.0）参考译文及其评述和介绍

（一）Mozilla 公共许可证版本 1.0 许可协议英文版

MOZILLA PUBLIC LICENSE Version 1.0

1. Definitions.

1.1. "Contributor" means each entity that creates or contributes to the creation of Modifications.

1.2. "Contributor Version" means the combination of the Original Code, prior Modifications used by a Contributor, and the Modifications made by that particular Contributor.

1.3. "Covered Code" means the Original Code or Modifications or the combination of the Original Code and Modifications, in each case including portions thereof.

1.4. "Electronic Distribution Mechanism" means a mechanism generally accepted in the software development community for the electronic transfer of data.

1.5. "Executable" means Covered Code in any form other than Source Code.

1.6. "Initial Developer" means the individual or entity identified as the Initial Developer in the Source Code notice required by Exhibit A.

1.7. "Larger Work" means a work which combines Covered Code or portions thereof with code not governed by the terms of this License.

1.8. "License" means this document.

1.9. "Modifications" means any addition to or deletion from the substance or structure of either the Original Code or any previous Modifications. When Covered

Code is released as a series of files, a Modification is:

A. Any addition to or deletion from the contents of a file containing Original Code or previous Modifications.

B. Any new file that contains any part of the Original Code or previous Modifications.

1. 10. "Original Code" means Source Code of computer software code which is described in the Source Code notice required by Exhibit A as Original Code, and which, at the time of its release under this License is not already Covered Code governed by this License.

1. 11. "Source Code" means the preferred form of the Covered Code for making modifications to it, including all modules it contains, plus any associated interface definition files, scripts used to control compilation and installation of an Executable, or a list of source code differential comparisons against either the Original Code or another well known, available Covered Code of the Contributor's choice. The Source Code can be in a compressed or archival form, provided the appropriate decompression or de – archiving software is widely available for no charge.

1. 12. "You" means an individual or a legal entity exercising rights under, and complying with all of theterms of, this License or a future version of this License issued under Section 6. 1. For legal entities, "You" includes any entity which controls, is controlled by, or is under common control with You. For purposes of this definition, "control" means (a) the power, direct or indirect, to cause the direction or management of such entity, whether by contract or otherwise, or (b) ownership of fifty percent (50%) or more of the outstanding shares or beneficial ownership of such entity.

2. Source Code License.

2. 1. The Initial Developer Grant.

The Initial Developer hereby grants You a world – wide, royalty – free, non – exclusive license, subject to third party intellectual property claims:

(a) to use, reproduce, modify, display, perform, sublicense and distribute the Original Code (or portions thereof) with or without Modifications, or as part of a Larger Work; and

(b) under patents now or hereafter owned or controlled by Initial Developer, to make, have made, use and sell ("Utilize") the Original Code (or portions thereof), but solely to the extent that any such patent is reasonably necessary to enable You to Utilize the Original Code (or portions thereof) and not to any greater extent that may be necessary to Utilize further Modifications or combinations.

2. 2. Contributor Grant.

Each Contributor hereby grants You a world - wide, royalty - free, non - exclusive license, subject to third party intellectual property claims:

(a) to use, reproduce, modify, display, perform, sublicense and distribute the Modifications created by such Contributor (or portions thereof) either on an unmodified basis, with other Modifications, as Covered Code or as part of a Larger Work; and

(b) under patents now or hereafter owned or controlled by Contributor, to Utilize the Contributor Version (or portions thereof), but solely to the extent that any such patent is reasonably necessary to enable You to Utilize the Contributor Version (or portions thereof), and not to any greater extent that may be necessary to Utilize further Modifications or combinations.

3. Distribution Obligations.

3. 1. Application of License.

The Modifications which You create or to which You contribute are governed by the terms of this License, including without limitation Section 2. 2. The Source Code version of Covered Code may be distributed only under the terms of this License or a future version of this License released under Section 6. 1, and You must include a copy of this License with every copy of the Source Code You distribute. You may not offer or impose any terms on any Source Code version that alters or restricts the applicable version of this License or the recipients' rights hereunder. However, You may include an additional document offering the additional rights described in Section 3. 5.

3. 2. Availability of Source Code.

Any Modification which You create or to which You contribute must be made available in Source Code form under the terms of this License either on the same media as an Executable version or via an accepted Electronic Distribution Mechanism to anyone to whom you made an Executable version available; and if made available via Electronic Distribution Mechanism, must remain available for at least twelve (12) months after the date it initially became available, or at least six (6) months after a subsequent version of that particular Modification has been made available to such recipients. You are responsible for ensuring that the Source Code version remains available even if the Electronic Distribution Mechanism is maintained by a third party.

3.3. Description of Modifications.

You must cause all Covered Code to which you contribute to contain a file documenting the changes You made to create that Covered Code and the date of any change. You must include a prominent statement that the Modification is derived, directly or indirectly, from Original Code provided by the Initial Developer and including the name of the Initial Developer in (a) the Source Code, and (b) in any notice in an Executable version or related documentation in which You describe the origin or ownership of the Covered Code.

3.4. Intellectual Property Matters.

(a) Third Party Claims.

If You have knowledge that a party claims an intellectual property right in particular functionality or code (or its utilization under this License), you must include a text file with the source code distribution titled "LEGAL" which describes the claim and the party making the claim in sufficient detail that a recipient will know whom to contact. If you obtain such knowledge after You make Your Modification available as described in Section 3.2, You shall promptly modify the LEGAL file in all copies You make available thereafter and shall take other steps (such as notifying appropriate mailing lists or newsgroups) reasonably calculated to inform those who received the Covered Code that new knowledge has been obtained.

(b) Contributor APIs.

If Your Modification is an application programming interface and You own or control patents which are reasonably necessary to implement that API, you must also include this information in the LEGAL file.

3.5. Required Notices.

You must duplicate the notice in Exhibit A in each file of the Source Code, and this License in any documentation for the Source Code, where You describe recipients' rights relating to Covered Code. If You created one or more Modification (s), You may add your name as a Contributor to the notice described in Exhibit A. If it is not possible to put such notice in a particular Source Code file due to its structure, then you must include such notice in a location (such as a relevant directory file) where a user would be likely to look for such a notice. You may choose to offer, and to charge a fee for, warranty, support, indemnity or liability obligations to one or more recipients of Covered Code. However, You may do so only on Your own behalf, and not on behalf of the Initial Developer or any Contributor. You must make it absolutely clear than any such warranty, support, indemnity or liability obligation is offered by You alone, and You hereby agree to indemnify the Initial Developer and every Contributor for any liability incurred by the Initial Developer or such Contributor as a result of warranty, support, indemnity or liability terms You offer.

3. 6. Distribution of Executable Versions.

You may distribute Covered Code in Executable form only if the requirements of Section 3. 1 – 3. 5 have been met for that Covered Code, and if You include a notice stating that the Source Code version of the Covered Code is available under the terms of this License, including a description of how and where You have fulfilled the obligations of Section 3. 2. The notice must be conspicuously included in any notice in an Executable version, related documentation or collateral in which You describe recipients' rights relating to the Covered Code. You may distribute the Executable version of Covered Code under a license of Your choice, which may contain terms different from this License, provided that You are in compliance with the terms of this License and that the license for the Executable version does not attempt to limit or alter the recipient's rights in the Source Code version from the rights set forth in this License. If You distribute the Executable version under a different license You must make it absolutely clear that any terms which differ from this License are offered by You alone, not by the Initial Developer or any Contributor. You hereby agree to indemnify the Initial Developer and every Contributor for any liability incurred by the Initial Developer or such Contributor as a result of any such terms You offer.

3. 7. Larger Works.

You may create a Larger Work by combining Covered Code with other code not governed by the terms of this License and distribute the Larger Work as a single product. In such a case, You must make sure the requirements of this License are fulfilled for the Covered Code.

4. Inability to Comply Due to Statute or Regulation.

If it is impossible for You to comply with any of the terms of this License with respect to some or all of the Covered Code due to statute or regulation then You must: (a) comply with the terms of this License to the maximum extent possible; and (b) describe the limitations and the code they affect. Such description must be included in the LEGAL file described in Section 3. 4 and must be included with all distributions of the Source Code. Except to the extent prohibited by statute or regulation, such description must be sufficiently detailed for a recipient of ordinary skill to be able to understand it.

5. Application of this License.

This License applies to code to which the Initial Developer has attached the notice in Exhibit A, and to related Covered Code.

6. Versions of the License.

6. 1. New Versions.

Netscape Communications Corporation ("Netscape") may publish revised and/or new versions of the License from time to time. Each version will be given a distinguishing version number.

6. 2. Effect of New Versions.

Once Covered Code has been published under a particular version of the License, You may always continue to use it under the terms of that version. You may also choose to use such Covered Code under the terms of any subsequent version of the License published by Netscape. No one other than Netscape has the right to modify the terms applicable to Covered Code created under this License.

6. 3. Derivative Works.

If you create or use a modified version of this License (which you may only do in order to apply it to code which is not already Covered Code governed by this License), you must (a) rename Your license so that the phrases "Mozilla", "MOZILLAPL",

"MOZPL", "Netscape", "NPL" or any confusingly similar phrase do not appear anywhere in your license and (b) otherwise make it clear that your version of the license contains terms which differ from the Mozilla Public License and Netscape Public License. (Filling in the name of the Initial Developer, Original Code or Contributor in the notice described in Exhibit A shall not of themselves be deemed to be modifications of this License.)

7. DISCLAIMER OF WARRANTY.

COVERED CODE IS PROVIDED UNDER THIS LICENSE ON AN "AS IS" BASIS, WITHOUT WARRANTY OF ANY KIND, EITHER EXPRESSED OR IMPLIED, INCLUDING, WITHOUT LIMITATION, WARRANTIES THAT THE COVERED CODE IS FREE OF DEFECTS, MERCHANTABLE, FIT FOR A PARTICULAR PURPOSE OR NON-INFRINGING. THE ENTIRE RISK AS TO THE QUALITY AND PERFORMANCE OF THE COVERED CODE IS WITH YOU. SHOULD ANY COVERED CODE PROVE DEFECTIVE IN ANY RESPECT, YOU (NOT THE INITIAL DEVELOPER OR ANY OTHER CONTRIBUTOR) ASSUME THE COST OF ANY NECESSARY SERVICING, REPAIR OR CORRECTION. THIS DISCLAIMER OF WARRANTY CONSTITUTES AN ESSENTIAL PART OF THIS LICENSE. NO USE OF ANY COVERED CODE IS AUTHORIZED HEREUNDER EXCEPT UNDER THIS DISCLAIMER.

8. TERMINATION.

This License and the rights granted hereunder will terminate automatically if You fail to comply with terms herein and fail to cure such breach within 30 days of becoming aware of the breach. All sublicenses to the Covered Code which are properly granted shall survive any termination of this License. Provisions which, by their nature, must remain in effect beyond the termination of this License shall survive.

9. LIMITATION OF LIABILITY.

UNDER NO CIRCUMSTANCES AND UNDER NO LEGAL THEORY, WHETHER TORT (INCLUDING NEGLIGENCE), CONTRACT, OR OTHERWISE, SHALL THE INITIAL DEVELOPER, ANY OTHER CONTRIBUTOR, OR ANY DISTRIBUTOR OF COVERED CODE, OR ANY SUPPLIER OF ANY OF SUCH PARTIES, BE LIABLE TO YOU OR ANY OTHER PERSON FOR ANY INDIRECT,

SPECIAL, INCIDENTAL, OR CONSEQUENTIAL DAMAGES OF ANY CHARACTER INCLUDING, WITHOUT LIMITATION, DAMAGES FOR LOSS OF GOODWILL, WORK STOPPAGE, COMPUTER FAILURE OR MALFUNCTION, OR ANY AND ALL OTHER COMMERCIAL DAMAGES OR LOSSES, EVEN IF SUCH PARTY SHALL HAVE BEEN INFORMED OF THE POSSIBILITY OF SUCH DAMAGES. THIS LIMITATION OF LIABILITY SHALL NOT APPLY TO LIABILITY FOR DEATH OR PERSONAL INJURY RESULTING FROM SUCH PARTY's NEGLIGENCE TO THE EXTENT APPLICABLE LAW PROHIBITS SUCH LIMITATION. SOME JURISDICTIONS DO NOT ALLOW THE EXCLUSION OR LIMITATION OF INCIDENTAL OR CONSEQUENTIAL DAMAGES, SO THAT EXCLUSION AND LIMITATION MAY NOT APPLY TO YOU.

10. U. S. GOVERNMENT END USERS.

The Covered Code is a "commercial item," as that term is defined in 48 C. F. R. 2. 101 (Oct. 1995), consisting of "commercial computer software" and "commercial computer software documentation," as such terms are used in 48 C. F. R. 12. 212 (Sept. 1995). Consistent with 48 C. F. R. 12. 212 and 48 C. F. R. 227. 7202 – 1 through 227. 7202 – 4 (June 1995), all U. S. Government End Users acquire Covered Code with only those rights set forth herein.

11. MISCELLANEOUS.

This License represents the complete agreement concerning subject matter hereof. If any provision of this License is held to be unenforceable, such provision shall be reformed only to the extent necessary to make it enforceable. This License shall be governed by California law provisions (except to the extent applicable law, if any, provides otherwise), excluding its conflict – of – law provisions. With respect to disputes in which at least one party is a citizen of, or an entity chartered or registered to do business in, the United States of America: (a) unless otherwise agreed in writing, all disputes relating to this License (excepting any dispute relating to intellectual property rights) shall be subject to final and binding arbitration, with the losing party paying all costs of arbitration; (b) any arbitration relating to this Agreement shall be held in Santa Clara County, California, under the auspices of JAMS/EndDispute; and (c) any litigation relating to this Agreement shall be subject to the jurisdiction of the Federal Courts of the Northern District of California, with venue lying in Santa Clara County, California, with the losing party responsible for costs, including without limitation, court costs and reasonable attorneys fees and expenses. The application of the United Nations Convention on Contracts for the International Sale of Goods is expressly excluded. Any law or regulation which provides that the language of a contract shall be construed against the drafter shall not apply to this License.

12. RESPONSIBILITY FOR CLAIMS.

Except in cases where another Contributor has failed to comply with Section 3. 4, You are responsible for damages arising, directly or indirectly, out of Your utilization of rights under this License, based on the number of copies of Covered Code you made available, the revenues you received from utilizing such rights, and other relevant factors. You agree to work with affected parties to distribute responsibility on an equitable basis.

EXHIBIT A.

"The contents of this file are subject to the Mozilla Public License Version 1. 0 (the 'License'); you may not use this file except in compliance with the License. You may obtain a copy of the License at http://www. mozilla. org/MPL/. Software distributed under the License is distributed on an 'AS IS' basis, WITHOUT WARRANTY OF ANY KIND, either express or implied. See the License for the specific language governing rights and limitations under the License.

The Original Code is ______________________.

The Initial Developer of the Original Code is ______________________. Portions created by ______________________ are Copyright © ______________________. All Rights Reserved.

Contributor(s): ______________________."

(二) Mozilla 公共许可证版本 1.0 许可协议参考译文

为了介绍和评论引用的开源许可证原文来源于：https://www. mozilla. org/en－US/MPL/。相关开源许可证原文版权归属开源许可证版权人。对上述网站中开源许可证的中文参考译文，仅为介绍和评论上述英文开源许可证的非官方中文参考译文，开源许可证条款和条件应以官方发布许可证原文为准。参考译文亦遵从原许可证版权人的版权和许可证及其官方管理机构的相关要求（如有）。开源许可证的中文参考译文可能存在错误或疏漏，欢迎读者指正。参考译文以及在参考译文基础上对相关许可证的分析和评述不构成具有法律约束力的任何法律建议或意见，仅供读者参考，因使用参考译文及相关分析评述引起的任何后果由使用者自行承担。

The original English text of this license cited herein for thc purposc of introduction and comments could be found at：https：//www. mozilla. org/en – US/MPL/，the copyright of which belongs to the copyright holder. This unofficial Simplified Chinese translation of the original English text is solely for the purpose of introduction，commentary and explanation of a certain issue，which can not replace the original English text. The original English text of the terms and conditions listed in the license agreement shall prevail at all times. This unofficial Simplified Chinese translation acknowledge the copyright of the copyright holder and complies with the requirements of the official management agency of this license agreement（if any）. There may be errors or omissions in the unofficial Simplified Chinese translation，readers are welcome to correct them. Neither the unofficial translations nor the analysis and comments shall constitute any legally binding advice or opinions，they are for reference only. Any consequences arising from the use of this unofficial translations and related analysis and comments shall be borne by the users themselves.

Mozilla 公共许可证版本 1. 0

1. 定义

1. 1“贡献者”指的是创造或对修改的创造做出贡献的每个法律实体。

1. 2“贡献者版本”指的是初始代码，贡献者使用的在先修改版本和该特定贡献者做出的修改版合并版本。

1. 3“受保护代码”指初始代码或者修改的代码或者初始代码和修改的代码的合并，以上每一种情况均包括其部分。

1. 4“电子分发机制”指软件开发社区普遍接受的用于电子传输数据的机制。

1. 5“可执行格式”指受保护代码除源代码格式以外的任何其他格式。

1. 6“初始开发者”指附件 A 要求的在源代码通知中被确定为初始开发者的个人或实体。

1. 7“更大的作品”指的是，一个作品合并了受保护代码或受保护代码的部分和不受本许可证条款约束的代码。

1.8“本许可证”指的就是本文件。

1.9“修改”指对初始代码或任何之前修改的内容或结构的任何添加或删除。当受保护代码以系列文件被发布时，一个修改为：

A 对包含初始代码或任何之前修改的文件内容进行的任何增加、删除。

B 任何包含初始代码或任何之前修改的任何部分的任何新文件。

1.10“初始代码”指计算机软件代码的源代码，该代码在附件 A 要求的源代码通知中被描述为初始代码，并且在其根据本许可证发布时，该代码不是已受本许可证约束的受保护代码。

1.11“源代码”指对受保护代码进行修改的优选形式，包括它包含的所有模块，以及任何关联的接口定义文件，用于控制可执行文件编译和安装的脚本，或一个源代码的列表与初始代码或贡献者选择的另一个众所周知可获得的受保护代码的差异比较。源代码可以是压缩或归档格式，只要适当的解压或去归档软件是免费并且广泛可获得的。

1.12“你”（或“你的”）指根据本许可证或根据第 6.1 条发布的本许可证的未来版本行使权利并遵守其所有条款的个人或法律实体。对法律实体而言，“你”包括控制你、被你控制，或与你受到共同控制的任何实体。在本定义中，“控制”指的是（a）一种权力，可以直接或间接决定实体的方向和管理，无论其是否通过合同的形式或者其他的形式，（b）或者拥有该实体 50% 或更多的已发行的股权或拥有该实体的受益所有权。

2. 源代码许可

2.1 初始开发者许可

初始开发者在此授予你一个全球性、免版税、非排他性的，并受制于第三方知识产权主张的许可：

（a）使用、复制、修改、展示、表演、分许可和分发该初始代码（或其部分），无论其是否修改，或是作为更大的作品的一部分；

（b）根据初始开发者现在或将来拥有或控制的专利，制造、委托制造、使用和销售（以下简称利用）初始代码（或其部分），但仅限于任何此类专利为使你能够利用原始代码（或其部分）而合理必要的范围，而非利用进一步修改或合并所需的更大范围。

2.2 贡献者许可

每个贡献者在此授予你一个全球性、免版税、非排他性的，并受制于第三方知识产权主张的许可：

（a）使用、复制、修改、展示、表演、分许可和分发该贡献者创造的修改（或其部分），无论在未修改的基础上与其他修改一起作为受保护代码，还是作为更大的作品的一部分；

（b）根据贡献者现在或将来拥有或控制的专利，利用该贡献者版本（或其部分），但任何此类专利仅限于为使你能够利用贡献者版本（或其部分）的合理必要的范围，而非利用进一步修改或合并所需的更大范围。

3. 分发义务

3.1 适用许可证

你创造或贡献的修改受本许可条款的管辖，包括但不限于第2.2条。受保护代码的源代码版本只能根据本许可证的条款或根据第6.1条发布的本许可证未来版本进行分发，你必须在分发的每一份源代码副本中包含一份本许可证副本。你不得在任何源代码版本上提供或强加任何条款，以更改或限制本许可证的适用版本或接收方在本许可证下的权利。但是，你可以给出一份附加的文件，以提供第3.5条中所述的附加权利。

3.2 源代码可获得

根据本许可条款，你创造或贡献的任何修改必须以源代码形式提供给你提供可执行版本的任何人，无论是在与可执行版本相同的媒体上，还是通过一种可接受的电子分发机制；如果通过电子分发机制提供，则必须保持在最初可获得之日起至少12个月，或在该收件人可获得特定修改的后续版本后至少6个月内源代码可获得。即使电子分发机制由第三方维护，你也有责任确保源代码版本仍然可获得。

3.3 修改描述

你必须使你贡献的所有受保护代码包含一个文件，记录你创建该受保护代码所做的更改以及任何更改的日期。你必须在源代码和可执行版本或相关文档（你在该文档中描述了受保护代码的来源或所有权）中的任何声明中包括一个显著的声明，说明修改直接或间接派生自初始开发者提供的初始代码，并注明初始开发者的名称。

3.4 知识产权事项

（a）第三方权利请求

如果你已经了解到某一方对特定功能或代码（或其在本许可下的使用）主

张知识产权，则你必须在源代码分发中包括一份文本文件，标题为“LEGAL”，该文件应充分详细地说明该权利请求和权利请求方，以便接收者将知道该联系谁。如果你在第3.2条所述的使修改可获得后获得了此类消息，你应立即修改在此后提供的所有副本中的LEGAL文件，并应采取其他合理的措施（如通知适当的邮件列表或新闻组），告知此前已收到受保护代码的接收者新的消息已经获得。

（b）贡献者应用程序接口

如果你的修改是一个应用程序编程接口，并且你拥有或控制实施该应用程序接口所合理需要的专利许可证，那么你还必须在LEGAL文件中包含此信息。

3.5 被要求的声明

你必须在源代码的每个文件中复制附件A中的声明和在源代码任何文档中的本许可证，其中你描述了接收方关于受保护代码的权利。如果你创作了一个或多个修改，你可以在附件A中描述的声明中添加你的姓名作为贡献者。如果由于源代码文件结构，无法将此类声明放入一个特定源代码文件中，则你必须将此类声明包含在用户可能查找此类声明的位置（例如相关目录）。你可以选择收取费用向一个或多个受保护代码的接收者提供担保、支持、补偿或责任义务。但是，你只能代表自己这样做，而不能代表初始开发者或任何贡献者。你必须非常明确，任何此类担保、支持、补偿或责任义务都是由你单独提供的，你在此同意补偿初始开发者和每个贡献者因你提供的担保、支持、补偿或责任条款而导致初始开发者或此类贡献者承担的任何责任。

3.6 可执行版本的分发

只有当符合第3.1～3.5条的要求，并且你提供一份声明说明受保护代码的源代码版本根据本许可条款可获得，声明还包括你对如何和在哪里履行了第3.2条的义务的说明时，你才能以可执行格式分发受保护代码。该声明必须明显地被包含在可执行版本、相关文档或附属事项中的任何声明中，你在这些文档或附属事项中说明了关于受保护代码的接收者权利。你可以根据你选择的许可证分发受保护代码的可执行版本，其中可能包含与本许可证不同的条款，前提是你遵守本许可证的条款，并且该可执行版本的许可证不会试图限制或更改接收者根据本许可证规定在源代码版本中的权利。如果你在不同的许可证下分发可执行版本，你必须明确表示，与本许可证不同的任何条款都是由你单独提供，而不是由初始开发者或任何贡献者提供。你在此同意补偿初始开发者和每位贡献者因你提供的任何此类条款而导致初始开发者或此类贡献者承担的任何责任。

3.7 更大的作品

你可以将受保护代码与不受本许可条款管辖的其他代码合并来创作一个更大的作品，并将更大作品作为单个产品分发。在这种情况下，你必须确保受保护代码符合本许可证的要求。

4. 因法规或规章而无法遵守

如果由于法规或规章，你无法遵守本许可证中关于部分或全部受保护代码的任何条款，则你必须：（a）尽最大可能程度遵守本许可的条款；（b）描述限制及其影响的代码。此类说明必须被包含在第3.4条所述的LEGAL文件中，并且必须被包含在源代码的所有发行中。除法规或规章禁止的情况外，此类描述必须足够详细，使只具备普通技能的接收者能够理解它。

5. 本许可证的适用

本许可证适用于初始开发者在附件A中已附上声明的代码和相关受保护代码。

6. 许可证的版本

6.1 新版本

Netscape通信公司（以下简称Netscape）可不时发布本许可证的修订版和/或新版本。每个版本都将被给与一个有区别的版本号。

6.2 新版本的生效

一旦受保护代码根据一个特定版本的许可证被发布，你就可以始终根据该版本的条款继续使用它。你也可以选择根据Netscape发布的本许可证的任何后续版本的条款使用该受保护代码。除Netscape外，任何人无权修改适用于根据本许可证创建的受保护代码的条款。

6.3 派生作品

如果你创作或使用本许可证的一个修改版本（你只能将其应用于不受本许可证管辖的受保护代码的代码），你必须（a）重命名你的许可证，使词组“Mozilla”、“MOZILLAPL”、“MOBPL”、“Netscape”、“NPL”或任何令人困惑的类似词组不会出现在你的许可证中的任何地方，并且（b）以其他方式明确你的许可版本包含与Mozilla公共许可证和Netscape公共许可证不同的条款。（在附件A描述的声明中填写初始开发者、初始代码或贡献者的名称行为本身不应被视为对本许可证的修改。）

7. 无担保声明

根据本许可证，受保护的代码按照原样提供，不提供任何种类的明示或暗示的担保，包括但不限于受保护代码没有缺陷、适合销售、适用于特定目的或不侵权的担保。关于受保护代码的质量和执行的全部风险由你承担。任何被保护代码在任何方面被证明有缺陷，你（而不是初始开发者或任何其他贡献者）将承担所有必要的服务、修理或纠正的费用。此无担保声明构成本许可证的重要部分。如果无此无担保声明，则使用任何受保护代码的行为在此都不会被授权。

8. 终止

如果你未能遵守本许可证的条款并且未能在意识到该违反行为后的 30 天内纠正该违反行为，则本许可证和根据本许可证被授予的权利将自动终止。本许可证终止后，适用于受保护代码的所有被正当授予的分许可应继续有效。根据其性质必须在本许可证终止之后仍然继续有效的条款，将继续有效。

9. 责任限制

在任何情况和任何法律理论下，无论是侵权（包括疏忽）、合同或者是其他，初始开发者、任何其他贡献者或者任何受保护代码的分发者，或任何该方的任何供应者均不对你和任何其他人就任何间接、特殊、偶然或任何性质的后果性损害承担责任，包括但不限于商誉损失、停工、计算机失效或故障，以及任何和全部其他商业损害或损失，即使该方已被告知这种损害的可能性。本责任限制不适用于因该方的疏忽导致的死亡或人身伤害的责任，只要适用的法律禁止此种责任限制。某些司法管辖区可能不允许排除或限制偶然或后果性损害，因此此种排除和限制可能不适用于你。

10. 美国政府最终用户

受保护软件是商业物品，根据 48 C. F. R. 2. 101（1995 年 10 月）定义的条款，包括商业计算机软件和商业计算机软件文档，如 48 C. F. R. 12. 212（1995 年 9 月）中使用的条款。根据 48 C. F. R. 12. 212 和 48 C. F. R. 227. 7202 - 1 至 227. 7202 - 4（1995 年 6 月），所有美国政府最终用户获得受保护软件及仅限于此处规定的那些权利。

11. 杂项

本许可证陈述了关于本主题事宜的完整协议。如果本许可证的任何条款被认定为不可执行，那么该条款将被重新改正至使该条款可执行的最低必要程度。本许可证将受加利福尼亚法律管辖（除非适用法律范围另有规定），但不包括其冲突法规范。对于至少一方是美利坚合众国公民或特许或注册在美利坚合众国开展业务的法律实体的争议：（a）除非另有书面约定，否则与本许可证有关的所有争议（与知识产权有关的任何争议除外）均应接受具有约束力的最终仲裁，败诉方应支付所有仲裁费用；（b）与本协议有关的任何仲裁应在加利福尼亚州 Santa Clara 县由 JAMS/EndDispute 主持进行；（c）与本协议有关的任何诉讼均应由加利福尼亚北区联邦法院管辖，诉讼地点位于加利福尼亚州 Santa Clara 县，败诉方负责费用，包括但不限于诉讼费用和合理的律师费和开支。《联合国国际货物销售合同公约》的适用被明确排除。任何规定合同语言应作对起草人不利解释的法律或法规不应适用于本许可证。

12. 索赔责任

除非另一贡献者未能遵守第 3.4 条的规定，否则你应基于你使受保护代码可获得的副本数量、你从利用此类权利中获得的收入和其他相关因素，对因你利用本许可证下的权利而直接或间接产生的损害负责。你应同意与受影响的各方合作，在公平的基础上分担责任。

附件 A

“此文件的内容受 Mozilla 公共许可证 1.0 版（许可证）的约束；你不能使用此文件，除非遵守许可证。你可以在以下网址获得一个许可证副本：

https：//www. mozilla. org/MPL/

软件根据本许可证按照原样被分发，无任何种类的担保，无论是明示或暗示。请参阅许可证，了解规定许可证项下权利和限制的具体语言。

初始代码是______________________________。

初始代码的初始开发者是______________________________。

创作部分的是____________________版权所有©________。

______________________________。保留所有权利。

贡献者：______________________________。”

（三）Mozilla 公共许可证版本 1.0 的评述和介绍

Mozilla 公共许可证版本 1.0 是由网景通信公司（Netscape Communications Corporation）发布的开源许可证。网景通信公司在 Mozilla 公共许可证版本 1.0 基础上又发布了 Mozilla 公共许可证版本 1.1，因此 Mozilla 公共许可证版本 1.0 和 Mozilla 公共许可证版本 1.1 在协议框架和基本内容方面相同（具体可参见下文对 Mozilla 公共许可证版本 1.0 的介绍和评述），下面主要对两个版本的差异部分进行介绍与评述。

1. Mozilla 公共许可证版本 1.0 没有多重许可代码的相关规定

根据 Mozilla 公共许可证版本 1.1 第 13 条规定，Mozilla 公共许可证版本 1.1 允许初始开发者在 Mozilla 公共许可证版本 1.1 以外再指定另一许可证（通过填写附件 A 的文件完成对另一许可证的指定），供接收者在二者中选择一种适用。而在 Mozilla 公共许可证版本 1.0 中没有多重许可代码的相关规定，Mozilla 公共许可证版本 1.0 附件 A 的示例文件中也没有关于指定另一种许可证的相关内容。

2. Mozilla 公共许可证版本 1.0 和 1.1 的争议解决条款不同

Mozilla 公共许可证版本 1.0 第 11 条规定，对于至少一方是美利坚合众国公民或特许或注册在美利坚合众国开展业务的法律实体的争议：（a）除非另有书面约定，否则与本许可证有关的所有争议（与知识产权有关的任何争议除外）均应接受具有约束力的最终仲裁，败诉方应支付所有仲裁费用；（b）与本协议有关的任何仲裁应在加利福尼亚州 Santa Clara 县由 JAMS/EndDispute 主持进行；（c）与本协议有关的任何诉讼均应由加利福尼亚北区联邦法院管辖，诉讼地点位于加利福尼亚州 Santa Clara 县，败诉方负责费用，包括但不限于诉讼费用和合理的律师费和开支。而对比 Mozilla 公共许可证版本 1.1 第 11 条，则仅有诉讼地的约定，没有仲裁相关内容。

3. Mozilla 公共许可证版本 1.0 没有版本 1.1 中因提起专利侵权诉讼导致许可终止的相关内容

Mozilla 公共许可证版本 1.0 的许可终止条款较为简单，缺乏 Mozilla 公共许可证版本 1.1 第 8.2 ~ 8.4 条对因提起专利侵权诉讼导致许可终止的相关规定。

4. 其他

Mozilla 公共许可证版本 1.0 和 Mozilla 公共许可证版本 1.1 在定义条款、源代码许可条款、分发义务条款、因法规或规章而无法遵守条款、许可证的版本条款和索赔责任条款也有一些较小的措辞调整和修改。

二、Mozilla 公共许可证版本 1.1（MPL – 1.1）参考译文及其评述和介绍

（一）Mozilla 公共许可证版本 1.1 许可协议英文版

Mozilla Public License Version 1.1

1. Definitions.

1.0.1. “Commercial Use”.

means distribution or otherwise making the Covered Code available to a third party.

1.1. "Contributor".

means each entity that creates or contributes to the creation of Modifications.

1.2. "Contributor Version".

means the combination of the Original Code, prior Modifications used by a Contributor, and the Modifications made by that particular Contributor.

1.3. "Covered Code".

means the Original Code or Modifications or the combination of the Original Code and Modifications, in each case including portions thereof.

1.4. "Electronic Distribution Mechanism".

means a mechanism generally accepted in the software development community for the electronic transfer of data.

1.5. "Executable".

means Covered Code in any form other than Source Code.

1.6. "Initial Developer".

means the individual or entity identified as the Initial Developer in the Source Code notice required by Exhibit A.

1.7. "Larger Work".

means a work which combines Covered Code or portions thereof with code not governed by the terms of this License.

1.8. "License".

means this document.

1.8.1. "Licensable".

means having the right to grant, to the maximum extent possible, whether at the time of the initial grant or subsequently acquired, any and all of the rights conveyed herein.

1.9. "Modifications".

means any addition to or deletion from the substance or structure of either the Original Code or any previous Modifications. When Covered Code is released as a series of files, a Modification is:

a. Any addition to or deletion from the contents of a file containing Original Code or previous Modifications.

b. Any new file that contains any part of the Original Code or previous Modifications.

1. 10. "Original Code".

means Source Code of computer software code which is described in the Source Code notice required by Exhibit A as Original Code, and which, at the time of its release under this License is not already Covered Code governed by this License.

1. 10. 1. "Patent Claims".

means any patent claim(s), now owned or hereafter acquired, including without limitation, method, process, and apparatus claims, in any patent Licensable by grantor.

1. 11. "Source Code".

means the preferred form of the Covered Code for making modifications to it, including all modules it contains, plus any associated interface definition files, scripts used to control compilation and installation of an Executable, or source code differential comparisons against either the Original Code or another well known, available Covered Code of the Contributor's choice. The Source Code can be in a compressed or archival form, provided the appropriate decompression or de – archiving software is widely available for no charge.

1. 12. "You" (or "Your").

means an individual or a legal entity exercising rights under, and complying with all of the terms of, this License or a future version of this License issued under Section 6. 1. For legal entities, "You" includes any entity which controls, is controlled by, or is under common control with You. For purposes of this definition, "control" means (a) the power, direct or indirect, to cause the direction or management of such entity, whether by contract or otherwise, or (b) ownership of more than fifty percent (50%) of the outstanding shares or beneficial ownership of such entity.

2. Source Code License.

2. 1. The Initial Developer Grant.

The Initial Developer hereby grants You a world – wide, royalty – free, non – exclusive license, subject to third party intellectual property claims:

a. under intellectual property rights (other than patent or trademark) Licensable by Initial Developer to use, reproduce, modify, display, perform, sublicense and distribute the Original Code (or portions thereof) with or without Modifications, and/or as part of a Larger Work; and

b. under Patents Claims infringed by the making, using or selling of Original Code, to make, have made, use, practice, sell, and offer for sale, and/or otherwise dispose of the Original Code (or portions thereof).

c. the licenses granted in this Section 2. 1 (a) and (b) are effective on the date Initial Developer first distributes Original Code under the terms of this License.

d. Notwithstanding Section 2. 1 (b) above, no patent license is granted: 1) for code that You delete from the Original Code; 2) separate from the Original Code; or 3) for infringements caused by: i) the modification of the Original Code or ii) the combination of the Original Code with other software or devices.

2. 2. Contributor Grant.

Subject to third party intellectual property claims, each Contributor hereby grants You a world – wide, royalty – free, non – exclusive license:

a. under intellectual property rights (other than patent or trademark) Licensable by Contributor, to use, reproduce, modify, display, perform, sublicense and distribute the Modifications created by such Contributor (or portions thereof) either on an unmodified basis, with other Modifications, as Covered Code and/or as part of a Larger Work; and

b. under Patent Claims infringed by the making, using, or selling of Modifications made by that Contributor either alone and/or in combination with its Contributor Version (or portions of such combination), to make, use, sell, offer for sale, have made, and/or otherwise dispose of: 1) Modifications made by that Contributor (or portions thereof); and 2) the combination of Modifications made by that Contributor with its Contributor Version (or portions of such combination).

c. the licenses granted in Sections 2. 2 (a) and 2. 2 (b) are effective on the date Contributor first makes Commercial Use of the Covered Code.

d. Notwithstanding Section 2. 2 (b) above, no patent license is granted: 1) for any code that Contributor has deleted from the Contributor Version; 2) separate from the Contributor Version; 3) for infringements caused by: i) third party modifications of Contributor Version or ii) the combination of Modifications made by that Contributor with other software (except as part of the Contributor Version) or other devices; or 4) under Patent Claims infringed by Covered Code in the absence of Modifications made by that Contributor.

3. Distribution Obligations.

3. 1. Application of License.

The Modifications which You create or to which You contribute are governed by the terms of this License, including without limitation Section 2. 2. The Source Code version of Covered Code may be distributed only under the terms of this License or a future version of this License released under Section 6. 1, and You must include a copy of this License with every copy of the Source Code You distribute. You may not offer or impose any terms on any Source Code version that alters or restricts the applicable version of this License or the recipients' rights hereunder. However, You may include an additional document offering the additional rights described in Section 3. 5.

3. 2. Availability of Source Code.

Any Modification which You create or to which You contribute must be made available in Source Code form under the terms of this License either on the same media as an Executable version or via an accepted Electronic Distribution Mechanism to anyone to whom you made an Executable version available; and if made available via Electronic Distribution Mechanism, must remain available for at least twelve (12) months after the date it initially became available, or at least six (6) months after a subsequent version of that particular Modification has been made available to such recipients. You are responsible for ensuring that the Source Code version remains available even if the Electronic Distribution Mechanism is maintained by a third party.

3. 3. Description of Modifications.

You must cause all Covered Code to which You contribute to contain a file documenting the changes You made to create that Covered Code and the date of any change. You must include a prominent statement that the Modification is derived, directly or indirectly, from Original Code provided by the Initial Developer and including the name of the Initial Developer in (a) the Source Code, and (b) in any notice in an Executable version or related documentation in which You describe the origin or ownership of the Covered Code.

3. 4. Intellectual Property Matters

(a) Third Party Claims

If Contributor has knowledge that a license under a third party's intellectual property rights is required to exercise the rights granted by such Contributor under Sections 2. 1 or 2. 2, Contributor must include a text file with the Source Code distribution titled "LEGAL" which describes the claim and the party making the claim in sufficient detail that a recipient will know whom to contact. If Contributor obtains such knowledge after the Modification is made available as described in Section 3. 2, Contributor shall promptly modify the LEGAL file in all copies Contributor makes available thereafter and shall take other steps (such as notifying appropriate mailing lists or newsgroups) reasonably calculated to inform those who received the Covered Code that new knowledge has been obtained.

(b) Contributor APIs

If Contributor's Modifications include an application programming interface and Contributor has knowledge of patent licenses which are reasonably necessary to implement that API, Contributor must also include this information in the LEGAL file.

(c) Representations

Contributor represents that, except as disclosed pursuant to Section 3. 4 (a) above, Contributor believes that Contributor's Modifications are Contributor's original creation (s) and/or Contributor has sufficient rights to grant the rights conveyed by this License.

3. 5. Required Notices.

You must duplicate the notice in Exhibit A in each file of the Source Code. If it is not possible to put such notice in a particular Source Code file due to its structure, then You must include such notice in a location (such as a relevant directory) where a user would be likely to look for such a notice. If You created one or more Modification (s) You may add your name as a Contributor to the notice described in Exhibit A. You must also duplicate this License in any documentation for the Source Code where You describe recipients' rights or ownership rights relating to Covered Code. You may choose to offer, and to charge a fee for, warranty, support, indemnity or liability obligations to one or more recipients of Covered Code. However, You may do so only on Your own behalf, and not on behalf of the Initial Developer or any Contributor. You must make it absolutely clear than any such warranty, support, indemnity or liability obligation is offered by You alone, and You hereby agree to indemnify the Initial Developer and every Contributor for any liability incurred by the Initial Developer or such Contributor as a result of warranty, support, indemnity or liability terms You offer.

3. 6. Distribution of Executable Versions.

You may distribute Covered Code in Executable form only if the requirements of Sections 3. 1, 3. 2, 3. 3, 3. 4 and 3. 5 have been met for that Covered Code, and if You include a notice stating that the Source Code version of the Covered Code is available under the terms of this License, including a description of how and where You have fulfilled the obligations of Section 3. 2. The notice must be conspicuously included in any notice in an Executable version, related documentation or collateral in which You describe recipients' rights relating to the Covered Code. You may distribute the Executable version of Covered Code or ownership rights under a license of Your choice, which may contain terms different from this License, provided that You are in compliance with the terms of this License and that the license for the Executable version does not attempt to limit or alter the recipient's rights in the Source Code version from the rights set forth in this License. If You distribute the Executable version under a different license You must make it absolutely clear that any terms which differ from this License are offered by You alone, not by the Initial Developer or any Contributor. You hereby agree to indemnify the Initial Developer and every Contributor for any liability incurred by the Initial Developer or such Contributor as a result of any such terms You offer.

3. 7. Larger Works.

You may create a Larger Work by combining Covered Code with other code not governed by the terms of this License and distribute the Larger Work as a single product. In such a case, You must make sure the requirements of this License are fulfilled for the Covered Code.

4. Inability to Comply Due to Statute or Regulation.

If it is impossible for You to comply with any of the terms of this License with respect to some or all of the Covered Code due to statute, judicial order, or regulation then You must: (a) comply with the terms of this License to the maximum extent possible; and (b) describe the limitations and the code they affect. Such description must be included in the LEGAL file described in Section 3. 4 and must be included with all distributions of the Source Code. Except to the extent prohibited by statute or regulation, such description must be sufficiently detailed for a recipient of ordinary skill to be able to understand it.

5. Application of this License.

This License applies to code to which the Initial Developer has attached the notice in Exhibit A and to related Covered Code.

6. Versions of the License.

6. 1. New Versions.

Netscape Communications Corporation ("Netscape") may publish revised and/or new versions of the License from time to time. Each version will be given a distinguishing version number.

6. 2. Effect of New Versions.

Once Covered Code has been published under a particular version of the License, You may always continue to use it under the terms of that version. You may also choose to use such Covered Code under the terms of any subsequent version of the License published by Netscape. No one other than Netscape has the right to modify the terms applicable to Covered Code created under this License.

6. 3. Derivative Works.

If You create or use a modified version of this License (which you may only do in order to apply it to code which is not already Covered Code governed by this License), You must (a) rename Your license so that the phrases "Mozilla", "MOZILLAPL", "MOZPL", "Netscape", "MPL", "NPL" or any confusingly similar phrase do not appear in your license (except to note that your license differs from this License) and (b) otherwise make it clear that Your version of the license contains terms which differ from the Mozilla Public License and Netscape Public License. (Filling in the name of the Initial Developer, Original Code or Contributor in the notice described in Exhibit A shall not of themselves be deemed to be modifications of this License.)

7. DISCLAIMER OF WARRANTY.

COVERED CODE IS PROVIDED UNDER THIS LICENSE ON AN "AS IS" BASIS, WITHOUT WARRANTY OF ANY KIND, EITHER EXPRESSED OR IMPLIED, INCLUDING, WITHOUT LIMITATION, WARRANTIES THAT THE COVERED CODE IS FREE OF DEFECTS, MERCHANTABLE, FIT FOR A PARTICULAR PURPOSE OR NON – INFRINGING. THE ENTIRE RISK AS TO THE QUALITY AND PERFORMANCE OF THE COVERED CODE IS WITH YOU. SHOULD ANY COVERED CODE PROVE DEFECTIVE IN ANY RESPECT, YOU (NOT THE INITIAL DEVELOPER OR ANY OTHER CONTRIBUTOR) ASSUME THE COST OF ANY NECESSARY SERVICING, REPAIR OR CORRECTION. THIS DISCLAIMER OF WARRANTY CONSTITUTES AN ESSENTIAL PART OF THIS LICENSE. NO USE OF ANY COVERED CODE IS AUTHORIZED HEREUNDER EXCEPT UNDER THIS DISCLAIMER.

8. Termination.

8. 1. This License and the rights granted hereunder will terminate automatically if You fail to comply with terms herein and fail to cure such breach within 30 days of becoming aware of the breach. All sublicenses to the Covered Code which are properly granted shall survive any termination of this License. Provisions which, by their nature, must remain in effect beyond the termination of this License shall survive.

8. 2. If You initiate litigation by asserting a patent infringement claim (excluding declatory judgment actions) against Initial Developer or a Contributor (the Initial Developer or Contributor against whom You file such action is referred to as "Participant") alleging that:

a. such Participant's Contributor Version directly or indirectly infringes any patent, then any and all rights granted by such Participant to You under Sections 2. 1 and/or 2. 2 of this License shall, upon 60 days notice from Participant terminate prospectively, unless if within 60 days after receipt of notice You either: (i) agree in writing to pay Participant a mutually agreeable reasonable royalty for Your past and future use of Modifications made by such Participant, or (ii) withdraw Your litigation claim with respect to the Contributor Version against such Participant. If within 60 days of notice, a reasonable royalty and payment arrangement are not mutually agreed upon in writing by the parties or the litigation claim is not withdrawn, the rights granted by Participant to You under Sections 2.1 and/or 2.2 automatically terminate at the expiration of the 60 day notice period specified above.

b. any software, hardware, or device, other than such Participant's Contributor Version, directly or indirectly infringes any patent, then any rights granted to You by such Participant under Sections 2.1 (b) and 2.2 (b) are revoked effective as of the date You first made, used, sold, distributed, or had made, Modifications made by that Participant.

8.3. If You assert a patent infringement claim against Participant alleging that such Participant's Contributor Version directly or indirectly infringes any patent where such claim is resolved (such as by license or settlement) prior to the initiation of patent infringement litigation, then the reasonable value of the licenses granted by such Participant under Sections 2.1 or 2.2 shall be taken into account in determining the amount or value of any payment or license.

8.4. In the event of termination under Sections 8.1 or 8.2 above, all end user license agreements (excluding distributors and resellers) which have been validly granted by You or any distributor hereunder prior to termination shall survive termination.

9. LIMITATION OF LIABILITY.

UNDER NO CIRCUMSTANCES AND UNDER NO LEGAL THEORY, WHETHER TORT (INCLUDING NEGLIGENCE), CONTRACT, OR OTHERWISE, SHALL YOU, THE INITIAL DEVELOPER, ANY OTHER CONTRIBUTOR, OR ANY DISTRIBUTOR OF COVERED CODE, OR ANY SUPPLIER OF ANY OF SUCH PARTIES, BE LIABLE TO ANY PERSON FOR ANY INDIRECT, SPECIAL, INCIDENTAL, OR CONSEQUENTIAL DAMAGES OF ANY CHARACTER INCLUDING, WITHOUT LIMITATION, DAMAGES FOR LOSS OF GOODWILL, WORK STOPPAGE, COMPUTER FAILURE OR MALFUNCTION, OR ANY AND

ALL OTHER COMMERCIAL DAMAGES OR LOSSES, EVEN IF SUCH PARTY SHALL HAVE BEEN INFORMED OF THE POSSIBILITY OF SUCH DAMAGES. THIS LIMITATION OF LIABILITY SHALL NOT APPLY TO LIABILITY FOR DEATH OR PERSONAL INJURY RESULTING FROM SUCH PARTY's NEGLIGENCE TO THE EXTENT APPLICABLE LAW PROHIBITS SUCH LIMITATION. SOME JURISDICTIONS DO NOT ALLOW THE EXCLUSION OR LIMITATION OF INCIDENTAL OR CONSEQUENTIAL DAMAGES, SO THIS EXCLUSION AND LIMITATION MAY NOT APPLY TO YOU.

10. U. S. government end users.

The Covered Code is a "commercial item," as that term is defined in 48 C. F. R. 2. 101 (Oct. 1995), consisting of "commercial computer software" and "commercial computer software documentation," as such terms are used in 48 C. F. R. 12. 212 (Sept. 1995). Consistent with 48 C. F. R. 12. 212 and 48 C. F. R. 227. 7202 – 1 through 227. 7202 – 4 (June 1995), all U. S. Government End Users acquire Covered Code with only those rights set forth herein.

11. Miscellaneous.

This License represents the complete agreement concerning subject matter hereof. If any provision of this License is held to be unenforceable, such provision shall be reformed only to the extent necessary to make it enforceable. This License shall be governed by California law provisions (except to the extent applicable law, if any, provides otherwise), excluding its conflict – of – law provisions. With respect to disputes in which at least one party is a citizen of, or an entity chartered or registered to do business in the United States of America, any litigation relating to this License shall be subject to the jurisdiction of the Federal Courts of the Northern District of California, with venue lying in Santa Clara County, California, with the losing party responsible for costs, including without limitation, court costs and reasonable attorneys' fees and expenses. The application of the United Nations Convention on Contracts for the International Sale of Goods is expressly excluded. Any law or regulation which provides that the language of a contract shall be construed against the drafter shall not apply to this License.

12. Responsibility for claims.

As between Initial Developer and the Contributors, each party is responsible for claims and damages arising, directly or indirectly, out of its utilization of rights under this License and You agree to work with Initial Developer and Contributors to distribute such responsibility on an equitable basis. Nothing herein is intended or shall be deemed to constitute any admission of liability.

13. Multiple – licensed code.

Initial Developer may designate portions of the Covered Code as "Multiple – Licensed". "Multiple – Licensed" means that the Initial Developer permits you to utilize portions of the Covered Code under Your choice of the MPL or the alternative licenses, if any, specified by the Initial Developer in the file described in Exhibit A.

Exhibit A – Mozilla Public License.

"The contents of this file are subject to the Mozilla Public License
Version 1.1 (the 'License'); you may not use this file except in
compliance with the License. You may obtain a copy of the License at
https://www.mozilla.org/MPL/

Software distributed under the License is distributed on an 'AS IS' basis, WITHOUT WARRANTY OF ANY KIND, either express or implied. See the License for the specific language governing rights and limitations under the License.

The Original Code is ______________________________.

The Initial Developer of the Original Code is ________________.

Portions created by ________________ are Copyright © ________.

______________________________. All Rights Reserved.

Contributor(s): ______________________________.

Alternatively, the contents of this file may be used under the terms of the ____ license (the '[____] License'), in which case the provisions of [____] License are applicable instead of those above. If you wish to allow use of your version of this file only under the terms of the [____] License and not to allow others to use your version of this file under the MPL, indicate your decision by deleting the provisions above and replace them with the notice and other provisions required by the [____]

License. If you do not delete the provisions above, a recipient may use your version of this file under either the MPL or the [____] License."

NOTE: The text of this Exhibit A may differ slightly from the text of the notices in the Source Code files of the Original Code. You should use the text of this Exhibit A rather than the text found in the Original Code Source Code for Your Modifications.

（二）Mozilla 公共许可证版本 1.1 许可协议参考译文

为了介绍和评论引用的开源许可证原文来源于：https：//www. mozilla. org/en – US/MPL/。相关开源许可证原文版权归属开源许可证版权人。对上述网站中开源许可证的中文参考译文，仅为介绍和评论上述英文开源许可证的非官方中文参考译文，开源许可证条款和条件应以官方发布许可证原文为准。参考译文亦遵从原许可证版权人的版权和许可证及其官方管理机构的相关要求（如有）。开源许可证的中文参考译文可能存在错误或疏漏，欢迎读者指正。参考译文以及在参考译文基础上对相关许可证的分析和评述不构成具有法律约束力的任何法律建议或意见，仅供读者参考，因使用参考译文及相关分析评述引起的任何后果由使用者自行承担。

The original English text of this license cited herein for the purpose of introduction and comments could be found at: https://www. mozilla. org/en – US/MPL/, the copyright of which belongs to the copyright holder. This unofficial Simplified Chinese translation of the original English text is solely for the purpose of introduction, commentary and explanation of a certain issue, which can not replace the original English text. The original English text of the terms and conditions listed in the license agreement shall prevail at all times. This unofficial Simplified Chinese translation acknowledge the copyright of the copyright holder and complies with the requirements of the official management agency of this license agreement (if any). There may be errors or omissions in the unofficial Simplified Chinese translation, readers are welcome to correct them. Neither the unofficial translations nor the analysis and comments shall constitute any legally binding advice or opinions, they are for reference only. Any consequences arising from the use of this unofficial translations and related analysis and comments shall be borne by the users themselves.

Mozilla 公共许可证版本 1.1

1. 定义

1.0.1 “商业使用”

指的是分发或其他方式使受保护软件被第三方可获得。

1.1 “贡献者”

指的是创造或对修改的创造做出贡献的每个法律实体。

1.2 “贡献者版本”

指的是初始代码，贡献者使用的在先修改版本和该特定贡献者做出的修改版合并版本。

1.3 “受保护代码”

指初始代码或者修改的代码或者初始代码和修改的代码的合并，以上每一种情况均包括其部分。

1.4 “电子分发机制”

指软件开发社区普遍接受的用于电子传输数据的机制。

1.5 “可执行格式”

指受保护代码除源代码格式以外的任何其他格式。

1.6 “初始开发者”

指附件 A 要求的在源代码通知中被确定为初始开发者的个人或实体。

1.7 “更大的作品”

指的是，一个作品合并了受保护代码或受保护代码的部分和不受本许可证条款约束的代码。

1.8 “本许可证”

指的就是本文件。

1.8.1 “可许可的”

有权授予在此传输的任何和全部权利，授权是可能的最大程度的，无论是最初授予还是后续获得。

1.9 “修改”

指对初始代码或任何之前修改的内容或结构的任何添加或删除。当受保护代码以系列文件被发布时，一个修改为：

a. 对包含初始代码或任何之前修改的文件内容进行的任何增加、删除。

b. 任何包含初始代码或任何之前修改的任何部分的任何新文件。

1.10“初始代码”

指计算机软件代码的源代码，该代码在附件A要求的源代码通知中被描述为初始代码，并且在其根据本许可证发布时，该代码不是已受本许可证约束的受保护代码。

1.10.1“专利权利要求”

指在许可者可许可的任何专利中现在拥有或后续获得的任何专利权利要求，包括但不限于方法、过程和设备权利要求。

1.11“源代码”

指对受保护代码进行修改的优选形式，包括它包含的所有模块，以及任何关联的接口定义文件，用于控制可执行文件编译和安装的脚本，或源代码与初始代码或贡献者选择的另一个众所周知可获得的受保护代码的差异比较。源代码可以是压缩或归档格式，只要适当的解压或去归档软件是免费且广泛可获得的。

1.12“你”（或“你的”）

指根据本许可证或根据第6.1条发布的本许可证的未来版本行使权利并遵守其所有条款的个人或法律实体。对法律实体而言，“你”包括任何实体，该实体控制你、被你控制，或与你受到共同控制。在定义中，“控制”指的是（a）一种权力，可以直接或间接决定实体的方向和管理，无论其是否通过合同的形式或者其他的形式，（b）或者拥有该实体超过50%的已发行的股权或拥有该实体的受益所有权。

2. 源代码许可

2.1 初始开发者许可

初始开发者在此授予你一个全球性、免版税、非排他性的，并受制于第三方知识产权主张的许可：

（a）根据初始开发者可许可的知识产权（专利或商标除外），使用、复制、修改、展示、表演、分许可和分发该初始代码（或其部分），无论其是否修改，和/或是作为更大的作品的一部分；

（b）根据制造使用或销售初始代码会侵犯的专利权利要求，制造、委托制造、使用、实施、销售和许诺销售和/或以其他方式处理初始代码（或其部分）。

（c）本第2.1条（a）项和（b）项中授予的许可自初始开发者根据本许可证条款首次分发初始代码之日起生效。

（d）尽管有上述第 2. 1 条（b）项的规定，以下情况下无专利权被许可：1）你从初始代码中删除的代码；2）隔离于初始代码；3）因以下原因造成的侵权：i）初始代码的修改，ii）初始代码与其他软件或设备的合并。

2. 2 贡献者许可

每个贡献者在此授予你一个全球性、免版税、非排他性的，并受制于第三方知识产权主张的许可：

a. 根据贡献者可许可的知识产权（专利或商标除外），使用、复制、修改、展示、表演、分许可和分发该贡献者创造的修改（或其部分），无论在未修改的基础上与其他修改一起作为受保护代码，还是作为更大的作品的一部分；

b. 根据制造使用或销售该贡献者创作的单独修改和/或同其贡献者版本的合并（或该合并的部分）会侵犯的专利权利要求，制造、使用、销售、许诺销售、委托制造和/或以其他方式处理：1）贡献者所做的修改（或部分修改）；2）由该贡献者做出的修改与其贡献者版本的合并（或该合并的部分）。

c. 第 2. 2 条（a）项和（b）项中授予的许可自贡献者首次作出商业使用受保护代码之日起生效。

d. 尽管有上述第 2. 2 条（b）项的规定，但是以下情况下无专利权被许可：1）对于贡献者已从贡献者版本中删除的任何代码；2）隔离于贡献者版本；3）因以下原因造成的侵权：i）第三方修改贡献者版本，ii）贡献者作出的修改与其他软件（贡献者版本的部分除外）或其他设备的合并；4）在缺失该贡献者作出的修改的情况下，受保护代码侵犯的专利权利要求。

3. 分发义务

3. 1 适用许可证

你创造或贡献的修改受本许可证条款的管辖，包括但不限于第 2. 2 条。受保护代码的源代码版本只能根据本许可证的条款或根据第 6. 1 条发布的本许可证未来版本进行分发，你必须在分发的每一份源代码副本中包含一份本许可证副本。你不得在任何源代码版本上提供或强加任何条款，以更改或限制本许可证的适用版本或接收方在本许可证下的权利。但是，你可以给出一份附加的文件，以提供第 3. 5 条中所述的附加权利。

3. 2 源代码可获得

根据本许可条款，你创造或贡献的任何修改必须以源代码形式提供给可执行版本的任何人，无论是在与可执行版本相同的媒体上，还是通过一种可接受的电子分发机制；如果通过电子分发机制提供，则必须保持在最初可获得之日起至少12个月，或在该收件人可获得特定修改的后续版本后至少6个月内源代码可被获取。即使电子分发机制由第三方维护，你也有责任确保源代码版本仍然可获得。

3.3 修改描述

你必须使你贡献的所有受保护代码包含一个文件，记录你创建该受保护代码所做的更改以及任何更改的日期。你必须在源代码和可执行版本或相关文档（你在该文档中描述了受保护代码的来源或所有权）中的任何声明中附上一个显著的声明，说明修改直接或间接派生自初始开发者提供的初始代码，并注明初始开发者的名称。

3.4 知识产权事项

（a）第三方权利请求

如果贡献者了解到需要第三方知识产权的许可证才能行使该贡献者根据第2.1条或第2.2条授予的权利，则贡献者必须在源代码分发中包括一份文本文件，标题为“LEGAL”，该文件应充分详细地说明该权利请求和权利请求方，以便接收者将知道该联系谁。如果贡献者在第3.2条所述的“使修改可获得”后，获得了此类消息，贡献者应立即修改在此后提供的所有副本中的LEGAL文件，并应采取其他合理的措施（如通知适当的邮件列表或新闻组），告知此前已收到受保护代码的接收者新的消息已经获得。

（b）贡献者应用程序接口

如果贡献者的修改包括一个应用程序编程接口，并且贡献者已经了解实施该应用程序接口所需的专利许可证，则贡献者还必须在LEGAL文件中包含此信息。

（c）陈述

贡献者陈述，除根据上述第3.4条（a）项披露的情况外，贡献者相信贡献者的修改是贡献者的原创作品和/或贡献者有足够的权利授予本许可证所传输的权利。

3.5 被要求的声明

你必须在源代码的每个文件中复制附件A中的声明。如果由于源代码文件结构，无法将此类声明放入一个特定源代码文件中，则你必须将此类声明包含在用户可能查找此类声明的位置（例如相关目录）中。如果你创作了一个或多个修改，你可以在附件A描述的声明中添加你的姓名作为贡献者。你还必须在源代码的任何文档中复制本许可证，在这些文档中，你说明接收者的权利或者受保护代码的所有权。你可以选择收取费用向一个或多个受保护代码的接收者提供担保、支持、补偿或责任义务。但是，你只能代表自己这样做，而不能代表初始开发者或任何贡献者。你必须非常明确，任何此类担保、支持、补偿或责任义务都是由你单独提供的，你在此同意补偿初始开发者和每个贡献者因你提供的担保、支持、补偿或责任条款而导致初始开发者或此类贡献者承担的任何责任。

3.6 可执行版本的分发

只有当符合第3.1、3.2、3.3、3.4 条和第3.5 条的要求，并且你提供一份声明说明受保护代码的源代码版本根据本许可条款可获得，声明还包括你对如何和在哪里履行了第3.2 条的义务的说明，你才能以可执行格式分发受保护代码。该声明必须明显地被包含在可执行版本、相关文档或附属事项中的任何声明中，你在这些文档或附属事项中说明了关于受保护代码的接收者权利。你可以根据你选择的许可证分发受保护代码的可执行版本或所有权，其中可能包含与本许可证不同的条款，前提是你遵守本许可证的条款，并且该可执行版本的许可证不会试图限制或更改接收者根据本许可证规定在源代码版本中的权利。如果你在不同的许可证下分发可执行版本，你必须明确表示，与本许可证不同的任何条款都是由你单独提供，而不是由初始开发者或任何贡献者提供。你在此同意补偿初始开发者和每位贡献者因你提供的任何此类条款而导致初始开发者或此类贡献者承担的任何责任。

3.7 更大的作品

你可以将受保护代码与不受本许可条款管辖的其他代码合并来创作一个更大的作品，并将更大作品作为单个产品分发。在这种情况下，你必须确保受保护代码符合本许可证的要求。

4. 因法规或规章而无法遵守

如果由于法规、司法命令或规章，你无法遵守本许可证中关于部分或全部受保护代码的任何条款，则你必须：（a）尽最大可能程度遵守本许可的条款；（b）描述限制及其影响的代码。此类说明必须被包含在第3.4 条所述的 LEGAL 文件中，并且必须被包含在源代码的所有发行中。除法规或规章禁止的情况外，此类描述必须足够详细，使只具备普通技能的接收者能够理解它。

5. 本许可证的适用

本许可证适用于初始开发者在附件 A 中已附上声明的代码和相关受保护代码。

6. 许可证的版本

6.1 新版本

Netscape 通信公司（以下简称 Netscape）可不时发布本许可证的修订版和/或新版本。每个版本都将被给与一个有区别的版本号。

6.2 新版本的生效

一旦受保护代码根据一个特定版本的许可证被发布，你就可以始终根据该版本的条款继续使用它。你也可以选择根据 Netscape 发布的本许可证的任何后续版本的条款使用该受保护代码。除 Netscape 外，任何人无权修改适用于根据本许可证创建的受保护代码的条款。

6.3 派生作品

如果你创作或使用本许可证的一个修改版本（你只能将其应用于不受本许可证管辖的受保护代码的代码），你必须（a）重命名你的许可证，使词组“Mozilla”、“MOZILLAPL”、“MOBPL”、“Netscape”、“MPL”、“NPL”或任何令人困惑的类似词组不会出现在你的许可证中（声明你的许可证与本许可证不同的除外），（b）以其他方式明确你的许可版本包含与 Mozilla 公共许可证和 Netscape 公共许可证不同的条款。（在附件 A 描述的声明中填写初始开发者、初始代码或贡献者的名称行为本身不应被视为对本许可证的修改。）

7. 无担保声明

根据本许可证，受保护的代码按照原样提供，不提供任何种类的明示或暗示的担保，包括但不限于受保护代码没有缺陷、适合销售、适用于特定目的或不侵权的担保。关于受保护代码的质量和执行的全部风险由你承担。任何被保护代码在任何方面被证明有缺陷，你（而不是初始开发者或任何其他贡献者）将承担所有必要的服务、修理或纠正的费用。此无担保声明构成本许可证的重要部分。如果无此无担保声明，则使用任何受保护代码的行为在此都不会被授权。

8. 终止

8.1 如果你未能遵守本许可证的条款并且未能在意识到该违反行为后的 30 天内纠正该违反行为，则本许可证和根据本许可证被授予的权利将自动终止。本许可证终止后，适用于受保护代码的所有被正当授予的分许可证应继续有效。根据其性质必须在本许可证终止之后仍然继续有效的条款，将继续有效。

8.2 如果你提起诉讼，对初始开发者或贡献者（你提出该诉讼所针对的初始开发者和贡献者，下文称为参与者）提出专利侵权的主张（不包括宣告判决诉讼)，声称：

a. 该参与者的贡献者版本直接或间接侵犯了任何专利，则该参与者根据本许可证第2.1条和/或第2.2条授予你的任何权利将在参与者的通知到达60天后，提前终止，除非在收到通知后60天内，你：(i) 以书面形式同意对你过去和未来使用该参与者所做修改向参与者支付双方同意的合理版税，或 (ii) 撤回你关于贡献者版本提出的针对该参与者的诉讼请求。如果在收到通知后60天内，双方未以书面形式就合理的特许权使用费和付款安排协商一致，或诉讼索赔未被撤回，则参与者根据第2.1条和/或第2.2条授予你的权利将在该60天通知期届满时自动终止。

b. 除该参与者的贡献者版本外的任何软件、硬件或设备直接或间接侵犯了任何专利，则该参与者根据第2.1条 (b) 项和第2.2条 (b) 项授予你的任何权利自你首次制造、使用、销售、分发或委托制造该参与者所做修改之日起被撤销。

8.3 如果你对参与者提出专利侵权主张，声称该参与者的贡献者版本直接或间接侵犯了任何专利，而该专利侵权主张在提起专利侵权诉讼之前已得到解决 (如通过许可或和解)，则在决定任何付款或许可的金额或价值时，应考虑该参与者根据第2.1条或第2.2条授予的许可的合理价值。

8.4 在根据上述第8.1条或第8.2条终止的情形下，你或任何分发商在终止前有效授予的所有最终用户许可协议 (不包括分发商和转售商) 应在终止后继续有效。

9. 责任限制

在任何情况和任何法律理论下，无论是侵权 (包括疏忽)、合同或者是其他，你、初始开发者、任何其他贡献者或者任何受保护代码的分发者，或任何该方的任何供应者均不对任何人就任何间接、特殊、偶然或任何性质的后果性损害承担责任，包括但不限于商誉损失、停工、计算机失效或故障，以及任何和全部其他商业损害或损失，即使该方已被告知这种损害的可能性。本责任限制不适用于因该方的疏忽导致的死亡或人身伤害的责任，只要适用的法律禁止此种责任限制。某些司法管辖区可能不允许排除或限制偶然或后果性损害，因此此种排除和限制可能不适用于你。

10. 美国政府最终用户

受保护软件是商业物品，根据48 C. F. R. 2.101 (1995年10月) 定义的条款，包括商业计算机软件和商业计算机软件文档，如 48 C. F. R. 12. 212（1995 年 9 月）中使用的条款。根据 48 C. F. R. 12. 212 和 48 C. F. R. 227. 7202 – 1 至 227. 7202 – 4（1995 年 6 月），所有美国政府最终用户获得受保护软件及仅限于此处规定的那些权利。

11. 杂项

本许可证陈述了关于本主题事宜的完整协议。如果本许可证的任何条款被认定为不可执行，那么该条款将被重新改正至使该条款可执行的最低必要程度。本许可证将受加利福尼亚法律管辖（除非适用法律范围另有规定），但不包括其冲突法规范。对于至少一方是美利坚合众国公民或特许或注册在美利坚合众国开展业务的法律实体的争议，与本许可证有关的任何诉讼均应由加利福尼亚北区联邦法院管辖，诉讼地点位于加利福尼亚州 Santa Clara 县，败诉方负责费用，包括但不限于诉讼费用和合理的律师费和开支。《联合国国际货物销售合同公约》的适用被明确排除。任何规定合同语言应作对起草人不利解释的法律或法规不应适用于本许可证。

12. 索赔责任

在初始开发者和贡献者之间，各方对其使用本许可下的权利直接或间接引起的权利主张和损害负责，你同意与初始开发者和参与者合作，在公平的基础上分担此类责任。此处的任何内容均不被认为或不应被视为对责任的任何承认。

13. 多重许可代码

初始开发者可以将受保护代码的部分指定为“多重许可”。“多重许可”是指初始开发者允许你使用的受保护代码的部分，根据你选择的 MPL 许可证或初始开发者在附件 A 所述文件中指定的替代许可证（如有）。

附件 A – Mozilla 公共许可证

“此文件的内容受 Mozilla 公共许可证 1. 1 版（许可证）的约束；你不能使用此文件，除非遵守许可证。你可以在以下网址获得一个许可证副本：

https：//www. mozilla. org/MPL/

软件根据本许可证按照原样被分发，无任何种类的担保，无论是明示或暗示。请参阅许可证，了解规定许可证项下权利和限制的具体语言。

初始代码是______________________________。

初始代码的初始开发者是____________________。

创作部分的是__________________版权所有©__________。

______________________________。保留所有权利。

贡献者：______________________________。

另一种选择是，本文件的内容可以根据____许可证（[____] 许可证）的条款使用，在这种情况下，适用 [____] 许可证的规定，而不是上述规定。如果你希望仅根据 [____] 许可证的条款允许使用你的本文件版本，而不允许其他人根据 MPL 许可证使用你的此文件版本，请删除上述条款，并用 [____] 许可证要求的声明和其他条款替换，以表明你的决定。如果你不删除上述规定，收件人可以根据 MPL 许可证或 [____] 许可证使用你的此文件版本。"

注：本附件 A 的文本可能与初始代码的源代码文件中的声明文本略有不同。你应该使用本附件 A 的文本，而不是初始代码的源代码中的文本采用于你的修改。

（三）Mozilla 公共许可证版本 1.1 的评述和介绍

Mozilla 公共许可证版本 1.1 是由网景通信公司（Netscape Communications Corporation）在 Mozilla 公共许可证版本 1.0 基础上修订并发布的开源许可证。Mozilla 公共许可证版本 1.1 目前已经被 Mozilla 公共许可证版本 2.0 所取代。

1. 适用范围

Mozilla 公共许可证版本 1.1 虽然没有条款专门对许可证的适用范围进行约定，但从第 1 条定义中的相关条款分析，Mozilla 公共许可证版本 1.1 适用范围限于软件，并未包括软件以外的其他作品形式。

2. 授权机制和授权内容

Mozilla 公共许可证版本 1.1 将授权许可称为源代码许可，分为初始开发者许可和贡献者许可两个方面。

初始开发者许可分为除专利和商标外的知识产权许可和专利许可。Mozilla 公共许可证版本 1.1 第 2.1 条"初始开发者许可"规定，初始开发者在此授予你一个全球性、免版税、非排他性的，并受制于第三方知识产权主张的许可：（a）根据初始开发者可许可的知识产权（专利或商标除外），使用、复制、修改、展示、表演、分许可和分发该初始代码（或其部分），无论其是否修改和/或是作为更大的作品的一部分；（b）根据制造使用或销售初始代码会侵犯的专利权利要求，制造、委托制造、使用、实施、销售和许诺销售或以其他方式处理初始代码（或其部分）。

贡献者许可也分为除专利和商标外的知识产权许可和专利许可。Mozilla 公共许可证版本 1.1 第 2.2 条"贡献者许可"规定，每个贡献者在此授予你一个全球性、免版税、非排他性的，并受制于第三方知识产权主张的许可：(a) 根据贡献者可许可的知识产权（专利或商标除外），使用、复制、修改、展示、表演、分许可和分发该贡献者创造的修改（或其部分），无论在未修改的基础上与其他修改一起作为受保护代码，还是作为更大的作品的一部分；(b) 根据制造使用或销售该贡献者创作的单独修改和/或同其贡献者版本的合并（或该合并的部分）会侵犯的专利权利要求，制造、使用、销售、许诺销售、委托制造和/或以其他方式处理：1）贡献者所做的修改（或部分修改）；2）由该贡献者做出的修改与其贡献者版本的合并（或该合并的部分）。

关于贡献者的知识产权来源，Mozilla 公共许可证版本 1.1 在第 3.4 条（c）项"陈述"中规定，贡献者陈述，除根据上述第 3.4 条（a）项披露的情况外，贡献者相信贡献者的修改是贡献者的原创作品和/或贡献者有足够的权利授予本许可证所传输的权利。

3. 许可条件

（1）适用许可证

Mozilla 公共许可证版本 1.1 第 3.1 条规定，创造或贡献的修改受 Mozilla 公共许可证版本 1.1 条款的管辖。受保护代码的源代码版本只能根据本许可证的条款或根据第 6.1 条发布的本许可证未来版本进行分发，你必须在分发的每一份源代码副本中包含一份本许可证副本。你不得在任何源代码版本上提供或强加任何条款，以更改或限制本许可证的适用版本或接收方在本许可证下的权利。

（2）源代码可获得

Mozilla 公共许可证版本 1.1 第 3.2 条规定，根据本许可条款，你创造或贡献的任何修改必须以源代码形式提供给可执行版本的任何接收者，无论是在与可执行版本相同的媒体上，还是通过一种可接受的电子分发机制。

（3）修改描述

Mozilla 公共许可证版本 1.1 第 3.3 条规定，你必须使你贡献的所有受保护代码包含一个文件，记录你创建该受保护代码所做的更改以及任何更改的日期。你必须在源代码和可执行版本或相关文档（你在该文档中描述了受保护代码的来源或所有权）中的任何声明中附上一个显著的声明，说明修改直接或间接派生自初始开发者提供的初始代码，并注明初始开发者的名称。

对比 Mozilla 公共许可证版本 1.1 和 Mozilla 公共许可证版本 2.0 的条例，

Mozilla 公共许可证版本 2.0 修订时，去除了必须进行修改描述的条款。

（4）知识产权事项

Mozilla 公共许可证版本 1.1 第 3.4 条（a）项规定，如果贡献者了解到需要第三方知识产权的许可证才能行使该贡献者根据第 2.1 条或第 2.2 条授予的权利，则贡献者必须在源代码分发中包括一份文本文件，标题为“LEGAL”，该文件应充分详细地说明该权利请求和权利请求方，以便接收者将知道该联系谁。如果贡献者在第 3.2 条所述的“使修改可获得”后，获得了此类消息，贡献者应立即修改在此后提供的所有副本中的 LEGAL 文件，并应采取其他合理的措施（如通知适当的邮件列表或新闻组），告知此前已收到受保护代码的接收者新的消息已经获得。

Mozilla 公共许可证版本 1.1 第 3.4 条（b）项规定，如果贡献者的修改包括一个应用程序编程接口，并且贡献者已经了解实施该应用程序接口所需的专利许可证，则贡献者还必须在 LEGAL 文件中包含此信息。

Mozilla 公共许可证版本 1.1 第 3.4 条（c）项规定，贡献者陈述，除根据上述第 3.4 条（a）项披露的情况外，贡献者相信贡献者的修改是贡献者的原创作品和/或贡献者有足够的权利授予本许可证所传输的权利。

（5）被要求的声明

Mozilla 公共许可证版本 1.1 第 3.5 条规定，你必须在源代码的每个文件中复制附件 A 中的声明。如果由于源代码文件结构，无法将此类声明放入一个特定源代码文件中，则你必须将此类声明包含在用户可能查找此类声明的位置（如相关目录）中。如果你创作了一个或多个修改，你可以在附件 A 描述的声明中添加你的姓名作为贡献者。

（6）可执行版本的分发

Mozilla 公共许可证版本 1.1 第 3.6 条规定，只有当符合第 3.1、3.2、3.3、3.4 条和第 3.5 条的要求，并且你提供一份声明说明受保护代码的源代码版本根据本许可条款可获得，声明还包括你对如何和在哪里履行了第 3.2 条的义务的说明，你才能以可执行格式分发受保护代码。

（7）更大的作品

Mozilla 公共许可证版本 1.1 第 3.7 条规定，你可以将受保护代码与不受本许可条款管辖的其他代码合并来创作一个更大的作品，并将更大作品作为单个产品分发。在这种情况下，你必须确保受保护代码符合本许可证的要求。

4. 因法令或法规无法遵守许可证情况下的义务

Mozilla 公共许可证版本 1. 1 第 4 条规定了由于法令或法规无法遵守许可证情况下的义务，相关规定亦被 Mozilla 公共许可证版本 2. 0 采纳，具体可参见下文对 Mozilla 公共许可证版本 2. 0 的介绍。

5. 传染性及其例外

Mozilla 公共许可证版本 1. 1 的传染性主要体现在第 3. 1、3. 2 条和第 3. 7 条，其传染性表现为仅要求受保护代码的修改版本继续适用 Mozilla 公共许可证版本 1. 1，要求受保护代码修改后的源代码格式继续可以被用户获得。

对于将保护软件和其他非受保护软件材料合并成更大作品的分发时，Mozilla 公共许可证版本 1. 1 仅对该受保护代码部分要求继续适用 Mozilla 公共许可证版本 1. 1，而对更大作品整体以及更大作品中其他非受保护代码并无适用的要求。因此 Mozilla 公共许可证版本 1. 1 和 Mozilla 公共许可证版本 2. 0 在传染性方面具有一致性，即仅具有纵向的传染性，但没有横向的传染性。

6. 许可的终止

Mozilla 公共许可证版本 1. 1 对许可的终止进行了规定。

Mozilla 公共许可证版本 1. 1 第 8. 1 条规定，如果开发者未能遵守本许可证的条款并且未能在意识到该违反行为后的 30 天内纠正该违反行为，则本许可证和根据本许可证被授予的权利将自动终止。本许可证终止后，适用于受保护代码的所有被正当授予的分许可证应继续有效。根据其性质必须在本许可证终止之后仍然继续有效的条款，将继续有效。

Mozilla 公共许可证版本 1. 1 第 8. 2 条规定，如果你提起诉讼，对初始开发者或贡献者（你提出该诉讼所针对的初始开发者和贡献者，下文称为参与者）提出专利侵权的主张（不包括宣告判决诉讼），声称：a. 该参与者的贡献者版本直接或间接侵犯了任何专利，则该参与者根据本许可证第 2. 1 条和/或第 2. 2 条授予你的任何权利将在参与者的通知到达 60 天后，提前自动终止，除非在收到通知后 60 天内，你：（i）以书面形式同意对你过去和未来使用该参与者所做修改向参与者支付双方同意的合理版税，或（ii）撤回你关于贡献者版本提出的针对该参与者的诉讼请求。如果在收到通知后 60 天内，双方未以书面形式就合理的特许权使用费和付款安排协商一致，或诉讼索赔未被撤回，则参与者根据第 2. 1 条和/或第 2. 2 条授予你的权利将在该 60 天通知期届满时自动终止。b. 除该参与者的贡献者版本外的任何软件、硬件或设备直接或间接侵犯了任何专利，则该参与者根据第2.1条（b）项和第2.2条（b）项授予你的任何权利自你首次制造、使用、销售、分发或委托制造该参与者所做修改之日起被撤销。

Mozilla公共许可证版本1.1第8.4条规定，在前述终止事项发生时，你或任何分发商在终止前有效授予的所有最终用户许可协议（不包括分发商和转售商）应在终止后继续有效。

7. 无担保无赔偿

Mozilla公共许可证版本1.1关于无担保无赔偿的规定同Mozilla公共许可证版本2.0规定基本相同。

8. 许可证更改及兼容性

（1）Mozilla公共许可证版本1.1的多重许可代码

Mozilla公共许可证版本1.1第13条规定，初始开发者可以将受保护代码的部分指定为“多重许可”。“多重许可”是指初始开发者允许你使用的受保护代码的部分，根据你选择的MPL许可证或初始开发者在附件A所述文件中指定的替代许可证（如有）。也就是说Mozilla公共许可证版本1.1允许初始开发者在Mozilla公共许可证版本1.1以外再指定另一许可证（通过填写附件A的文件完成对另一许可证的指定），供接收者在二者中选择一种适用。

（2）Mozilla公共许可证版本1.1和后续版本的兼容性

Mozilla公共许可证版本1.1第6.2条规定，一旦受保护代码根据一个特定版本的许可证被发布，你就可以始终根据该版本的条款继续使用它。你也可以选择根据Netscape发布的本许可证的任何后续版本的条款使用该受保护代码。除Netscape外，任何人无权修改适用于根据本许可证创建的受保护代码的条款。由此可见Mozilla公共许可证版本1.1和后续版本之间也具有单向的兼容性。

（3）变更许可证

Mozilla公共许可证版本1.1第3.6条对可执行版本分发时变更许可证进行了规定，具体为：你可以根据你选择的许可证分发受保护代码的可执行版本或所有权，其中可能包含与本许可证不同的条款，前提是你遵守本许可证的条款，并且该可执行版本的许可证不会试图限制或更改接收者根据本许可证规定在源代码版本中的权利。如果你在不同的许可证下分发可执行版本，你必须明确表示，与本许可证不同的任何条款都是由你单独提供，而不是由初始开发者或任何贡献者提供。你在此同意补偿初始开发者和每位贡献者因你提供的任何此类条款而导致初始开发者或此类贡献者承担的任何责任。

此外，Mozilla 公共许可证版本 1. 1 第 6. 3 条对修改许可证版本也进行了规定，如果你创作或使用本许可证的一个修改版本（你只能将其应用于不受本许可证管辖的受保护代码的代码），你必须（a）重命名你的许可证，使词组“Mozilla”、“MOZILLAPL”、“MOBPL”、“Netscape”、“MPL”、“NPL”或任何令人困惑的类似词组不会出现在你的许可证中（声明你的许可证与本许可证不同的除外），并且（b）以其他方式明确你的许可版本包含与 Mozilla 公共许可证和 Netscape 公共许可证不同的条款。

9. 关于许可证争议解决方式和适用法律

Mozilla 公共许可证版本 1. 1 第 11 条规定，本许可证将受加利福尼亚法律管辖（除非适用法律范围另有规定），但不包括其冲突法规范。对于至少一方是美利坚合众国公民或特许或注册在美利坚合众国开展业务的法律实体的争议，与本许可证有关的任何诉讼均应由加利福尼亚北区联邦法院管辖，诉讼地点位于加利福尼亚州 Santa Clara 县，败诉方负责费用，包括但不限于诉讼费用和合理的律师费和开支。《联合国国际货物销售合同公约》的适用被明确排除。任何规定合同语言应作对起草人不利解释的法律或法规不应适用于本许可证。

10. 初始开发者和贡献者之间的责任分担

Mozilla 公共许可证版本 1. 1 第 12 条规定，在初始开发者和贡献者之间，各方对其使用本许可下的权利直接或间接引起的权利主张和损害负责，你同意与初始开发者和参与者合作，在公平的基础上分担此类责任。此处的任何内容均不被认为或不应被视为对责任的任何承认。

三、Mozilla 公共许可证版本 2. 0（MPL－2. 0）参考译文及其评述和介绍

（一）Mozilla 公共许可证版本 2. 0 许可协议英文版

Mozilla Public License 2. 0（MPL－2. 0）

1. Definitions

1. 1. “Contributor”

means each individual or legal entity that creates, contributes to the creation of, or owns Covered Software.

1. 2. “Contributor Version”

means the combination of the Contributions of others (if any) used by a

Contributor and that particular Contributor's Contribution.

1.3. "Contribution"

means Covered Software of a particular Contributor.

1.4. "Covered Software"

means Source Code Form to which the initial Contributor has attached the notice in Exhibit A, the Executable Form of such Source Code Form, and Modifications of such Source Code Form, in each case including portions thereof.

1.5. "Incompatible With Secondary Licenses"

Means that the initial Contributor has attached the notice described in Exhibit B to the Covered Software; or that the Covered Software was made available under the terms of version 1.1 or earlier of the License, but not also under the terms of a Secondary License.

1.6. "Executable Form"

means any form of the work other than Source Code Form.

1.7. "Larger Work"

means a work that combines Covered Software with other material, in a separate file or files, that is not Covered Software.

1.8. "License"

means this document.

1.9. "Licensable"

means having the right to grant, to the maximum extent possible, whether at the time of the initial grant or subsequently, any and all of the rights conveyed by this License.

1.10. "Modifications"

means any of the following:

a. any file in Source Code Form that results from an addition to, deletion from, or modification of the contents of Covered Software; or

b. any new file in Source Code Form that contains any Covered Software.

1.11. "Patent Claims" of a Contributor

means any patent claim (s), including without limitation, method, process, and apparatus claims, in any patent Licensable by such Contributor that would be infringed, but for the grant of the License, by the making, using, selling, offering for sale, having made, import, or transfer of either its Contributions or its Contributor Version.

1.12. "Secondary License"

means either the GNU General Public License, Version 2.0, the GNU Lesser General Public License, Version 2.1, the GNU Affero General Public License, Version 3.0, or any later versions of those licenses.

1.13. "Source Code Form"

means the form of the work preferred for making modifications.

1.14. "You" (or "Your")

means an individual or a legal entity exercising rights under this License. For legal entities, "You" includes any entity that controls, is controlled by, or is under common control with You. For purposes of this definition, "control" means (a) the power, direct or indirect, to cause the direction or management of such entity, whether by contract or otherwise, or (b) ownership of more than fifty percent (50%) of the outstanding shares or beneficial ownership of such entity.

2. License Grants and Conditions

2.1. Grants

Each Contributor hereby grants You a world-wide, royalty-free, non-exclusive license:

a. under intellectual property rights (other than patent or trademark) Licensable by such Contributor to use, reproduce, make available, modify, display, perform, distribute, and otherwise exploit its Contributions, either on an unmodified basis, with Modifications, or as part of a Larger Work; and

b. under Patent Claims of such Contributor to make, use, sell, offer for sale, have made, import, and otherwise transfer either its Contributions or its Contributor Version.

2.2. Effective Date

The licenses granted in Section 2.1 with respect to any Contribution become effective for each Contribution on the date the Contributor first distributes such Contribution.

2.3. Limitations on Grant Scope

The licenses granted in this Section 2 are the only rights granted under this License. No additional rights or licenses will be implied from the distribution or licensing of Covered Software under this License. Notwithstanding Section 2.1 (b) above, no patent license is granted by a Contributor:

a. for any code that a Contributor has removed from Covered Software; or

b. for infringements caused by: (i) Your and any other third party's modifications of Covered Software, or (ii) the combination of its Contributions with other software (except as part of its Contributor Version); or

c. under Patent Claims infringed by Covered Software in the absence of its Contributions.

This License does not grant any rights in the trademarks, service marks, or logos of any Contributor (except as may be necessary to comply with the notice requirements in Section 3.4).

2.4. Subsequent Licenses

No Contributor makes additional grants as a result of Your choice to distribute the Covered Software under a subsequent version of this License (see Section 10.2) or under the terms of a Secondary License (if permitted under the terms of Section 3.3).

2.5. Representation

Each Contributor represents that the Contributor believes its Contributions are its original creation (s) or it has sufficient rights to grant the rights to its Contributions conveyed by this License.

2.6. Fair Use

This License is not intended to limit any rights You have under applicable copyright doctrines of fair use, fair dealing, or other equivalents.

2.7. Conditions

Sections 3.1, 3.2, 3.3, and 3.4 are conditions of the licenses granted in Section 2.1.

3. Responsibilities

3.1. Distribution of Source Form

All distribution of Covered Software in Source Code Form, including any

Modifications that You create or to which You contribute, must be under the terms of this License. You must inform recipients that the Source Code Form of the Covered Software is governed by the terms of this License, and how they can obtain a copy of this License. You may not attempt to alter or restrict the recipients' rights in the Source Code Form.

3.2. Distribution of Executable Form

If You distribute Covered Software in Executable Form then:

a. such Covered Software must also be made available in Source Code Form, as described in Section 3.1, and You must inform recipients of the Executable Form how they can obtain a copy of such Source Code Form by reasonable means in a timely manner, at a charge no more than the cost of distribution to the recipient; and

b. You may distribute such Executable Form under the terms of this License, or sublicense it under different terms, provided that the license for the Executable Form does not attempt to limit or alter the recipients' rights in the Source Code Form under this License.

3.3. Distribution of a Larger Work

You may create and distribute a Larger Work under terms of Your choice, provided that You also comply with the requirements of this License for the Covered Software. If the Larger Work is a combination of Covered Software with a work governed by one or more Secondary Licenses, and the Covered Software is not Incompatible With Secondary Licenses, this License permits You to additionally distribute such Covered Software under the terms of such Secondary License(s), so that the recipient of the Larger Work may, at their option, further distribute the Covered Software under the terms of either this License or such Secondary License(s).

3.4. Notices

You may not remove or alter the substance of any license notices (including copyright notices, patent notices, disclaimers of warranty, or limitations of liability) contained within the Source Code Form of the Covered Software, except that You may alter any license notices to the extent required to remedy known factual inaccuracies.

3.5. Application of Additional Terms

You may choose to offer, and to charge a fee for, warranty, support, indemnity or liability obligations to one or more recipients of Covered Software. However, You may do so only on Your own behalf, and not on behalf of any Contributor. You must make it absolutely clear that any such warranty, support, indemnity, or liability obligation is offered by You alone, and You hereby agree to indemnify every Contributor for any liability incurred by such Contributor as a result of warranty, support, indemnity or liability terms You offer. You may include additional disclaimers of warranty and limitations of liability specific to any jurisdiction.

4. Inability to Comply Due to Statute or Regulation

If it is impossible for You to comply with any of the terms of this License with respect to some or all of the Covered Software due to statute, judicial order, or regulation then You must: (a) comply with the terms of this License to the maximum extent possible; and (b) describe the limitations and the code they affect. Such description must be placed in a text file included with all distributions of the Covered Software under this License. Except to the extent prohibited by statute or regulation, such description must be sufficiently detailed for a recipient of ordinary skill to be able to understand it.

5. Termination

5. 1. The rights granted under this License will terminate automatically if You fail to comply with any of its terms. However, if You become compliant, then the rights granted under this License from a particular Contributor are reinstated (a) provisionally, unless and until such Contributor explicitly and finally terminates Your grants, and (b) on an ongoing basis, if such Contributor fails to notify You of the non – compliance by some reasonable means prior to 60 days after You have come back into compliance. Moreover, Your grants from a particular Contributor are reinstated on an ongoing basis if such Contributor notifies You of the non – compliance by some reasonable means, this is the first time You have received notice of non – compliance with this License from such Contributor, and You become compliant prior to 30 days after Your receipt of the notice.

5. 2. If You initiate litigation against any entity by asserting a patent infringement claim (excluding declaratory judgment actions, counter – claims, and cross – claims) alleging that a Contributor Version directly or indirectly infringes any patent, then the

rights granted to You by any and all Contributors for the Covered Software under Section 2. 1 of this License shall terminate.

5. 3. In the event of termination under Sections 5. 1 or 5. 2 above, all end user license agreements (excluding distributors and resellers) which have been validly granted by You or Your distributors under this License prior to termination shall survive termination.

6. Disclaimer of Warranty

Covered Software is provided under this License on an "as is" basis, without warranty of any kind, either expressed, implied, or statutory, including, without limitation, warranties that the Covered Software is free of defects, merchantable, fit for a particular purpose or non - infringing. The entire risk as to the quality and performance of the Covered Software is with You. Should any Covered Software prove defective in any respect, You (not any Contributor) assume the cost of any necessary servicing, repair, or correction. This disclaimer of warranty constitutes an essential part of this License. No use of any Covered Software is authorized under this License except under this disclaimer.

7. Limitation of Liability

Under no circumstances and under no legal theory, whether tort (including negligence), contract, or otherwise, shall any Contributor, or anyone who distributes Covered Software as permitted above, be liable to You for any direct, indirect, special, incidental, or consequential damages of any character including, without limitation, damages for lost profits, loss of goodwill, work stoppage, computer failure or malfunction, or any and all other commercial damages or losses, even if such party shall have been informed of the possibility of such damages. This limitation of liability shall not apply to liability for death or personal injury resulting from such party's negligence to the extent applicable law prohibits such limitation. Some jurisdictions do not allow the exclusion or limitation of incidental or consequential damages, so this exclusion and limitation may not apply to You.

8. Litigation

Any litigation relating to this License may be brought only in the courts of a jurisdiction where the defendant maintains its principal place of business and such litigation shall be governed by laws of that jurisdiction, without reference to its conflict - of - law provisions. Nothing in this Section shall prevent a party's ability to bring cross - claims or counter - claims.

9. Miscellaneous

This License represents the complete agreement concerning the subject matter hereof. If any provision of this License is held to be unenforceable, such provision shall be reformed only to the extent necessary to make it enforceable. Any law or regulation which provides that the language of a contract shall be construed against the drafter shall not be used to construe this License against a Contributor.

10. Versions of the License

10. 1. New Versions

Mozilla Foundation is the license steward. Except as provided in Section 10. 3, no one other than the license steward has the right to modify or publish new versions of this License. Each version will be given a distinguishing version number.

10. 2. Effect of New Versions

You may distribute the Covered Software under the terms of the version of the License under which You originally received the Covered Software, or under the terms of any subsequent version published by the license steward.

10. 3. Modified Versions

If you create software not governed by this License, and you want to create a new license for such software, you may create and use a modified version of this License if you rename the license and remove any references to the name of the license steward (except to note that such modified license differs from this License).

10. 4. Distributing Source Code Form that is Incompatible With Secondary Licenses

If You choose to distribute Source Code Form that is Incompatible With Secondary Licenses under the terms of this version of the License, the notice described in Exhibit B of this License must be attached.

Exhibit A - Source Code Form License Notice

This Source Code Form is subject to the terms of the Mozilla Public License, v. 2. 0. If a copy of the MPL was not distributed with this file, You can obtain one at https：//mozilla. org/MPL/2. 0/.

If it is not possible or desirable to put the notice in a particular file, then You may include the notice in a location (such as a LICENSE file in a relevant directory) where a recipient would be likely to look for such a notice.

You may add additional accurate notices of copyright ownership.

Exhibit B – "Incompatible With Secondary Licenses" Notice

This Source Code Form is "Incompatible With Secondary Licenses", as definedby the Mozilla Public License, v. 2. 0.

（二）Mozilla 公共许可证版本 2. 0 许可协议参考译文

为了介绍和评论引用的开源许可证原文来源于：https：//www. mozilla. org/en – US/MPL/。相关开源许可证原文版权归属开源许可证版权人。对上述网站中开源许可证的中文参考译文，仅为介绍和评论上述英文开源许可证的非官方中文参考译文，开源许可证条款和条件应以官方发布许可证原文为准。参考译文亦遵从原许可证版权人的版权和许可证及其官方管理机构的相关要求（如有）。开源许可证的中文参考译文可能存在错误或疏漏，欢迎读者指正。参考译文以及在参考译文基础上对相关许可证的分析和评述不构成具有法律约束力的任何法律建议或意见，仅供读者参考，因使用参考译文及相关分析评述引起的任何后果由使用者自行承担。

The original English text of this license cited herein for the purpose of introduction and comments could be found at：https：//www. mozilla. org/en – US/MPL/, the copyright of which belongs to the copyright holder. This unofficial Simplified Chinese translation of the original English text is solely for the purpose of introduction, commentary and explanation of a certain issue, which can not replace the original English text. The original English text of the terms and conditions listed in the license agreement shall prevail at all times. This unofficial Simplified Chinese translation acknowledge the copyright of the copyright holder and complies with the requirements of the official management agency of this license agreement (if any). There may be errors or omissions in the unofficial Simplified Chinese translation, readers are welcome to correct them. Neither the unofficial translations nor the analysis and comments shall constitute any legally binding advice or opinions, they are for reference only. Any consequences arising from the use of this unofficial translations and related analysis and comments shall be borne by the users themselves.

Mozilla 公共许可证版本 2.0

1. 定义

1.1 “贡献者”

指的是创造、对创造做出贡献或拥有受保护的软件的每个个人或法律实体。

1.2 “贡献者版本”

指的是贡献者使用的其他人的贡献（如果有）和该特定贡献者的贡献的合并版本。

1.3 “贡献”

指的是某一个特定的贡献者的受保护的软件。

1.4 “受保护软件”

指被最初的贡献者附上附件 A 中声明的源代码格式、该源代码格式的可执行文件格式和该源代码格式的修改，以上每一种情况均包括其部分。

1.5 “与第二许可证不兼容”

指的是，最初的贡献者将附件 B 中声明附在受保护的软件上；或者受保护的软件是适用 MPL 协议的 1.1 版本甚至更早版本，但又没有同时适用一个第二许可证。

1.6 “可执行格式”

指作品除源代码格式以外的任何其他格式。

1.7 “更大的作品”

指的是，一个作品合并了受保护的软件和在一个单独的文件或多个单独的文件中的不受保护软件的其他材料。

1.8 “本许可证”

指的就是本文件。

1.9 “可许可的”

有权授予所有本许可证项下的任何和全部权利，授权是可能的最大程度的，无论是最初授予还是后续授予。

1.10 “修改”

指下列任何内容：

a. 对受保护软件的内容进行的增加、删除、修改而形成的源代码格式的任何文件；

b. 任何包含受保护软件的源代码格式的新文件。

1.11 “贡献者的专利权利要求”

指贡献者可许可的专利中的任何专利权利要求，包括但不限于对方法、过程和设备的权利要求，除得到本许可证的许可外，前述专利权利要求可能被制造、使用、销售、许诺销售、委托制作、进口或转让贡献或贡献者版本的行为所获得。

1.12 “第二许可证”

指的是 GNU 通用公共许可证版本 2，GUN 宽松通用公共许可证版本 2.1，GUN Affero 通用公共许可证版本 3 或者这三个许可证的任何后续版本。

1.13 “源代码格式”

指优先适于进行修改的作品格式。

1.14 “你”（或“你的”）

指的是行使本许可证项下权利的个人或者法律实体。对法律实体而言，“你”包括任何实体，该实体控制你、被你控制，或与你受到共同控制。在本定义中，“控制”指的是（a）一种权力，可以直接或间接决定实体的方向和管理，无论其是否通过合同的形式或者其他的形式，（b）或者拥有该实体超过 50% 的已发行的股权或拥有该实体的受益所有权。

2. 许可证授予和条件

2.1 授予

每位贡献者在此授予你一个全球性的、免版税的、非排他性的许可：

（a）根据该贡献者可许可的知识产权（专利或商标除外），使用、复制、提供、修改、展示、表演、分发和其他方式利用其贡献，该贡献无论基于未修改的、还是修改过的，或是作为更大的作品的一部分；

（b）根据该贡献者的专利权利要求，制造、使用、销售、许诺销售、委托制造、进口和以其他方式转移其贡献或其贡献者版本。

2.2 生效日期

第 2.1 条中授予的关于任何“贡献”的许可，在贡献者首次分发该“贡献”的日期对每份“贡献”生效。

2.3 授予范围限制

第 2 条中授予的许可是根据本许可证授予的唯一权利。根据本许可证对受保护软件的分发或许可，没有暗示授予任何额外权利或许可。尽管有上述 2.1 条

（b）项的规定，（以下情况）但是没有专利许可被贡献者授予：

（a）贡献者已经从受保护软件中移除的任何代码；

（b）因以下原因造成的侵权行为：（1）你的修改或者任何其他第三方对受保护的软件的修改；（2）将其贡献和其他软件（并非贡献者版本的一部分）进行合并；

（c）专利权利要求被缺乏其贡献的受保护软件所侵犯。

本许可证不授予任何关于贡献者的商标、服务标记或标识的任何权利（除非符合第3.4条中的通知要求所必需）。

2.4 后续许可证

没有贡献者会给你额外许可。当你选择将受保护的软件按照本许可证的后续版本分发（见第10.2条）或者按照第二许可证（如果根据第3.3条规定被许可）分发。

2.5 陈述

每一个贡献者都陈述，贡献者相信他的贡献内容是其原创的，或者有充分的权利授予根据本许可证传输其贡献的权利。

2.6 合理使用

本许可证无意限制你根据合理使用、公平交易或其他等同情况的适用版权学说所拥有的任何权利。

2.7 条件

第3.1、3.2、3.3、3.4条是第2.1条中授予的许可的条件。

3. 责任

3.1 源代码格式的分发

所有以源代码格式分发的受保护的软件，包括你创造的或向其贡献的任何修改，都必须遵守本许可证。你必须通知接收者，以源代码格式分发的受保护的软件受到本许可证条款的管辖，以及接收者如何能获得本许可证副本。你不得尝试更改或者限制接收者关于源代码格式的权利。

3.2 可执行文件格式的分发

如果你以可执行文件格式分发受保护的软件，那么

（a）该受保护的软件的源代码格式也必须是可获得的，如第3.1条的规定，并且你必须通知可执行文件的接收者如何及时通过合理方式获得该源代码的副本，收费不能超过分发给接收者的成本；并且

（b）你可按照本许可证的条款分发该可执行文件，或者按照不同的条款进行再许可，前提是适用于该执行文件的许可证不能企图限制或更改接收者根据本许可证对源代码格式享有的权利。

3.3 更大作品的分发

你可以用你选择的条款创作并分发一个更大的作品，前提是你也要符合本许可证对关于该受保护软件的要求。如果这个更大的作品是受保护的软件和另一个适用一个或多个第二许可证作品的合并，并且该受保护的软件与第二许可证并非不兼容，则本许可证许可你额外地按照前述第二许可证分发前述受保护的软件，因此该更大作品的接收者就可以根据他们的选择按照本许可证或者按照前述第二许可证进一步分发受保护软件。

3.4 声明

你不得删除或更改包含在受保护软件的源代码格式中的任何关于许可声明的内容（包括版权声明、专利声明、免责声明或责任限制），但你可更改任何许可证通知以纠正已知事实的不准确性。

3.5 附加条款的应用

你可以选择对一个或更多受保护软件的接收者，提供担保、支持、补偿或者责任义务，并为此收费。但是你在提供前述项目时，只代表你自己，而不代表任何贡献者。你必须明确说明，任何前述担保、支持、补偿或责任义务均由你单独提供，并且你在此同意补偿每位贡献者因你提供保证、支持、补偿或责任条款的结果而遭受的任何损失。你可以针对任何司法管辖区，加入额外的免责声明和责任限制条款。

4. 由于法令或法规无法遵守

如果由于法规、司法命令或法规，你无法遵守有关某些或全部受保护软件的本许可证的任何条款，则你必须：（a）最大程度遵守本许可的条款；（b）描述这些限制以及它们所影响的代码，这种描述必须被放置在一个文本文件中，该文本文件被包括在根据本许可证分发的所有受保护软件中。除非法令或法规禁止，该描述必须足够详细，以便一位拥有普通技能的接收者能够理解它。

5. 终止

5.1 如果你未能遵守本许可证的任何条款，本许可证授予你的权利将自动终止。但是，如果你停止违反行为，则特定贡献者根据本许可授予你的权利将恢复：（a）暂时恢复，除非并且直到该贡献者明确并最终终止对你的授权，以及

（b）在一个持续的基础上恢复，如果该贡献者没能在你恢复合规后的60天之内通过合理的方式通知你不合规的情况。此外，你从一位特定贡献者处获得的授权将在一个持续的基础上恢复，如果该特定的贡献者以某种合理的方式通知你不合规的情况，并且这也是你第一次从该贡献者处收到不符合本许可证的通知，并且在收到该通知之后的30天内你停止违反行为。

5.2 如果你通过主张一个专利侵权诉讼请求，向任何实体提起了诉讼（但不包括宣告性判决诉讼、反诉、交叉请求），并且声明某一个贡献者版本直接或者间接侵犯了任何专利，则任何贡献者就该受保护软件根据本许可证第2.1条对你的授权都将被终止。

5.3 在上述第5.1条和第5.2条下的终止事件发生时，在终止之前你或你的分销商根据本许可证有效授予所有终端用户（不包括分销商和经销商）的许可协议继续有效。

6. 无担保声明

根据本许可证，受保护的软件按照原样提供，不提供任何种类的明示、暗示或法定的担保，包括但不限于受保护软件没有缺陷、适合销售、适用于特定目的或不侵权的担保。关于受保护软件的质量和执行的全部风险由你承担。任何被保护软件在任何方面被证明有缺陷，你（而不是任何贡献者）将承担所有必要的服务、修理或纠正的费用。此无担保声明构成本许可证的重要部分。如果本许可证下无此无担保声明，则使用任何受保护软件的行为都不会被授权。

7. 责任限制

在任何情况和任何法律理论下，无论是侵权（包括疏忽）、合同或者是其他，贡献者或者任何根据前文被许可分发受保护软件的人，均不对你就任何直接、间接、特殊、偶然或任何性质的后果性损害承担责任，包括但不限于利润损失、商誉损失、停工、计算机失效或故障，以及任何和全部其他商业损害或损失，即使该方已被告知这种损害的可能性。本责任限制不适用于因该方的疏忽导致的死亡或人身伤害的责任，只要适用的法律禁止此种责任限制。某些司法管辖区可能不允许排除或限制偶然或后果性损害，因此此种排除和限制可能不适用于你。

8. 诉讼

与本许可证相关的任何诉讼只能在被告维持其主要营业地的司法管辖区的法院提起，并且此类诉讼适用该司法管辖区的法律管辖，而不能参考其法律冲突条款。本条的任何规定都不会阻止一方提出交叉请求或反请求的行为。

9. 杂项

本许可证代表了与主题有关事宜的完整合约。如果本许可证的任何条款被认为无法执行，则该条款应该被改正到以使其可执行的必要程度。如果任何法律或法规规定本许可证中的语言应从不利于起草者的角度进行解释，则该法律或法规不应当用于从不利于贡献者的角度解释本许可证。

10. 许可证的版本

10.1 新版本

Mozilla 基金会是许可证的管理机构。除非第 10.3 条另有规定，除许可证管理机构外，没有其他任何人有权修改或者或发布本许可证的新版本。每个版本将被给予一个有区别的版本号。

10.2 新版本的影响

你可以根据你最初收到的受保护软件的许可证版本的条款分发受保护软件，或根据许可证管理机构发布的任何后续版本分发受保护软件。

10.3 修改的版本

如果你创作的软件不受此许可证的约束，并且你希望为该软件创建一个新许可证，如果你重命名许可证并删除对许可证管理机构的名称的所有引用（除了注明该修改的许可证与本许可证不同外），则可以创建和使用此许可证的修改版本。

10.4 分发与第二许可证不兼容的源代码格式

如果你选择根据本许可证此版本条款分发与第二许可证不兼容的源代码格式，则必须附上本许可证附件 B 中描述的声明。

附件 A – 源代码格式许可证声明

本源代码表受 Mozilla 公共许可证版本 2.0 条款的约束。如果 Mozilla 公共许可证版本 2.0 的副本未与此文件一起分发，那么你可以从 https：//mozilla.org/MPL/2.0/获取一份。

如果不可能或不合适将声明放在特定文件中，则你可以将声明放置在接收者可能会查找此类通知的位置（例如在相关目录中的 LICENSE 文件）中。

你可以添加附加的准确的版权所有的声明。

附件 B – “与第二许可证不兼容” 声明

本源代码格式同 Mozilla 公共许可证版本 2.0 定义的“第二许可证不兼容”。

（三）Mozilla 公共许可证版本 2.0 的评述和介绍

Mozilla 公共许可证版本 2.0 是由 Mozilla 基金会（Mozilla Foundation）发布的开源许可证。Mozilla 公共许可证版本 2.0 鼓励用户分享他们对贡献者的代码所做的修改，同时仍然允许他们以最小的限制将贡献者的代码与其他许可证下的代码合并使用，并且不要求被合并的其他许可证下的代码和合并作品整体适用 Mozilla 公共许可证版本 2.0。

Mozilla 公共许可证版本 2.0 填补了自由和开源软件许可证范围中的一个有用空间，介于 Apache 许可证（不需要共享修改）和 GNU 系列许可证（需要在更广泛的集合下共享修改）之间。Mozilla 公共许可证版本 2.0 发布后被广泛地采用①。

1. 适用范围

Mozilla 公共许可证版本 2.0 虽然没有条款专门对许可证的适用范围进行约定，但从第 1 条定义的相关条款分析，Mozilla 公共许可证版本 2.0 适用范围限于软件，并未包括软件以外的其他作品形式。

2. 授权机制和授权内容

Mozilla 公共许可证版本 2.0 首先承认软件作者对软件享有的知识产权，然后通过 Mozilla 公共许可证版本 2.0 所载的条款和条件由软件知识产权人授予软件接收者一个全球性的、免版税的、非排他性的知识产权（商标权除外）许可。

关于贡献者的知识产权来源，Mozilla 公共许可证版本 2.0 第 2.5 条“陈述”中规定，每一个贡献者都陈述，贡献者相信他的贡献内容是其原创的，或者有充分的权利授予根据本许可证传输其贡献的权利。

具体授权内容包括：根据该贡献者可许可的知识产权（专利或商标除外），使用、复制、提供、修改、展示、表演、分发和其他方式利用其贡献；根据该贡献者的专利权利要求，制造、使用、销售、许诺销售、委托制造、进口和以其他方式转移其贡献或其贡献者版本。

3. 许可条件

（1）源代码格式的受保护软件分发条件

Mozilla 公共许可证版本 2.0 第 3.1 条规定了以源代码的格式分发受保护软件

---

① 参见《MPL 2.0 FAQ》，载 https：//www. mozilla. org/en – US/MPL/2. 0/FAQ/，最后访问日期：2023 年 9 月 24 日。

（包括其修改）的条件，分发人必须通知接收者以源代码格式分发的受保护软件受到 Mozilla 公共许可证版本 2.0 条款的管辖以及接收者如何能获得 Mozilla 公共许可证版本 2.0 副本；分发人不得尝试更改或者限制接收者对源代码格式的权利。

（2）可执行文件格式的软件分发条件

Mozilla 公共许可证版本 2.0 第 3.2 条规定了以可执行文件格式分发受保护软件的条件：（a）履行 Mozilla 公共许可证版本 2.0 第 3.1 条关于分发源代码的义务，保证以可执行文件格式分发的受保护软件的源代码也必须是可获得的；（b）可按照 Mozilla 公共许可证版本 2.0 条款分发该可执行文件，或者按照不同的条款进行再许可，前提是适用于该执行文件的许可证不能企图限制或更改接收者根据 Mozilla 公共许可证版本 2.0 对源代码格式的享有权利。

（3）将保护软件和其他非受保护软件材料合并成更大作品的分发条件

Mozilla 公共许可证版本 2.0 第 3.3 条规定了将保护软件和其他非受保护软件材料合并成更大作品的分发条件，即用户可以自己选择条款和条件创作并分发一个更大的作品，前提是要符合 Mozilla 公共许可证版本 2.0 对关于该受保护软件的要求，Mozilla 公共许可证版本 2.0 没有对更大作品整体以及更大作品中其他非受保护软件材料提出适用的要求（此点区别于 GNU 通用公共系列许可证）。

另外，如果其他非受保护软件材料适用的是 Mozilla 公共许可证版本 2.0 第 1.12 条规定的第二许可证，即 GNU 通用公共许可证版本 2，GUN 宽松通用公共许可证版本 2.1，GUN Affero 通用公共许可证版本 3 或者这三个许可证的任何后续版本，则 Mozilla 公共许可证版本 2.0 可以额外许可你按照第二许可证分发前述受保护的软件，该更大作品的接收者就可以根据自己的选择按照 Mozilla 公共许可证版本 2.0 或者按照第二许可证进一步分发受保护软件。

（4）保留声明

Mozilla 公共许可证版本 2.0 第 3.4 条规定保留声明作为许可的条件，受保护软件用户不得删除或更改包含在受保护软件的源代码格式中的任何关于许可声明的内容（包括版权声明、专利声明、免责声明或责任限制），但可更改任何许可证通知以纠正已知事实的不准确性。

（5）附加条款

Mozilla 公共许可证版本 2.0 第 3.5 条规定许可证支持附加条款，用户可以选择对一个或更多受保护软件的接收者，提供担保、支持、补偿或者责任义务，并为此收费。

但是用户必须在提供前述项目时，只代表该用户自己，而不代表任何贡献者。用户必须明确，任何前述担保、支持、补偿或责任义务均由该用户单独提供，并且用户同意补偿每位贡献者因该用户提供保证、支持、补偿或责任条款的结果而遭受的任何损失。

用户可以针对任何司法管辖区，加入额外的免责声明和责任限制条款。

4. 由于法令或法规而无法遵守许可证情况下的义务

Mozilla 公共许可证版本 2.0 第 4 条规定了由于法令或法规而无法遵守许可证情况下的义务。

如果由于法规、司法命令或法规，用户无法遵守有关某些或全部受保护的软件的本许可证的任何条款，则必须：(a) 最大程度遵守本许可的条款；(b) 描述这些限制以及它们所影响的代码，这种描述必须被放置在一个文本文件中，该文本文件被包括在根据本许可证分发的所有受保护软件中。除非法令或法规禁止，该描述必须足够详细，以便一位拥有普通技能的接收者能够理解它。

5. 传染性及其例外

Mozilla 公共许可证版本 2.0 的传染性主要体现在第 3.1 条和第 3.2 条，其传染性表现为仅要求受保护软件的修改版本继续适用 Mozilla 公共许可证版本 2.0，要求受保护软件的修改版本的源代码格式可以继续被用户获得。

对于将受保护软件和其他非受保护软件材料合并成更大作品并进行分发时，Mozilla 公共许可证版本 2.0 仅对该受保护软件部分要求继续适用 Mozilla 公共许可证版本 2.0，而对更大作品整体以及更大作品中其他非受保护软件材料并无适用的要求。与之对比，GNU 通用公共许可证系列在前述情况下，会进一步对更大作品整体以及更大作品中其他非受保护软件材料提出适用要求。

从是否要求用户提供源代码的角度来看，如果把受保护软件许可证对其修改版本的适用，要求向修改版本接收者提供修改版本源代码格式定义为"纵向的传染性"；把将保护软件和其他非受保护软件材料合并成更大作品的分发时，受保护软件部分的许可证进一步对更大作品整体以及更大作品中其他非受保护软件材料的适用，要求向更大作品接收者提供更大作品整体以及更大作品中其他非受保护软件材料的源代码格式定义为"横向的传染性"，则 Mozilla 公共许可证版本 2.0 在要求用户提供源代码方面，仅具有纵向的传染性，但没有横向的传染性，而 GNU 通用公共许可证系列在要求用户提供源代码方面，则兼具纵向和横向的传染性。

6. 许可的终止和恢复

Mozilla 公共许可证版本 2. 0 对许可的终止和恢复进行了规定。

Mozilla 公共许可证版本 2. 0 第 5. 1 条规定，如果用户未能遵守本许可证的任何条款，本许可证授予的权利将自动终止。但如果用户改正后变得合规，则授权将按如下两种情况恢复：（a）在回到合规状态后的 60 天之内暂时恢复，但该贡献者有权在 60 天内随时向违规者发送终止授权的通知，以彻底终止对违规者的授权，以及（b）长期恢复，如果贡献者没能在用户恢复合规状态后的 60 天之内通过合理的方式通知其不合规情况，则违规者的授权就将恢复到长期授权的状态，言外之意是超过 60 天之后，权利人也没有权利彻底终止对违规者的授权。另外，Mozilla 公共许可证版本 2. 0 对于初次违反许可证规定的行为特别“网开一面”。如果一个违规的用户是第一次收到权利人的不合规通知，那么这个违规用户只要能够在 30 天内停止违规，就将获得长期恢复的授权。

Mozilla 公共许可证版本 2. 0 第 5. 2 条规定，如果用户通过主张一个专利侵权诉讼请求，向任何实体提起了诉讼（但不包括宣告性判决诉讼、反诉、交叉请求），并且声明某一个贡献者版本直接或者间接侵犯了任何专利，则任何贡献者就该受保护软件此前授予专利起诉人的授权都将被终止。

Mozilla 公共许可证版本 2. 0 第 5. 3 条规定，在前述终止事项发生时，此前终端用户从用户处获得的（不包括分销商和经销商）授权继续有效。

7. 无担保无赔偿

Mozilla 公共许可证版本 2. 0 关于无担保无赔偿的规定同其他开源许可证的规定基本相同。

Mozilla 公共许可证版本 2. 0 第 6 条规定，受保护的软件按照原样提供，不提供任何种类的明示、暗示或法定的担保，用户（而不是任何贡献者）将承担所有必要的服务、修理或纠正的费用。无担保声明构成 Mozilla 公共许可证版本 2. 0 的重要部分。如果排除此无担保声明，则使用任何受保护软件的行为都不会被授权。

Mozilla 公共许可证版本 2. 0 第 7 条规定，在任何情况和任何法律理论下，无论是侵权（包括疏忽）、合同或者是其他，贡献者或者任何被许可分发受保护软件的人，均不对用户就任何直接、间接、特殊、偶然或任何性质的后果性损害承担责任。本责任限制不适用于因该方的疏忽导致的死亡或人身伤害的责任，只要适用的法律禁止此种责任限制。某些司法管辖区可能不允许排除或限制偶然或后果性损害，因此此种排除和限制可能不适用于用户。

8. 许可证更改及兼容性

（1）Mozilla 公共许可证版本 2.0 和第二许可证的兼容性

Mozilla 公共许可证版本 2.0 第 3.3 条规定了将保护软件和其他非受保护软件材料合并成更大作品的分发时，如果其他非受保护软件材料适用的是 Mozilla 公共许可证版本 2.0 第 1.12 条规定的第二许可证，即 GNU 通用公共许可证版本 2，GUN 宽松通用公共许可证版本 2.1，GUN Affero 通用公共许可证版本 3 或者这三个许可证的任何后续版本，则 Mozilla 公共许可证版本 2.0 将额外许可按照第二许可证分发前述受保护的软件，该更大作品的接收者就可以根据自己的选择按照 Mozilla 公共许可证版本 2.0 或者按照第二许可证进一步分发受保护软件。

由上可见 Mozilla 公共许可证版本 2.0 同其规定的第二许可证“GNU 通用公共许可证版本 2，GUN 宽松通用公共许可证版本 2.1，GUN Affero 通用公共许可证版本 3 或者这三个许可证的任何后续版本”具有单向度的兼容性，但这种兼容性具有方向性，即在合并为更大作品时，Mozilla 公共许可证版本 2.0 可以额外许可你按照第二许可证分发前述受保护的软件，但前述第二许可证中并没有给出与 Mozilla 公共许可证版本 2.0 反向兼容的额外许可。

（2）Mozilla 公共许可证版本 2.0 和后续版本的兼容性

Mozilla 公共许可证版本 2.0 第 10.2 条规定，用户可以根据其最初收到的受保护软件的许可证版本的条款分发受保护软件，或根据许可证管理机构发布的任何后续版本分发受保护软件。由此可见 Mozilla 公共许可证版本 2.0 和后续版本之间也具有单向的兼容性。

（3）变更许可证

Mozilla 公共许可证版本 2.0 对源代码格式的分发受保护软件没有可变更许可证的相关规定。

Mozilla 公共许可证版本 2.0 第 3.2 条（b）项规定，用户可按照本许可证条款分发该可执行文件，或者按照不同的条款进行再许可，前提是适用于该执行文件的许可证不能企图限制或更改接收者根据本许可证对源代码格式享有的权利。

Mozilla 公共许可证版本 2.0 第 3.3 条规定，用户可以用其选择的条款创作并分发一个更大的作品，前提是用户要符合本许可证对关于该受保护软件的要求。

此外，Mozilla 公共许可证版本 2.0 第 10.3 条对以 Mozilla 公共许可证为模版创建一个新的许可证也进行了规定，如果用户创作的软件不受此许可证的约束，并且该用户希望为该软件创建一个新许可证，用户在重命名许可证并删除对许可证管理机构的名称的所有引用（除了注明该修改的许可证与 Mozilla 公共许可证版本 2.0 不同外）后，则可以创建和使用一个基于 Mozilla 公共许可证版本 2.0 模版的新许可证。

9. 关于许可证争议解决方式和适用法律

Mozilla 公共许可证版本 2.0 第 8 条规定，与 Mozilla 公共许可证版本 2.0 相关的任何诉讼只能在被告维持其主要营业地的司法管辖区的法院提起，并且此类诉讼适用该司法管辖区的法律管辖，而不能参考其法律冲突条款。本条的任何规定都不会阻止一方提出交叉请求或反请求的行为。

第五节 Apache 许可证许可协议参考译文及其评述和介绍

一、Apache 许可证版本 1.0（Apache 1.0）许可协议参考译文及其评述和介绍

（一）Apache 许可证版本 1.0 许可协议英文版

= = = An example Apache Software License 1.1 file = = =

This is the original Apache License which applies only to very old versions of Apache packages (such as version 1.2 of the Web server).

```
/* ==================================
=====================================
==
 * Copyright © 1995 – 1999 The Apache Group. All rights reserved.
 *
 * Redistribution and use in source and binary forms, with or without
 * modification, are permitted provided that the following conditions
 * are met:
 *
 * 1. Redistributions of source code must retain the above copyright
 *     notice, this list of conditions and the following disclaimer.
 *
 * 2. Redistributions in binary form must reproduce the above copyright
 *     notice, this list of conditions and the following disclaimer in
 *   the documentation and/or other materials provided with the
 *     distribution.
 *
 * 3. All advertising materials mentioning features or use of this
 *     software must display the following acknowledgment:
 *       "This product includes software developed by the Apache Group
 *     for use in the Apache HTTP server project (http://www.apache.org/)."
 *
 * 4. The names "Apache Server" and "Apache Group" must not be used to
 *     endorse or promote products derived from this software without
 *     prior written permission. For written permission, please contact
 *     apache@apache.org.
 *
 * 5. Products derived from this software may not be called "Apache"
 *     nor may "Apache" appear in their names without prior written
 *     permission of the Apache Group.
 *
```

* 6. Redistributions of any form whatsoever must retain the following
* acknowledgment:
* "This product includes software developed by the Apache Group
* for use in the Apache HTTP server project (http://www.apache.org/)."
*
* THIS SOFTWARE IS PROVIDED BY THE APACHE GROUP "AS IS" AND ANY
* EXPRESSED OR IMPLIED WARRANTIES, INCLUDING, BUT NOT LIMITED TO, THE
* IMPLIED WARRANTIES OF MERCHANTABILITY AND FITNESS FOR A PARTICULAR
* PURPOSE ARE DISCLAIMED. IN NO EVENT SHALL THE APACHE GROUP OR
* ITS CONTRIBUTORS BE LIABLE FOR ANY DIRECT, INDIRECT, INCIDENTAL,
* SPECIAL, EXEMPLARY, OR CONSEQUENTIAL DAMAGES (INCLUDING, BUT
* NOT LIMITED TO, PROCUREMENT OF SUBSTITUTE GOODS OR SERVICES;
* LOSS OF USE, DATA, OR PROFITS; OR BUSINESS INTERRUPTION)
* HOWEVER CAUSED AND ON ANY THEORY OF LIABILITY, WHETHER IN CONTRACT,
* STRICT LIABILITY, OR TORT (INCLUDING NEGLIGENCE OR OTHERWISE)
* ARISING IN ANY WAY OUT OF THE USE OF THIS SOFTWARE, EVEN IF ADVISED
* OF THE POSSIBILITY OF SUCH DAMAGE.
* ==
*

```
* This software consists of voluntary contributions made by many
* individuals on behalf of the Apache Group and was originally based
* on public domain software written at the National Center for
* Supercomputing Applications, University of Illinois, Urbana – Champaign.
* For more information on the Apache Group and the Apache HTTP server
* project, please see < http：//www. apache. org/ >.
*/
```

（二）Apache 许可证版本 1.0 许可协议参考译文

为了介绍和评论引用的开源许可证原文来源于：https：//www. apache. org/licenses/。相关开源许可证原文版权归属开源许可证版权人。对上述网站中开源许可证的中文参考译文，仅为介绍和评论上述英文开源许可证的非官方中文参考译文，开源许可证条款和条件应以官方发布许可证原文为准。参考译文亦遵从原许可证版权人的版权和许可证及其官方管理机构的相关要求（如有）。开源许可证的中文参考译文可能存在错误或疏漏，欢迎读者指正。参考译文以及在参考译文基础上对相关许可证的分析和评述不构成具有法律约束力的任何法律建议或意见，仅供读者参考，因使用参考译文及相关分析评述引起的任何后果由使用者自行承担。

The original English text of this license cited herein for the purpose of introduction and comments could be found at：https：//www. apache. org/licenses/， the copyright of which belongs to the copyright holder. This unofficial Simplified Chinese translation of the original English text is solely for the purpose of introduction, commentary and explanation of a certain issue, which can not replace the original English text. The original English text of the terms and conditions listed in the license agreement shall prevail at all times. This unofficial Simplified Chinese translation acknowledge the copyright of the copyright holder and complies with the requirements of the official management agency of this license agreement（if any）. There may be errors or omissions in the unofficial Simplified Chinese translation, readers are welcome to correct them. Neither the unofficial translations nor the analysis and comments shall constitute any legally binding advice or opinions, they are for reference only. Any consequences arising from the use of this unofficial translations and related analysis and comments shall be borne by the users themselves.

Apache 软件许可证 1.1 文件样本

这是原始的 Apache 许可证，仅适用于非常老的版本的 Apache 软件包（如网络服务器版本 1.2）。

版权所有© 1995 – 1999 Apache 集团　所有权利保留。

在满足下列条件的前提下，允许再分发或者使用源代码和二进制格式，无论是否经过修改：

1. 再分发源代码，必须保留上述版权声明、本条件列表和下文的免责声明。

2. 再分发二进制格式，必须复制上面的版权声明、本条件列表、下文的免责声明，并放置在分发时提供的登记文件和/或其他材料中。

3. 所有提到本软件特征或使用的宣传材料必须显示下列认可声明："本产品包含由 Apache 集团为使用 Apache HTTP 服务器项目（http：//www. apache. org/）所开发的软件。"

4. 未经事先书面许可，不得使用"Apache 服务器"和"Apache 集团"的名称来宣传或促销由本软件派生的产品。如需书面许可，请联系 apache@apache. org。

5. 未经 Apache 集团的事先书面许可，由本软件派生的产品不得被称为"Apache"，也不得在其名称中出现"Apache"。

6. 无论以任何格式的再分发必须包含下列认可声明："本产品包含由 Apache 集团为 Apache HTTP 服务器项目使用开发的软件（http：//www. apache. org/）"。

本软件由 Apache 集团"按原样"提供。任何明示或暗示的担保，包括但不限于关于适销性和对某一特定用途的适用性的暗示保证均被拒绝承认。在任何情况下，Apache 集团或其贡献者都不对任何直接的、间接的、偶然的、特殊的、惩戒性的以及其他的附随的损失负责（包括但不限于采购替代性的产品或服务；使用的损失、数据的损失或利润的损失或业务中断）。不管损害是什么原因造成的，以及任何责任理论，无论是在合同中、严格责任，或侵权行为（包括疏忽或其他），因本软件使用的任何方式引起的，即使已被告知这种损害的可能性。

本软件由代表 Apache 集团的众多个人做出的自愿贡献组成，并原始的基于在伊利诺伊大学香槟分校超级计算应用国家中心原始撰写的公共领域软件。更多 Apache 集团和 ApacheHTTP 服务器的信息，请查阅 < http：//www. apache. org/ > 。

（三）Apache 许可证版本 1.0 评述和介绍

根据 Apache 许可证版本 1.0 协议前后的说明，Apache 许可证版本 1.0 是 Apache 集团在 1995 年至 1999 年内发布使用的开源软件许可证，是原始的 Apache 许可证，仅适用于非常老版本的 Apache 软件包。这些软件由代表 Apache 集团的众多个人做出的自愿贡献组成，并原始的基于在伊利诺伊大学香槟分校超级计算应用国家中心原始撰写的公共领域软件。

Apache 许可证版本 1.0 内容和 3 条款 BSD 许可证内容比较接近，其中类似的条款包括以下内容。

首先是版权声明，声明版权归属 Apache 集团，并保留所有权利。

其次是许可条款，在满足许可证条件的情况下，允许再分发或者使用源代码和二进制格式，无论是否经过修改。

再次是关于许可证条件的规定，如果再分发源代码，必须保留版权声明、条件列表和免责声明；如果再分发二进制格式，必须复制版权声明、条件列表、免责声明，并放置在分发时提供的登记文件和/或其他材料中；无商标商号许可，未经事先书面许可，不得使用“Apache 服务器”和“Apache 集团”的名称来宣传或促销由本软件派生的产品；未经 Apache 集团的事先书面许可，由本软件派生的产品不得被称为“Apache”，也不得在其名称中出现“Apache”。

最后是无担保和责任限制声明，本软件由 Apache 集团“按原样”提供。任何明示或暗示的担保，包括但不限于关于适销性和对某一特定用途的适用性的暗示保证均被拒绝承认。在任何情况下，Apache 集团或其贡献者都不对任何直接的、间接的、偶然的、特殊的、惩戒性的、以及其他的附随的损失负责（包括但不限于采购替代性的产品或服务；使用的损失、数据的损失或利润的损失或业务中断）。不管是什么原因造成的，以及任何责任理论，无论是基于合同责任、严格责任，或侵权行为（包括疏忽或其他），或因本软件使用的任何方式引起的，即使已被告知这种损害的可能性。

Apache 许可证版本 1.0 内容和 3 条款 BSD 许可证区别之处，在于 Apache 许可证版本 1.0 中第 3 条宣传材料条款，而 3 条款 BSD 许可证没有相关条款。Apache 许可证版本 1.0 中第 3 条宣传材料条款规定，所有提到本软件特征或使用的宣传材料必须显示下列认可声明：“本产品包含由 Apache 集团为使用 Apache HTTP 服务器项目（http：//www. apache. org/）所开发的软件。”

二、Apache 许可证版本 1.1（Apache 1.1）许可协议参考译文及其评述和介绍

（一）Apache 许可证版本 1.1 许可协议英文版

=== An example Apache Software License 1.1 file ===

The 1.1 version of the Apache License was approved by the ASF in 2000.

The primary change from the 1.0 license was in the removal of the 'advertising clause' (section 3 of the 1.0 license); derived products are no longer required to include attribution in their advertising materials, only in their documentation.

/* ==

* The Apache Software License, Version 1.1

* Copyright © 2000 The Apache Software Foundation. All rights

* reserved.

* Redistribution and use in source and binary forms, with or without

* modification, are permitted provided that the following conditions

* are met:

* 1. Redistributions of source code must retain the above copyright

*   notice, this list of conditions and the following disclaimer.

* 2. Redistributions in binary form must reproduce the above copyright

*   notice, this list of conditions and the following disclaimer in

*   the documentation and/or other materials provided with the

*   distribution.

* 3. The end-user documentation included with the redistribution,

*   if any, must include the following acknowledgment:

*   "This product includes software developed by the

*   Apache Software Foundation (http://www.apache.org/)."

*   Alternately, this acknowledgment may appear in the software itself,

*   if and wherever such third-party acknowledgments normally appear.

* 4. The names "Apache" and "Apache Software Foundation" must

*   not be used to endorse or promote products derived from this

*   software without prior written permission. For written
*   permission, please contact apache@ apache. org.
* 5. Products derived from this software may not be called "Apache",
*   nor may "Apache" appear in their name, without prior written
*   permission of the Apache Software Foundation.
* THIS SOFTWARE IS PROVIDED "AS IS" AND ANY EXPRESSED OR IMPLIED
* WARRANTIES, INCLUDING, BUT NOT LIMITED TO, THE IMPLIED WARRANTIES
* OF MERCHANTABILITY AND FITNESS FOR A PARTICULAR PURPOSE ARE
* DISCLAIMED. IN NO EVENT SHALL THE APACHE SOFTWARE FOUNDATION OR
* ITS CONTRIBUTORS BE LIABLE FOR ANY DIRECT, INDIRECT, INCIDENTAL,
* SPECIAL, EXEMPLARY, OR CONSEQUENTIAL DAMAGES (INCLUDING, BUT NOT
* LIMITED TO, PROCUREMENT OF SUBSTITUTE GOODS OR SERVICES; LOSS OF
* USE, DATA, OR PROFITS; OR BUSINESS INTERRUPTION) HOWEVER CAUSED AND
* ON ANY THEORY OF LIABILITY, WHETHER IN CONTRACT, STRICT LIABILITY,
* OR TORT (INCLUDING NEGLIGENCE OR OTHERWISE) ARISING IN ANY WAY OUT
* OF THE USE OF THIS SOFTWARE, EVEN IF ADVISED OF THE POSSIBILITY OF
* SUCH DAMAGE.
= =
*

* This software consists of voluntary contributions made by many
* individuals on behalf of the Apache Software Foundation. For more
* information on the Apache Software Foundation, please see
* <http://www.apache.org/>.
* Portions of this software are based upon public domain software
* originally written at the National Center for Supercomputing Applications,
* University of Illinois, Urbana – Champaign.
*/

（二）Apache 许可证版本 1.1 许可协议参考译文

为了介绍和评论引用的开源许可证原文来源于：https://www.apache.org/licenses/。相关开源许可证原文版权归属开源许可证版权人。对上述网站中开源许可证的中文参考译文，仅为介绍和评论上述英文开源许可证的非官方中文参考译文，开源许可证条款和条件应以官方发布许可证原文为准。参考译文亦遵从原许可证版权人的版权和许可证及其官方管理机构的相关要求（如有）。开源许可证的中文参考译文可能存在错误或疏漏，欢迎读者指正。参考译文以及在参考译文基础上对相关许可证的分析和评述不构成具有法律约束力的任何法律建议或意见，仅供读者参考，因使用参考译文及相关分析评述引起的任何后果由使用者自行承担。

The original English text of this license cited herein for the purpose of introduction and comments could be found at: https://www.apache.org/licenses/, the copyright of which belongs to the copyright holder. This unofficial Simplified Chinese translation of the original English text is solely for the purpose of introduction, commentary and explanation of a certain issue, which can not replace the original English text. The original English text of the terms and conditions listed in the license agreement shall prevail at all times. This unofficial Simplified Chinese translation acknowledge the copyright of the copyright holder and complies with the requirements of the official management agency of this license agreement (if any). There may be errors or omissions in the unofficial Simplified Chinese translation, readers are welcome to correct them. Neither the unofficial translations nor the analysis and comments shall constitute any legally binding advice or opinions, they are for reference only. Any consequences arising from the use of this unofficial translations and related analysis and comments shall be borne by the users themselves.

Apache 软件许可证 1.1 文件样本

Apache 许可证版本 1.1 在 2000 年被 Apache 基金会通过。

本许可证与 1.0 版本相比主要的改变是删除了广告条款（1.0 版的第 3 条）；派生产品的广告材料不再要求包含归属内容，只要在登记文档中含有归属内容即可。

Apache 软件许可证版本 1.1

版权所有© 2000 Apache 软件基金会　所有权利保留。

在满足下列条件的前提下，允许再分发或者使用源代码和二进制格式，无论是否经过修改：

1. 再分发源代码，必须保留上述版权声明、本条件列表和下文的免责声明。

2. 再分发二进制格式，必须复制上面的版权声明、本条件列表、下文的免责声明，并放置在分发时提供的登记文件和/或其他材料中。

3. 再分发包含的最终用户的登记文件（如有），必须包含下列认可声明："本产品包含由 Apache 软件基金会（http://www.apache.org/）开发的软件"，或者本认可声明可以出现在软件中那些第三方认可声明通常出现的地方。

4. 未经事先书面许可，不得使用"Apache"和"Apache 基金会"的名称来宣传或促销由本软件派生的产品。如需书面许可，请联系 apache@apache.org。

5. 未经 Apache 基金会的事先书面许可，由本软件派生的产品不得被称为"Apache"，也不得在其名称中出现"Apache"。

本软件"按原样"提供。任何明示或暗示的担保，包括但不限于关于适销性和对某一特定用途的适用性的暗示保证均被拒绝承认。在任何情况下，Apache 软件基金会或其贡献者都不对任何直接的、间接的、偶然的、特殊的、惩戒性的、以及其他的附随的损失负责（包括但不限于采购替代性的产品或服务；使用的损失、数据的损失或利润的损失或业务中断）。不管损失是什么原因造成的，以及任何责任理论，无论是在合同中、严格责任，或侵权行为（包括疏忽或其他），因本软件使用的任何方式引起的，即使已被告知这种损害的可能性。

本软件由代表 Apache 软件基金会的众多个人做出的自愿贡献组成。更多 Apache 软件基金会的信息，请查阅 <http://www.apache.org/>。

本软件中的部分基于在伊利诺伊大学香槟分校超级计算应用国家中心原始撰

写的公共领域软件。

（三）Apache 许可证版本 1.1 评述和介绍

根据 Apache 许可证版本 1.1 协议前的说明，Apache 许可证版本 1.1 在 2000 年被 Apache 基金会通过。Apache 许可证版本 1.1 与 Apache 许可证版本 1.0 相比主要的改变是删除了广告条款（1.0 版的第 3 条）；派生产品的广告材料不再要求包含归属内容，只要在登记文档中含有归属内容即可。

Apache 许可证版本 1.1 和 Apache 许可证版本 1.0 相同的内容，可参考对 Apache 许可证版本 1.0 的介绍和评述，不再赘述，就 Apache 许可证版本 1.1 主要修改内容简介如下：

Apache 许可证版本 1.1 的条文中将 Apache 集团（Apache Group）名称变更为 Apache 软件基金会（Apache Software Foundation）。

修订后的 Apache 许可证版本 1.1 第 3 条规定，再分发包含的最终用户的登记文件（如有），必须包含下列认可声明："本产品包含由 Apache 软件基金会（http://www.apache.org/）开发的软件"，或者本认可声明可以出现在软件中那些第三方认可声明通常出现的地方。

由上可见，Apache 许可证版本 1.1 第 3 条内容同版本 1.0 相比变更内容为：归属声明刊登的载体从"所有提到本软件特征或使用的宣传材料"变更为"最终用户的登记文件（如有）或软件中那些第三方认可声明通常出现的地方"；Apache 集团（Apache Group）名称变更为 Apache 软件基金会（Apache Software Foundation）；将归属声明修改得更简短。

三、Apache 许可证版本 2.0（Apache 2.0）许可协议参考译文及其评述和介绍

（一）Apache 许可证版本 2.0 许可协议英文版

Apache License

Version 2.0, January 2004

http://www.apache.org/licenses/

TERMS AND CONDITIONS FOR USE, REPRODUCTION, AND DISTRIBUTION

1. Definitions.

"License" shall mean the terms and conditions for use, reproduction, and distribution as defined by Sections 1 through 9 of this document.

"Licensor" shall mean the copyright owner or entity authorized by the copyright owner that is granting the License.

"Legal Entity" shall mean the union of the acting entity and all other entities that control, are controlled by, or are under common control with that entity. For the purposes of this definition, "control" means (i) the power, direct or indirect, to cause the direction or management of such entity, whether by contract or otherwise, or (ii) ownership of fifty percent (50%) or more of the outstanding shares, or (iii) beneficial ownership of such entity.

"You" (or "Your") shall mean an individual or Legal Entity exercising permissions granted by this License.

"Source" form shall mean the preferred form for making modifications, including but not limited to software source code, documentation source, and configuration files.

"Object" form shall mean any form resulting from mechanical transformation or translation of a Source form, including but not limited to compiled object code, generated documentation, and conversions to other media types.

"Work" shall mean the work of authorship, whether in Source or Object form, made available under the License, as indicated by a copyright notice that is included in or attached to the work (an example is provided in the Appendix below).

"Derivative Works" shall mean any work, whether in Source or Object form, that is based on (or derived from) the Work and for which the editorial revisions, annotations, elaborations, or other modifications represent, as a whole, an original work of authorship. For the purposes of this License, Derivative Works shall not include works that remain separable from, or merely link (or bind by name) to the interfaces of, the Work and Derivative Works thereof.

"Contribution" shall mean any work of authorship, including the original version of the Work and any modifications or additions to that Work or Derivative Works thereof, that is intentionally submitted to Licensor for inclusion in the Work by the copyright owner or by an individual or Legal Entity authorized to submit on behalf of the copyright owner. For the purposes of this definition, "submitted" means any form of electronic, verbal, or written communication sent to the Licensor or its representatives, including but not limited to communication on electronic mailing lists, source code control systems, and issue tracking systems that are managed by, or on behalf of, the Licensor for the purpose of discussing and improving the Work, but excluding communication that is conspicuously marked or otherwise designated in writing by the copyright owner as "Not a Contribution".

"Contributor" shall mean Licensor and any individual or Legal Entity on behalf of whom a Contribution has been received by Licensor and subsequently incorporated within the Work.

2. Grant of Copyright License. Subject to the terms and conditions of this License, each Contributor hereby grants to You a perpetual, worldwide, non – exclusive, no – charge, royalty – free, irrevocable copyright license to reproduce, prepare Derivative Works of, publicly display, publicly perform, sublicense, and distribute the Work and such Derivative Works in Source or Object form.

3. Grant of Patent License. Subject to the terms and conditions of this License, each Contributor hereby grants to You a perpetual, worldwide, non – exclusive, no – charge, royalty – free, irrevocable (except as stated in this section) patent license to make, have made, use, offer to sell, sell, import, and otherwise transfer the Work, where such license applies only to those patent claims licensable by such Contributor that are necessarily infringed by their Contribution (s) alone or by combination of their Contribution (s) with the Work to which such Contribution (s) was submitted. If You institute patent litigation against any entity (including a cross – claim or counterclaim in a lawsuit) alleging that the Work or a Contribution incorporated within the Work constitutes direct or contributory patent infringement, then any patent licenses granted to You under this License for that Work shall terminate as of the date such litigation is filed.

4. Redistribution. You may reproduce and distribute copies of the Work or Derivative Works thereof in any medium, with or without modifications, and in Source or Object form, provided that You meet the following conditions:

a) You must give any other recipients of the Work or Derivative Works a copy of this License; and

b) You must cause any modified files to carry prominent notices stating that You changed the files; and

c) You must retain, in the Source form of any Derivative Works that You distribute, all copyright, patent, trademark, and attribution notices from the Source form of the Work, excluding those notices that do not pertain to any part of the Derivative Works; and

d) If the Work includes a "NOTICE" text file as part of its distribution, then any Derivative Works that You distribute must include a readable copy of the attribution notices contained within such NOTICE file, excluding those notices that do not pertain to any part of the Derivative Works, in at least one of the following places: within a NOTICE text file distributed as part of the Derivative Works; within the Source form or documentation, if provided along with the Derivative Works; or, within a display generated by the Derivative Works, if and wherever such third – party notices normally appear. The contents of the NOTICE file are for informational purposes only and do not modify the License. You may add Your own attribution notices within Derivative Works that You distribute, alongside or as an addendum to the NOTICE text from the Work, provided that such additional attribution notices cannot be construed as modifying the License.

You may add Your own copyright statement to Your modifications and may provide additional or different license terms and conditions for use, reproduction, or distribution of Your modifications, or for any such Derivative Worksas a whole, provided Your use, reproduction, and distribution of the Work otherwise complies with the conditions stated in this License.

5. Submission of Contributions. Unless You explicitly state otherwise, any Contribution intentionally submitted for inclusion in the Work by You to the Licensor shall be under the terms and conditions of this License, without any additional terms or conditions. Notwithstanding the above, nothing herein shall supersede or modify the terms of any separate license agreement you may have executed with Licensor regarding such Contributions.

6. Trademarks. This License does not grant permission to use the trade names, trademarks, service marks, or product names of the Licensor, except as required for

reasonable and customary use in describing the origin of the Work and reproducing the content of the NOTICE file.

7. Disclaimer of Warranty. Unless required by applicable law or agreed to in writing, Licensor provides the Work (and each Contributor provides its Contributions) on an "AS IS" BASIS, WITHOUT WARRANTIES OR CONDITIONS OF ANY KIND, either express or implied, including, without limitation, any warranties or conditions of TITLE, NON - INFRINGEMENT, MERCHANTABILITY, or FITNESS FOR A PARTICULAR PURPOSE. You are solely responsible for determining the appropriateness of using or redistributing the Work and assume any risks associated with Your exercise of permissions under this License.

8. Limitation of Liability. In no event and under no legal theory, whether in tort (including negligence), contract, or otherwise, unless required by applicable law (such as deliberate and grossly negligent acts) or agreed to in writing, shall any Contributor be liable to You for damages, including any direct, indirect, special, incidental, or consequential damages of any character arising as a result of this License or out of the use or inability to use the Work (including but not limited to damages for loss of goodwill, work stoppage, computer failure or malfunction, or any and all other commercial damages or losses), even if such Contributor has been advised of the possibility of such damages.

9. Accepting Warranty or Additional Liability. While redistributing the Work or Derivative Works thereof, You may choose to offer, and charge a fee for, acceptance of support, warranty, indemnity, or other liability obligations and/or rights consistent with this License. However, in accepting such obligations, You may act only on Your own behalf and on Your sole responsibility, not on behalf of any other Contributor, and only if You agree to indemnify, defend, and hold each Contributor harmless for any liability incurred by, or claims asserted against, such Contributor by reason of your accepting any such warranty or additional liability.

END OF TERMS AND CONDITIONS

HOW TO APPLY THE APACHE LICENSE TO YOUR WORK

Include a copy of the Apache License, typically in a file called LICENSE, in your work, and consider also including a NOTICE file that references the License.

To apply the Apache License to specific files in your work, attach the following boilerplate declaration, replacing the fields enclosed by brackets "[ ]" with your own identifying information. (Don't include the brackets!) Enclose the text in the appropriate comment syntax for the file format. We also recommend that you include a file or class name and description of purposc on thc samc "printed page" as the copyright notice for easier identification within third - party archives.

Copyright [yyyy] [name of copyright owner]

Licensed under the Apache License, Version 2.0 (the "License"); you may not use this file except in compliance with the License. You may obtain a copy of the License at http://www.apache.org/licenses/LICENSE - 2.0

Unless required by applicable law or agreed to in writing, software distributed under the License is distributed on an "AS IS" BASIS, WITHOUT WARRANTIES OR CONDITIONS OF ANY KIND, either express or implied. See the License for the specific language governing permissions and limitations under the License.

（二）Apache 许可证版本 2.0 许可协议参考译文

为了介绍和评论引用的开源许可证原文来源于：https://www.apache.org/licenses/。相关开源许可证原文版权归属开源许可证版权人。对上述网站中开源许可证的中文参考译文，仅为介绍和评论上述英文开源许可证的非官方中文参考译文，开源许可证条款和条件应以官方发布许可证原文为准。参考译文亦遵从原许可证版权人的版权和许可证及其官方管理机构的相关要求（如有）。开源许可证的中文参考译文可能存在错误或疏漏，欢迎读者指正。参考译文以及在参考译文基础上对相关许可证的分析和评述不构成具有法律约束力的任何法律建议或意见，仅供读者参考，因使用参考译文及相关分析评述引起的任何后果由使用者自行承担。

The original English text of this license cited herein for the purpose of introduction and comments could be found at: https://www.apache.org/licenses/, the copyright of which belongs to the copyright holder. This unofficial Simplified Chinese translation of the original English text is solely for the purpose of introduction, commentary and explanation of a certain issue, which can not replace the original English text. The original English text of the terms and conditions listed in the license agreement shall prevail at all times. This unofficial Simplified Chinese translation acknowledge the copyright of the copyright holder and complies with the requirements of the official management agency of this license agreement (if any). There may be errors or omissions in the unofficial Simplified Chinese translation, readers are welcome to correct them. Neither the unofficial translations nor the analysis and comments shall constitute any legally binding advice or opinions, they are for reference only. Any consequences arising from the use of this unofficial translations and related analysis and comments shall be borne by the users themselves.

Apache 许可证

版本 2.0，2004 年 1 月

http://www.apache.org/licenses/

使用、复制和分发的条款和条件

1. 定义。

“许可证”指的是：本文件第 1～9 条所定义的使用，复制和分发行为所要遵循的条款和条件。

“许可方”指的是：授予本许可的人，是著作权人或者著作权人授权的实体。

“法律实体”指的是：行动实体以及其他实体（其他实体控制着行动实体，或被行动实体控制，或与行动实体共同受到某一方控制）的集合。前述“控制”指的是一种权力，直接或间接，决定实体的方向和管理，无论是否通过合同的形式或者其他的形式，或是拥有五成或超过五成以上的已发行的股权，或该实体的受益所有权。

“你”（或“你的”），指的是任何来行使本许可证赋予许可的个人或者法律实体。

“源代码”格式，指的是对于代码修改优选的形式，它包括但不限于软件源代码，源文档和配置文件。

“目标代码”格式，指的是从源代码进行机械转换或者翻译而来的任何结果形式，包括但不限于编译而成的目标代码、生成的文档、以及其他转换的媒体类型。

“作品”，指的是，在本许可证下，可以获得的作者作品（无论是以源代码或是目标代码）。这种作品包含或附着一个著作权的声明（后文附件将会提供一个范例）。

“派生作品”，指的是，任何作品，无论是源代码还是目标代码，它基于

（或者派生于）作品，并且对作品的编辑版本、注释、阐述、或者其他修改在整体上呈现为一个作者原创作品。就本许可证的目标而言，派生作品不应包独立于原始作品或者派生作品的作品，也不包含仅仅是链接到（或名称绑定）原始作品或者派生作品的接口的作品。

“贡献”指的是作者作品，包括作品的原始版本以及对作品或者派生作品的任何修改或添加。贡献必须是自发地被著作权人（或者得到授权并代表著作权人的个人或法律实体）提交给许可方，以纳入作品。在这个定义下，提交包括以电子的，口头的，或者书面交流的任何形式，发送给许可方或它的代表人，包括但不限于出于讨论或者改进原始作品的目的，和许可方通过许可人管理的或代表许可人的电子邮件列表、源代码控制系统、意见跟踪系统进行的交流行为，但是如果著作权人使用明确的标识或者书面指定表示本次沟通“不是贡献”除外。

“贡献者”，是指许可方和任何个人或者法律实体。许可方从前述许可方、任何个人或者法律实体处接受贡献，从而将贡献纳入作品。

2. 授予版权许可。根据本许可证的条款和条件，每一个贡献者在本许可证下给予永久的，全球的，非排他的，免费的，免版税的，不可撤销的著作权许可，许可包括复制、制作派生作品、公开展示、公开表演、再许可、分发作品和派生作品，以源代码或标代码形式。

3. 授予专利权许可。根据本许可证的条款和条件，每一个贡献者在此给予你永久的、全球性的、非排他的、免费的、免版税的、不可撤销的（本条另有声明除外）专利许可，许可制造、委托制造、使用、许诺销售、销售、进口以及其他形式转让作品。前述专利许可仅限于贡献者可授权的专利权权利要求，授权的权利要求必然会被贡献者提交的贡献单独或提交到作品的贡献与作品的组合所侵犯。如果你针对任何实体提起了专利诉讼（包括诉讼中提出交叉请求或反请求）声称作品或者某一个已经纳入作品的贡献构成直接侵权或帮助侵权，那么根据本许可证曾经给予你的关于该作品的任何专利许可将会在诉讼提起之日被终止。

4. 再分发。你可以通过任何媒介复制和分发作品或者派生作品，不管你有没有修改，不管是以源代码形式或目标代码形式，只要你符合以下条件：

a）你必须给你分发的作品或派生作品的任何接收者一份本许可证的复制件；并且

b）（如果你修改了本作品）你必须使任何修改的文件带有一个显著的声明，

表示你修改过这些文件；并且

c）在你分发的任何派生作品的源代码格式中，你必须原封不动地保留作品源代码中的著作权、专利、商标和权利归属声明。除非某些声明同派生作品的任何部分都无关；并且

d）如果一个作品的分发内容中包含了一个 NOTICE 文本文件，那么你在分发任何派生作品时，必须一起发布一个 NOTICE 文本文件中的权利归属声明的可读副本，除非某些声明同派生作品的任何部分都无关。前述权利归属声明的可读副本你至少应放在以下位置之一：放在属于派生作品的一部分的 NOTICE 文本文件里；如果源代码或登记文件与派生作品一起提供，则放置在源代码或登记文件中；放置在派生程序所产生的显示内容中，在一些第三方通知通常出现的地方；NOTICE 文件中的内容仅作提供信息之用，不构成对本许可证的任何修改。你可以在你分发的派生作品中添加你自己的权利归属声明，与作品的 NOTICE 文本一起或作为其附录，前提同样是此类附加归属声明不能被解释为修改本许可证。

你可以给你的修改增加你自己的著作权声明，也可以为使用、复制、分发你的修改或者派生作品整体提供额外的或不同的许可证条款和条件，但条件是你的使用、复制、分发作品符合本许可证规定。

5. 提交贡献。除非你明确声明，你对许可人有意做出的纳入作品的任何提交贡献的行为，将会受到本许可证条款和条件的管辖，无任何额外条款或条件。但是前述规定不会取代或修改你和许可方签订的关于此类贡献的任何单独的许可协议条款。

6. 商标。本许可不授予使用许可方的商号、商标、服务标志或产品名称的许可，除非在描述作品的来源和复制 NOTICE 文件的内容时出于合理和习惯使用的需要。

7. 无担保声明。除非适用法律要求或书面同意，否则许可方仅仅按“原样”提供作品（每个贡献者提供其贡献也是如此），无任何明示或暗示的任何种类的担保或条件，包括但不限于任何所有权、不侵权、适销性或特定用途适用性的担保或条件。你单独负责确定使用或重新分发作品的适当性，并承担与你执行本许可证下许可行为的相关任何风险。

8. 责任限制。在任何情况下，在任何法律理论下，无论是侵权（包括疏忽）、合同还是其他，除非适用的法律另有要求（例如故意和重大疏忽行为）或书面同意，任何贡献者均不对你的损害负责，包括因本许可证、作品停止工作、

无法使用作品而导致的任何性质的直接、间接、特殊、偶然或附随性损害（包括但不限于商誉损失、停工造成的损害、计算机失败或故障，或任何和所有其他商业损害或损失），即使该贡献者已被告知此类损害的可能性。

9. 承担担保或附加责任。在重新分发作品或其派生作品时，你可以选择收取费用，要约提供承担支持、担保、补偿或其他责任义务和/或其他符合本许可证的权利。但是，在接受此类义务时，你可代表你自己，并使得你自己单独承担责任，而无权代表任何其他贡献者。并且只有在你同意补偿、辩护并使每个贡献者免于因你接受任何此类担保或额外责任，所导致的针对该贡献者的任何责任或任何权利主张的伤害，你才能承担担保或附加责任。

如何将 Apache 许可证应用于你的作品？

在你的作品中包含 Apache 许可证的副本，通常放在一个名为 LICENSE 的文件中，并且考虑还包括一个引用该许可证的 NOTICE 文件。

要将 Apache 许可证应用于你作品中的特定文件，请附上以下的样本声明，并用你自己的识别信息替换方括号“［］”括起来的内容（不包括方括号!）。给文本附上对文件格式的适当的注释语法。我们还建议你在与版权通知在同一“打印页”上包括一个文件或分类名和用途描述，以便更容易在第三方文档中识别。

根据 Apache 许可证版本 2.0（“本许可证”）许可；除非符合本许可证的规定，否则你不得使用此文件。你可以在以下网址获取本许可证的副本：http：//www. apache. org/licenses/LICENSE－2. 0

除非适用法律要求或书面同意，根据本许可证分发的软件是按“原样”分发，无明示的或暗示的任何种类的担保或条件。请查看本许可证了解本许可证项下管理许可的特定语言和限制。

（三）Apache 许可证版本 2.0 评述和介绍

Apache 许可证版本 2.0 是由 Apache 软件基金会（Apache Software Foundation ASF）在 2004 年 1 月批准发布的宽松型开源许可证。Apache 许可证版本 2.0 发布后被广泛地采用，众多知名软件都选择适用 Apache 许可证版本 2.0 发布开源版本。

1. 适用范围

Apache 许可证版本 2.0 虽然没有条款专门对许可证的适用范围进行约定，但从第 1 条定义的相关条款分析（如对作品的定义提到，作品无论是源代码还是目标代码形式等），Apache 许可证版本 2.0 适用范围限于软件，并未包括软件以外的其他作品形式。

2. 授权机制和授权内容

Apache 许可证版本 2.0 从版权和专利权两个方面对用户进行了授权。

Apache 许可证版本 2.0 第 2 条规定了版权授权内容，根据 Apache 许可证版本 2.0 的条款和条件，每一个贡献者授予用户永久的，全球的，非排他的，免费的，免版税的，不可撤销的著作权许可，许可包括复制、制作派生作品、公开展示、公开表演、再许可、分发作品和派生作品，以源代码或标代码形式。

Apache 许可证版本 2.0 第 3 条规定了专利权授权内容，根据 Apache 许可证版本 2.0 的条款和条件，每一个贡献者授予用户永久的、全球性的、非排他的、免费的、免版税的、不可撤销的（本许可证另有声明除外）专利许可，许可制造、委托制造、使用、许诺销售、销售、进口以及其他形式转让作品。前述专利许可仅限于贡献者可授权的专利权权利要求，授权的权利要求必然会被贡献者提交的贡献单独或提交到作品的贡献与作品的组合所侵犯。

Apache 许可证版本 2.0 第 6 条明确规定，Apache 许可证版本 2.0 不授予使用许可方的商号、商标、服务标志或产品名称的许可，除非在描述作品的来源和复制 NOTICE 文件的内容时出于合理和习惯使用的需要。

3. 许可条件

Apache 许可证版本 2.0 第 4 条规定了再分发作品和派生作品的许可条件，用户可以通过任何媒介复制和分发作品或者派生作品，不管有无修改，不管是以源代码形式或目标代码形式，只要用户符合以下条件：

a）必须给分发的作品或派生作品的任何接收者一份本许可证的复制件。

b）（如果修改了本作品）必须使任何修改的文件带有一个显著的声明，表示修改过这些文件。

c）在分发的任何派生作品的源代码格式中，必须原封不动地保留作品源代码中的著作权、专利、商标和权利归属声明。除非某些声明同派生作品的任何部分都无关。

d）如果一个作品的分发内容中包含了一个 NOTICE 文本文件，那么在分发任何派生作品时，必须一起发布一个 NOTICE 文本文件中的权利归属声明的可读副本，除非某些声明同派生作品的任何部分都无关。前述权利归属声明的可读副本至少应放在以下位置之一：放在属于派生作品的一部分的 NOTICE 文本文件里；如果源代码或登记文件与派生作品一起提供，则放置在源代码或登记文件中；放置在派生程序所产生的显示内容中，在一些第三方通知通常出现的地方；

NOTICE 文件中的内容仅作提供信息之用，不构成对本许可证的任何修改。用户可以在分发的派生作品中添加用户自己的权利归属声明，与作品的 NOTICE 文本一起或作为其附录，前提同样是此类附加归属声明不能被解释为修改本许可证。

4. 提交贡献

Apache 许可证版本 2.0 第 1 条规定了贡献的定义，即为作者作品，包括作品的原始版本以及对作品或者派生作品的任何修改或添加。贡献必须是自发地被著作权人（或者得到授权并代表著作权人的个人或法律实体）提交给许可方，以纳入作品。在这个定义下，提交包括以电子的，口头的，或者书面交流的任何形式，发送给许可方或它的代表人，包括但不限于出于讨论或者改进原始作品的目的，和许可方通过许可人管理的或代表许可人的电子邮件列表、源代码控制系统、意见跟踪系统进行的交流行为，但是如果著作权人使用明确的标识或者书面指定表示本次沟通“不是贡献”除外。

Apache 许可证版本 2.0 第 5 条规定了贡献者向许可方提交贡献的规定，除非明确声明，用户对许可人有意做出的纳入作品的任何提交贡献的行为，将会受到本许可证条款和条件的管辖，无任何额外条款或条件。但是前述规定不会取代或修改用户和许可方签订的关于此类贡献的任何单独的许可协议条款。

5. 传染性及其例外

Apache 许可证版本 2.0 第 4 条规定的再分发作品和派生作品的许可条件中并不强制要求向用户提供作品或派生作品的源代码。

结合 Apache 许可证版本 2.0 第 1 条和第 5 条规定，贡献包括作品的原始版本以及对作品或者派生作品的任何修改或添加。贡献必须是自发地被著作权人（或者得到授权并代表著作权人的个人或法律实体）提交给许可方，以纳入作品。

由上可知，Apache 许可证版本 2.0 不要求用户向作品或派生作品接收者提供作品或派生作品的源代码；更不要求将作品或派生作品和其他独立于作品和派生作品的材料合并成更大作品的分发时，提供更大作品整体以及更大作品中其他独立于作品和派生作品的材料的源代码。

因此 Apache 许可证版本 2.0 在提供源代码方面不具有传染性，即 Apache 许可证版本 2.0 既不要求用户必须提供作品修改版本源码的“纵向的传染性”，也不要求用户必须提供合并作品整体和合并作品中其他独立于作品和派生作品的材料的源代码的“横向的传染性”。

6. 许可的终止和恢复

Apache 许可证版本 2.0 仅在第 3 条专利授权条款中规定，如果用户针对任何实体提起了专利诉讼（包括诉讼中提出交叉请求或反请求）声称作品或者某一个已经纳入作品的贡献构成直接侵权或帮助侵权，那么根据本许可证曾经给予该用户的关于该作品的任何专利许可将会在诉讼提起之日被终止。

Apache 许可证版本 2.0 中除上述专利许可终止的规定外，没有其他关于授权终止和恢复的规定。

7. 无担保无赔偿

Apache 许可证版本 2.0 关于无担保无赔偿的规定同其他开源许可证的规定基本相同。

Apache 许可证版本 2.0 第 7 条规定，除非适用法律要求或书面同意，否则许可方仅仅按“原样”提供作品（每个贡献者提供其贡献也是如此），无任何明示或暗示的任何种类的担保或条件，包括但不限于任何所有权、不侵权、适销性或特定用途适用性的担保或条件。用户应单独负责确定使用或重新分发作品的适当性，并承担与你执行本许可证下许可行为的相关任何风险。

Apache 许可证版本 2.0 第 8 条规定，在任何情况下，在任何法律理论下，无论是侵权（包括疏忽）、合同、其他，除非适用的法律另有要求（例如故意和重大疏忽行为）或书面同意，任何贡献者均不对用户的损害负责，包括因本许可证、作品停止工作、无法使用作品而导致的任何性质的直接、间接、特殊、偶然或附随性损害（包括但不限于商誉损失、停工造成的损害、计算机失败或故障，或任何和所有其他商业损害或损失），即使该贡献者已被告知此类损害的可能性。

8. 许可证更改及兼容性

Apache 许可证版本 2.0 第 4 条规定，用户可以为使用、复制、分发用户的修改或者派生作品整体提供额外的或不同的许可证条款和条件，但条件是用户的使用、复制、分发作品符合 Apache 许可证版本 2.0 规定。

由上可见 Apache 许可证版本 2.0 允许用户更换修改作品生成的派生作品的许可证，但前提更换后的许可证必须符合 Apache 许可证版本 2.0 关于使用、复制、分发派生作品的条件要求。

根据 Apache 软件基金会官方网站上的问题解答，Apache 许可证版本 2.0 和 GNU 通用公共许可证版本 3 兼容，但同 GNU 通用公共许可证版本 2 不兼容，因为 GNU 通用公共许可证版本 3 有一些 GNU 通用公共许可证版本 2 中没有的要求。包括些专利终止和赔偿条款（具体内容参见 Apache 软件基金会官方网站：https：//www. apache. org/foundation/license – faq. html）。

第六节 BSD 系列许可证参考译文及其评述和介绍

一、Zero – Clause BSD License

（一）Zero – Clause BSD License 许可协议英文版

Note：Despite its name，Zero – Clause BSD is an alteration of the ISC license，and is not textually derived from licenses in the BSD family. Zero – Clause BSD was originally approved under the name "Free Public License 1. 0. 0".

Zero – Clause BSD（0BSD）

Permission to use，copy，modify，and/or distribute this software for any purpose with or without fee is hereby granted.

THE SOFTWARE IS PROVIDED "AS IS" AND THE AUTHOR DISCLAIMS ALL WARRANTIES WITH REGARD TO THIS SOFTWARE INCLUDING ALL IMPLIED WARRANTIES OF MERCHANTABILITY AND FITNESS. IN NO EVENT SHALL THE AUTHOR BE LIABLE FOR ANY SPECIAL，DIRECT，INDIRECT，OR CONSEQUENTIAL DAMAGES OR ANY DAMAGES WHATSOEVER RESULTING FROM LOSS OF USE，DATA OR PROFITS，WHETHER IN AN ACTION OF CONTRACT，NEGLIGENCE OR OTHER TORTIOUS ACTION，ARISING OUT OF OR IN CONNECTION WITH THE USE OR PERFORMANCE OF THIS SOFTWARE.

（二）Zero – Clause BSD License 许可协议参考译文

为了介绍和评论引用的开源许可证原文来源于：https：//opensource. org/licenses。相关开源许可证原文版权归属开源许可证版权人。对上述网站中开源许可证的中文参考译文，仅为介绍和评论上述英文开源许可证的非官方中文参考译文，开源许可证条款和条件应以官方发布许可证原文为准。参考译文亦遵从原许可证版权人的版权和许可证及其官方管理机构的相关要求（如有）。开源许可证的中文参考译文可能存在错误或疏漏，欢迎读者指正。参考译文以及在参考译文基础上对相关许可证的分析和评述不构成具有法律约束力的任何法律建议或意见，仅供读者参考，因使用参考译文及相关分析评述引起的任何后果由使用者自行承担。

The original English text of this license cited herein for the purpose of introduction and comments could be found at：https：//opensource. org/licenses，the copyright of which belongs to the copyright holder. This unofficial Simplified Chinese translation of the original English text is solely for the purpose of introduction，commentary and explanation of a certain issue，which can not replace the original English text. The original English text of the terms and conditions listed in the license agreement shall prevail at all times. This unofficial Simplified Chinese translation acknowledge the copyright of the copyright holder and complies with the requirements of the official management agency of this license agreement （if any）. There may be errors or omissions in the unofficial Simplified Chinese translation，readers are welcome to correct them. Neither the unofficial translations nor the analysis and comments shall constitute any legally binding advice or opinions，they are for reference only. Any consequences arising from the use of this unofficial translations and related analysis and comments shall be borne by the users themselves.

尽管本许可证的名称是零条款 BSD 许可证，但其是对 ISC 许可证的修改版本，其文本并不是派生自 BSD 许可证家族。零条款 BSD 许可证最初以“Free Public License 1. 0. 0”的名称获得批准。

零条款 BSD 许可证

在此授予使用、复制、修改和/或分发本软件的许可，以任何目的、无论是否付费。

本软件按原样提供，并且作者无对本软件有关的任何担保，包括所有暗示的适销性和适用性担保。在任何情况下，无论因使用、数据或利润任何损失所引起，无论因合同、疏忽或其他侵权的任何一种行为，作者均不对因使用或执行本软件导致的任何特殊、直接、间接或后果性损害承担责任。

（三）Zero – Clause BSD License 许可证评述和介绍

根据开放源代码促进会（OSI）官网的介绍，零条款 BSD 最初以“Free

Public License 1.0.0”的名称获得批准。尽管其名称是零条款 BSD 许可证，但其是对 ISC 许可证的修改版本，其文本并不是派生自 BSD 许可证家族。

零条款 BSD 许可证的内容极为简单，仅有两款内容：第 1 款是授予许可，即许可用户使用、复制、修改和/或分发软件，以任何目的、无论是否付费；第 2 款是无担保并免责。

综上，零条款 BSD 许可证不要求声明版权，也不要求分发时随软件副本附带许可和无担保免责条款，可以说是对软件的用户零要求。

二、The 1 – Clause BSD License

（一）The 1 – Clause BSD License 许可协议英文版

1 – Clause BSD License

Copyright © [Year] [Name of Organization] [All rights reserved].

Redistribution and use in source and binary forms, with or without modification, are permitted provided that the following conditions are met:

Redistributions of source code must retain the above copyright notice, this list of conditions and the following disclaimer.

THIS SOFTWARE IS PROVIDED BY [Name of Organization] “AS IS” AND ANY EXPRESS OR IMPLIED WARRANTIES, INCLUDING, BUT NOT LIMITED TO, THE IMPLIED WARRANTIES OF MERCHANTABILITY AND FITNESS FOR A PARTICULAR PURPOSE ARE DISCLAIMED. IN NO EVENT SHALL [Name of Organisation] BE LIABLE FOR ANY DIRECT, INDIRECT, INCIDENTAL, SPECIAL, EXEMPLARY, OR CONSEQUENTIAL DAMAGES (INCLUDING, BUT NOT LIMITED TO, PROCUREMENT OF SUBSTITUTE GOODS OR SERVICES; LOSS OF USE, DATA, OR PROFITS; OR BUSINESS INTERRUPTION) HOWEVER CAUSED AND ON ANY THEORY OF LIABILITY, WHETHER IN CONTRACT, STRICT LIABILITY, OR TORT (INCLUDING NEGLIGENCE OR OTHERWISE) ARISING IN ANY WAY OUT OF THE USE OF THIS SOFTWARE, EVEN IF ADVISED OF THE POSSIBILITY OF SUCH DAMAGE.

（二）The 1 – Clause BSD License 许可协议参考译文

为了介绍和评论引用的开源许可证原文来源于：https://opensource.org/

licenses。相关开源许可证原文版权归属开源许可证版权人。对上述网站中开源许可证的中文参考译文，仅为介绍和评论上述英文开源许可证的非官方中文参考译文，开源许可证条款和条件应以官方发布许可证原文为准。参考译文亦遵从原许可证版权人的版权和许可证及其官方管理机构的相关要求（如有）。开源许可证的中文参考译文可能存在错误或疏漏，欢迎读者指正。参考译文以及在参考译文基础上对相关许可证的分析和评述不构成具有法律约束力的任何法律建议或意见，仅供读者参考，因使用参考译文及相关分析评述引起的任何后果由使用者自行承担。

The original English text of this license cited herein for the purpose of introduction and comments could be found at：https：//opensource. org/licenses，the copyright of which belongs to the copyright holder. This unofficial Simplified Chinese translation of the original English text is solely for the purpose of introduction，commentary and explanation of a certain issue，which can not replace the original English text. The original English text of the terms and conditions listed in the license agreement shall prevail at all times. This unofficial Simplified Chinese translation acknowledge the copyright of the copyright holder and complies with the requirements of the official management agency of this license agreement（if any）. There may be errors or omissions in the unofficial Simplified Chinese translation，readers are welcome to correct them. Neither the unofficial translations nor the analysis and comments shall constitute any legally binding advice or opinions，they are for reference only. Any consequences arising from the use of this unofficial translations and related analysis and comments shall be borne by the users themselves.

1 条款 BSD 许可证

版权所有© [年份] [机构名称] [保留所有权利]。

在遵循以下条件的前提下，允许以源代码或二进制形式再分发和使用，无论有无修改：

再分发源代码，必须保留上述版权声明、本条件列表和下文的免责声明。

本软件由 [机构名称] “按原样”提供。任何明示或暗示的担保，包括但不限于，关于适销性和对某一特定用途的适用性的暗示保证均被拒绝承认。在任何情况下，[机构名称] 都不对任何直接的、间接的、偶然的、特殊的、惩戒性的以及后果性损失负责（包括但不限于采购替代性的产品或服务；使用的损失、数据的损失或利润的损失或业务中断），不管是什么原因造成的，以及任何责任理论，无论是以合同、严格责任，或侵权行为（包括疏忽或其他），因本软件的使用引起的，即使已被告知这种损害的可能性。

（三）The 1 – Clause BSD License 许可证评述和介绍

根据开放源代码促进会（OSI）官网，1 条款 BSD 许可证共有四款内容：第 1 款是版权声明，声明软件完成时间和版权人；第 2 款是授予许可，即在遵循以下条件的前提下，允许以源代码或二进制形式再分发和使用，无论有无修改；第 3 款是获得许可需要满足的条件，即再分发源代码，必须保留上述版权声明、本条件列表和下文的免责声明；第 4 款是无担保并免责的声明。

综上，1 条款 BSD 许可证只有一个要求，即仅在再分发软件源代码时，要求用户在源码中保留声明版权，条件列表和免责声明。1 条款 BSD 许可证对再分发软件二进制代码时，没有要求。

三、The 2 – Clause BSD License

（一）The 2 – Clause BSD License 许可协议英文版

The 2 – Clause BSD License

Note：This license has also been called the “Simplified BSD License” and the “Free BSD License”. See also the 3 – clause BSD License.

Copyright < YEAR > < COPYRIGHT HOLDER >

Redistribution and use in source and binary forms, with or without modification, are permitted provided that the following conditions are met：

1. Redistributions of source code must retain the above copyright notice, this list of conditions and the following disclaimer.

2. Redistributions in binary form must reproduce the above copyright notice, this list of conditions and the following disclaimer in the documentation and/or other materials provided with the distribution.

THIS SOFTWARE IS PROVIDED BY THE COPYRIGHT HOLDERS AND CONTRIBUTORS “AS IS” AND ANY EXPRESS OR IMPLIED WARRANTIES, INCLUDING, BUT NOT LIMITED TO, THE IMPLIED WARRANTIES OF MERCHANTABILITY AND FITNESS FOR A PARTICULAR PURPOSE ARE

DISCLAIMED. IN NO EVENT SHALL THE COPYRIGHT HOLDER OR CONTRIBUTORS BE LIABLE FOR ANY DIRECT, INDIRECT, INCIDENTAL, SPECIAL, EXEMPLARY, OR CONSEQUENTIAL DAMAGES (INCLUDING, BUT NOT LIMITED TO, PROCUREMENT OF SUBSTITUTE GOODS OR SERVICES; LOSS OF USE, DATA, OR PROFITS; OR BUSINESS INTERRUPTION) HOWEVER CAUSED AND ON ANY THEORY OF LIABILITY, WHETHER IN CONTRACT, STRICT LIABILITY, OR TORT (INCLUDING NEGLIGENCE OR OTHERWISE) ARISING IN ANY WAY OUT OF THE USE OF THIS SOFTWARE, EVEN IF ADVISED OF THE POSSIBILITY OF SUCH DAMAGE.

（二）The 2 – Clause BSD License 许可协议参考译文

为了介绍和评论引用的开源许可证原文来源于：https：//opensource. org/licenses。相关开源许可证原文版权归属开源许可证版权人。对上述网站中开源许可证的中文参考译文，仅为介绍和评论上述英文开源许可证的非官方中文参考译文，开源许可证条款和条件应以官方发布许可证原文为准。参考译文亦遵从原许可证版权人的版权和许可证及其官方管理机构的相关要求（如有）。开源许可证的中文参考译文可能存在错误或疏漏，欢迎读者指正。参考译文以及在参考译文基础上对相关许可证的分析和评述不构成具有法律约束力的任何法律建议或意见，仅供读者参考，因使用参考译文及相关分析评述引起的任何后果由使用者自行承担。

The original English text of this license cited herein for the purpose of introduction and comments could be found at：https：//opensource. org/licenses, the copyright of which belongs to the copyright holder. This unofficial Simplified Chinese translation of the original English text is solely for the purpose of introduction, commentary and explanation of a certain issue, which can not replace the original English text. The original English text of the terms and conditions listed in the license agreement shall prevail at all times. This unofficial Simplified Chinese translation acknowledge the copyright of the copyright holder and complies with the requirements of the official management agency of this license agreement (if any). There may be errors or omissions in the unofficial Simplified Chinese translation, readers are welcome to correct them. Neither the unofficial translations nor the analysis and comments shall constitute any legally binding advice or opinions, they are for reference only. Any consequences arising from the use of this unofficial translations and related analysis and comments shall be borne by the users themselves.

2 条款 BSD 许可证

注：本许可证也被称为“简化的 BSD 许可证”或“自由的 BSD 许可证”。同样地，还有 3 条款 BSD 许可证。

版权所有 <年份> <版权持有人>

在遵循以下条件的前提下，允许以源代码或二进制形式再分发和使用，无论有无修改：

1. 再分发源代码，必须保留上述版权声明、本条件列表和下文的免责声明。

2. 再分发二进制代码，必须在分发时提供的登记文件和/或其他材料中，复制上面的版权声明、本条件列表、下文的免责声明。

本软件由版权持有人和贡献者“按原样”提供。任何明示或暗示的担保，包括但不限于，关于适销性和对某一特定用途的适用性的暗示保证均被拒绝承认。在任何情况下，版权持有人和贡献者都不对任何直接的、间接的、偶然的、特殊的、惩戒性的以及后果性损失负责（包括但不限于采购替代性的产品或服务；使用的损失、数据的损失或利润的损失或业务中断），不管是什么原因造成的，以及任何责任理论，无论是以合同、严格责任，或侵权行为（包括疏忽或其他），因本软件的使用引起的，即使已被告知这种损害的可能性。

（三）The 2 – Clause BSD License 许可证评述和介绍

根据开放源代码促进会（OSI）官网介绍，2 条款 BSD 许可证也被称为“简化的 BSD 许可证”或“自由的 BSD 许可证”，是被广泛采用的开源许可证之一。

2 条款 BSD 许可证共有五款内容：第 1 款是版权声明，声明软件完成时间和版权人；第 2 款是授予许可，即在遵循以下条件的前提下，允许以源代码或二进制形式再分发和使用，无论有无修改；第 3 款是获得许可需要满足的第一种情况，即再分发源代码，必须保留上述版权声明、本条件列表和下文的免责声明；第 4 款是获得许可需要满足的第二种情况，即再分发二进制代码，必须在分发时提供的登记文件和/或其他材料中，复制上面的版权声明、本条件列表、下文的免责声明；第 5 款是无担保并免责的声明。

综上，2 条款 BSD 许可证有两个要求，即再分发软件源代码时，要求用户在源码中保留声明版权，条件列表和免责声明；再分发二进制代码，必须在分发时提供的登记文件和/或其他材料中，复制上面的版权声明、本条件列表、下文的免责声明。

四、The 3 – Clause BSD License 许可证评述和介绍

（一）The 3 – Clause BSD License 许可协议英文版

The 3 – Clause BSD License

Note：This license has also been called the "New BSD License" or "Modified BSD License". See also the 2 – clause BSD License.

Copyright < YEAR > < COPYRIGHT HOLDER >

Redistribution and use in source and binary forms, with or without modification, are permitted provided that the following conditions are met：

1. Redistributions of source code must retain the above copyright notice, this list of conditions and the following disclaimer.

2. Redistributions in binary form must reproduce the above copyright notice, this list of conditions and the following disclaimer in the documentation and/or other materials provided with the distribution.

3. Neither the name of the copyright holder nor the names of its contributors may be used to endorse or promote products derived from this software without specific prior written permission.

THIS SOFTWARE IS PROVIDED BY THE COPYRIGHT HOLDERS AND CONTRIBUTORS "AS IS" AND ANY EXPRESS OR IMPLIED WARRANTIES, INCLUDING, BUT NOT LIMITED TO, THE IMPLIED WARRANTIES OF MERCHANTABILITY AND FITNESS FOR A PARTICULAR PURPOSE ARE DISCLAIMED. IN NO EVENT SHALL THE COPYRIGHT HOLDER OR CONTRIBUTORS BE LIABLE FOR ANY DIRECT, INDIRECT, INCIDENTAL, SPECIAL, EXEMPLARY, OR CONSEQUENTIAL DAMAGES (INCLUDING, BUT NOT LIMITED TO, PROCUREMENT OF SUBSTITUTE GOODS OR SERVICES; LOSS OF USE, DATA, OR PROFITS; OR BUSINESS INTERRUPTION) HOWEVER CAUSED AND ON ANY THEORY OF LIABILITY, WHETHER IN CONTRACT, STRICT LIABILITY, OR TORT (INCLUDING NEGLIGENCE OR

OTHERWISE) ARISING IN ANY WAY OUT OF THE USE OF THIS SOFTWARE, EVEN IF ADVISED OF THE POSSIBILITY OF SUCH DAMAGE.

(二) The 3 – Clause BSD License 许可协议参考译文

为了介绍和评论引用的开源许可证原文来源于：https://opensource.org/licenses。相关开源许可证原文版权归属开源许可证版权人。对上述网站中开源许可证的中文参考译文，仅为介绍和评论上述英文开源许可证的非官方中文参考译文，开源许可证条款和条件应以官方发布许可证原文为准。参考译文亦遵从原许可证版权人的版权和许可证及其官方管理机构的相关要求（如有）。开源许可证的中文参考译文可能存在错误或疏漏，欢迎读者指正。参考译文以及在参考译文基础上对相关许可证的分析和评述不构成具有法律约束力的任何法律建议或意见，仅供读者参考，因使用参考译文及相关分析评述引起的任何后果由使用者自行承担。

The original English text of this license cited herein for the purpose of introduction and comments could be found at: https://opensource.org/licenses, the copyright of which belongs to the copyright holder. This unofficial Simplified Chinese translation of the original English text is solely for the purpose of introduction, commentary and explanation of a certain issue, which can not replace the original English text. The original English text of the terms and conditions listed in the license agreement shall prevail at all times. This unofficial Simplified Chinese translation acknowledge the copyright of the copyright holder and complies with the requirements of the official management agency of this license agreement (if any). There may be errors or omissions in the unofficial Simplified Chinese translation, readers are welcome to correct them. Neither the unofficial translations nor the analysis and comments shall constitute any legally binding advice or opinions, they are for reference only. Any consequences arising from the use of this unofficial translations and related analysis and comments shall be borne by the users themselves.

3 条款 BSD 许可证

本许可证也被称为"新 BSD 许可证"或者"修改的 BSD 许可证"。还有 2 条款 BSD 许可证。

版权所有 <年份> <版权持有人>

在遵循以下条件的前提下，允许以源代码或二进制形式再分发和使用，无论有无修改：

1. 再分发源代码，必须保留上述版权声明、本条件列表和下文的免责声明。

2. 再分发二进制代码，必须在分发时提供的登记文件和/或其他材料中，复制上面的版权声明、本条件列表、下文的免责声明。

3. 未经事先特别书面许可，不得使用版权持有人的名称和贡献者的名称，宣传或促销派生自本软件的产品。

本软件由版权持有人和贡献者“按原样”提供。任何明示或暗示的担保，包括但不限于，关于适销性和对某一特定用途的适用性的暗示保证均被拒绝承认。在任何情况下，版权持有人和贡献者都不对任何直接的、间接的、偶然的、特殊的、惩戒性的以及后果性损失负责（包括但不限于采购替代性的产品或服务；使用的损失、数据的损失或利润的损失或业务中断），不管是什么原因造成的，以及任何责任理论，无论是以合同、严格责任，或侵权行为（包括疏忽或其他），因本软件的使用引起的，即使已被告知这种损害的可能性。

（三）The 3 – Clause BSD License 许可证评述和介绍

根据开放源代码促进会（OSI）官网介绍，3 条款 BSD 许可证也被称为“新 BSD 许可证”或者“修改的 BSD 许可证”，也是被广泛采用的开源许可证之一。

3 条款 BSD 许可证共有六款内容：第 1 款是版权声明，声明软件完成时间和版权人；第 2 款是授予许可，即在遵循以下条件的前提下，允许以源代码或二进制形式再分发和使用，无论有无修改；第 3 款是获得许可需要满足的第一种情况，即再分发源代码，必须保留上述版权声明、本条件列表和下文的免责声明；第 4 款是获得许可需要满足的第二种情况，即再分发二进制代码，必须在分发时提供的登记文件和/或其他材料中，复制上面的版权声明、本条件列表、下文的免责声明；第 5 款是无名称或商业标识许可，即用户未经事先特别书面许可，不得使用版权持有人的名称和贡献者的名称，宣传或促销派生自本软件的产品；第 6 款是无担保并免责的声明。

综上，3 条款 BSD 许可证有三个要求，即再分发软件源代码时，要求用户在源码中保留声明版权，条件列表和免责声明；再分发二进制代码，必须在分发时提供的登记文件和/或其他材料中，复制上面的版权声明、本条件列表、下文的免责声明；未经事先特别书面许可，不得使用版权持有人的名称和贡献者的名称，宣传或促销派生自本软件的产品。

五、BSD + Patent License

（一）BSD + Patent License 许可协议英文版

BSD + Patent

Note：This license is designed to provide：a） a simple permissive license；b） that is compatible with the GNU General Public License （GPL），version 2；and c） which also has an express patent grant included.

Copyright © < YEAR > < COPYRIGHT HOLDERS >

Redistribution and use in source and binary forms，with or without modification，are permitted provided that the following conditions are met：

1. Redistributions of source code must retain the above copyright notice，this list of conditions and the following disclaimer.

2. Redistributions in binary form must reproduce the above copyright notice，this list of conditions and the following disclaimer in the documentation and/or other materials provided with the distribution.

Subject to the terms and conditions of this license，each copyright holder and contributor hereby grants to those receiving rights under this license a perpetual，worldwide，non – exclusive，no – charge，royalty – free，irrevocable （except for failure to satisfy the conditions of this license） patent license to make，have made，use，offer to sell，sell，import，and otherwise transfer this software，where such license applies only to those patent claims，already acquired or hereafter acquired，licensable by such copyright holder or contributor that are necessarily infringed by：

（a） their Contribution（s） （the licensed copyrights of copyright holders and non – copyrightable additions of contributors，in source or binary form） alone；or

（b） combination of their Contribution（s） with the work of authorship to which such Contribution（s） was added by such copyright holder or contributor，if，at the time the Contribution is added，such addition causes such combination to be necessarily infringed. The patent license shall not apply to any other combinations which include the Contribution.

Except as expressly stated above，no rights or licenses from any copyright holder or contributor is granted under this license，whether expressly，by implication， estoppel or otherwise.

DISCLAIMER

THIS SOFTWARE IS PROVIDED BY THE COPYRIGHT HOLDERS AND CONTRIBUTORS "AS IS" AND ANY EXPRESS OR IMPLIED WARRANTIES, INCLUDING, BUT NOT LIMITED TO, THE IMPLIED WARRANTIES OF MERCHANTABILITY AND FITNESS FOR A PARTICULAR PURPOSE ARE DISCLAIMED. IN NO EVENT SHALL THE COPYRIGHT HOLDERS OR CONTRIBUTORS BE LIABLE FOR ANY DIRECT, INDIRECT, INCIDENTAL, SPECIAL, EXEMPLARY, OR CONSEQUENTIAL DAMAGES (INCLUDING, BUT NOT LIMITED TO, PROCUREMENT OF SUBSTITUTE GOODS OR SERVICES; LOSS OF USE, DATA, OR PROFITS; OR BUSINESS INTERRUPTION) HOWEVER CAUSED AND ON ANY THEORY OF LIABILITY, WHETHER IN CONTRACT, STRICT LIABILITY, OR TORT (INCLUDING NEGLIGENCE OR OTHERWISE) ARISING IN ANY WAY OUT OF THE USE OF THIS SOFTWARE, EVEN IF ADVISED OF THE POSSIBILITY OF SUCH DAMAGE.

（二）BSD + Patent License 许可协议参考译文

为了介绍和评论引用的开源许可证原文来源于：https：//opensource. org/licenses。相关开源许可证原文版权归属开源许可证版权人。对上述网站中开源许可证的中文参考译文，仅为介绍和评论上述英文开源许可证的非官方中文参考译文，开源许可证条款和条件应以官方发布许可证原文为准。参考译文亦遵从原许可证版权人的版权和许可证及其官方管理机构的相关要求（如有）。开源许可证的中文参考译文可能存在错误或疏漏，欢迎读者指正。参考译文以及在参考译文基础上对相关许可证的分析和评述不构成具有法律约束力的任何法律建议或意见，仅供读者参考，因使用参考译文及相关分析评述引起的任何后果由使用者自行承担。

The original English text of this license cited herein for the purpose of introduction and comments could be found at：https：//opensource. org/licenses, the copyright of which belongs to the copyright holder. This unofficial Simplified Chinese translation of the original English text is solely for the purpose of introduction, commentary and explanation of a certain issue, which can not replace the original English text. The original English text of the terms and conditions listed in the license agreement shall prevail at all times. This unofficial Simplified Chinese translation acknowledge the copyright of the copyright holder and complies with the requirements of the official management agency of this license agreement （if any）. There may be errors or omissions in the unofficial Simplified Chinese translation, readers are welcome to correct them. Neither the unofficial translations nor the analysis and comments shall constitute any legally binding advice or opinions, they are for reference only. Any consequences arising from the use of this unofficial translations and related analysis and comments shall be borne by the users themselves.

BSD + 专利许可证

注：本许可证被设计为提供：一个简单的许可证；可与 GNU 通用公共许可证版本 2.0 兼容；同时也包括一个明确的专利授权。

版权所有© <年份> <版权持有人>

在遵循以下条件的前提下，允许以源代码或二进制形式再分发和使用，无论有无修改：

1. 再分发源代码，必须保留上述版权声明、本条件列表和下文的免责声明。

2. 再分发二进制代码，必须在分发时提供的登记文件和/或其他材料中，复制上面的版权声明、本条件列表、下文的免责声明。

根据本许可的条款和条件，每个版权持有者和贡献者在此授予根据本许可获得权利的人永久的、全球的、非排他性的、免费的、免版税的、不可撤销的（未能满足本许可证条件的除外）专利许可，以制作、委托制作、使用、许诺销售、销售、进口和以其他方式转让本软件。此类专利许可仅适用于那些版权持有人和贡献者可授权的，已经获得的或日后获得的专利权权利要求，该专利权利要求必然会在以下情况被侵权：

（a）他们的贡献（被版权持有人许可的版权和贡献者的非版权添加，以源代码形式或二进制形式）单独；或

（b）他们的贡献与作者作品（由该版权持有人或贡献者添加该贡献到该作品）的合并，如果在添加贡献时，这种添加引起的合并导致必然侵权。该专利许可不适用于包括该贡献的任何其他合并。

除了上面明确声明，本许可证项下没有权利被版权持有人或贡献者授予，无论明示或暗示，禁止反悔或其他。

本软件由版权持有人和贡献者“按原样”提供。任何明示或暗示的担保，包括但不限于，关于适销性和对某一特定用途的适用性的暗示保证均被拒绝承认。在任何情况下，版权持有人和贡献者都不对任何直接的、间接的、偶然的、特殊的、惩戒性的以及后果性损失负责（包括但不限于采购替代性的产品或服务；使用的损失、数据的损失或利润的损失或业务中断），不管是什么原因造成的，以及任何责任理论，无论是以合同、严格责任，或侵权行为（包括疏忽或其他），因本软件的使用引起的，即使已被告知这种损害的可能性。

（三）BSD + Patent License 许可证评述和介绍

根据开放源代码促进会（OSI）官网介绍，BSD + 专利许可证被设计为提供一个简单的许可证；可与 GNU 通用公共许可证版本 2.0 兼容；并且也包括一个明确的专利授权，BSD + 专利许可证被用于一些特定用途。

BSD + 专利许可证实质上是在 2 条款 BSD 许可证的基础上增加专利许可的内容。

增加的专利许可内容为，根据 BSD + 专利许可证的条款和条件，每个版权持有者和贡献者在此授予用户永久的、全球的、非排他性的、免费的、免版税的、不可撤销的（未能满足本许可证条件的除外）专利许可，以制作、委托制作、使用、许诺销售、销售、进口和以其他方式转让本软件。此类专利许可仅适用于那些版权持有人和贡献者可授权的，已经获得的或日后获得的专利权权利要求，该专利权利要求必然会被贡献者的单独贡献或贡献同作品合并的情况下被侵权。

第七节
The MIT License 参考译文及其评述和介绍

一、The MIT License 许可协议英文版

The MIT License

Copyright < YEAR > < COPYRIGHT HOLDER >

Permission is hereby granted, free of charge, to any person obtaining a copy of this software and associated documentation files (the "Software"), to deal in the Software without restriction, including without limitation the rights to use, copy, modify, merge, publish, distribute, sublicense, and/or sell copies of the Software, and to permit persons to whom the Software is furnished to do so, subject to the following conditions:

The above copyright notice and this permission notice shall be included in all copies or substantial portions of the Software.

THE SOFTWARE IS PROVIDED "AS IS", WITHOUT WARRANTY OF ANY KIND, EXPRESS OR IMPLIED, INCLUDING BUT NOT LIMITED TO THE WARRANTIES OF MERCHANTABILITY, FITNESS FOR A PARTICULAR PURPOSE AND NONINFRINGEMENT. IN NO EVENT SHALL THE AUTHORS OR COPYRIGHT HOLDERS BE LIABLE FOR ANY CLAIM, DAMAGES OR OTHER LIABILITY, WHETHER IN AN ACTION OF CONTRACT, TORT OR OTHERWISE, ARISING FROM, OUT OF OR IN CONNECTION WITH THE SOFTWARE OR THE USE OR OTHER DEALINGS IN THE SOFTWARE.

二、The MIT License 许可协议参考译文

为了介绍和评论引用的开源许可证原文来源于：https://opensource.org/licenses。相关开源许可证原文版权归属开源许可证版权人。对上述网站中开源许可证的中文参考译文，仅为介绍和评论上述英文开源许可证的非官方中文参考译文，开源许可证条款和条件应以官方发布许可证原文为准。参考译文亦遵从原许可证版权人的版权和许可证及其官方管理机构的相关要求（如有）。开源许可证的中文参考译文可能存在错误或疏漏，欢迎读者指正。参考译文以及在参考译文基础上对相关许可证的分析和评述不构成具有法律约束力的任何法律建议或意见，仅供读者参考，因使用参考译文及相关分析评述引起的任何后果由使用者自行承担。

The original English text of this license cited herein for the purpose of introduction and comments could be found at: https://opensource.org/licenses, the copyright of which belongs to the copyright holder. This unofficial Simplified Chinese translation of the original English text is solely for the purpose of introduction, commentary and explanation of a certain issue, which can not replace the original English text. The original English text of the terms and conditions listed in the license agreement shall prevail at all times. This unofficial Simplified Chinese translation acknowledge the copyright of the copyright holder and complies with the requirements of the official management agency of this license agreement（if any）. There may be errors or omissions in the unofficial Simplified Chinese translation, readers are welcome to correct them. Neither the unofficial translations nor the analysis and comments shall constitute any legally binding advice or opinions, they are for reference only. Any consequences arising from the use of this unofficial translations and related analysis and comments shall be borne by the users themselves.

MIT 许可证

版权所有 <年份> <版权持有人>

在此免费授予许可，任何获得一份本软件和相关文件（以下简称本软件）的副本的人，无限制地处理本软件，包括但不限于，使用、复制、修改、合并、发布、分发、再许可和/或销售本软件的副本，并且许可接收到本软件的人同样享有以上权利，前提是符合下面条件：

上述版权声明和这个许可声明应包括在本软件的所有的副本或重要部分中。

本软件按“原样”提供，无任何种类的明示或暗示担保，包括但不限于适销性、特定用途适用性和不侵权担保。在任何情况下，无论因合同、侵权或其他行为，作者或版权持有人都不对因本软件或本软件的使用或其他处理引起的或相关的权利主张、损害或其他责任承担责任。

三、The MIT License 评述和介绍

MIT 许可证是被最广泛采用的开源许可证之一。

MIT 许可证共有四款内容：第 1 款是版权声明，声明软件完成时间和版权人；第 2 款是授予许可，此免费授予许可，任何获得软件的副本的人，无限制地处理该软件，包括但不限于，使用、复制、修改、合并、发布、分发、再许可和/或销售软件的副本，并且许可接收到本软件的人同样享有以上权利，前提是符合下面条件；第 3 款是获得许可需要满足条件，即版权声明和许可声明应包括在本软件的所有的副本或重要部分中；第 4 款是无担保并免责的声明。

综上，MIT 许可证的许可条件同 2 条款 BSD 许可证的许可条件基本相同，MIT 许可证和 2 条款 BSD 许可证不同之处在于，MIT 许可证不区分以源代码形

式还是二进制代码形式的软件分发，仅概括性要求版权声明和许可声明应包括在软件的所有的副本或重要部分中。而 2 条款 BSD 许可证则对软件以源代码形式分发及二进制代码形式分发的两种情况进行区分，并相应规定需要满足的条件。

第八节

通用开发和分发许可证版本 1.0（CDDL－1.0）参考译文及其评述和介绍

一、通用开发和分发许可证版本 1.0（CDDL－1.0）英文版

Common Development and Distribution License 1.0（CCDL－1.0）

1. Definitions.

1.1. Contributor means each individual or entity that creates or contributes to thecreation of Modifications.

1.2. Contributor Version means the combination of the Original Software, prior Modifications used by a Contributor (if any), and the Modifications made by that particular Contributor.

1.3. Covered Software means (a) the Original Software, or (b) Modifications, or (c) the combination of files containing Original Software with files containing Modifications, in each case including portions thereof.

1.4. Executable means the Covered Software in any form other than Source Code.

1.5. Initial Developer means the individual or entity that first makes Original Software available under this License.

1.6. Larger Work means a work which combines Covered Software or portions thereof with code not governed by the terms of this License.

1.7. License means this document.

1.8. Licensable means having the right to grant, to the maximum extent possible, whether at the time of the initial grant or subsequently acquired, any and all of the rights conveyed herein.

1.9. Modifications means the Source Code and Executable form of any of the following:

A. Any file that results from an addition to, deletion from or modification of the contents of a file containing Original Software or previous Modifications;

B. Any new file that contains any part of the Original Software or previous Modification; or

C. Any new file that is contributed or otherwise made available under the terms of this License.

1.10. Original Software means the Source Code and Executable form of computer software code that is originally released under this License.

1.11. Patent Claims means any patent claim (s), now owned or hereafter acquired, including without limitation, method, process, and apparatus claims, in any patent Licensable by grantor.

1.12. Source Code means (a) the common form of computer software code in which modifications are made and (b) associated documentation included in or with such code.

1.13. You (or Your) means an individual or a legal entity exercising rights under, and complying with all of the terms of, this License. For legal entities, You includes any entity which controls, is controlled by, or is under common control with You. For purposes of this definition, control means (a) the power, direct or indirect, to cause the direction or management of such entity, whether by contract or otherwise, or (b) ownership of more than fifty percent (50%) of the outstanding shares or beneficial ownership of such entity.

2. License Grants.

2.1. The Initial Developer Grant. Conditioned upon Your compliance with Section 3.1 below and subject to third party intellectual property claims, the Initial Developer hereby grants You a world-wide, royalty-free, non-exclusive license:

(a) under intellectual property rights (other than patent or trademark) Licensable by Initial Developer, to use, reproduce, modify, display, perform, sublicense and distribute the Original Software (or portions thereof), with or without

Modifications, and/or as part of a Larger Work; and

(b) under Patent Claims infringed by the making, using or selling of Original Software, to make, have made, use, practice, sell, and offer for sale, and/or otherwise dispose of the Original Software (or portions thereof).

(c) The licenses granted in Sections 2.1 (a) and (b) are effective on the date Initial Developer first distributes or otherwise makes the Original Software available to a third party under the terms of this License.

(d) Notwithstanding Section 2.1 (b) above, no patent license is granted: (1) for code that You delete from the Original Software, or (2) for infringements caused by: (i) the modification of the Original Software, or (ii) the combination of the Original Software with other software or devices.

2.2. Contributor Grant. Conditioned upon Your compliance with Section 3.1 below and subject to third party intellectual property claims, each Contributor hereby grants You a world - wide, royalty - free, non - exclusive license:

(a) under intellectual property rights (other than patent or trademark) Licensable by Contributor to use, reproduce, modify, display, perform, sublicense and distribute the Modifications created by such Contributor (or portions thereof), either on an unmodified basis, with other Modifications, as Covered Software and/or as part of a Larger Work; and

(b) under Patent Claims infringed by the making, using, or selling of Modifications made by that Contributor either alone and/or in combination with its Contributor Version (or portions of such combination), to make, use, sell, offer for sale, have made, and/or otherwise dispose of: (1) Modifications made by that Contributor (or portions thereof); and (2) the combination of Modifications made by that Contributor with its Contributor Version (or portions of such combination).

(c) The licenses granted in Sections 2.2 (a) and 2.2 (b) are effective on the date Contributor first distributes or otherwise makes the Modifications available to a third party.

(d) Notwithstanding Section 2.2 (b) above, no patent license is granted: (1) for any code that Contributor has deleted from the Contributor Version; (2) for infringements caused by: (i) third party modifications of Contributor Version, or

(ii) the combination of Modifications made by that Contributor with other software (except as part of the Contributor Version) or other devices; or (3) under Patent Claims infringed by Covered Software in the absence of Modifications made by that Contributor.

3. Distribution Obligations.

3. 1. Availability of Source Code. Any Covered Software that You distribute or otherwise make available in Executable form must also be made available in Source Code form and that Source Code form must be distributed only under the terms of this License. You must include a copy of this License with every copy of the Source Code form of the Covered Software You distribute or otherwise make available. You must inform recipients of any such Covered Software in Executable form as to how they can obtain such Covered Software in Source Code form in a reasonable manner on or through a medium customarily used for software exchange.

3. 2. Modifications. The Modifications that You create or to which You contribute are governed by the terms of this License. You represent that You believe Your Modifications are Your original creation(s) and/or You have sufficient rights to grant the rights conveyed by this License.

3. 3. Required Notices. You must include a notice in each of Your Modifications that identifies You as the Contributor of the Modification. You may not remove or alter any copyright, patent or trademark notices contained within the Covered Software, or any notices of licensing or any descriptive text giving attribution to any Contributor or the Initial Developer.

3. 4. Application of Additional Terms. You may not offer or impose any terms on any Covered Software in Source Code form that alters or restricts the applicable version of this License or the recipients rights hereunder. You may choose to offer, and to charge a fee for, warranty, support, indemnity or liability obligations to one or more recipients of Covered Software. However, you may do so only on Your own behalf, and not on behalf of the Initial Developer or any Contributor. You must make it absolutely clear that any such warranty, support, indemnity or liability obligation is offered by You alone, and You hereby agree to indemnify the Initial Developer and every Contributor for any liability incurred by the Initial Developer or such Contributor

as a result of warranty, support, indemnity or liability terms You offer.

3. 5. Distribution of Executable Versions. You may distribute the Executable form of the Covered Software under the terms of this License or under the terms of a license of Your choice, which may contain terms different from this License, provided that You are in compliance with the terms of this License and that the license for the Executable form does not attempt to limit or alter the recipients rights in the Source Code form from the rights set forth in this License. If You distribute the Covered Software in Executable form under a different license, You must make it absolutely clear that any terms which differ from this License are offered by You alone, not by the Initial Developer or Contributor. You hereby agree to indemnify the Initial Developer and every Contributor for any liability incurred by the Initial Developer or such Contributor as a result of any such terms You offer.

3. 6. Larger Works. You may create a Larger Work by combining Covered Software with other code not governed by the terms of this License and distribute the Larger Work as a single product. In such a case, You must make sure the requirements of this License are fulfilled for the Covered Software.

4. Versions of the License.

4. 1. New Versions. Sun Microsystems, Inc. is the initial license steward and may publish revised and/or new versions of this License from time to time. Each version will be given a distinguishing version number. Except as provided in Section 4. 3, no one other than the license steward has the right to modify this License.

4. 2. Effect of New Versions. You may always continue to use, distribute or otherwise make the Covered Software available under the terms of the version of the License under which You originally received the Covered Software. If the Initial Developer includes a notice in the Original Software prohibiting it from being distributed or otherwise made available under any subsequent version of the License, You must distribute and make the Covered Software available under the terms of the version of the License under which You originally received the Covered Software. Otherwise, You may also choose to use, distribute or otherwise make the Covered Software available under the terms of any subsequent version of the License published by the license steward.

4. 3. Modified Versions. When You are an Initial Developer and You want to create a new license for Your Original Software, You may create and use a modified version of this License if You: (a) rename the license and remove any references to the name of the license steward (except to note that the license differs from this License); and (b) otherwise make it clear that the license contains terms which differ from this License.

5. DISCLAIMER OF WARRANTY. COVERED SOFTWARE IS PROVIDED UNDER THIS LICENSE ON AN AS IS BASIS, WITHOUT WARRANTY OF ANY KIND, EITHER EXPRESSED OR IMPLIED, INCLUDING, WITHOUT LIMITATION, WARRANTIES THAT THE COVERED SOFTWARE IS FREE OF DEFECTS, MERCHANTABLE, FIT FOR A PARTICULAR PURPOSE OR NON - INFRINGING. THE ENTIRE RISK AS TO THE QUALITY AND PERFORMANCE OF THE COVERED SOFTWARE IS WITH YOU. SHOULD ANY COVERED SOFTWARE PROVE DEFECTIVE IN ANY RESPECT, YOU (NOT THE INITIAL DEVELOPER OR ANY OTHER CONTRIBUTOR) ASSUME THE COST OF ANY NECESSARY SERVICING, REPAIR OR CORRECTION. THIS DISCLAIMER OF WARRANTY CONSTITUTES AN ESSENTIAL PART OF THIS LICENSE. NO USE OF ANY COVERED SOFTWARE IS AUTHORIZED HEREUNDER EXCEPT UNDER THIS DISCLAIMER.

6. TERMINATION.

6. 1. This License and the rights granted hereunder will terminate automatically if You fail to comply with terms herein and fail to cure such breach within 30 days of becoming aware of the breach. Provisions which, by their nature, must remain in effect beyond the termination of this License shall survive.

6. 2. If You assert a patent infringement claim (excluding declaratory judgment actions) against Initial Developer or a Contributor (the Initial Developer or Contributor against whom You assert such claim is referred to as Participant) alleging that the Participant Software (meaning the Contributor Version where the Participant is a Contributor or the Original Software where the Participant is the Initial Developer) directly or indirectly infringes any patent, then any and all rights granted directly or indirectly to You by such Participant, the Initial Developer (if the Initial Developer is

not the Participant) and all Contributors under Sections 2. 1 and/or 2. 2 of this License shall, upon 60 days notice from Participant terminate prospectively and automatically at the expiration of such 60 day notice period, unless if within such 60 day period You withdraw Your claim with respect to the Participant Software against such Participant either unilaterally or pursuant to a written agreement with Participant.

6. 3. In the event of termination under Sections 6. 1 or 6. 2 above, all end user licenses that have been validly granted by You or any distributor hereunder prior to termination (excluding licenses granted to You by any distributor) shall survive termination.

7. LIMITATION OF LIABILITY. UNDER NO CIRCUMSTANCES AND UNDER NO LEGAL THEORY, WHETHER TORT (INCLUDING NEGLIGENCE), CONTRACT, OR OTHERWISE, SHALL YOU, THE INITIAL DEVELOPER, ANY OTHER CONTRIBUTOR, OR ANY DISTRIBUTOR OF COVERED SOFTWARE, OR ANY SUPPLIER OF ANY OF SUCH PARTIES, BE LIABLE TO ANY PERSON FOR ANY INDIRECT, SPECIAL, INCIDENTAL, OR CONSEQUENTIAL DAMAGES OF ANY CHARACTER INCLUDING, WITHOUT LIMITATION, DAMAGES FOR LOST PROFITS, LOSS OF GOODWILL, WORK STOPPAGE, COMPUTER FAILURE OR MALFUNCTION, OR ANY AND ALL OTHER COMMERCIAL DAMAGES OR LOSSES, EVEN IF SUCH PARTY SHALL HAVE BEEN INFORMED OF THE POSSIBILITY OF SUCH DAMAGES. THIS LIMITATION OF LIABILITY SHALL NOT APPLY TO LIABILITY FOR DEATH OR PERSONAL INJURY RESULTING FROM SUCH PARTYS NEGLIGENCE TO THE EXTENT APPLICABLE LAW PROHIBITS SUCH LIMITATION. SOME JURISDICTIONS DO NOT ALLOW THE EXCLUSION OR LIMITATION OF INCIDENTAL OR CONSEQUENTIAL DAMAGES, SO THIS EXCLUSION AND LIMITATION MAY NOT APPLY TO YOU.

8. U. S. GOVERNMENT END USERS. The Covered Software is a commercial item, as that term is defined in 48 C. F. R. 2. 101 (Oct. 1995), consisting of commercial computer software [as that term is defined at 48 C. F. R. 252. 227 – 7014 (a) (1)] and commercial computer software documentation as such terms are used in 48 C. F. R. 12. 212 (Sept. 1995). Consistent with 48 C. F. R. 12. 212 and 48

C. F. R. 227. 7202 – 1 through 227. 7202 – 4 （June 1995）， all U. S. Government End Users acquire Covered Software with only those rights set forth herein. This U. S. Government Rights clause is in lieu of， and supersedes， any other FAR， DFAR， or other clause or provision that addresses Government rights in computer software under this License.

9. MISCELLANEOUS. This License represents the complete agreement concerning subject matter hereof. If any provision of this License is held to be unenforceable， such provision shall be reformed only to the extent necessary to make it enforceable. This License shall be governed by the law of the jurisdiction specified in a notice contained within the Original Software （except to the extent applicable law， if any， provides otherwise）， excluding such jurisdictions conflict – of – law provisions. Any litigation relating to this License shall be subject to the jurisdiction of the courts located in the jurisdiction and venue specified in a notice contained within the Original Software， with the losing party responsible for costs， including， without limitation， court costs and reasonable attorneys fees and expenses. The application of the United Nations Convention on Contracts for the International Sale of Goods is expressly excluded. Any law or regulation which provides that the language of a contract shall be construed against the drafter shall not apply to this License. You agree that You alone are responsible for compliance with the United States export administration regulations （and the export control laws and regulation of any other countries） when You use， distribute or otherwise make available any Covered Software.

10. RESPONSIBILITY FOR CLAIMS. As between Initial Developer and the Contributors， each party is responsible for claims and damages arising， directly or indirectly， out of its utilization of rights under this License and You agree to work with Initial Developer and Contributors to distribute such responsibility on an equitable basis. Nothing herein is intended or shall be deemed to constitute any admission of liability.

二、通用开发和分发许可证版本 1.0 （CDDL – 1.0） 参考译文

为了介绍和评论引用的开源许可证原文来源于：https：//opensource. org/licenses。相关开源许可证原文版权归属开源许可证版权人。对上述网站中开源许

可证的中文参考译文，仅为介绍和评论上述英文开源许可证的非官方中文参考译文，开源许可证条款和条件应以官方发布许可证原文为准。参考译文亦遵从原许可证版权人的版权和许可证及其官方管理机构的相关要求（如有）。开源许可证的中文参考译文可能存在错误或疏漏，欢迎读者指正。参考译文以及在参考译文基础上对相关许可证的分析和评述不构成具有法律约束力的任何法律建议或意见，仅供读者参考，因使用参考译文及相关分析评述引起的任何后果由使用者自行承担。

The original English text of this license cited herein for the purpose of introduction and comments could be found at：https：//opensource. org/licenses，the copyright of which belongs to the copyright holder. This unofficial Simplified Chinese translation of the original English text is solely for the purpose of introduction，commentary and explanation of a certain issue，which can not replace the original English text. The original English text of the terms and conditions listed in the license agreement shall prevail at all times. This unofficial Simplified Chinese translation acknowledge the copyright of the copyright holder and complies with the requirements of the official management agency of this license agreement （if any）. There may be errors or omissions in the unofficial Simplified Chinese translation，readers are welcome to correct them. Neither the unofficial translations nor the analysis and comments shall constitute any legally binding advice or opinions，they are for reference only. Any consequences arising from the use of this unofficial translations and related analysis and comments shall be borne by the users themselves.

通用开发和分发许可证版本 1. 0

1. 定义。

1. 1. 贡献者指每个为修改的创造进行创作或做出贡献的个人或实体。

1. 2. 贡献者版本是初始软件、贡献者使用的在先修改（如有）和该特定贡献者所做的修改的合并。

1. 3. 受保护软件指初始软件，或修改，或包含初始软件和与包含修改的文件的合并，每种情况都包括其中的部分。

1. 4. 可执行文件指源代码之外的其他任何形式的受保护软件。

1. 5. 初始开发者指首次根据本许可证制作初始软件的个人或实体。

1. 6. 较大作品是将受保护软件或其中的部分与不受本许可证条款管辖的代

码合并的作品。

1.7. 许可证指的是本文本。

1.8. 可许可指在最大可能程度上有权授予，不论在最初授予时还是随后获得时，任何和所有在此处传输的权利。

1.9. 修改指以下任何的源代码和可执行格式：

A. 对包含初始软件或先前修改的文件进行添加、删除或修改内容而形成的任何文件；

B. 包含初始软件或先前修改的任何部分的任何新文件；或

C. 根据本许可证的条款被贡献或使其可获得的任何新文件。

1.10. 初始软件指根据本许可证最初发布的计算机软件的源代码格式和可执行格式。

1.11. 专利权利要求指现在拥有或将来获得的任何专利权利要求，包括但不限于方法、工序和装置的权利要求，在许可人可许可的任何专利中。

1.12. 源代码指对计算机软件代码进行修改的常见格式，和包含在内或与此类代码一起的附随文档。

1.13. 你（或你的）指在遵守本许可证的所有条款的情况下行使权利的个人或法人实体。对于法人实体，你包括任何控制、被控制或与你在共同控制下的任何实体。为此定义的目的，控制意味着直接或间接的权力，决定实体的方向和管理，无论是否通过合同的形式或者其他的形式，或拥有该实体超过50%的已发行股份或受益所有权。

2. 许可授予。

2.1. 初始开发者在你遵守下面第3.1款的条件并受制于第三方知识产权主张的情况下有条件的授权，初始开发者在此授予你一项全球范围内，免版税的、非排他的许可：

（a）根据初始开发者可许可的知识产权（专利或商标除外），使用、复制、修改、展示、表演、分许可和分发初始软件（或其中的部分），无论未修改还是修改过的、和/或是作为更大的作品的一部分；以及

（b）根据制造、使用或销售初始软件所侵权的专利权利要求，制造、委托制造、使用、实践、销售、许诺销售和/或以其他方式处置初始软件（或其中的部分）。

（c）在第2.1条（a）和（b）项中授予的许可，在初始开发者根据本许可

证条款首次将初始软件分发或以其他方式使第三方的可获得的日期，开始生效。

（d）尽管有上述第2.1条（b）项规定，但下列情况下无任何专利许可被授予：（1）适用于你从初始软件中删除的代码，或（2）侵权是由于：（i）初始软件的修改，或（ii）初始软件与其他软件或设备的合并。

2.2. 贡献者在你遵守下面第3.1条的条件并受制于第三方知识产权主张的情况下有条件的授权，每个贡献者在此授予你一项全球范围内，免版税的、非排他的许可：

（a）根据贡献者可许可的知识产权（专利或商标除外），使用、复制、修改、展示、表演、分许可和分发该贡献者创作的修改（或其中的部分），无论在未修改基础上，还是与其他修改一起、作为受保护软件和/或是作为更大的作品的一部分；以及

（b）根据制造、使用或销售该贡献者创作的修改，无论单独和/或同贡献者版本（或该贡献者版本的一部分）的合并，所侵权的专利权利要求，制造、使用、销售、许诺销售、委托制造和/或以其他方式处置：（1）由该贡献者创作的修改（或其中的部分）；以及（2）由该贡献者创作的修改与其贡献者版本的合并（或该合并的部分）。

（c）在第2.2条（a）和（b）项中授予的许可，在贡献者首次将修改分发或以其他方式使第三方的可获得的日期，开始生效。

（d）尽管有上述第2.2条（b）项规定，但下列情况下无任何专利许可被授予：（1）适用于贡献者已经从贡献者版本中删除的代码；或（2）侵权是由于：（i）第三方对贡献者版本的修改，或（ii）贡献者的修改与其他软件（贡献者版本的部分除外）或其他设备的合并；或（3）受保护软件在缺失该贡献者创作的修改情况下所侵犯的权利要求。

3. 分发义务。

3.1. 源代码可获得。分发受保护软件或以其他方式使任何受保护软件以可执行形式可获得时，必须使源代码格式可获得，并且该源码格式必须只能根据本许可证的条款分发。在分发受保护软件或以其他方式使受保护软件可获得时，必须在源代码格式的每一份副本中包括一份本许可证副本。必须通知受保护软件的可执行格式接收者，如何以合理的方式在或通过通常用于软件交换的媒介上获得该受保护软件的源代码格式。

3.2. 修改。你创作的修改或你对其进行贡献的修改受本许可证条款约束。你

声明你相信你的修改是你的原创和/或你有足够的权利授予本许可证传输的权利。

3.3. 必需的声明。你必须在你的每个修改中包括一个声明，以确认你是该修改的贡献者。你不得移除或更改受保护软件中包含的任何版权、专利或商标声明，或任何许可声明或描述性文本，设置对任何贡献者或初始开发者的归属。

3.4. 附加条款适用。你不得在受保护软件源代码格式上提供或设置任何条款，以更改或限制本许可证适用版本或本许可证下的接收者权利。你可以选择为一个或多个受保护软件的接收者提供担保、支持、补偿或责任义务，并收取费用。但是，你只能代表自己可以这样做，而不能代表初始开发者或任何贡献者。你必须非常明确，任何此类担保、支持、补偿或责任义务仅由你单独提供，并且你在此同意补偿初始开发者和每个贡献者，由于你提供的担保、支持、补偿或责任条款导致初始开发者或该贡献者承担的任何责任。

3.5. 可执行版本分发。你可以根据本许可证条款或根据你选择的许可证的条款分发受保护软件的可执行格式，你选择的许可证可能包含与本许可证不同的条款，前提是你遵守本许可证条款，并且适用该可执行格式的许可证不会试图限制或改变接收者在本许可证中规定的对源代码格式的权利。如果你根据不同的许可证分发可执行格式的受保护软件，您必须非常明确，任何与本许可证不同的条款仅由你单独提供，而不是由初始开发者或贡献者提供。你在此同意补偿初始开发者和每个贡献者，由于你提供的任何此类条款所造成初始开发者或贡献者承担的任何责任。

3.6. 更大作品。你可以通过将受保护软件与不受本许可证条款约束的其他代码合并，创作一个更大作品，并将更大作品作为单个产品分发。在此种情况下，你必须确保本许可证对受保护软件的要求得到满足。

4. 许可证版本。

4.1. 新版本。Sun Microsystems，Inc. 是初始的许可证管理机构，并可能不时发布本许可证的修订版和/或新版本。每个版本都将被给与一个区分版本号。除第4.3条规定的情况外，除本许可证管理机构外，没有其他任何人有权修改本许可证。

4.2. 新版本的影响。你可以一直根据你最初收到受保护软件的许可证版本的条款持续使用、分发或以其他方式使受保护软件可获得。如果初始开发者在初始软件中包含了一个声明，禁止在本许可证任何后续版本下分发或以其他方式使受保护软件可获得，则你必须按照你最初收到受保护软件的许可证版本条款分发和以其他方式使受保护软件可获得。在其他情况下，你也可以选择由许可证管理机构发布的本许可证任何后续版本的条款使用、分发或以其他方式使受保护软件可获得。

4.3. 修改版本。当你是初始开发者，并且你希望为你的初始软件创设一个新的许可证，你可以创作并使用本许可证的修改版本，前提是你：（a）重命名许可证，并删除对许可证管理机构名称的任何引用（注释说明该许可证与本许可证不同除外）；并且（b）除此以外，明确该许可证包含与本许可证不同的条款。

5. 无担保声明。受保护软件根据本许可证基于“原样”提供的，没有任何形式的明示或暗示担保，包括但不限于受保护软件无缺陷、适销性、特定用途适用性或非侵权性的担保。受保护软件质量和性能的整体风险由你承担。如果受保护软件在任何方面存在缺陷，你（而不是初始开发者或任何其他贡献者）承担任何必要的服务、维修或更正的成本。这个无担保声明构成本许可证的实质部分。如果排除本无担保声明，则任何受保护软件的使用将不被授权。

6. 终止。

6.1. 如果你未能遵守本许可证的条款并且未能在意识到该违反后的30天内纠正该违反，则本许可证和根据本许可证被授予的权利将自动终止。根据其性质必须在本许可证终止之后仍然继续有效的条款，将继续有效。

6.2. 如果你对初始开发者或贡献者（你提出该专利侵权主张所针对的初始开放者和贡献者，下面成为参与者）提出专利侵权的主张（不包括宣告判决诉讼），声称参与者软件（指参与者是贡献者的贡献者版本，或者参与者是初始开发者的初始软件）直接或间接侵犯任何专利，则该参与者、初始开放者（如果初始开发者不是参与者）和所有贡献者根据本许可证第2.1条和/或第2.2条直接或间接授予你的任何和所有权利将根据参与者的60日通知，在60日的通知期满时提前自动终止，除非在此60日的期限内，你单方面或根据与参与者达成的书面协议，撤回就参与者软件针对该参与者的权利主张。

6.3. 在第6.1条或第6.2条终止的情况下，你或任何分发者在终止之前已经有效授予所有最终用户的许可证将在终止后继续有效（不包括任何分发者向你授予的许可证）。

7. 责任限制。在任何情况和任何法律理论下无论是侵权（包括疏忽）、合同或其他，你、初始开发者、任何其他贡献者、或任何受保护软件分发者、或前述各方的供应商都不对任何人因任何性质的任何间接、特殊、偶然或后果性损害承担责任，前述损害包括但不限于营业利润的损失、商誉的损失、工作停顿、计算机失效或故障，或任何和所有其他商业损害或损失，即使该方已被告知发生这些损害的可能性。在适用法律禁止此类限制的范围，本责任限制不适用于因该方的疏忽导致的死亡或个人伤害的责任。某些司法管辖区不允许排除或限制偶然或后果性损害的责任，则这种排除和限制可能不适用于你。

8. 美国政府最终用户。受保护软件是商业物品，根据 48 C. F. R. 2. 101（1995 年 10 月）定义的条款，包括商业计算机软件［根据 48 C. F. R. 252. 227 - 7014（a）（1）定义的条款］和商业计算机软件文档，如 48 C. F. R. 12. 212（1995 年 9 月）中使用的条款。根据 48 C. F. R. 12. 212 和 48 C. F. R. 227. 7202 - 1 至 227. 7202 - 4（1995 年 6 月），所有美国政府最终用户获得受保护软件及仅限于此处规定的那些权利。本美国政府权利条款取代和替换任何其他 FAR、DFAR 或其他关于本许可证项下计算机软件中政府权利的规定。

9. 杂项。本许可证陈述了关于本主体事宜的完整协议。如果本许可证的任何条款被认定为不可执行，该条款将被重新改正为使该条款可执行的最低必要程度。本许可证将受到在初始软件中包含的声明中规定的管辖法律的约束（除非适用法律范围，如有，另有规定），不包括该司法管辖权内的冲突法规范。与本许可证相关的任何诉讼都将受到位于初始软件中包含的声明中规定的司法管辖权和地点的司法管辖法院的管辖，并且由败诉方承担成本费用，包括但不限于法院费用和合理的律师费和杂费。《联合国国际货物销售合同公约》的适用被明确排除。任何规定合同语言应作对起草人作不利解释的法律或法规不应适用于本许可证。你同意，当你使用、分发或以其他方式使受保护软件可获得时，你独自负责遵守美国出口管理法规（以及任何其他国家的出口管制法律和法规）。

10. 索赔责任。在初始开发者和贡献者之间，各方对其使用本许可下的权利直接或间接引起的权利主张和损害负责，你同意与初始开发者和参与者合作，在公平的基础上分担此类责任。此处的任何内容均不被认为或不应被视为构成对责任的任何承认。

三、通用开发和分发许可证版本 1.0（CDDL - 1.0）评述和介绍

通用开发和分发许可证版本 1. 0 是由 Sun Microsystems 发布的开源许可证，其宽松程度也在 GNU 通用公共许可证和 Apache 许可证之间，通用开发和分发许可证版本 1. 0 发布后被广泛地采用。

1. 适用范围

通用开发和分发许可证版本 1.0 虽然没有条款专门对许可证的适用范围进行约定，但从第 1 条定义的相关条款分析，通用开发和分发许可证版本 1.0 适用范围也限于软件，并未包括软件以外的其他作品形式。

2. 授权机制和授权内容

通用开发和分发许可证版本 1.0 授予的许可按照许可人分为两类，初始开发者授予的许可和贡献者授予的许可。

（1）初始开发者授予的许可

通用开发和分发许可证版本 1.0 第 1.5 条规定了初始开发者的定义，首次根据本许可证制作初始软件的个人或实体。

通用开发和分发许可证版本 1.0 第 2.1 条规定，初始开发者在你遵守下面第 3.1 条的条件并受制于第三方知识产权主张的情况下有条件的授权，初始开发者在此授予你一项全球范围内，免版税的、非排他的许可：（a）根据初始开发者可许可的知识产权（专利或商标除外），使用、复制、修改、展示、表演、分许可和分发初始软件（或其中的部分），无论未修改还是修改过的、和/或是作为更大的作品的一部分；以及（b）根据制造、使用或销售初始软件所侵权的专利权利要求，制造、委托制造、使用、实践、销售、许诺销售和/或以其他方式处置初始软件（或其中的部分）。

通用开发和分发许可证版本 1.0 第 2.1 条（c）项规定，在通用开发和分发许可证版本 1.0 第 2.1 条（a）和（b）项中授予的许可，在初始开发者根据本许可证条款首次将初始软件分发或以其他方式使第三方的可获得的日期，开始生效。

（2）贡献者授予的许可

通用开发和分发许可证版本 1.0 第 1.1 条规定，贡献者指每个为修改的创造进行创作或做出贡献的个人或实体。

通用开发和分发许可证版本 1.0 第 2.2 条规定，贡献者在你遵守下面第 3.1 条的条件并受制于第三方知识产权主张的情况下有条件的授权，每个贡献者在此授予你一项全球范围内，免版税的、非排他的许可：（a）根据贡献者可许可的知识产权（专利或商标除外），使用、复制、修改、展示、表演、分许可和分发该贡献者创作的修改（或其中的部分），无论在未修改基础上，还是与其他修改一起、作为受保护软件和/或是作为更大的作品的一部分；以及（b）根据制造、使用或销售该贡献者创作的修改，无论单独和/或同贡献者版本（或该贡献者版本的一部分）的合并，所侵权的专利权利要求，制造、使用、销售、许诺销售、委托制造和/或以其他方式处置：由该贡献者创作的修改（或其中的部分）；以及由该贡献者创作的修改与其贡献者版本的合并（或该合并的部分）。

通用开发和分发许可证版本 1.0 第 2.2 条（c）项规定，在第 2.2 条（a）和（b）项中授予的许可，在贡献者首次将修改分发或以其他方式使第三方的可获得的日期，开始生效。

另外通用开发和分发许可证版本 1.0 第 3.2. 条规定，贡献者创作的修改或贡献者对其进行贡献的修改受通用开发和分发许可证版本 1.0 条款约束。贡献者应声明其相信修改是贡献者的原创和/或贡献者有足够的权利授予本许可证传输的权利。

3. 许可条件

通用开发和分发许可证版本 1.0 第 3.1 条规定了分发软件时使源码可获得的义务，具体为：你分发或以其他方式（如分发可执行文件形式）使任何受保护软件可获得时，必须使源代码格式可获得，并且该源码格式必须只能根据本许可证的条款分发。你必须在源代码格式的每一份副本中附带一份本许可证副本。你必须通知受保护软件的可执行格式接收者，如何以合理的方式在或通过通常用于软件交换的媒介上获得该受保护软件的源代码格式。

通用开发和分发许可证版本 1.0 第 3.2. 条规定，贡献者创作的修改或贡献者提交贡献的他人的“修改”均受通用开发和分发许可证版本 1.0 条款约束。贡献者应声明其相信修改是贡献者的原创和/或其有足够的权利授予本许可证拟授予的权利。

通用开发和分发许可证版本 1.0 第 3.3 条规定了修改受保护软件时声明义务，贡献者必须在其的每个修改中包括一个声明，以确认其是该修改的贡献者，且不得移除或更改受保护软件中包含的任何版权、专利或商标声明，或任何许可声明或描述性文本，设置对任何贡献者或初始开发者的归属。

通用开发和分发许可证版本 1.0 第 3.4 条对附加条款适用进行了规定，被许可人不得在受保护软件源代码格式上提出或附加任何条款，以更改或限制通用开发和分发许可证版本 1.0 下的接收者权利。被许可人虽然可以选择为一个或多个受保护软件的接收者提供担保、支持、补偿或责任义务，并收取费用。但是，被许可人只能代表自己可以这样做，而不能代表初始开发者或任何贡献者，并且被许可人同意补偿初始开发者和每个贡献者，由于其提供的担保、支持、补偿或责任条款导致初始开发者或该贡献者承担的任何责任。

通用开发和分发许可证版本 1.0 第 3.5 条对可执行版本分发进行了规定，被许可人可以根据本许可证条款或根据其选择的许可证的条款分发受保护软件的可执行格式。只要许可人遵守通用开发和分发许可证版本 1.0 条款，并且这个新许可证不会试图限制或改变下游接收者在通用开发和分发许可证版本 1.0 中规定的对源代码格式的权利，被许可人就可以选择一个与通用开发和分发许可证版本 1.0 不同的新许可证。

4. 由于法令或法规无法执行许可证条款

通用开发和分发许可证版本 1.0 第 9 条规定，如果通用开发和分发许可证版本 1.0 的任何条款被认定为不可执行，该条款将被重新改正为使该条款可执行的最低必要程度。

5. 传染性及其例外

通用开发和分发许可证版本 1.0 的传染性及其例外主要体现在第 1.3 条、第 3.1 条、第 3.2 条和第 3.6 条中。

通用开发和分发许可证版本 1.0 第 1.3 条规定，受保护软件指：初始软件、对初始软件的修改或包含初始软件和与包含修改的文件的合并，每种情况都包括其中的部分。

通用开发和分发许可证版本 1.0 第 3.1 条规定了分发软件时使源码可获得的义务，具体为：你分发受保护软件或以其他方式使任何受保护软件以可执行形式可获得时，必须使源代码格式可获得，并且该源码格式必须只能根据本许可证的条款分发。

通用开发和分发许可证版本 1.0 第 3.2 条规定，贡献者创作的修改或贡献者对其进行贡献的修改受通用开发和分发许可证版本 1.0 条款约束。

由上可见通用开发和分发许可证版本 1.0 要求被许可者在修改受保护软件后，必须使修改后的受保护软件的源代码可以被软件接收者所获得。

通用开发和分发许可证版本 1.0 第 3.6 条从更大作品分发要求的角度对许可证的传染性进行了例外规定，被许可者可以通过将受保护软件与不受本许可证条款约束的其他代码合并，创作一个更大作品，并将更大作品作为单个产品分发。在此种情况下，必须确保本许可证对受保护软件的要求得到满足。

根据前述规定可知，通用开发和分发许可证版本 1.0 要求提供源代码的规定并不会使更大作品的整体和更大作品中适用其他许可证的其他代码受到开源软件的传染。根据此前从许可协议是否要求提供源代码角度所作的“纵向的传染性”和“横向的传染性”区分，通用开发和分发许可证版本 1.0 在要求提供源代码方面，仅具有纵向的传染性，不具有横向的传染性。

6. 许可的终止

通用开发和分发许可证版本 1.0 第 6 条对许可的终止规定。

通用开发和分发许可证版本 1.0 第 6.1 条规定，如果被许可者未能遵守通用开发和分发许可证版本 1.0 的条款并且未能在意识到该违反后的 30 天内纠正该违反，则通用开发和分发许可证版本 1.0 和根据本许可证被授予的权利将自动终止。根据其性质必须在本许可证终止之后仍然继续有效的条款，将继续有效。

通用开发和分发许可证版本 1.0 第 6.2 条规定，如果被许可者对初始开发者或贡献者（统称为被诉人）提出专利侵权的主张（不包括宣告判决诉讼），声称参与者软件直接或间接侵犯任何专利，则所有被诉人有权向起诉人发送一个期限为 60 日的授权撤回通知，在 60 天内起诉人可以单方面或根据与被诉人达成的书面协议，撤回权利主张，否则，在 60 日的通知期满时，所有被诉人直接或间接授予起诉人的权利将自动终止。

通用开发和分发许可证版本 1.0 第 6.3 条规定，在第 6.1 条或第 6.2 条终止的情况下，被许可方或任何分发者在终止之前已经有效授予所有最终用户的许可证将在终止后继续有效（不包括任何分发者向你授予的许可证）。

7. 无担保无赔偿

通用开发和分发许可证版本 1.0 关于无担保无赔偿的规定同其他开源许可证的规定基本相同。

通用开发和分发许可证版本 1.0 第 5 条规定，受保护软件根据通用开发和分发许可证版本 1.0 基于“原样”提供的，没有任何形式的明示或暗示担保，包括但不限于受保护软件无缺陷、适销性、特定用途适用性或非侵权性的担保。受保护软件质量和性能的整体风险由你承担。如果受保护软件在任何方面存在缺陷，被许可方（而不是初始开发者或任何其他贡献者）承担任何必要的服务、维修或更正的成本。这个无担保声明构成本许可证的实质部分。如果排除本无担保声明，则任何受保护软件的使用将不被授权。

通用开发和分发许可证版本 1.0 第 7 条规定，在任何情况和任何法律理论下无论是侵权（包括疏忽）、合同或其他，被许可方、初始开发者、任何其他贡献者或任何受保护软件分发者或前述各方的供应商都不对任何人因任何性质的任何间接、特殊、偶然或后果性损害承担责任，前述损害包括但不限于营业利润的损失、商誉的损失、工作停顿、计算机失效或故障，或任何和所有其他商业损害或损失，即使该方已被告知发生这些损害的可能性。在适用法律禁止此类限制的范围，本责任限制不适用于因该方的疏忽导致的死亡或个人伤害的责任。某些司法管辖区不允许排除或限制偶然或后果性损害的责任，则这种排除和限制可能不适用于被许可方。

8. 许可证更改及兼容性

（1）通用开发和分发许可证版本 1.0 和后续版本的兼容性

通用开发和分发许可证版本 1.0 第 4.1 条规定，Sun Microsystems，Inc. 是初始的许可证管理机构，并可能不时发布通用开发和分发许可证版本 1.0 的修订版和/或新版本。每个版本都将被给与一个区分版本号。除第 4.3 条规定的情况外，除本许可证管理机构外，没有其他任何人有权修改本许可证。

通用开发和分发许可证版本 1.0 第 4.2 条规定，被许可者可以一直根据其最初收到受保护软件的许可证版本的条款持续使用、分发或以其他方式使受保护软件可获得。如果初始开发者在初始软件中包含了一个声明，禁止在本许可证任何后续版本下分发或以其他方式使受保护软件可获得，则被许可者必须按照其最初收到受保护软件的许可证版本条款分发和以其他方式使受保护软件可获得。在其他情况下，被许可者也可以选择由许可证管理机构发布的本许可证任何后续版本的条款使用、分发或以其他方式使受保护软件可获得。

由此可见，初始开发者没有另外声明的情况下，通用开发和分发许可证版本 1.0 默示和后续版本之间也具有单向的兼容性。

（2）变更许可证

通用开发和分发许可证版本 1.0 第 3.5 条对变更许可证进行了规定，被许可人可以根据本许可证条款或根据其选择的许可证的条款分发受保护软件的可执行格式，其选择的许可证可能包含与本许可证不同的条款，前提是需遵守通用开发和分发许可证版本 1.0 条款，并且适用该可执行格式的许可证不会试图限制或改变接收者在通用开发和分发许可证版本 1.0 中规定的对源代码格式的权利。

由上可见通用开发和分发许可证版本 1.0 允许被许可方分发受保护软件的可执行格式时更换许可证，但前提是更换后的许可证需遵守通用开发和分发许可证版本 1.0 条款，并且适用该可执行格式的许可证不会试图限制或改变接收者在通用开发和分发许可证版本 1.0 中规定的对源代码格式的权利。

9. 关于许可证争议解决方式和适用法律

通用开发和分发许可证版本 1.0 第 9 条规定，通用开发和分发许可证版本 1.0 将受到在初始软件中包含的声明中规定的管辖法律的约束（除非适用法律另有规定），不包括该司法管辖权内的冲突法规范。与本许可证相关的任何诉讼都将受到位于初始软件中包含的声明中规定的司法管辖权和地点的司法管辖法院的管辖，并且由败诉方承担成本费用，包括但不限于法院费用和合理的律师费和杂费。《联合国国际货物销售合同公约》的适用被明确排除。任何规定合同语言应作对起草人作不利解释的法律或法规不应适用于本许可证。被许可者同意，当其使用、分发或以其他方式使受保护软件可获得时，其独自负责遵守美国出口管理法规（以及任何其他国家的出口管制法律和法规）。

10. 初始开发者和贡献者之间分担责任的安排

通用开发和分发许可证版本 1.0 第 10 条规定，在初始开发者和贡献者之间，各方对其使用本许可下的权利直接或间接引起的权利主张和损害负责，被许可者同意与初始开发者和参与者合作，在公平的基础上分担此类责任。此处的任何内容均不被认为或不应被视为构成对责任的任何承认。

第九节 EPL 许可证参考译文及其评述和介绍

一、EPL-1.0 参考译文及其评述和介绍

（一）EPL-1.0 许可协议英文版

Eclipse Public License – v 1.0

THE ACCOMPANYING PROGRAM IS PROVIDED UNDER THE TERMS OF THIS ECLIPSE PUBLIC LICENSE (“AGREEMENT”). ANY USE, REPRODUCTION OR DISTRIBUTION OF THE PROGRAM CONSTITUTES RECIPIENT's ACCEPTANCE OF THIS AGREEMENT.

1. DEFINITIONS

"Contribution" means:

a) in the case of the initial Contributor, the initial code and documentation distributed under this Agreement, and

b) in the case of each subsequent Contributor:

i) changes to the Program, and

ii) additions to the Program;

where such changes and/or additions to the Program originate from and are distributed by that particular Contributor. A Contribution "originates" from a Contributor if it was added to the Program by such Contributor itself or anyone acting on such Contributor's behalf. Contributions do not include additions to the Program which: (i) are separate modules of software distributed in conjunction with the Program under their own license agreement, and (ii) are not derivative works of the Program.

"Contributor" means any person or entity that distributes the Program.

"Licensed Patents" mean patent claims licensable by a Contributor which are necessarily infringed by the use or sale of its Contribution alone or when combined with the Program.

"Program" means the Contributions distributed in accordance with this Agreement.

"Recipient" means anyone who receives the Program under this Agreement, including all Contributors.

2. GRANT OF RIGHTS

a) Subject to the terms of this Agreement, each Contributor hereby grants Recipient a non-exclusive, worldwide, royalty-free copyright license to reproduce, prepare derivative works of, publicly display, publicly perform, distribute and sublicense the Contribution of such Contributor, if any, and such derivative works, in source code and object code form.

b) Subject to the terms of this Agreement, each Contributor hereby grants Recipient a non-exclusive, worldwide, royalty-free patent license under Licensed Patents to make, use, sell, offer to sell, import and otherwise transfer the

Contribution of such Contributor, if any, in source code and object code form. This patent license shall apply to the combination of the Contribution and the Program if, at the time the Contribution is added by the Contributor, such addition of the Contribution causes such combination to be covered by the Licensed Patents. The patent license shall not apply to any other combinations which include the Contribution. No hardware per se is licensed hereunder.

c) Recipient understands that although each Contributor grants the licenses to its Contributions set forth herein, no assurances are provided by any Contributor that the Program does not infringe the patent or other intellectual property rights of any other entity. Each Contributor disclaims any liability to Recipient for claims brought by any other entity based on infringement of intellectual property rights or otherwise. As a condition to exercising the rights and licenses granted hereunder, each Recipient hereby assumes sole responsibility to secure any other intellectual property rights needed, if any. For example, if a third party patent license is required to allow Recipient to distribute the Program, it is Recipient's responsibility to acquire that license before distributing the Program.

d) Each Contributor represents that to its knowledge it has sufficient copyright rights in its Contribution, if any, to grant the copyright license set forth in this Agreement.

3. REQUIREMENTS

A Contributor may choose to distribute the Program in object code form under its own license agreement, provided that:

a) it complies with the terms and conditions of this Agreement; and

b) its license agreement:

i) effectively disclaims on behalf of all Contributors all warranties and conditions, express and implied, including warranties or conditions of title and non-infringement, and implied warranties or conditions of merchantability and fitness for a particular purpose;

ii) effectively excludes on behalf of all Contributors all liability for damages, including direct, indirect, special, incidental and consequential damages, such as lost profits;

iii) states that any provisions which differ from this Agreement are offered by that Contributor alone and not by any other party; and

iv) states that source code for the Program is available from such Contributor, and informs licensees how to obtain it in a reasonable manner on or through a medium customarily used for software exchange.

When the Program is made available in source code form:

a) it must be made available under this Agreement; and

b) a copy of this Agreement must be included with each copy of the Program.

Contributors may not remove or alter any copyright notices contained within the Program.

Each Contributor must identify itself as the originator of its Contribution, if any, in a manner that reasonably allows subsequent Recipients to identify the originator of the Contribution.

4. COMMERCIAL DISTRIBUTION

Commercial distributors of software may accept certain responsibilities with respect to end users, business partners and the like. While this license is intended to facilitate the commercial use of the Program, the Contributor who includes the Program in a commercial product offering should do so in a manner which does not create potential liability for other Contributors. Therefore, if a Contributor includes the Program in a commercial product offering, such Contributor ("Commercial Contributor") hereby agrees to defend and indemnify every other Contributor ("Indemnified Contributor") against any losses, damages and costs (collectively "Losses") arising from claims, lawsuits and other legal actions brought by a third party against the Indemnified Contributor to the extent caused by the acts or omissions of such Commercial Contributor in connection with its distribution of the Program in a commercial product offering. The obligations in this section do not apply to any claims or Losses relating to any actual or alleged intellectual property infringement. In order to qualify, an Indemnified Contributor must: a) promptly notify the Commercial Contributor in writing of such claim, and b) allow the Commercial Contributor to control, and cooperate with the Commercial Contributor in, the defense and any related settlement negotiations. The Indemnified Contributor may participate in any such claim at its own expense.

For example, a Contributor might include the Program in a commercial product offering, Product X. That Contributor is then a Commercial Contributor. If that Commercial Contributor then makes performance claims, or offers warranties related to Product X, those performance claims and warranties are such Commercial Contributor's responsibility alone. Under this section, the Commercial Contributor would have to defend claims against the other Contributors related to those performance claims and warranties, and if a court requires any other Contributor to pay any damages as a result, the Commercial Contributor must pay those damages.

5. NO WARRANTY

EXCEPT AS EXPRESSLY SET FORTH IN THIS AGREEMENT, THE PROGRAM IS PROVIDED ON AN "AS IS" BASIS, WITHOUT WARRANTIES OR CONDITIONS OF ANY KIND, EITHER EXPRESS OR IMPLIED INCLUDING, WITHOUT LIMITATION, ANY WARRANTIES OR CONDITIONS OF TITLE, NON-INFRINGEMENT, MERCHANTABILITY OR FITNESS FOR A PARTICULAR PURPOSE. Each Recipient is solely responsible for determining the appropriateness of using and distributing the Program and assumes all risks associated with its exercise of rights under this Agreement , including but not limited to the risks and costs of program errors, compliance with applicable laws, damage to or loss of data, programs or equipment, and unavailability or interruption of operations.

6. DISCLAIMER OF LIABILITY

EXCEPT AS EXPRESSLY SET FORTH IN THIS AGREEMENT, NEITHER RECIPIENT NOR ANY CONTRIBUTORS SHALL HAVE ANY LIABILITY FOR ANY DIRECT, INDIRECT, INCIDENTAL, SPECIAL, EXEMPLARY, OR CONSEQUENTIAL DAMAGES (INCLUDING WITHOUT LIMITATION LOST PROFITS), HOWEVER CAUSED AND ON ANY THEORY OF LIABILITY, WHETHER IN CONTRACT, STRICT LIABILITY, OR TORT (INCLUDING NEGLIGENCE OR OTHERWISE) ARISING IN ANY WAY OUT OF THE USE OR DISTRIBUTION OF THE PROGRAM OR THE EXERCISE OF ANY RIGHTS GRANTED HEREUNDER, EVEN IF ADVISED OF THE POSSIBILITY OF SUCH DAMAGES.

7. GENERAL

If any provision of this Agreement is invalid or unenforceable under applicable law, it shall not affect the validity or enforceability of the remainder of the terms of this Agreement, and without further action by the parties hereto, such provision shall be reformed to the minimum extent necessary to make such provision valid and enforceable.

If Recipient institutes patent litigation against any entity (including a cross - claim or counterclaim in a lawsuit) alleging that the Program itself (excluding combinations of the Program with other software or hardware) infringes such Recipient's patent(s), then such Recipient's rights granted under Section 2 (b) shall terminate as of the date such litigation is filed.

All Recipient's rights under this Agreement shall terminate if it fails to comply with any of the material terms or conditions of this Agreement and does not cure such failure in a reasonable period of time after becoming aware of such noncompliance. If all Recipient's rights under this Agreement terminate, Recipient agrees to cease use and distribution of the Program as soon as reasonably practicable. However, Recipient's obligations under this Agreement and any licenses granted by Recipient relating to the Program shall continue and survive.

Everyone is permitted to copy and distribute copies of this Agreement, but in order to avoid inconsistency the Agreement is copyrighted and may only be modified in the following manner. The Agreement Steward reserves the right to publish new versions (including revisions) of this Agreement from time to time. No one other than the Agreement Steward has the right to modify this Agreement. The Eclipse Foundation is the initial Agreement Steward. The Eclipse Foundation may assign the responsibility to serve as the Agreement Steward to a suitable separate entity. Each new version of the Agreement will be given a distinguishing version number. The Program (including Contributions) may always be distributed subject to the version of the Agreement under which it was received. In addition, after a new version of the Agreement is published, Contributor may elect to distribute the Program (including its Contributions) under the new version.

Except as expressly stated in Sections 2 (a) and 2 (b) above, Recipient receives no rights or licenses to the intellectual property of any Contributor under this Agreement, whether expressly, by implication, estoppel or otherwise. All rights in the Program not expressly granted under this Agreement are reserved.

This Agreement is governed by the laws of the State of New York and the intellectual property laws of the United States of America. No party to this Agreement will bring a legal action under this Agreement more than one year after the cause of action arose. Each party waives its rights to a jury trial in any resulting litigation.

（二）EPL-1.0 许可协议参考译文

为了介绍和评论引用的开源许可证原文来源于：https：//www. eclipse. org/legal/。相关开源许可证原文版权归属开源许可证版权人。对上述网站中开源许可证的中文参考译文，仅为介绍和评论上述英文开源许可证的非官方中文参考译文，开源许可证条款和条件应以官方发布许可证原文为准。参考译文亦遵从原许可证版权人的版权和许可证及其官方管理机构的相关要求（如有）。开源许可证的中文参考译文可能存在错误或疏漏，欢迎读者指正。参考译文以及在参考译文基础上对相关许可证的分析和评述不构成具有法律约束力的任何法律建议或意见，仅供读者参考，因使用参考译文及相关分析评述引起的任何后果由使用者自行承担。

The original English text of this license cited herein for the purpose of introduction and comments could be found at：https：//www. eclipse. org/legal/，the copyright of which belongs to the copyright holder. This unofficial Simplified Chinese translation of the original English text is solely for the purpose of introduction，commentary and explanation of a certain issue，which can not replace the original English text. The original English text of the terms and conditions listed in the license agreement shall prevail at all times. This unofficial Simplified Chinese translation acknowledge the copyright of the copyright holder and complies with the requirements of the official management agency of this license agreement（if any）. There may be errors or omissions in the unofficial Simplified Chinese translation，readers are welcome to correct them. Neither the unofficial translations nor the analysis and comments shall constitute any legally binding advice or opinions，they are for reference only. Any consequences arising from the use of this unofficial translations and related analysis and comments shall be borne by the users themselves.

Eclipse 公共许可证版本 1.0

附随程序是根据本 Eclipse 公共许可证（以下简称本协议）的条款提供。任何使用、复制或分发本程序的行为都构成接收者对本协议的接受。

1. 定义

“贡献”是指：

a）对于最初的贡献者而言，是根据本协议分发的初始代码和文档；

b）对于每个后续贡献者而言，是指：

i）对程序的更改，和

ii）对程序的添加；

那些对程序的更改和/或添加是由特定的贡献者原创并分发。如果它是被该贡献者本身或代表该贡献者的任何人加入到程序中，则该贡献由该贡献者原创。贡献不包括下面这些对程序的添加：该添加是独立的软件模块，其使用它们自己的许可协议并同程序连接在一起；并且其不是程序的派生作品。

“贡献者”是指分发本程序的任何人或实体。

“被许可专利”是指贡献者可许可的专利权利要求，前述权利要求会因贡献的单独使用或销售，或贡献和程序合并使用或销售所必然侵犯。

“程序”是指根据本协议分发的贡献。

“接收方”是指任何按照本协议接收该程序的任何人，包括所有贡献者。

2. 权利授予

a）根据本协议的条款，每个贡献者在此授予接收方一个非排他性的、全球性的、免版税的版权许可，对该贡献者的贡献（如有）和该派生作品，以源代码或目标代码格式，进行复制、准备派生作品、公开展示、公开表演、分发和分许可。

b）根据本协议的条款，每个贡献者在此授予接收方一个非排他性的、全球性的、免版税的被许可专利项下的专利许可，对该贡献者的贡献（如有）以源代码或其他格式，进行制作、使用、销售、许诺销售、进口和其他方式转移。如果在该贡献者添加该贡献时，该贡献的添加使得该贡献和程序的合并物在被许可专利保护范围内，那么该专利许可将适用于该贡献和程序的合并物。该专利许可不适用于包括该贡献的任何其他合并物。硬件本身不在本许可范围内。

c）接收方理解，尽管每个贡献者在此将其贡献授予许可，但没有任何贡献者提供关于程序不侵犯其他实体的专利或其他知识产权的任何保证。对于任何其他实体基于知识产权侵权或其他理由而提出的权利主张，每个贡献者不向接收方承担任何责任。作为行使在此处授予的权利和许可的条件，每个接收方在此承担独立的责任获得所需的其他知识产权（如有）。例如，如果准许接收方分发该程序需要第三方专利许可，则在分发该程序前，获取该许可是接收方的责任。

d）每个贡献者陈述，就其所知，其对其贡献（如有）有足够的版权授予本协议所规定的版权许可。

3. 要求

贡献者可以根据自己的许可协议选择以目标代码形式分发该程序，前提是：

a）其遵守本协议的条款和条件；并且

b）其许可证协议：

i）代表所有贡献者有效否认所有明示和暗示担保和条件，包括对所有权和不侵权的担保或条件，以及对适销性和适用于特定目的的暗示担保或条件；

ii）代表所有贡献者有效排除所有损害赔偿责任，包括直接、间接、特殊、偶然和结果性损害，例如利润损失；

iii）声明与本协议不同的任何条款由该贡献者单独提供，而不是由任何其他方提供；并且

iv）声明该程序的源代码可从该贡献者处获得，并告知被许可人如何在通常用于软件交换的媒介上或通过该媒介以合理的方式获得。

当以源代码的形式使程序可获得时：

a）必须根据本协议使它可被获得；并且

b）每份程序的副本必须包含一份本协议副本。

贡献者不得删除或更改该程序中包含的任何版权声明。

每个贡献者必须以一种方式标识自己为其贡献（如有）的创造者，该种方式合理的允许后续接收方识别该贡献的创造者。

4. 商业分发

软件的商业分发商可能会接受对最终用户、商业伙伴等类似主体的某些责任。虽然本许可证旨在便利该程序的商业使用，但在提供的商业产品中包含该程序的贡献者应以不会为其他贡献者创建潜在责任的方式来这样做。因此，如果一个贡献者将该程序包含在提供的商业产品中，该贡献者（以下简称商业贡献者）在此同意对下述任何损失、损害和成本（以下统称为损失）向每个其他贡献者（以下简称受保障贡献者）提供抗辩和赔偿，前述损失由第三方针对受保障贡献

者提出的权利主张、诉讼和其他法律行动引起，并在因商业贡献者提供商业产品中的分发该程序有关的行为或疏忽所导致的范围内。本条中的义务不适用于与任何实际或声称的知识产权侵权有关的任何权利主张或损失。为了符合资格，受保障贡献者必须及时以书面形式通知商业贡献者此类权利主张，并且允许商业贡献者控制并与商业贡献者合作，进行抗辩和任何相关解决争议的谈判。受保障贡献者可以自行承担费用参与任何此类权利主张（的应对）。

例如，一个贡献者可能会将该程序包含在一个提供的商业产品（产品 X）中。该贡献者是商业贡献者。如果该商业贡献者做出关于产品 X 的性能声明或提供担保，则那些性能声明和担保是该商业贡献者单独的责任。根据本条，该商业贡献者应就同那些性能声明和担保相关的针对其他贡献者的权利主张进行抗辩，并且如果结果是法院要求任何其他贡献者支付任何赔偿，则商业贡献者必须赔偿这些损失。

5. 无担保

除本协议明确规定外，程序在“原样”的基础上提供，无明示或暗示的任何种类的担保或条件，包括但不限于对所有权、不侵权、适销性或适用于特定目的的任何担保或条件。每个接收方都负有单独的责任确定使用和分发程序的适当性，并承担与根据本协议行使其权利相关的所有风险，包括但不限于程序错误、符合适用法律风险，数据程序或设备的损坏或损失及操作的不可用或中断的风险和成本。

6. 免责声明

除本协议明确规定外，接收方或任何贡献者均不应承担任何直接的、间接的、偶然的、特殊的、惩戒性的或后果性的损害赔偿责任（包括但不限于利润损失），无论根据和基于任何责任理论，不管是合同、严格责任或侵权（包括疏忽或其他原因），也无论责任因使用或分发程序，或执行在此被授予的任何权利的任何方式所引起，即使在已被告知此类损害可能性的情况下。

7. 通用条款

如果本协议的任何条款在适用法律下无效或不可执行，无效或不可执行的条款不会影响本协议其余条款的有效性或可执行性，并且无须各方采取进一步行动的情况下，该条款将被重新改正为使该条款有效和可执行的最低必要程度。

如果接收方对任何实体提起专利诉讼（包括诉讼中的交叉请求或反请求），声称程序本身（不包括程序与其他软件或硬件的合并）侵犯接收方的专利权，则根据第 2（b）条授予接收方的权利将于提起此类诉讼的日期终止。

如果接收方未能遵守本协议的任何实质性条款或条件，并且在其意识到此类不合规后的一段合理时间内未能纠正此类不合规行为，那么接收方在本协议下的所有权利将终止。如果所有接收方在本协议项下的权利终止，接收方同意在合理实际可操作的时限内尽可能迅速地停止使用和分发程序。然而，接收方在本协议项下的义务，以及接收方授予（其他接收者）的与程序相关的任何许可将继续有效并存续。

任何人都被许可复制和分发本协议的拷贝，但为了避免不一致，本协议受版权保护，并且只能以如下方式被修改。协议管理机构保留不时发布本协议的新版本（包括修订版）的权利。除协议管理机构以外，没有其他人有权修改本协议。Eclipse 基金会是初始的协议管理机构。Eclipse 基金会可以将作为协议管理机构的责任分配给一个适当的单独实体。每个新版本的协议都将被给予一个有区别版本号。程序（包括贡献）可以一直根据其接收到的协议版本被分发。此外，在新版本的协议被发布后，贡献者可以选择根据新版本分发程序（包括其贡献）。

除在上述第 2 条（a）项和（b）项中明确规定外，接收方不会根据本协议获得任何贡献者的知识产权的权利或许可，无论是明示、暗示、禁止反言或其他方式。本协议中未明示授予在程序中的所有权利均被保留。

本协议受纽约州法律和美国知识产权法管辖。本协议任何一方不得在诉讼原因产生一年后根据本协议提起法律诉讼。各方放弃在任何由此导致的诉讼中由陪审团审判的权利。

（三）EPL-1.0 评述和介绍

Eclipse 公共许可证版本 1.0 是由 Eclipse 基金会（Eclipse Foundation）发布的开源许可证。Eclipse 公共许可证版本 1.0 源自 CPL 版本 1.0，CPL 版本 1.0 的许可证管理机构是 IBM，Eclipse 公共许可证版本 1.0 的管理机构是 Eclipse 基金会。在 Eclipse 公共许可证版本 1.0 发布后，Eclipse 基金会又发布了 Eclipse 公共许可证版本 2.0。

考虑到 Eclipse 公共许可证版本 1.0 同 Eclipse 公共许可证版本 2.0 的协议结构和大部分条款内容相同，相同条款的介绍和评述见下文对 Eclipse 公共许可证版本 2.0 的介绍和评述，下面仅就 Eclipse 公共许可证版本 1.0 同 Eclipse 公共许可证版本 2.0 主要差异进行介绍和评述。

1. Eclipse 公共许可证版本 1.0 同 Eclipse 公共许可证版本 2.0 最大的不同在于，Eclipse 公共许可证版本 1.0 中没有第二许可证制度。

Eclipse 公共许可证版本 2. 0 允许按照附件 A –（第二许可证声明格式）选择使用的第二许可证，根据 Eclipse 公共许可证版本 2. 0 第 1 条规定，第二许可证是指 GNU 通用公共许可证版本 2. 0 或该许可证的任何后续版本，包括初始贡献者确定的任何例外或额外许可。而 Eclipse 公共许可证版本 1. 0 中没有任何第二许可证的规定和制度安排，

2. Eclipse 公共许可证版本 1. 0 要求每个贡献者必须标识自己为其贡献的创造者，而 Eclipse 公共许可证版本 2. 0 规定贡献者可以添加他们自己的适当声明，并没有标识自己为其贡献的创造者强制性规定。

Eclipse 公共许可证版本 1. 0 第 3 条规定，贡献者不得删除或更改该程序中包含的任何版权声明。每个贡献者必须以一种方式标识自己为其贡献（如有）的创造者，该种方式应当保证能够合理地让后续接收方识别该贡献的创造者。

Eclipse 公共许可证版本 2. 0 第 3. 3 条规定，贡献者不得从其分发的该程序的任何副本中删除或更改该程序中包含的任何版权、专利、商标、归属声明、无担保，或责任限制声明（以下简称声明），但贡献者添加他们自己的适当声明不视为违反本条款。

对比 Eclipse 公共许可证版本 1. 0 和 Eclipse 公共许可证版本 2. 0，可以发现在 Eclipse 公共许可证版本 1. 0 下贡献者标识自己为其贡献的创造者，属于许可证要求的必须履行的义务（类似于发布修改声明的义务）；而在 Eclipse 公共许可证版本 2. 0 下，则更像许可证赋予贡献者的一项可以选择设是否实施的权利（贡献者有权选择是否添加他们认为适当的声明）。

3. Eclipse 公共许可证版本 1. 0 有对法律适用、诉讼时效和放弃陪审团审判等事项有明确的规定，而 Eclipse 公共许可证版本 2. 0 则没有相关规定。

Eclipse 公共许可证版本 1. 0 第 7 条最后一款规定，本协议受纽约州法律和美国知识产权法管辖。诉讼时效为诉讼原因产生后一年，超期不得起诉。各方放弃在任何由此导致的诉讼中由陪审团审判的权利。而 Eclipse 公共许可证版本 2. 0 在修订时删除了前述规定。

二、EPL –2. 0 参考译文及其评述和介绍

（一）EPL –2. 0 许可协议英文版

Eclipse Public License – v 2. 0

THE ACCOMPANYING PROGRAM IS PROVIDED UNDER THE TERMS OF

THIS ECLIPSE PUBLIC LICENSE ("AGREEMENT") . ANY USE, REPRODUCTION OR DISTRIBUTION OF THE PROGRAM CONSTITUTES RECIPIENT's ACCEPTANCE OF THIS AGREEMENT.

1. DEFINITIONS

"Contribution" means:

a) in the case of the initial Contributor, the initial content Distributed under this Agreement, and

b) in the case of each subsequent Contributor:

i) changes to the Program, and

ii) additions to the Program;

where such changes and/or additions to the Program originate from and are Distributed by that particular Contributor. A Contribution "originates" from a Contributor if it was added to the Program by such Contributor itself or anyone acting on such Contributor's behalf. Contributions do not include changes or additions to the Program that are not Modified Works.

"Contributor" means any person or entity that Distributes the Program.

"Licensed Patents" mean patent claims licensable by a Contributor which are necessarily infringed by the use or sale of its Contribution alone or when combined with the Program.

"Program" means the Contributions Distributed in accordance with this Agreement.

"Recipient" means anyone who receives the Program under this Agreement or any Secondary License (as applicable), including Contributors.

"Derivative Works" shall mean any work, whether in Source Code or other form, that is based on (or derived from) the Program and for which the editorial revisions, annotations, elaborations, or other modifications represent, as a whole, an original work of authorship.

"Modified Works" shall mean any work in Source Code or other form that results from an addition to, deletion from, or modification of the contents of the Program, including, for purposes of clarity any new file in Source Code form that contains any contents of the Program. Modified Works shall not include works that contain only declarations, interfaces, types, classes, structures, or files of the Program solely in each case in order to link to, bind by name, or subclass the Program or Modified Works thereof.

"Distribute" means the acts of a) distributing or b) making available in any manner that enables the transfer of a copy.

"Source Code" means the form of a Program preferred for making modifications, including but not limited to software source code, documentation source, and configuration files.

"Secondary License" means either the GNU General Public License, Version 2.0, or any later versions of that license, including any exceptions or additional permissions as identified by the initial Contributor.

2. GRANT OF RIGHTS

a) Subject to the terms of this Agreement, each Contributor hereby grants Recipient a non-exclusive, worldwide, royalty-free copyright license to reproduce, prepare Derivative Works of, publicly display, publicly perform, Distribute and sublicense the Contribution of such Contributor, if any, and such Derivative Works.

b) Subject to the terms of this Agreement, each Contributor hereby grants Recipient a non-exclusive, worldwide, royalty-free patent license under Licensed Patents to make, use, sell, offer to sell, import and otherwise transfer the Contribution of such Contributor, if any, in Source Code or other form. This patent license shall apply to the combination of the Contribution and the Program if, at the time the Contribution is added by the Contributor, such addition of the Contribution causes such combination to be covered by the Licensed Patents. The patent license shall not apply to any other combinations which include the Contribution. No hardware per se is licensed hereunder.

c) Recipient understands that although each Contributor grants the licenses to its Contributions set forth herein, no assurances are provided by any Contributor that the Program does not infringe the patent or other intellectual property rights of any other entity. Each Contributor disclaims any liability to Recipient for claims brought by any other entity based on infringement of intellectual property rights or otherwise. As a condition to exercising the rights and licenses granted hereunder, each Recipient hereby assumes sole responsibility to secure any other intellectual property rights needed, if any. For example, if a third party patent license is required to allow Recipient to Distribute the Program, it is Recipient's responsibility to acquire that license before distributing the Program.

d) Each Contributor represents that to its knowledge it has sufficient copyright rights in its Contribution, if any, to grant the copyright license set forth in this Agreement.

e) Notwithstanding the terms of any Secondary License, no Contributor makes additional grants to any Recipient (other than those set forth in this Agreement) as a result of such Recipient's receipt of the Program under the terms of a Secondary License (if permitted under the terms of Section 3).

3. REQUIREMENTS

3. 1 If a Contributor Distributes the Program in any form, then:

a) the Program must also be made available as Source Code, in accordance with section 3. 2, and the Contributor must accompany the Program with a statement that the Source Code for the Program is available under this Agreement, and informs Recipients how to obtain it in a reasonable manner on or through a medium customarily used for software exchange; and

b) the Contributor may Distribute the Program under a license different than this Agreement, provided that such license:

i) effectively disclaims on behalf of all other Contributors all warranties and conditions, express and implied, including warranties or conditions of title and non - infringement, and implied warranties or conditions of merchantability and fitness for a particular purpose;

ii) effectively excludes on behalf of all other Contributors all liability for damages, including direct, indirect, special, incidental and consequential damages, such as lost profits;

iii) does not attempt to limit or alter the recipients' rights in the Source Code under section 3. 2; and

iv) requires any subsequent distribution of the Program by any party to be under a license that satisfies the requirements of this section 3.

3.2 When the Program is Distributed as Source Code:

a) it must be made available under this Agreement, or if the Program (i) is combined with other material in a separate file or files made available under a Secondary License, and (ii) the initial Contributor attached to the Source Code the notice described in Exhibit A of this Agreement, then the Program may be made available under the terms of such Secondary Licenses, and

b) a copy of this Agreement must be included with each copy of the Program.

3.3 Contributors may not remove or alter any copyright, patent, trademark, attribution notices, disclaimers of warranty, or limitations of liability ("notices") contained within the Program from any copy of the Program which they Distribute, provided that Contributors may add their own appropriate notices.

4. COMMERCIAL DISTRIBUTION

Commercial distributors of software may accept certain responsibilities with respect to end users, business partners and the like. While this license is intended to facilitate the commercial use of the Program, the Contributor who includes the Program in a commercial product offering should do so in a manner which does not create potential liability for other Contributors. Therefore, if a Contributor includes the Program in a commercial product offering, such Contributor ("Commercial Contributor") hereby agrees to defend and indemnify every other Contributor ("Indemnified Contributor") against any losses, damages and costs (collectively "Losses") arising from claims, lawsuits and other legal actions brought by a third party against the Indemnified Contributor to the extent caused by the acts or omissions of such Commercial Contributor in connection with its distribution of the Program in a commercial product offering. The obligations in this section do not apply to any claims or Losses relating to any actual or alleged intellectual property infringement. In order to qualify, an Indemnified Contributor must: a) promptly notify the Commercial Contributor in writing of such claim, and b) allow the Commercial Contributor to control, and cooperate with the Commercial Contributor in, the defense and any related settlement negotiations. The Indemnified Contributor may participate in any such claim at its own expense.

For example, a Contributor might include the Program in a commercial product offering, Product X. That Contributor is then a Commercial Contributor. If that Commercial Contributor then makes performance claims, or offers warranties related to Product X, those performance claims and warranties are such Commercial Contributor's responsibility alone. Under this section, the Commercial Contributor would have to defend claims against the other Contributors related to those performance claims and warranties, and if a court requires any other Contributor to pay any damages as a result, the Commercial Contributor must pay those damages.

5. NO WARRANTY

EXCEPT AS EXPRESSLY SET FORTH IN THIS AGREEMENT, AND TO THE EXTENT PERMITTED BY APPLICABLE LAW, THE PROGRAM IS PROVIDED ON AN "AS IS" BASIS, WITHOUT WARRANTIES OR CONDITIONS OF ANY KIND, EITHER EXPRESS OR IMPLIED INCLUDING, WITHOUT LIMITATION, ANY WARRANTIES OR CONDITIONS OF TITLE, NON-INFRINGEMENT, MERCHANTABILITY OR FITNESS FOR A PARTICULAR PURPOSE. Each Recipient is solely responsible for determining the appropriateness of using and distributing the Program and assumes all risks associated with its exercise of rights under this Agreement, including but not limited to the risks and costs of program errors, compliance with applicable laws, damage to or loss of data, programs or equipment, and unavailability or interruption of operations.

6. DISCLAIMER OF LIABILITY

EXCEPT AS EXPRESSLY SET FORTH IN THIS AGREEMENT, AND TO THE EXTENT PERMITTED BY APPLICABLE LAW, NEITHER RECIPIENT NOR ANY CONTRIBUTORS SHALL HAVE ANY LIABILITY FOR ANY DIRECT, INDIRECT, INCIDENTAL, SPECIAL, EXEMPLARY, OR CONSEQUENTIAL DAMAGES (INCLUDING WITHOUT LIMITATION LOST PROFITS), HOWEVER CAUSED AND ON ANY THEORY OF LIABILITY, WHETHER IN CONTRACT, STRICT LIABILITY, OR TORT (INCLUDING NEGLIGENCE OR OTHERWISE) ARISING IN ANY WAY OUT OF THE USE OR DISTRIBUTION OF THE PROGRAM OR THE EXERCISE OF ANY RIGHTS GRANTED HEREUNDER, EVEN IF ADVISED OF THE POSSIBILITY OF SUCH DAMAGES.

7. GENERAL

If any provision of this Agreement is invalid or unenforceable under applicable law, it shall not affect the validity or enforceability of the remainder of the terms of this Agreement, and without further action by the parties hereto, such provision shall be reformed to the minimum extent necessary to make such provision valid and enforceable.

If Recipient institutes patent litigation against any entity (including a cross - claim or counterclaim in a lawsuit) alleging that the Program itself (excluding combinations of the Program with other software or hardware) infringes such Recipient's patent(s), then such Recipient's rights granted under Section 2 (b) shall terminate as of the date such litigation is filed.

All Recipient's rights under this Agreement shall terminate if it fails to comply with any of the material terms or conditions of this Agreement and does not cure such failure in a reasonable period of time after becoming aware of such noncompliance.

If all Recipient's rights under this Agreement terminate, Recipient agrees to cease use and distribution of the Program as soon as reasonably practicable.

However, Recipient's obligations under this Agreement and any licenses granted by Recipient relating to the Program shall continue and survive.

Everyone is permitted to copy and distribute copies of this Agreement, but in order to avoid inconsistency the Agreement is copyrighted and may only be modified in the following manner. The Agreement Steward reserves the right to publish new versions (including revisions) of this Agreement from time to time. No one other than the Agreement Steward has the right to modify this Agreement. The Eclipse Foundation is the initial Agreement Steward. The Eclipse Foundation may assign the responsibility to serve as the Agreement Steward to a suitable separate entity. Each new version of the Agreement will be given a distinguishing version number. The Program (including Contributions) may always be Distributed subject to the version of the Agreement under which it was received. In addition, after a new version of the Agreement is published, Contributor may elect to Distribute the Program (including its Contributions) under the new version.

Except as expressly stated in Sections 2 (a) and 2 (b) above, Recipient receives no rights or licenses to the intellectual property of any Contributor under this Agreement, whether expressly, by implication, estoppel or otherwise. All rights in the Program not expressly granted under this Agreement are reserved. Nothing in this Agreement is intended to be enforceable by any entity that is not a Contributor or Recipient. No third – party beneficiary rights are created under this Agreement.

Exhibit A – Form of Secondary Licenses Notice

"This Source Code may also be made available under the following Secondary Licenses when the conditions for such availability set forth in the Eclipse Public License, v. 2. 0 are satisfied: {name license (s), version (s), and exceptions or additional permissions here} ."

Simply including a copy of this Agreement, including this Exhibit A is not sufficient to license the Source Code under Secondary Licenses.

If it is not possible or desirable to put the notice in a particular file, then You may include the notice in a location (such as a LICENSE file in a relevant directory) where a recipient would be likely to look for such a notice.

You may add additional accurate notices of copyright ownership.

（二）EPL –2. 0 许可协议参考译文

为了介绍和评论引用的开源许可证原文来源于：https：//www. eclipse. org/legal/。相关开源许可证原文版权归属开源许可证版权人。对上述网站中开源许可证的中文参考译文，仅为介绍和评论上述英文开源许可证的非官方中文参考译文，开源许可证条款和条件应以官方发布许可证原文为准。参考译文亦遵从原许可证版权人的版权和许可证及其官方管理机构的相关要求（如有）。开源许可证的中文参考译文可能存在错误或疏漏，欢迎读者指正。参考译文以及在参考译文基础上对相关许可证的分析和评述不构成具有法律约束力的任何法律建议或意见，仅供读者参考，因使用参考译文及相关分析评述引起的任何后果由使用者自行承担。

The original English text of this license cited herein for the purpose of introduction and comments could be found at: https: //www. eclipse. org/legal/, the copyright of which belongs to the copyright holder. This unofficial Simplified Chinese translation of the original English text is solely for the purpose of introduction, commentary and explanation of a certain issue, which can not replace the original English text. The original English text of the terms and conditions listed in the license agreement shall prevail at all times. This unofficial Simplified Chinese translation acknowledge the copyright of the copyright holder and complies with the requirements of the official management agency of this license agreement (if any). There may be errors or omissions in the unofficial Simplified Chinese translation, readers are welcome to correct them. Neither the unofficial translations nor the analysis and comments shall constitute any legally binding advice or opinions, they are for reference only. Any consequences arising from the use of this unofficial translations and related analysis and comments shall be borne by the users themselves.

Eclipse 公共许可证版本 2.0

附随程序是根据本 Eclipse 公共许可证（以下简称本协议）的条款提供。任何使用、复制或分发本程序的行为都构成接收者对本协议的接受。

1. 定义

“贡献”是指：

a）对于最初的贡献者而言，是根据本协议分发的初始内容；

b）对于每个后续贡献者而言，是指：

i）对程序的更改，和

ii）对程序的添加；

那些对程序的更改和/或添加是由特定的贡献者原创并分发。如果它是被该贡献者本身或代表该贡献者的任何人加入到程序中，则该贡献由该贡献者原创。如果对程序的更改或添加不构成修改后的作品，则贡献不包括这些更改和添加。

“贡献者”是指分发本程序的任何人或实体。

“被许可专利”是指贡献者可许可的专利权利要求，前述权利要求会因贡献的单独使用或销售，或贡献和程序合并使用或销售所必然侵犯。

“程序”是指根据本协议分发的贡献。

“接收方”是指任何按照本协议或任何第二许可证（如适用）接收该程序的任何人，包括贡献者。

“派生作品”是指以源代码或其他形式存在的任何作品，其基于（或派生自）程序，并且对程序的编辑修订、注释、详细说明或其他修改在整体上体现为一个作者原创作品。

“修改的作品”是指通过对程序内容的添加、删除或修改而产生的源代码或其他形式的任何作品，为了澄清，前述作品包括含有程序任何内容的源代码形式的新文件。修改的作品不包括仅包含的程序的声明、接口、类型、结构或文件的作品，在每种情况下，（前述程序的声明、接口、类型、结构或文件）仅用于链接、名称绑定或子类化程序或修改的作品。

“分发”指分发行为，或以任何方式使转移副本成为可以实现的行为。

“源代码”是指修改程序的优选形式，包括但不限于软件源代码、源文档和配置文件。

“第二许可证”是指 GNU 通用公共许可证版本 2. 0 或该许可证的任何后续版本，包括初始贡献者确定的任何例外或额外许可。

2. 权利授予

a）根据本协议的条款，每个贡献者在此授予接收方一个非排他性的、全球性的、免版税的版权许可，对该贡献者的贡献（如有）和该派生作品进行复制、准备派生作品、公开展示、公开表演、分发和分许可。

b）根据本协议的条款，每个贡献者在此授予接收方一个非排他性的、全球性的、免版税的被许可专利项下的专利许可，对该贡献者的贡献（如有）以源代码或其他格式，进行制作、使用、销售、许诺销售、进口和其他方式转移。如果在该贡献者添加该贡献时，该贡献的添加使得该贡献和程序的合并物在被许可专利保护范围内，那么该专利许可将适用于该贡献和程序的合并物。该专利许可不适用于包括该贡献的任何其他合并物。硬件本身不在本许可范围内。

c）接收方理解，尽管每个贡献者在此将其贡献授予许可，但没有任何贡献者提供关于程序不侵犯其他实体的专利或其他知识产权的任何保证。对于任何其他实体基于知识产权侵权或其他理由而提出的权利主张，每个贡献者不向接收方承担任何责任。作为行使在此处授予的权利和许可的条件，每个接收方在此承担独立的责任获得所需的其他知识产权（如有）。例如，如果准许接收方分发该程序需要第三方专利许可，则在分发该程序前，获取该许可是接收方的责任。

d）每个贡献者陈述，就其所知，其对其贡献（如有）有足够的版权授予本协议所规定的版权许可。

e）尽管有任何第二许可证的条款，任何贡献者都不会因为任何接收者根据第二许可条款（如果第 3 条的条款允许）收到程序而导致向任何接收者（本协议另有规定除外）提供任何额外的许可。

3. 要求

3.1 如果贡献者以任何形式分发程序，则：

a）必须使该程序源代码以符合第 3.2 条规定的方式可获得，并且贡献者必须为该程序附带一份声明，说明该程序源代码根据本协议可获得，并告知接收方如何以合理的方式在或通过通常用于软件交换的媒介（上）获得源代码；并且

b）贡献者可以以不同于本协议的许可证分发该程序，前提是该许可证应当：

i）代表所有其他贡献者有效否认所有明示和暗示担保和条件，包括对所有权和不侵权的担保或条件，以及对适销性和适用于特定目的的暗示担保或条件；

ii）代表所有其他贡献者有效排除所有损害赔偿责任，包括直接、间接、特殊、偶然和结果性损害，例如利润损失；

iii）不试图限制或更改在第 3.2 下接收方对源代码享有的权利；并且

iv）要求任何人对该程序的任何后续分发都要根据一个许可证，该许可证应满足本协议第 3 条要求。

3.2 当以源代码的形式分发程序时：

a）根据本协议必须使它可被获得，或者如果该程序与在一个或多个单独文件中的其他材料合并，这些文件根据第二许可证获得，并且初始贡献者给源代码附加了本协议附件 A 规定的通知，则该程序可以根据该第二许可证的条款被获得。

b）同时，每份程序的副本必须包含一份本协议副本。

3.3 贡献者不得从其分发的该程序的任何副本中删除或更改该程序中包含的任何版权、专利、商标、归属声明、无担保，或责任限制声明（以下简称声明），前提是贡献者可以添加他们自己的适当声明。

4. 商业分发

软件的商业分发商可能会接受对最终用户、商业伙伴等类似主体的某些责任。虽然本许可证旨在便利该程序的商业使用，但在提供的商业产品中包含该程序的贡献者应以不会为其他贡献者创建潜在责任的方式来这样做。因此，如果一个贡献者将该程序包含在提供的商业产品中，该贡献者（以下简称商业贡献者）在此同意对下述任何损失、损害和成本（统称为损失）向每个其他贡献者（以下简称受保障贡献者）提供抗辩和赔偿，前述损失由第三方针对受保障贡献者提出的权利主张、诉讼和其他法律行动引起，并在因商业贡献者提供商业产品中的分发该程序有关的行为或疏忽所导致的范围内。本条中的义务不适用于与任何实

际或声称的知识产权侵权有关的任何权利主张或损失。为了符合资格，受保障贡献者必须及时以书面形式通知商业贡献者此类权利主张，并且允许商业贡献者控制并与商业贡献者合作，进行抗辩和任何相关解决争议的谈判。受保障贡献者可以自行承担费用参与任何此类权利主张（的应对）。

例如，一个贡献者可能会将该程序包含在一个提供的商业产品（产品 X）中。该贡献者是商业贡献者。如果该商业贡献者做出关于产品 X 的性能声明或提供担保，则那些性能声明和担保是该商业贡献者单独的责任。根据本条，该商业贡献者应就同那些性能声明和担保相关的针对其他贡献者的权利主张进行抗辩，并且如果结果是法院要求任何其他贡献者支付任何赔偿，则商业贡献者必须赔偿这些损失。

5. 无担保

除本协议明确规定外，并在适用法律允许的范围内，程序在“原样”的基础上提供，无明示或暗示的任何种类的担保或条件，包括但不限于对所有权、不侵权、适销性或适用于特定目的的任何担保或条件。每个接收方都负有单独的责任确定使用和分发程序的适当性，并承担与根据本协议行使其权利相关的所有风险，包括但不限于程序错误、符合适用法律，数据程序或设备的损坏或损失以及操作的不可用或中断的风险和成本。

6. 免责声明

除本协议明确规定外，并在适用法律允许的范围内，接收方或任何贡献者均不应承担任何直接的、间接的、偶然的、特殊的、惩戒性的或后果性的损害赔偿责任（包括但不限于利润损失），无论根据和基于任何责任理论，不管是合同、严格责任或侵权（包括疏忽或其他原因），也无论责任因使用或分发程序，或执行在此被授予的任何权利的任何方式所引起，即使在已被告知此类损害可能性的情况下。

7. 通用条款

如果本协议的任何条款在适用法律下无效或不可执行，无效或不可执行的条款不会影响本协议其余条款的有效性或可执行性，并且无须各方采取进一步行动的情况下，该条款将被重新改正为使该条款有效和可执行的最低必要程度。

如果接收方对任何实体提起专利诉讼（包括诉讼中的交叉请求或反请求），声称程序本身（不包括程序与其他软件或硬件的合并）侵犯接收方的专利权，则根据第 2（b）款授予接收方的权利将于提起此类诉讼的日期终止。

如果接收方未能遵守本协议的任何实质性条款或条件，并且在其意识到此类不合规后的一段合理时间内未能纠正此类不合规行为，那么接收方在本协议下的所有权利将终止。如果所有接收方在本协议项下的权利终止，接收方同意在合理实际可操作的时限内尽可能迅速地停止使用和分发程序。然而，接收方在本协议项下的义务，以及接收方授予（其他接收者）的与程序相关的任何许可将继续有效并存续。

任何人都被许可复制和分发本协议的拷贝，但为了避免不一致，本协议受版权保护，并且只能以如下方式被修改。协议管理机构保留不时发布本协议的新版本（包括修订版）的权利。除协议管理机构以外，没有其他人有权修改本协议。Eclipse 基金会是初始的协议管理机构。Eclipse 基金会可以将作为协议管理机构的责任分配给一个适当的单独实体。每个新版本的协议都将被给与一个有区别版本号。程序（包括贡献）可以一直根据其接收到的协议版本被分发。此外，在新版本的协议被发布后，贡献者可以选择根据新版本分发程序（包括其贡献）。

除在上述第 2（a）款和第 2（b）款中明确规定外，接收方不会根据本协议获得任何贡献者的知识产权的权利或许可，无论是明示、暗示、禁止反言或其他方式。本协议中未明示授予在程序中的所有权利均被保留。本协议没有任何条款意图使非贡献者或非接收者可以执行。本协议不创建任何第三方受益权。

附件 A – 第二许可证声明格式

“当满足 Eclipse 公共许可版本 2.0 中所规定的可用性条件时，此源代码也可以根据以下第二许可证可获得：许可证的名称，版本，和例外或附加许可。”

仅包含本协议的副本，包含本附件 A，不足以根据第二许可证许可源代码。

如果不可能或不能令人满意地在特定文件中放置本声明，则你可以将声明放在接收方可能寻找此类通知的位置（例如，相关目录中的 LICENSE 文件）。

您可以添加附加的准确的版权所有的声明。

（三）EPL – 2.0 评述和介绍

Eclipse 公共许可证版本 2.0 是由 Eclipse 基金会（Eclipse Foundation）发布的开源许可证。作为 Eclipse 公共许可证版本 1.0 的后续版本，Eclipse 公共许可证版本 2.0 增加了第二许可证的选择，目前是 Eclipse 公共许可证的最新版本，该版本发布后被广泛地采用。

1. 适用范围

Eclipse 公共许可证版本 2.0 虽然没有条款专门对许可证的适用范围进行约

定，但从第 1 条定义的相关条款分析，Eclipse 公共许可证版本 2.0 适用范围限于软件、程序及程序相关文档和配置文件，并未包括软件以外的其他作品形式。

2. 授权机制和授权内容

Eclipse 公共许可证版本 2.0 第 2（d）款中要求贡献者声明，每个贡献者陈述，就其所知，其对其贡献（如有）有足够的版权授予本协议所规定的版权许可。根据贡献者的陈述，Eclipse 公共许可证版本 2.0 第 2（a）款规定，由贡献者授予软件接收者非排他性的、全球性的、免版税的版权许可，对该贡献者的贡献（如有）和该派生作品进行复制、准备派生作品、公开展示、公开表演、分发和分许可。

Eclipse 公共许可证版本 2.0 默认程序贡献者对软件享有的专利权，并未明确要求贡献者做出类似在第 2（d）款中的版权声明。Eclipse 公共许可证版本 2.0 第 2（b）款直接规定，由贡献者授予软件接收者非排他性的、全球性的、免版税的被许可专利项下的专利许可，对该贡献者的贡献（如有）以源代码或其他格式，进行制作、使用、销售、许诺销售、进口和其他方式转移。如果在该贡献者添加该贡献时，该贡献的添加使得该贡献和程序的合并物在被许可专利保护范围内，那么该专利许可将适用于该贡献和程序的合并物。该专利许可不适用于包括该贡献的任何其他合并物。硬件本身不在本许可范围内。

为了进一步阐述法律风险和明确责任，Eclipse 公共许可证版本 2.0 第 2（c）款规定，接收方理解，尽管每个贡献者在此将其贡献授予许可，但没有任何贡献者提供关于程序不侵犯其他实体的专利或其他知识产权的任何保证。对于任何其他实体基于知识产权侵权或其他理由而提出的权利主张，每个贡献者不向接收方承担任何责任。作为行使在此处授予的权利和许可的条件，每个接收方在此承担独立的责任获得所需的其他知识产权（如有）。例如，如果准许接收方分发该程序需要第三方专利许可，则在分发该程序前，获取该许可是接收方的责任。

3. 许可条件

（1）以任何形式分发受保护软件的条件

Eclipse 公共许可证版本 2.0 第 3.1 款规定了以任何形式分发程序的条件，首先必须使该程序源代码以符合第 3.2 款规定的方式可获得，并且贡献者必须为该程序附带一份声明，说明该程序源代码根据本协议可获得，并告知接收方如何以合理的方式在或通过通常用于软件交换的媒介（上）获得源代码。

另外 Eclipse 公共许可证版本 2.0 第 3.3 款还要求，贡献者不得从其分发的该程序的任何副本中删除或更改该程序中包含的任何版权、专利、商标、归属声明、无担保或责任限制声明，贡献者也可以添加他们自己的适当声明。

（2）以源代码形式分发软件的条件

Eclipse 公共许可证版本 2.0 第 3.2 款规定了以源代码格式分发程序的条件，必须根据 Eclipse 公共许可证版本 2.0 使程序源代码可获得（如果选择兼容第二许可证，则可选择根据第二许可证使程序源代码可获得），并使每份程序的副本包含一份 Eclipse 公共许可证版本 2.0 副本。

另外 Eclipse 公共许可证版本 2.0 第 3.3 款还要求，贡献者不得从其分发的该程序的任何副本中删除或更改该程序中包含的任何版权、专利、商标、归属声明、无担保，或责任限制声明，贡献者也可以添加他们自己的适当声明。

4. 对商业分发的特别规定

Eclipse 公共许可证版本 2.0 第 4 条对商业分发进行了特别规定。考虑到软件的商业分发商可能从商业考虑会接受对其最终用户、商业伙伴等类似主体的某些责任（例如产品责任违约责任等），因此如果商业贡献者将该程序包含在其提供的商业产品中，并承诺对其最终用户、商业伙伴承担责任时，应当同意对由此导致其他贡献者的任何损失、损害和成本代为进行抗辩和赔偿。

5. 由于法令或法规无法执行许可证条款

Eclipse 公共许可证版本 2.0 第 7 条第 1 款规定，如果本协议的任何条款在适用法律下无效或不可执行，无效或不可执行的条款不会影响本协议其余条款的有效性或可执行性，并且无须各方采取进一步行动的情况下，该条款将被重新改正为使该条款有效和可执行的最低必要程度。

6. 传染性及其例外

Eclipse 公共许可证版本 2.0 的传染性规定主要体现在第 1 条、第 3.1 款和 3.2 款中，其传染性表现为仅要求初始程序及其修改需要适用 Eclipse 公共许可证版本 2.0（如果选择兼容第二许可证，则可选择根据第二许可证使程序源代码可获得），使初始程序及其修改的源代码格式继续可以被用户获得。

Eclipse 公共许可证版本 2.0 第 1 条定义规定：贡献是指最初的贡献者根据 Eclipse 公共许可证版本 2.0 分发的初始内容和每个后续贡献者对程序的更改和添加。程序是指根据 Eclipse 公共许可证版本 2.0 分发的贡献。根据前述定义可知，在程序的概念范围包括了最初的贡献者分发的初始内容和每个后续贡献者对程序的更改和添加。

Eclipse 公共许可证版本 2.0 第 3.1 款规定了以任何形式分发程序首先必须使该程序源代码以符合第 3.2 款规定的方式可获得，而 Eclipse 公共许可证版本 2.0 第 3.2 款规定以源代码格式分发程序，必须根据 Eclipse 公共许可证版本 2.0 使程序源代码可获得（如果选择兼容第二许可证，则可选择根据第二许可证使程序源代码可获得）。

根据此前从许可协议是否要求提供源代码角度所作的“纵向的传染性”和“横向的传染性”区分，则 Eclipse 公共许可证版本 2.0 在要求提供源代码方面，仅具有纵向的传染性，不具有横向的传染性；但如果适用 Eclipse 公共许可证版本 2.0 程序的初始贡献者选择 GNU 通用公共许可证版本 2.0 或后续版本作为第二许可证，并根据该第二许可证进行分发，在要求提供源代码方面，则同 GNU 通用公共许可证版本 2.0 或后续版本相同，即兼具纵向和横向的传染性。

7. 许可的终止和恢复

Eclipse 公共许可证版本 2.0 款第 7 条第 2 款和第 3 款对许可的终止和恢复进行了规定。

Eclipse 公共许可证版本 2.0 第 7 条第 2 款规定，如果接收方对任何实体提起专利诉讼（包括诉讼中的交叉请求或反请求），声称程序本身（不包括程序与其他软件或硬件的合并）侵犯接收方的专利权，则授予接收方的权利将于提起此类诉讼的日期终止。

Eclipse 公共许可证版本 2.0 第 7 条第 3 款规定，如果接收方未能遵守本协议的任何实质性条款或条件，并且在其意识到此类不合规后的一段合理时间内未能纠正此类不合规行为，那么接收方在本协议下的所有权利将终止。如果所有接收方在本协议项下的权利终止，接收方同意在合理实际可操作的时限内尽可能迅速地停止使用和分发程序。然而，接收方在本协议项下的义务，以及接收方授予（其他接收者）的与程序相关的任何许可将继续有效并存续。

8. 无担保无赔偿

Eclipse 公共许可证版本 2.0 关于无担保无赔偿的规定同其他开源许可证的规定基本相同。

Eclipse 公共许可证版本 2.0 第 5 条规定，除本协议明确规定外，并在适用法律允许的范围内，程序在“原样”的基础上提供，无明示或暗示的任何种类的担保或条件，包括但不限于对所有权、不侵权、适销性或适用于特定目的的任何担保或条件。每个接收方都负有单独的责任确定使用和分发程序的适当性，并承担与根据本协议行使其权利相关的所有风险，包括但不限于程序错误、法律风险、数据程序或设备的损坏或损失以及操作的不可用或中断的风险和成本。

Eclipse 公共许可证版本 2.0 第 6 条规定，除本协议明确规定外，并在适用法律允许的范围内，接收方或任何贡献者均不应承担任何直接的、间接的、偶然的、特殊的、惩戒性的或后果性的损害赔偿责任（包括但不限于利润损失），无论根据和基于任何责任理论，不管是合同、严格责任或侵权（包括疏忽或其他原因），也无论责任因使用或分发程序，或执行在此被授予的任何权利的任何方式所引起，即使在已被告知此类损害可能性的情况下。

9. 许可证更改及兼容性

（1）Eclipse 公共许可证版本 2.0 和第二许可证的兼容性

Eclipse 公共许可证版本 2.0 第 1 条规定，第二许可证是指 GNU 通用公共许可证版本 2.0 或该许可证的任何后续版本，包括初始贡献者确定的任何例外或额外许可。

Eclipse 公共许可证版本 2.0 第 3.2 款规定，根据 Eclipse 公共许可证版本 2.0 必须使源代码可被获得，或者如果该程序与在一个或多个单独文件中的其他材料合并，这些文件根据第二许可证获得，并且初始贡献者给源代码附加了本协议附件 A 规定的通知，则该程序可以根据该第二许可证的条款被获得，同时，每份程序的副本必须包含一份本协议副本。

Eclipse 公共许可证版本 2.0 附件 A – 第二许可证声明格式，“当满足 Eclipse 公共许可版本 2.0 中所规定的可用性条件时，此源代码也可以根据以下第二许可证可获得：许可证的名称，版本，和例外或附加许可”。

由上可见 Eclipse 公共许可证版本 2.0 同其规定的第二许可证“GNU 通用公共许可证版本 2.0 或该许可证的任何后续版本”具有单向度的兼容性，并且具有此种兼容性的前提是“初始贡献者给源代码附加了本协议附件 A 规定的通知”。

另外 Eclipse 公共许可证版本 2.0 对第二许可证的处理方式同 Mozilla 公共许可证版本 2.0 也不相同，

Eclipse 公共许可证版本 2.0 处理方式是，如果初始贡献者给源代码附加了协议附件 A 规定的第二许可证通知，则兼容；如果未附上通知则不兼容，也就是说 Eclipse 公共许可证版本 2.0 的默认设置是不兼容第二许可证。

与之相反 Mozilla 公共许可证版本 2.0 处理方式是，如果初始贡献者给源代码码附加了协议附件 B 规定同第二许可证不兼容的声明，则不兼容；如果未附上该声明则兼容，也就是说 Mozilla 公共许可证版本 2.0 的默认设置是兼容第二许可证。

（2）Eclipse 公共许可证版本 2.0 和后续版本的兼容性

Eclipse 公共许可证版本 2.0 第 7 条规定，Eclipse 基金会是初始的协议管理机构。Eclipse 基金会可以将作为协议管理机构的责任分配给一个适当的单独实体。每个新版本的协议都将被给与一个有区别版本号。程序（包括贡献）可以一直根据其接收到的协议版本被分发。此外，在新版本的协议被发布后，贡献者可以选择根据新版本分发程序（包括其贡献）。由此可见 Eclipse 公共许可证版本 2.0 和后续版本之间也具有单向的兼容性。

（3）变更许可证

Eclipse 公共许可证版本 2.0 第 3.1（b）项对分发程序时变更许可证进行了规定：贡献者可以以不同于 Eclipse 公共许可证版本 2.0 的许可证分发该程序，前提是该许可证应当满足以下条件：i）代表所有其他贡献者有效否认所有明示和暗示担保和条件，包括对所有权和不侵权的担保或条件，以及对适销性和适用于特定目的的暗示担保或条件；ii）代表所有其他贡献者有效排除所有损害赔偿责任，包括直接、间接、特殊、偶然和结果性损害，例如利润损失；iii）不试图限制或更改在 Eclipse 公共许可证版本 2.0 第 3.2 款下接收方对源代码享有的权利；iv）要求任何人对该程序的任何后续分发都要根据一个许可证，该许可证应满足 Eclipse 公共许可证版本 2.0 第 3 条要求。

由上可见 Eclipse 公共许可证版本 2.0 允许贡献者分发程序时更换许可证，但前提更换后的许可证必须符合 Eclipse 公共许可证版本 2.0 第 3 条对分发程序的条件要求。

此外，Eclipse 公共许可证版本 2.0 第 7 条对复制、分发和修改许可证本身也进行规定，任何人都被许可复制和分发 Eclipse 公共许可证版本 2.0 的拷贝，但为了避免不一致，Eclipse 公共许可证版本 2.0 受版权保护，并且只能以如下方式被修改。协议管理机构保留不时发布 Eclipse 公共许可证版本 2.0 的新版本（包括修订版）的权利。除协议管理机构以外，没有其他人有权修改 Eclipse 公共许可证版本 2.0。

第十节

木兰系列许可证中英文及其评述和介绍

一、木兰宽松许可证第1版

（一）木兰宽松许可证第1版许可协议英文版

Mulan Permissive Software License，Version 1

Mulan Permissive SoftwareLicense，Version 1（Mulan PSL v1）

August 2019 http：//license. coscl. org. cn/MulanPSL

Your reproduction，use，modification and distribution of the Software shall be subject to Mulan PSL v1（this License）with following terms and conditions：

0. Definition

Software means the program and related documents which are comprised of those Contribution and licensed under this License.

Contributor means the Individual or Legal Entity who licenses its copyrightable work under this License.

Legal Entity means the entity making a Contribution and all its Affiliates.

Affiliates means entities that control，or are controlled by，or are under common control with a party to this License，“control” means direct or indirect ownership of at least fifty percent（50%）of the voting power，capital or other securities of controlled or commonly controlled entity.

Contribution means the copyrightable work licensed by a particular Contributor under this License.

1. Grant of Copyright License

Subject to the terms and conditions of this License，each Contributor hereby grants to you a perpetual，worldwide，royalty - free，non - exclusive，irrevocable copyright license to reproduce，use，modify，or distribute its Contribution，with modification or not.

2. Grant of Patent License

Subject to the terms and conditions of this License, each Contributor hereby grants to you a perpetual, worldwide, royalty - free, non - exclusive, irrevocable (except for revocation under this Section) patent license to make, have made, use, offer for sale, sell, import or otherwise transfer its Contribution where such patent license is only limited to the patent claims owned or controlled by such Contributor now or in future which will be necessarily infringed by its Contribution alone, or by combination of the Contribution with the Software to which the Contribution was contributed, excluding of any patent claims solely be infringed by your or others' modification or other combinations. If you or your Affiliates directly or indirectly (including through an agent, patent licensee or assignee), institute patent litigation (including a cross claim or counterclaim in a litigation) or other patent enforcement activities against any individual or entity by alleging that the Software or any Contribution in it infringes patents, then any patent license granted to you under this License for the Software shall terminate as of the date such litigation or activity is filed or taken.

3. No Trademark License

No trademark license is granted to use the trade names, trademarks, service marks, or product names of Contributor, except as required to fulfill notice requirements in section 4.

4. Distribution Restriction

You may distribute the Software in any medium with or without modification, whether in source or executable forms, provided that you provide recipients with a copy of this License and retain copyright, patent, trademark and disclaimer statements in the Software.

5. Disclaimer of Warranty and Limitation of Liability

The Software and Contribution in it are provided without warranties of any kind, either express or implied. In no event shall any Contributor or copyright holder be liable to you for any damages, including, but not limited to any direct, or indirect, special or consequential damages arising from your use or inability to use the Software or the Contribution in it, no matter how it's caused or based on which legal theory, even if advised of the possibility of such damages.

End of the Terms and Conditions

How to apply the Mulan Permissive Software License, Version 1 (Mulan PSL v1) to your software

To apply the Mulan PSL v1 to your work, for easy identification by recipients, you are suggested to complete following three steps:

i. Fill in the blanks in following statement, including insert your software name, the year of the first publication of your software, and your name identified as the copyright owner;

ii. Create a file named "LICENSE" which contains the whole context of this License in the first directory of your software package;

iii. Attach the statement to the appropriate annotated syntax at the beginning of each source file.

Copyright © [2019] [name of copyright holder]

[Software Name] is licensed under the Mulan PSL v1.

You can use this software according to the terms and conditions of the Mulan PSL v1.

You may obtain a copy of Mulan PSL v1 at:

http://license.coscl.org.cn/MulanPSL

THIS SOFTWARE IS PROVIDED ON AN "AS IS" BASIS, WITHOUT WARRANTIES OF ANY KIND, EITHER EXPRESS OR

IMPLIED, INCLUDING BUT NOT LIMITED TO NON-INFRINGEMENT, MERCHANTABILITY OR FIT FOR A PARTICULAR

PURPOSE.

See the Mulan PSL v1 for more details.

(二)木兰宽松许可证第1版许可协议中文版

木兰宽松许可证，第1版

木兰宽松许可证，第1版

2019年8月 http://license.coscl.org.cn/MulanPSL

您对“软件”的复制、使用、修改及分发受木兰宽松许可证，第1版（“本许可证”）的如下条款的约束：

0. 定义

“软件”是指由“贡献”构成的许可在“本许可证”下的程序和相关文档的集合。

“贡献者”是指将受版权法保护的作品许可在“本许可证”下的自然人或“法人实体”。

“法人实体”是指提交贡献的机构及其“关联实体”。

“关联实体”是指对“本许可证”下的一方而言，控制、受控制或与其共同受控制的机构，此处的控制是指有受控方或共同受控方至少50%直接或间接的投票权、资金或其他有价证券。

“贡献”是指由任一“贡献者”许可在“本许可证”下的受版权法保护的作品。

1. 授予版权许可

每个“贡献者”根据“本许可证”授予您永久性的、全球性的、免费的、非独占的、不可撤销的版权许可，您可以复制、使用、修改、分发其“贡献”，不论修改与否。

2. 授予专利许可

每个“贡献者”根据“本许可证”授予您永久性的、全球性的、免费的、非独占的、不可撤销的（根据本条规定撤销除外）专利许可，供您制造、委托制造、使用、许诺销售、销售、进口其“贡献”或以其他方式转移其“贡献”。前述专利许可仅限于“贡献者”现在或将来拥有或控制的其“贡献”本身或其“贡献”与许可“贡献”时的“软件”结合而将必然会侵犯的专利权利要求，不包括仅因您或他人修改“贡献”或其他结合而将必然会侵犯到的专利权利要求。如您或您的“关联实体”直接或间接地（包括通过代理、专利被许可人或受让人），就“软件”或其中的“贡献”对任何人发起专利侵权诉讼（包括反诉或交叉诉讼）或其他专利维权行动，指控其侵犯专利权，则“本许可证”授予您对“软件”的专利许可自您提起诉讼或发起维权行动之日终止。

3. 无商标许可

“本许可证”不提供对“贡献者”的商品名称、商标、服务标志或产品名称的商标许可，但您为满足第4条规定的声明义务而必须使用除外。

4. 分发限制

您可以在任何媒介中将“软件”以源程序形式或可执行形式重新分发，不论修改与否，但您必须向接收者提供“本许可证”的副本，并保留“软件”中的版权、商标、专利及免责声明。

5. 免责声明与责任限制

“软件”及其中的“贡献”在提供时不带任何明示或默示的担保。在任何情况下，“贡献者”或版权所有者不对任何人因使用“软件”或其中的“贡献”而引发的任何直接或间接损失承担责任，不论因何种原因导致或者基于何种法律理论，即使其曾被建议有此种损失的可能性。

如何将木兰宽松许可证第1版，应用到您的软件？

如果您希望将木兰宽松许可证第1版，应用到您的新软件，为了方便接收者查阅，建议您完成如下三步：

（1）请您补充如下声明中的空白，包括软件名、软件的首次发表年份以及您作为版权人的名字。

（2）请您在软件包的一级目录下创建以“LICENSE”为名的文件，将整个许可证文本放入该文件中。

（3）请将如下声明文本放入每个源文件的头部注释中。

Copyright © [2019] [name of copyright holder]

[Software Name] is licensed under the Mulan PSL v1.

You can use this software according to the terms and conditions of the Mulan PSL v1.

You may obtain a copy of Mulan PSL v1 at：

http：//license. coscl. org. cn/MulanPSL

THIS SOFTWARE IS PROVIDED ON AN “AS IS” BASIS，WITHOUT WARRANTIES OF ANY KIND，EITHER EXPRESS OR

IMPLIED，INCLUDING BUT NOT LIMITED TO NON – INFRINGEMENT，MERCHANTABILITY OR FIT FOR A PARTICULAR PURPOSE.

See the Mulan PSL v1 for more details.

（三）木兰宽松许可证第1版评述和介绍

考虑到开源促进会认证的开源软件许可证有一百多个，但基本多是外文发布（主要为英文）。北京大学作为国家重点研发计划“云计算和大数据开源社区生态系统”的子任务牵头单位（北京大学周明辉教授作为木兰协议牵头人），依托全国信标委云计算标准工作组和中国开源云联盟，联合国内开源生态圈产学研各界优势团队、开源社区以及拥有丰富知识产权相关经验的众多律师，在对现有主流开源协议全面分析的基础上，共同起草、修订并发布了木兰系列开源许可证。木兰宽松许可证（第1版）（Mulan PSL v1）于2019年8月5日在中国开源云联盟官网正式上线。关于木兰许可证的命名由来，根据中国开源云联盟—木兰开源许可证网站介绍，《木兰辞》有言：万里赴戎机，关山度若飞。翱翔着翻越关隘和山岭，或许这正是木兰协议团队当时以“木兰”为名的原因①。

木兰宽松许可证最大的特点为采用中英文双语制定许可证。从内容角度，木兰宽松许可证第1版比3条款BSD多了专利授权和专利授权终止的内容；木兰宽松许可证第1版比BSD+专利许可证多了无商标授权和专利授权终止的内容；木兰宽松许可证比Apache许可证版本2.0少了发布修改声明和提交贡献的内容。木兰宽松许可证第1版的宽松度大约在BSD许可证和Apache许可证版本2.0之间。

1. 适用范围

木兰宽松许可证第1版前言部分明确规定“您对‘软件’的复制、使用、修改及分发受木兰宽松许可证，第1版（‘本许可证’）的如下条款的约束”；在第0条定义中规定“软件”是指由“贡献”构成的许可在“本许可证”下的程序和相关文档的集合。因此木兰宽松许可证第1版的适用范围为“软件”，并包括软件以外的其他作品形式。

2. 授权机制和授权内容

木兰宽松许可证第1版从版权和专利权两个方面对用户进行了授权，并且明确标识不授予任何商标权。

木兰宽松许可证第1版第1条规定了版权授权内容，每个“贡献者”根据“本许可证”授予您永久性的、全球性的、免费的、非独占的、不可撤销的版权许可，您可以复制、使用、修改、分发其“贡献”，不论修改与否。

木兰宽松许可证第1版第2条规定了专利权授权内容，每个“贡献者”根据“本许可证”授予您永久性的、全球性的、免费的、非独占的、不可撤销的（根

---

① 参见木兰许可证网站 http：//license. coscl. org. cn/faq 和开源许可证常见问题解答，原文链接：https：//github. com/osslab – pku/OpenSourceLicense – FQA/blob/master/open – source – license – fqa. md）由 osslab – pku、zhmh@ pku. edu. cn 创作，遵循 Mulan PSL v2 许可证（许可证链接：http：//license. coscl. org. cn/MulanPSL2）。

据本条规定撤销除外）专利许可，供您制造、委托制造、使用、许诺销售、销售、进口其“贡献”或以其他方式转移其“贡献”。前述专利许可仅限于“贡献者”现在或将来拥有或控制的其“贡献”本身或其“贡献”与许可“贡献”时的“软件”结合而将必然会侵犯的专利权利要求，不包括仅因您或他人修改“贡献”或其他结合而将必然会侵犯的专利权利要求。

木兰宽松许可证第 1 版第 3 条规定无商标许可，“本许可证”不提供对“贡献者”的商品名称、商标、服务标志或产品名称的商标许可，但您为满足第 4 条规定的声明义务而必须使用除外。

3. 许可条件

木兰宽松许可证第 1 版第 4 条规定了分发软件（无论是否修改）的限制条件，您可以在任何媒介中将“软件”以源程序形式或可执行形式重新分发，不论修改与否，但您必须向接收者提供“本许可证”的副本，并保留“软件”中的版权、商标、专利及免责声明。

4. 提交贡献

木兰宽松许可证第 1 版第 0 条规定了贡献和贡献者的定义，“贡献”是指由任一“贡献者”许可在“本许可证”下的受版权法保护的作品；“贡献者”是指将受版权法保护的作品许可在“本许可证”下的自然人或“法人实体”。但木兰宽松许可证第 1 版没有对如何提交贡献和吸收贡献者的贡献进行规定。

5. 传染性及其例外

木兰宽松许可证第 1 版第 4 条规定了分发软件（无论是否修改）的限制条件，但并不强制要求向用户提供修改后软件的源代码。因此木兰宽松许可证第 1 版在提供源代码方面不具有传染性。

6. 许可的终止和恢复

木兰宽松许可证第 1 版仅在第 2 条专利授权条款中规定，如您或您的“关联实体”直接或间接地（包括通过代理、专利被许可人或受让人），就“软件”或其中的“贡献”对任何人发起专利侵权诉讼（包括反诉或交叉诉讼）或其他专利维权行动，指控其侵犯专利权，则“本许可证”授予您对“软件”的专利许可自您提起诉讼或发起维权行动之日终止。

木兰宽松许可证第 1 版中除上述专利许可终止的规定外，没有其他关于授权终止和恢复的规定。

7. 无担保无赔偿

区别于其他许可证一般用两条内容规定，木兰宽松许可证第 1 版第 5 条用一个条文对免责声明和责任限制进行了较为简洁的规定。具体规定为，“软件”及其中的“贡献”在提供时不带任何明示或默示的担保。在任何情况下，“贡献者”或版权所有者不对任何人因使用“软件”或其中的“贡献”而引发的任何直接或间接损失承担责任，不论因何种原因导致或者基于何种法律理论，即使其曾被建议有此种损失的可能性。

8. 许可证更改及兼容性

木兰宽松许可证第 1 版没有更改许可证的规定。

根据中国开源云联盟—木兰开源许可证网站上的问题解答，Mulan PSL v1 与 BSD 类许可证类似，兼容性很好。BSD、MIT 类宽松许可证兼容 Mulan PSL v1 许可证；Mulan PSL v1 兼容 Apache License v2. 0、L/GPL v2、L/GPL v3 等许可证。也就是说，许可在 BSD、MIT 类许可证下的代码可以贡献到 Mulan PSL v1 的项目中，许可在 Mulan PSL v1 下的代码可以贡献到 Apache License V2. 0、L/GPL v2 或 L/GPL v3 等的项目中①。

二、木兰宽松许可证第 2 版

（一）木兰宽松许可证第 2 版许可协议英文版

Mulan Permissive Software License，Version 2

Mulan Permissive Software License，Version 2（Mulan PSL v2）

January 2020 http：//license. coscl. org. cn/MulanPSL2

Your reproduction，use，modification and distribution of the Software shall be subject to Mulan PSL v2（this License）with the following terms and conditions：

0. Definition

Software means the program and related documents which are licensed under this License and comprise all Contribution(s).

Contribution means the copyrightable work licensed by a particular Contributor

① 参见木兰许可证网站 http：//license. coscl. org. cn/faq 和开源许可证常见问题解答，原文链接：https：//github. com/osslab - pku/OpenSourceLicense - FQA/blob/master/open - source - license - fqa. md）由 osslab - pku、zhmh@ pku. edu. cn 创作，遵循 Mulan PSL v2 许可证（许可证链接：http：//license. coscl. org. cn/MulanPSL2）。

under this License.

Contributor means the Individual or Legal Entity who licenses its copyrightable work under this License.

Legal Entity means the entity making a Contribution and all its Affiliates.

Affiliates means entities that control, are controlled by, or are under common control with the acting entity under this License, "control" means direct or indirect ownership of at least fifty percent (50%) of the voting power, capital or other securities of controlled or commonly controlled entity.

1. Grant of Copyright License

Subject to the terms and conditions of this License, each Contributor hereby grants to you a perpetual, worldwide, royalty - free, non - exclusive, irrevocable copyright license to reproduce, use, modify, or distribute its Contribution, with modification or not.

2. Grant of Patent License

Subject to the terms and conditions of this License, each Contributor hereby grants to you a perpetual, worldwide, royalty - free, non - exclusive, irrevocable (except for revocation under this Section) patent license to make, have made, use, offer for sale, sell, import or otherwise transfer its Contribution, where such patent license is only limited to the patent claims owned or controlled by such Contributor now or in future which will be necessarily infringed by its Contribution alone, or by combination of the Contribution with the Software to which the Contribution was contributed. The patent license shall not apply to any modification of the Contribution, and any other combination which includes the Contribution. If you or your Affiliates directly or indirectly institute patent litigation (including a cross claim or counterclaim in a litigation) or other patent enforcement activities against any individual or entity by alleging that the Software or any Contribution in it infringes patents, then any patent license granted to you under this License for the Software shall terminate as of the date such litigation or activity is filed or taken.

3. No Trademark License

No trademark license is granted to use the tradenames, trademarks, service marks, or product names of Contributor, except as required to fulfill notice requirements in section 4.

4. Distribution Restriction

You may distribute the Software in any medium with or without modification, whether in source or executable forms, provided that you provide recipients with a copy of this License and retain copyright, patent, trademark and disclaimer statements in the Software.

5. Disclaimer of Warranty and Limitation of Liability

THE SOFTWARE AND CONTRIBUTION IN IT ARE PROVIDED WITHOUT WARRANTIES OF ANY KIND, EITHER EXPRESS OR IMPLIED. IN NO EVENT SHALL ANY CONTRIBUTOR OR COPYRIGHT HOLDER BE LIABLE TO YOU FOR ANY DAMAGES, INCLUDING, BUT NOT LIMITED TO ANY DIRECT, OR INDIRECT, SPECIAL OR CONSEQUENTIAL DAMAGES ARISING FROM YOUR USE OR INABILITY TO USE THE SOFTWARE OR THE CONTRIBUTION IN IT, NO MATTER HOW IT'S CAUSED OR BASED ON WHICH LEGAL THEORY, EVEN IF ADVISED OF THE POSSIBILITY OF SUCH DAMAGES.

6. Language

THIS LICENSE IS WRITTEN IN BOTH CHINESE AND ENGLISH, AND THE CHINESE VERSION AND ENGLISH VERSION SHALL HAVE THE SAME LEGAL EFFECT. IN THE CASE OF DIVERGENCE BETWEEN THE CHINESE AND ENGLISH VERSIONS, THE CHINESE VERSION SHALL PREVAIL.

END OF THE TERMS AND CONDITIONS

How to Apply the Mulan Permissive Software License, Version 2 (Mulan PSL v2) to Your Software

To apply the Mulan PSL v2 to your work, for easy identification by recipients, you are suggested to complete following three steps:

i. Fill in the blanks in following statement, including insert your software name, the year of the first publication of your software, and your name identified as the copyright owner;

ii. Create a file named "LICENSE" which contains the whole context of this License in the first directory of your software package;

iii. Attach the statement to the appropriate annotated syntax at the beginning of each source file.

Copyright © [Year] [name of copyright holder]

[Software Name] is licensed under Mulan PSL v2.

You can use this software according to the terms and conditions of the Mulan PSL v2.

You may obtain a copy of Mulan PSL v2 at:

http://license.coscl.org.cn/MulanPSL2

THIS SOFTWARE IS PROVIDED ON AN "AS IS" BASIS, WITHOUT WARRANTIES OF ANY KIND,

EITHER EXPRESS OR IMPLIED, INCLUDING BUT NOT LIMITED TO NON-INFRINGEMENT,

MERCHANTABILITY OR FIT FOR A PARTICULAR PURPOSE.

See the Mulan PSL v2 for more details.

（二）木兰宽松许可证第2版许可协议中文版

木兰宽松许可证，第2版

木兰宽松许可证，第2版

2020年1月 http://license.coscl.org.cn/MulanPSL2

您对“软件”的复制、使用、修改及分发受木兰宽松许可证，第2版（“本许可证”）的如下条款的约束：

0. 定义

“软件”是指由“贡献”构成的许可在“本许可证”下的程序和相关文档的集合。

“贡献”是指由任一“贡献者”许可在“本许可证”下的受版权法保护的作品。

“贡献者”是指将受版权法保护的作品许可在“本许可证”下的自然人或“法人实体”。

“法人实体”是指提交贡献的机构及其“关联实体”。

“关联实体”是指对“本许可证”下的行为方而言，控制、受控制或与其共同受控制的机构，此处的控制是指有受控方或共同受控方至少50%直接或间接的投票权、资金或其他有价证券。

1. 授予版权许可

每个“贡献者”根据“本许可证”授予您永久性的、全球性的、免费的、非独占的、不可撤销的版权许可，您可以复制、使用、修改、分发其“贡献”，不论修改与否。

2. 授予专利许可

每个“贡献者”根据“本许可证”授予您永久性的、全球性的、免费的、非独占的、不可撤销的（根据本条规定撤销除外）专利许可，供您制造、委托制造、使用、许诺销售、销售、进口其“贡献”或以其他方式转移其“贡献”。前述专利许可仅限于“贡献者”现在或将来拥有或控制的其“贡献”本身或其“贡献”与许可“贡献”时的“软件”结合而将必然会侵犯的专利权利要求，不包括对“贡献”的修改或包含“贡献”的其他结合。如果您或您的“关联实体”直接或间接地，就“软件”或其中的“贡献”对任何人发起专利侵权诉讼（包括反诉或交叉诉讼）或其他专利维权行动，指控其侵犯专利权，则“本许可证”授予您对“软件”的专利许可自您提起诉讼或发起维权行动之日终止。

3. 无商标许可

“本许可证”不提供对“贡献者”的商品名称、商标、服务标志或产品名称的商标许可，但您为满足第 4 条规定的声明义务而必须使用除外。

4. 分发限制

您可以在任何媒介中将“软件”以源程序形式或可执行形式重新分发，不论修改与否，但您必须向接收者提供“本许可证”的副本，并保留“软件”中的版权、商标、专利及免责声明。

5. 免责声明与责任限制

“软件”及其中的“贡献”在提供时不带任何明示或默示的担保。在任何情况下，“贡献者”或版权所有者不对任何人因使用“软件”或其中的“贡献”而引发的任何直接或间接损失承担责任，不论因何种原因导致或者基于何种法律理论，即使其曾被建议有此种损失的可能性。

6. 语言

“本许可证”以中英文双语表述，中英文版本具有同等法律效力。如果中英文版本存在任何冲突不一致，以中文版为准。

如何将木兰宽松许可证第 2 版，应用到您的软件？

如果您希望将木兰宽松许可证第 2 版，应用到您的新软件，为了方便接收者查阅，建议您完成如下三步：

（1）请您补充如下声明中的空白，包括软件名、软件的首次发表年份以及您作为版权人的名字。

（2）请您在软件包的一级目录下创建以“LICENSE”为名的文件，将整个许可证文本放入该文件中。

（3）请将如下声明文本放入每个源文件的头部注释中。

Copyright © [Year] [name of copyright holder]

[Software Name] is licensed under Mulan PSL v2.

You can use this software according to the terms and conditions of the Mulan PSL v2.

You may obtain a copy of Mulan PSL v2 at:

http://license.coscl.org.cn/MulanPSL2

THIS SOFTWARE IS PROVIDED ON AN “AS IS” BASIS, WITHOUT WARRANTIES OF ANY KIND,

EITHER EXPRESS OR IMPLIED, INCLUDING BUT NOT LIMITED TO NON-INFRINGEMENT,

MERCHANTABILITY OR FIT FOR A PARTICULAR PURPOSE.

See the Mulan PSL v2 for more details.

（三）木兰宽松许可证第2版评述和介绍

木兰宽松许可证第1版（Mulan PSL v1）发布后，2019年12月3日，木兰协议牵头人北京大学周明辉教授向开源促进会（OSI）提出Mulan PSL v1的认证申请。OSI社区进行了讨论，木兰协议团队根据建议，对Mulan PSL v1进行了多轮修改，并于2019年12月30日和2020年1月6日，先后两次向OSI提交修改后的Mulan PSL v2认证申请。2020年2月14日，OSI董事会正式发出邮件，批准木兰宽松许可证第2版（Mulan PSL v2）为国际类别开源许可证（International licenses）。木兰宽松许可证第2版（Mulan PSL v2）通过OSI认证，成为全球首个中国主导制定的中英双语开源许可证，填补了国内在制定开源许可证领域的空白，对中国参与世界开源软件实践具有开创性意义。①

木兰宽松许可证第2版（Mulan PSL v2）和木兰宽松许可证第1版（Mulan

---

① 参见木兰许可证网站http://license.coscl.org.cn/faq和开源许可证常见问题解答，原文链接：https://github.com/osslab-pku/OpenSourceLicense-FQA/blob/master/open-source-license-fqa.md）由osslab-pku、zhmh@pku.edu.cn创作，遵循Mulan PSL v2许可证（许可证链接：http://license.coscl.org.cn/MulanPSL2）。

PSL v1）内容基本相同，前述对木兰宽松许可证第 1 版的评述亦适用于木兰宽松许可证第 2 版，不再赘述，此处仅就两个版本的差别部分进行简要评述。

木兰宽松许可证第 2 版对第 0 条定义部分的顺序进行了调整，将贡献的定义提前，定义内容并未改动；对关联实体的定义个别用词进行了调整，但实质含义未变动；修订了软件定义的英文表述，中文表述未调整。

木兰宽松许可证第 2 版第 2 条授予专利许可的条款部分措辞进行了调整，但调整前后条款含义并无实质性差别。

木兰宽松许可证第 2 版第 5 条免责和责任限制中文内容用黑体加粗[①]，将英文表述从小写改为大写。

木兰宽松许可证第 2 版最大的改动是增加了第 6 条语言条款，“本许可证”以中英文双语表述，中英文版本具有同等法律效力。如果中英文版本存在任何冲突不一致，以中文版为准。

由上可见木兰宽松许可证第 2 版相比木兰宽松许可证第 1 版增加了第 6 条内容，解决了中英文版本不一致时何种语言优先问题，更有利于习惯使用中文的软件开发者选择木兰宽松许可证适用于自己开发的软件。

三、木兰公共许可证第 1 版（MulanPubL－1.0）

（一）木兰公共许可证第 1 版许可协议中文版

木兰公共许可证第 1 版

木兰公共许可证第 1 版

2020 年 12 月 http：//license. coscl. org. cn/MulanPubL－1. 0

您对“贡献”的复制、使用、修改及分发受木兰公共许可证，第 1 版（“本许可证”）的如下条款的约束：

0. 定义

“贡献”是指由“贡献者”许可在“本许可证”下的受版权法保护的作品，包括最初“贡献者”许可在“本许可证”下的作品及后续“贡献者”许可在“本许可证”下的“衍生作品”。

“贡献者”是指将受版权法保护的作品许可在“本许可证”下的自然人或“法人实体”。

① 出于本文表达习惯，取消黑体加粗。

“法人实体”是指提交贡献的机构及其“关联实体”。

“关联实体”是指对“本许可证”下的行为方而言，控制、受控制或与其共同受控制的机构，此处的控制是指有受控方或共同受控方至少50%直接或间接的投票权、资金或其他有价证券。

“衍生作品”是指基于“贡献”创作的作品，具体包括对全部或部分“贡献”进行修改、重写、翻译、注释、组合或与之链接（包括动态链接或静态链接）而形成的作品。仅与“贡献”进行进程间通信或系统调用的作品是独立作品，不属于“衍生作品”。

“对应源代码”是指生成、安装和（对于可执行作品）运行目标代码所需的所有源文件和与之关联的接口定义文件，以及控制这些活动的脚本，但不包括编译环境、编译工具、云服务平台（如果有）。

“分发”是指通过任何媒介向他人提供“贡献”或“衍生作品”的行为，以及利用“贡献”或“衍生作品”通过网络远程给用户提供服务的行为，例如通过利用“贡献”或“衍生作品”搭建的云服务平台提供在线服务的行为。

1. 授予版权许可

每个“贡献者”根据“本许可证”授予您永久性的、全球性的、免费的、非独占的、不可撤销的版权许可，您可以复制、使用、修改、“分发”其“贡献”或“衍生作品”，不论修改与否。

2. 授予专利许可

每个“贡献者”根据“本许可证”授予您永久性的、全球性的、免费的、非独占的、不可撤销的（根据本条规定撤销除外）专利许可，供您制造、委托制造、使用、许诺销售、销售、进口其“贡献”或以其他方式转移其“贡献”。前述专利许可仅限于“贡献者”现在或将来拥有或控制的其“贡献”中的专利权利要求，不包括仅因您或他人修改“贡献”而将必然会侵犯到的专利权利要求。如果您或您的“关联实体”直接或间接地，就“贡献”对任何人发起专利侵权诉讼（包括反诉或交叉诉讼）或其他专利维权行动，指控其侵犯专利权，则本许可证授予您对“贡献”的专利许可自您提起诉讼或发起维权行动之日终止。

3. 无商标许可

“本许可证”不提供对“贡献者”的商品名称、商标、服务标志或产品名称的商标许可，但您为满足第4条规定的声明义务而必须使用除外。

4. 分发限制

您可以在任何媒介中将您接收到的“贡献”或您的“衍生作品”以源程序形式或可执行形式重新“分发”，但必须满足下列条件：

（1）您必须向接收者提供“本许可证”的副本，并保留“贡献”中的版权、商标、专利及免责声明；

（2）同时，如果您“分发”您接收到的“贡献”，您必须使用“本许可证”提供该“贡献”的源代码副本；如果您“分发”您的“衍生作品”，您必须：

（i）随“衍生作品”向接收者提供使用“本许可证”“分发”的您的“衍生作品”的“对应源代码”。如果您通过下载链接提供前述“对应源代码”，则您应将下载链接地址置于“衍生作品”或其随附文档中的明显位置，有效期不少于自该“衍生作品”“分发”之日起三年，并确保接收者可以获得“对应源代码”；或者，

（ii）随“衍生作品”向接收者提供一个书面要约，表明您愿意提供使用“本许可证”“分发”的您“衍生作品”的“对应源代码”。书面要约应放在“衍生作品”中的明显位置，并确保接收者根据书面要约可获取“对应源代码”的时间从您接到该请求之日起不得超过三个月，且有效期不少于自该“衍生作品”“分发”之日起三年。

5. 违约与终止

如果您违反“本许可证”，任何“贡献者”有权书面通知您终止其依据“本许可证”授予您的许可。该“贡献者”授予您的许可从您接到其终止通知之日起终止。但在如下两种情形下，即使您收到“贡献者”的通知也并不终止您的许可：

（1）您在接到终止通知之前已停止所有违反行为；

（2）您是首次收到该“贡献者”根据“本许可证”发出的书面终止通知，您在收到该通知后30天内停止所有违反行为。

只要下游接收者遵守“本许可证”的相关规定，您在“本许可证”下的许可终止，不影响下游接收者根据“本许可证”享有的权利。

6. 例外

如果您将“贡献”或您的“衍生作品”与采用GPL v3、AGPL v3或前述许可证的后续版本（以下简称GPL类许可证）的作品结合，且根据GPL类许可证的要求您有义务将形成的结合作品以对应的GPL类许可证许可的，您可以根据

对应的 GPL 类许可证许可结合作品，只要您在分发该结合作品的同时向接收者提供“本许可证”的副本，并保留“贡献”中的版权、商标、专利及免责声明。任何“贡献者”不会因您根据前述原因选择 GPL 类许可证许可而授予该结合作品的接收者更多权利。

7. 免责声明与责任限制

“贡献”在提供时不带任何明示或默示的担保。在任何情况下，“贡献者”或版权所有者不对任何人因使用“贡献”而引发的任何直接或间接损失承担责任，不论因何种原因导致或者基于何种法律理论，即使其曾被建议有此种损失的可能性。

8. 语言

“本许可证”以中英文双语表述，中英文版本具有同等法律效力。如果中英文版本存在任何冲突不一致，以中文版为准。

如何将木兰公共许可证第 1 版，应用到您的软件？

如果您希望将木兰公共许可证第 1 版应用到您的新软件，为了方便接收者查阅，建议您完成如下三步：

（1）请您补充如下声明中的空白，包括软件名、软件的首次发表年份以及您作为版权人的名字。

（2）请您在软件包的一级目录下创建以“LICENSE”为名的文件，将整个许可证文本放入该文件中。

（3）请将如下声明文本放入每个源文件的头部注释中。

Copyright © [Year] [name of copyright holder]

[Software Name] is licensed under Mulan PubL v1.

You can use this software according to the terms and conditions of the Mulan PubL v1.

You may obtain a copy of Mulan PubL v1 at：

http：//license. coscl. org. cn/MulanPubL – 1. 0

THIS SOFTWARE IS PROVIDED ON AN “AS IS” BASIS，WITHOUT WARRANTIES OF ANY KIND，

EITHER EXPRESS OR IMPLIED，INCLUDING BUT NOT LIMITED TO NON – INFRINGEMENT，MERCHANTABILITY OR FIT FOR A PARTICULAR PURPOSE.

See the Mulan PubL v1 for more details.

（二）木兰公共许可证第 1 版许可协议英文版

Mulan Public License, Version 1

Mulan Public License, Version 1 (Mulan PubL v1)

December 2020 http://license.coscl.org.cn/MulanPubL-1.0

Your reproduction, use, modification and Distribution of the Contribution shall be subject to Mulan Public License, Version 1 (this License) with following terms and conditions:

0. Definitions

Contribution means the copyrightable work licensed by a particular Contributor under this License, including the work licensed by the initial Contributor under this License and its Derivative Work licensed by any subsequent Contributor under this License.

Contributor means the Individual or Legal Entity who licenses its copyrightable work under this License.

Legal Entity means the entity making a Contribution and all its Affiliates.

Affiliates means entities that control, are controlled by, or are under common control with the acting entity under this License, "control" means direct or indirect ownership of at least fifty percent (50%) of the voting power, capital or other securities of controlled or commonly controlled entity.

Derivative Work means works created based on Contribution, specifically including works formed by modifying, rewriting, translating, annotating, combining or linking to all or part of Contribution (including dynamic linking or static linking). Works which only communicate with Contribution through inter-process communication or system call, are independent works, rather than Derivative Work.

Corresponding Source Code means all the source code needed to generate, install, and (for an executable work) run the object code including the interface definition files associated with source files for the work, and scripts to control those activities, excluding of compilation environment and compilation tools, cloud services platform (if any).

Distribute (or Distribution) means the act of making the Contribution or Derivative Work available to others through any medium, and using the Contribution or Derivative Work to provide online services to users, such as the act of providing online services through a cloud service platform built using Contributions or Derivative Works.

1. Grant of copyright license

Subject to the terms and conditions of this License, each Contributor hereby grants to you a perpetual, worldwide, royalty - free, non - exclusive, irrevocable copyright license to reproduce, use, modify, or Distribute its Contribution or Derivative Work, with modification or not.

2. Grant of patent license

Subject to the terms and conditions of this License, each Contributor hereby grants to you a perpetual, worldwide, royalty - free, non - exclusive, irrevocable (except for revocation under this Section) patent license to make, have made, use, offer for sale, sell, import or otherwise transfer its Contribution, where such patent license is only limited to the patent claims owned or controlled by such Contributor now or in future which will be necessarily infringed by its Contribution alone, excluding of any patent claims solely be infringed by your modification. If you or your Affiliates directly or indirectly institute patent litigation (including a cross claim or counterclaim in a litigation) or other patent enforcement activities against any individual or entity by alleging that any Contribution infringes patents, then any patent license granted to you under this License for the Contribution shall terminate as of the date such litigation or activity is filed or taken.

3. No Trademark License

No trademark license is granted to use the trade names, trademarks, service marks, or product names of Contributor, except as required to fulfill notice requirements in Section 4.

4. Distribution Restriction

You may Distribute the Contribution you received or your Derivative Work through any medium with or without modification, whether in source or executable forms, provided that you meet the following conditions:

1) You must provide recipients with a copy of this License and retain copyright, trademark, patent and disclaimer statements in the Contribution; and,

2) If you Distribute the Contribution you received, you must provide copies of the Contribution's source code under this License;

If you Distribute your Derivative Work, you have to:

(i) accompanying the Derivative work, provide recipients with Corresponding Source Code of your Derivative Work under this License. If you provide the Corresponding Source Code through a download link, you should place such link address prominently in the Derivative Work or its accompanying documents, and be valid no less than three years from your Distribution of the particular Derivative Work, and ensure that the recipients can acquire the Corresponding Source Code through the link; or,

(ii) accompanying the Derivative Work, provide recipients with a written offer indicating your willingness to provide the Corresponding Source Code of the Derivative Work licensed under this License. Such written offer shall be placed prominently in the Derivative Work or its accompanying documents. Without reasonable excuse, the recipient shall be able to acquire the Corresponding Source code of the Derivative work for no more than three months from your receipt of a valid request, and be valid no less than three years from your Distribution of the particular Derivative Work.

5. Breach and Termination

If you breach this License, any Contributor has the right to notify you in writing to terminate its license granted to you under this License. The license granted to you by such Contributor terminates upon your receipt of such notice of termination. Notwithstanding the foregoing, your license will not be terminated even if you receive a notice of termination from Contributor, provided that:

1) you have cured all the breaches priorto receiving such notice of termination; or,

2) it's your first time to receive a notice of termination from such Contributor pursuant to this License, and you cured all the breaches within 30 days of receipt of such notice.

Termination of your license under this License shall not affect the downstream recipient's rights under this License, provided that the downstream recipient complies with this License.

6. Exceptions

If you combine Contribution or your Derivative Work with a work licensed under the GPL v3, AGPL v3 or subsequent versions of those licenses (hereinafter referred to as "GPL Style License"), and according to the GPL Style License, you have an obligation to make the combined work to be licensed under the corresponding GPL Style License, you can license such combined work under the GPL Style License, provided that when you Distribute the combined work, you also provide a copy of this License to the recipients, and retain copyright, trademarks, patents, and disclaimer statements in the Contribution. No Contributor will grant additional rights to the recipients of the combined work for your license under GPL Style License.

7. Disclaimer of Warranty and Limitation of liability

CONTRIBUTION ARE PROVIDED WITHOUT WARRANTIES OF ANY KIND, EITHER EXPRESS OR IMPLIED. IN NO EVENT SHALL ANY CONTRIBUTOR OR COPYRIGHT HOLDER BE LIABLE TO YOU FOR ANY DAMAGES, INCLUDING, BUT NOT LIMITED TO ANY DIRECT, OR INDIRECT, SPECIAL OR CONSEQUENTIAL DAMAGES ARISING FROM YOUR USE OR INABILITY TO USE THE CONTRIBUTION, NO MATTER HOW IT'S CAUSED OR BASED ON WHICH LEGAL THEORY, EVEN IF ADVISED OF THE POSSIBILITY OF SUCH DAMAGES.

8. Language

THIS LICENSE IS WRITTEN IN BOTH CHINESE AND ENGLISH, AND THE CHINESE VERSION AND ENGLISH VERSION SHALL HAVE THE SAME LEGAL EFFECT. IN THE CASE OF DIVERGENCE BETWEEN THE CHINESE AND ENGLISH VERSIONS, THE CHINESE VERSION SHALL PREVAIL.

How to apply the Mulan Public License, Version 1 (Mulan PubL v1), to your software

To apply the Mulan Public License, Version 1 to your work, for easy identification by recipients, you are suggested to complete following three steps:

i. Fill in the blanks in following statement, including insert your software name, the year of the first publication of your software, and your name identified as the copyright owner;

ii. Create a file named "LICENSE" which contains the whole context of this License in the first directory of your software package;

iii. Attach the statement to the appropriate annotated syntax at the beginning of each source file.

iv.

Copyright © [Year] [name of copyright holder]

[Software Name] is licensed under Mulan PubL v1.

You can use this software according to the terms and conditions of the Mulan PubL v1.

You may obtain a copy of Mulan PubL v1 at:

http://license.coscl.org.cn/MulanPubL-1.0

THIS SOFTWARE IS PROVIDED ON AN "AS IS" BASIS, WITHOUT WARRANTIES OF ANY KIND,

EITHER EXPRESS OR IMPLIED, INCLUDING BUT NOT LIMITED TO NON-INFRINGEMENT,

MERCHANTABILITY OR FIT FOR A PARTICULAR PURPOSE.

See the Mulan PubL v1 for more details.

（三）木兰公共许可证第 1 版评述和介绍

木兰公共许可证第 1 版（MulanPubL-1.0）区别于木兰宽松许可证，是中国主导制定的中英双语强传染性开源软件许可证（注：木兰公共许可证第 1 版对标 GNU 通用公共许可证和 GNU AFFERO 通用公共许可证）。2020 年 12 月木兰公共许可证第 1 版在中国开源云联盟—木兰开源许可证网站上线发布。

1. 适用范围

木兰公共许可证第 1 版在序言部分明确，对“贡献”的复制、使用、修改及分发受木兰公共许可证，第 1 版的条款的约束。木兰公共许可证第 1 版第 0 条定义规定，“贡献”是指由“贡献者”许可在“本许可证”下的受版权法保护的作品，包括最初“贡献者”许可在“本许可证”下的作品及后续“贡献者”许可在“本许可证”下的“衍生作品”。

由上可见木兰公共许可证第 1 版的适用范围并不限于软件，也可适用于受版权法保护的其他作品。

2. 授权机制和授权内容

木兰公共许可证第1版从版权和专利权两个方面对用户进行了授权，并且明确标识不授予任何商标权。

木兰公共许可证第1版第1条规定了版权授权内容，每个“贡献者”根据“本许可证”授予您永久性的、全球性的、免费的、非独占的、不可撤销的版权许可，您可以复制、使用、修改、“分发”其“贡献”或“衍生作品”，不论修改与否。

木兰公共许可证第1版第2条规定了专利权授权内容，每个“贡献者”根据“本许可证”授予您永久性的、全球性的、免费的、非独占的、不可撤销的（根据本条规定撤销除外）专利许可，供您制造、委托制造、使用、许诺销售、销售、进口其“贡献”或以其他方式转移其“贡献”。前述专利许可仅限于“贡献者”现在或将来拥有或控制的其“贡献”中的专利权利要求，不包括仅因您或他人修改“贡献”而将必然会侵犯到的专利权利要求。

木兰公共许可证第1版第3条规定无商标许可，“本许可证”不提供对“贡献者”的商品名称、商标、服务标志或产品名称的商标许可，但您为满足第4条规定的声明义务而必须使用除外。

3. 许可条件

木兰公共许可证第1版第4条规定了分发“贡献”应当满足的条件，分发者可以在任何媒介中将分发者接收到的“贡献”或分发者的“衍生作品”以源程序形式或可执行形式重新“分发”，但必须满足下列条件：

（1）必须向接收者提供“本许可证”的副本，并保留“贡献”中的版权、商标、专利及免责声明；并且

（2）如果分发者“分发”接收到的“贡献”，必须使用“本许可证”提供该“贡献”的源代码副本；如果分发者“分发”分发者的“衍生作品”，必须：

（i）随“衍生作品”向接收者提供使用“本许可证”“分发”的“衍生作品”的“对应源代码”。如果通过下载链接提供前述“对应源代码”，则应将下载链接地址置于“衍生作品”或其随附文档中的明显位置，有效期不少于自该“衍生作品”“分发”之日起三年，并确保接收者可以获得“对应源代码”；或者

（ii）随“衍生作品”向接收者提供一个书面要约，表明分发者愿意提供使用“本许可证”“分发”的分发者“衍生作品”的“对应源代码”。书面要约应放在“衍生作品”中的明显位置，并确保接收者根据书面要约可获取“对应源

代码”的时间从分发者接到该请求之日起不得超过三个月，且有效期不少于自该“衍生作品”“分发”之日起三年。

木兰公共许可证第1版第0条对“对应源代码”的定义为，是指生成、安装和（对于可执行作品）运行目标代码所需的所有源文件和与之关联的接口定义文件，以及控制这些活动的脚本，但不包括编译环境、编译工具、云服务平台（如果有）。

木兰公共许可证第1版第0条对“分发”的定义为，其是指通过任何媒介向他人提供“贡献”或“衍生作品”的行为，以及利用“贡献”或“衍生作品”通过网络远程给用户提供服务的行为，例如通过利用“贡献”或“衍生作品”搭建的云服务平台提供在线服务的行为。

由上可见，木兰公共许可证第1版，将利用“贡献”或“衍生作品”通过计算机网络进行远程交付方式向用户提供服务的行为也视为分发行为，换言之木兰公共许可证第1版在提供源代码义务方面采用比GNU通用公共许可证更严格的GNU AFFERO通用公共许可证的标准。

4. 传染性及其例外

木兰公共许可证第1版第0条对“衍生作品”的定义为，基于“贡献”创作的作品，具体包括对全部或部分“贡献”进行修改、重写、翻译、注释、组合或与之链接（包括动态链接或静态链接）而形成的作品。仅与“贡献”进行进程间通信或系统调用的作品是独立作品，不属于“衍生作品”。

由前述对衍生作品的定义可知，木兰公共许可证第1版结合实践中常见情况，对“衍生作品”和“独立作品”进行了界定，将同全部或部分“贡献”进行修改、重写、翻译、注释、链接（包括动态链接和静态链接）或组合而形成的作品界定为衍生作品，把仅与“贡献”进行进程间通信或系统调用的作品界定为独立于“贡献”的作品。

木兰公共许可证第1版第4条规定分发衍生作品亦需要履行向接收者提供分发的衍生作品的对应源代码，或者随衍生作品向接收者提供一个书面要约，表明分发者愿意提供使用本许可证分发衍生作品的对应源代码。

如前所述，从是否要求提供源代码角度，如果把要求向修改版本接收者提供修改版本源代码格式定义为“纵向的传染性”；把将受许可证约束的软件和其他非受许可证约束的软件合并成更大作品的分发时，要求向更大作品接收者提供更大作品整体以及更大作品中其他非受保护软件材料的源代码格式定义为“横向的传染性”。木兰公共许可证第 1 版所定义的衍生作品包括将同全部或部分“贡献”进行链接（包括动态链接和静态链接）或组合而形成的作品，而且木兰公共许可证第 1 版第 4 条规定分发衍生作品亦需要履行提供分发的衍生作品的对应源代码的义务，因此木兰公共许可证第 1 版在要求用户提供源代码方面，和 GNU 通用公共许可证和 GNU AFFERO 通用公共许可证相同，均兼具纵向和横向的传染性。

5. 许可的终止和恢复

木兰公共许可证第 1 版在第 2 条专利授权条款中规定。如果您或您的“关联实体”直接或间接地，就“贡献”对任何人发起专利侵权诉讼（包括反诉或交叉诉讼）或其他专利维权行动，指控其侵犯专利权，则本许可证授予您对“贡献”的专利许可自您提起诉讼或发起维权行动之日终止。

木兰公共许可证第 1 版在第 5 条规定，如果您违反“本许可证”，任何“贡献者”有权书面通知您终止其依据“本许可证”授予您的许可。该“贡献者”授予您的许可从您接到其终止通知之日起终止。但在如下两种情形下，即使您收到“贡献者”的通知也并不终止您的许可：（1）您在接到终止通知之前已停止所有违反行为；（2）您是首次收到该“贡献者”根据“本许可证”发出的书面终止通知，您在收到该通知后 30 天内停止所有违反行为。

木兰公共许可证第 1 版在第 5 条规定，只要下游接收者遵守“本许可证”的相关规定，您在“本许可证”下的许可终止，不影响下游接收者根据“本许可证”享有的权利。

由上可知，如果用户违反木兰公共许可证第 1 版在第 2 条专利授权条款，就“贡献”对任何人发起专利侵权诉讼或发起其他专利维权行动，则“贡献者”根据“本许可证”授予的专利许可自发起专利诉讼或专利维权行动之日终止；而如果用户违反木兰公共许可证第 1 版的其他条款，在没有收到者通知的情况下亦不会被终止许可，即使收到贡献者通知但已经停止违反行为或在首次收到该贡献者通知后 30 天内改正的也不会被终止许可。

相比 GNU 通用公共许可证版本 3 和 Mozilla 公共许可证版本 2.0（只要违反许可证许可就自动终止，符合条件可暂时或永久恢复），以及 Eclipse 公共许可证版本 2.0（违反许可证并且在违反者意识到违反后的一段合理时间内未能纠正则许可终止）的规定，木兰公共许可证第 1 版第 5 条需要收到贡献者通知才终止许可（首次收到通知还有例外）的规定，对软件使用者的约束过于宽松。木兰公共许可证第 1 版在终止许可的“宽松”和在分发及传染性方面的“严格”存在一定反差。

6. 无担保无赔偿

区别于其他许可证一般用两条内容规定，和木兰宽松许可证第 1 版相同，木兰公共许可证第 1 版和第 7 条用一个条款对免责声明和责任限制进行了规定，规定较为简洁。具体规定为，“贡献”在提供时不带任何明示或默示的担保。在任何情况下，“贡献者”或版权所有者不对任何人因使用“贡献”而引发的任何直接或间接损失承担责任，不论因何种原因导致或者基于何种法律理论，即使其曾被建议有此种损失的可能性。

7. 许可证更改及兼容性

木兰公共许可证第 1 版第 6 条规定，如果您将“贡献”或您的“衍生作品”与采用 GPL v3、AGPL v3 或前述许可证的后续版本（以下简称 GPL 类许可证）的作品结合，且根据 GPL 类许可证的要求您有义务将形成的结合作品以对应的 GPL 类许可证许可的，您可以根据对应的 GPL 类许可证许可结合作品，只要您在分发该结合作品的同时向接收者提供“本许可证”的副本，并保留“贡献”中的版权、商标、专利及免责声明。任何“贡献者”不会因您根据前述原因选择 GPL 类许可证许可而授予该结合作品的接收者更多权利。

由上规定可知，木兰公共许可证第 1 版认可其同 GPL v3、AGPL v3 或其后续版本具有兼容性，并允许在满足一定条件下许可证更换为 GPL v3、AGPL v3 或其后续版本。也就是说，允许将适用木兰公共许可证第 1 版的贡献和采用 GPL v3、AGPL v3 或其后续版本的作品结合形成新的衍生作品，该新的衍生作品可根据 GPL v3、AGPL v3 或其后续版本进行许可，但需要在分发该衍生作品的同时向接收者提供木兰公共许可证第 1 版的副本，并保留贡献中的版权、商标、专利及免责声明。

8. 语言

木兰公共许可证第 1 版第 8 条规定，“本许可证”以中英文双语表述，中英文版本具有同等法律效力。如果中英文版本存在任何冲突或不一致，以中文版为准。

由上可见木兰公共许可证第 1 版和木兰宽松许可证第 2 版对语言的规定具有一致性，约定中英文版本不一致时中文优先，有利于习惯使用中文的软件开发者选择木兰公共许可证适用于自己开发的软件。

四、木兰公共许可证第2版（MulanPubL－2.0）

（一）木兰公共许可证第2版许可协议中文版

本许可证以中英文双语表述——THIS LICENSE IS WRITTEN IN BOTH CHINESE AND ENGLISH。

木兰公共许可证第2版

木兰公共许可证第2版

2021年5月 http：//license.coscl.org.cn/MulanPubL－2.0

您对“贡献”的复制、使用、修改及分发受木兰公共许可证，第2版（以下简称“本许可证”）的如下条款的约束：

0. 定义

“贡献”是指由“贡献者”许可在“本许可证”下的受版权法保护的作品，包括最初“贡献者”许可在“本许可证”下的作品及后续“贡献者”许可在“本许可证”下的“衍生作品”。

“贡献者”是指将受版权法保护的作品许可在“本许可证”下的自然人或“法人实体”。

“法人实体”是指提交贡献的机构及其“关联实体”。

“关联实体”是指对“本许可证”下的行为方而言，控制、受控制或与其共同受控制的机构，此处的“控制”是指拥有受控方或共同受控方至少50%直接或间接的投票权、资金或其他有价证券。

“衍生作品”是指基于“贡献”创作的作品，具体包括对全部或部分“贡献”进行修改、重写、翻译、注释、组合或与之链接（包括动态链接或静态链接）而形成的作品。仅与“贡献”进行进程间通信或系统调用的作品是独立作品，不属于“衍生作品”。

“对应源代码”是指生成、安装和（对于可执行作品）运行目标代码所需的所有源文件和与之关联的接口定义文件，以及控制这些活动的脚本，但不包括编译环境、编译工具、云服务平台（如果有）。

“分发”是指通过任何媒介向他人提供“贡献”或“衍生作品”的行为，以及利用“贡献”或“衍生作品”通过网络远程给用户提供服务的行为，例如：通过利用“贡献”或“衍生作品”搭建的云服务平台提供在线服务的行为。

1. 授予版权许可

每个“贡献者”根据“本许可证”授予您永久性的、全球性的、免费的、非独占的、不可撤销的版权许可，您可以复制、使用、修改、“分发”其“贡献”或“衍生作品”，不论修改与否。

2. 授予专利许可

每个“贡献者”根据“本许可证”授予您永久性的、全球性的、免费的、非独占的、不可撤销的（根据本条规定撤销的情形除外）专利许可，供您使用、制造、委托制造、销售、许诺销售、进口其“贡献”或以其他方式转移其“贡献”。前述专利许可仅限于“贡献者”现在或将来拥有或控制的其“贡献”中的专利权利要求，而不包括仅因您对“贡献”的修改而将必然会侵犯到的专利权利要求。如果您或您的“关联实体”直接或间接地，就“贡献”对任何人发起专利侵权诉讼（包括在诉讼中提出反诉请求或交叉请求）或发起其他专利维权行动，则“贡献者”根据“本许可证”授予您的专利许可自您发起专利诉讼或专利维权行动之日终止。

3. 无商标许可

“贡献者”在“本许可证”下不提供对其商品名称、商标、服务标识或产品名称的商标许可，但您为满足第4条规定的声明义务而必须使用的情形除外。

4. 分发限制

您可以将您接收到的“贡献”或您的“衍生作品”以源程序形式或可执行形式重新“分发”，但必须满足下列条件：

（1）您必须向接收者提供“本许可证”的副本，并保留“贡献”中的版权、商标、专利及免责声明；并且

（2）如果您“分发”您接收到的“贡献”，您必须使用“本许可证”提供该“贡献”的源代码副本；如果您“分发”您的“衍生作品”，您必须：

（i）随“衍生作品”提供使用“本许可证”“分发”的您的“衍生作品”的“对应源代码”。如果您通过下载链接提供前述“对应源代码”，则您应将下载链接地址置于“衍生作品”或其随附文档中的明显位置，有效期自该“衍生作品”“分发”之日起不少于三年，并确保接收者可以获得“对应源代码”；或者

（ii）随“衍生作品”向接收者提供一个书面要约，表明您愿意提供根据“本许可证”“分发”的您“衍生作品”的“对应源代码”。该书面要约应置于

“衍生作品”中的明显位置，并确保接收者根据书面要约可获取“对应源代码”的时间从您接到该请求之日起不得超过三个月，且有效期自该“衍生作品”“分发”之日起不少于三年。

5. 违约与终止

如果您违反“本许可证”，任何“贡献者”有权书面通知您终止其根据“本许可证”授予您的许可。该“贡献者”授予您的许可自您接到其终止通知之日起终止。仅在如下两种情形下，即使您收到“贡献者”的通知也并不终止其授予您的许可：

（1）您在接到该终止通知之前已停止所有违反行为；

（2）您是首次收到该“贡献者”根据“本许可证”发出的书面终止通知，并且您在收到该通知后 30 天内已停止所有违反行为。

只要您下游的接收者遵守“本许可证”的相关规定，即使您在“本许可证”下被授予的许可终止，不影响下游的接收者根据“本许可证”享有的权利。

6. 例外

如果您将“贡献”与采用 GNU AFFERO GENERAL PUBLIC LICENSE Version 3（以下简称 AGPL v3）或其后续版本的作品结合形成新的“衍生作品”，且根据 AGPL v3 或其后续版本的要求您有义务将新形成的“衍生作品”以 AGPL v3 或其后续版本进行许可的，您可以根据 AGPL v3 或其后续版本进行许可，只要您在“分发”该“衍生作品”的同时向接收者提供“本许可证”的副本，并保留“贡献”中的版权、商标、专利及免责声明。但任何“贡献者”不会因您选择 AGPL v3 或其后续版本而授予该“衍生作品”的接收者更多权利。

7. 免责声明与责任限制

“贡献”在提供时不带有任何明示或默示的担保。在任何情况下，“贡献者”或版权人不对任何人因使用“贡献”而引发的任何直接或间接损失承担任何责任，不论该等损失因何种原因导致或者基于何种法律理论，即使其曾被告知有该等损失的可能性。

8. 语言

“本许可证”以中英文双语表述，中英文版本具有同等法律效力。如果中英文版本存在任何不一致，以中文版为准。

如何将木兰公共许可证第 2 版，应用到您的软件？

如果您希望将木兰公共许可证，第 2 版，应用到您的软件，为了方便接收者查阅，建议您完成如下三步：

（1）请您补充如下声明中的空白，包括软件名、软件的首次发表年份以及您作为版权人的名字；

（2）请您在软件包的一级目录下创建以“LICENSE”为名的文件，将整个许可证文本放入该文件中；

（3）请将如下声明文本放入每个源文件的头部注释中。

Copyright © [Year] [name of copyright holder]

[Software Name] is licensed under Mulan PubL v2.

You can use this software according to the terms and conditions of the Mulan PubL v2.

You may obtain a copy of Mulan PubL v2 at：

http：//license. coscl. org. cn/MulanPubL－2. 0

THIS SOFTWARE IS PROVIDED ON AN “AS IS” BASIS，WITHOUT WARRANTIES OF ANY KIND，

EITHER EXPRESS OR IMPLIED，INCLUDING BUT NOT LIMITED TO NON－INFRINGEMENT，

MERCHANTABILITY OR FIT FOR A PARTICULAR PURPOSE.

See the Mulan PubL v2 for more details.

（二）木兰公共许可证第2版许可协议英文版

Mulan Public License，Version 2

Mulan Public License，Version 2（Mulan PubL v2）

May 2021http：//license. coscl. org. cn/MulanPubL－2. 0

Your reproduction，use，modification and Distribution of the Contribution shall be subject to Mulan Public License，Version 2（this License）with following terms and conditions：

0. Definition

Contribution means the copyrightable work licensed by a particular Contributor under this License，including the work licensed by the initial Contributor under this License and its Derivative Work licensed by any subsequent Contributor under this License.

Contributor means the Individual or Legal Entity who licenses its copyrightable work under this License.

Legal Entity means the entity making a Contribution and all its Affiliates.

Affiliates mmeans entities that control, are controlled by, or are under common control with the acting entity under this License, "control" means direct or indirect ownership of at least fifty percent (50%) of the voting power, capital or other securities of controlled or commonly controlled entity.

Derivative Work means works created based on Contribution, specifically including works formed by modifying, rewriting, translating, annotating, combining or linking to all or part of Contribution (including dynamic linking or static linking). Works which only communicate with Contribution through inter - process communication or system call, are independent works, rather than Derivative Work.

Corresponding Source Code means all the source code needed to generate, install, and (for an executable work) run the object code including the interface definition files associated with source files for the work, and scripts to control those activities, excluding of compilation environment and compilation tools, cloud services platform (if any).

Distribute (or Distribution) means the act of making the Contribution or Derivative Work available to others through any medium, and using the Contribution or Derivative Work to provide online services to users, such as the act of providing online services through a cloud service platform built using Contributions or Derivative Works.

1. Grant of Copyright License

Subject to the terms and conditions of this License, each Contributor hereby grants to you a perpetual, worldwide, royalty - free, non - exclusive, irrevocable copyright license to reproduce, use, modify, or Distribute its Contribution or Derivative Work, with modification or not.

2. Grant of Patent License

Subject to the terms and conditions of this License, each Contributor hereby grants to you a perpetual, worldwide, royalty - free, non - exclusive, irrevocable (except for revocation under this Section) patent license to use, make, have made, sell, offer for sale, import or otherwise transfer its Contribution, where such patent license is only limited to the patent claims owned or controlled by such Contributor now or in future which will be necessarily infringed by its Contribution alone, excluding of any patent claims solely be infringed by your modification. If you or your Affiliates directly or indirectly institute patent litigation (including a cross claim or counterclaim in a litigation) or other patent enforcement activities against any individual or entity by alleging that any Contribution infringes patents, then any patent license granted to you under this License for the Contribution shall terminate as of the date such litigation or activity is filed or taken.

3. No Trademark License

No trademark license is granted to use the trade names, trademarks, service marks, or product names of Contributor, except as required to fulfill notice requirements in Section 4.

4. Distribution Restriction

You may Distribute the Contribution you received or your Derivative Work, whether in source or executable forms, provided that you meet the following conditions:

1) You must provide recipients with a copy of this License and retain copyright, trademark, patent and disclaimer statements in the Contribution; and

2) If you Distribute the Contribution you received, you must provide copies of the Contribution's source code under this License;

If you Distribute your Derivative Work, you have to:

(i) accompanying the Derivative work, provide recipients with Corresponding Source Code of your Derivative Work under this License. If you provide the Corresponding Source Code through a download link, you should place such link address prominently in the Derivative Work or its accompanying documents, and be valid no less than three years from your Distribution of the particular Derivative Work, and ensure that the recipients can acquire the Corresponding Source Code through the link; or

(ii) accompanying the Derivative Work, provide recipients with a written offer indicating your willingness to provide the Corresponding Source Code of the Derivative Work licensed under this License. Such written offer shall be placed prominently in the

Derivative Work or its accompanying documents. Without reasonable excuse, the recipient shall be able to acquire the Corresponding Source code of the Derivative work for no more than three months from your receipt of a valid request, and be valid no less than three years from your Distribution of the particular Derivative Work.

5. Breach and Termination

If you breach this License, any Contributor has the right to notify you in writing to terminate its license granted to you under this License. The license granted to you by such Contributor terminates upon your receipt of such notice of termination. Notwithstanding the foregoing, your license will not be terminated even if you receive a notice of termination from Contributor, provided that:

1) you have cured all the breaches prior to receiving such notice of termination; or

2) it's your first time to receive a notice of termination from such Contributor pursuant to this License, and you have cured all the breaches within 30 days of receipt of such notice.

Termination of your license under this License shall not affect the downstream recipient's rights under this License, provided that the downstream recipient complies with this License.

6. Exceptions

If you combine Contribution or your Derivative Work with a work licensed under the GNU AFFERO GENERAL PUBLIC LICENSE Version 3 (hereinafter referred to as "AGPL v3") or its subsequent versions, and according to the AGPL v3 or its subsequent versions, you have an obligation to make the combined work to be licensed under the corresponding license, you can license such combined work under the license, provided that when you Distribute the combined work, you also provide a copy of this License to the recipients, and retain copyright, trademarks, patents, and disclaimer statements in the Contribution. No Contributor will grant additional rights to the recipients of the combined work for your license under AGPL v3 or its subsequent versions.

7. Disclaimer of Warranty and Limitation of liability

CONTRIBUTION ARE PROVIDED WITHOUT WARRANTIES OF ANY KIND,

EITHER EXPRESS OR IMPLIED. IN NO EVENT SHALL ANY CONTRIBUTOR OR COPYRIGHT HOLDER BE LIABLE TO YOU FOR ANY DAMAGES, INCLUDING, BUT NOT LIMITED TO ANY DIRECT, OR INDIRECT, SPECIAL OR CONSEQUENTIAL DAMAGES ARISING FROM YOUR USE OR INABILITY TO USE THE CONTRIBUTION, NO MATTER HOW IT'S CAUSED OR BASED ON WHICH LEGAL THEORY, EVEN IF ADVISED OF THE POSSIBILITY OF SUCH DAMAGES.

8. Language

THIS LICENSE IS WRITTEN IN BOTH CHINESE AND ENGLISH, AND THE CHINESE VERSION AND ENGLISH VERSION SHALL HAVE THE SAME LEGAL EFFECT. IN THE CASE OF DIVERGENCE BETWEEN THE CHINESE AND ENGLISH VERSIONS, THE CHINESE VERSION SHALL PREVAIL.

END OF THE TERMS AND CONDITIONS

How to apply the Mulan Public License, Version 2 (Mulan PubL v2), to your software

To apply the Mulan Public License, Version 2 to your work, for easy identification by recipients, you are suggested to complete following three steps:

i. Fill in the blanks in following statement, including insert your software name, the year of the first publication of your software, and your name identified as the copyright owner;

ii. Create a file named "LICENSE" which contains the whole context of this License in the first directory of your software package;

iii. Attach the statement to the appropriate annotated syntax at the beginning of each source file.

Copyright © [Year] [name of copyright holder]

[Software Name] is licensed under Mulan PubL v2.

You can use this software according to the terms and conditions of the Mulan PubL v2.

You may obtain a copy of Mulan PubL v2 at:

http://license.coscl.org.cn/MulanPubL-2.0

THIS SOFTWARE IS PROVIDED ON AN "AS IS" BASIS, WITHOUT

WARRANTIES OF ANY KIND,

EITHER EXPRESS OR IMPLIED, INCLUDING BUT NOT LIMITED TO NON－INFRINGEMENT,

MERCHANTABILITY OR FIT FOR A PARTICULAR PURPOSE.

See the Mulan PubL v2 for more details.

Copyright ©中国开源云联盟—木兰开源许可证。

（三）木兰公共许可证第2版评述和介绍

木兰公共许可证第2版（MulanPubL－2.0）于2021年5月在中国开源云联盟—木兰开源许可证网站上线发布。

木兰公共许可证第2版和木兰公共许可证第1版内容基本相同，前述对木兰公共许可证第1版的评述亦适用于木兰公共许可证第2版，不再赘述，此处仅就两个版本的差别部分进行简要评述。

木兰公共许可证第2版对第0条定义部分“关联实体”定义的个别字词进行了调整，但实质含义未变动。木兰公共许可证第2版第2条授予专利许可条款、第3条无商标许可的条款、第4条分发限制的条款、第5条违约与终止的条款、第7条免责声明与责任限制和第8条语言条款的部分措辞都进行了调整，但调整前后条款含义并无实质性差别。

木兰公共许可证第2版对木兰公共许可证第1版的最大修订是实质性修订了第6条例外条款，修订后的条款内容为：如果您将“贡献”与采用GNU AFFERO GENERAL PUBLIC LICENSE Version 3（以下简称AGPL v3）或其后续版本的作品结合形成新的“衍生作品”，且根据AGPL v3或其后续版本的要求您有义务将新形成的“衍生作品”以AGPL v3或其后续版本进行许可的，您可以根据AGPL v3或其后续版本进行许可，只要您在“分发”该“衍生作品”的同时向接收者提供“本许可证”的副本，并保留“贡献”中的版权、商标、专利及免责声明。但任何“贡献者”不会因您选择AGPL v3或其后续版本而授予该“衍生作品”的接收者更多权利。

对比修订前后的条款内容，可以看到木兰公共许可证第2版调整了一定条件下允许兼容的开源软件许可证范围。木兰公共许可证第1版一定条件下允许兼容的许可证为，GPL v3、AGPL v3及前述两种许可证的后续版本；木兰公共许可证第2版一定条件下允许兼容的许可证为AGPL v3及后续版本。

考虑到无论木兰公共许可证第1版还是第2版，木兰公共许可证项下的分发都包括“以及利用贡献或衍生作品通过网络远程给用户提供服务的行为”。而GPL v3 定义的传输作品，是指使其他方能够制作或接受副本的任何一种传播方式，并且 GPL v3 明确规定仅仅是通过计算机网络与用户交互，没有副本的转移，并不是传输。因此木兰公共许可证第 1 版和第 2 版同 GPL v3 进行比较可知，在通过网络远程交互方式为用户提供服务情况下，是否服务提供者应当承担提供相应源代码义务的规定是完全不同的（木兰公共许可证第 1 版和第 2 版要求提供源代码，而 GPL v3 不要求提供源代码)，所以事实上木兰公共许可证第 1 版和第 2 版并不兼容于 GPL v3。综上笔者认为木兰公共许可证第 2 版调整一定条件下允许兼容的开源软件许可证范围（明确木兰公共许可证第 2 版在一定条件下仅同 AGPL v3 及后续版本兼容）是适当。

第五章 开源软件的传染性问题

导言 开源软件的"传染性"问题一直以来是企业在开源软件合规中最头疼的问题，因为传染性的判断包含了复杂的技术问题和法律问题，许多企业不清楚什么样的开源软件或开源许可证具有"传染性"，也不清楚什么情况下会触发开源软件的"传染性"。部分企业大致了解过开源软件传染性风险，便对开源软件的使用十分犹豫，但是在技术开发的过程中可能不可避免地使用了一些开源代码，继而又对软件的安全性与合规性产生担忧。"传染性"问题可以说是开源软件合规无法绕开的一个核心问题，本章节就将对开源软件的"传染性"问题进行详细解读以解决上述企业合规的顾虑和疑问。

第一节 开源软件的传染性的概念

开源软件的传染性指的是开源许可证对开源软件的使用者将与开源软件相关的非开源软件强制开源的规定，其本质是特定的开源许可证规定的开源义务。

通常来说，不同的软件之间是相互独立的，遵守各自的使用条款，一个软件的使用条款不会影响到其他的软件。但是部分开源软件却具有"传染性"的特点，这些开源软件的权利人为其选择了具有"传染性"的许可证，要求在特定的情况下，与开源软件合并的其他软件，无论是独立研发的软件还是其他开源软件，均必须可以适用开源软件的使用条款。换言之，强制要求将大型软件的非开源部分受到开源部分的“传染”，整体上成为一个更大的新开源软件。

开源软件的传染性有横向传染与纵向传染的分别。

一、传染性的概念及其例外

（一）纵向的传染性

开源软件的纵向的传染性十分容易理解，即特定的开源软件会传染自身的修改版本或者派生作品，开源软件的修改版本或派生作品仍然为开源软件。

开源许可证通常会赋予开源软件的使用者使用、修改、开发派生作品的权利。大部分开源软件本身也只具备最基础的功能，软件的使用者可以根据自身的需求，在复制开源软件之后，对其进行定制化的开发，从而使之符合自身的使用习惯、具备特定的新功能。因此开源软件到了具体的使用者手中，就会演化出各种修改版本和派生作品。对于这样的修改版本或派生作品，因其在较大程度上仍然体现为原有的开源软件的算法和代码，与原有的开源软件的区别较小，如果赋予修改者随意选择许可条款的权利，那么就会导致原有的开源软件永远只有最基本的功能，与之相关的改进和升级都无法与整个开源社区共享，这违背了开源开发模式的共享理念。因此，一些开源软件的作者会为自己的开源软件选择具有传染性的开源许可证，要求对开源软件的修改形成的派生作品仍必须适用原本的开源许可证进行分发。

（二）横向的传染性

开源软件的横向传染性较之纵向传染性就略显复杂，其指的是部分开源软件会传染与之形成特定的结构联系的其他软件，无论其他软件是否是开源软件。

横向的传染性对于企业的开源软件使用行为会产生较大的影响，企业通常愿意接受纵向的传染性，因为对开源软件的改进需要与开源社区共享已经基本上成为软件领域的共识，有了这一事先预判，将自身对开源软件的修改公布并不会对企业的经济利益造成较大的影响。但是横向的传染性会导致企业与开源软件相关的自研代码被迫成为开源软件，导致企业投入巨大的成本获得的技术秘密完全公布于众，这通常会对企业的经济利益造成较大的损害，因此企业在面对开源软件的横向传染性时会更加谨慎，需要做好更加充足的技术和法律准备。

（三）传染性的例外

开源软件的传染性固然给企业带来了巨大的合规压力和法律风险，但是企业仍然应当看到传染性存在例外，传染性不应被视为洪水猛兽，其无法阻碍开源这一世界潮流。

开源软件的传染性的例外可以从两个层面进行解读。首先，并不是所有的开源软件都具有传染性。这一点几乎是不言自明的。如果所有的开源软件都具有传染性的话，那么无须多久，世界上就不存在闭源的商业软件了。目前软件行业形成开源软件与闭源软件分庭抗礼的局面，正说明了并不是所有的开源软件都具有传染性。甚至可以说，具有传染性的开源软件的数量很少，且宽松型的许可证正在成为新的潮流，企业完全无须“谈虎色变”，因为传染性而放弃开源软件，否则将会导致企业软件开发的成本显著增加。

其次，开源软件的传染性也存在明确的例外规定，即便是具有传染性的开源软件，只要企业在技术上和法律上采取了相应的隔离措施，开源软件的传染性是可以通过合理合法的手段规避的。因为开源软件的研发精神始终是软件技术的共建共享，而不是通过技术垄断霸道地将他人的研发成果强制共享或占为己有。因此“传染性”并不违反开源软件的哲学，也从未被法院认定为不公平或不合理的格式条款。企业如果在开源软件的引入阶段发现可能需要使用具有传染性的开源软件，完全可以事先采取措施有效地隔离开源软件，做到使用、合规两不误。

二、传染性条款的意义

传染性条款的加入，尽管会给开源软件的使用者带来一些合规压力，但是并不是完全没有意义的“霸王条款”。其具有以下重要的意义。

（一）保障开源软件作者的权利

传染性条款有利于保障开源软件作者的权利。开源软件具有的横向与纵向传染性会反复提醒软件的使用者开源软件的存在，提醒软件的使用者其软件成果建立在他人无私贡献的开源软件的基础之上，软件的开发行为不应不劳而获。结合复制版权声明等其他开源义务，开源软件本身和其作者的开创地位在这个开源软件的发展中不断地被强调，保障了开源软件作者对开源软件享有的权利。

（二）对开源软件本身起到强力的推广作用

传染性条款的直接结果就是原有的开源软件的“子子孙孙”都将继续以开

源软件的形式发展下去，越来越多软件会因为“被传染”而加入原有的开源软件的行列，从而快速地完善开源软件的技术生态，一个开源软件被各行各业的人进行使用后，就会快速生成各行各业的定制化开源软件，原本只定制于为计算机服务的开源软件可以快速在各行各业部署，建立起超高的知名度和影响力。

（三）推广开源共享的自由软件哲学

具有传染性的开源许可证的典型例子就是GNU组织的GPL系列许可证，这一系列许可证正是由自由软件之父理查德·斯托曼起草的，理查德·斯托曼是自由软件哲学的狂热“布道者”，其制定传染性条款，也正是为了推广自由软件的哲学：让所有的人都使用开源软件，开源软件的派生作品成为新的开源软件，这样所有的人就都能够自由地使用任何软件，让软件的开发活动给予所有人使用软件的自由。GPL许可证的序言很好地阐释了这一点：“当我们谈到自由软件时，我们指的是自由，而不是价格。我们的GPL的目的是确保你有分发自由软件拷贝（并且为此收费，如果你希望）的自由，确保你能在你需要的时候收到或能够获取源代码，确保你能改变软件或在新的自由程序中使用开源软件的片段；并确保你知道你能做这些事情。”①

（四）配合开源软件权利人的商业闭源软件的推广

开源软件的传染性条款有时还能够另辟蹊径地对闭源软件的销售起到推广作用。尽管开源软件的精神是无私的，但是企业的盈利需求确实是真实的，企业是以营利为目的的法人，并不是非营利性质的开源基金会。因此许多发布开源软件的企业都采用开源与闭源双轨并行的商业模式，即在开源社区发布软件的开源版本，供开源社区学习、使用、更新，同时在企业的官网发布相同软件的闭源商业版本，较之开源版本具有更新的功能以及更稳定的性能，为企业提供商业利润。如果开源社区发布的开源版本采用了具有传染性的开源许可证，那么使用者一定具有分发的需求且无法绕开传染性导致的强制开源义务时，自然就会考虑购买作者的闭源商业软件。因此开源软件的传染性从这一角度来说，也是开源软件的作者销售闭源软件盈利的一种手段。

① 参见GPL v2序言。

三、具有传染性的开源许可证简介

（一）GPL v1 许可证

1. GPL v1 的“传染性”条款摘要

GPL v1 第 2 条：You may modify your copy or copies of the Program or any portion of it, and copy and distribute such modifications under the terms of Paragraph 1 above, provided that you also do the following:

你可以修改程序①或其任何部分，并遵守上述第 1 款的规定②复制和分发这样的修改，而且你必须同时做到以下几点：

a）cause the modified files to carry prominent notices stating that you changed the files and the date of any change; and

a）使修改后的文件带有醒目的通知，说明你修改了这些文件以及修改日期；并且

b）cause the whole of any work that you distribute or publish, that in whole or in part contains the Program or any part thereof, either with or without modifications, to be licensed at no charge to all third parties under the terms of this General Public License (except that you may choose to grant warranty protection to some or all third parties, at your option).

b）使你分发或发布的任何全部或部分包含本程序或其任何部分的任何作品整体，无论是否经过修改，都将根据通用公共许可条款免费授权给所有第三方（你可选择向一些或全部第三方提供担保保护除外）。

c）If the modified program normally reads commands interactively when run, you must cause it, when started running for such interactive use in the simplest and most usual way, to print or display an announcement including an appropriate copyright notice and a notice that there is no warranty (or else, saying that you provide a warranty) and that users may redistribute the program under these

① 指“本开源软件”，下同。

② GPL v1 第 1 条：你可以在收到本程序的源代码后，以任何媒介复制和分发其未经修改的副本，但你必须在每份副本上醒目地、适当地发布合适的版权声明和免责声明；保持所有提及通用公共许可的声明和没有任何担保的声明的完整；并将通用公共许可的拷贝连同本程序一起交给任何其他接收者。你可以对转让副本的实体行为收取一定的费用。

conditions, and telling the user how to view a copy of this General Public License.

c）如果被你修改的程序在运行时通常会以交互方式读取命令，你必须使它在开始运行这种交互式使用时以最简单和最通常的方式，打印或显示一个公告，包括适当的版权声明和没有担保的声明（或者说，你提供一个担保），用户可以在这些条件下再分发程序，并告诉用户如何查看本通用公共许可副本。

d）You may charge a fee for the physical act of transferring a copy, and you may at your option offer warranty protection in exchange for a fee.

d）你可以对转让副本的实体行为收取费用，你也可以选择提供担保保护以收取费用。

Mere aggregation of another independent work with the Program (or its derivative) on a volume of a storage or distribution medium does not bring the other work under the scope of these terms.

仅仅将其他独立作品与程序（或它的派生物）聚合在一卷存储或分发媒介上，并不会将其他作品纳入本条款的范围。

GPL v1 第 3 条：You may copy and distribute the Program (or a portion or derivative of it, under Paragraph 2) in object code or executable form under the terms of Paragraphs 1 and 2 above provided that you also do one of the following:

你可以根据上述第 1 段和第 2 段的条款，以目标代码或可执行的形式复制和分发程序（或第 2 段项下定义的程序的一部分或程序的派生作品），但你必须同时做到以下之一：

a）accompany it with the complete corresponding machine - readable source code, which must be distributed under the terms of Paragraphs 1 and 2 above; or

a）附带完整的相应的机器可读的源代码，这些源代码必须根据上述第 1 段和第 2 段的条款分发；或

b）accompany it with a written offer, valid for at least three years, to give any third party free (except for a nominal charge for the cost of distribution) a complete machine - readable copy of the corresponding source code, to be distributed under the terms of Paragraphs 1 and 2 above; or

b）附上一份至少三年内有效的书面要约，免费向任何第三方提供（除收取正常的分发成本外）相应源代码的完整机读副本，并根据上述第 1 段和第 2 段的条款进行分发；或者

c）accompany it with the information you received as to where the corresponding source code may be obtained. （This alternative is allowed only for noncommercial distribution and only if you received the program in object code or executable form alone. ）

c）附上你收到的关于在哪里可以获得相应的源代码的信息。（这个选择只允许用于非商业性的传播，并且只有在你收到的程序是单独的目标代码或可执行形式的情况。）

Source code for a work means the preferred form of the work for making modifications to it. For an executable file，complete source code means all the source code for all modules it contains；but，as a special exception，it need not include source code for modules which are standard libraries that accompany the operating system on which the executable file runs，or for standard header files or definitions files that accompany that operating system.

作品的源代码是指对作品进行修改的优选形式。对于一个可执行文件，完整的源代码是指它所包含的所有模块的所有源代码；但是，作为一个特殊的例外，它不需要包括作为标准库的模块的源代码，这些标准库是操作系统的配套，可执行文件在操作系统上运行，或者是该操作系统配套的标准头文件或定义文件。

2. GPL v1 的“传染性”条款评述

为了保障开源软件自由使用的行为，GPL 许可证的第一个版本早在 1989 年就规定了“传染性”条款。在 GPL v1 中，原始的开源软件被称为“（本）程序”（英文采用首字母大写的“The Program”），包含修改或未修改的开源软件本身或修改或未修改的开源软件的一部分的任何作品被称为“基于程序的作品”（“a work based on the Program”），这样的作品同时也被称为“派生作品”（derivative）[①] 开源软件的使用者，亦即开源许可证的被许可人统称为“你”[②]。

GPL v1 的“传染性”条款规定在许可证的第 2 条和第 3 条，第 2 条规定了

---

① 参见 GPL v2 第 0 条，GNU 对“基于程序的作品”与“派生作品”的概念进行了解释，“基于程序的作品”，指该程序或版权法规定的任何派生作品：也就是说，包含该程序或其一部分的作品，可以是未经修改的，也可以是经过修改和/或翻译成另一种语言的。按照 GNU 对概念解释的统一性来说，GPL v2 的概念解释条款也可以用于对 GPL v1 的概念的解释，因此 GPL 许可证中的基于开源软件的作品的概念与著作权法上的派生作品无异。

② 参见 GPL v1 第 0 条。

以源代码的形式复制或分发对开源软件的修改或开源软件的派生作品时的相关义务，第3条规定了以目标代码的形式复制分发开源软件、对开源软件的修改或开源软件的派生作品时的相关义务，以目标代码分发开源软件仍然需要遵守以源代码的形式分发开源软件的义务，并满足以目标代码分发的额外条件。

GPL v1 规定的传染性的触发条件是"复制和分发"（copy and distribute）行为。传染性的针对对象则是"（对开源软件的）修改"和"任何全部或部分包含本程序（开源软件）或其任何部分的任何作品整体，无论是否经过修改"。其中，针对"（对开源软件的）修改"涉及前文提到的纵向传染性，"任何全部或部分包含本程序（开源软件）或其任何部分的任何作品整体"涉及前文提到的横向的传染性。

GPL v1 的规定落实到企业的开源实践上，如果企业使用了一个适用 GPL v1 的开源软件，无论是否对开源软件的全部或部分进行过修改，只要企业实施"复制和分发"这个开源软件的行为，例如直接分发开源软件本身，或者分发一个将开源软件合并在作品整体中的软件，那么对于开源软件及与开源软件共同构成一个软件作品整体的其他部分，企业都应当遵循 GPL v1 的规定免费授权给所有的第三方。当然，企业如果愿意为这个软件的代码提供担保，则可以收取费用，但是这并不会阻碍上述传染性的规定。

换言之，GPL v1 对于复制和分发情形下的，完整包含了开源软件全部或部分、完整包含了修改过的开源软件全部或部分从而形成的"基于开源软件的作品"/"派生作品"整体，均被开源软件所传染，企业需要履行开源义务。

GPL v1 的传染性规定将导致企业自主完成的"对开源软件的修改"以及可能属于企业自主研发代码的，与"开源软件的修改"共同组成一个作品整体的代码被迫成为开源代码。如果没有事先的合规应对方案，这一结果将会对企业的经济利益造成较大的损失。

GPL v1 也规定了"传染性"的例外条款，GPL v1 规定阻断传染性的情形：如果一个"独立的作品"与开源软件或者受到开源软件传染的派生作品，仅仅是"聚合"（Mere aggregation）在同一介质上，则这个"独立作品"并不会因为聚合行为而被 GPL v1 传染，该"独立作品"仍可独立选择适用的许可协议。

（二）GPL v2 许可证

1. GPL v2 的"传染性"条款摘要

GPL v2 第2条：You may modify your copy or copies of the Program or any portion of it, thus forming a work based on the Program, and copy and distribute such modifications or work under the terms of Section 1 above, provided that you also meet all of these conditions:

你可以修改程序或其任何部分的副本，从而生成一个基于程序的作品。然后你可以根据第 1 条①的规定，复制、分发这样的修改或者作品，前提是你还需要满足下列的所有条件：

a）You must cause the modified files to carry prominent notices stating that you changed the files and the date of any change.

a）你必须使修改后的文件带有明显的通知，说明你修改了这些文件，以及任何修改的日期。

b）You must cause any work that you distribute or publish, that in whole or in part contains or is derived from the Program or any part thereof, to be licensed as a whole at no charge to all third parties under the terms of this License.

b）你必须使你分发或发布的全部或部分包含或派生自本程序或其任何部分的作品，都将整体根据本许可证免费授权给所有第三方。

c）...②

These requirements apply to the modified work as a whole. If identifiable sections of that work are not derived from the Program, and can be reasonably considered independent and separate works in themselves, then this License, and its terms, do not apply to those sections when you distribute them as separate works. But when you distribute the same sections as part of a whole which is a work based on the Program, the distribution of the whole must be on the terms of this License, whose permissions for other licensees extend to the entire whole, and thus to each and every part regardless of who wrote it.

这些要求适用于被修改的作品整体。但是如果该作品中可识别的部件不是派

---

① GPL v2 第 1 条：你可以在收到本程序源代码后，以任何媒介复制和分发未修改的程序源代码副本，但你必须在每份副本上醒目地、适当地分发合适的版权声明和免责声明；保持所有提及本许可证的声明和没有任何担保的声明的完整；并将本许可证的拷贝连同本程序一起交给任何其他接收者。你可以对转移副本的实体行为收取一定的费用。如果你愿意提供担保保护，那你也可以收取费用。

② 注：与传染性没有直接关系的其他条款的翻译与评述，参见本书的第四章，此处予以省略。

生自该程序，并且它们本身可以合理地被认为是独立的、单独的作品，当你把这些部件作为单独的作品分发时，那么这个许可证和它的条款不适用这些部件。但是，当你把相同的部件作为基于程序的作品的部分分发时，作品整体的分发必须遵守本许可证的条款。本许可证对其他被许可人的许可适用于整个作品，因此也适用作品的每一个部分，无论其作者是谁。

Thus, it is not the intent of this section to claim rights or contest your rights to work written entirely by you; rather, the intent is to exercise the right to control the distribution of derivative or collective works based on the Program.

因此，本节的目的不是对完全由你创作的作品进行主张权利或对你的权利提出挑战；相反，而是目的在于行使权利以控制基于本程序的派生作品或汇编作品的分发。

In addition, mere aggregation of another work not based on the Program with the Program (or with a work based on the Program) on a volume of a storage or distribution medium does not bring the other work under the scope of this License.

此外，仅仅将非基于本程序的另一作品与本程序（或一个基于本程序的作品）聚合在一卷存储或传播媒介上，并不会导致该其他作品纳入本许可证的范围。

GPL v2 第 3 条：You may copy and distribute the Program (or a work based on it, under Section 2) in object code or executable form under the terms of Sections 1 and 2 above provided that you also do one of the following:

你可以根据上述第 1 节和第 2 节的规定，以目标代码或可执行的形式复制和分发本程序（或第 2 节规定的“基于本程序的作品”），但你必须做到以下其中之一：

a) Accompany it with the complete corresponding machine - readable source code, which must be distributed under the terms of Sections 1 and 2 above on a medium customarily used for software interchange; or

a）附带完整的相应的机器可读的源代码，这些源代码必须根据上述第 1 节和第 2 节的规定在软件交换的通常的媒介上分发；或者

b) Accompany it with a written offer, valid for at least three years, to give any third party, for a charge no more than your cost of physically performing source distribution, a complete machine - readable copy of the corresponding source code, to be distributed under the terms of Sections 1 and 2 above on a medium customarily used for software interchange; or b）附带一份至少三年内有效的书面要约，收费不超过你实施物理分发源代码的成本，向任何第三方提供相应源代码的完整机读副本，这样的源代码也必须根据上述第1节和第2节的条款在用于软件交换的通常媒介上分发；或

c）Accompany it with the information you received as to the offer to distribute corresponding source code.（This alternative is allowed only for noncommercial distribution and only if you received the program in object code or executable form with such an offer，in accord with Subsection b above.）

c）附带你收到的关于提供被分发的相应源代码的要约的信息。（这个选择只允许非商业分发，并且仅限于根据你收到的程序是目标代码形式或可执行形式，且附随符合前述b分项规定那样的要约。）

The source code for a work means the preferred form of the work for making modifications to it. For an executable work，complete source code means all the source code for all modules it contains，plus any associated interface definition files，plus the scripts used to control compilation and installation of the executable. However，as a special exception，the source code distributed need not include anything that is normally distributed（in either source or binary form）with the major components（compiler，kernel，and so on）of the operating system on which the executable runs，unless that component itself accompanies the executable.

作品的源代码指的是对作品进行修改的优选作品形式。对于一个可执行文件，完整的源代码是指它所包含的所有模块的所有源代码，加上任何相关的接口定义文件，加上用于控制可执行文件的编译和安装的脚本。然而，作为一个特殊的例外，可执行文件在操作系统上运行，分发这个可执行文件的源代码，不需要包括任何通常“与操作系统的主要组件（编译器、内核等）一起分发的东西（无论是源代码还是二进制形式）”，除非该组件本身伴随着可执行文件。

If distribution of executable or object code is made by offering access to copy from a designated place，then offering equivalent access to copy the source code from the same place counts as distribution of the source code，even though third parties are not compelled to copy the source along with the object code.

如果可执行代码或目标代码的分发是提供从指定地点复制，那么提供从同一地点复制源代码的同等机会算作源代码的分发，即使第三方不被强迫与目标代码一起复制源代码。

2. GPL v2 的“传染性”条款评述

GPL v2 发布于 1991 年，依然延续了 GPL v1“传染性”条款，即 GPL v2 对分发开源软件修改后形成的派生作品依然规定了开源义务。

传染性条款规定在 GPL v2 的第 2 条（b）款，以企业的开源开发场景为例，企业在复制和分发开源软件时，无论是否对开源软件进行了修改，也无论是以源代码的形式分发（对应第 2 条）还是以目标代码的形式分发（对应第 3 条），GPL v2 都要求企业将全部或部分包含开源软件或派生自开源软件或其任何部分的作品整体，根据 GPL v2 免费授权给所有第三方。

但是，与 GPL v1 不同的是，GPL v2 在 GPL v1“传染性”条款基础上，GPL v2 还进一步明确了：“传染性”对开源软件的派生作品中的独立部件（section）的区分适用原则：

当作品中不涉及开源软件代码的独立部件（section）具有足够的独立性，且开发者将该作品中独立部件（section）与作品中涉及开源软件的其他部分（section）分开发布，则作品中这种独立部件（section）可以作为传染性的例外，不受 GPL v2 的约束；但如果开发者将原本独立的部件（section）与作品中涉及开源软件的其他部分一起发布，则原本独立的部件（section）则会被传染，需要开源并受到 GPL v2 的约束。

在聚合作品（mere aggregation）“传染性”例外问题上，GPL v2 与 GPL v1 并没有实质的区别，与基于开源软件的派生作品聚合的独立作品，仍然可以不受到开源软件的传染性的约束。

（三）GPL v3 许可证

1. GPL v3 的“传染性”条款摘要

GPL v3 第 4 条：Conveying Verbatim Copies. 传输原样副本

You may convey verbatim copies of the Program's source code as you receive it, in any medium, provided that you conspicuously and appropriately publish on each copy an appropriate copyright notice; keep intact all notices stating that this License and any non - permissive terms added in accord with section 7 apply to the code; keep intact all notices of the absence of any warranty; and give all recipients a copy of this License along with the Program.

你可以通过任何媒介，传输你接收到的本程序的源代码的原样副本，前提是：你为每一个副本醒目而恰当地发布合适的版权声明；完整地保留关于本许可证的声明及按第七节的规定被增加的适用于代码的非许可性条款；完整地保留所有无担保声明；和本程序的副本一起，给接收者一份本许可证的副本。

You may charge any price or no price for each copy that you convey, and you may offer support or warranty protection for a fee.

你可以对你传输的每个副本收取任何费用或不收取任何费用，并且你可以提供收费的支持或担保保护。

GPL v3 第 5 条：Conveying Modified Source Versions. 传输修改过的源代码版本

You may convey a work based on the Program, or the modifications to produce it from the Program, in the form of source code under the terms of section 4, provided that you also meet all of these conditions:

你可以根据第 4 节的规定，以源代码形式传输一个“基于程序的作品”或一个可以产生“基于程序的作品”的修改，前提是你还需要满足以下所有的要求：

……

c) You must license the entire work, as a whole, under this License to anyone who comes into possession of a copy. This License will therefore apply, along with any applicable section 7 additional terms, to the whole of the work, and all its parts, regardless of how they are packaged. This License gives no permission to license the work in any other way, but it does not invalidate such permission if you have separately received it.

c）你必须将全部作品作为一个整体，按照本许可证，授权给任何得到副本的人。无论作品怎样打包在一起，本许可证及按照第 7 节添加的条款均适用于整个作品和所有它的部分。本许可证不允许以任何其他方式许可作品，但如果您分开收到它，它不会使此类许可无效。

……

A compilation of a covered work with other separate and independent works, which are not by their nature extensions of the covered work, and which are not combined with it such as to form a larger program, in or on a volume of a storage or distribution medium, is called an “aggregate” if the compilation and its resulting copyright are not used to limit the access or legal rights of the compilation’s users beyond what the individual works permit. Inclusion of a covered work in an aggregate does not cause this License to apply to the other parts of the aggregate.

在一个存储或分发媒介上，受保护作品和其他分开的独立作品的一个联合被称为一个聚合体，其条件是该分开独立作品既不是该受保护作品的自然扩展，也不以组成一个更大的程序而联合，并且该联合及因联合产生的版权不会以超过单个作品的许可范围，去限制联合作品使用者的访问或合法权利。在聚合作品中包含受保护作品并不会使本许可证适用于聚合体的其他部分。

“6. Conveying Non – Source Forms.”

“6. 以非源代码形式传输。”

You may convey a covered work in object code form under the terms of sections 4 and 5, provided that you also convey the machine – readable Corresponding Source under the terms of this License, in one of these ways:

你可以根据第 4 条和第 5 条规定的条款，以目标代码形式传输受保护作品，前提是你同时按照本许可证条款的规定，以这些方式之一传输机器可读的相应的源代码：

……

A separable portion of the object code, whose source code is excluded from the Corresponding Source as a System Library, need not be included in conveying the object code work.

目标代码中的可分离的部分，其源代码不属于相应源代码，例如系统库，不必包括在传输目标代码作品中。

2. GPL v3 的“传染性”条款评述

GPL v3 在规定传染性问题时，首先调整了此前 GPL v2 版本的用词，GPL v2 版本在规定传染性问题时，着眼点为“分发”（distribute），而 GPL v3 版本的着眼点为“传输、传播”（convey）。根据 GNU 发布的说明，分发与传播，并无明显区别，只是由于 GNU 在制定过程中，制定者发现一些法律体系在其版权法中使用“distribute”一词，但是含义和 GPL v2 的 distribute 并不相同。因此为了避免同词不同义的情况发生，GNU 创造了新的术语 convey，用来避免这些不同造成的混淆和问题①。因此，GPL v2 和 GPL v3 在将“传染性”作为原则这一点上

① See Frequently Asked Questions about the GNU Licenses, https://www.gnu.org/licenses/gpl – faq.en.html，最后访问日期：2023 年 9 月 23 日。

并没有明显的差别。

GPL v3 没有延续 GPL v2 中“传染性”对开源软件的派生作品中的独立部分（section）的区分适用原则。GPL v3 采用了更严格的统一传染性标准，GPL v3 将修改后的开源软件及其他部分（无论是否是独立部分），均统一视为一个完整的作品，因此在传输（convey）、分发这样的作品时，无论其中开源部分与独立部分如何组合（无论是分开发布或一起发布），对这个作品整体都应当适用开源协议 GPL v3。

在横向传染性上，经过两个版本的迭代演进，GPL v3 对于“传染性”的例外规定比 GPL v2 更为清晰，GPL v3 进一步明确了“聚合”（Mere aggregation）的概念边界。“聚合”软件指的是，除独立软件与开源软件及其衍生作品存储在同一个介质上并进行组合，为的是生成更大的程序以外，独立作品与受开源协议保护的作品的“组合”，且这一“组合”（A compilation）的版权对使用者进行访问等合法权利的限制，不超过独立的作品（包括独立的作品和开源软件及其衍生作品）单独自身对使用者进行访问等合法权利的限制。

（四）AGPL 许可证[①]

1. AGPL 的“传染性”条款摘要

AGPL v3 许可证 Preamble 序言：

……

A secondary benefit of defending all users' freedom is that improvements made in alternate versions of the program, if they receive widespread use, become available for other developers to incorporate. Many developers of free software are heartened and encouraged by the resulting cooperation. However, in the case of software used on network servers, this result may fail to come about. The GNU General Public License permits making a modified version and letting the public access it on a server without ever releasing its source code to the public.

捍卫所有用户自由的一个次要益处是，在程序的替代版本中所作的改进，如果得到广泛的使用，就可以供其他开发者采纳。许多自由软件的开发者对由此产

① AGPL 许可证目前最常见的是其 v3 版本，该版本与 GPL v3 在同一天发布，二者仅有一个核心正文条款不同，可以说 AGPL 是 GPL v3 的一部分。本章节以目前使用最为广泛的 AGPL v3 进行摘要和评述。

生的合作感到振奋和鼓舞。然而，在网络服务器上使用的软件，这种结果可能无法实现。GNU 通用公共许可证允许制作一个修改的版本，并让公众在服务器上访问它，而不需要向公众公布其源代码。

The GNU Affero General Public License is designed specifically to ensure that, in such cases, the modified source code becomes available to the community. It requires the operator of a network server to provide the source code of the modified version running there to the users of that server. Therefore, public use of a modified version, on a publicly accessible server, gives the public access to the source code of the modified version.

GNU AFFERO 通用公共许可证是专门设计来确保在此种情况下，修改后的源代码变得对社区可利用。它要求网络服务器的运营者向该服务器的用户提供运行在那里的修改版本的源代码。因此，在一个可公开访问的服务器上公开使用一个修改过的版本，应使公众能够获得修改版本的源代码。

AGPL 第 13 条. Remote Network Interaction; Use with the GNU General Public License.

……

"AGPL 13. 远程网络交互；与 GNU 通用公共许可证同时使用"

Notwithstanding any other provision of this License, if you modify the Program, your modified version must prominently offer all users interacting with it remotely through a computer network (if your version supports such interaction) an opportunity to receive the Corresponding Source of your version by providing access to the Corresponding Source from a network server at no charge, through some standard or customary means of facilitating copying of software. This Corresponding Source shall include the Corresponding Source for any work covered by version 3 of the GNU General Public License that is incorporated pursuant to the following paragraph.

尽管存在本许可证的任何其他规定，如果你修改本程序，你的修改版本必须向所有通过计算机网络远程与本程序交互的用户（如果你的版本支持这种交互）以醒目的方式提供获得你版本相应源代码的机会，即通过一些标准或习惯的方便进行软件复制的方式，免费提供从网络服务器上对相应源码的访问。该相应源码应包括根据下段规定合并的适用 GNU 通用公共许可证第 3 版的任何作品的相应的源代码。

Notwithstanding any other provision of this License, you have permission to link or combine any covered work with a work licensed under version 3 of the GNU General Public License into a single combined work, and to convey the resulting work. The terms of this License will continue to apply to the part which is the covered work, but the work with which it is combined will remain governed by version 3 of the GNU General Public License.

尽管存在本许可证的任何其他规定，你有权利将任何受保护的作品与一个适用 GNU 通用公共许可证第 3 版的作品链接或结合成一个单独的组合作品，并传输由此产生的作品。本许可证的条款将继续适用于受保护作品这一部分，但与之合并的作品将继续受 GNU 通用公共许可证第 3 版的管辖。

……

2. AGPL 的“传染性”条款评述

AGPL 许可证也是 GNU GPL 类许可证中的一部分，最新版本为 AGPL v3。最初的 AGPL 许可证并不是由理查德·斯托曼发布，而是由 Henry Poole 为其软件创业公司 Affero，Inc 发布。自由软件基金会对 Affero 名称的渊源在 GNU AGPL 许可证中进行了解释，以示对这段历史的肯定。[①] AGPL 许可证目前最常见的是其 v3 版本，该版本与 GPL v3 在同一天发布，二者仅有一个核心正文条款不同，可以说 AGPL 是 GPL v3 的一部分。事实上，在起草 GPL v3 的过程中，AGPL 也曾直接融入 GPL v3 草案的条款中，作为一个整体的一部分发布，但是最终这一提案被放弃。于是，我们看到了今天独立的 AGPL 许可证。

AGPL 被创作出来的初衷是解决“应用服务供应商漏洞”（application service provider loophole，以下简称 ASP 漏洞），ASP 漏洞指的是“软件即服务”的供应商或其他类似通过网络直接提供服务的软件，可以不受传统 GPL 许可证的约束，因为它们并没有传统的“传输”或者“分发”行为。在 AGPL 的约束下，即便开发者将修改后的开源软件用于“软件即服务”，也依然要履行开源的义务。

AGPL 与 GPL v3 的正文条文大部分相同，不同之处为第 13 条。AGPL 与 GPL v3 在第 13 条共同假设的一种情形是，当使用者将一个 GPL v3 许可证管辖的开源软件作品与一个 AGPL 许可证管辖的开源软件作品结合成为一个组合作品

---

① See Open Source Software Licenses 101：The AGPL License，FOSSA Editorial Team，https：//fossa. com/blog/open - source - software - licenses - 101 - agpl - license/，最后访问日期：2023 年 9 月 23 日。

时，你究竟应该遵守哪一个许可证的规定，履行哪些义务。根据 GPL v3 的规定："本许可证条款将对这一部分受保护的作品继续有效"，组合作品整体中 GPL v3 的部分依然适用 GPL v3 的规定，但是由于这个组合作品包含了 AGPL 管辖的一部分内容，因此根据 GPL v3 第 13 条的规定，"尽管存在本许可证的任何其他规定，你被许可将任何受保护作品和一个适用 GNU AGPL 许可证的作品链接或者结合成一个单独的组合作品，并传输该组合作品。本许可证条款将对这一部分受保护的作品继续有效，但是 GNU AGPL 许可证里的特别要求，即第 13 条关于网络交互的部分将适用于整个组合"①，整个组合作品将适用 GNU AGPL 许可证里的特别要求，即对应 GNU AGPL 许可证的第 13 条规定的所有义务。

再观 AGPL 的规定，也能得出逻辑统一的理解。AGPL 第 13 条规定："尽管存在本许可证的任何其他规定，你有权利将任何受保护的作品与在 GNU GPL 第 3 版下许可证的作品链接或结合成一个单一的组合作品，并传输由此产生的作品。本许可证的条款将继续适用于受保护作品的部分，但与之结合的作品将继续受 GNU GPL 第 3 版的管辖。"② 在组合作品中，AGPL 与 GPL v3 各自管辖对应的"组成部分"，但是组合作品整体需要符合 AGPL 的特别要求——第 13 条关于网络交互的部分。

根据 AGPL 的特别要求——第 13 条的规定，"如果你修改本程序，你的修改版本必须向所有通过计算机网络远程与本程序互动的用户（如果你的版本支持这种互动）提供一个显著的获得相应的源代码机会的要约，通过一些标准或习惯的促进软件复制的方式，从网络服务器上免费提供相应的源码的访问"。这意味着通过网络服务器提供软件服务，尽管不会分发、传输软件的副本，但是依然要根据 AGPL 的规定进行开源，而即便在 AGPL 与 GPL v3 的组合作品中，开源的部分为——"该相应源码应包括根据下段规定合并的 GNU GPL 第 3 版的任何作品的相应的源代码"。

整体来说，AGPL 许可证的"传染性"与 GPL v3 基本相同，AGPL 是 GPL v3 针对通过互联网向用户提供软件的行为的"特别版"，传染性相关的评述可参考 GPL v3 的部分。需要特别注意的是，在使用 AGPL 许可证的开源软件的情况下，

---

① GPL v3 第 13 条，Use with the GNU Affero General Public License. "与 GNU AGPL 许可证同时使用。"

② AGPL 第 13 条，Remote Network Interaction；Use with the GNU General Public License. "远程网络交互；与 GNU 通用公共许可证同时使用。"

即便企业将开源软件部署在服务器端，通过网络提供服务，也无法避免包括传染性在内的开源义务。

（五）LGPL 许可证

1. LGPL v2.1 的“传染性”条款摘要

LGPL Version 2.1 版本：Preamble 序言

To protect your rights, we need to make restrictions that forbid distributors to deny you these rights or to ask you to surrender these rights. These restrictions translate to certain responsibilities for you if you distribute copies of the library or if you modify it.

为了保护你的权利，我们需要做出限制，禁止分发者否认你的这些权利或要求你放弃这些权利。如果你分发库的副本，或修改库，这些限制转化为你的某些责任。

For example, if you distribute copies of the library, whether gratis or for a fee, you must give the recipients all the rights that we gave you. You must make sure that they, too, receive or can get the source code. If you link other code with the library, you must provide complete object files to the recipients, so that they can relink them with the library after making changes to the library and recompiling it. And you must show them these terms so they know their rights.

例如，如果你分发这样一个库的副本，无论是免费的还是有偿的，你必须给接收者所有你拥有的权利。你必须确保他们也收到或能获得源代码。如果你将其他代码与该库链接在一起，你必须向接收者提供完整的程序目标代码文件，以便他们在对库进行更改并重新编译后，可以重新链接程序与该库。而且你必须向他们展示这些条款，让他们知道自己的权利。

……

Most GNU software, including some libraries, is covered by the ordinary GNU General Public License. This license, the GNU Lesser General Public License, applies to certain designated libraries, and is quite different from the ordinary General Public License. We use this license for certain libraries in order to permit linking those libraries into non – free programs.

大多数 GNU 软件，包括一些库，都受到普通的 GNU 通用公共许可证的约束。这个许可证，即 GNU 宽松通用公共许可证，适用于某些指定的库，并且与普通的 GNU 通用公共许可证完全不同。我们对某些库使用这种许可证是为了允许将那些库链接到非自由程序中。

When a program is linked with a library, whether statically or using a shared library, the combination of the two is legally speaking a combined work, a derivative of the original library. The ordinary General Public License therefore permits such linking only if the entire combination fits its criteria of freedom. The Lesser General Public License permits more lax criteria for linking other code with the library.

当一个程序与一个库链接时，无论是静态的还是使用一个共享的库，两者的合并从法律上讲是一个合并作品，是原始库的派生作品。普通的 GNU 通用公共许可证只在整个合并符合其自由标准的情况下允许这种链接。宽松通用公共许可证允许更宽松的标准来链接其他代码和库。

……

LGPL v2. 1 第 2 条. You may modify your copy or copies of the Library or any portion of it, thus forming a work based on the Library, and copy and distribute such modifications or work under the terms of Section 1 above, provided that you also meet all of these conditions:

你可以修改本库或其任何部分的副本，从而形成一个基于本库的作品，然后你可以根据上面第 1 条的规定，复制、分发这样的修改或者作品，前提是你还需要满足下列的所有条件：

a) The modified work must itself be a software library.

a) 修改作品本身①必须仍然是一个软件库。

b) You must cause the files modified to carry prominent notices stating that you changed the files and the date of any change.

b) 你必须使已修改的文件带有明显的通知，说明你修改了这些文件，以及任何修改的日期。

① 这里的“The modified work”一词可能具有两种含义，其一是指“修改”成果本身，其二是指被修改的原作品本身。本书倾向于第一种解释。因为第二种解释是不言自明的，不需要额外规定：既然是针对开源库作出的修改，那么被修改的对象必然已经是一个库软件。采用第一种解释的结果是：“修改”作品本身必须依然是一个库软件，其同义概念修改后形成的“基于开源库的作品”必须仍然是一个库软件。LGPL v2. 1 不允许将开源代码从原本的开源库中提取出来放到性质上属于“非库”的修改版本或者基于库的作品中。

c）You must cause the whole of the work to be licensed at no charge to all third parties under the terms of this License.

c）你必须使整个作品在此许可证的条款下无偿被许可给所有第三方。

d）If a facility in the modified Library refers to a function or a table of data to be supplied by an application program that uses the facility，other than as an argument passed when the facility is invoked，then you must make a good faith effort to ensure that，in the event an application does not supply such function or table，the facility still operates，and performs whatever part of its purpose remains meaningful.

d）如果修改后的库中的一个设施引用了一个由使用该设施的应用程序提供的函数或数据表，而不是在调用该设施时传递的参数，则你必须尽力确保在应用程序未提供该函数或数据表的情况下，该设施仍然可以运行，并执行其仍然具有意义的部分用途。

（For example，a function in a library to compute square roots has a purpose that is entirely well - defined independent of the application. Therefore，Subsection 2d requires that any application - supplied function or table used by this function must be optional：if the application does not supply it，the square root function must still compute square roots.）

（例如，一个库中用于计算平方根的函数具有完全独立于应用程序的明确定义的用途。因此，根据第2d款的要求，由此函数使用的任何由应用程序提供的函数或数据表必须是可选的：如果应用程序未提供函数或数据，平方根函数仍然必须能计算平方根。）

These requirements apply to the modified work as a whole. If identifiable sections of that work are not derived from the Library，and can be reasonably considered independent and separate works in themselves，then this License，and its terms，do not apply to those sections when you distribute them as separate works. But when you distribute the same sections as part of a whole which is a work based on the Library，the distribution of the whole must be on the terms of this License，whose permissions for other licensees extend to the entire whole，and thus to each and every part regardless of who wrote it.

这些要求适用于被修改的作品整体。但是如果该作品中可识别的部件不是派生自该库，并且它们本身可以合理地被认为是独立的、单独的作品，当你把这些部件作为单独的作品分发时，那么这个许可证和它的条款不适用于这些部件。但是，当你把相同的部件作为基于库的作品的部分分发时，作品整体的分发必须遵守本许可证的条款。本许可证对其他被许可人的许可适用于整个作品，因此也适用于作品的每一个部分，无论其作者是谁。

Thus, it is not the intent of this section to claim rights or contest your rights to work written entirely by you; rather, the intent is to exercise the right to control the distribution of derivative or collective works based on the Library.

因此，本节的目的不是对完全由你创作的作品进行主张权利或对你的权利提出挑战；相反，而是目的在于行使权利以控制基于本库的派生作品或汇编作品的分发。

In addition, mere aggregation of another work not based on the Library with the Library (or with a work based on the Library) on a volume of a storage or distribution medium does not bring the other work under the scope of this License.

此外，仅仅将非基于本库的另一作品与本库（或一个基于本库的作品）聚合在一卷存储或传播媒介上，并不会导致该其他作品纳入本许可证的范围。

……

LGPL v2. 1 第 4 条 . You may copy and distribute the Library (or a portion or derivative of it, under Section 2) in object code or executable form under the terms of Sections 1 and 2 above provided that you accompany it with the complete corresponding machine - readable source code, which must be distributed under the terms of Sections 1 and 2 above on a medium customarily used for software interchange.

你可以根据上述第 1 条和第 2 条的条款，以目标代码或可执行的形式复制和分发本库（或其部分或派生作品，根据第 2 条规定），前提是你必须附带完整的相应机器可读源代码，该源代码必须根据上述第 1 条和第 2 条的规定在软件交换的通常的媒介上分发。

……

LGPL v2. 1 第 5 条 . A program that contains no derivative of any portion of the Library, but is designed to work with the Library by being compiled or linked with it, is called a "work that uses the Library". Such a work, in isolation, is not a derivative work of the Library, and therefore falls outside the scope of this License.

一个不包含库任何部分的派生作品的程序，但是被设计通过编译或链接与库一起工作，被称为“使用库的作品”。该作品，在孤立状态下，不是库的派生作品，因此不落入本许可证的范围之内。

However, linking a “work that uses the Library” with the Library creates an executable that is a derivative of the Library (because it contains portions of the Library), rather than a “work that uses the library”. The executable is therefore covered by this License. Section 6 states terms for distribution of such executables.

但是，将“使用库的作品”与库链接会创建一个可执行文件，该可执行文件是库的派生作品（因为它包含库的部分），而不是一个“使用库的作品”。因此，该可执行文件受本许可证的约束。第6条规定了分发这些可执行文件的条款。

When a “work that uses the Library” uses material from a header file that is part of the Library, the object code for the work may be a derivative work of the Library even though the source code is not. Whether this is true is especially significant if the work can be linked without the Library, or if the work is itself a library. The threshold for this to be true is not precisely defined by law.

当“使用库的作品”使用库的头文件中的材料，该材料是库的一部分时，即使源代码没有，该作品的目标代码可能是库的派生作品。这是否真实是特别重要的，该作品是否可以在没有库的情况下被链接，或该作品本身是否就是一个库。这是真实的界限在法律上没有被精确定义。

If such an object file uses only numerical parameters, data structure layouts and accessors, and small macros and small inline functions (ten lines or less in length), then the use of thc object file is unrestricted, regardless of whether it is legally a derivative work. (Executables containing this object code plus portions of the Library will still fall under Section 6.)

如果这种目标文件仅使用数值参数、数据结构布局和访问器、小的宏和小的内联函数（长度不超过10行），则无论它是否是法律上的派生作品，都可以无限制地使用该目标文件。（包含这种目标代码加上库的部分的可执行文件仍落入第6条的范围内。）

Otherwise, if the work is a derivative of the Library, you may distribute the object code for the work under the terms of Section 6. Any executables containing that work also fall under Section 6, whether or not they are linked directly with the Library itself.

否则，如果该作品是库的派生作品，你可以根据第6条的条款分发该作品的目标代码。包含该作品的任何可执行文件也都落入第6条的范围内，无论它们是否直接与库本身链接。

2. LGPL v2.1 的“传染性”条款评述

LGPL 是 GPL v2 的衍生版本，其第一个版本为 LGPL v2.1。LGPL v2.1 在序言中说明了该许可证适用于一些特别制定的软件包，也就是开源的“库”（libraries）。

“库”是在计算机科学中用于开发软件的子程序集合。库和可执行文件的区别是：它不是独立的计算机程序，而是向其他程式提供服务的程式码。

库链接（linking）是指把一个或多个库包括到程序中，有两种链接形式：静态链接和动态链接；相应地，前者链接的库叫作静态库，后者链接的库叫作动态库。静态链接是由链接器在链接时将库的内容加入可执行程序中的做法，动态链接是在可执行文件装载时或运行时，由操作系统的装载程序加载库[①]。

LGPL v2.1 的序言中明确区分了开源库与连接开源库的其他代码。前者是适用 LGPL v2.1 的开源代码，其纵向传染性在 LGPL v2.1 中得到了保留，后者则被排除在横向传染性之外，这是 LGPL v2.1 与 GPL 系列许可证最大的不同点，LGPL v2.1 在序言中也明确表示：“这个许可证，即 GNU LGPL 许可证，适用于某些指定的库，并且与 GPL 许可证完全不同。我们对某些库使用这种许可证是为了允许将这些库链接到非自由程序中”[②]，故而 LGPL 许可证的名称直译为“更宽松的 GPL 许可证”。

LGPL v2.1 是针对开源库专门撰写的许可证，其规范对象分为两种，“基于库的作品”和“使用库的作品”，“基于库的作品”的定义规定在第2条，指的是使用者修改库之后形成的作品[③]。“使用库的作品”的定义规定在第5条，指的是一个不包含库的任何部分的派生物的，但通过与库的编译或链接的方式被设

① 参见 https://zh.wikipedia.org/zh-hans/%E5%87%BD%E5%BC%8F%E5%BA%AB，最后访问日期：2023年9月23日。

② LGPL v2.1 序言。

③ 参见 LGPL v2.1 第2条，你可以修改你的库的副本或其任何部分，从而形成基于库的作品。

计为与库一起工作的程序①。LGPL v2.1 的传染性条款在这两个概念上亦存在区分。

（1）“基于库的作品”

对于“基于库的作品”，LGPL v2.1 第 2 条第（c）款规定，修改得来的“基于库的作品”整体“必须在本许可证的条款下免费授权给所有第三方”。

但是 LGPL v2.1 同样包含 GPL v2 中的关于独立分发的独立部件的例外情形。“如果该作品中可识别的部件不是来自于库，并且可以合理地认为其本身是独立和单独的作品，那么当你把这些部件作为单独的作品分发时，本许可证及其条款不适用于它们。但是，当你把同样的部件作为基于库的作品的一部分发布时，整个基于库的作品的发布必须遵守本许可证的条款，本许可证对其他被许可人的许可延伸到整个整体，从而延伸到（基于库的作品的）每一个部分，无论谁写了它。”

LGPL v2.1 也包含聚合体例外——仅仅将非基于库的另一作品与开源库（或一个基于开源库的作品）聚合在一卷存储或传播媒介上，并不会导致该其他作品纳入 LGPL v2.1 的范围。

LGPL v2.1 第 2 条（d）项要求修改后的库例程（library routines）② 不得强制要求与库的功能无关的非参数的全局数据，这一条款目的是保障库的功能能够正常运行。根据自由软件法律中心的解释，该条款的要求意味着使用者修改了开源库后，不得要求存在键（keys）、令牌（tokens）、表（tables）或其他非功能限制性数据，以便应用程序调用和接收库中例程提供的服务③。

（2）“使用库的作品”

对于“使用库的作品”，本质上已经脱离“传染性”的讨论范畴，因为其原则上与开源库没有派生关系，根据 LGPL v2.1 第 5 条的规定，本不应受到 LGPL 的传染。但是许可证依然列出了几种情况，在下列情况下，“使用库的作品”仍然有可能属于开源库的派生作品的一部分，重新受到许可证的管辖：

---

① 参见 LGPL v2.1 第 5 条，一个不包含库的任何部分的派生物的程序，但通过与库的编译或链接的方式被设计为与库一起工作，被称为“使用库的作品”。

② 例程的作用类似于函数，但含义更为丰富一些。例程是某个系统对外提供的功能接口或服务的集合。比如操作系统的 API、服务等就是例程，参见：https://baike.baidu.com/item/%E4%BE%8B%E7%A8%8B/2390628，最后访问日期：2023 年 9 月 23 日。

③ 参见 https://softwarefreedom.org/resources/2014/SFLC-Guide_to_GPL_Compliance_2d_ed.html#lgpl，最后访问日期：2023 年 9 月 23 日。

首先，将“使用库的作品”与开源库连接起来所产生的可执行文件是该库的派生物[1]，属于LGPL v2.1明确规定的传染情形，该可执行文件的分发需要重新遵循LGPL v2.1的规定。

其次，“使用库的作品”如果使用了开源库的头文件材料，那么这个“使用库的作品”的目标代码可能构成开源库的派生物。在这种情况下，尽管“使用库的作品”的源代码是清洁的，但是其代码可能包含了开源库的一部分（头文件材料），因此LGPL v2.1特意在第5条进一步明确什么情形下不受到传染：“使用库的作品”如果使用了开源库的数字参数、数据结构布局和访问器以及小的宏和小的内联函数（长度不超过10行），那么“使用库的作品”的目标代码的使用是不受限制的，不管它在法律上是否是派生作品，LGPL v2.1都将这种情况排除在派生作品之外，不会受到传染。但是这仅限于“使用库的作品”本身的目标代码，一旦“使用库的作品”的目标代码内含有开源库的其他部分，则仍受到传染。

但是LGPL v2.1的传染结果，并不完全像GPL系列许可证一样，使用者需要将自研部分强制开源。尽管LGPL v2.1规定将“使用库的作品”与开源库连接后产生的可执行文件是该库的派生物，但是其并不一定要强制开源代码。

LGPL v2.1第6条规定，开发者可以将“使用库的作品”与开源库连接从而形成一个新的作品，这个作品包含开源库。而当开发者分发这样的作品时，可以选择自己希望采用的许可证，但是限制条件是无论开发者选择怎样的许可条件，都必须保障新作品的接收者可以自由地修改这个新作品，并且通过反向工程定位修改的内容。开发者必须在新作品的副本中放置一个明显的声明，说明新作品中包含了LGPL的开源库，同时还应当提供许可证的副本、版权声明以及引导接收者访问许可证副本的链接。

对于新的作品中的“使用库的作品”，可以选择附带目标代码或者源代码，换言之，LGPL对于“使用库的作品”仍不存在强制开源的传染性。

3. LGPL v3的“传染性”条款

（1） Exception to Section 3 of the GNU GPL.

第1条　GNU GPL第3条的例外情况。

You may convey a covered work under sections 3 and 4 of this License without

---

① 参见LGPL v2.1第5条第2款。

being bound by section 3 of the GNU GPL.

你可以在不受 GNU 通用公共许可证（版本 3）第 3 条约束的情况下，根据本许可证第 3 条和第 4 条传输一个受保护的作品。

（2）Conveying Modified Versions.

第 2 条　传输修改过的版本。

If you modify a copy of the Library, and, in your modifications, a facility refers to a function or data to be supplied by an Application that uses the facility (other than as an argument passed when the facility is invoked), then you may convey a copy of the modified version:

如果你修改了一个库的副本，并且在你的修改中，某一设施引用了由一个使用该设施的应用程序供应的函数或数据（而非在该设施被调用时引用被传递的参数），则你可以传输一个修改版本的副本：

a）under this License, provided that you make a good faith effort to ensure that, in the event an Application does not supply the function or data, the facility still operates, and performs whatever part of its purpose remains meaningful, or

a）在本许可证下（传输），前提是你要尽力确保在应用程序未提供该函数或数据的情况下，该设施仍然可以运行，并执行其仍然具有意义的部分用途；或

b）under the GNU GPL, with none of the additional permissions of this License applicable to that copy.

b）在 GNU 通用公共许可证（版本 3）下（传输），且本许可证的任何附加许可都不适用于该副本。

（3）Object Code Incorporating Material from Library Header Files.

第 3 条　包含库的头文件的材料的目标代码。

The object code form of an Application may incorporate material from a header file that is part of the Library. You may convey such object code under terms of your choice, provided that, if the incorporated material is not limited to numerical parameters, data structure layouts and accessors, or small macros, inline functions and templates (ten or fewer lines in length), you do both of the following:

应用程序的目标代码形式可以并入来自作为库的一部分的头文件的材料。你可以根据你选择的条款传输那样的目标代码，前提是，如果并入的材料不仅限数字参数、数据结构布局和访问器，或小型宏、内联函数和模板（长度为 10 行或

更少），你要做到以下两项：

a）Give prominent notice with each copy of the object code that the Library is used in it and that the Library and its use are covered by this License.

a）在每份目标代码的副本中都要给出显著的通知，说明其中使用了库，并且库及其使用受本许可证的约束。

b）Accompany the object code with a copy of the GNU GPL and this license document.

b）在目标代码中附带一份 GNU 通用公共许可证（版本 3）和本许可证文件的副本。

（4）Combined Works.

第 4 条 “组合作品”。

You may convey a Combined Work under terms of your choice that, taken together, effectively do not restrict modification of the portions of the Library contained in the Combined Work and reverse engineering for debugging such modifications, if you also do each of the following:

你可以根据你的选择条款传输一个合并作品，这些条款总体上，有效地不限制对合并作品中所包含的库的部分进行修改，以及为去除这些修改的反向工程，前提是你也做到以下每项操作：

a）Give prominent notice with each copy of the Combined Work that the Library is used in it and that the Library and its use are covered by this License.

a）在每份合并作品的副本中都要给出显著的通知，说明其中使用了库，并且库及其使用受本许可证的约束。

b）Accompany the Combined Work with a copy of the GNU GPL and this license document.

b）在合并库中附带一份 GNU 通用公共许可证（版本 3）和本许可证文件的副本。

c）For a Combined Work that displays copyright notices during execution, include the copyright notice for the Library among these notices, as well as a reference directing the user to the copies of the GNU GPL and this license document.

c）对于在执行过程中显示版权声明的合并作品，在这些声明中包括库的版权声明，以及一个附注引导用户到 GNU 通用公共许可证（版本 3）和本许可证文件副本。

d）Do one of the following：

d）做以下之一：

0）Convey the Minimal Corresponding Source under the terms of this License, and the Corresponding Application Code in a form suitable for, and under terms that permit, the user to recombine or relink the Application with a modified version of the Linked Version to produce a modified Combined Work, in the manner specified by section 6 of the GNU GPL for conveying Corresponding Source.

0）根据本许可证的条款传输最小相应源代码，并以适合用户将应用程序与修改的链接版本重新合并或重新链接以产生一个修改的合并作品的形式，按照GNU 通用公共许可证（版本 3）第 6 条为传输相应源代码所规定的方式，以允许前述形式和方式的条款传输相应应用程序代码。

1）Use a suitable shared library mechanism for linking with the Library. A suitable mechanism is one that（a）uses at run time a copy of the Library already present on the user's computer system, and（b）will operate properly with a modified version of the Library that is interface - compatible with the Linked Version.

1）使用合适的共享库机制与库链接。合适的机制是指（作品）在运行时使用用户计算机系统上已存在的库的副本，并且（作品）将与同链接版本接口兼容的库修改版本正常运行。

e）Provide Installation Information, but only if you would otherwise be required to provide such information under section 6 of the GNU GPL, and only to the extent that such information is necessary to install and execute a modified version of the Combined Work produced by recombining or relinking the Application with a modified version of the Linked Version.（If you use option 4d0, the Installation Information must accompany the Minimal Corresponding Source and Corresponding Application Code. If you use option 4d1, you must provide the Installation Information in the manner specified by section 6 of the GNU GPL for conveying Corresponding Source.）

e）提供安装信息，但只有在 GNU 通用公共许可证（版本 3）第 6 条要求你提供这些信息，并且只有在这些信息对于安装和执行由应用程序与修改的链接版本重新合并或重新链接而产生的合并作品修改版本是必要的范围内。（如果你使用选项 4d0，安装信息必须伴随最小相应源代码和相应应用程序代码。如果你使用选项 4d1，你必须按照 GNU 通用公共许可证（版本 3）第 6 条为传输相应源代码所规定的方式提供安装信息。）

(5) Combined Libraries.

第5条　合并库。

You may place library facilities that are a work based on the Library side by side in a single library together with other library facilities that are not Applications and are not covered by this License, and convey such a combined library under terms of your choice, if you do both of the following:

你可以将库的设施（库的设施是基于库的作品）和不是应用程序也不受本许可证约束的其他库设施并排放置在单个库中，并根据你选择的条款传输这样的合并库，如果你做到如下两项：

a) Accompany the combined library with a copy of the same work based on the Library, uncombined with any other library facilities, conveyed under the terms of this License.

a）同合并库附随一份与基于库的相同作品的副本，不与任何其他库设施合并，并根据本许可证的条款传输。

b) Give prominent notice with the combined library that part of it is a work based on the Library, and explaining where to find the accompanying uncombined form of the same work.

b）同合并库一起给显著通知，声明合并库的部分是基于库的作品，并说明在哪里找到伴随的相同作品的未合并形式。

4. LGPL v3 的“传染性”条款评述

在评述 LGPL v3 的传染性条款之前，首先需要明确 LGPL v3 与 GPL v3 之间的关系，LGPL v3 的序言中写道：“本版本的 GNU LGPL 许可证合并了 GNU GPL 第三版的条款与条件，并由以下列出的额外许可进行补充。”因此 LGPL v3 本质上是 GPL v3 的补充协议，与 GPL v3 的不同之处，以 LGPL v3 为准，但是对于 LGPL v3 没有规定的一些问题，仍需适用 GPL v3 的规定。

LGPL v3 放弃了 v2 版本的“基于库的作品”和“使用库的作品”的概念，而是变更为“应用程序”和“组合作品”的概念。

“应用程序”是指任何利用“库”提供的接口的作品，但它并不是基于“库”的作品①。

① 参见 LGPL v3 第0条。

“组合作品”是指通过将“应用程序”与“库”结合或链接而产生的作品①。如按照 v2 版本的定义，“组合作品”实则是“使用库的作品”与开源库的结合作品。在 v3 中，被使用的开源库又被称为“链接版本”（Linked Version）。在“组合作品”的语境下，“应用程序”与“链接版本”是严格分开的，这就涉及 v3 版本对传染性的隔离规定，“应用程序”并不是开源库的派生物，因此“组合作品”的“最小的相应的源代码”就不包括“应用程序”的源代码而仅包含“链接版本”的源代码。

LGPL v3 在第 1 条首先说明了排除 GPL v3 的传染性的情形。LGPL v3 第 1 条规定开发者可以在不受 GNU GPL 第 3 条约束的情况下，传输 LGPL v3 第 3 条和第 4 条规定的作品。LGPL v3 第 3 条和第 4 条规定的作品分别是包含了开源库的头文件的“应用程序”的目标代码；以及“组合作品”。

假使在没有 LGPL v3 第 1 条规定的情况下，根据 GPL v3 的规定，这两种作品不得被视为有效的技术措施，换言之，其他开发者有权依据 GPL v3 第 3 条的授权，对这两种作品进行破解，但是 LGPL v3 第 1 条规定了例外情形，这两种作品可以不受 GPL v3 第 3 条的限制，从而避免被其他开发者破解②。

LGPL v3 对于传输开源库的修改版本有特殊的要求，规定在 LGPL v3 的第 2 条。当企业修改了开源库并且希望分发这样的修改版本，或分发包含这样的修改后的开源库的“组合作品”，如果修改后的库中存在一个需要引用“应用程序”提供的函数或者数据才能正常工作的功能，那么将可能触发 LGPL v3 的“传染性”。原因在于，一旦修改后的库中存在这样的“不完全的功能”将导致修改后的库无法脱离“应用程序”而单独使用，而“应用程序”通常是不开源的，下游开发者只能接收到一个功能不全的开源库，对于开源库的下游接收者来说是不利的。LGPL v3 为了避免出现这样的情况，规定了修改了开源库的上游开发者在传输修改后的开源库时③，要么做到使开源库可以完全脱离“应用程序”而能够独立工作，要么就将传输的修改后的库适用传染性更强的 GPL 许可证，这样一来，即便开源库无法脱离“应用程序”独立工作，也会导致“应用程序”受到

① 参见 LGPL v3 第 0 条。

② 参见 https://blog.csdn.net/kaiyuanshe/article/details/128556692，最后访问日期：2023 年 9 月 23 日。

③ 需要注意的是，企业仍需要公开修改的库的源代码，无论是按照 LGPL 的要求还是 GPL 的要求，对于库的衍生物，无论是否经过修改，都属于自由软件，应当开源。

传染从而强制开源。

有时，企业为了将“应用程序”与开源库更好地匹配，会在“应用程序”的目标代码中加入开源库的头文件材料，LGPL v2 对这种行为是容忍的，只要使用了开源库的数字参数、数据结构布局和访问器以及小的宏和小的内联函数（长度不超过十行），那么 LGPL v2.1 都将“使用库的作品”的目标代码排除在派生作品之外，不会受到传染。

LGPL v3 同样如此。LGPL v3 第 3 条规定，对于只使用了少量头文件的“应用程序”的目标代码，企业可以自由选择许可条件。但是如果使用的头文件超出了种类或者数量限制，LGPL v3 仍然是宽容的，它仅要求企业增加一个声明，并且在目标代码中附带 LGPL 和 GPL 许可证的副本即可。这就意味着，即便超量地使用了开源库的头文件，“应用程序”也不会被开源库传染。

LGPL v3 对于开源库与“应用程序”合并组成的组合作品的传染性是较低的，传染的部分仅限于“应用程序”的目标代码，不强制要求“应用程序”进行开源。LGPL v3 第 4 条规定了“组合作品”的传输规范，企业在传输组合作品时，只需保证不限制下游开发者对“组合作品”中的开源库的进一步修改即可。

如果“应用程序”与开源库采用动态链接，则对于“应用程序”的目标代码、源代码均没有传染性；如果“应用程序”与开源库采用静态链接，则只传染“最小的相应的源代码”，企业无须对花费了大力气开发的“应用程序”的源代码担心，LGPL 只要去企业开放“应用程序”的目标代码即可。

如果企业修改了开源库，并不是将其与一个“应用程序”组成一个“组合作品”，而是将其与另一个库组成一个“组合库”的话，此时开源库也不会传染企业自己寻找的另一个非开源库。企业只需在组合库中附带一份基于开源库的作品——修改而成的开源库的派生物的源代码，并且对这个部分按照 LGPL 许可证进行发布；制作一个显著的声明，表明“组合库”中的一部分是基于一个 LGPL 的开源库得来的，从何处可以获得基于开源库的作品的“未组合”形式。在这种情形下，组合库中的非开源库也不会受到 GPL v3 第 3 条规定的威胁，他人无权对这个非开源库进行破解。

（六）MPL 许可证

1. MPL v1.1 的“传染性条款”摘要

1.3. “Covered Code”

第 1.3 条　受保护的代码

means the Original Code or Modifications or the combination of the Original Code and Modifications, in each case including portions thereof.

指的是最初的代码，或者对代码的修改，或者最初代码与修改的组合，以上均包含整体的一部分。

1.7. "Larger Work"

第 1.7 条　更大的作品

means a work which combines Covered Code or portions thereof with code not governed by the terms of this License.

是指将受保护的代码或其部分与不受本许可证条款约束的代码相结合的作品。

……

3.1. Application of License

第 3.1 条　本协议的应用

The Modifications which You create or to which You contribute are governed by the terms of this License, including without limitation Section 2.2. The Source Code version of Covered Code may be distributed only under the terms of this License or a future version of this License released under Section 6.1, and You must include a copy of this License with every copy of the Source Code You distribute. You may not offer or impose any terms on any Source Code version that alters or restricts the applicable version of this License or the recipients' rights hereunder. However, You may include an additional document offering the additional rights described in Section 3.5.

你所创建的或你所贡献的"修改"受本许可条款的约束，包括但不限于第 2.2 条。受保护的代码的源代码版本只能在本许可证或（根据第 6.1 条发布的）本许可证的未来版本的条款下分发，并且你必须在你分发的每份源代码副本中包括一份本许可证的副本。你不得在任何源代码版本上提供或强加任何改变或限制本许可证适用版本或接收者权利的条款。然而，你可以包括一个额外的文件，提供第 3.5 条中描述的额外权利。

3.2. Availability of Source Code

第 3.2 条　开源义务

Any Modification which You create or to which You contribute must be made available in Source Code form under the terms of this License either on the same media as an Executable version or via an accepted Electronic Distribution Mechanism to anyone to whom you made an Executable version available; and if made available via Electronic Distribution Mechanism, must remain available for at least twelve (12) months after the date it initially became available, or at least six (6) months after a subsequent version of that particular Modification has been made available to such recipients. You are responsible for ensuring that the Source Code version remains available even if the Electronic Distribution Mechanism is maintained by a third party.

你创建的或你贡献的任何“修改”必须根据本许可证的条款，以源代码形式，要么通过与可执行版本相同的媒体提供，要么通过公认的电子分发机制，提供给所有人；如果通过电子分发机制提供，必须在最初提供日期后至少 12 个月内保持可用，或者在该特定修改的后续版本提供给这些接收者后至少 6 个月内保持可用。即使电子分发机制由第三方维护，你也有责任确保源代码版本保持可用。

3. 6. Distribution of Executable Versions

3. 6. 可执行版本的分发

You may distribute Covered Code in Executable form only if the requirements of Sections 3. 1, 3. 2, 3. 3, 3. 4 and 3. 5 have been met for that Covered Code, and if You include a notice stating that the Source Code version of the Covered Code is available under the terms of this License, including a description of how and where You have fulfilled the obligations of Section 3. 2. The notice must be conspicuously included in any notice in an Executable version, related documentation or collateral in which You describe recipients' rights relating to the Covered Code. You may distribute the Executable version of Covered Code or ownership rights under a license of Your choice, which may contain terms different from this License, provided that You are in compliance with the terms of this License and that the license for the Executable version does not attempt to limit or alter the recipient's rights in the Source Code version from the rights set forth in this License. If You distribute the Executable version under a different license You must make it absolutely clear that any terms which differ from this License are offered by You alone, not by the Initial Developer or any Contributor. You hereby agree to indemnify the Initial Developer and every Contributor for any liability incurred by the Initial Developer or such Contributor as a result of any such terms You offer.

只有在满足了第3.1、3.2、3.3、3.4、3.5条要求的情况下，你才可以以可执行的形式发布受保护的代码，并且你必须包含一个通知，说明受保护的代码的源代码版本是根据本许可证的条款提供的，包括描述你如何以及在哪里履行了第3.2条的义务。该通知必须醒目地包含在可执行版本的，你用于描述接收者对受保护代码享有的相关的权利的任何通知、相关文件或附带文件中。你可以在你选择的许可证下分发受保护代码的可执行版本或所有权，该许可证可能包含与本许可证不同的条款，但你必须遵守本许可证的条款，并且可执行版本的许可证不能试图限制或改变接收者对源代码版本享有的权利。如果你在不同的许可证下发布可执行版本，你必须绝对清楚地表明任何与本许可证不同的条款是由你单独提供的，而不是由初始开发者或任何贡献者提供的。你在此同意对初始开发者和每个贡献者因你提供的任何此类条款而产生的任何责任进行赔偿。

3.7. Larger Works

第3.7条　更大的作品

You may create a Larger Work by combining Covered Code with other code not governed by the terms of this License and distribute the Larger Work as a single product. In such a case, You must make sure the requirements of this License are fulfilled for the Covered Code.

你可以通过将受保护的代码与其他不受本许可条款约束的代码结合起来创建一个更大的作品，并将该更大的作品作为一个单独的产品发布。在这种情况下，你必须确保受保护的代码满足本许可的要求。

2. MPL v1.1 的“传染性”条款评述

MPL v1.1 中对与“受保护的代码”的定义不仅仅包含与纵向传染性相关的最初的开源代码和对开源代码的修改，而且还包含了纵向传染性相关的前两者的组合。因此在传染性问题上，MPL 也属于具有较强传染性的开源许可证。

具体到许可证条文来看，MPL v1.1 第3.1条规定，开源软件使用者对开源代码的任何“修改”仍受到本许可证的约束。修改者如果分发“修改”的源代码，只能在本许可证的规定下发布，对于分发的每一个源代码形式的“修改”的副本，修改者都应当附带一个许可证的副本。此外，开源代码的“修改”必须开源。修改者如果要分发“修改”，则必须根据本许可证的条款，以源代码形式提供给所有人。

这一条规定意味着 MPL v1.1 许可证具有纵向传染性。所谓“修改”指的是对源代码或任何先前的修改的内容或结构的任何增加或删除，所有的“修改”仍然必须是适用 MPL 许可证的开源代码。

MPL v1.1 还规定了“更大的作品”的分发时的传染性。MPL v1.1 第 3.7 条规定“更大的作品”的分发也应满足许可证的规定。“更大的作品”通常是开源代码的使用者将开源代码与非开源代码组合而成的新作品，其包含开源代码的全部或者部分，一个开源许可证具有横向传染性通常体现在其对“更大的作品”的分发限制上。

企业通常出于商业利益的考虑，倾向于以目标代码（可执行文件）的形式发布“更大的作品”。“更大的作品”中的非开源代码部分很有可能构成企业的技术秘密，企业的开源积极性较低。

MPL v1.1 规定，发布可执行文件形式的开源代码，需要履行许可证第 3.2 条规定的义务：将开源代码的“修改”继续开源。

当企业发布可执行文件形式的“更大的作品”时，应当对其中属于“受保护的代码”的部分，继续履行许可证规定的义务。需要注意的是，“受保护的代码”在 MPL v1.1 中仅包含原始未经过修改的开源代码、开源代码的“修改”以及“修改”与原始代码的组合。按照这一定义，“更大的作品”的概念与“受保护的代码”的概念存在差异，“更大的作品”包含了“受保护的代码”与其他的非开源代码。对于原本就属于非开源代码的部分，MPL 没有规定横向的传染性。

如果企业以可执行文件形式发布“更大的作品”，鉴于“更大的作品”必然包含了“受保护的代码”，因此对于其中的“受保护的代码”，企业需要履行第 3.1、3.2、3.3、3.4、3.5 条的许可证义务。

MPL 对“更大的作品”实际上采用了区分对待原则，对“更大的作品”中的“受保护的代码”，纵向的传染性规定是一以贯之的，企业仍需开源，企业对“更大的作品”选择适用的独立许可条件不得限制 MPL 许可证规定的下游接收者对“受保护的代码”的源代码本可以获得的权利①。

---

① 参见 MPL v1.1 第 3.7 条。

对于“更大的作品”中的非受保护的作品，MPL 许可证不加以限制，允许企业自行选择任何许可证来分发。

3. MPL v2.0 的“传染性”条款摘要

1.4. “Covered Software”受保护的软件

means Source Code Form to which the initial Contributor has attached the notice in Exhibit A, the Executable Form of such Source Code Form, and Modifications of such Source Code Form, in each case including portions thereof.

指被最初的贡献者附上附件 A 中声明的源代码、该源代码的可执行文件和该源代码的修改，以上每一种情况也适用于前述代码、文件和修改的部分。

1.5. “Incompatible With Secondary Licenses”与二级许可证不兼容

Means that the initial Contributor has attached the notice described in Exhibit B to the Covered Software; or that the Covered Software was made available under the terms of version 1.1 or earlier of the License, but not also under the terms of a Secondary License.

指的是，最初的贡献者将附件 B 中声明附在受保护的软件上；或者受保护的软件是适用 MPL 协议的 1.1 版本甚至更早版本，但又没有同时适用一个二级许可证。

……

1.7. “Larger Work”更大的作品

means a work that combines Covered Software with other material, in a separate file or files, that is not Covered Software.

指的是，一个作品中包含了受保护的软件和不是受保护的作品的其他材料，这些其他材料在一个单独的文件或多个单独的文件中。

……

1.12. “Secondary License”二级许可证

means either the GNU General Public License, Version 2.0, the GNU Lesser General Public License, Version 2.1, the GNU Affero General Public License, Version 3.0, or any later versions of those licenses.

指的是 GNU 的 GPL 2.0、LGPL 2.1、AGPL 3.0 或者这三个许可证的后续版本

……

3. Responsibilities 责任

3. 1. Distribution of Source Form 源代码的分发

All distribution of Covered Software in Source Code Form, including any Modifications that You create or to which You contribute, must be under the terms of this License. You must inform recipients that the Source Code Form of the Covered Software is governed by the terms of this License, and how they can obtain a copy of this License. You may not attempt to alter or restrict the recipients' rights in the Source Code Form.

所有以源代码形式分发的受保护的软件，包括你创造的修改或者你提供贡献的修改，都必须遵守本许可证。你必须通知接收者：源代码形式的受保护的软件受到本许可证的管辖、接收者如何才能获取本许可协议的副本。你不得尝试更改或者限制接收者对于源代码的权利。

3. 2. Distribution of Executable Form 可执行文件形式的分发

If You distribute Covered Software in Executable Form then：

如果你将受保护的软件以可执行文件形式分发，那么：

such Covered Software must also be made available in Source Code Form, as described in Section 3. 1, and You must inform recipients of the Executable Form how they can obtain a copy of such Source Code Form by reasonable means in a timely manner, at a charge no more than the cost of distribution to the recipient; and

前述受保护的软件的源代码也必须是可获得的，就像 3. 1 节中所说的，你必须通知可执行文件的接收者：如何在合理的时间内通过合理的方式获得受保护软件的源代码，你的收费不能超过你分发行为的成本；和

You may distribute such Executable Form under the terms of this License, or sublicense it under different terms, provided that the license for the Executable Form does not attempt to limit or alter the recipients' rights in the Source Code Form under this License.

你可以按照本许可证条款分发前述可执行文件，或者按照不同的条款进行再许可，前提是该许可证不能企图限制或更改接收者根据本许可证对源代码格式享有的权利。

3. 3. Distribution of a Larger Work 更大的作品的分发

You may create and distribute a Larger Work under terms of Your choice, provided that You also comply with the requirements of this License for the Covered Software. If the Larger Work is a combination of Covered Software with a work governed by one or more Secondary Licenses, and the Covered Software is not Incompatible With Secondary Licenses, this License permits You to additionally distribute such Covered Software under the terms of such Secondary License(s), so that the recipient of the Larger Work may, at their option, further distribute the Covered Software under the terms of either this License or such Secondary License(s).

你可以以你选择的条款创作并且分发一个更大的作品，但是你也要满足关于受保护的软件在本许可证中的要求。如果这个更大的作品是“一个受保护的软件”和另一个作品的组合，该“另一个作品”适用一个或多个二级许可证，并且这个组合里的受保护的软件与这些二级许可证兼容，那么本许可证额外批准你按照前述二级许可证分发前述受保护的软件，这个更大的作品的接收者就可以选择按照本许可证或者按照二级许可证进一步分发受保护软件。

4. MPL v2.0 的“传染性”条款评述

MPL 许可证的“传染性”始终围绕的是 MPL 许可证的“受保护的软件”（Covered Software），“受保护的软件”与 MPL v1.1 中的“受保护的代码”没有实质差别，只是用软件替换了代码一词。“受保护的软件”指的是开源软件的源代码、源代码编译成的可执行文件、源代码的修改。“受保护的软件”的定义圈定了 MPL 纵向传染性的范围，即企业对原始开源软件及其修改的源代码和可执行文件，都是持续受到 MPL 许可证约束的软件代码。

MPL v2.0 第 3.1 条规定，如果企业以源代码的形式分发上述“受保护的软件”，则应使得“受保护的软件”都遵循 MPL v2.0 许可证的约束，即实现对原始开源软件的纵向传染。企业应当通知接受分发的软件的下游接收者，其可以通过接受 MPL v2.0 许可证的规定，来获得所有“受保护的软件”的源代码。换言之，企业对 MPL v2.0 许可证管辖的开源软件的任何修改都必须开源。

如果企业采用可执行文件的形式分发“受保护的软件”，同样需要履行开源义务①。

如果企业将“受保护的软件”与其他软件组合在一起构成一个“更大的作品”并且分发这样的“更大的作品”，MPL v2.0 的规定与 MPL v1.1 大致相同。

① 参见 MPL v2.0 第 3.1 条第 2 款。

企业仍然具有为这个更大的作品选择新的许可证的自由，但前提是新的许可条件不得限制下游开发者对“更大的作品”中的“受保护的软件”的源代码享有的权利，即无论以何种方式分发，“更大的作品”中的“受保护的软件”部分都必须开源。

MPL v2.0还规定了一种非原则性的例外情形，即当“更大的作品”中的非“受保护的软件”是一个适用GNU GPL 2.0、LGPL 2.1、AGPL 3.0或者这三个许可证的更新版本（在MPL v2.0中这些许可证被统称为“二级许可证”）的开源软件，并且“受保护的软件”的作者并没有明确添加声明表示这个MPL的开源软件与二级许可证不兼容，那么企业就可以选择将“更大的作品”中的“受保护的软件”也采用二级许可证分发，从而替代原本的采用MPL许可证的纵向传染性导致的开源义务。这一变通做法对于企业来说其实并没有特别的意义，因为二级许可证只有有限的几个许可证，并且传染性的规定相较于MPL有过之而无不及，因此在“受保护的软件”的强制开源义务上并没有实质区别。

（七）木兰公共许可证2.0

1. 木兰公共许可证2.0“传染性”条款摘要

第0条 定义

……

“衍生作品”是指基于“贡献”创作的作品，具体包括对全部或部分“贡献”进行修改、重写、翻译、注释、组合或与之链接（包括动态链接或静态链接）而形成的作品。仅与“贡献”进行进程间通信或系统调用的作品是独立作品，不属于“衍生作品”。

……

“分发”是指通过任何媒介向他人提供“贡献”或“衍生作品”的行为，以及利用“贡献”或“衍生作品”通过网络远程给用户提供服务的行为，例如：通过利用“贡献”或“衍生作品”搭建的云服务平台提供在线服务的行为。

……

您可以将您接收到的“贡献”或您的“衍生作品”以源程序形式或可执行形式重新“分发”，但必须满足下列条件：

（1）您必须向接收者提供“本许可证”的副本，并保留“贡献”中的版权、商标、专利及免责声明；并且

（2）如果您“分发”您接收到的“贡献”，您必须使用“本许可证”提供该“贡献”的源代码副本；如果您“分发”您的“衍生作品”，您必须：

（i）随“衍生作品”提供使用“本许可证”“分发”的您的“衍生作品”的“对应源代码”。如果您通过下载链接提供前述“对应源代码”，则您应将下载链接地址置于“衍生作品”或其随附文档中的明显位置，有效期自该“衍生作品”“分发”之日起不少于三年，并确保接收者可以获得“对应源代码”；或者

（ii）随“衍生作品”向接收者提供一个书面要约，表明您愿意提供根据“本许可证”“分发”的您的“衍生作品”的“对应源代码”。该书面要约应置于“衍生作品”中的明显位置，并确保接收者根据书面要约可获取“对应源代码”的时间从您接到该请求之日起不得超过三个月，且有效期自该“衍生作品”“分发”之日起不少于三年。

……

如果您将“贡献”与采用 GNU AFFERO GENERAL PUBLIC LICENSE Version 3（以下简称“AGPL v3”）或其后续版本的作品结合形成新的“衍生作品”，且根据“AGPL v3”或其后续版本的要求您有义务将新形成的“衍生作品”以“AGPL v3”或其后续版本进行许可的，您可以根据“AGPL v3”或其后续版本进行许可，只要您在“分发”该“衍生作品”的同时向接收者提供“本许可证”的副本，并保留“贡献”中的版权、商标、专利及免责声明。但任何“贡献者”不会因您选择“AGPL v3”或其后续版本而授予该“衍生作品”的接收者更多权利。

2. 木兰公共许可证 2.0“传染性”条款评述

木兰公共许可证 2.0 是目前木兰公共许可证的最新版，木兰公共许可证自发布以来一直被视为是 GPL 系列许可证的国产替代方案，也以具有“传染性”而著称。随着越来越多的国产开源项目开始逐渐进行国产许可证的替代，以及木兰宽松许可证通过 OSI 的认证，越来越多的目光开始聚集到“木兰”系列的国产许可证上。

木兰公共许可证 2.0 的传染性条款围绕“衍生作品”概念展开。“衍生作

品”指的是基于“贡献”创作的作品，贡献则又包括最初的开源软件本身以及后续贡献者基于最初的开源软件创作的“衍生作品”。从文义来说，“衍生作品”的仍未被清楚地解释，特别是对于开源软件与非开源软件的组合这种形式的作品是否属于“衍生作品”，仅依靠概念定义仍无法得出结论。木兰公共许可证 2.0 因此进一步举例说明：对全部或部分“贡献”进行修改、重写、翻译、注释、组合或与之链接（包括动态链接或静态链接）而形成的作品均属于“衍生作品”。需要注意的是，按照 GPL 系列许可证的横向传染性规定，非开源软件与开源软件进行组合或与之链接（包括动态链接或静态链接）的作品，整体上仍属于一个完整的受到开源软件传染的作品，但是按照 LGPL 系列许可证的横向传染性规定，特别是动态链接的情形就被排除在了横向传染性之外。这是木兰公共许可证 2.0 更近似于 GPL 系列许可证而非更加宽松的 LGPL 许可证的原因之一。

此外，木兰公共许可证 2.0 还规定了“衍生作品”排除情形：仅与“贡献”进行进程间通信或系统调用的作品是独立作品，不属于“衍生作品”。

基于上述规定，企业分发的软件产品中，独立部分与开源“贡献”之间的关系（通信或调用模式）就成为了判断独立部分是否受到开源“贡献”传染的重要因素。如果独立部分的“独立性”不足，导致软件产品整体在技术和法律上仍被判定为开源“贡献”的“衍生作品”，那么随之而来的就是横向的传染性条款导致的强制开源义务：无论企业以源代码的形式还是以可执行文件的形式分发受到“传染”的作品，都必须将作品以源代码的形式重新“分发”，既包括其中的“贡献”的源代码副本，也包括“衍生作品”的对应源代码副本，并且这些源代码都应当适用木兰公共许可证 2.0 的规定。

唯一的例外是，如果“衍生作品”中“贡献”以外的部分是适用 AGPL v3 的开源代码，并且衍生作品本身已经受到 AGPL v3 许可证的横向传染，成为一个整体需要适用 AGPL v3 的开源软件，那么木兰公共许可证 2.0 特此同意这种情形下为 AGPL v3 进行让步，AGPL v3 得以适用于整个“衍生作品”，但是分发者仍需要向下游接收者提供木兰公共许可证 2.0 的副本，并且保留一系列原始权利声明。

第二节

软件即服务（SaaS）商业模式下的开源软件“传染性”问题

一、软件即服务（SaaS）商业模式简介

软件即服务（SaaS）指的是一种软件许可和交付的模式，在这种模式下，软件以订阅或租用的方式进行许可，软件及其数据通常被集中托管在云端，用户不必在自己的计算机中安装软件，而只需要使用网页浏览器来访问相应的网站就可以实现使用软件的目的。软件即服务与基础设施即服务（IaaS）、平台即服务（PaaS）、桌面即服务（DaaS）、管理软件即服务（MSaaS）、移动后台即服务（MBaaS）、数据中心即服务（DCaaS）、集成平台即服务（iPaaS）和信息技术管理即服务（ITMaaS）一起被认为是云计算的一部分。

SaaS 出现之前，20 世纪 60 年代，人们将哑终端①连接到大型计算机来共享大型计算机的软件，这一做法称为分时软件交付系统。随着 20 世纪 80 年代计算机成本开始下降，许多企业创建了自己的分时本地版本，称为局域网（LAN）。但在当时软件用户自身仍然负责提供、管理硬件和网络。20 世纪 90 年代互联网出现后，软件供应商开始托管软件并且通过互联网将软件的副本提供给客户，这一模式称为 ASP（Application Service Provider）模式，即 SaaS 的先驱。它仍然要求用户自行在自己的计算机上进行软件与硬件的适配，每个用户仍然自行负责硬件系统的搭建与软件的安装，ASP 模式也不提供数据的解决方案。第一款 SaaS 解决方案出现在 20 世纪 90 年代末期，与 ASP 模式相比，这种新模式具有更高的效率。得益于其多租户架构，单一应用实例可以为多个用户甚至客户提供服务。不再需要在本地安装软件。而且，这种模式还支持收集、汇总和集中管理有价值

① 哑终端，计算机科学中表示一个相对于其他种类比较“聪明”的计算机终端来说，功能较为有限的计算机终端。哑终端指不能执行诸如“删行”、“清屏”或“控制光标位置”的一些特殊 ANSI 转义序列（escape sequences）的计算机终端。参见 https：//zh. m. wikipedia. org/zh – hans/哑终端，最后访问日期：2023 年 9 月 23 日。

的应用数据。①

我国的 SaaS 行业起步较晚，据统计机构统计，我国的 SaaS 行业在 2010 年左右才正式起步，但是经过十多年的发展，目前经营管理类 SaaS 已经进入稳定发展的成熟期，服务遍及全行业。②

我国相继出台的政策和意见也在不断加速 SaaS 行业的发展。《“十四五”促进中小企业发展规划》《关于加强数字政府建设的指导意见》等政策文件，均强调政府和企业都应当进行数字化的转型，SaaS 行业就是数字化转型过程中的重要工具。据统计，2021 年中国 SaaS 行业市场规模达 322.6 亿元，预计 2023 年将达 555.1 亿元③。

二、软件即服务（SaaS）商业模式的优点

（一）对软件用户而言，SaaS 商业模式具有经济性和实用性的特点

对于商业模式中的软件用户而言，SaaS 商业模式最大的特点在于其使用不以转移软件副本的所有权为条件，软件的副本并没有被下载到软件用户的硬盘中。传统的购买软件副本的成本转化为长期租用软件、获取软件的定制化服务和长期维护的服务费用，从而降低了用户在使用软件之前的硬件环境搭建成本与使用软件过程中的维护和更新成本。甚至有一些具备规模效应的软件即服务提供商可以以免费的方式向用户提供基础的服务，而对增加功能或更多的账户数据数量为额外收费标准。软件即服务商业模式的兴起已经侧面证明了其相较于传统的软件供应具有经济性优势④。

目前，SaaS 已经成为大型商业软件的一种常见的交付方式，包括办公软件、信息传递软件、工资处理软件、DBMS 软件、管理软件、CAD 软件、开发软件、游戏化、虚拟化、会计、协作、客户关系管理（CRM）、管理信息系统（MIS）、企业资源规划（ERP）、发票、现场服务管理、人力资源管理（HRM）、人才招

① 参见 https：//www. oracle. com/cn/applications/what – is – saas/，最后访问日期：2023 年 9 月 23 日。

② 参见《2022 年中国企业级 SaaS 行业研究报告》，载 https：//www. xiaoshouyi. com/wp – content/uploads/2022/07/2022SaaS – hangyebaogao. pdf，最后访问日期：2023 年 9 月 23 日。

③ 参见《艾媒咨询 | 2022 年中国 SaaS 行业发展研究报告》，载 https：//developer. aliyun. com/article/1004628，最后访问日期：2023 年 9 月 23 日。

④ 参见 https：//zh. wikipedia. org/wiki/软件即服务，最后访问日期：2023 年 9 月 23 日。

聘、学习管理系统、内容管理（CM）、地理信息系统（GIS）以及服务台管理等①。

（二）对软件提供者而言，SaaS 商业模式具有管理高效的特点

软件即服务体系下的商业软件往往能够更快地被更新。传统的软件行业的软件更新频率通常为发布年度更新版本，而软件即服务体系下的商业软件的更新频率可以达到周级或月级。首先，软件提供者可以直接将更新后的软件放置在服务器上，用户也可以及时便捷地直接获取更新后的软件，而直接消除了传统软件以不断地更新通知催促用户升级软件的时间成本。其次，由于软件用户始终都在服务器中运行软件，因此软件提供者可以便捷地获得用户的行为数据进行分析，有利于软件提供者识别需要更新或改进的问题。最后，软件提供者可以访问所有用户的数据，也加快了设计新功能和测试的速度。

（三）对软件提供者而言，SaaS 商业模式具有软件的商业开发成本低的特点

SaaS 商业模式看似需要软件开发者为每一个用户都定制化服务，软件开发成本随用户的数量的上升而上升，但是实际盈利模型却并非如此，当软件用户的数量足够多时，软件提供者能够搭建起一个多用户环境，SaaS 商业模式的开发成本低的特点就会凸显出来。在多用户环境中，企业用户的需求就会沉淀出大量相同点，为一个新用户配置软件的成本就会显著降低，因此实践中，甚至有一些软件即服务的企业能够使用免费模式提供服务，吸引大量的用户。

（四）对软件提供者而言，SaaS 商业模式具有软件的商业分发成本低的特点

SaaS 商业模式相较于传统的软件分发模式，其几乎没有间接分销的成本，因此可以大大削减软件提供者在软件分发中间商、传统合作伙伴上的商业成本。

三、软件即服务（SaaS）商业模式与开源软件合规的关系

（一）开源软件借助 SaaS 商业模式获得更大的商业化机会

开源软件出现的时间早于 SaaS 出现的时间，国外学者将开源软件的发展历

---

① See Software Startup Ideas in 2022 | SaaS ideas, https://www. startup. ind. in/2021/05/software - startup - ideas - saas - best - startup - ideas. html.

程分为三个阶段，分别对应1970—1990年——“开源0.0：自由软件时代”、1990—2000年——“开源1.0：支持和服务时代”、2000年至今——“开源2.0：软件即服务&开放核心时代”。在开源0.0时代，开源软件的使用局限于学术圈和业余爱好者，开源软件的开发者并没有借助它获取商业利润的动机，支撑开源开发者的经济动力通常是大学或企业的捐助基金。在开源1.0时代，开源软件向商业公司证明它能够提供一种更好、更快的方式来开发核心软件技术，特别是1991年Linux的出现，越来越多的基础性开源技术、开源社区和开源企业开始尝试商业化。RedHat，MySQL等很多公司开始在开源软件的基础上提供付费的支持和服务从而换取商业利润，开源软件迎来了第一代的商业化模式。但是在开源1.0时代，开源软件公司无论是在规模上还是价值上与传统闭源软件都无法相提并论，软件行业对于开源软件的潜在商业价值并不十分看好。到了2010年，以云计算为基础的一系列新模式为开源的商业化打开了新局面，SaaS亦可成为“开源软件即服务”，开源软件原本最为头疼的推广和部署问题被SaaS的软件托管模式解决，用户不会注意自己使用的软件是开源软件还是专有软件，并且开源软件令人头疼的许可证义务也因为SaaS不涉及分发行为而得以规避。因此开源软件的商业估值不断升高。① 高德纳（Gartner）公司对2021年开源软件的分析指出：“SaaS将成为开源软件的首选消费模式，因为它能够提供更好的操作简单性、安全性和可扩展性。”②

SaaS商业模式与开源软件配合使用也有利于解决开源软件漏洞多、功能少的问题。开源软件如果缺乏商业模式的支撑，在漏洞修补和维护的速度上就会不如部分闭源的商业软件，开源软件的使用者也往往吐槽部分没有商业支持的开源软件存在质量较低，风险较高的问题。③ 当SaaS商业模式与开源软件协同工作后，SaaS供应商就会为开源软件的更新和维护注入商业动力，甚至修改并发布更完善的第二代开源软件，进一步促进开源软件自身的优化发展。

（二）软件即服务（SaaS）商业模式离不开开源软件的支持

开源软件凭借SaaS这股“东风”发展起来的同时，SaaS商业模式也离不开

---

① See Open Source：From Community to Commercialization ，https：//a16z. com/2019/10/04/open – source – from – community – to – commercialization/，最后访问日期：2023年9月23日。

② 《2022年的技术趋势：开源、云计算、区块链》，载https：//cloud. tencent. com/developer/article/1948286，最后访问日期：2023年9月23日。

③ 参见《对谈丨创新与进化——当开源接受SaaS》，载https：//shanghaiopen. org. cn/blog/1/saas – 65，最后访问日期：2023年9月23日。

开源软件的支持。开源软件自由、开放的特点，可以降低 SaaS 供应商在软件部署初期的商业成本，让 SaaS 软件以更低的价格进行部署，具备传统软件不具备的低价优势，从而吸引小微及中等企业客户。高德纳公司在 2022 年的技术发展趋势评估中预测，到 2022 年，超过 70% 的新的内部应用程序将在开源数据库上开发，50% 的现有专有关系型数据库实例将被转换或正在转换中。高德纳公司预言，数据库和数据管理领域的未来是云计算与开源软件。SaaS 商业模式可以将开源软件与云计算技术联合起来。① 最后，在国家实力层面，我国的 SaaS 软件行业因为起步较晚，想要通过数字化转型实现对领先国家的弯道超车，也需要借助开源软件的力量。研发 SaaS 软件就像给机器造轮子，而大部分企业都会选择成熟的、可靠的、现有的轮子，而不会重复制造所有的轮子。

四、软件即服务（SaaS）商业模式下 GPL 许可证的传染性问题

（一）GPL 许可证传染性的触发条件

主流的开源许可证的开源义务的触发条件通常是复制、修改与分发开源软件或其部分，例如 GPL 协议在正文开始前都会以下列语句开始："复制、分发和修改的具体条款和条件如下"。

在 SaaS 商业模式出现之前，开源许可证很好地平衡了保护开源软件版权与促进软件自由使用，特别是部分强互惠型开源许可证，创造了一个开源软件的分发体系，在这个系统中，不断有开发者无私地作出贡献，维持着开源软件生态的发展。

但是，在 SaaS 商业模式出现后，软件服务的提供方式不再依赖于实体或者网络的"分发"，通过服务器远程提供软件取代了传统的"分发"行为。因为 SaaS 厂商不向用户提供软件的副本，开源许可证规定的义务也就无法触发，SaaS 事实上成为了企业规避开源软件的"传染性"义务的"避风港"②。理查德·斯

---

① See 2022 technology trend review, part one: Open source, cloud, blockchain, https://www.zdnet.com/article/2022-technology-trend-review-part-one-open-source-cloud-blockchain/，最后访问日期：2023 年 9 月 23 日。

② See SaaS Could Gum Up Open Source's Code-Sharing Model, Serdar Yegulalp, https://www.informationweek.com/cloud/saas-could-gum-up-open-source-s-code-sharing-model，最后访问日期：2023 年 9 月 23 日。

托曼也撰文认为，“服务代替软件”① 已经成为除了闭源专有软件之外的第二个让开发者失去自由的商业模式，专有软件仅仅使软件用户无法获得源代码，丧失了学习代码的机会，但是服务替代软件导致软件用户连可执行文件都无法获得了，它在别人的服务器上，用户看不到也摸不着。所以用户不可能弄清楚它做了什么，也不可能改变它。②

下文将以传染性最强的 GPL 系列许可证为例，分析在服务器端使用开源软件的场景下开源许可证的“传染性”问题。

以 GPL v2 许可证为例，其第 0 条第 2 款规定：“复制、分发和修改以外的行为不适用本许可证，它们在本许可证的范围之外。运行程序的行为不受限制，运行程序的输出结果只有在其内容构成基于程序的作品（与运行程序的制作物无关）的时候才适用本许可证。以上情形如何判断，取决于该程序实际情况中的作用。”③ 按照该规定的文义解释，开源许可证只负责管理开源软件的复制、分发和修改，但是单纯运行开源程序的行为不受许可证的管辖。从事实可操作性上来说，运行开源软件的前提是复制开源软件，如果开发者没有进行复制行为，运行行为则无从谈起。由此可以推断出，单纯的复制行为，亦不受到许可证的管辖。

再观 GPL v2 许可证的第 1、2、3 条关于复制、分发修改或未修改的开源软件的义务规定，许可证的措辞均落脚在“如果你……以……形式，复制、分发……你应当……”，可以发现 GPL v2 的开源义务均以“复制、分发”为前提。再结合单纯复制、运行不受许可证约束的论证，可以得出的结论是，单纯的复制、修改、运行行为，只要不涉及“分发”行为，就可以不受许可证的约束。

（二）GNU 官方问答与软件自由法律中心的观点争议

在 GNU 关于 GPL v2 许可证的官方问答（Frequently Asked Questions about version 2 of the GNU GPL）中有如下官方问题与回答：

A company is running a modified version of a GPL’ed program on a web site. Does the GPL say they must release their modified sources?

---

① 理查德·斯托曼认为“软件即服务”（SaaS）概念无法解释为什么这种模式是不好的，因此他创造了“软件代替服务”（SaaSS）来代替“软件即服务”（SaaS），这个新名词直接表达了这种模式的弊端。参见 https：//www. gnu. org/philosophy/who - does - that - server - really - serve. en. html，最后访问日期：2023 年 9 月 23 日。

② 参见 https：//www. gnu. org/philosophy/who - does - that - server - really - serve. en. html，最后访问日期：2023 年 9 月 23 日。

③ GPL v2 第 0 条。

The GPL permits anyone to make a modified version and use it without ever distributing it to others. What this company is doing is a special case of that. Therefore, the company does not have to release the modified sources.

It is essential for people to have the freedom to make modifications and use them privately, without ever publishing those modifications. However, putting thc program on a server machine for the public to talk to is hardly "private" use, so it would be legitimate to require release of the source code in that special case. We are thinking about doing something like this in GPL version 3, but we don't have precise wording in mind yet.

In the mean time, you might want to use the Affero GPL for programs designed for network server use①.

参考译文：

问题：某公司在网站上运行一个 GPL 软件的修改版。按照 GPL，该公司是否必须发布其修改版的源代码？

回答：GPL 允许任何人制作一个修改过的版本，并在不向他人分发的情况下使用它。这家公司所做的是一个特殊的例子。因此，该公司不需要发布修改后的源代码。

人们有自由进行修改并私下使用它们，而不公布这些修改，这是至关重要的。然而，把程序放在服务器机器上供公众使用，很难说是"私人"使用，所以在这种特殊情况下，要求发布源代码是合法的。我们正在考虑在 GPL 第 3 版中做这样的事情，但我们还没有想到准确的措辞。

同时，你可能想把 Affero GPL 用于为网络服务器设计的程序。

同样在 GNU 组织的官网中，针对 GNU 系列的所有许可证的官方问答——《GNU 许可证常见问题》（Frequently Asked Questions about the GNU Licenses）中，也存在类似的问答：

A company is running a modified version of a GPL'ed program on a web site. Does the GPL say they must release their modified sources?（#UnreleasedMods）

The GPL permits anyone to make a modified version and use it without ever

① See Frequently Asked Questions about version 2 of the GNU GPL, https://www.gnu.org/licenses/old-licenses/gpl-2.0-faq.html#UnreleasedMods，最后访问日期：2023 年 9 月 23 日。

distributing it to others. What this company is doing is a special case of that. Therefore, the company does not have to release the modified sources. The situation is different when the modified program is licensed under the terms of the GNU Affero GPL.

Compare this to a situation where the web site contains or links to separate GPL'ed programs that are distributed to the user when they visit the web site (often written in JavaScript, but other languages are used as well). In this situation the source code for the programs being distributed must be released to the user under the terms of the GPL.

参考译文：

问题：某公司在网站上运行一个 GPL 软件的修改版。按照 GPL，该公司是否必须发布其修改版的源代码？

回答：GPL 允许任何人做一个修改版自己用而不发布。你所说的公司的做法就是一个这样的特例。因此，该公司不必发布其修改后的源代码。当该修改版使用的许可证是 GNU Affero GPL 时，情况有所不同。

（你应当）把这个情况和“网站包含或链接到独立的 GPL 程序”进行区别，这些 GPL 程序在用户访问网站时分发给了用户（经常是 JavaScript 程序，但是也可以使用其他语言）。此时，这些发布给用户的程序的源代码必须按照 GPL 的条款来发布。

If I only make copies of a GPL - covered program and run them, without distributing or conveying them to others, what does the license require of me? (#No Distribution Requirements)

Nothing. The GPL does not place any conditions on this activity.

参考译文：

问题：如果我只是复制并运行 GPL 程序，并不向他人分发或输送，那么该许可证对我有什么要求？

回答：什么也没有。GPL 对此没有设置任何条件①。

上述 GNU 的官方问答也可以验证前述根据许可证条款推导出的结论，即 GPL 许可证的开源义务以分发为条件。只要不涉及分发，仅仅是复制、运行原版或修改版的开源软件的行为均不会触发开源义务。因此，如果将开源软件在服务

① See Frequently Asked Questions about the GNU Licenses, https://www.gnu.org/licenses/gpl-faq.en.html，最后访问日期：2023 年 9 月 23 日。

器上运行，将运行的结果直接提供给用户这种“软件即服务”的使用方式，可以有效规避开源许可证的传染性。

GNU 其实也已经意识到了这个问题，在第一个问答中，GNU 表示：“把程序放在服务器机器上供公众使用，很难说是‘私人’使用，所以在这种特殊情况下，要求公布源代码是合法的。”但是这也仅仅是 GNU 对于这个无可奈何的问题的一种表态，随后 GNU 就表示：“我们正在考虑在 GPL 第三版中做这样的事情，但我们还没有想到准确的措辞。”由此可见，GPL v1 和 GPL v2 事实上并没有限制服务器端使用开源软件的规定。在随后更新的第二个和第三个问答中，GNU 系列许可证的总体问答也没有对这个问题提出新的解决方案，可见，GPL v3 也没有对此问题作出新的规定，而是交由 AGPL 许可证进行约束。

但令人意外的是，软件自由法律中心（SFLC）对此表达了相反的观点，软件自由法律中心的 Eben Moglen（美国哥伦比亚大学法律及法律史教授、GPL 许可证起草人之一、自由软件基金会首席法律顾问、理事会成员、软件自由法律中心创办人及主席）和 Mishi Choudhary（软件自由法律中心法务总监，印度 SFLC 主席、执行理事）在 2014 年撰文《Software Freedom Law Center Guide to GPL Compliance 2nd Edition》① 中指出：“GPL v2 禁止依据非 GPL v2 协议进行分许可。此处所述禁止值得注意。尽管通常认为只有在分发 GPL 代码时才会产生 Copyleft 义务，但这种观点是不正确的。分许可是一种单独行为，也会产生 Copyleft 义务。在 21 世纪 20 年代前，从理论上来说几乎不可能在分许可过程中不遵守 GPL v2 协议。但现在则并非如此。‘软件即服务’的‘云’产品（其中虚拟服务器组按效用计费出售）已经带来了严重的违规问题。”

GPL v2 第 4 条规定：“除了本许可证明确规定的情况外，你不得复制、修改、分许可或分发本程序。任何其他试图复制、修改、分许可或分发本程序的行为都是无效的，并将自动终止你在本许可证下的权利。但是，根据本许可证从你那里获得拷贝或权利的各方，只要他们仍然完全遵守规定，他们的许可证就不会被终止。”

可见，软件自由法律中心并不认为只有分发 GPL 的开源软件才会触发开源义务，对 GPL 的开源软件进行“分许可”行为，也会触发开源义务。而在服务

① See Software Freedom Law Center Guide to GPL Compliance 2nd Edition, https://softwarefreedom.org/resources/2014/SFLC-Guide_to_GPL_Compliance_2d_ed.html，最后访问日期：2023 年 9 月 23 日。

器部署 GPL 开源软件供用户使用，也可能构成一种将开源软件进行“分许可”的行为。因此按照软件自由法律中心的观点，GPL v2 协议仍然在“禁止分许可”的规定上能够约束在服务器后台部署 GPL 开源软件供用户使用。根据第 4 条的规定，如果违反许可证的规定，将自动终止许可，导致侵权行为。

结合前文介绍的 GNU 官网与软件自由法律中心的观点，如果不实施分发，在服务器上运行修改后的开源软件供用户使用，是否构成对开源软件进行“分许可”，是否需要履行类似于发布行为的开源许可证义务问题，目前存在一定的争议。目前的主流观点认为 GPL 许可证存在漏洞，无法约束在仅服务器端运行修改后的开源软件而不分发的行为。

五、软件即服务（SaaS）商业模式下 AGPL 许可证的传染性问题

AGPL 第 13 条规定，“如果你修改本程序，你的修改版本必须向所有通过计算机网络远程与本程序互动的用户（如果你的版本支持这种互动）提供一个显著的获得相应的源代码机会的要约，通过一些标准或习惯的促进软件复制的方式，从网络服务器上免费提供相应的源代码的访问”。

AGPL 许可证的出现，解决了 GPL 系列许可证的“服务器端使用开源软件漏洞”。AGPL 许可证的特殊条款规定了在服务器端使用修改过的开源软件，企业必须向其提供服务的对象提供修改的开源软件的源代码。

AGPL 对于服务器专用的开源软件的发布者来说无疑是强有力的权利武器，这些发布者可以通过将服务器专用开源软件适用 AGPL 许可证来推广自身的开源软件，并且保持持续的开源属性，防止他人对服务器开源软件的重新打包。

第六章 开源许可证的兼容性问题

导言　开源许可证的兼容性合规方案旨在解决企业在主动发布开源软件或者履行开源义务时，如果发布的软件作品中包含了多个开源组件，并且不同的开源组件适用不同的开源许可证时，企业应当如何为自己的开源作品整体选择一个合适的开源许可证，以做到不违反各个组件对应的许可证的规定。

开源软件的“传染性”问题聚焦于一个固定的开源许可证，研究其中规定的权利和义务。而“兼容性”问题则是将所有的开源许可证进行排列组合，研究许可证与许可证之间的共同点和不同点。相较于开源软件的“传染性”问题，开源许可证的兼容性问题一直以来被企业忽视。不同于“传染性”问题存在技术和法律上的不确定性，兼容性问题是一个具有明确答案的问题。兼容性的结果依赖于对开源许可证文本条文的理解以及开源许可证发布组织制定许可证时对兼容性问题的解答。本章节将对开源许可证的兼容性进行简要分析和介绍，并为企业提供合规建议。

第一节 开源许可证兼容性概述

一、开源许可证兼容性的概念

开源许可证的兼容性指本质上是一种合法合规的法律状态，即适用不同的开源许可证的开源软件合二为一或者将其中之一的代码植入另一个时，各个开源许可证规定的义务均得到完整履行，互相之间不存在矛盾的法律状态。

这一状态看似顺理成章，但是实践操作中存在着多种阻碍，因为开源许可证的编写主体与编写目的均不相同，不同的许可证之间就相同的分发方式可能存在截然相反的规定，无法同时满足。开源软件的兼容性合规解决方案就是寻找让所有的开源组件的许可证义务都能得到完整履行的发布方式，最终的呈现结果是寻找到一个合适的许可证来分发最终的组合作品整体。

假设 A 许可证的开源软件与 B 许可证的开源软件合二为一成为一个组合程序时，如果存在一种方式能否使得组合作品即能够同时满足 A 许可证和 B 许可证的义务，那么 A 许可证和 B 许可证就是“兼容的”，反之，A 许可证和 B 许可证“不兼容”。

二、不同类型的开源许可证的兼容性概述

开源许可证总体上可以分为宽松型许可证和严格型许可证，通常来说宽松型许可证对下游开发者规定的义务极少，甚至允许将开源软件组合到一个闭源软件之中，因此宽松型开源许可证的兼容性程度比严格型许可证更高，如 BSD 许可证或 MIT 许可证，几乎可以兼容所有的软件许可证，包括严格型的开源许可证和闭源软件的许可证。例如，当 MIT 许可证的开源软件与 GPL 许可证的开源软件组合在一起时，MIT 许可证与 GPL 许可证是兼容的，即存在一种方式使得组合作品的发布方式和权利义务履行方式既能符合 MIT 许可证的要求，也能符合 GPL 许可证的要求——按照更严格的 GPL 许可证发布组合作品。

原则上宽松型开源许可证的兼容性较高，但也存在例外，例如同样是宽松型许可证的 Apache 2.0 许可证，因其具有专利许可①，就无法与不具有专利许可的 GPL v2 许可证兼容，但是可以与具有专利许可的 GPL v3 兼容。

如果开发者将多个宽松型许可证的开源软件组合在一起，那么组合作品应该选取哪个许可证发布呢？理查德·斯托曼（Richard Stallman）在 GNU 官网中撰文认为，在这一情形下，开发者应当将组合程序附带上所有的许可证，因为这些宽松型许可证都是互相兼容的②。

---

① 参见 Apache 2.0 许可证第 3 条。

② 参见 https：//www.gnu.org/licenses/license-compatibility.zh-cn.html#f1，最后访问日期：2023 年 9 月 23 日。

严格型的开源许可证与介于宽松与严格之间的许可证的兼容性难度更高，因为这些许可证本身规定的开源义务较多，且各有特点。通常来说，两个不同的严格型许可证相互之间是无法兼容的，除非许可证条文或基金会明确规定二者可以兼容。严格型许可证的特点是开源软件的修改、扩展、组合作品必须使用原开源软件的许可证，即前文提到的“传染性”。假设使用许可证甲规定其开源组件的衍生作品必须沿用许可证甲，使用许可证乙规定其开源组件的衍生作品必须沿用许可证乙，那么它们之间就是不可调和的。即便是同一个开源基金会发布的许可证更新版，也可能和旧版许可证不兼容。例如 GPL 系列许可证，GPL v2 与 GPL v3 之间也不具有兼容性。

介于宽松与严格之间的“中间型许可证”既不像宽松型许可证那样对再分发行为没有任何要求，也不像严格型许可证对再次分发要求强制适用原协议。这样的“中间型许可证”的典型例子是 MPL 许可证。其允许按照 GPL 2.0、LGPL 2.1、AGPL 3.0 或者这三个许可证的后续版本分发更大的作品，因此 MPL 许可证与 GPL 许可证就是兼容的。[①]

三、开源许可证不兼容的两种情形

当我们提到开源许可证之间的“不兼容”，可能出现两种具体的情形，其一是开源协议之间互相不兼容，其二则是有条件地兼容，又称为单向兼容。

开源许可证互相不兼容的概念较容易理解，假设存在两个 A 许可证与 B 许可证，分别对应两个开源软件甲和乙，无论是通过将甲和乙组合成一个组合作品，还是将甲吸收乙或者乙吸收甲，均不存在一种能够使得许可证 A 和许可证 B 都得到满足的情形。互相不兼容的典型例子就是 Apache 2.0 许可证与 GPL v2 许可证，无论按照前述任何一种方法组合适用这两个许可证的开源软件，均无法得到兼容的结果。

开源许可证的单向兼容通常适用于宽松许可证和严格许可证之间，本质上是人们在讨论兼容性的合规问题时的具体情况。事实上，直截了当地表述 A 许可证与 B 许可证之间不具有兼容性是不严谨的，严谨的表达则必须结合具体的使用场景，即设定软件的组合方式。

如果宽松型的许可证的开源软件吸收或者与一个适用严格型的开源许可证的

① 参见 MPL 2.0 许可证第 1.12 条。

开源软件组合在一起，那么这个组合作品将不能再以宽松型的许可证发布。但是同样是上述两个许可证，如果使用场景颠倒过来，则并不会出现兼容性问题。例如，适用严格型许可证的开源软件吸收或者与一个适用宽松型许可证的开源组件组合在一起，组合作品可以继续适用原有的严格型的许可证，因此在这个具体的情形下严格型许可证与宽松型许可证又是兼容的。

因此，单向兼容问题本质上是基于特定的语境的一种表述，严格型许可证与宽松型许可证的开源软件结合的通常结果是严格型许可证得以继续适用，而宽松型许可证的义务被严格型许可证吸收。

四、开源许可证不兼容的后果

如果组合作品中存在不兼容的开源许可证，那么直接的后果就是组合作品无法使用其中的任何一个许可证发布。我国的司法实践中尚未出现因为开源许可证不兼容导致的案例，但是开源软件技术实践中已经出现许可证不兼容问题导致的相关事件：

2021 年，一个名为 mimemagic 的开源软件使用了另一个名为 shared – mime – info 的核心数据库。shared – mime – info 是一个适用 GPL v2 许可证的开源软件，而 mimemagic 的 0. 3. 7 版本在使用了 shared – mime – info 的核心数据库后，却采用了 MIT 许可证发布。[①]

根据前文的介绍，MIT 属于宽松型的开源许可证，而 GPL v2 许可证属于严格型的开源许可证，GPL v2 许可证规定的开源义务要远远多于 MIT 许可证，因此如果一个适用 MIT 许可证的开源软件吸收了适用 GPL 许可证的开源组件，根据 GPL 许可证的传染性等规定，新的组合作品可能是一个被 GPL 许可证传染的作品，或者至少其中的 GPL 开源组件应当继续适用 GPL 开源，而不能适用宽松的 MIT 许可证。因此 MIT 许可证与 GPL 许可证确实是不兼容的[②]。

shared – mime – info 的维护者发现这一情况后，向 mimemagic 的维护者发送了通知："使用 GPL 文件作为源文件，会使整个代码库都变成衍生代码，并且全部代码都应遵循 GPL 许可，所以如果有人在纯 MIT 代码库中或者是闭源应用程

① 参见《解除 mimemagic 和理解 MIT 和 GNU GPL》，载 https：//juejin. cn/post/7158769427738984478，最后访问日期：2023 年 9 月 23 日。

② 但是如果一个适用 GPL 许可证的开源软件吸收一个适用 MIT 的开源软件，那么将不会产生兼容性问题，这正是由于许可证兼容的方向性，具体见本章第 3 节。

序中使用了 GPL 代码，应该及时纠正这个问题”。

得知此事之后，mimemagic 的维护者立即采取措施，紧急将最新的 mimemagic 的 v0.4.0 和 v0.3.6 版本的许可证改为 GPL v2，并从包注册表 RubyGems.org 上撤销了之前适用 MIT 许可证发布的版本，将 mimemagic GitHub 代码库存档。

虽然补救动作比较及时，但 Ruby on Rails 软件依赖的较早期的 mimemeagic v0.3.5 版本仍然受到了影响。同时，还有 172 个其他软件包、共 577148 个不同的软件仓库也受到了影响。最终，Ruby on Rails 不得不通过寻找替代软件的方式解决这个兼容性导致许可证突变的问题①。

第二节 主流开源许可证的兼容性规则

一、MIT、BSD 许可证的兼容性

MIT、BSD－2 Clause 与 BSD－3 Clause 均属于极为宽松的许可证，其规定的义务数量极少且要求极低，因此具有最强的兼容性。例如，在适用其他主流开源许可证的开源项目中吸收适用 MIT、BSD 许可证的开源组件，不会对开源项目继续使用其他主流开源许可证发布产生任何兼容性的影响。

如果组合作品本身希望使用 MIT、BSD 许可证发布，那么这个组合作品中无法包含适用要求更严格的许可证的开源组件，例如 Apache 2.0、MPL 2.0 或 GPL 系列的许可证。因为当宽松型许可证的组合作品包含了更严格的许可证的开源组件，便只能“就高”采用更严格的许可证发布整个作品。

二、Apache 2.0 许可证的兼容性

（一）以 Apache 2.0 许可证发布的开源项目

首先，以 Apache 2.0 许可证发布的开源项目可以兼容 MIT、BSD 等极为宽

① 参见《因许可证不兼容，50 万＋项目受到影响，Rails 替换了出问题的库》，载 https://www.infoq.cn/article/azkgodzrpw2s4ptre4ac，最后访问日期：2023 年 9 月 23 日。

松的开源组件。并且每个许可证都可以与适用与自身相同的开源许可证的开源组件兼容，因此 Apache 2.0 的开源项目在吸收 MIT、BSD、Apache 许可证的开源组件之后，依然可以以 Apache 2.0 发布。

其次，以 Apache 2.0 许可证发布的开源项目无法兼容以 MPL 2.0 许可证发布的开源组件。原因在于 MPL 2.0 许可证是比 Apache 2.0 更加严格的许可证条款，如果以 Apache 2.0 许可证发布的开源项目必须包含 MPL 2.0 的开源组件，那么整个开源项目只能以 MPL 2.0 许可证发布①。

最后，以 Apache 2.0 许可证发布的开源项目无法兼容适用 GPL 系列许可证的开源组件，因为 GPL 系列许可证的要求比 Apache 许可证的要求更为严格，如果企业希望以 Apache 2.0 许可证发布的开源项目中包含了 GPL 开源组件，则只能考虑放弃采用 Apache 许可证，转而采用 GPL 许可证发布这个开源项目。

（二）适用其他许可证的开源项目中吸收 Apache 许可证的开源组件

首先，如果企业原本希望采用 MIT、BSD 许可证发布一个开源项目，但是其中包含了 Apache 许可证的开源组件，那么通常宽松的许可证规定会被相对而言较为严格的 Apache 许可证的规定吸收，因此企业在发布这样的开源项目时，仍然只能以 Apache 许可证发布。也可以说，在这个特定情形下，MIT、BSD 许可证与 Apache 许可证是无法兼容的。

其次，除了极为宽松的许可证之外，主流开源许可证中仅有 GPL v2 由于没有专利许可条款，因此与 Apache 许可证的组件完全不兼容。除此以外的严格型的许可证，包括 MPL 2.0 与 GPL 3.0 等，均可以兼容 Apache 组件。也就是说，企业仍然可以按照既定计划，以严格型许可证发布包含 Apache 组件的开源项目。

需要特别说明的是，对于同样处于宽松型和严格型之间的 LGPL 许可证来说，兼容性的解决方案并非可以直接采用 LGPL 许可证，而是应当采用 GPL 许可证发布。

因为 LGPL 2.0 和 LGPL 2.1 许可证规定了 LGPL 组件均可以通过 GPL 许可证的更新条款（例如 GPL v3）发布②，而 GPL 3.0 兼容 Apache 2.0 许可证，因此在这一条例外规定上，LGPL 2.0 和 LGPL 2.1 与 Apache 实现了兼容。

---

① See The Mozilla Public Licence Version 2 - An Overview, Rowan Wilson, http://oss-watch.ac.uk/resources/mpl2，最后访问日期：2023 年 9 月 23 日。

② 参见 LGPL 2.0 和 LGPL 2.1 第 3 条。

三、GPL 许可证的兼容性

GPL 系列许可证是典型的严格型的许可证，因此以 GPL 系列许可证发布的开源项目，通常已经具有最高的开源义务的要求，与其他的开源许可证是兼容的。

首先，如果拟发布的 GPL 系列许可证的开源项目中包含了 MIT、BSD 等宽松许可证的组件，整个开源项目可以继续按照 GPL 系列许可证发布。

其次，如果拟发布的 GPL 系列许可证的开源项目中包含了 Apache 许可证的组件，除了例外的 GPL v2 会存在与 Apache 许可证不兼容的问题外，即便是 LGPL 项目也可以采用 GPL v3 进行兼容。

再次，如果拟发布的 GPL 系列许可证的开源项目中包含了 MPL 组件，由于 MPL v2.0 第 3.3 条规定了 GPL v2、LGPL v2.1、AGPL v3 以及这些许可证的后续版本均为 MPL 许可证的二级许可证，因此根据 MPL 的规定，如果开发者把适用 MPL 2.0 的开源组件和一个采用前述 GPL 系列许可证的组件组合在一起，创作“更大的作品”，那么开发者就可以用 GPL 系列许可证来发布这个“更大的作品”。但是其中原先采用 MPL 许可证的组件依然可以使用 MPL 许可证，换言之，这些组件成为了一个双重许可证的组件，组合而成的作品整体上可以按照 GPL 系列的许可证发布。但是需要注意的是，一些 MPL 组件可能会发布声明取消上述兼容性的条款，这也是 MPL 许可证所允许的。

最后，需要特别注意的恰恰是 GPL 系列许可证自身的开源组件，因为 GPL 各个版本之间的权利义务均存在明显的差别，因此，GPL v2 与 GPL v3、LGPL v3、AGPL v3 不兼容。LGPL v2.1 与 GPL v2 和 GPL v3 兼容。AGPL 与 GPL v2、GPL v3 不兼容，但是开发者可以将 AGPL 许可证和 GPL v3 许可证的组件合并成为一个单一的项目。

但是 GNU 组织认为，大部分使用 GPL v2 发布的开源软件也都允许下游开发者采用更新的 GPL 许可证，因此也就能够按照 GPL v3 做合理的代码组合，从而解决兼容性问题①。

---

① 参见《各类许可证及其评论》，载 https：//www. gnu. org/licenses/license - list. en. html，最后访问日期：2023 年 9 月 23 日。

第三节

开源许可证兼容性问题的合规建议

一、确认开源项目拟采用的许可证是否与组件的许可证兼容

企业首先应当清楚地了解自身准备发布的开源项目中包含多少开源组件和分别对应哪些开源许可证。在梳理出所有组件适用的许可证后，分析这些许可证的兼容性情况，如果出现完全无法兼容的许可证，则应尽快采取替换相关组件的技术措施，从而首先排除完全无法兼容的许可证及开源组件。

二、在确定兼容的情况下选择正确的许可证

在确认开源项目中不存在完全无法兼容的许可证的前提下，企业可以进行兼容性合规的第二步，即通过兼容性的规则，判断出开源项目整体能够合法发布的所有许可证选项，再对选项中所有的许可证的特点和优缺点进行分析，结合企业的商业策略，选取开源项目最终采取的开源许可证。

三、在不兼容的情况下应该如何做

如果企业在完成开源项目的研发后，发现希望适用的开源许可证与软件作品中的开源组件的许可证不兼容时，存在以下解决方案。

第一，如果只是单向兼容性问题，企业可以考虑采用符合单向兼容性规则的许可证发布组合作品。单向兼容问题本质上依然是存在解决方案的，但是随之而来的问题是解决方案通常是一个严格型的许可证，企业如果选择单向兼容的许可证，可能与自身的商业目的相冲突。因此，当存在单向兼容的解决方案时，企业需要审慎评估选择兼容性的严格许可证发布是否符合自身的商业利益，是否可能导致自身的开源项目的推广受阻。

第二，如果是许可证之间的纯粹互相不兼容，企业可以考虑替换不兼容的开源组件。在此种情形下，企业几乎已经别无选择，只能通过替换其他许可证的开源组件来实现最终发布的组合作品的许可证兼容性。如采取该解决方案，企业需

要着重考虑在技术上是否存在绕开原开源组件的可行性。

第三，除了上述方案之外，尚有一条成功可能性较低的解决方案，即企业通过与不兼容的开源组件的开发者进行协商，争取要求开源组件更换许可证。这一解决方案曾经在历史上具有部分先例，但是在企业的实际操作过程中仅具有理论上的可行性。

因许可证不兼容原因而成功重新获得许可的项目的早期案例是 Mozilla 项目。该项目的源代码最初于 1998 年在 Netscape 公共许可证（NPL）和 MPL 许可证下发布，但因与 GNU GPL 许可证不兼容而受到自由软件基金会（FSF）和 OSI 的批评。2001 年华纳媒体有限责任公司应 Mozilla 基金会的要求，将 Netscape 公共许可证下 Mozilla 项目中的所有代码（包括其他贡献者的代码）重新许可为 MPL 1. 1/GPL 2. 0 /LGPL 2. 1 三重许可证，从而实现了这个软件与 GPL 许可证的兼容。

类似的案例还有 Vorbis 库最初的许可证为 LGPL，但在 2001 年，在理查德·斯托曼的支持下，该许可证更改为限制较少的 BSD 许可证，以加速该库的采用。2014 年，由于 GPL v3/GPL v2 不兼容，FreeCAD 项目将其许可证从 GPL 更改为 LGPL v2。2014 年，Gang Garrison 2 从 GPL v3 重新授权为 MPL，以提高库兼容性①。

从上述案例可以看出，第三种解决方案的实现条件是较高的，通常只有在符合开源组件的权利人的利益的情况下才有可能发生。对于大部分企业来说，如果没有形成群体效应，难以对开源组件的权利人施加影响力。甚至，Apache 基金会也明确表示，基金会不会对基金会的官方软件提供双重许可，因为双重许可会导致软件的许可条件陷入混乱，从而导致开源软件的共同开发活动陷入混乱，违背了开放与协作的 Apache 精神②。

---

① 参见 https：//en. wikipedia. org/wiki/License_compatibility#Re – licensing_for_compatibility，最后访问日期：2023 年 9 月 23 日。

② See APACHE LICENSE V2. 0 AND GPL COMPATIBILITY，https：//www. apache. org/licenses/GPL – compatibility. html，最后访问日期：2023 年 9 月 23 日。

第七章 开源软件与著作权

第一节 软件的作品属性

一、作品的概念介绍

著作权法保护的客体是“作品”。《著作权法》（2020 年修正）第 3 条对作品的定义是“本法所称的作品，是指文学、艺术和科学领域内具有独创性并能以一定形式表现的智力成果”。

不难看出，作品具有如下属性。

首先，作品是人类的智力成果。这有两层含义：第一层含义作品是无形信息，而非有形物体；第二层含义作品是人类智力活动所形成的成果，而人类智力活动的过程就是创作的过程。非人类智力活动所形成的成果不是作品，如 AI 作诗，猴子无意间摆弄相机凑巧形成的照片，由于不存在人类智力活动的因素，因而不能被归入作品范畴。

其次，作品必须具有独创性。针对“独创性”，可以分别从“独”和“创”两方面来理解。“独”的含义是“独自”或“源自”，也即创作成果是源自于作者本人的，而不是抄袭得来，这就要求创作的作品与他人的作品具有一定的差异。单纯地临摹他人的绘画作品，即便是技艺高超到以假乱真的程度，那也只是复制作品而不是创作作品，因为其“创作”的成果中没有源自于本人的表达，缺乏“独”的成分；反而是那种临摹水平差的作品，由于其往往和原作存在明显差异，就能够被赋予了独创性，可以被认定为新的作品（演绎作品）。“创”的含义是“创造性”，也即作品必须具备一定的智力创作高度。1991年美国联邦最高法院在Feist案①中否认了“额头流汗”标准，认为单纯地组织人力统计社区住户的电话号码，并按照姓名字母排序所产生的电话号码簿并不构成作品，其不具备“独立完成和最低限度的一点创作性”。也就是说，“创造性”只需要一点就行了，而不能是完全没有。这是因为，作品本质上是人类创作的文学、艺术和科学领域内具有美感的信息，能传达一定的感情和思想，需要智力成果具备一定的质量和价值。统计电话号码的行为只是一种事实上的信息收集行为，而按照姓名字母进行排序也只是通常做法，因此并未达到作品所要求达到的那种智力创作高度。但需要注意的是，作品“创造性”的要求远低于专利的创造性要求。发明专利要求专利技术方案与现有技术相比，具有突出的实质性特点和显著的进步，其追求专利技术的先进性。而著作权法追求的是文化多样性，就绘画而言，无论是顶级画家的大作，还是孩提的涂鸦，只要产生了源自于作者自身的表达就可以认为具备创造性。

再次，作品是属于文学、艺术和科学领域内的成果。不是所有人类智力成果都能被纳入作品范畴。作品应当是具有文学、艺术美感或者能传递文学、艺术思想的成果。至于说科学领域，主要指的是具有科学美感的成果，如设计规整的工程设计图等。要注意的是，技术领域的成果是明确被排除在作品之外的，因为这些成果往往是解决技术问题的技术方案，一般属于专利范畴，而不属于著作权中的作品。

最后，作品是能够以一定形式表现的成果。著作权保护的是表达而非思想，因此作品必须能以一定形式表现出来，使得他人能看到、听到或感觉到。

二、软件作为作品的分析

（一）软件的介绍

《计算机软件保护条例（2013年修订）》第2条规定：“本条例所称计算机软件（以下简称软件），是指计算机程序及其有关文档。”该条例第3条进一步规定，

① See Feist Publications, Inc. *v.* Rural Tel. Serv. Co., 499 U. S. 340 (U. S. Supreme Court 1991).

“计算机程序，是指为了得到某种结果而可以由计算机等具有信息处理能力的装置执行的代码化指令序列，或者可以被自动转换成代码化指令序列的符号化指令序列或者符号化语句序列。同一计算机程序的源程序和目标程序为同一作品”。

上述“代码化指令序列”就是通常所说的机器语言（也称目标代码），一般以二进制的形式出现，表现为“0”和“1”组成的若干数列，能为计算机所理解，但很难为人类所读懂。程序员编程也不会使用机器语言，而是使用高级语言（也称源代码）。高级语言更接近于人类所使用的自然语言，能够为人类所理解。

常见的高级语言有C语言、Java等。例如，下面这段是用C语言编写的命令，是一段让计算机在屏幕上显示“Hello，World!”的指令。其中#include < stdio. h >是声明头文件，使用int main函数必须对头文件< stdio. h >进行声明。int main是主函数，也是C程序的入口点，后面大括号里面全是main函数的内容。printf是输出函数，含义是输出后面的文本内容，即输出“Hello，World!”到控制台。return 0；语句表示程序正常。（见图1）

```
c
#include < stdio. h >
int main ( ) {
    printf ("Hello, World! \ n");
    return 0;
}
```

图1　用C语言编写的命令

不难发现，人类可以理解以上高级语言。但计算机却无法理解上述高级语言，如需计算机执行上述代码，需要先将其转换成二进制的机器语言。以上C语言代码转换成二进制形式为：

100011 1101001 1101110 1100011 1101100 1110101 1100100 1100101 100000 111100 1110011 1110100 1100100 1101001 1101111 101110 1101000 111110 1010 1010 1101001 1101110 1110100 100000 1101101 1100001 1101001 1101110 101000 101001 100000 1111011 1010 100000 100000 100000 100000 1110000 1110010 1101001 1101110 1110100 1100110 101000 100010 1001000 1100101 1101100 1101100 1101111 101100 100000 1010111 1101111 1110010 1101100 1100100 100001 1011100 1101110 100010 101001 111011 1010 100000 100000 100000 100000 1110010 1100101 1110100 1110101 1110010 1101110 100000 110000 111011

1010 1111101

相信很少有人能理解上述二进制代码，但计算机却能“理解”。计算机是如何办到的呢？那是因为计算机的 CPU 上面有许多二极管，其特点是只允许电压达到一定高度的电流单向流过。所以二极管只有两种状态，要么是有电流流过时处于接通状态，要么是无电流流过时处于关闭状态，而这两种状态刚好可以对应 0 和 1 两种数字。在 CPU 里面无数个二极管，通过高低电平的方式可以让这些二极管各自呈现不同的关闭和打开的状态，相应就会出现无数个 0 和 1 的数列组合，而这些数列分别对应不同的信息。例如，Hello，World！的二进制代码是“1001000 1100101 1101100 1101100 1101111 101100 100000 1010111 1101111 1110010 1101100 1100100 100001”。计算机就是这么“理解”这些信息的。

我们都知道人类编程使用的是高级语言，但计算机却无法直接理解高级语言，所以需要将高级语言转换成机器语言才能让计算机运行人们所编写的程序。这一转换过程需要借助到编译器，其转换的过程也叫作编译。编译器本身也是一种计算机程序。编译器可以对高级语言进行词法分析、语法分析、语义分析，并进行源代码优化，最终生成机器语言，成为计算机可以执行的程序。而软件，一般都是由许多个执行程序组成的。

（二）软件成为作品的过程

软件历史可以追溯到 20 世纪 40 年代，但其并未被《伯尔尼公约》1971 年文本纳入作品范畴。可能的原因在于，早期的软件往往是用机器语言编写的一些计算机指令，人们很难将这些指令同文学、艺术、科学领域具有美感的作品相联系。此外，软件在其诞生之后很长一段时间，都是和硬件捆绑在一起销售的，用户得到的报价是硬件的价格，鲜少有人意识到软件的独立价值。

这种情况在 20 世纪 70 年代渐渐发生改变。从 20 世纪 60 年代末开始，计算机技术得到发展，集成电路取代晶体管，计算机的运算速度大幅提升。这时开始出现操作系统、数据库等复杂程度较高的软件。而且区别于早期用机器语言编写的简单软件，这些软件都是用新出现的高级语言编写，具有很好的可读性。如此一来，软件相对于硬件来说越来越具有独立价值。美国 IBM 等公司还出现了将软件与硬件解绑，单独对外许可销售软件的新商业模式，并逐渐成为趋势。

在软件诞生后的很长时间，美国一直是软件行业的引领者，处于绝对领先地位。1974 年，美国成立了版权作品新技术使用委员会。该委员会提出“计算机程序，只要体现了作者的原创，就是与版权相适应的主体”。1980 年，美国国会将这一决定写入了版权法。在国际上，美国为保护其软件产业，给其他国家施加压力，让他们也将软件纳入作品范畴进行保护。在美国的争取下，1994 年《TRIPs 协定》将软件纳入作品保护范畴，规定“计算机程序，无论是源代码还是目标代码，应作为《伯尔尼公约》（1971 年）项下的文字作品加以保护”。至此，软件作为作品已经成为世界普遍共识。

（三）软件的作品属性分析

根据上文分析，作品的属性包括：（1）应是人类的智力成果；（2）具有独创性；（3）属于文学、艺术和科学领域内的成果；（4）能够以一定形式表现。

现笔者相应分析软件的作品属性如下：

首先，软件显然属于人类的智力成果，因为其表现形式为软件代码，但本质上属于人类智力劳动所创造的信息。但笔者同时也认为，AI 编写的软件，由于没有人类智力活动的直接参与，不属于人类精神产品的范畴，因而不能被认定为作品。

其次，软件可以具备独创性。《伯尔尼公约》1971 年文本将软件作为文字作品保护。软件中的一行行代码就如同小说中的一行行文字那样，不同的程序员写出的代码往往存在很大差异。好的代码逻辑清晰、可读性高，让人赏心悦目，有利于后期的软件维护；不好的代码存在无谓重复、函数过长、类过大等问题，读来晦涩难懂，让后续维护的程序员抓狂。

```
assert（（!（bucket = findBucket（key）））||! bucket. isOccupied（））;
```

例如，上面这段代码难以阅读，因为 assert 函数中的表达式非常复杂，其他程序员要花费一定时间才能厘清它们之间的关系。

为了更好地阅读，可以减少代码行数，将需要阅读的表达式做最小化处理，对其作如下的精简和修改：

```
bucket = findBucket（key）; if（bucket! = null）{
assert（! bucket. isOccupied（））;}
```

这个例子告诉我们，源自于不同程序员的代码之间可以存在显著的差异，因此软件是可以具备独创性的。

再次，如何理解软件属于文学、艺术和科学领域内的成果问题，这个问题见仁见智。《伯尔尼公约》1971 年文本将软件作为文字作品保护，文字作品一般要求具备文学上的美感。但软件代码体现的是简洁、精炼、逻辑之美，如果说这种美是文学上的美会显得过于牵强。笔者认为，软件代码背后反映的往往是算法和规则，代码是对这些算法和规则的具体表达，如果说代码具备某种美感，其更可能是如同工程设计图那样，是一种科学领域的美感。

最后，软件是以代码形式表现的成果。这里需要注意的是，著作权法只保护软件代码的具体表达，而不保护软件代码背后所反映的算法和规则。《计算机软件保护条例（2013 年修订）》第 6 条规定："本条例对软件著作权的保护不延及开发软件所用的思想、处理过程、操作方法或者数学概念等。"因为这些算法和规则都属于思想范畴，不属于著作权法保护范围。更何况，这些算法和规则在很多情况下都属于技术方案，其有可能通过专利法获得保护。至于说软件代码的思想和表达具体界限在哪里，并没有一个清晰的标准。在有些情况下，一些算法如要写成代码，可供选择的表达方式只有有限的几种，这时就发生了"思想"和"表达"的混同，此时的软件（代码）就属于思想范畴。除此之外，软件思想和表达的区分方法是对软件进行自下而上的抽象，最底层的是代码，往上一级是组件、再往上是子模块、再往上是模块、再往上是子系统、再往上是系统、最上面是软件。表达和思想的界限在中间的某一个点，这个点具体在哪里就需要个案认定。

第二节
开源软件与专有软件在著作权法规制上的异同

开源软件和自由软件在某种程度上是同一概念，[①] 其根本特征是赋予用户四项自由：（1）用户可以自由运行该软件；（2）用户可以自由学习并修改该软件，作为前提，用户必须可以访问到该软件的源代码；（3）用户可以自由分发该软件的拷贝；（4）用户可以自由分发该软件修改后的拷贝，作为前提，用户必须可以访问到该软件的源代码。在自由软件基金会[②]看来，其支持软件用户的自由，因

① "开源软件"这一短语被某些人用于指代与自由软件或多或少相同的一类软件。它们并不是与自由软件严格一致的一类软件：它们接受某些在我们看来约束性过强的许可证（条款），也有一些自由软件许可证（条款）是它们所拒绝的。然而，两者外延的差别并不大：就我们所知，只有很少的开源软件不是自由软件。理论上，可能也会有自由软件不被接受是开源软件，但是我们还没有看到实际的例子。参见 https：//www. gnu. org/philosophy/categories. html#TransNote1，最后访问日期：2023 年 9 月 8 日。

② 自由软件基金会是一个非营利组织。其使命是在全球范围内促进计算机用户的自由。

为他们坚信这是每个用户应得的。有了这些自由，软件用户，无论是个人还是集体，都可以掌控所运行的软件，并决定这些程序如何为自己服务。[①] 开源软件往往是社区合作开发的产物，其开发者是多元的，其源代码是公开的，任何人都可以自由学习、修改、分发。

与开源软件（或称自由软件）相对应的是专有软件（另一种叫法是非自由软件），专有软件指不具备自由软件四项自由中部分或全部自由的软件。自由软件基金会认为，如果一个软件失去了上述自由，那么用户就不能掌控其所运行的软件，反而会被软件所操控，而软件的开发者则掌控着这些操控用户的软件。这使得非自由软件成了非正义力量的帮凶。[②] 专有软件往往是由专门的软件开发公司所开发的，用户往往只能被动接受软件开发者给定的既定功能，无法查看源代码，因而无法自行学习、修改、分发该等软件。

由此可见，开源软件和专有软件在底层哲学上存在根本区别。这使它们虽然同样受到著作权法的规制，但却在规制之下呈现出不同的特征：

一、财产观念的异同

无论是开源软件还是专有软件都属于著作权法意义上的作品，因此它们都具备财产属性。闭源软件属于完全意义上的私有财产，开源软件尽管也属于私有财产，但具备部分公共财产的特点。

（一）专有软件的私有财产属性

现代著作权制度发端于 1709 年。为了鼓励作者创作作品，英国在这一年颁布了《安娜女王法》，正式将作品纳入法律规制范畴，赋予作者对作品的印刷权、重印权等独占权利，并规定他人如若行使这些权利需要向作者支付报酬。如此一来，作品被赋予了排他性和收益性，把本质上属于信息的作品变成了一种财产。

在我国，《著作权法》第 10 条规定了作者享有作品的十多项人身权和财产权，包括复制权、发行权、广播权、信息网络传播权、改编权。这些权利充分体现了作者对于作品的排他性权利，因为任何对于作品的演绎（改编权）、传播（发行权、广播权、信息网络传播权）以及为传播所做的准备（复制权）都被作

---

① 参见 https：//www. gnu. org/philosophy/free－sw. html#four－freedoms，最后访问日期：2023 年 9 月 8 日。

② 参见 https：//www. gnu. org/philosophy/free－sw. html#four－freedoms，最后访问日期：2023 年 9 月 8 日。

者一人所垄断。相应地，《著作权法》第10条第2款还规定著作权人可以许可他人行使前款第5项至第17项规定的权利（著作财产权），并享有获得报酬的权利，这又体现了作品收益性。因此，在我国法律体系下作品也具备财产属性。

专有软件也和一般的作品一样，具有很强的排他性。因为与开源软件不同，专有软件的权利人通常不会免费许可著作权法项下的复制权、修改权、改编权、发行权等专有权利。权利人需要这些专有权利帮助其垄断这些作品，以便在此基础上通过向公众销售专有软件获得收益。

此外，专有软件在一般作品的基础上还多了一层封闭性。因为，对外销售的专有软件复制件中只有封装好的目标代码，而源代码却牢牢掌握在开发者手中，不轻易示人。用户购得专有软件复制件后，只能在指定的计算机上安装及使用专有软件，而无法通过查看源代码了解软件的编写思想，更无法对软件实施修改。这使得专有软件甚至不像一般作品那样具备思想传播功能。

最后，专有软件毋庸置疑具有收益性。因为软件公司可以销售专有软件获得收益。

不难看出，专有软件的以上特性使其成为一种典型的私有财产。

（二）开源软件具有部分公共财产的特征

与专有软件不同的是，开源软件在很大程度上抛弃了专有软件的排他性和收益性（但未完全抛弃），并且通过开放源代码的方式完全摒弃了专有软件的封闭性，从而换取软件的推广与使用量，甚至换取商业版本的营销收益。这使得开源软件具有部分公共财产的特征。

从排他性而言，开源软件对外免费许可实施著作权法项下的复制权、修改权、改编权、发行权等专有权利，允许公众自由实施该等行为。不特定的公众通过接受开源协议，履行开源义务换取开源软件的许可。但是对于未履行开源义务的使用行为，开源软件同样具有排他性，权利人可以主张相关的权利。

此外，开源软件不具备专有软件的封闭性。因为开源软件一般都要求强制开放源代码。例如GPL开源许可证，其最核心的要求就是开放源代码。因为只有开发源代码，才能保障公众享有学习、修改开源软件的自由。如此一来，任何人都可以通过阅读源代码来学习和研究软件背后的思想，以及对开源软件进行修改、改进。这使得开源软件具有很强的开放性和包容性。

最后，开源软件的收益性较弱。虽然开源软件可以进行商业化利用，但其收益模式往往是通过提供相关服务（如质保服务、培训服务）收费，此外GPL等许可证允许就提供源代码的复制件的行为收取成本费用。不难看出，这些收费并非基于软件的复制、发行、信息网络传播等行为的许可收费，不属于著作权法意义上的著作权报酬。当然，开源软件并未完全抛弃著作权法意义上的收益性，因为在开源软件遭受著作权侵权时著作权人还是可以向侵权人主张损害赔偿，这就体现了开源软件作为作品的收益性。只不过，在大多数情况下，这些收益性并非著作权人所刻意去追求的。

由此看来，开源软件具有专有软件所不具备的部分公共财产的特征。这种区别，在表面上看是排他性、收益性的强弱以及封闭性的有无。但从背后看，是软件不同生产关系的体现。专有软件是由少数主体单独开发的，而开源软件是由社会公众共同开发的；专有软件的开发目的是通过出售软件来为开发者赚取利润，而实施开源软件相关著作权往往是免费的。

二、权利观念的异同

专有软件和开源软件秉持不同的权利观念：

在开源软件的哲学中，著作权人主张开源软件的著作权并非目的，而是保障开源软件四项基本自由的手段。GPL v3 协议就提到“采用 GPL 的开发者通过两个步骤保护你的权利（四项基本自由，笔者注）。（1）对软件主张版权，（2）向你提供本许可证，允许你合法地复制、分发和/或修改它。”①

对于专有软件的著作权人而言，由于法律已经明确规定未经著作权人许可任何人不得行使著作权，因此相关著作权一直处于行使状态。这就好比在自家房屋周围设置了一圈藩篱，任何走过房屋的人都能看得见这些藩篱，人们都知道未经房屋主人邀请不得进入。而开源软件恰恰相反，其主动通过开源许可证免费许可他人实施相关著作权。这就好比房屋主人撤除藩篱，并且主动邀请路人进入房屋做客，但是如果路人不遵守基本的道德，大肆破坏，则房屋的主人仍有权拿起武器对其进行驱逐。开源软件的著作权人之所以保留对于著作权的主张，是为保障开源许可证的实施，开源的精神能够不断延续。

最后，私有软件著作权人主张著作权是为了帮助作者实现对作品的垄断，而开源软件是为了实现作品的自由传播。上文已经述及，作品作为信息，一旦发布

① GPL v3 序言部分，原文“Developers that use the GNU GPL protect your rights with two steps：（1）assert copyright on the software，and （2） offer you this License giving you legal permission to copy，distribute and/or modify it”。

就具备自由传播的属性。而著作权的设置，就是为了帮助作者控制对于作品的传播、演绎，使得作者在一定时期内垄断作品，从而鼓励作者创作作品。但开源软件的哲学是向公众开放软件的源代码，事先免费许可他人实施著作权的相关专有权利，从而促使软件更好地传播。

由此可见，开源思潮中，其权利观念和一般著作权的权利观念是相左的。这也是为什么著作权被称为 copyright，而开源软件的著作权被称为 copyleft 的原因。

三、规制逻辑的异同

专有软件和开源软件虽然都受到著作权法的规制，但二者在底层上的规制逻辑存在根本不同。

专有软件的权利体系直接建构在著作权法之上。首先，著作权法通过法律赋权的方式为包括软件在内作品的著作权人创设了相关排他性权利，这些权利属于对世权，任何人都必须遵守；其次，著作权法规定侵害这些权利需要承担的法律责任；最后，国家通过法院、公安机关等国家机构追究侵害著作权的行为，从根本上保障上述权利的实现。

开源软件的权利体系建构在各种开源许可证之上。开源许可证一般都会规定在开源的情况下，著作权人免费许可他人实施著作权法规定的软件相关排他性权利，任何遵守许可证的人都可以自由复制、修改、传播软件。不难看出，开源软件对于著作权法的介入在一定程度上是排斥的。但开源软件又不会完全放弃对著作权的主张，这样做的好处是可以保障开源许可证真正得到遵守。由此可见，这些开源许可证制度是嵌套或者说巧妙融合在著作权制度之中的。自由软件思潮在一定程度上是反对版权的，但它却借用了著作权法去反对版权。

第三节 开源软件涉及主要著作权法问题

一、开源许可证相关法律问题

在我国和部分大陆法系国家的法律体系下，开源许可证属于合同的一种。例如，在济宁市罗盒网络科技有限公司、广州市玩友网络科技有限公司等侵害计算机软件著作权纠纷一案①中，法院认为“GPL v3 协议具有合同性质，是授权方和用户订立的格式化著作权协议，属于我国合同法调整的范围”。在 Welte 诉 D－Link 一案②中，德国法院将 GPL 开源许可协议所设定的条件认定为附解除条件的合同。

作者认同上述观点，认为在我国法律体系下开源许可证性质上属于合同的一种。作为一份合同，开源许可证涉及如下法律问题。

（一）开源许可证的生效问题

关于生效，以 GPL 许可证为例：GPL v2 第 5 条规定：“5. 只要你还没有签署它，你就不受本许可证约束。但是，没有任何其他东西授予你修改或分发本程序或其衍生作品的许可。如果你不接受本许可证，这些行为就会是法律所禁止的。因此，如果你修改或分发本程序（或任何基于本程序的作品），视为你接受本许可证及其所有关于复制、分发或修改本程序或基于本程序的作品的条款和条件才这样做。”

以上条款实际上是 GPL v2 的要约条款，其可纳入中国法律的规制。GPL v2 在订立、生效之前，实际上属于一份订立合同的要约，该要约符合我国《民法典》第 472 条关于要约内容具体明确，以及经受要约人承诺，要约人即受该意思表述约束的规定。

对于承诺，我国《民法典》第 480 条规定：“承诺应当以通知的方式作出；但是，根据交易习惯或者要约表明可以通过行为作出承诺的除外。”很显然，要求开源软件的被许可人采取通知许可人的方式实施承诺，这不太现实，也不符合许可人关于软件技术共享的理念。而笔者注意到 GPL v2 第 5 条中规定了这样一段话：“因此，如果你修改或分发本程序（或任何基于本程序的作品），视为你接受本许可证及其所有关于复制、分发或修改本程序或基于本程序的作品的条款和条件才这样做。”这恰好属于《民法典》第 480 条规定的“要约表明可以通过行为作出承诺”的情形。

因此，在我国法律体系下，对于 GPL v2 协议，只要行为人实施了复制、分

---

① 参见广州知识产权法院民事判决书，（2019）粤 73 知民初 207 号。

② Welte v. D－Link Deutschland GmbH（LG Frankfurt/M.，2－6 0 224/06）. 转引自广州知识产权法院民事判决书，（2019）粤 73 知民初 207 号。

发或修改基于GPL开源许可证的开源软件的任何行为，即认为在著作权人和实施前述行为的人之间订立了GPL v2协议。其他开源许可证也有类似规定。

（二）开源许可证的终止问题

在开源许可证生效之后，如若行为人出现违反开源许可证的行为，那么著作权许可自动撤销，这是怎么做到的呢？

仍以GPL v2为例，其第4条规定："4. 除了本许可证明确规定的情况外，你不得复制、修改、分许可或分发本程序。任何其他试图复制、修改、分许可或分发本程序的行为都是无效的，并将自动终止你在本许可证下的权利。但是，根据本许可证从你那里获得拷贝或权利的各方，只要他们仍然完全遵守规定，他们的许可证就不会被终止。"

以上内容也能得到我国《民法典》的规制。《民法典》第158条规定："民事法律行为可以附条件，但是根据其性质不得附条件的除外。附生效条件的民事法律行为，自条件成就时生效。附解除条件的民事法律行为，自条件成就时失效。"

也就是说根据GPL v2第4条的规定，GPL v2许可证是一个附解除条件的合同。如若不按照该许可证复制、修改、分许可或分发基于GPL v2许可证的开源软件，那么该许可证便因解除而失去效力，那么实施许可证项下开源软件著作权的行为人因缺乏实施著作权的许可，其相关行为构成著作权侵权。

二、开源软件著作权归属问题

开源软件的开发模式决定开源软件有可能是合作作品，也有可能是单纯的改编作品，其著作权归属情况不尽相同。

（一）开源软件主分支的著作权归属问题

一般而言，一款开源软件项目是由项目管理者创建的，并相应设置开源协议。项目管理者往往是该款开源软件的初始开发者，其将初始源代码上传至开源代码托管平台（如GitHub和Gitee），建立该款开源软件的主分支。任何用户都可以在开源社区查看、复制该源代码，并且还可以自行对该源代码进行修改和维护。其他用户对项目管理者源代码的修改和维护，就形成了该款软件的一个个分支。

这些创建有分支的用户可以向项目管理者发起申请，让项目管理者将自己的分支合并到主分支中。一旦得到项目管理者的同意，该用户便成为主分支的贡献者。

我国《著作权法》第14条规定："两人以上合作创作的作品，著作权由合作作者共同享有。没有参加创作的人，不能成为合作作者。……合作作品可以分割使用的，作者对各自创作的部分可以单独享有著作权，但行使著作权时不得侵犯合作作品整体的著作权。"

我国《计算机软件保护条例》第10条规定："由两个以上的自然人、法人或者其他组织合作开发的软件，其著作权的归属由合作开发者签订书面合同约定。无书面合同或者合同未作明确约定，合作开发的软件可以分割使用的，开发者对各自开发的部分可以单独享有著作权；……合作开发的软件不能分割使用的，其著作权由各合作开发者共同享有……"

根据以上规定，合作作品的一个构成要件是合作作者之间具有共同创作作品的合意，另一个构成要件是每个合作作者均对于作品贡献了独创性表达。笔者认为，主分支的贡献者向项目管理者提出合并分支的申请，以及项目管理者同意该申请并将贡献者的分支拉入主分支的行为，反映出项目管理者和贡献者之间存在创作合意。[①] 在这种情况下，如果并入主分支的分支为主分支贡献了独创性表达，那么新的主分支便成为管理者和贡献者之间的合作作品。其著作权归属的规则如下所示：

如各开发者之间有书面合同约定的，则按照约定处理。在没有约定或者约定不明的情况下，如果该新的主分支可以分割使用的，那么开发者对各自开发的部分可以单独享有著作权；如果该主分支不能分割使用的，其著作权由各合作开发者共同享有。

（二）开源软件分支的著作权归属问题

如果分支未被纳入主分支并以分支的形式单独存在，那么由于缺乏创作合意，这些分支显然难以在管理者和分支贡献者之间形成合作作品。

但这些单独存在的分支如果产生了区别于主分支的独创性表达，则构成主分

① 对此问题，广州知识产权法院在民事判决书（2019）粤73知民初207号中进行过讨论，认为："涉案软件源代码的提交者包括项目管理者和贡献者，而贡献者提交代码的流程是先由贡献者发起拉取申请，经项目管理者同意后才会并入主分支中，显然双方存在共同创作的合意，这也符合软件源代码开源的本意，即通过互联网媒介，集合全球开发者的智慧，尽可能使软件最佳化，从而促进知识的传播。"

支的演绎作品。对于改编形成的演绎作品，我国著作权法规定其著作权由改编者享有，但行使著作权时不得侵犯原作品的著作权。

这是因为以单独形式存在的分支既保留了原主分支的基本表达，还增加了具有独创性的新的表达，从而同时包含了原开发者和新开发者的智力成果，所以在这一分支上存在原开发者和新开发者所享有的双重权利。

三、开源软件的诉讼维权规则问题

开源软件的诉讼维权规则，也因为是否属于主分支而有所不同。

（一）开源软件主分支的诉讼维权规则

开源软件的主分支如果存在多个贡献者，那么项目管理者和贡献者应当如何行使诉权？维权结果如何分配呢？

对于可以分割使用的软件，由于开发者对各部分单独享有著作权，因此开发者可以单独行使诉权，并享有全部维权成果。

对于不可分割使用的软件，《计算机软件保护条例》第10条规定“……合作开发的软件不能分割使用的，其著作权由各合作开发者共同享有，通过协商一致行使；不能协商一致，又无正当理由的，任何一方不得阻止他方行使除转让权以外的其他权利，但是所得收益应当合理分配给所有合作开发者。”

笔者认为，虽然《计算机软件保护条例》第10条规定各著作权人可以单独行使除转让权以外的其他权利，但这些被行使的权利应属于实体上的权利，不能用来判断不可分割使用的软件诉权行使规则，如要判断还需结合民事诉讼法。

首先，由于多个开发者共同享有不可分割的主分支著作权，那么主分支涉及的诉讼很显然属于《民事诉讼法（2021年修正）》（已修订）第55条规定的必要共同诉讼。

其次，对于必要共同诉讼，《最高人民法院关于适用〈中华人民共和国民事诉讼法〉的解释（2022年修正）》第73条规定：“必须共同进行诉讼的当事人没有参加诉讼的，人民法院应当依照民事诉讼法第一百三十五条的规定，通知其参加；当事人也可以向人民法院申请追加……”该解释第74条规定：“人民法院追加共同诉讼的当事人时，应当通知其他当事人。应当追加的原告，已明确表示放弃实体权利的，可不予追加；既不愿意参加诉讼，又不放弃实体权利的，仍应追加为共同原告，其不参加诉讼，不影响人民法院对案件的审理和依法作出判决。”

从以上规定可以看出，不可分割的主分支一旦涉诉，如果只有部分著作权人提起诉讼的，法院应当通知其他共同作者参加诉讼。除非其他著作权人明确表示放弃实体权利，否则法院均应当将其他著作权人追加为案件共同被告。

但在实际操作过程中，开源软件的合作开发者往往人数众多，而且还会出现众多开发者分布在不同国家的情况，如果让法院通知所有人参加诉讼是不现实的。不过，如果法院以其他应当参加诉讼的作者未参加诉讼为由判决驳回部分作者的起诉，就会使开源软件维权门槛过高，无形中纵容了针对开源软件的侵权行为。

对于这个问题，司法实践中的通常做法是追加其他著作权人参加诉讼，如果无法联系或者难以联系其他著作权人导致难以追加的，则允许提起诉讼的著作权人单独维权，相关案例如下：

在济宁市罗盒网络科技有限公司、广州市玩友网络科技有限公司等侵害计算机软件著作权纠纷案件①中，法院认为："开源软件项目的贡献者往往人数众多，互不相识且散布于全球各地，只要项目保持开源则贡献者数量会持续动态地增加。即使涉案软件属合作作品，就在案证据难以查清所有权利人的基本情况下，若开源项目要求必须经过所有贡献者的授权才能提起诉讼，那么将导致开源软件维权无从提起。因此，本院认定，罗盒公司作为提交了绝大部分代码量的项目管理者提起本案诉讼亦无需经过其他贡献者的授权，有权单独提起本案诉讼。"

在深圳市杰科电子有限公司与北京紫禁城影业有限责任公司侵害作品信息网络传播权纠纷一案②中，法院认为："根据涉案作品的片尾署名及相关授权书，紫禁城公司系涉案影片的著作权人之一。又根据《著作权法实施条例》第9条的规定，合作作品不可分割使用的，其著作权应由合作作者协商一致行使，不能协商一致，任何一方在无正当理由的情况下不得阻止他方行使除转让以外的其他权利，但是所得收益应当合理分配给所有合作作者。由于中国邮政集团公司、国家邮政局经一审法院联系后未能回复，紫禁城公司作为共同著作权人之一单独起诉的行为应予准许。若今后其他权利人就杰科公司、盈崎公司的侵权行为主张涉案作品的权利，可以在本案处理后向紫禁城公司主张其在本案中应取得的赔偿份额。"

在迪斯尼公司与北京永盛世纪国际文化发展有限公司、北京永盛世纪国际文化发展有限公司世纪恩泽部侵犯著作权纠纷案③中，法院认为："至于被告永盛

---

① 参见广州知识产权法院民事判决书，(2019) 粤73知民初207号。

② 参见上海知识产权法院民事判决书，(2017) 沪73民终75号。

③ 参见北京市西城区人民法院民事判决书，(2007) 西民初字第5296号。

世纪公司认为原告作为共同版权人之一不应单独起诉的辩称意见，本院认为，从本案证据看，《超人特工队》系合作作品，原告是著作权人之一，著作权人之间形成的是共同共有关系。因此，在本案审理中，本院曾要求原告提供其他共有著作权人的基本情况，但原告表示无法提供。在无法与其他共有著作权人联系的情况下，原告作为著作权人之一，为避免损失扩大，通过诉讼要求被告停止侵权，亦不违反相关法律规定。原告在本案中所获得除诉讼合理费用外的经济赔偿是著作权人共有的，影片《超人特工队》的其他著作权人可以在本案处理后向原告主张其所应享有的赔偿份额。”

在北京紫禁城影业有限责任公司与上海盈崎信息科技有限公司、深圳市杰科电子有限公司侵害作品信息网络传播权纠纷一案①中，法院认为：“根据我国著作权法规定，电影作品的著作权由制片人享有。如无相反证明，在作品上署名的公民、法人或者其他组织为作者。本案中，根据涉案作品的片尾署名及相关授权书，原告紫禁城公司系涉案影片的著作权人之一。又根据《著作权法实施条例》第9条的规定，合作作品不可分割使用的，其著作权应由合作作者协商一致行使，不能协商一致，任何一方在无正当理由的情况下不得阻止他方行使除转让以外的其他权利，但是所得收益应当合理分配给所有合作作者。由于中国邮政集团公司、国家邮政局经本院联系后未能回复，原告作为共同著作权人之一单独起诉被告的行为应予准许。若今后其他权利人就被告的侵权行为主张涉案作品的权利，可以在本案处理后向原告主张其在本案中应取得的赔偿份额。”

关于维权成果的归属，以上大部分案件都认为应由所有著作权人分配，并在判决中指出其他著作权人可以向原告主张其在案件中应取得的赔偿份额。至于济宁市罗盒网络科技有限公司、广州市玩友网络科技有限公司等侵害计算机软件著作权纠纷案件，法院并未判决为其他34名贡献者预留份额，原因在于法院认为被告无证据证明这34名贡献者贡献了独创性表达，从而在案件中未认定案涉开源软件构成合作作品。

（二）开源软件分支的诉讼维权规则

开源软件分支属于演绎作品，其维权规则同演绎作品的维权规则。

演绎作品上存在原作者和改编者的双重权利，但法律并未禁止改编者单独维权。只是法院在处理演绎作品维权案件时，其把握的侵权比对原则是分析改编者

① 参见上海市闵行区人民法院民事判决书，（2015）闵民三（知）初字第1370号。

的独创性表达是否收到了侵害。如若侵权行为侵害的是原作品的独创性表达，则改编者的诉请是难以得到支持的。此外，法院在判决损害赔偿的时候，只会考虑改编者独创性表达受损害的情况，原作品独创性表达的受损情况会被剔除。

四、违反 GPL 开源协议是否会导致强制开源

笔者在提供开源软件法律服务过程中，发现很多客户都十分关注这个问题。目前，尚未发现国内外法院处理过类似案件，而且几乎没有原告提起过这项诉请。因此，笔者试着从法律上进行分析：

首先，需要明确的是，开放源代码义务规定在 GPL 协议中，性质上属于合同义务。以 GPL v2 为例，其第 3 条规定在以目标代码和可执行形式复制和分发本程序或基于本程序的作品之时，必须附带有源代码或者承诺提供源代码的书面要约。①

其次，以上条款在行为人采取复制、分发或修改开源软件等行动时，自动对行为人生效，在行为人和开源软件著作权人之间形成合同关系（见本节第 1 部分分析）。

最后，如若行为人采取了上述行动，但又不按照 GPL v2 第 3 条的规定开放源代码，那么根据 GPL v2 第 4 条的规定，该许可证授予行为人的许可将自动终止②。此处特别需要注意的是，终止的仅仅是 GPL v2 项下的著作权许可，而非终止 GPL v2 本身。此时 GPL v2 协议，特别是 GPL v2 的第 3 条仍然对行为人具备法律效力。

因此，开源软件的著作权人有权基于 GPL v2 第 3 条向违约方提出开放源代码的主张。但由于开放源代码的义务属于非金钱债务，法院最终能否判决违约的行为人履行该义务，即强制开源，还需考虑《民法典》第 580 条③的规定。

根据《民法典》第 580 条，如下三种情况守约人不能主张违约方继续履行非金钱债务：（1）法律上或者事实上不能履行；（2）债务的标的不适于强制履行

---

① 参见 GPL v2 第 3 条。

② 参见 GPL v2 第 4 条。

③ 参见《民法典》第 580 条：当事人一方不履行非金钱债务或者履行非金钱债务不符合约定的，对方可以请求履行，但是有下列情形之一的除外：（1）法律上或者事实上不能履行；（2）债务的标的不适于强制履行或者履行费用过高；（3）债权人在合理期限内未请求履行。有前款规定的除外情形之一，致使不能实现合同目的的，人民法院或者仲裁机构可以根据当事人的请求终止合同权利义务关系，但是不影响违约责任的承担。

或者履行费用过高；(3) 债权人在合理期限内未请求履行。

笔者认为，开放源代码义务很难归入法律上或者事实上不能履行的义务。

至于说债务标的不适于强制履行是指债务的性质不宜直接强制履行。例如，委托合同、技术开发合同、演出合同、出版合同等合同的主给付义务，这类债务通常具有人身依附性，不能够由其他人代替履行，性质上决定了不适用直接强制履行①。

笔者倾向于认为，开放源代码义务由于具备一定的人身依附性，不能够由其他人代替履行，因此性质上属于不宜直接强制履行的债务。对于违反 GPL 协议的行为，如若著作权人主张由违约方开放源代码存在一定难度。

五、各国对“临时复制”的不同理解与 GPL 许可证横向传染条款效力的探讨

我们都知道，GPL 的三个版本都规定有传染性条款。传染性包括纵向传染性和横向传染性。纵向传染性是指对受保护软件进行修改所形成的后续版本的软件，也应当适用 GPL 协议开源。横向传染性是指与受保护软件进行复杂交互的软件，两者的交互使它们事实上结合成一个更大的程序，这个程序的整体也应当适用 GPL 协议开源。

我们不难理解 GPL 协议起草人设置传染性条款的目的，那就是对于受保护软件的演绎作品也施加保护，强迫这些演绎作品也一并开源。笔者认为，这一想法完全是正当的、必要的。但问题的关键在于，什么是软件的演绎作品，谁能界定软件的演绎作品。

在纵向传染中，演绎作品的界定争议不大。因为，直接对软件源代码进行修改、贡献独创性表达，形成新版本的软件当然构成之前软件的演绎作品。

但是，在横向传染性中，人们并没有对受保护软件代码做任何修改，而仅仅是将受保护软件和其他软件一起运行，例如，使用非自由软件通过动态链接的方式使用受到 GPL 保护的库文件。GPL 协议的起草者似乎认为，这种将两款软件联合运行的行为也能形成新的演绎作品。但这似乎违反了笔者作为中国法律从业者的认知。

---

① 参见最高人民法院民法典贯彻实施工作领导小组：《中华人民共和国民法典合同编理解与适用(二)》，人民法院出版社 2020 年版，第 738 页。

在笔者看来，《伯尔尼公约》1971 年文本将软件作为文字作品保护，我国实质上也遵从该做法。如果将源代码视为文字作品，那么对于软件的修改就要求对软件源代码贡献新的独创性表达。但在使用非自由软件通过动态链接的方式使用受到 GPL 保护的库的场合，似乎并没有人对作为开源软件的库文件贡献出新的独创性表达。难道说，GPL 协议的起草者认为，动态链接的行为就是往库文件中添加非自由软件代码的行为，从而使它们结合成一个新的更大的程序吗？

根据笔者的研究，以上答案似乎是肯定的。因为自由软件基金会在 1999 年发布了 LGPL 许可证，该许可证允许非自由软件通过动态链接的方式使用作为开源软件的库文件，而不必担心被传染。在自由软件基金会眼中，LGPL 是 GPL v2 的继承者（successor），为开源软件开发者在 GPL v2 之外提供了一种备选的开源策略。这从反面印证了，自由软件基金会似乎认为，非自由软件通过动态链接的方式引入基于 GPL v2 的开源库文件就有可能遭到传染。

笔者认为，自由软件基金会之所以会有这种想法，这牵涉到美国法对于“临时复制”的态度。

何谓“临时复制”？我们都知道，计算机程序（代码）一般存储在计算机硬盘中。当我们要运行该程序时，程序代码会临时加载到计算机的内存里面进行运算；而当我们关闭程序的时候，程序代码会在内存中被删除。

英美法系国家认为，以上计算机程序临时加载到计算机内存中的行为也是著作权法所控制的复制行为，被他们称作临时复制。① 但包括我国在内的大陆法律往往并不承认临时复制，即不认为临时复制行为属于著作权法所控制的复制行为。

英美国家之所以承认“临时复制”，是因为他们想将单纯的互联网浏览行为纳入著作权的控制范畴。我们都知道，在单纯使用互联网浏览网页时，只需将相关网络数据临时加载到计算机内容之中便可实现网页浏览，而无须用户将数据下

---

① 目前，美国和欧盟通过判例或立法将“临时复制”定性为版权法意义上的复制行为。在具有代表性的“MAI 诉 Peak 案”中，美国联邦第九巡回上诉法院认为：软件在运行中在内存中形成的“临时复制”完全符合美国版权法对复制的定义。欧盟则在 2001 年通过的《关于协调信息社会版权和相关权的指令》（以下简称《版权指令》）第 2 条规定：“成员国应规定（权利人享有）授权或禁止直接地或间接地、临时地或永久地通过任何方法和以任何形式全部或部分复制的专有权。”这意味着“临时复制”作为一种复制行为被纳入了复制权的控制范围。转引自王迁：《版权法保护技术措施的正当性》，载 http：//www. fxcxw. org. cn/dyna/content. php? id = 11431，最后访问日期：2023 年 9 月 24 日。

载到计算机硬盘里。如要通过著作权法控制单纯的互联网浏览行为，就必须将临时加载到计算机硬盘中的“临时复制”行为纳入著作权法的“复制”行为范畴。笔者认为承认“临时复制”是存在重大缺陷的，会产生很多与一般著作权法律原理相冲突的情况。笔者在此不做进一步讨论，只是强调在“临时复制”问题上，中国等大陆法律国家和英美法律存在重大区别。

弄明白以上问题，也就不难理解为什么 GPL 协议的起草者会认为单纯将两个程序在计算机中运行会使它们结合成一个更大的程序（衍生作品）。

我们都知道，在计算机运行的时候，两个程序之间无论是静态链接还是动态链接，它们都会临时复制到内存中并结合成一个新的程序。只不过在静态链接场合，两个程序是一起加载到内存之中并结合。在动态链接场合，先是一个程序被加载到内存之中，这个程序带了一段接口代码（你可以理解为这段代码是一个写了被加载程序地址的纸条），系统通过这段接口代码会自动从计算机硬盘中寻找需要被链接的程序，并将其复制到内存之中，使得两个程序结合。

以上结合，在英美法系看来形成了一个新的作品，因为他们承认在内存中的临时复制行为属于著作权法意义上的复制行为。但在我国等大陆法系看来，由于不承认内存中的临时复制行为，所以即便是在内存中临时结合成一个更大的程序，我国法律也不认为形成了新的作品。而 GPL 协议恰恰是美国律师起草的，所以其关于纵向传染性的问题可能是受到了美国法关于“临时复制”制度的影响。

其实，这种差异虽然细微但会引发一系列问题。在静态链接场合，人们往往很难察觉这种差异。因为在静态链接的应用场景中，两款软件事先被编译到一个可执行文件之中，在其因运行临时复制到计算机内存之前，就已经通过著作权法意义上的复制行为结合成了一个更大的程序。但在动态链接场合，两款软件事先不会被编译到一个可执行文件之中，往往一个软件被编译到可执行文件之中，另一个软件（往往是库文件）事先已经存在于用户的硬件系统之中。

对 GPL 的纵向传染性条款而言，如其适用中国法律，要考虑到中国不承认临时复制，那么即便是对 GPL 协议保护的库实行动态链接，也可能不会产生违约效果。因为违反 GPL 协议的前提条件是对“基于程序的作品”（演绎作品）进行了协议规定之外的复制、分发、修改等行为。在动态链接场合，由于并没有产生所谓的演绎作品，所以中国法律下的行为也就不存在对演绎作品进行了任何复制、分发、修改的行为，这样一来也就不存在违反 GPL 协议的情况。但这种行为放到英美法之下，往往就是违反协议的行为。

第四节

开源软件案例

一、数字天堂（北京）网络技术有限公司与柚子（北京）科技有限公司、柚子（北京）移动技术有限公司侵犯计算机软件著作权纠纷案（一、二审）

（一）基本信息

一审案号：（2015）京知民初字第631号

当事人：原告：数字天堂（北京）网络技术有限公司（以下简称数字天堂公司）

被告：柚子（北京）科技有限公司（以下简称柚子科技公司）

被告：柚子（北京）移动技术有限公司（以下简称柚子移动公司）

裁判日期：2018.04.12

审理法院：北京知识产权法院

二审案号：（2018）京民终471号

当事人：上诉人（原审被告）：柚子（北京）科技有限公司

上诉人（原审被告）：柚子（北京）移动技术有限公司

被上诉人（原审原告）：数字天堂（北京）网络技术有限公司

裁判日期：2019.11.06

审理法院：北京市高级人民法院

（二）案件简介

原告数字天堂公司诉称：原告是HBuilder开发工具软件的著作权人。2014年9月，原告发现二被告通过官方网站发布一款名为APICloud的软件。经过比对，APICloud软件抄袭了原告HBuilder开发工具软件中三个插件（代码输入法功能插件、真机运行功能插件、边改边看功能插件）的源代码。二被告的行为侵犯了原告对HBuilder软件享有的复制权、修改权及信息网络传播权。

被告柚子科技公司、柚子移动公司共同辩称：（1）原告的 HBuilder 软件是 GPL 协议下的开源软件分支。根据 GPL 协议的规定，原告的 HBuilder 软件使用了受 GPL 协议保护的第三方软件源程序，其软件亦为开源软件，任何第三方有权在 GPL 协议授权下使用其代码并构建衍生软件产品。因此，被诉 APICloud 的软件中对于原告软件相关源程序的使用无须经过原告许可，二被告的被诉行为未侵犯原告的著作权。（2）即便被诉行为构成对原告著作权的侵犯，在考虑如下因素的基础上，原告所提赔偿请求亦缺乏事实和法律依据：原告主张二被告侵权的三个功能插件并非被告的核心软件；被诉侵权的软件版本在线时间短；原被告双方的涉案软件均为免费软件；被诉侵权软件中使用原告软件的代码量占比较小；被告并不存在主观恶意。（3）原告有关赔礼道歉、消除影响的诉讼请求缺乏依据。综上所述，柚子科技公司、柚子移动公司请求法院驳回原告的诉讼请求。

（三）争议焦点

软件的组成部分包含 GPL 是否会导致其他组件或整个软件需要遵守 GPL；数字天堂公司的 HBuilder 软件中的三个插件是否属于 GPL 下的衍生产品。

（四）一审法院分析

涉案 HBuilder 软件属于《著作权法》第 3 条规定的计算机软件作品，二被告认可原告是该软件作品的著作权人。该软件中的三个插件，即代码输入法功能插件、真机运行功能插件、边改边看功能插件，虽包含于涉案 HBuilder 软件，但其均可以独立运行，且原告针对上述三个插件分别进行了著作权登记，故其属于独立的计算机软件作品，原告享有著作权，有权禁止他人以《著作权法》第 10 条所规定的方式使用该软件作品，包括原告在本案中所主张的修改权、复制权及信息网络传播权所控制的使用方式。

基于两次鉴定意见可知：针对输入法功能插件，被诉侵权软件 30 个源代码中有 29 个源代码文件与原告软件对应源代码具有同一性；针对运行功能插件，被诉侵权软件 23 个源代码中有 18 个源代码文件与原告软件对应源代码具有同一性；针对边改边看功能插件，被诉侵权软件 56 个对应源代码中有 44 个源代码与原告软件对应源代码具有同一性。而前述具有同一性的源代码中，只有一小部分源代码与第三方或开源软件相同。可见，被诉侵权软件复制了原告软件中的绝大部分文件，只对其中小部分进行了修改，上述行为落入原告复制权及修改权的保护范围。被诉侵权软件系由二被告共同在其网站中提供给用户下载，该行为则落入信息网络传播权的保护范围。基于此，在上述行为未经原告许可的情况下，除非二被告存在法定抗辩理由，否则，上述行为将构成对原告上述权利的侵犯。

二被告主张原告软件使用了受GPL协议保护的第三方软件源程序，其软件亦为开源软件，任何第三方有权在GPL协议授权下使用其代码并构建衍生软件产品。法院认为，因原告主张二被告使用的是HBuilder软件中的三个插件，而该三个插件属于独立的软件作品，因此，需要判断的是该三个插件是否是受GPL协议限制。庭审中，二被告认可该三个插件均处于独立的文件夹中，该文件夹中并无GPL开源协议文件。不仅如此，在HBuilder软件的根目录下亦不存在GPL开源协议文件。根据GPL协议的相关规定，GPL协议的许可客体是在GPL协议许可下批准的受版权保护的程序以及基于该程序的衍生产品或修订版本。对于原告涉案三个插件而言，在其所处文件夹中并无GPL开源协议文件，而HBuilder软件的根目录下亦不存在GPL开源协议文件的情况下，尽管HBuilder软件其他文件夹中包含GPL开源协议文件，但该协议对于涉案三个插件并无拘束力，据此，涉案三个插件并不属于该协议中所指应被开源的衍生产品或修订版本，二被告认为原告软件为开源软件的相关抗辩理由不能成立。被诉行为构成对著作权人复制权、改编权及信息网络传播权的侵犯。

依据《著作权法》第48条、第49条的规定，未经著作权人许可实施著作权所控制的行为，应当承担消除影响、赔礼道歉、赔偿损失等民事责任。因被诉侵权行为构成对原告作品修改权的侵犯，故二被告应承担赔礼道歉、消除影响的民事责任，二被告需要在其网站首页显著位置及其微信公众号显著位置刊登声明向原告赔礼道歉及消除影响。至于原告所主张的新浪网等其他平台，因并非由二被告经营，其不具有控制能力，故对于原告要求在其他平台上进行赔礼道歉及消除影响的诉讼请求法院不予支持。

对于赔偿数额的确定，因原告并未提交证据证明原告损失及被告获利，而在原告损失及被告获利均无法确定的情况下，依据《著作权法》第49条的规定，应在50万元以下进行酌定。需要指出的是，法院在（2015）京知民终字第1055号案中指出，该条款中法定赔偿的50万元上限针对的是一个侵权行为，而非全案。在涉及多个侵权行为的案件中，全案的赔偿数额不以50万元为上限。在本案涉及三个独立软件作品的情况下，二被告实施的行为可视为分别提供上述三个作品的行为，故本案赔偿数额应不超出 150 万元。

本案中，在考虑如下因素的情况下，法院酌定赔偿数额 125 万元：其一，二被告抄袭恶意明显。被诉侵权软件使用了原告涉案三个插件中的相关文件，尤其对于代码输入法功能插件、边改边看功能插件，其使用了其中的绝大部分，在二被告无合理理由的情况下，基本可以排除巧合，而仅可能是基于明知而抄袭。而被诉侵权软件中有原告的数字签名这一事实更加确定了二被告抄袭这一事实。二被告在明知抄袭的情况下，在官网上发表针对原告的不实声明，亦表明其所具有的主观恶意。其二，被诉软件用户的绝对数量及其增长速度。二被告在其公众号中明确指出“目前平台已拥有超过 10 万移动开发者，截止今年 4 月底（2015年），开发者数量增长速度是过去六个月的总和”，二被告虽认为开发者数量不同于用户数量，但既未举证，亦未进行合理说明，故上述事实亦是赔偿数额考量的重要因素。

对于原告所主张的律师费 20 万元，考虑到计算机软件纠纷的复杂程度及本案具体情况，法院予以全额支持。对于公证费 24330 元，因其中仅一部分与本案相关，在原告未明确对应关系的情况下，法院在合理范围内予以支持。对于国家图书馆检索费 270 元，属于本案实际发生的费用，法院予以支持。

（五）一审法院判决

被告公司构成著作权侵权，应赔礼道歉、消除影响并赔偿数字天堂公司经济损失 125 万元，合理支出 21 万元。

（六）二审法院分析

本案在一审诉讼中已经进行两次司法鉴定，柚子科技公司和柚子移动公司应在一审两次鉴定中就上述事项提出司法鉴定申请。对于待证事实负有举证责任的柚子科技公司和柚子移动公司，其一审两次鉴定程序中均怠于行使自己的举证责任，而于二审诉讼中再次提出第三次鉴定申请，有违司法程序公正和司法程序效率。且柚子科技公司和柚子移动公司提出的相关司法鉴定申请内容与本案待证事实之间无直接关联性，故法院对柚子科技公司和柚子移动公司向二审法院提出的司法鉴定申请不予准许。

一审庭审中，柚子科技公司和柚子移动公司认可涉案三个插件中并无 GPL 开源协议，在 Hbuilder 软件的根目录下亦不存在 GPL 开源协议。因此，对柚子科技公司和柚子移动公司有关涉案三个插件应受 GPL 协议约束的主张不予支持。

软件著作权属于软件开发者，如无相反证明，在软件上署名的自然人、法人或者其他组织为开发者。涉案 HBuilder 软件属于著作权法规定的计算机软件作品，柚子科技公司和柚子移动公司亦认可数字天堂公司系该软件作品的著作权人，且数字天堂公司针对 HBuilder 软件中的三个插件进行了著作权登记，故数字天堂公司有权禁止他人未经许可使用其享有著作权的计算机软件作品。本案中，数字天堂公司有权就涉案 HBuilder 软件中的三个插件，即代码输入法功能插件、真机运行功能插件、边改边看功能插件主张著作权。基于两次司法鉴定意见：针对输入法功能插件，被诉侵权软件 30 个源代码中有 29 个源代码文件与数字天堂公司软件对应的源代码具有同一性；针对真机运行功能插件，被诉侵权软件 23 个源代码中有 18 个源代码文件与数字天堂公司软件对应的源代码具有同一性；针对边改边看功能插件，被诉侵权软件 56 个对应源代码中有 44 个源代码与数字天堂公司软件对应的源代码具有同一性。二审中查明，柚子科技公司和柚子移动公司指出输入法功能插件中具有同一性代码文件 29 个中有 28 个为数字或简单图片的 .png 图片文件，故该 28 个文件因缺乏独创性，数字天堂公司无权就此主张著作权的保护，对该部分文件应当在本案侵权认定中予以排除。除此之外，前述被控侵权软件复制及修改了数字天堂公司主张权利的 HBuilder 软件中的三个插件，侵犯了数字天堂公司对 HBuilder 软件享有的复制权和修改权等权利，柚子科技公司和柚子移动公司的行为构成侵权，应承担停止侵害、赔偿损失等民事责任。

本案中，数字天堂公司诉称柚子科技公司和柚子移动公司通过官方网站发布一款名为 APICloud 的软件，认为 APICloud 软件抄袭了数字天堂公司 HBuilder 开发工具软件中三个插件的源代码，侵犯了其对 HBuilder 软件享有的复制权、修改权和信息网络传播权。数字天堂公司在本案诉讼中提交材料认为 HBuilder 软件系包含 Eclipse 平台框架、Aptana 插件、数字天堂公司为 Eclipse 开发的插件以及其他第三方公司为 Eclipse 开发的插件为一体的聚合体软件包，数字天堂公司现有证据不足以证明涉案三个插件可以独立于 HBuilder 开发工具软件中的其他程序独立运行。而且，柚子科技公司和柚子移动公司本案中被控侵权行为涉及的软件系为一个软件，即 HBuilder 开发工具软件。因此，本案中涉及的侵权行为应为一个侵权行为，一审法院将其视为多个侵权行为并据此计算赔偿数额有误，二审法院予以纠正。

《著作权法》第 49 条规定，侵犯著作权或者与著作权有关的权利的，侵权人应当按照权利人的实际损失给予赔偿；实际损失难以计算的，可以按照侵权人的违法所得给予赔偿。赔偿数额还应当包括权利人为制止侵权行为所支付的合理开支。权利人的实际损失或者侵权人的违法所得不能确定的，由人民法院根据侵权行为的情节，判决给予50万元以下的赔偿。在数字天堂公司的经济损失和柚子科技公司和柚子移动公司的违法所得均缺乏相应证据予以证明的情况下，法院综合考虑柚子科技公司和柚子移动公司的主观恶意程度、被控侵权软件复制和修改涉案软件的数量、被控侵权软件用户的绝对数量及其增长速度等因素，确定赔偿数额为50万元。根据合理性和必要性原则，对一审法院确定的合理支出，二审法院予以维持。

（七）二审法院判决

一审被告构成著作权侵权，应赔礼道歉、消除影响并赔偿数字天堂公司经济损失50万元，合理支出21万元。

（八）案件评述

该案是我国法院最早对开源软件和开源协议进行实质性探讨的案例。

我国早期的涉开源软件案件有个特点，即往往是被告援引开源协议进行不侵权抗辩，主张原告的软件是开源软件，因此被告有权使用。

如要判定被告的抗辩是否成立，势必涉及对于开源软件效力的探讨。在涉及GPL这类规定了开源软件传染性的许可证中，还需要对软件是否遭受传染进行认定。本案就涉及了这两个重要问题。

关于GPL协议的效力，本案两审法院虽然没有明说协议有效，但法院都在说理部分基于GPL协议分析了案涉HBuilder软件是否因开源代码的传染而整体变成开源软件。这说明两审法院实质上是认可了GPL协议的效力。唯一可惜的是，法院对于GPL协议的性质和生效等具体问题未作深入探讨。

关于传染性问题，一审法院认为原告主张遭受著作权侵权的三个插件可以独立运行，所以属于独立软件，根据GPL协议的约定无法传染整个HBuilder软件。并且，在这三个插件的文件夹和HBuilder软件的根目录中没有GPL协议，GPL协议仅仅位于其他文件夹中，言下之意是这三个插件不受GPL协议的约束，无法对整个HBuilder软件构成传染。二审法院经调查认为，无证据证明这三个插件可以独立运行，因此纠正了一审法院的认定。但二审法院维持了一审法院关于未受传染的认定。

笔者认为，一审法院以软件插件的文件夹中没有GPL协议就认定软件插件不受GPL协议的约束，这可能不符合GPL协议的规定。根据GPL协议的规定，任何人只要对基于GPL协议的源代码实施了复制、发行、修改等行为，则自动受到GPL协议的约束。因此，是否受到GPL协议的约束不是根据软件文件夹中是否有GPL协议来判断，而应审查这三个插件中是否存在基于GPL的开源代码。

此外，即便是这三个插件中不存在基于GPL的开源代码，但是基于GPL的强传染性，如果HBuilder软件中除开这三个插件之外的源代码中包含基于GPL的开源代码，那么这三个插件也非常有可能被传染。更何况，二审法院修正了一审法院关于这三个插件可以独立运行的认定，认为其不能独立运行。因此，三个插件之外的基于GPL的开源代码和这三个插件之间可能存在的任何静态链接、动态链接、调用等交互行为都很可能导致这三个插件被传染。

但无论如何，该案毕竟是我国首例探讨开源软件及开源协议的法院判决，具有开创性意义。

二、不乱买电子商务（北京）有限公司与北京闪亮时尚信息技术有限公司侵害计算机软件著作权纠纷案（一、二审）

（一）基本信息

一审案号：（2016）京73民初1111号

当事人：原告：不乱买电子商务（北京）有限公司（以下简称不乱买公司）

被告：北京闪亮时尚信息技术有限公司（以下简称闪亮时尚公司）

裁判日期：2019.07.05

审理法院：北京知识产权法院

二审案号：（2019）最高法知民终663号

当事人：上诉人（原审被告）：北京闪亮时尚信息技术有限公司

被上诉人（原审原告）：不乱买电子商务（北京）有限公司

裁判日期：2019.12.23

审理法院：最高人民法院

（二）案情简介

不乱买公司自主开发的网站“不乱买”（http：//www.buluanmai.com）是一个创新的全中文海淘搜索引擎，于2014年8月10日上线。2016年8月23日，国家版权局对不乱买公司申请的名称为“不乱买时尚海淘软件（PC版）”颁发计算机软件登记证书，显示该软件开发完成及首次发表日期为2015年3月27日。

闪亮时尚公司成立于2016年6月15日，其旗下网站“闪亮时刻”（http：//www.blinghour.com）自2016年7月上线，同为海淘搜索引擎，不乱买公司主张该网站设计、布局及源代码均与其网站实质性相同。

不乱买公司认为闪亮时尚公司行为损害了其依法享有的署名权、修改权、复制权等，给其造成了巨大经济损失，故诉至法院，请求判令被告立即停止使用侵权软件，公开赔礼道歉，赔偿经济损失及合理支出60余万元。

被告闪亮时尚公司答辩称：（1）原告在证据中所提供的代码并非其原创或率先使用，原告对其所举证的代码无权主张权利。①原告未能证明其著作权登记的软件内容与其提交的软件一致，且其在网站停止运营后的近2个月，被告网站上线后1个月相继申请软件著作权登记及公证代码。②原告提供给法院用来比对的软件代码，未提供开发过程文件及代码来源。③原告提供的代码中存在大量开源文件、第三方版权文件及大量在原告2014年成立之前的版权信息。（2）原告使用了适用于GPL v2软件许可协议下的开源代码，根据协议相关内容，原告无权对其网站整个软件著作权等相关版权主张权利。GPL v2软件许可协议明确规定，只要软件在整体上或某个部分使用了来源于遵循GPL代码的文件，整个软件源码就必须无偿向所有第三方提供公开整套软件的源代码，无论前端代码还是后台代码。（3）被告不存在与原告代码接触的可能性。原告提交的聊天记录、邮件往来等内容未经公证，不符合证据规则。彭某茂和李某雁既不是被告股东也无劳动关系，与本案无关联性等。蔡某初也是在被告网站上线后近半年才成为被告股东，且其在原告处不负责网页端开发，无法接触原告代码。（4）双方的代码文件不构成实质性相似。根据比对结果，部分代码文件或系第三方开发，或版权信息不属于原告，或为数据文件，或近似度非常低，故无法得出实质性相似的结论。（5）即使认定侵权，原告主张的赔偿数额过高。①原告提交的《资产转让协议》中网站代码的定价仅为121239元。②原告网站已无法打开，其软件也没有许可给任何第三方使用而获利。③原告股东以25万元价格受让了37%的股权，故其中本次诉讼软件的价值非常有限。④原告未提交合理开支的相应票据，被告对此不予认可。（6）即使认定侵权，被告不认可侵犯署名权，原告要求赔礼道歉没有法律依据。且被告网站已于2018年5月全面改版，已停止使用之前的软件。被告认为原告的主张缺乏事实和法律依据，请求驳回其诉讼请求。

（三）争议焦点

如果前端代码被认定为开源软件，与之既相互独立又互相联合的后端代码是否构成一个整体软件，是否都需要遵循 GPL。

（四）一审法院分析

关于原告享有权属问题。《计算机软件保护条例》第 9 条规定，软件著作权属于软件开发者，在无相反证明的情况下，署名的自然人、法人或其他组织为开发者。在本案中，原告网站版权署名信息显示，原告对网站包括源代码在内的作品享有著作权。原告网站上线日期早于被告网站上线日期。根据被告提供的公证书，原告网站于 2016 年 6 月停止更新。因此，原告提交的网站源代码形成时间早于被告网站上线日期。尽管被告对涉案软件权属不予认可，但并未就此提交相反证据。综合考虑上述情况，在原告已就其享有涉案软件著作权提交初步证据且被告并未举出反证的情况下，法院对原告的权利予以认可。原告有权就涉案侵权行为提起诉讼。

关于原告权利的范围，法院认为，原告虽成立于 2014 年 3 月，但软件开发过程早于公司成立日期属常见情形，在无相反证据的情况下，确认原告对版权信息为 2013 年的代码享有著作权。

关于开源代码抗辩。前端代码开发主要是指前端用户可见的操作界面如页面布局、交互效果等页面设计的一种实现方式，后端代码开发则主要是指后端用户不可见的服务端相关逻辑功能等模块的实现，二者展示方式不同、所用技术不同、分工亦有明显区别，属于可独立的程序。

法院认为，原告主张的权利代码是后端代码，前端代码开发主要涉及前端用户可见的操作界面和页面布局、交互效果等，而后端代码开发则主要涉及后端用户不可见的服务端相关逻辑功能等模块。后端代码和前端代码属于可独立的程序，根据 GPL 协议的相关规定，GPL 协议的许可客体是在 GPL 协议许可下批准的受版权保护的程序以及基于该程序的衍生产品或修订版本。原告主张的权利代码后端代码已排除开源代码，且与前端代码程序并非衍生品或修订版本，因此根据 GPL 协议的相关规定，该协议对原告的权利代码并无拘束力。因此，被告的相关抗辩理由不能成立。（GPL 协议的许可客体是在 GPL 协议许可下批准的受版权保护的程序以及基于该程序的衍生产品或修订版本。）

关于涉案侵权行为是否成立。著作权侵权案件中判断被诉侵权作品是否使用了享有著作权作品的方法一般适用“接触加实质性相似”。

首先关于接触可能性，综合原告提供的证据以及查明的事实，认可被告具有接触到原告涉案权利软件的可能性。其次基于比对结果及技术分析可知，抽样比对的绝大部分程序文件在程序逻辑和结构方面实质相同，函数变量命名特点相同或相似，且被告不同文件的代码中多次出现与原告程序中相同的注释错误，难谓巧合。据此两者实质相似的比例较高，被告的该行为落入原告的复制权及修改权的保护范围。

因涉案侵权软件使用了原告的软件代码，但却并未注明该软件部分系来源于原告，该行为已侵害原告就其软件享有的署名权，依法应当承担赔礼道歉的民事责任。

关于赔偿数额。法院主要考虑以下因素酌情确定被告赔偿原告经济损失25万元：（1）本案采用抽样比对的方式，抽样比例5%，即原告主张的权利源代码数量大；（2）本案虽采用抽样比对的方式，但并非随机抽样，原告自行选择了其用于比对的20个代码文件，该选择有利于原告；（3）在原告的代码文件中，有部分版权信息无法证明与原告有关，未予认可；（4）在被控侵权软件中存在多处与原告代码中相同的注释错误，该抄袭行为具有明显主观过错。

（五）一审法院判决

闪亮时尚公司构成著作权侵权，应停止侵权、消除影响并赔偿不乱买公司经济损失25万元及诉讼合理支出3万元。

（六）二审法院分析

闪亮时尚公司是否侵害了不乱买公司涉案软件著作权。关于涉案软件权属问题。不乱买公司为证明其享有涉案软件著作权提交了计算机软件登记证书、不乱买公司网站页面及源代码、网站上线运行等相关证据。闪亮时尚公司上诉称不乱买公司版权登记时间有重大瑕疵，同时其版权登记证书的取得存在隐瞒或虚报其使用GPL协议软件代码的情况。对此，法院认为，原审法院并非仅凭著作权登记证书认定不乱买公司享有著作权，而是结合著作权登记证书、相关网站上的版权信息、网站的运行情况等综合考量，在闪亮时尚公司未提出反证的情况下，原审法院认定不乱买公司享有著作权并无不当，闪亮时尚公司该上诉理由不能成立。闪亮时尚公司还上诉称软件著作权登记时间为2016年8月23日，代码公证时间为2016年8月30日，而闪亮时尚公司网站备案时间在2016年7月11日，早于上述两个时间点，因此不能证明不乱买公司开发使用涉案软件时间早于闪亮时尚公司。对此，法院认为，软件著作权登记证书的备案时间不代表软件开发完成的时间，软件著作权登记证书显示开发完成时间为 2015 年 3 月 27 日，且根据闪亮时尚公司公证书显示不乱买公司网站于 2016 年 6 月已停止更新，该时间早于闪亮时尚公司网站备案时间，已初步证明不乱买公司开发使用涉案软件时间早于闪亮时尚公司，闪亮时尚公司对此未提出反证予以推翻，闪亮时尚公司该上诉理由不能成立。闪亮时尚公司还上诉称不乱买公司代码非原创，其前端代码中存在大量开源代码，权属存在争议。对此，法院认为，本案中不乱买公司明确其主张权利的代码为其后端代码而非前端代码，闪亮时尚公司并未举证证明不乱买公司后端代码中存在开源代码，闪亮时尚公司该上诉理由亦不能成立。

关于接触可能性。闪亮时尚公司上诉称蔡某初在不乱买公司的工作岗位无接触涉案软件的可能性，且离职时被明确告知无竞业禁止条款，其成为闪亮时尚公司股东是在闪亮时尚公司网站上线半年后，因此，原审法院认定蔡某初有接触可能性属事实认定错误。对此，法院认为，蔡某初曾在不乱买公司研发部担任移动事业部总监的职务，原审法院认定其有存在接触涉案软件可能性并无不当；蔡某初与不乱买公司之间有无竞业禁止条款和蔡某初成为闪亮时尚公司股东的时间均与其接触涉案软件的可能性无关；原审法院还结合在不乱买公司研发部担任 CTO 的彭某茂注册了闪亮时尚公司网站域名的情况，认定闪亮时尚公司存在接触可能性，该认定无误，闪亮时尚公司的该上诉理由不能成立。

综上所述，不乱买公司享有涉案软件著作权，闪亮时尚公司存在接触涉案软件的可能性，且抽样的程序文件中闪亮时尚公司的代码多次出现与不乱买公司代码相同的注释错误，在无合理理由的情况下，基本可以排除巧合。因此，根据现有在案证据可以认定闪亮时尚公司实施了被诉侵权行为。

原审法院判决是否超越不乱买公司请求范围。闪亮时尚公司上诉称不乱买公司在庭审中明确放弃了版权信息为 2013 年的代码文件的相关权利，但一审法院仍认定不乱买公司对该部分代码享有著作权，属于超出诉讼请求裁判。根据一审庭审笔录和原审判决认定事实，不乱买公司在本案中明确放弃的是 14 个版权信息在 2013 年以前的文件，原审法院认定不乱买公司对 2013 年的代码文件享有相关权利无误，没有超越不乱买公司的请求范围。

涉案权利软件是否为开源软件、是否应无偿许可他人使用。闪亮时尚公司上诉称不乱买公司前端代码与后端代码存在交互且没有进行有效隔离，不是相互独立的，根据 GPL 协议的相关内容以及极强的传染性特性，不乱买公司的前端文件和后端文件共同构成其主张著作权的软件，整体软件都可以视为前端程序的修订版本，应当遵循 GPL 协议向所有第三方无偿开源。对此，法院认为，第一，前端代码一般是关于用户可见部分的编码，用以实现操作界面如页面布局、交互效果等页面设计；而后端代码一般是涉及用户不可见部分的编码，用以实现服务端的相关逻辑功能。同时，前端代码与后端代码是可以分别独立打包、部署的。因此，前端代码与后端代码在展示方式、所用技术、功能分工等上均存在明显不同，不能因前端代码与后端代码之间存在交互配合就认定二者属于一体，原审法院认定前端代码与后端代码相互独立并无不当。第二，不乱买公司作为权利人在本案中明确放弃以前端代码主张权利，仅以后端代码主张权利，因此涉案软件仅为后端代码而非闪亮时尚公司所称前端文件和后端文件共同构成涉案软件。第三，根据 2007 年 6 月 29 日发布的 GPL 协议第 3 版第 5 条关于“一个受保护程序和其他独立程序的联合作品，在既不是该程序的自然扩展，也不是为了生成更大的程序，且联合作品和产生的版权未用于限制编译用户的访问或超出个别程序许可的合法权利时，被称为聚合体。包含受保护程序的聚合体并不会使本许可应用于该聚合体的其他部分”的规定，闪亮时尚公司所称 GPL 协议的“传染性”应当是指 GPL 协议的许可客体不仅限于受保护程序本身，还包括受保护程序的衍生程序或修订版本，但不包括与其联合的其他独立程序。本案中，虽然不乱买公司认可其前端代码中使用了 GPL 协议下的开源代码，但其主张权利的是后端代码，其后端代码是独立于前端代码的其他程序，并不受 GPL 协议的约束，无须强制开源。综上所述，闪亮时尚公司的上诉理由不能成立。

原审法院判决闪亮时尚公司停止侵害有无依据及必要性。闪亮时尚公司上诉称其于 2018 年 5 月上线了与之前的软件代码在整体框架、结构、代码本身、逻辑、语言表述上均完全不同的全新的软件代码，因此原审判决闪亮时尚公司停止侵权已无必要性。对此，法院认为，第一，闪亮时尚公司实施了侵害不乱买公司软件著作权的行为，应承担停止侵害的民事责任。第二，由于被诉侵权人闪亮时尚公司掌握着侵犯权利人著作权的软件代码，即使本案诉讼之时闪亮时尚公司采用了全新的软件代码，亦需要在判决中明确其负有停止侵害的责任，以避免之后侵权情况的再次发生。第三，本案中进行比对的闪亮时尚公司源代码为原审法院于 2018 年 6 月收到的阿里云计算有限公司从其服务器中提取的全部软件源代码，这与闪亮时尚公司陈述其在 2018 年 5 月已完成新软件上线不符。据此，闪亮时尚公司上诉理由不能成立。

原审法院认定闪亮时尚公司侵害不乱买公司署名权有无依据。计算机软件的署名权是指表明开发者身份、在软件上署名的权利。闪亮时尚公司在被诉侵权软件中使用了不乱买公司软件代码，但没有表明该部分软件代码的开发者身份及来源，侵害了不乱买公司的署名权，原审法院认定无误。闪亮时尚公司上诉称其没有侵害署名权，没有事实和法律依据，法院不予支持。

针对原审法院的判赔金额是否合理这一问题，本案中，不乱买公司未提交证据证明其损失或闪亮时尚公司侵权获利情况，原审法院综合考量不乱买公司权利代码数量和范围、抽样比对较有利于不乱买公司、闪亮时尚公司侵权主观过错等因素，酌情认定闪亮时尚公司赔偿不乱买公司经济损失 25 万元，并无不当。闪亮时尚公司上诉称原审未采取随机抽样而是由不乱买公司自行选择比对软件，对不乱买公司有利，此点原审法院酌定判赔金额时已经予以考量。闪亮时尚公司上诉称不乱买公司网站已经停止更新因而其侵权行为不会造成损失，没有事实和法律依据。闪亮时尚公司还上诉称不乱买公司提供的目标资产清单显示不乱买公司网站代码定价仅为 121239 元、2017 年 7 月不乱买公司新股东以 25 万元受让取得 37% 的股权，均显示涉案软件价值有限。对此，二审法院认为，目标资产清单形成于不乱买公司网站正式完成以前，其中包含的并非本案涉案软件的全部代码，而股权转让价款并不能直接作为评价涉案软件价值的依据，闪亮时尚公司的上诉理由不能成立。

（七）二审法院判决

二审法院最高人民法院终审维持了一审判决，并认同一审法院根据 GPL 规定的“单独程序”原则作出的判决。

（八）案件评述

本案中被告也进行了开源软件的抗辩，法院相比之前的判例，对于 GPL 协议传染性做了进一步深入探讨，对国内开发者使用开源软件也有指导意义。

本案原告经主张的权利基础为网站后端代码，但由于网站前端代码中含有基于 GPL 许可证的开源代码，认定后端代码是否被前端代码传染的关键点在于后端代码是独立软件还是属于前端代码的衍生作品。

作者注意到，GPL 许可证似乎未对衍生作品进行十分明确的解释，只是简单提到了独立软件和“基于程序的作品”（受保护作品的衍生作品）的概念，相当于将对衍生作品的认定权限留给了法院。自由软件基金会自己也提到“究竟怎么区分是两个独立的程序，还是一个程序的两个部分呢？这是一个法律命题，最终会由法官来决定”。①

就本案而言，最高人民法院指出，网站的前端代码与后端代码在展示方式、所用技术、功能分工等方面均存在明显不同，属于既相互独立又互相联合的独立程序，即便前端代码使用了 GPL 协议项下的开源代码，后端代码也属于独立作品，因此也不受 GPL 协议约束，未经许可复制后端代码仍构成侵害软件著作权。

笔者认为，判断两个软件是不是独立软件需要看它们具体的交互方式、交互数据等，笔者没有进一步的信息可资判断。但从最高人民法院的论证方向来看，其得出两个软件相互独立应该没有问题。只不过根据 GPL v2 和 GPL v3 两个版本，即使两个软件相互独立，也还要考虑它们是否作为一个软件的两个部分一起发布。如果答案是肯定的，那么也会使得未开源的代码遭受传染，从而应当开源。好在最高人民法院指出，前端代码和后端代码可以分别打包和分别部署，如果客观事实确实是前端代码和后端代码分别打包和部署，那么其后端代码受到前端代码传染的可能性就极低了。

这个案件对于 GPL 协议中的独立作品和传染性问题进行了深入分析，对于理解和掌握 GPL 开源协议具有重要的指导意义。

三、济宁市罗盒网络科技有限公司与福建风灵创景科技有限公司、北京风灵创景科技有限公司、深圳市腾讯计算机系统有限公司侵害计算机软件著作权纠纷案（一审）

（一）基本信息

一审案号：（2019）粤 03 民初 3928 号

当事人：原告：济宁市罗盒网络科技有限公司（以下简称罗盒公司）

被告：福建风灵创景科技有限公司（以下简称福建风灵公司）

被告：北京风灵创景科技有限公司（以下简称北京风灵公司）

被告：深圳市腾讯计算机系统有限公司（以下简称腾讯公司）

---

① https：//www. gnu. org/licenses/gpl – faq. zh – cn. html#MereAggregation，最后访问日期：2023 年 9 月 23 日。

裁判日期：2021.04.30

审理法院：广东省深圳市中级人民法院

（二）案件简介

原告系主要从事计算机软件开发、技术咨询、技术转让及技术推广服务的公司。其独立开发“罗盒（Virtual App）插件化框架虚拟引擎系统［简称：VirtualApp］V1.0”（以下简称涉案软件），并在国际著名的软件托管平台 GitHub 上公开了涉案软件的源代码，同时在该平台上郑重声明，任何人如需将涉案软件用于商业用途，需向原告购买商业授权。2017 年 11 月 8 日，原告就涉案软件取得计算机软件著作权登记证书，依法享有涉案软件著作权的全部权利。由于涉案软件在 Android 平台上具有丰富的应用场景和优异的用户体验，在商业上获得了巨大成功。2018 年 9 月，原告调查发现名为“点心桌面”的软件（以下称被诉侵权软件）可以通过“点心桌面官网”（dxzm. felink. com）、“应用宝”（sj. qq. com）、“360 手机助手”（sj. 360. com）、“百度手机助手”（shouji. baidu. com）、“豌豆荚”（wandoujia. com）、“华为应用市场”（app. hicloud. com）和“2345 软件大全”（doute. com）等多个互联网平台获得下载、安装和运营服务。证据显示，被告福建风灵公司系被诉侵权软件的著作权人。被告北京风灵公司亦被有关互联网平台标示为“点心桌面”的开发者，并被登记为“点心桌面”软件的著作权人。此外，提供被诉侵权软件下载、安装和运营服务的“点心桌面官网”和“应用宝”网站分别由被告福建风灵公司和腾讯公司经营。将被诉侵权软件的源代码与涉案软件源代码进行分析比对，两者间 421 个可比代码中有 308 个代码具有实质相似性，有 27 个代码具有高度相似性，有 78 个代码具有一般相似性。因此，被诉侵权软件与涉案软件构成实质相似。自被诉侵权软件上线以来，其用户数量在各第三方手机桌面软件中长期位居前列，占据的市场份额近 1/5。截至公证取证之日，被诉侵权软件已经在各大互联网平台积累了巨大的下载量。其中，有记录可查的包括在“应用宝”的下载量为 1642 万次、在“360 手机助手”的下载量为 761 万次、在“百度手机助手”的下载量为 3117 万次、在“豌豆荚”的下载量为 1020 万次、在“华为应用市场”的下载量为 193 万次。通过游戏及应用分发、广告收入、增值服务付费等盈利方式，被诉侵权软件给被告创造了巨额利益。由于被诉侵权软件的贡献，2018 年第一季度仅被告福建风灵公司即实现主营业务收入 9411988.11 元。综上所述，被告福建风灵公司、被告北京风灵公司未经原告许可，以生产经营为目的擅自在其开发的被诉侵权软件中大量使用与涉案软件源代码相同或者实质相似的源代码，并在多个互联网平台提供被诉侵权软件的下载、安装和运营服务，侵害了原告的软件著作权；被告福建风灵公司以自身经营的互联网平台为被诉侵权软件的下载、安装和运营提供服务，亦构成对原告著作权的侵害。其中，被告福建风灵公司、被告北京风灵公司应当就本案中原告指控的全部侵权行为承担侵权责任。

被告福建风灵公司、被告北京风灵公司共同答辩称：（1）涉案代码的权属不清晰，原告非本案适格主体。（2）退一步说，即使原告有相应的诉讼权利，原告将涉案代码自行区分为开源版本和商业版本，被告福建风灵公司使用的是开源版本。（3）VitualApp 从 2016 年 8 月 16 日开始的版本及其后续版本均应适用 GPL3.0 协议，原告删除 GPL3.0 协议及私有化行为不符合 GPL3.0 协议的规定，其私有化行为缺乏法律基础，无论其如何更改权利表述，其后续版本的源代码仍受 GPL3.0 协议限制。（4）GPL3.0 协议中要求发布者不得就所授权利本身收取授权费，如果一定要收费则不应当对外发布。（5）GPL3.0 协议中并未禁止对源代码所编译的目标代码的商业化使用，且仅规定对修改后的源代码要再行发布。（6）原告的诉讼行为不符合 GPL3.0 协议关于争议解决的方式，并且在原告违反协议的情况下，其权利基础存疑。（7）从 GitHub 的用户协议可以看出，若将代码公布在 GitHub 上，则视为授权每个用户使用、展示和使用该内容。（8）GitHub 允许新版本的贡献者在遵循在先版本所含许可证的前提下，就其新贡献的部分设置独立的许可协议。（9）GitHub 用户协议上不存在任何关于发布者权利高于其他贡献者的表述，更不存在其他贡献者将诉讼权力让渡给发布者行使的表述。（10）涉案代码所实现的“双开”功能较为简单。（11）涉案软件的下载和使用并没有收取费用，对涉案代码的双开功能也没有额外收费。（12）再退一步说，有原告针对“商业版”涉案软件对外宣称的许可费用可供参考，并且该费用还包括沟通、开发、上架等多种工作。（13）被诉侵权软件与被告北京风灵公司无关，被告北京风灵公司未实施任何侵权行为。

（三）争议焦点

GPL3.0 协议的法律效力；原告罗盒公司是否有权提起本案诉讼；被诉行为是否侵害罗盒公司的著作权；若侵权成立，被告福建风灵公司、北京风灵公司应承担的法律责任。

（四）法院分析

关于焦点一。开源软件是开放源代码软件的简称，其倡导的“自由共享、开放协作”精神对促进软件产业快速发展与创新发挥着重要作用。开源软件通常指授权人遵循某种开源许可证协议，其源代码向公众公开，并允许用户在许可证约定的条件内自由使用、修改和分发。开源软件的授权人将其享有的著作财产权和部分人格权授予用户，其目的是创设一种自由开发、使用或传播的环境。现今，开源许可证已经成为国际行业内共同认可和遵守的契约文本，履行相关义务也是诚实信用原则的体现。只有信守开源软件所附的许可证条款，才能保证将开源软件不断散播出去，让社会公众能够享有开源软件带来的便利与发展成果，不致于被私人占有导致公共利益受到损害。开源软件依赖于现有著作权及相关法律体系的保护，授权人只在享有著作权的情况下，其通过许可证将权利有条件进行许可或让渡才有法理依据。关于 GPL3.0 协议的法律性质。其一，协议的内容具备合同特征。GPL3.0 协议属于发生私法上效果的意思表示，而意思表示是民事法律行为的核心要素，因此 GPL3.0 协议是一种民事法律行为。该协议授予用户复制、修改、再发布等权利，实际上在授权人和用户间形成了权利变动，属于设立、变更、终止民事权利义务关系的民事法律行为。授权人许可的权利符合我国著作权法的相关规定；其采用开源许可证发布源代码，将自己的大部分著作权授予不特定用户，完全是出于自愿。用户在许可证下复制、修改或再发布源代码，通过行为对许可证作出承诺，也是出于自愿。用户在对源代码进行复制、修改或发布时许可证成立，同时许可证发生法律效力。其二，协议的形式亦具备合同特征。GPL3.0 协议以电子文本方式表现其内容，而电子文本是一种有形的表现形式，属于以书面形式订立的合同。综上所述，GPL3.0 协议具有合同性质，可认定为授权人与用户间订立的著作权协议，属于我国《合同法》（现为《民法典》合同编）调整的范围。关于违反 GPL3.0 协议的侵权责任。著作权法为了保护权利人的专有权，仅规定非权利人可以在如“合理使用”等范围内使用作品，诸如复制、修改、发行等权利则专属于权利人，任何人非经许可实施这些行为将构成侵权。根据 GPL3.0 协议第 8 条“终止授权”的约定，授权人许可用户在遵守许可证规定的前提下行使某些权利，但用户必须承担相应的义务。若用户违反 GPL3.0 协议的使用条件来复制、修改或传播受保护的作品，其通过 GPL3.0 协议获得的授权将会自动终止。对此，我国《民法总则》（现为《民法典》总则编）第 158 条规定，民事法律行为可以附条件……附解除条件的民事法律行为，自条件成就时失效。根据开源软件的特性，GPL3.0 协议规定的使用条件（如开放源代码、标注著作权信息和修改信息等）系授权人许可用户自由使用的前提条件，亦即协议所附的解除条件。一旦用户违反了使用的前提条件，将导致GPL3.0协议在授权人与用户之间自动解除，用户基于协议获得的许可即时终止。用户实施的复制、修改、发布等行为，因失去权利来源而构成侵权。明确违反开源软件许可证的侵权法律责任，一方面可以及时制止侵权行为，防止他人对开源软件的不正当利用；另一方面能够有效保护授权人的利益，使他们保有继续创作的动力，促进源代码共享和知识的传播。

关于焦点二，主要涉及三个方面：一是原告是否系GitHub网站上开源软件VirtualApp的著作权人；二是原告提起本案诉讼是否需要GitHub网站上显示的VirtualApp贡献者授权；三是原告的诉讼行为是否符合GPL3.0协议关于争议解决方式的约定。针对原告是否系GitHub网站上开源软件VirtualApp著作权人的问题。《计算机软件保护条例》第9条规定，软件著作权属于软件开发者，本条例另有规定的除外。如无相反证明，在软件上署名的自然人、法人或者其他组织为开发者。经查，GitHub网站上显示VirtualApp由罗盒科技开发运营并于2017年8月正式公司化运作，项目发起人Lody在GitHub网站上传了VirtualApp的初始源代码、联系方式为QQ。其中，罗盒系原告的字号，2017年8月为原告的成立时间，QQ的使用者与项目发起人Lody亦指向原告的法定代表人张某及股东罗某。其次，涉案软件登记证书载明原告系“罗盒（VirtualApp）V1.0”的著作权人，与前述GitHub网站上载明的内容可相互印证。原告方将VirtualApp初始版本的源代码上传至GitHub网站，VirtualApp后续开源版本系在此基础上迭代演进而来。再次，被告对涉案软件权属虽不认可，但未就此提交相反证据。综上所述，现有证据可以证明原告系GitHub网站上开源软件VirtualApp的著作权人。针对原告提起本案诉讼是否需要GitHub网站上显示的VirtualApp贡献者授权的问题。根据GitHub网站的规则，自项目人将其独立撰写的软件源代码发布在项目中后，GitHub网站的注册用户或者游客皆可以获得该软件的源代码，而网站的注册用户有机会根据自己的意愿将修改内容上传“提交”，并向项目人发出“拉请求”，此时“提交”的有关源代码只存在于用户的“分支”中，而并不能直接对项目人发布源代码的“主分支”产生修改，若这样的“提交”被项目人认可则项目人可以进行“合并”操作，将“提交”的修改内容用于“主分支”中并形成新的项目源代码版本。借此“提交”被项目人执行“合并”操作的注册用户，成为该项目的贡献者。对此，法院认为：其一，原告股东罗某作为项目人已将VirtualApp初始版本的源代码共计31097行在GitHub网站上公开发布，此系原告主张权利的基础。其二，GitHub 网站的用户对涉案源代码作出修改、补充后，若要将相关内容并入项目人的“主分支”中，则需符合项目人的开发意图并由其做出取舍。本案项目人对“主分支”中 VirtualApp 源代码的形成起到了决定作用，贡献者的内容未对原告享有涉案软件著作权产生实质性影响。其三，贡献者选择在 GPL3.0 协议的 VirtualApp 项目中上传自己的源代码，贡献者亦将按照 GPL3.0 协议许可其贡献，即视为同意将贡献内容许可给项目人及其他用户使用。最后，开源项目的贡献者往往人数众多、互不相识又身居世界各地；且随着项目内容的不断修订完善，贡献者的数量亦处于持续增加、变动之中。若开源项目的起诉维权需经全体贡献者一致同意或授权，实则导致维权行为无从提起。综上所述，原告提起本案诉讼无须贡献者的同意或授权。针对原告的诉讼行为是否符合 GPL3.0 协议关于争议解决方式的约定问题。被告认为根据 GPL3.0 协议第 10 条的规定，不允许开源代码的授权人发起诉讼。回归该条的相关内容，其表述为：“你不可以对本协议所授或确认的权利的行使施以进一步的限制。例如，你不可以索要授权费或版税，或就行使本协议所授权利征收其他费用；你也不能发起诉讼（包括交互诉讼和反诉），宣称制作、使用、销售、批发、引进本程序或其部分的行为侵害了任何专利权”。由此可见，该条款仅限制授权人不得向用户主张任何专利权，而并未限制授权人对违反许可协议的用户主张著作权。因此，原告的诉讼行为并未违反 GPL3.0 协议关于争议解决方式的约定。

关于焦点三，主要涉及三个方面：一是原告将 VirtualApp 分为开源版本与商业版本以及在后续开源版本中删除“适用 GPL3.0 协议”的影响；二是 GPL3.0 协议是否允许用户商用；三是被诉“点心桌面”App（V6.5.8）应否开源。鉴于原告在本案中系以 VirtualApp 开源版本而非商业版本作为其权利基础，故本案中不必对 VirtualApp 开源版本与商业版本的关联及影响作出认定。针对原告在 VirtualApp 后续开源版本中删除“适用 GPL3.0 协议”的影响。经查，VirtualApp 从 2016 年 7 月 8 日的版本开始引入开源协议，起初为 LGPL3.0 协议，2016 年 8 月 12 日更换为 GPL3.0 协议。2017 年 10 月 29 日，原告在 VirtualApp 后续开源版本中删除“适用 GPL3.0 协议”的表述。根据 GPL3.0 协议第 4 条、第 5 条的规定，只要后续版本中有使用先前开源版本中的源代码，并且先前版本使用了 GPL3.0 协议，则后续版本也必然受 GPL3.0 协议的约束。因此，VirtualApp 后续开源版本仍然受 GPL3.0 协议的约束。授权人与用户在行使权利、履行义务时均应遵循诚实信用原则，恪守协议的约定。针对 GPL3.0 协议是否允许用户商用的问题。GPL3.0协议的序言部分载明：“所谓自由软件，我们强调的是自由，而非价格免费”。综观整个GPL3.0协议的内容，强调的是许可用户享有运行与获得源代码的自由、复制源代码的自由、发布源代码的自由、修改源代码并将修改版本向公众传播的自由。GPL3.0协议并未限制用户进行商用，只是必须遵守开源的规定。原告虽在GitHub网站上声明禁止用户对VirtualApp开源代码进行商用，但根据GPL3.0协议第7条、第10条的规定，附加条款适用的情形和内容是明确的，限制商用不在其列；授权人亦不可以对GPL3.0协议所授或确认权利的行使施以进一步的限制。故在GPL3.0协议允许用户进行商用的情况下，授权人不得对此作出限制。原告主张“点心桌面”App进行商用违反GPL3.0协议及其附加条款缺乏理据，法院不予支持。针对被诉“点心桌面”App（V6.5.8）应否开源的问题。经查，被诉“点心桌面”App（V6.5.8）中使用了原告采用GPL3.0协议发布的VirtualApp，被告对此亦予以确认。根据GPL3.0协议第5条第1款c项、第7条和第10条规定的相关内容及“强传染性”特征，对在逻辑上与开源代码有关联性且整体发布的派生作品，只要其中有一部分是采用GPL3.0协议发布，那么整个派生作品都必须受到GPL3.0协议的约束。一项遵循GPL3.0协议的源代码不能同非自由的源代码合并。因此，被诉“点心桌面”App（V6.5.8）应当遵循GPL3.0协议向公众无偿开放源代码。被告福建风灵公司辩称未实质性修改所使用的开源代码，故不必公开“点心桌面”App（V6.5.8）的源代码缺乏理据，法院不予支持。综上所述，被告福建风灵公司使用了附带GPL3.0协议的开源代码，却拒不履行GPL3.0协议规定的使用条件。根据GPL3.0协议第8条自动终止授权的约定及《民法总则》第158条的规定，被告福建风灵公司通过该协议获得的授权已因解除条件的成就而自动终止。被告福建风灵公司对VirtualApp实施的复制、修改、发布等行为，因失去权利来源而构成侵权。至于被告称VirtualApp中有使用他人开源代码的问题。在软件开发过程中借鉴、使用他人开源代码只要未违反所附许可协议的约定即属于正常的使用行为。从被告的举证看，VirtualApp中保留了相关开源代码的权利人信息，VirtualApp已对外开源的情况下，被告主张VirtualApp使用他人开源代码后再行维权有违开源规则缺乏理据，法院不予支持。

关于焦点四。被告福建风灵公司作为“点心桌面”App（V6.5.8）的开发、运营和发布者，依法应承担停止侵害VirtualApp著作权的行为。即对使用了VirtualApp的“点心桌面”软件立即停止提供下载、安装和运营服务。关于被告北京风灵公司的法律责任问题。经查，其一，提供“点心桌面”App（V6.5.8）下载的豌豆荚网站显示开发者还指向被告北京风灵公司。其二，在中国版权保护中心官方平台查询的信息显示，“点心桌面 Android 终端软件 V4.0”分别登记在被告北京风灵公司与被告福建风灵公司名下。其三，在百度上搜索被告福建风灵公司与被告北京风灵公司的官方网站，其结果均指向 www.felink.com.cn。该网站在“关于我们”的宣传中将两被告的经营行为混同。根据前述事实，另鉴于被告福建风灵公司系被告北京风灵公司的全资子公司的情形，原告指控两被告共同承担侵权责任合法有据，法院予以支持。被告腾讯公司对其“应用宝官网”上可能存在的侵权行为制定了相关规则、设置了投诉渠道，且对被诉软件作了及时下架处理。原告亦未对被告腾讯公司提出具体诉请。因此，被告腾讯公司无须承担法律责任。

关于赔偿问题，原告主张以被告福建风灵公司、被告北京风灵公司的侵权获利来计算。鉴于开源许可协议缔约方式和缔约主体的特殊性，导致违约或侵权行为更具隐蔽性，相应法律责任的承担应有助于敦促缔约方诚信履行开源义务，确保开源社区规范、持久地发展。开源软件大多都是免费的，但授权人付出的开发成本是必然存在的，按照侵权获利来承担赔偿责任更为公平合理。法院酌情确定赔偿数额为 50 万元。

（五）法院判决

认定被告福建风灵公司、北京风灵公司构成侵权，责令其立即停止侵权行为，并赔偿原告经济损失及合理费用共计 50 万元。

（六）案件评述

本案应该是我国首起开源软件著作权人作为原告起诉他人侵害开源软件著作权的民事案件。

深圳市中级人民法院认定，GPL3.0 开源许可协议具有合同性质，被告福建风灵公司侵害了原告罗盒公司的计算机软件著作权，判决被告停止侵权行为并赔偿原告经济损失及维权费用共计 50 万元。本案明确了 GPL3.0 开源许可协议的合同性质，并认定违反开源许可协议的行为构成侵权行为。这也是中国首个明确 GPL3.0 协议具有法律效力的案例。

这个案件的意义在于，它明确了 GPL3.0 开源许可协议的法律效力，对于违反开源许可协议的行为存在违约救济和侵权救济两种方式。同时，它也深入剖析了诸如开源软件的著作权归属与行使、开源软件侵权行为的认定以及开源软件侵权行为的法律后果等在开源软件法律纠纷中可能涉及的若干核心法律问题，对把握开源软件法律纠纷案件的审理思路甚至理解开源软件合规治理的关键点都有重要的指导意义。

四、济宁市罗盒网络科技有限公司、广州市玩友网络科技有限公司等侵害计算机软件著作权纠纷案（一审）

（一）基本信息

一审案号：（2019）粤73知民初207号

当事人：原告：济宁市罗盒网络科技有限公司（以下简称罗盒公司）

被告：广州市玩友网络科技有限公司（以下简称玩友公司）

被告：深圳冠准航科技有限公司（以下简称冠准航公司）

被告：深圳奥斯坦科技有限公司（以下简称奥斯坦公司）

被告：祥运实业（深圳）有限公司（以下简称祥运公司）

裁判日期：2021.09.29

审理法院：广州知识产权法院

（二）案件简介

罗盒公司于2017年11月8日取得“罗盒（VirtualApp）插件化框架虚拟引擎系统（简称：VirtualApp）V1.0”的计算机软件著作权登记证书，依法享有“罗盒（VirtualApp）插件化框架虚拟引擎系统（简称：VirtualApp）V1.0”著作权的全部权利。为便于VirtualApp的推广和许可，罗盒公司在国际知名的软件托管平台GitHub上公开了VirtualApp的源代码，并声明任何人如需将VirtualApp用于商业用途，需向罗盒公司购买商业授权。罗盒公司在本案中主张权利的软件为GitHub上VirtualApp的2017年12月30日版本。玩友公司开发的“微信视频美颜版”、“微信视频美颜相机版App”、“微信视频美颜相机”和“微信视频美颜相机版”软件（以下简称被诉侵权软件）可以通过多个互联网平台获得下载、安装和运营服务。冠准航公司、奥斯坦公司、祥运公司分别通过微信和支付宝向被诉侵权软件的用户收取会员费。罗盒公司委托广东鑫证司法鉴定所将被诉侵权软件与经（2018）粤广南粤第6918号公证书公证下载的VirtualApp软件（以下简称涉案软件）进行鉴定，两者424个可比代码中的165个代码具有高度相似性，17 个代码具有一般相似性，239 个代码具有实质相似性。因此，被诉侵权软件与涉案软件构成实质相似。公证书显示，被诉侵权软件在华为应用市场和应用宝的下载/安装量分别为 136 万次和 32 万次。被诉侵权软件 1 个月的会员费为 36. 8 元，后调整为 42. 8 元，6 个月的会员费为 78. 8 元。以用户一次下载/安装仅购买一个月会员计算，玩友公司、冠准航公司、奥斯坦公司、祥运公司通过上述两个平台获取的利益超过 6000 万元。通过上述侵权行为，玩友公司、冠准航公司、奥斯坦公司、祥运公司获得巨额非法利益，给罗盒公司造成巨额损失。冠准航公司、奥斯坦公司、祥运公司与玩友公司构成共同侵权，应当承担连带责任。

被告玩友公司辩称，请求驳回罗盒公司全部诉讼请求。主要理由：（1）罗盒公司并非涉案计算机软件的著作权人，无权提起本案诉讼。（2）VirtualApp 项目为适用 GNU 宽松型通用公共授权许可协议第三版（GNU Lesser General Public License Version3，LGPL v3 协议）的开源项目，后修改为 GNU 通用公共授权许可协议第 3 版（GNU General Public License Version3，GPL v3 协议），VirtualXposed 即为 GitHub 上的开发者“tiann”等人，延续适用 GPL v3 协议（2016 年 9 月 10 日添加），同期在 VirtualApp 开源项目和 epic 开源项目的基础上发布的新免费开源项目。LGPL v3、GPL v3 协议为计算机软件领域通用的开源授权许可协议，从形式、内容上看，属于有效的著作权授权许可合同。玩友公司依据 GPL v3 协议，已合法取得 VirtualXposed 源代码的复制权、修改权和发行权（包括信息网络传播权），不存在任何侵权情形。VirtualXposed 项目在 VirutalApp 项目适配 GPL v3 协议期间，按照 GPL v3 协议的授权，已取得 VirtualApp 项目全部源代码的著作权永久授权，并有权按照 GPL v3 协议的授权，自由使用和修改相关代码，创建和发布 VirtualXposed 新开源项目。被诉侵权软件的沙盒分身基础框架代码是在 VirtualXposed 开源项目 Xposed 分支 2018 年 1 月 10 日适用 GPL v3 协议开源免费发布的 VirtualXposed - ff32bb8ed7ad10022620c1fb56cfedc6b2e1b355 开源版本基础上自主研发而成。根据 GPL v3 协议第 4 点第 2 段，其授权范围明确涵盖商业用途，若将 GPL v3 协议授权许可限定在与商业用途对应的个人用途范围内，实则指向的是著作权合理使用的范畴，则 GPL v3 协议没有任何存在的意义。根据 GPL v3 协议第 7 点第 2、4 段的授权，继承 VirtualApp 项目再次发布的 VirtualXposed 项目人，有权删除 VirtualApp 项目中的全部附加许可条款及进一步限制条款，VirtualXposed 项目除 GPL v3 协议外无任何额外要求，玩友公司亦并未发现相关的用途及通知限制申明。根据 GPL v3 协议第 10 点，VirtualXposed

项目人不得限制作为下游接收方的玩友公司以何种方式使用源代码，亦不得强令玩友公司联系原 VirtualApp 项目人（此种均属于禁止的“进一步限制”）。（3）VirtualApp 项目人罔顾社区其他开发者的贡献及相应著作权权利，将开源项目据为私有并进行大肆敛财，违背开源社区的基本准则。项目人及本案原告的行为违背诚实信用基本准则，其诉讼请求于理于法无据，应予全部驳回。开源免费公开发布行为一旦完成，其“权利已用尽”，基于基本的信赖准则，项目人不得撤销或反转开源授权许可。罗盒公司主张权利版本与其删除 GPL v3 协议的版本仅相隔两个月，代码内容基本没有变化，罗盒公司无权回溯主张权利。若支持罗盒公司的诉请，将对我国的软件开源生态造成恶劣的不良影响。（4）无论 VirtualApp 项目代码还是 VirtualXposed 项目代码，均无任何质量担保，且仅可实现沙盒分身基础功能。玩友公司投入了大量的人力财力，并在沙盒分身功能基础上，自主研发创新，开发出涉案微信视频美颜 App，该 App 的主要功能为微信视频美颜，而非沙盒分身功能本身。（5）玩友公司不存在任何侵权情形，罗盒公司恶意提起诉讼，诉请 1500 万元的经济损失毫无事实和法律依据，应予全部驳回，其诉请的所谓“合理费用”及本案的诉讼费应由其自行承担。玩友公司在收到起诉状时就下架了被诉侵权软件，目前华为应用市场及应用宝上的版本并非涉案被诉侵权版本，玩友公司对软件版本做了相应的更新迭代。复制权在信息网络环境下是被信息网络传播权吸收和覆盖的，不应该同时在一个案子中主张既侵犯复制权又侵犯信息网络传播权。

被告冠准航公司、奥斯坦公司、祥运公司均辩称：（1）冠准航公司、奥斯坦公司、祥运公司与玩友公司为合作关系，仅由冠准航公司、奥斯坦公司、祥运公司代玩友公司收取用户的付款，在提取相应的服务费用后，结算给玩友公司。冠准航公司、奥斯坦公司、祥运公司并未从被诉侵权行为中获利也并非共同侵权人。（2）冠准航公司、奥斯坦公司、祥运公司与玩友公司约定，冠准航公司、奥斯坦公司、祥运公司仅提供款项代收接入服务，玩友公司与其他第三方产生的争议或纠纷与冠准航公司、奥斯坦公司、祥运公司无关。（3）冠准航公司、奥斯坦公司、祥运公司在与玩友公司合作之初，已经对被诉侵权软件的著作权登记证书进行形式审查，没有能力就其计算机软件著作权的实质内容进行全方位实质性判断，罗盒公司主张冠准航公司、奥斯坦公司、祥运公司承担连带责任没有事实和法律依据。（4）玩友公司针对涉案纠纷承诺承担全部法律责任。

（三）争议焦点

（1）罗盒公司是否有权提起本案诉讼；（2）被诉侵权行为是否侵害罗盒公司的复制权、发行权和信息网络传播权；（3）若侵权成立，玩友公司、冠准航公司、奥斯坦公司、祥运公司应如何承担民事责任。

（四）法院分析

关于焦点一，罗盒公司是否有权提起本案诉讼的问题。法院认为罗盒公司为涉案 VirtualApp 软件的著作权人。《计算机软件保护条例》第 9 条规定，软件著作权属于软件开发者。《最高人民法院关于审理著作权民事纠纷案件适用法律若干问题的解释》第 7 条第 1 款规定，可作为证据的包括著作权登记证书等。罗盒公司提交了著作权登记证书。罗盒公司运营了 VirtualApp 开源项目，联系方式为 QQ 号。因此，罗盒公司为 VirtualApp 软件的著作权人。

罗盒公司根据 GitHub 上 VirtualApp 软件提交者的代码行数，主张涉案软件属于合作作品。玩友公司指出 VirtualApp 有 32 位贡献者，提交的代码相互独立，不应视为合作作品。对此，法院指出，贡献者提交的代码是否属于有独创性表达的创作，需进一步证明。此外，涉案 VirtualApp 使用了 LGPL v3 协议或 GPL v3 协议，贡献者默认同意开源贡献其代码。因此，法院认为罗盒公司作为提交了绝大部分代码量的项目管理者有权单独提起本案诉讼。

关于焦点二，被诉侵权行为是否侵害罗盒公司的复制权、发行权和信息网络传播权；法院认为 GPL v3 协议具备合同性质，属于广义合同范畴，其以开源软件源代码为目的，是用户与授权方设立民事法律权利义务关系的协议。用户接受 GPL v3 协议时，协议生效。协议是为特定开源项目开发而预先拟定的，协议承诺通过行为作出，允许用户传播修改后的源代码。GPL v3 协议适用于我国合同法，属于我国合同法调整的范围。

罗盒公司主张的 2017 年 12 月 30 日版 VirtualApp 软件适用 GPL v3 协议。罗盒公司确认其主张的版本与撤回 GPL v3 协议即 2019 年 10 月 29 日前的版本差别不大，因此法院认定罗盒公司主张权利的版本仍属于适用 GPL v3 协议的开源软件。罗盒公司无权加入商业使用限制保留条款。GPL v3 协议规定，只要软件版本加入 GPL v3 协议，则无法随意删除 GPL v3 协议，该版本源代码将永久保持开源，即使授权方删除 GPL v3 协议也无回溯力。此外，GPL v3 协议规定，开源软件不等于不能有商业开发。商业软件一般通过控制软件源代码、出售软件许可来获益，开源软件盈利模式多样，如硬件捆绑、增值产品、技术支持、广告业务等。GPL v3 协议保证用户拥有共享和修改一个程序全部版本的自由，使得软件面向所有用户均保持为自由软件。罗盒公司的商业使用限制保留条款对于用户使用其源代码的目的进行了限制，从而也限制了用户范围，因此罗盒公司无权在适用 GPL v3 协议的涉案 VirtualApp 项目中添加商业使用限制保留条款。

对于在逻辑上与开源代码有关联性且整体发布的衍生作品，只要其中有一部分适用了 GPL v3 协议发布，那么整个衍生作品都必须适用 GPL v3 协议而公开。本案中，沙盒分身部分功能代码是作为被诉侵权软件的衍生部分而整体发布的，玩友公司并未举证证明沙盒分身功能部分源代码是独立的，或使用了类似谷歌公司的安卓系统方法，即在各个独立的不同层级框架中适用不同的开源授权许可协议，因此被诉侵权软件应整体适用 GPL v3 协议，玩友公司应开源整个被诉侵权软件的源代码。综上所述，玩友公司虽主张被诉侵权软件中只有沙盒分身使用了被诉部分源代码，但被诉侵权软件仍应遵循 GPL v3 协议向用户开放源代码下载，玩友公司未向用户提供被诉侵权软件源代码下载已经违反 GPL v3 协议规定，则玩友公司对涉案软件源代码的复制、发布行为因失去权利来源而构成侵权。至于玩友公司称涉案软件使用了其他开源项目源代码却将项目据为私有违背开源社区基本准则的问题，在软件开发中使用他人开源代码只要不违反开源协议即属合规行为，罗盒公司在引用其他开源代码时保留了相关权利人信息及开源授权许可协议且保持项目开源，玩友公司该主张缺乏理据，法院不予支持。本案中，玩友公司将侵权软件上传到华为应用市场、应用宝等平台供用户在其选定的时间和地点下载，侵害罗盒公司涉案软件的信息网络传播权。本案中，玩友公司向用户提供被诉侵权软件安装包的下载，同时向用户收取会员费，玩友公司侵害罗盒公司涉案 VirtualApp 软件的复制权和发行权。但考虑到因信息网络传播行为在实施过程中必然经过复制过程、存在复制行为，故上述侵犯信息网络传播权的行为可以吸收前置的复制行为，罗盒公司没有提交证据证明玩友公司还有其他可以指向复制权的行为，因此法院不再认定复制权侵权。

关于焦点三，玩友公司、冠准航公司、奥斯坦公司、祥运公司应如何承担民事责任。玩友公司侵害了罗盒公司对涉案 VirtualApp 软件的发行权和信息网络传播权，应当停止发行、通过信息网络传播侵权软件的行为。法院认定，玩友公司应立即停止通过互联网提供含有侵权沙盒分身功能源代码的“微信视频美颜版”

“微信视频美颜相机版 App”“微信视频美颜相机”“微信视频美颜相机版”四款软件的下载、安装和运营服务。

罗盒公司还主张冠准航公司、奥斯坦公司、祥运公司与玩友公司构成共同侵权，承担连带责任。法院对此认为，冠准航公司、奥斯坦公司、祥运公司仅代玩友公司收取用户的会员费，其已对上述含有侵权沙盒分身功能源代码的四款软件具有著作权登记证书做了初步审查，再施加过高的审查注意义务不符常理，故仅凭代收会员充值款项的事实尚不足以认定该三公司与玩友公司构成共同侵权。罗盒公司的该主张缺乏依据，法院不予支持。

本案中，罗盒公司主张以玩友公司的侵权获利计算赔偿数额，法院综合考虑以下侵权情节：(1) 涉案 VirtualApp 软件的源代码在上述四款软件中主要是实现沙盒分身功能，该功能是上述四款软件的基础功能，虽非应用层面的核心功能，但缺乏该功能则上述四款软件将无法发挥作用。(2) 上述四款软件在各个平台的下载累计上百万次，玩友公司虽抗辩存在刷量，但其提供的数据显示在华为应用市场的下载次数也有近二十万次，则玩友公司可以通过引流来实现流量的变现。(3) 罗盒公司涉案 VirtualApp 商业版本对外授权许可收费的情况。(4) 玩友公司收取上述四款软件会员费的数额，仅是判赔考虑因素之一，因此法院对罗盒公司调查会员费流水的申请不予支持。(5) 玩友公司的侵权行为性质、侵权时间及拒不履行开源授权许可协议的情况。(6) 维权合理费用。罗盒公司为本案支付了公证费、鉴定费、翻译费。关于律师费，虽无法确定为单独指向本案一案，但罗盒公司聘请了律师出庭进行诉讼，法院酌情予以考虑。法院综合全案的证据情况，确定赔偿数额为 50 万元（包含维权合理开支），对罗盒公司超出前述数额的赔偿请求不予支持。

（五）法院判决

认定被告玩友公司构成侵权，责令其立即停止侵权行为，并赔偿原告经济损失及维权合理开支共计 50 万元。

（六）案件评述

本案涉及 GPL v3 开源许可协议的法律性质、开源软件的著作权归属及权利行使、GPL v3 开源许可协议传染性范围判定、在 GPL v3 开源许可协议增加限制商业使用条款的效力、违反开源软件协议法律后果等使用开源软件所涉纠纷的核心法律问题，引起了业内的广泛关注。

在这个案件中，广州知识产权法院认为，被诉侵权软件的下载无须付费，玩友公司收取会员费仅用于运营维护和技术支持，该行为并不违反 GPL v3 开源许可协议的规定。但是，使用涉案开源软件开发的商业软件依约需公开其全部源代码，玩友公司未向用户提供被诉侵权软件源代码下载，违反了 GPL v3 开源许可协议的约定，玩友公司复制、发布涉案软件源代码的行为侵害了涉案软件著作权。因此，广州知识产权法院依法判令玩友公司停止提供含有沙盒分身功能源代码的四款软件的下载、安装和运营服务，并赔偿罗盒公司经济损失及维权合理支出共计 50 万元 。

本案明确了开源软件的“自由”体现为通过著作权许可给予的自由，开源软件的权利人不但没有完全放弃著作权，而且还可通过开源软件许可协议寻求著作权保护。对理解开源软件侵权纠纷若干核心法律问题和开源合规治理的关键点都有重要指导意义。

本案明确了开源许可协议的法律效力，并认定违反开源许可协议的行为构成侵权行为。这也是中国首批涉及开源代码软件著作权保护的新类型案件。

第八章 开源软件与商标

第一节 开源软件与商标问题概述

一、当开源软件遇见商标

（一）商标对于开源软件的重要意义

开源软件是如何同商标联系在一起的呢？它们之间会引发怎样的问题呢？

我们都知道开源软件是以项目为导向的，项目发起者在开源社区发起开源项目，依照某款开源许可证公开初始版本的源代码，并接受贡献者对软件的完善和改进。

一般而言开源软件都会有一个名称，如 Android 操作系统、OpenHarmony 操作系统。开源软件的名称有时候仅仅是一个名称，但也可能成为一种商标标识。只要这些标识符合商标法关于显著性的要求，能够用于将不同商业主体的商品或服务区分开来，那就可以申请为注册商标。例如，Android 和 OpenHarmony 都属于注册商标。

为开源软件注册、申请相应的商标往往具备重要意义。因为很多开源软件既提供免费的开源版本也同时提供商业版本，及时为软件申请商标有助于保护相关开发者的权益。此外，申请商标还能防止相关开源软件的文字标识因为在公众中的广泛使用，而逐渐演化成此类软件的通用名称，从而失去作为商标保护的机会。

（二）开源软件涉及的商标保护类别

软件涉及的商标保护类别一般是第9类和第42类。

在第9类中，与软件相关的主要是0901组的“电子计算机及其外部设备”。这一小类的产品主要是“软件本身”，例如“计算机软件（已录制）”、“已录制的计算机游戏软件”、“可下载的计算机应用软件”及“计算机游戏软件”等。笔者认为，开源软件本身一般需要在第9类注册相关商标。

在第42类中，与软件相关的主要是4220组的“计算机编程及相关服务”。这一小类是服务小类，主要是软件的开发、安装、维护等涉及软件的服务，而不涉及软件本身。例如，“计算机软件设计”、“计算机软件更新”、“计算机软件出租”、“计算机软件维护”、“计算机软件安装”、“计算机软件咨询”及“软件即服务（SaaS）”。笔者认为，在开源项目涉及的著作权人或者贡献者中，如果是专门从事涉及软件服务的组织，也需要在第42类注册相关商标。

（三）开源软件涉及的商标保护场景和问题

开源软件许可证允许他人自由复制、分发、修改开源软件，这些特点决定了开源软件涉及的商标保护问题长期存在且较为复杂，包括如下方面：

首先，在不涉及软件复制、分发、修改的场合，社会大众在媒体、网络上提及、显示该软件的相关商标，笔者认为这种行为构成商标侵权的概率较小，对商标权人基本不会造成损害，只需对其引用行为稍加规范即可。

其次，开源软件往往涉及修改，著作权人之外第三方对软件的不同修改会形成很多分支，这些分支在性质上属于初始版本的演绎作品。这些分支往往也使用开源软件的商标，是否侵害商标权需要进一步研究？

再次，开源软件可以对外分发，包括复制到物理介质（光盘）中对外发行，或者在网络上提供下载（信息网络传播）。在分发过程中，往往涉及在光盘和网页中使用注册商标的情况。这些使用行为是否侵害商标权，也需要进行研究。

最后，有很多公司或个人会围绕开源软件提供周边服务，例如，软件升级、维护等服务，那么这些主体能否在提供服务的过程中使用软件注册商标？

以上问题，本书会在后续章节进行分析。

二、各开源组织的商标政策介绍

近些年，不同的开源组织都更加关注开源软件的商标问题，并进行了相应尝试，现介绍如下：

（一）OSI 及其商标政策

OSI 是一家注册在美国加利福尼亚的公益性公司，旨在教育和倡导开源的好处，并在不同的开源社区之间架起桥梁。其最重要的活动之一是作为一个标准机构，为了开源社区的利益维护开源事业，并对符合开源标准的开源许可证进行认证。经认证的开源许可证可以使用 OSI 的商标，使得开发人员、用户、公司和政府可以围绕该信任关系组织开源合作。①

OSI 注册有相关商标用于认证服务。其中，OPEN SOURCE INITIATIVE（即开源代码促进会）在中国注册有 OPEN SOURCE INITIATIVE 商标，注册类别分别是第 35 类和第 45 类上。其在第 35 类上注册的商品/服务为“对促进非专有软件的关注度和重要性的公众的支持；引起公众对满足在一定的要求下依据协议进行分配和再分配使用的非专有软件的关注度和重要性”；其在第 45 类上注册的商品/服务为“提供非专有软件许可证方面的在线计算机数据库；知识产权的许可授权，即对许可授权的软件和非专有软件进行评审、分类以及监督”。②

由此可见，OSI 在中国注册的商标主要用于标注其提供的评审、监督、许可等服务，暂时未见 OSI 在中国于第 9 类上注册相关商标。所以，OSI 在中国的注册商标似乎不是直接用于标识软件的来源和提供者，而是用来标识该软件的许可证是经过 OSI 评审和认证的开源许可证。

OSI 官网公布了《OSI 商标使用指南》③，其主要解决的是第三方使用 OSI 相关商标的授权许可和使用规范问题。该指南规定，只要遵守该使用指南就可以获得相应的商标使用许可。

该指南将商标使用分为无须事先书面批准的使用和需要事先书面批准的使用。

无须事先书面批准的使用主要涉及在网站上、出版物中、促销推广活动中使

① 参见 https：//opensource. org/about/，最后访问日期：2023 年 9 月 19 日。

② http：//wcjs. sbj. cnipa. gov. cn/home，最后访问日期：2023 年 9 月 19 日。

③ 参见 https：//opensource. org/trademark－guidelines/，最后访问日期：2023 年 9 月 19 日。

用到 OSI 相关商标。这些使用行为往往不涉及软件的分发，更多的是为了表达对于开源软件的支持而进行的引述或评论。不难看出这里所说的对于商标的使用基本上不属于商标性的使用。因此，这类“使用行为”无须事先书面许可，只需遵守关于商标样式等规范，以及避免引起使用者与 OSI 存在托管、支持等关系的误解即可。

需要事先书面批准的商标使用行为主要是指根据 OSI 批准的开源许可证分发相关软件。要注意的是，未经 OSI 批准的开源许可证，无论如何都不能使用 OSI 商标。在根据 OSI 批准的开源许可证分发相关软件时，还需要注意是否和其他未获得 OSI 许可证许可的软件一同分发，否则需要在使用 OSI 标识的时候做区格处理。另外，一律禁止在域名和非软件商品中使用。

（二）OUC（Open Usage Commons）及其商标政策

OUC（Open Usage Commons）是谷歌在 2020 年左右建立的一个新的开源组织，该组织是专门的开源项目商标管理组织，托管了谷歌三个重要开源项目的商标 Angular、Gerrit 和 Istio。这三个开源项目的著作权和专利权仍属于谷歌所有，不属于 OUC 的管理范围。

OUC 是首个专门为管理开源软件商标问题而设立的开源组织。正如谷歌开源总监兼 OUC 副主席 Chris DiBona 在接受采访时说：“我们宣布我们是商标管理员，我们将把商标引入开放源代码定义中。”①

OUC 认为，开源软件涉及多种类型的知识产权，虽然源代码和其他贡献可以受到著作权和专利的保护，但商标却能用于说明项目的身份。而考虑到商标的法律逻辑和著作权以及专利很不相同，这可能会为开发过程中的知识产权（特别是商标）问题带来很多混乱，影响到公众对于开源项目的免费、公平利用，不符合开源软件的自由精神。而通过 OUC 的商标管理服务，可以为开源项目提供一个中立、独立的商标使用环境，处理项目过程中遇到的商标使用问题，保障项目的免费、公平利用。

OUC 还表示，虽然目前仅托管有谷歌的 Angular、Gerrit 和 Istio 三个项目，但它们是一个开放性组织，接受其他公司托管他们开源项目的商标。但市场似乎对 OUC 仍心存疑虑，认为 OUC 与谷歌的关系过于密切。

---

① 《谷歌宣布建立 Open Usage Commons 组织，托管 Istio 等重要开源项目》，载 https：//segmentfault. com/a/1190000023162071，最后访问日期：2023 年 9 月 19 日。

OUC 推出了他的《商标使用指南》①，规定了经其托管的开源项目商标的使用主体和使用规则。笔者认为，该指南很好地回应了开源项目中常见的商标使用困惑，能在一定程度上减少开源项目在商标使用问题上的混乱，现介绍如下：

该指南指出作为开源软件的商标所有人，有必要保护其商标正当使用。否则，可能会稀释商标的价值，使得商标变成商品/服务的通用名称，或导致对于软件来源或质量的混淆。该指南旨在避免这些问题，通过建立一套规则，使得社区可以自由、公平使用商标，同时减少欺诈和掠夺性使用。

关于使用范围，该指南指出任何开源软件项目都可以使用该指南，最重要的是供经 OSI 批准的开源许可证开源项目使用。

关于商标使用规则，该指南区分了指示性使用、软件未修改的发行版的使用、基本未修改的发行版的使用、大幅修改的发行版的使用。

该指南认为，指示性使用是为了准确识别开源项目而进行的使用，这种使用是为了识别开源软件而不可避免地对商标进行提及或呈现，属于商标的合理使用。任何人遵守相应的规则便被授权使用商标。

对于软件未修改的发行版，只要遵守一定的项目命名规则，便自动被授权使用商标。这类命名规则主要是需要遵循“［新名称/公司］托管 + ［项目商标］”“［新名称］ + ［项目商标］的分支”的范式。不难看出，此处对于商标的使用不是严格意义上的商标性使用。商标只是作为一种元素或名称被放入一个陈述句之中，使得公众清晰认识到该项目是另外一家公司托管的项目，或者是另外一家公司对初始软件版本修改后形成的分支。笔者认为，这种使用方式的好处是使得商标性混淆不再存在。

对于基本未修改的发行版，该指南指出是对原版本进行的非实质性修改，实例包括语言翻译和本地化、错误和安全补丁以及必要的针对互操作性、兼容性或支持其他内容的修改。这些基本未修改的发行版，也参照软件未修改的发行版进行商标使用的许可。

对于大幅修改的发行版，由于软件在功能、接口或特性上经过实质性修改，因此需要经过项目商标权人的许可方能使用其商标标识。笔者认为，大幅修改的软件由于已经发生实质性变化，人们在一般观念上很难将其视为之前的软件，因此其商标法意义上的商品/服务来源产生改变，未经许可继续使用原商标将构成

① 参见 https：//openusage. org/trademark – guidelines/，最后访问日期：2023 年 9 月 19 日。

商标侵权。

除上述规定之外，该指南还对商标贬低行为、商标侵权执法等进行了规定。

笔者认为，上述指南对于开源项目的商标使用合规问题具有很好的借鉴意义。即便是不将商标托管给 OUC，也可以借鉴该指南的规定。

（三）Apache 软件基金会及其商标政策

Apache 软件基金会（Apache Software Foundation，ASF），是专门为支持开源软件项目而创办的一个非营利性组织，几乎完全由志愿者运营。在它所支持的数百个 Apache 项目与子项目中，所发行的软件产品都遵循 Apache 许可证（Apache License）。

Apache 软件基金会拥有所有与 Apache 相关的商标、服务标识。所有 Apache 项目的名称几乎都是 Apache 的商标。Apache 项目的命名规则为“Apache + 项目名称”，而“Apache + 项目名称”往往也是该项目的商标。

Apache 软件基金会为其支持的项目制定了 Apache 项目商标使用政策 apache software foundation trademark policy①，原则性地规定了商标使用的规则，具体介绍如下：

其制定该政策的宗旨是确保 Apache 商标的形式不会导致 Apache 软件的混乱，所以必须控制这些商标和其他组织的软件以及相关服务的联合使用。此外，还要防止 Apache 商标的声誉遭受贬损。

Apache 软件基金会允许使用商标“Apache ProjectName”来描述与 Apache 软件基金会相关的软件，他们认为这是对于商标的指示性使用，属于商标的合理使用。主张对于 Apache 软件基金会商标合理使用要满足三个基本要件：

1. 所涉及的产品或服务必须是一种不使用商标就无法轻易识别的产品或服务；（例如，不使用商标“Hadoop”就很难识别出 ApacheHadoop® 软件）

2. 只有当使用的数量有限，并且该数量对于识别产品和服务来说是必要的；

3. 使用该商标的组织不得采取任何与该商标相关的，建议商标持有人赞助或背书的行为。

此外，Apache 软件基金会认为要注意合理性使用和商标混淆的辨析。因为有些人名义上是合理使用，但其实就是侵权，原因在于这些使用会使公众对产品或服务的来源产生混淆或混淆的可能性。为此，Apache 软件基金会对合理的指

① 参见 https：//apache. org/foundation/marks/，最后访问日期：2023 年 9 月 19 日。

示性使用进行了举例，笔者将其归纳为三个方面：

第一个方面，如果是在软件上使用 Apache 相关商标，那么这些软件只能严格限定在从 Apache 官网上下载的软件或针对该等软件的演绎作品。笔者认为，这里是强调软件必须来源于 Apache 软件基金会。

第二个方面，如果软件不来源于 Apache 软件基金会（包含非官方的 Apache 官方软件的演绎作品），那么就禁止在这些软件上使用 Apache 商标。

第三个方面，如果仅仅是对于 Apache 软件基金会官方软件的评论或介绍，那么是可以使用 Apache 商标的。笔者认为，这种使用不是商标性使用，因此可以被允许。

另外，该规则还规定了其他相关使用规则，包括禁止在域名中使用等。

总之，笔者认为 Apache 软件基金会的商标使用规则比 OUC 的商标使用规则更加严格。Apache 软件基金会的商标使用规则禁止第三方对开源软件进行任何修改，但 OUC 的规则允许第三方对开源软件进行非实质性修改。

第二节 开源软件涉及的商标法律问题

根据笔者的整理，开源软件涉及如下商标法律问题：

一、在开源软件分发过程中使用商标标识，是否构成商标性使用

（一）商标性使用的介绍及其对于开源软件的意义

实践中，大部分开源软件在其分发过程中带有商标标识，如在提供软件下载的网页上标注商标、在随软件一起分发的手册中标注商标、在软件的人机交互界面标注商标等。这些商标使用行为是否属于商标性使用呢？

厘清这个问题具有重大意义，因为商标性使用与很多重大问题相关。例如，商标侵权的判定是以存在商标性使用为前提的，如果利用了商标但又不存在商标性使用则不构成商标侵权。再如根据中国商标法，商标权人如果连续三年不对已经注册的商标做商标性使用，则任何人可以申请撤销其商标注册。

所谓商标性使用，是指商标的商业使用，包括将商标用于商品、商品包装或者容器及商品交易文书上，或者将商标用于广告宣传、展览以及其他商业活动中，用于识别商品来源的行为。①

理解商标性使用的关键在于使用行为必须是商业使用，判断标准在于是否将商标用于区分商品、服务的来源。一般而言，如下情况不视为商标性使用②：

（1）商标注册信息的公布或者商标注册人关于对其注册商标享有专用权的声明；

（2）未在公开的商业领域使用；

（3）改变了注册商标主要部分和显著特征的使用；

（4）仅有转让或许可行为而没有实际使用；

（5）仅以维持商标注册为目的的象征性使用。

（二）认定构成商标性使用的案例分析——Planetary Motion，Inc. v. Techsplosion，Inc 案③

该案是美国佛罗里达南区联邦地区法院审理，法院认为在开源软件分发过程中使用商标标识构成商标性使用。

该案的核心争议事实是，拜伦在 1994 年 12 月 31 日基于 GPL 协议对外发布了一款名为“Coolmail”的计算机软件，该软件是基于 UNIX 操作系统的程序，可与用户的电子邮件程序一起运行。该软件通过互联网分发，分发时附带的手册上标注有“Coolmail”标识。该软件的后续演绎版本也通过网络发放，也标注有“Coolmail”标识。

毫无疑问，“Coolmail”软件在分发过程中用到了“Coolmail”标识，但案件的争议的焦点在于对“Coolmail”标识的这种利用行为是否是一种商标性使用行为。

被告 Techsplosion 认为这不是商标性使用行为，因为对“Coolmail”标识的使用并非商业使用。最根本的原因在于“Coolmail”软件是开源软件，其在互联网上免费分发，这种分发行为并不是商业行为。

原告认为商业性使用不以软件的有偿销售为前提条件。原告指出，美国商标

① 参见《商标审理审查指南 2021》第 367 页。

② 参见《商标审理审查指南 2021》第 368 页。

③ See Planetary Motion，Inc. v. Techsplosion，Inc.

法明文规定，当“商品在商业中出售或运输时”，商标应被视为在商品中用于商业。由于“Coolmail”软件在互联网中广泛传播，因此可以参照运输的规定认为是商业使用。

法院认为，原告在软件上对于“Coolmail”商标的使用构成商标法意义上的使用，并且属于商业性使用，即便是其软件没有进行实际销售。

（三）认定不构成商标性使用的案例分析——Open LIMS 案①

该案是德国科隆地区高级人民法院审理②，原告匿名（根据德国法律进行匿名处理），被告 Open LIMS Community。法院认为在开源软件分发过程中使用商标标识不构成商标性使用，与以上美国法院的认定刚好相反。

该案的核心争议事实是，被告是“Open LIMS”注册商标的商标权人，该商标注册的商品为计算机软件。被告以“Open LIMS”标注其发布的一款开源软件，使用的是 GPL v3.0 开源许可证。被告通过网站长期提供“Open LIMS”软件的免费下载，除此之外被告没有对该软件进行过其他商业性开发行为。

原告认为，被告的“Open LIMS”商标连续五年未进行商标性使用，其在网站上免费提供下载的行为不构成商业性使用，请求法院撤销该商标的注册。

被告“Open LIMS”认为其长期对外分发“Open LIMS”软件，过程中一直用“Open LIMS”标注所分发的软件，构成商标性使用，因此不存在连续五年不使用商标的情况。

法院认为，商业性使用并不排斥免费提供软件，不能说免费提供软件就不属于商业性使用。但最关键的问题在于，被告除了免费提供软件之外，再无任何针对软件的其他商业活动，并且也没有将该商标用于获得或确保市场份额的其他活动的行为。虽然被告网站提供该软件的广泛下载，但没有证据显示该软件有在德国境内被下载和使用的记录。此外，“Open LIMS”软件基于 GPL v3.0 对外分发，该协议允许第三方进一步修改该软件。如果第三方修改，那么它将不再是被告编程的软件，而 GPL v3.0 并未要求修改者更换“Open LIMS”软件名称，所以“Open LIMS”更多地是作为一种软件名称来使用，其不具备区别软件来源的功能，因而不属于商标性使用。

---

① See Planetary Motion，Inc. v. Techsplosion，Inc.

② 参见 Open LIMS 商标案。

（四）综合点评

不难看出，同样是针对基于开源许可证分发开源软件过程中用商标标注软件的行为，美国法院认为构成商标性使用，但德国法院认为不构成商标性使用。

两个法院的共同点在于，都没有否认免费提供软件可以纳入商业性使用的范畴。两者的不同点在于，德国法院认为基于开源许可证提供软件具有其特殊性，因为软件经他人修改之后已经不再是原著作权人（商标权人）编辑的软件，但这些软件却可以使用原著作权人的商标，所以法院认为这种对于商标标识的使用仅仅是将其作为软件名称的使用，而非是商标性使用。

笔者认为，两个案例事实存在的关键差异可能是法院作出相反判决的原因。在“Coolmail”案件中，商标权人除了基于开源许可证对外提供“Coolmail”软件之外，还在开源软件第一次分发的三年之后通过正常的商业渠道进行大规模商业使用。这会促使法院认定大规模商业使用之前的基于开源许可证的免费分发行为也构成商业性使用，否则可能会严重损害商标权人业已形成的巨大利益。但“Open LIMS”的商标权人并没有这么做，他仅仅是将“Open LIMS”通过互联网对外免费提供下载，商标权人甚至不能举证该软件在德国境内被实际下载和使用，而且商标权人也没有设法阻止该软件的第三方演绎作品继续使用“Open LIMS”商标标识。可能在法院看来，商标权人对于维护其商标权并没有上心，同时也考虑到市面上已经大量充斥不同版本的名为“Open LIMS”软件的缘故，在木已成舟的情况下法院不愿意过分影响既有的利益格局，所以做出和美国法院完全相反的判决。

从笔者的角度分析，德国法院的判决是值得商榷的。德国法院的核心观点是开源许可协议未禁止来自于商标权人之外的分支贡献者也使用商标权人的商标，使得对商标标识的使用不具有区分软件来源的功能，从而认为对于开源软件应予特殊对待。但笔者认为，虽然开源许可协议没有禁止来自于商标权人之外的分支贡献者也使用商标权人的商标，但没有禁止并不意味着给予其许可。根据商标法的基本原理，没有商标使用的许可就意味着禁止使用，这几乎是不言而喻的。商标权人之外的分支贡献者在其分支上使用商标权人的商标，其本身就是商标侵权行为。不能因为商标权人没有积极主动维权（例如“Open LIMS”案件中的被告Open LIMS Community），就认为这种商标权普遍遭受侵权的状态是合理的，并且也更不能用这种状态去论证对于“Open LIMS”商标的利用行为不构成商标性使用。

但无论如何，以上案件给我们的警示是，开源项目的商标权人要积极维护商标权益，包括在开源项目之外尽快对项目进行商业开发，并相应使用商标。此外，还需要建立开源软件分支贡献者在分支上使用商标的规则（如Apache软件基金会所做的那样），并对商标侵权行为积极维权。只有这样，才能尽可能全面地维护开发者在开源软件上的商标权益。

二、开源软件商标的合理使用问题

（一）商标合理使用的介绍及其对于开源软件的意义

针对开源软件一个令人困惑的问题是，在开源软件的利用过程中，商标权人之外的用户经常会再现或提及开源软件的商标，这些行为是否构成商标侵权？他们是否是对于商标的合理使用？如果答案是肯定的，二者的界限究竟在哪里？

厘清以上问题对开源软件的相关参与主体具有十分重要的意义。对于商标权人之外的开源软件贡献者，以及单纯复制、分发开源软件的行为人，他们往往需要利用到该软件的商标，厘清该问题有助于其规范使用商标，避免陷入商标侵权境地。对于软件初始著作权人而言，其往往也是软件商标权人，厘清该问题有助于其准确识别商标侵权主体，以高效维护其商标权益。

所谓商标的合理使用，是指商标权人以外的人正当使用权利人的商标，而不必征得权利人的许可，也无须支付商标许可使用费的制度。一般认为，商标的合理使用主要包括两种情形：

第一种情形是叙述性合理使用。《商标法》第59条第1款规定，注册商标中含有的本商品的通用名称、图形、型号，或者直接表示商品的质量、主要原料、功能、用途、重量、数量及其他特点，或者含有的地名，注册商标专用权人无权禁止他人正当使用。这种使用，是经营者为了描述自己提供的商品或者服务的基本信息，而对商标所做的善意使用。因为有些商标中词语是描述性的词语或者含有某类产品的通用名称，那么商标的词语就具备了双重属性，一种是作为商标的含义，另一种是作为描述性词语的含义。商标权人可以禁止他人将有关词语作为商标使用，但不得禁止他人对该词语的描述性使用。

第二种情形是指示性合理使用。指示性合理使用和叙述性合理使用不同，它往往是为了说明使用人的商品或服务，与注册商标的商品或服务之间的某种联系而使用注册商标。指示性合理使用多见于汽车零配件市场、二手商品交易市场等。比如，汽修厂提供零配件时会明确注明“适用于某品牌”，是为了表明其商品可与对应车型相匹配，以供用户甄别、选择，而不是对品牌商标的使用。这种使用是行为人为了指示自己的商品或服务用途而“提及”他人的注册商标，因此，指示性合理使用也被学者称为“被提及的合理使用”。[①]

笔者认为，开源软件领域更多地涉及软件商标的指示性合理使用问题，叙述性合理使用的情况较少。因为叙述性合理使用，一般是指软件商标中包含软件的通用名称或者表示软件的质量、功能等情形，发生的概率较小。更常见的情况是他人在利用开源软件时不可避免地提及开源软件的商标。

（二）认定不构成合理使用的案例分析——Neo4j，Inc v. PureThink，LLC 案[②]

该案是美国加利福尼亚州联邦地区法院所判，法院认定了案涉的商标使用行为不构成合理使用。

大致案情是，原告按照 GPL 发行了一款名为 Neo4j 的开源软件，Neo4j 同时也是原告获得注册的商标，获准在计算机程序这类商品上使用。被告是原告的合作伙伴，为 Neo4j 开源软件的商业版本做配套的维护服务，并积攒了一批客户。

此后，被告又基于 Neo4j 软件的开源版本进行了二次开发，对其某些功能进行了升级和优化，并以“Neo4j 政府版”“Neo4j 企业政府版”的名义销售给被告自己的客户。

原告认为被告的上述行为侵害了其“Neo4j”商标专用权。

但被告认为原告通过开源许可证对外许可“Neo4j”软件，这说明原告实际上已经放弃了“Neo4j”商标，被告属于合理使用。被告的主要逻辑在于，开源许可证允许被告对“Neo4j”进行修改并再分发修改的版本，这与商标法的原理相冲突。因为商标法要求商标权人对商标所标注的产品适时进行质量控制或质量监督。鉴于原告通过开源许可证允许他人对其软件自由修改，说明原告放弃了其作为商标权人的质量监督和控制义务，因此认为原告实际上放弃了“Neo4j”商标。被告进一步认为，这种放弃“Neo4j”商标的行为是该商标实际上变成了此类软件的通用名称，因此被告使用该商标构成合理使用。

法院认为，原告通过开源许可证允许他人对其软件自由修改，并不能否认原

---

① 参见吴晓峰、张婷婷：《以混淆可能性判断商标是否合理使用》，载 https：//www. spp. gov. cn/spp/llyj/202207/t20220709_563418. shtml，最后访问日期：2023 年 9 月 20 日。

② See NEO4J，INC. V. PURETHINK，LLC，No. 21 – 16029（9th Cir. 2022）.

告对于被许可人编辑的软件质量实施监督控制的能力。虽然开源许可证没有规定禁止被告使用原告的商标，但这不代表原告放弃对其商标权的主张。因此，法院认为被告构成商标侵权。

（三）认定构成合理使用的案例分析——satco Europe GmbH v. Dream Property GmbH 案①

该案是德国杜塞尔多夫地区高级法院判决，法院认定了案涉的使用行为是合理的指示性使用。

基本案情是，原告根据 GPL v2.0 条款发行了一款 Enigma 软件，同时原告也在计算机软件等产品上注册了“Enigma”商标。Enigma 软件可以安装在电视机的机顶盒之中，具备人机交互界面，在人机交互界面和部分菜单栏会显示 Enigma 标识。被告将 Enigma 软件安装到自己生产的机顶盒中对外销售，其开机界面和部分菜单栏显示有 Enigma 标识。

原告认为被告的行为侵害了其“Enigma”商标专用权，因为 GPL v2.0 并没有授权被告使用原告的商标。

被告认为，Enigma 其实是软件名称，被告也没有修改该软件，被告在用户界面等处所使用“Enigma”标识是合理使用，因为消费者有权利知道自己使用的是哪个软件的用户界面。

法院认为，被告的行为只是对于软件名称的引用，而非商标性使用，并认为这种使用方式是可接受的使用方式。法院进一步认为，将软件做商业用途之时，只要使人们清楚它仍然是第三方软件，就可以修改 GPL 下的此软件，然后继续以商标名称出售。但前提是修改之后，其功能基本相同。

（四）综合点评

笔者认为，两个案件最大的区别是“Neo4j 政府版”是对“Neo4j”开源软件的实质性修改，而在第二个案件中被告并没有修改 Enigma 软件，只是原封不动地对外发放。

在 Neo4j 案件中，由于软件经过修改，“Neo4j 政府版”实际上属于原版软件的演绎作品。从商标法的角度来，“Neo4j 政府版”属于被告编辑，其来源产生了变化，如果仍允许被告继续使用 Neo4j 商标，将会使相关公众产生混淆。

---

① See satco Europe GmbH v. Dream Property GmbH（OLG Düsseldorf，Az. I – 20 U 176/11）.

在 Enigma 案件中，软件未经修改，该仍属于商标权人编辑的软件，软件来源并没有产生变化。因此被告使用 Enigma 标识只是一种指示性使用，其本质上属于提及他人的商标，而非将该商标用于标注自己的产品。

笔者进一步认为，软件是否经过修改并不是绝对的。虽然对软件进行过修改，但如果没有使得软件产生实质性变化，或者是没有为软件贡献新的独创性表达，那么也应该认为该软件在商标法意义上的来源未产生变化。

此外，也不能说只要是软件未产生实质性变化，就一概认为对于软件商标的使用行为都构成合理使用，还需要结合行为人的主观意图和客观结果进行综合判断。

从使用人的主观意图上来看，认定构成合理使用，则使用人必须出于善意、正当目的使用。具体可以从行为人使用商标的具体方式，使用商标的主要目的，商标的显著性以及与商品之间的关联程度进行判断。

从使用的客观结果来看，商标侵权成立与否，关键是以混淆可能性作为基本标准。因此，非商标权人使用与注册商标相同或近似的标识，如果不会造成混淆，则合理使用的抗辩成立。应当注意的是，商标本身的显著性和知名度，不仅是判定使用人是否善意使用的重要标准，也是判定是否造成混淆或者误认的重要依据。

三、开源软件商标与名称的辨析——开源软件的商标淡化问题

细心的读者可能注意到了，对于有关主体使用开源软件商标中的文字的行为，有的法院认为是对于商标的使用，而有的法院则认为是对于软件名称的使用。那么，究竟如何判断其使用性质?

弄清楚这个问题也具有十分重要的意义，因为这涉及商标淡化问题。如果一个商标沦为某类软件的通用名称，那么商标的显著性将大大淡化，商标用于区分商品和服务来源的功能将不复存在。对于未注册的此类标识，将不予注册为商标；对于已经注册的此类标识，将面临被撤销商标注册的风险。

新西兰知识产权局有过一个关于 Koha 软件的商标注册争议案件。[①] 该案原告在 1999 年委托他人开发了一款图书馆软件，并将其命名为“Koha”，但未将

① See Te Horowhenua Trust，Catalyst IT Limited v. Progressive Technology Federal Systems，Inc. DBA Liblime.

"Koha"拿去申请商标注册。原告2000年将Koha软件用GPL对外发布。此后，该款软件被翻译成三十多种语言在世界各地的图书馆中得到广泛利用。这款软件在世界各地都被成为Koha。2009年，原告向新西兰知识产权局申请将"Koha"注册为商标，但遭到新西兰知识产权局的拒绝。

新西兰知识产权局认为，Koha软件在世界上广泛使用，在全世界都具有极高的知名度，Koha是软件名称，而原告又要求在软件产品类别上申请注册Koha商标，其不符合新西兰商标法的规定。

笔者认为，"Koha"属于意造词，其作为商标本应具有很高的显著性。但正是由于原告管理不善，没有及时将Koha作为商标进行保护，造成经过长期和广泛的使用，使得Koha彻底沦为某类图书馆软件的通用名称，从而错失该商标。

这个案例给开源软件从业者的教训是，要充分重视对于开源软件商标的保护，包括以下几个方面：

（1）加强商标的品牌化意识，以开源软件为中心设立相关商标，并及时申请商标注册以获得保护。

（2）关注行业内市场动态，加强警惕。开源软件一旦发布，其商标不可避免地会被大量主体所使用。商标权人需要注意的是，一旦发现有人恶意将开源软件商标与软件名称、其他描述性说明加以混同的行为时，或者有消费者将商标当做软件名称使用的趋势时，要及时加以制止。

（3）权利人自己也要注意合法合理使用商标，加强对商标的管理。特别是需要注意商标与软件名称应尽量连接使用，避免直接以商标名称代替软件名称进行销售或广告宣传，此外要切记清晰标注商标的已注册标志。

四、开源软件的商标权利用尽问题

所谓商标权利用尽原则，是指标注注册商标的商品经过商标权人同意投入市场后，商标权人对该商品的权利已经穷竭，购买人可以使用或者进一步销售该商品，商标权人不得干预，此时购买人的行为不属于侵犯商标权的行为。

一个令人疑惑的问题是，既然开源软件是许可给公众复制、分发的，那么公众在复制、分发过程中是否可以基于商标权利用尽规则来对抗商标权人的侵权主张呢？

在德国就有这样一个判例。原告基于GPL许可证发布了一款"xt：Commerce"软件，并且"xt：Commerce"也是原告的注册商标，注册的商品/服务包括计算机软件以及相应的服务。被告为 xt：Commerce 开源软件开发了一些补丁（也属于计算机程序），并以“xt：Commerce”的名义宣传这些补丁以及相应的补丁服务。

原告主张被告侵害“xt：Commerce”商标权，但被告认为不构成侵权。此外，被告还提出原告通过 GPL 将“xt：Commerce”软件许可给被告使用，被告再相应对外发行“xt：Commerce”的衍生版本，这对于原告来说构成商标权的权利用尽。

德国法院认为，被告的行为是针对软件新的分发行为，而非对来自于原告的软件复制件的出售，因此案件不构成商标权的权利用尽。

笔者同意法院的认定，并且认为在开源软件领域基本不太可能出现商标权的权利用尽问题。理由在于，商标权的权利用尽是针对来自于原告的实体商品，因为原告的商标权益已经通过转移该实体商品的所有权（无论是出售还是赠与）得到实现，从而禁止原告针对该商品的后续流通行为二次获得商标许可费。

就开源软件而言，其属于无形商品。只有在软件被固定在实体复制件（通常是软件光盘）中，且该光盘来源于商标权人的情况下，对于该光盘的流通行为才涉及软件商标权用尽问题。

然而，开源软件往往是通过互联网分发，具体而言，大部分属于我国著作权法所规定的信息网络传播行为，小部分属于我国著作权法所规定的复制行为（临时通过互联网定向传输）。这些行为都不涉及实体物的所有权转移，因而不存在商标权的权利用尽问题。

第三节 主流开源许可证涉商标条款介绍和评述

一、GPL 开源许可证

GPL 许可证有三个版本，分别是 GPL v1、GPL v2 和 GPL v3。其中，GPL v1

和 GPL v2 没有涉商标条款，只有 GPL v3 涉及商标条款，现介绍和评述如下。

【条款】

7. 附加条款

“附加许可”是通过对本许可的一项或多项条件进行例外处理，来补充本许可条款的条款。适用于整个程序的附加许可应被视为包含在本许可中，只要它们在适用法律下有效。如果附加许可仅适用于本程序的一部分，则该部分可以在这些许可下单独使用，但整个程序仍受本许可的约束，而不适用该附加许可①。

……

d）限制出于宣传目的使用许可人或材料作者的名称；或者

e）拒绝根据商标法授予使用某些商号、商标或服务标志的权利；或者②

……

【条款评述】

此条款是可以作为附加性许可。

在此前的 GPL 版本中，都没有关于许可人名称、商标、商号或服务标识的规定。笔者认为，商标、商号等都属于知识产权，根据知识产权对世权的性质，在没有明确规定的情况下并不会产生授权许可的法律效果。此处对禁止授权问题进行明确约定，应该是和开源软件的特殊性质有关。开源软件对外免费许可使用，难免会让人产生包括商标、商号等知识产权也一并许可的错误认识，此处约定属于一种强调和重申。

二、LGPL 开源许可证

LGPL v2.1 以及 LGPL v3 均未涉及商标、商号及名称的条款。

---

① 原文：Additional Terms.
“Additional permissions” are terms that supplement the terms of this License by making exceptions from one or more of its conditions. Additional permissions that are applicable to the entire Program shall be treated as though they were included in this License, to the extent that they are valid under applicable law. If additional permissions apply only to part of the Program, that part may be used separately under those permissions, but the entire Program remains governed by this License without regard to the additional permissions。

② 原文：d）Limiting the use for publicity purposes of names of licensors or authors of the material；or
e）Declining to grant rights under trademark law for use of some trade names, trademarks, or service marks；or

三、AGPL v3 开源许可证

【条款】

7. 附加条款

“附加许可”是通过对本许可的一项或多项条件进行例外处理，来补充本许可条款的条款。适用于整个程序的附加许可应被视为包含在本许可中，只要它们在适用法律下有效。如果附加许可仅适用于本程序的一部分，则该部分可以在这些许可下单独使用，但整个程序仍受本许可的约束，而不适用该附加许可。

……

d）限制出于宣传目的使用许可人或材料作者的名称；或者

e）拒绝根据商标法授予使用某些商号、商标或服务标志的权利；或者

……

【条款评述】此条款是可以作为附加性许可。在此前的 GPL 版本中，都没有关于许可人名称、商标、商号或服务标识的规定。作者认为，商标、商号等都属于知识产权，根据知识产权对世权的性质，在没有明确规定的情况下并不会产生授权许可的法律效果。此处对禁止授权问题进行明确约定，应该是和开源软件的特殊性质有关。即开源软件对外免费许可使用，难免会让人产生包括商标、商号等知识产权也一并许可的错误认识，此处约定属于一种强调和重申。

四、Apache 2. 0 开源许可证

【条款】

6. 商标：本许可不授予使用许可方的商号、商标、服务标志或产品名称的许可，除非在描述作品的来源和复制 NOTICE 文件的内容时出于合理和习惯使用的需要。①

【条款评述】此条款也明确表示不对商标、商号、产品名称等进行许可。但此条对商标的合理指示性使用做出了例外规定。即规定在描述作品（软件）来源的时候出于合理和习惯使用的需要，可以使用商标。这是因为某些软件的名称本身也构成商标，为了合理指涉某款软件不得不使用其商标，否则难以将对应该软

---

① 原文：6. Trademarks. This License does not grant permission to use the trade names，trademarks，service marks，or product names of the Licensor，except as required for reasonable and customary use in describing the origin of the Work and reproducing the content of the NOTICE file。

件。此外，在开源软件 NOTICE 文件中往往包含版权信息，其中也可能涉及有著作权人的商标，而用户能够理解该商标作为版权信息的性质，不会对商品、服务来源产生混淆。

五、MIT 开源许可证

MIT 许可证未涉及商标、商号及名称的条款。

六、AFL 3.0 开源许可证

【条款】

许可证授予的例外情况。未经许可人事先明确许可，许可人的名字、原始作品的任何贡献者的名字，以及他们的任何商标或服务标志，都不得用于支持或推广由该原始作品衍生的产品。除非在此明确说明，本许可中没有任何内容授予许可人的商标、版权、专利、商业秘密或任何其他知识产权的许可。除了第 2 条中定义的许可权利要求外，没有授予任何专利许可来制造、使用、销售、提供销售、制造或进口任何专利权利要求的体现。对许可人的商标不授予任何许可，即使这些商标包含在原始作品中。本许可中的任何内容都不应被解释为禁止许可人根据与本许可不同的条款许可（许可人将有权利进行许可的）任何原始作品。①

【条款评述】此条款也重申了不就许可人的商标对外进行任何许可，即便是商标包含在原始作品中。

此外，此处还特别强调了商标和服务标识不得用于支持或推广演绎作品。笔者认为，这一规定不仅仅是杜绝了商标在演绎作品上的使用，还有一层意思是禁止在宣传和推广演绎作品中使用商标和服务标识。例如，如果原始软件的商标是 XYZ 商标，那么在宣传其演绎作品的时候就不能说此款软件基于 XYZ 软件，或

---

① 原文：Exclusions From License Grant. Neither the names of Licensor, nor the names of any contributors to the Original Work, nor any of their trademarks or service marks, may be used to endorse or promote products derived from this Original Work without express prior permission of the Licensor. Except as expressly stated herein, nothing in this License grants any license to Licensor's trademarks, copyrights, patents, trade secrets or any other intellectual property. No patent license is granted to make, use, sell, offer for sale, have made, or import embodiments of any patent claims other than the licensed claims defined in Section 2. No license is granted to the trademarks of Licensor even if such marks are included in the Original Work. Nothing in this License shall be interpreted to prohibit Licensor from licensing under terms different from this License any Original Work that Licensor otherwise would have a right to license。

者宣传为是 XYZ 软件的分支等。

【条款】

6）归属权。您必须在您创建的任何衍生作品的源代码中保留原始作品源代码中的所有版权、专利或商标通告，以及任何许可通告和任何作为“归属通告”的描述性文本。您必须使您创建的任何衍生作品的源代码带有明显的归属通知，以合理地通知接收者您已经修改了原始作品。①

【条款评述】此处通过要求接收者在源代码中保留商标通告的方式，再次强化了对商标的保护。

七、BSD 开源许可证

BSD 包含 1 – Clause BSD、2 – Clause BSD 和 3 – Clause BSD，均没有涉及商标的条款。

八、总结

通过以上对于开源许可证涉及商标条款的数量可以发现，开源许可证中的商标条款较少。

这是因为商标权属于对世权，除非有明确规定，否则不产生授权的法律效果。因此，即便不在开源许可证中言明禁止商标的授权，也会产生禁止商标授权的法律效果。并且更为重要的是，商标权的存在不会对开源软件的自由复制、修改和分发产生明显限制，不会影响到开源软件的自由精神，因此开源许可证也无须对许可人的商标权做出过多限制。

这又和软件专利有很大的不同。因为软件专利对开源软件的自由利用产生巨大威胁，所以许多开源许可证强制要求软件著作权人将专利权许可给接收者使用，并且还设置了专利报复条款。

---

① 原文：6) Attribution Rights. You must retain, in the Source Code of any Derivative Works that You create, all copyright, patent, or trademark notices from the Source Code of the Original Work, as well as any notices of licensing and any descriptive text identified therein as an “Attribution Notice”. You must cause the Source Code for any Derivative Works that You create to carry a prominent Attribution Notice reasonably calculated to inform recipients that You have modified the Original Work。

第九章 开源软件和专利

第一节 软件专利介绍

一、软件为什么能申请专利

我们都知道，专利是解决或改进技术问题的技术方案。而软件作为可被计算机执行的代码化指令序列，其表现形式是代码，类似于文字作品，这显然和技术方案相去甚远。那软件为什么能申请专利呢？

事实上，我们平常说的拿软件去申请专利，并不是拿软件的代码申请专利，因为软件代码并不具有可专利性。但是，软件代码又毕竟不同于一般的文字作品，其背后往往蕴含着特定的算法和规则，而这些算法和规则经计算机运行又能带来一些特定的功能。当这些功能可以被纳入某一技术方案来解决特定的技术问题之时，法律便允许将这些涉及软件的技术方案申请专利。

所以说，软件专利并不是拿软件去申请专利，而是将使用到软件功能的技术方案申请专利。

在我国，软件专利有一个专有名称为“涉及计算机程序的发明”。我国《专利审查指南（2021 年修订）》第九章规定，涉及计算机程序的发明是指为解决发明提出的问题，全部或部分以计算机程序处理流程为基础，通过计算机执行按上述流程编制的计算机程序，对计算机外部对象或者内部对象进行控制或处理的解决方案。①

通过以上规定可以看出，软件专利具备的特点是：

1. 是技术方案；

2. 为了解决特定技术问题；

3. 技术方案涉及计算机程序处理流程，即全部或部分以计算机程序处理流程为基础。

二、软件专利保护什么客体

（一）软件专利不保护智力活动的规则和方法

首先笔者想强调的是，软件所蕴含的算法和规则不能用来单独申请专利，因为算法和规则属于思想范畴，没有人能垄断思想。《专利法》第25条就规定，智力活动的规则和方法不能被授予专利。

例如，一个专利申请是要求保护利用计算机程序求解圆周率的方法②，其申请内容概述为：发明专利申请的解决方案是一种利用计算机程序求解圆周率的方法，该方法首先将一正方形的面积用均匀的足够精确的“点”进行划分，再作此正方形的内切圆，然后执行一个计算机程序来求解圆周率 π，该计算机程序先对上述正方形内均匀分布的“点”进行脉冲计数，然后按照如下公式进行计算求出圆周率 π：

$$\pi = \frac{\Sigma\ \text{圆内“点”计数值}}{\Sigma\ \text{正方形内“点”计数值}} \times 4$$

在计算中，若取样的“点”划分得越多越细，则圆周率的值也就计算得越精确。

申请的权利要求一种利用计算机程序求解圆周率的方法，其特征在于，包括以下步骤：

计算一个正方形内“点”的数目；

计算该正方形内切圆内“点”的数目；

根据公式：

---

① 参见《专利审查指南（2021年修订）》第九章。

② 参见《专利审查指南（2021年修订）》第九章。

$$\pi = \frac{\Sigma \text{圆内“点”计数值}}{\Sigma \text{正方形内“点”计数值}} \times 4$$

来求解圆周率。

笔者分析：不难看出，其要求保护的内容只是一种数学算法，没有体现任何技术方案。其所要解决的问题只是圆周率的求解方法，是纯粹的数学问题，不属于现实生活中所要解决的技术方案。因此，以上专利申请的内容属于《专利法》第25条规定的智力活动的规则和方法，不属于专利法保护的客体，不能被授予专利。

（二）软件专利保护解决技术问题的技术方案

为了解决技术问题而利用技术手段，并获得技术效果的涉及计算机程序的发明专利申请属于《专利法》第2条第2款规定的技术方案，因而属于专利保护的客体。

例如，一种控制橡胶模压成型工艺的方法申请内容概述发明专利申请涉及一种利用计算机程序对橡胶模压成型工艺进行控制的方法①，该计算机程序可以精确、实时地控制该成型工艺中的橡胶硫化时间，克服了现有技术的橡胶模压成型工艺过程中经常出现的过硫化和欠硫化的缺陷，使橡胶产品的质量大为提高。

一种采用计算机程序控制橡胶模压成型工艺的方法，其特征在于包括以下步骤：

（1）通过温度传感器对橡胶硫化温度进行采样；

（2）响应所述硫化温度计算橡胶制品在硫化过程中的正硫化时间；

（3）判断所述的正硫化时间是否达到规定的正硫化时间；

（4）当所述正硫化时间达到规定的正硫化时间时即发出终止硫化信号。

笔者分析及结论：可以看出，以上专利要解决的技术问题是克服现有技术的橡胶模压成型工艺过程中经常出现的过硫化和欠硫化的缺陷问题，其采取的技术方案是通过执行计算机程序控制橡胶模压成型工艺，达到的技术效果是使橡胶产品的质量大为提高。因此，该发明要求保护的内容是一种能解决技术问题的能产生技术效果的技术方案，属于专利法保护客体。

---

① 参见《专利审查指南（2021年修订）》第九章。

（三）智力活动规则、方法和可申请专利的技术方案之间的界限

上文分析，智力活动规则和方法不是专利法保护客体，能解决技术问题的且产生技术效果的技术方案属于专利法保护客体，那么二者的界限在哪里呢？

笔者认为，两者虽然都属于人类智力活动的成果，但其最核心的区别在于是否利用自然规则解决了技术问题。智力活动规则和方法，有的属于思维规则（如足球规则），不存在对自然规则的利用；有的属于数学规则，其解决的纯粹是数学问题，因而不存在对于技术问题的解决。

对于可申请专利的技术方案而言，其着重于解决客观世界的技术问题，自然规则是其解决技术问题所利用到的客观规律。

三、软件专利权和软件著作权保护客体的界限

我们都知道，软件著作权保护代码的独创性表达，而软件专利保护软件背后所体现的技术方案，那么两个保护客体之间是否有界限呢？

软件在专利权和著作权的保护客体上存在显著差异，软件著作权保护的是代码的独创性表达，而软件专利权保护的是涉及软件的技术方案，二者的保护客体从表面上看是不存在重叠可能性的。

但是，二者保护的客体又具备很大的关联性。笔者认为，软件著作权和软件专利权在某种程度上都是对于软件算法和规则的保护。

因为虽然软件的代码受到著作权保护，但相信代码并不会给人们带来多少文学、艺术上的美感，特别是著作权法还保护目标代码，但几乎没有人能阅读目标代码。所以，与其说著作权法保护了软件代码，还不如说在一定程度上保护了这些软件代码背后的算法。

对于软件专利权而言，虽然强调的是保护技术方案，但很多软件专利实质上保护的就是软件的算法。任何定义明确的计算步骤都可以称之为算法。

保护算法的专利如北京某互联网公司的带有云端词库的输入法专利，其专利要求保护一种字词转换结果的获取方法和系统，该方法包括：针对用户的输入内容，根据本地词库进行候选词转换，当转换结果不符合预置条件时，将所述输入内容发送到服务器。通过本发明，可以利用服务器的数据及计算资源，作为本地资源的补充从而摆脱本地资源限制，为用户提供更多更好的候选项。

不难看出，以上专利虽然有服务器等硬件和词库等模块，但其核心保护的是这样一套算法：用户输入的词和用户本地词库不符之时（输入），那么就从

该公司云端服务器向用户发送该词（输出），解决了用户本地词库词汇量不够的问题。

因此，我们又可以说软件著作权和软件专利权在最终的保护内容方面是存在某种重叠的，即它们都在一定程度上间接保护了软件背后的算法或规则。

就软件著作权和专利权而言，软件专利权对算法的保护效果更强。因为算法本质上是一些计算步骤，不同的代码可以实现相同的计算步骤，但如果计算步骤申请专利，则不考虑软件代码的不同，可以说将所有代码都一网打尽。所以说，对于开源软件倡导的自由而言，软件专利权的威胁远大于软件著作权的威胁。

第二节 开源软件涉及的专利问题

一、开源软件存在专利侵权风险

（一）开源软件专利侵权风险介绍

开源软件存在内部和外部专利侵权风险。

内部专利侵权风险是指依据开源许可证对开源软件提供贡献的著作权人或贡献者，其贡献那部分代码蕴含的技术方案如获得了专利授权，则软件的后续接收者在利用软件时就面临专利侵权风险。

外部专利侵权风险是指开源软件著作权人和贡献者以外的人将开源软件中蕴含的技术方案申请了专利，则开源软件的接收者在利用软件时可能构成专利侵权。这些申请专利的人中的大部分应该是主动为之，因为他们可以通过自由查看、学习源代码获得软件中蕴含的算法和思想，从而将这些算法和思想纳入专利技术方案中；可能也有少部分申请人完全是出于巧合，开源软件采用的技术方案完全落入了这些专利权人专利权利要求的保护范围。

理查德·斯托曼引用公共专利基金会 Dan Ravicher 对 Linux 系统的研究数据指出，一个程序不经意间会涉及大量的专利威胁：

Dan Ravicher 在研究 Linux 时发现，该程序源代码中涉及的计算思想涉及283 项美国专利，而估计 Linux 只占整个 GNU/Linux 系统的 0.25%，所以由此可以看出问题的严重性，该系统收到大约 10 万项专利的威胁。即使其中有半数专利被取消，情况也不会发生根本好转，无论是 10 万项还是 5 万项，都是噩梦。[①]

理查德·斯托曼认为，某些软件专利完全是对一些创发和创意的描述，威胁着每一位软件开发人员。为此，理查德·斯托曼提出，如若政府不愿意取消软件专利，那么就应该修改专利的效力。也就是说，应该立法规定，在通常使用的计算设备上开发、分发或运行应用程序不会构成专利侵权。[②] 笔者认为这是一个很好的想法，因为这可以保障自由软件的自由。但很显然这个想法没有被各国立法采纳。

（二）开源许可证应对专利侵权风险的探索

为了应对专利侵权风险，很多开源许可证规定著作权人和贡献者应当将其所有或控制的专利免费许可给按照开源许可证接收软件的用户，使得这些用户可以就其复制、修改、分发软件的行为免予遭受专利侵权的主张。这样一来，这些开源许可证便存在软件著作权和涉及软件专利的双重许可。例如，GPL v3、Apache 2.0、Mozilla v1.1 和 Mozilla v2 都属于这类许可证。而且，其中如 Apache 2.0 等部分许可证还存在专利报复条款，即规定如果用户向按照 Apache 2.0 接收软件的人提起专利起诉，那么该许可证对于该用户的专利许可也会在其提起诉讼之日被终止。

笔者认为，上述有双重许可的开源许可证能在一定程度上避免一些软件专利侵权风险，但其仅仅减小的是内部侵权风险。因为这些开源许可证只能约束依照开源许可证接收开源软件的人，这类人主要是著作权人和贡献者。但对于著作权人和贡献者之外的人享有的专利所引发的专利侵权风险，开源许可证是管不到这些人的，无权要求这些人将专利免费许可给开源软件的用户，专利报复条款对这些人也不适用，因此这些外部专利侵权风险会一直存在。

---

① 参见《Richard Stallman 谈软件专利对开发社区的影响》，载 https://www.infoq.cn/article/2012/11/software-patent，最后访问日期：2023 年 9 月 13 日。

② 参见《Richard Stallman 谈软件专利对开发社区的影响》，载 https://www.infoq.cn/article/2012/11/software-patent，最后访问日期：2023 年 9 月 13 日。

二、开源软件各种利用方式的专利侵权风险

软件专利常常表现发明专利，包括产品专利和方法专利。专利法禁止任何人未经许可实施发明专利的行为，即不得为生产经营目的制造、使用、许诺销售、销售、进口其专利产品，或者使用其专利方法以及使用、许诺销售、销售、进口依照该专利方法直接获得的产品。

而对软件的著作权利用行为主要包括复制、修改、发行、信息网络传播行为。除此之外，软件还存在运行行为。这些不同的软件利用行为存在不同的专利侵权风险：

（一）开源软件复制行为的专利侵权风险

笔者认为，如果软件中蕴含相关软件专利，从事软件复制行为有可能构成专利侵权。

原因在于有些硬件的生产涉及软件的预装，而软件的预装属于复制行为的一种。如果这些硬件采用了软件专利的相关技术特征，则复制软件的行为由于属于生产专利侵权产品的一个环节，便构成制造专利产品的专利侵权行为。

除此之外，仅仅将软件从电脑拷贝到光盘，或者将软件从网上下载到自己电脑等单纯的复制行为一般不会涉及专利侵权。因为其并不涉及将软件安装到相关硬件之中，从而不属于制造专利产品的行为。

（二）开源软件修改行为的专利侵权风险

即便开源软件中蕴含相关软件专利，仅仅对开源软件进行修改的行为往往不会产生专利侵权问题。

因为专利侵权行为往往涉及专利产品的制造、使用、许诺销售、销售、进口等，但单纯的软件修改往往不会涉及前述问题。

（三）开源软件发行行为的专利侵权风险

笔者认为开源软件发行行为的专利侵权风险较小。

原因在于，软件发行行为主要是有偿或者无偿转让软件复制件所有权的行为，一般体现为转让软件光盘的所有权。转让安装有软件的机器设备的行为一般不属于软件的发行行为。

考虑到转让软件光盘并不涉及对于专利产品的制造、使用、许诺销售、销售、进口，因此其行为一般不构成专利侵权。

除非该软件是专门用于适配某些硬件，软件和硬件的结合构成专利侵权，软件除此之外再无其他用途，那么发行该软件的行为可能构成专利侵权中的帮助侵权。

（四）开源软件信息网络传播行为的专利侵权风险

笔者认为开源软件信息网络传播行为的专利侵权风险较小。

软件的信息网络传播行为是指将软件置于网络之中，让需要下载的人可以随时下载软件。考虑到该行为并不涉及对于专利产品的制造、使用、许诺销售、销售、进口，因此其行为一般不构成专利侵权。

除非该软件是专门用于适配某些硬件，软件和硬件的结合构成专利侵权，软件除此之外再无其他用途，那么对于该软件的信息网络传播行为可能构成专利侵权中的帮助侵权。

（五）开源软件运行行为的专利侵权风险

笔者认为开源软件运行行为的专利侵权风险较大。

原因在于开源软件的运行行为是在硬件中运行软件，使用了软件的功能用于解决一定的问题，因此往往属于使用专利产品的行为构成专利侵权。

三、开源软件的间接侵权问题

（一）开源软件往往涉及间接侵权问题的成因

如果开源软件涉嫌专利侵权，那么经常出现的是间接侵权问题。这是软件专利的特点所决定的，因为软件专利保护的不是软件本身，而是以软件运行为基础的技术方案，其表现形式一般是软件和有关硬件或模块的结合。而在大部分情况下，软件系统都是分布式系统，即软件代码被分成若干个模块分别部署在不同的硬件或系统之中。这会导致对于开源软件的利用只限于部分模块或系统，而未涵盖软件专利所要求保护的系统整体，那么就会引发软件的间接侵权问题。

我们都知道，专利侵权的判断标准是全面覆盖原则，即要求被控侵权技术方案中包括了专利权利要求中的全部技术特征，才认为存在专利侵权。如果被控侵权技术方案缺少了一项或多项专利权利要求中的技术特征，那么就认为不存在专利侵权。

但是后面这种情况又存在一种特殊情况，即如果行为人为他人提供侵权专用品，使得他人利用侵权专利品与他人现有的系统或者其他侵权用品结合可以实现专利侵权（直接侵权），那么提供侵权专用品的行为人构成专利间接侵权。

由此可见，间接侵权首先是以直接侵权的存在为前提条件的，如果不存在直接侵权那么间接侵权也就不存在。间接侵权往往是通过提供侵权专用品等行为诱导他人实施直接侵权，间接侵权人与损害结果之间的联系主要体现在间接侵权人在主管人引起第三人的侵权意图。

（二）开源软件的间接侵权应以存在直接侵权为前提

在索尼公司与西安西电捷公司通侵害发明专利权纠纷一案中①，就因为不存在直接侵权的原因，法院认为索尼公司不构成间接侵权。

该案中，原告西安西电捷公司主张其一项保密通信方法的专利遭受索尼公司侵害，因为索尼公司销售的手机中使用了该通信方法。

该通信方法的权利要求主要是如下步骤：（1）移动终端 MT 将通信证书发送给无线接入点 AP，提出接入认证申请；（2）无线接入点 AP 将自己的 AP 证书和 MT 证书一起发给认证服务器 AS；（3）认证服务器 AS 对发过来的 AP 证书和 MT 证书进行认证，并将认证结果发给移动接入点 AP；（4）移动接入点 AP 根据收到的认证结果决定是否和移动终端 MT 连接，并向移动终端 MT 反馈结果。

索尼公司制造的手机中纳入了 WAPI 功能测试，涉及移动终端 MT 的技术特征，但不存在无线接入点 AP 和认证服务器 AS 的技术特征。索尼公司不提供无线接入点和认证服务器。

一审法院认为索尼公司作为 MT 一方，没有独立侵害涉案专利权。但对于硬件和软件结合的 WAPI 功能模块组合而言，其在实施涉案专利之外，并无其他实质性用途，故应该被认定为专门用于实施涉案专利的设备。索尼中国公司明知被诉侵权产品中内置有 WAPI 功能模块组合，且该组合系专门用于实施涉案专利的设备，因此构成帮助侵权。

索尼公司不服一审判决向北京市高级人民法院提起上诉。北京市高级人民法院认为，本案不存在专利实施人，因此索尼公司不构成专利侵权。北京市高级人民法院的主要理由是，移动终端 MT 与无线接入点 AP 及认证服务器 AS 系三元对等安全架构，移动终端 MT 与无线接入点 AP 及认证服务器 AS 交互使用才可以实施涉案专利。因此，本案中，包括个人用户在内的任何实施人均不能独

---

① 参见北京市高级人民法院（2017）京民终 454 号民事判决书。

自完整实施涉案专利。同时，也不存在单一行为人指导或控制其他行为人的实施行为，或多个行为人共同协调实施涉案专利的情形，因此本案不存在专利实施人。

从以上案例可以看出，如果不存在专利实施人，案件不存在直接侵权，那么也就不存在间接侵权。

（三）开源软件间接侵权判定中侵权诱导的认定

除了因为不存在直接侵权而认定不构成间接侵权之外，对于开源软件间接侵权中的侵权诱导认定，美国法院曾经有过这样一个案例。

A 公司拥有一项涉及传输网页内容的方法专利，即先将一些内容提供商的网页内容复制到服务器上，再对这些内容“标记”（如这部分页面内容与电子产品相关，那部分页面内容与医疗相关等），以便浏览器可以迅速检索到这些内容。L 公司也有类似的业务，只不过标记的过程是由广大普通用户来完成的，这种过程就涉及云端和客户端之间的交互，它既部署在服务器同时又依赖用户在使用过程中不断在客户端做标记。A 公司遂以专利被侵权为由向法院起诉。美国联邦地区法院判决不构成侵权，因为 L 公司没有实施云计算专利当中的“标记”步骤，这个步骤是用户自己来实施的，与 L 公司无关。而联邦巡回上诉法院认为：如果一名或者多名被诱导者单独或者与诱导者共同实施了专利的全部技术要素，就可以构成引诱侵权。也就是说，这些用户不是随随便便就产生了“打标”的行为，而是因为 L 公司有了这个技术方案，用户在诱导之下配合着一起完成了整个技术，这就是所谓的“引诱侵权”。①

该案美国联邦地区法院判决不侵权是因为 L 公司没有实施“标记”步骤，被控侵权技术方案缺少专利权利要求中的“标记”技术特征，不符合专利侵权的全面覆盖原则。而二审法院却注意到被告的诱导侵权问题，因为很明显被告的技术方案就是让客户进行标记，从而构成侵权。

在间接侵害专利权的行为认定中，间接行为人在实施帮助或者教唆行为时，是“明知”而为之，主观上具有故意的心态。

四、开源软件专利涉及的专利权利用尽

现实生活中，开源软件中往往涉及很多软件专利，出于某些原因这些软件专

---

① 参见张延来：《无技术不法律》，中国法制出版社 2022 年版，第 246－260 页。

利的权利人会许可开源软件著作权人或某些贡献者行使这些专利权。那么开源软件的合法接收者可否主张专利权用尽来对抗专利权人的专利侵权指控呢？

（一）专利权利用尽制度介绍

所谓专利权利用尽是指，如果被控侵权人使用、许诺销售、销售、进口的产品源头来源于专利权人或其被许可人，则不视为专利侵权。①

权利用尽的基本原理是防止专利权人就专利产品重复收取专利许可费用。这就意味着专利权利用尽规则往往只针对专利产品。纯粹的方法专利由于不涉及专利产品，因此不存在权利用尽问题。

专利产品在其被专利权人或者被许可人首次售出之后，由于专利权人或者被许可人已经通过出售行为获取了收益，因此其无权就该专利产品的后续流通行为重复收取费用。当然，这里的“售出”是广义的售出，还包括了赠与等被专利权人或者被许可人自愿对外转让专利产品所有权的行为。

综上所述，专利权利用尽有三个构成要件：

（1）行为作用的对象的是专利产品或依照专利方法直接获得的产品。单纯的“使用方法专利”由于不涉及产品，一般也不存在权利用尽的问题。

（2）专利产品经过专利权人或被许可人首次销售。专利产品的销售应当源于专利权人或被许可人。

（3）作用于产品的行为限于使用、许诺销售、销售或进口。

（二）开源软件本身是否属于专利产品的分析

根据上文分析，专利权利用尽的要件之一是行为作用的对象是专利产品。

那开源软件本身是否属于专利产品呢？我们知道软件本身并不能用来申请专利，软件专利是指全部或部分以计算机程序运行为基础的技术方案，往往表现为计算机算法、规则等和相关硬件的结合。因此，开源软件本身并不可能构成专利产品。

那这是否意味着开源软件专利的合法接收者无法援引专利权用尽抗辩呢？美

---

① 《专利法（2020 年修正）》第 75 条规定：有下列情形之一的，不视为侵犯专利权：
（1）专利产品或者依照专利方法直接获得的产品，由专利权人或者经其许可的单位、个人售出后，使用、许诺销售、销售、进口该产品的……

国法院在 Cascades 诉 Samsung① 一案中就讨论了这一问题。

在该案中，被告 Samsung 和 HTC 公司生产的手机中使用了 Google 的 Android 操作系统，而 Android 操作系统中带有一款名为 Dalvik JIT 的编译器。该编译器侵害了原告 Cascades 的 750 号名称为“在二进制翻译代码中保存精确异常的方法和设备”的专利。该专利是一种在一个系统体系结构上有效执行用于另一个体系结构的计算机编程代码的方法。

本次诉讼之前，Cascades 曾经以同样的理由起诉过 Google，后 Cascades 和 Google 达成和解。在和解协议中 Google 一次性向 Cascades 支付一笔许可费，Cascades 永久许可 Google 在全球范围内实施该专利，即许可 Google 在“任何 Google 产品”中使用、销售或实践该专利方法。因此，该许可协议使 Google 有权使用包含 Dalvik JIT 编译器的 Android 操作系统，而不用担心被起诉。但该许可协议对“任何 Google 产品”的定义似乎将其限制在某些类型的设备上，且不包括 Samsung 和 HTC 的设备。

Samsung 和 HTC 认为，由于 Cascades 通过专利许可赋予了 Google 将包含 Dalvik JIT 编译器的 Android 操作系统转让给他人的权利，而 Google 又通过开源许可证将 Android 操作系统许可给 Samsung 和 HTC 使用，因此权利用尽规则禁止 Cascades 对 Samsung 和 HTC 提起专利侵权诉讼。

但 Cascades 认为他和 Google 许可协议中的“任何 Google 产品”并不是指包含 Dalvik JIT 编译器的 Android 操作系统，而应指 Google 生产的带有 Android 操作系统的设备。由于 Google 并不是把设备卖给了 Samsung 和 HTC，相关设备都是 Samsung 和 HTC 自行生产，因此 Samsung 和 HTC 不能援引权利用尽抗辩。

美国联邦法院认为，Cascades 和 Google 的专利许可协议限制那些从 Google 获得 Android 操作系统的人如何使用它，实际上允许 Cascades 规避专利权利用尽原则，并从一次销售中获得多重收益。基于这些原因，法院认为 Samsung 和 HTC 可以援引专利权用尽抗辩。

笔者认为，上述案件争议的焦点表面上是“Android 操作系统”是否属于 Google（生产的）产品，但本质上其实是 Android 操作系统作为一款软件是否属于专利产品。如果认为 Android 操作系统属于专利产品，那么任何经 Google 许可

① See Cascades Computer Innovation LLC v. Samsung Electronics Co. Ltd.

使用 Android 操作系统的非 Google 设备（手机、平板电脑）都不构成专利侵权。如果认为 Android 操作系统不属于专利产品，将专利产品仅限于带有 Android 操作系统的 Google 生产的设备（手机、平板电脑），那么经 Google 许可使用 Android 操作系统的非 Google 设备（手机、平板电脑）将会构成专利侵权。

从 750 号的名称来看，它是一种“在二进制翻译代码中保存精确异常的方法和设备”的专利，因此该专利应该存在对应的专利产品。通俗来讲，该专利对应的专利产品是 Dalvik JIT 编译器的设备（手机、平板），而带有 Dalvik JIT 编译器的软件（Android 操作系统）并不属于专利产品。

事实上美国法院也认识到了 Android 操作系统和带有 Android 操作系统的设备的区别，但美国法院却将 Android 操作系统视同为 Google 生产的设备。笔者猜测，美国联邦法院可能是考虑到操作系统这种软件的特殊性。操作系统软件往往是针对特定的、单独的硬件而言的，不像大部分软件那样涉及多个软件和系统，并且还考虑到操作系统驱动的硬件设备在专利法下往往是公知设备（例如，计算机、手机、平板），所以联邦法院在专利法下将操作系统视同于带有这些操作系统的设备。

从另外一个角度来看，Android 操作系统为开源软件是众所周知的事情，Cascades 在对 Google 公司实施专利许可的时候不可能不知道这一情况。在专利许可协议就“任何 Google 产品”的定义存在争议的情况下，法院偏向于做出对 Cascades 不利的认定，也可能是考虑到 Cascades 的这一认知。

（三）开源软件的许可是否构成专利权利用尽中的销售

专利权利用尽的另外一个要件是专利产品经过专利权人或被许可人首次销售。在 Cascades 诉 Samsung 中如果将 Android 操作系统视同为专利产品，那么 Google 作为 750 软件专利的被许可人，其对外许可 Android 操作系统的行为是否构成销售呢？笔者认为答案是肯定的。

上述已经述及，所谓的“销售”并不仅限于买卖，任何自愿转让专利产品所有权的行为都视为销售。对于开源软件而言，其都是基于开源许可证免费许可给他人使用的。笔者认为许可使用也可以被认定为是一种广义的销售行为。

在 Cascades 诉 Samsung 一案中，法院也认为 Android 操作系统（和 Dalvik JIT 编译器）被 Google 授权销售给 Samsung 和 HTC，因此 Samsung 和 HTC 可以适用专利权利用尽。

五、开源软件接收者是否可以主张合法来源抗辩

（一）专利侵权合法来源抗辩的介绍

《专利法》第77条规定了合法来源抗辩制度：为生产经营目的使用、许诺销售或者销售不知道是未经专利权人许可而制造并售出的专利侵权产品，能证明该产品合法来源的，不承担赔偿责任。

不难看出，专利侵权合法来源抗辩制度主要是保护善意的专利产品的销售商，法律效果是免除其侵权赔偿责任。这样做的好处是从公平角度出发，防止善意的销售商在不知情、无过错的情况下承担赔偿责任；督促产品销售商积极举证，在诉讼中披露上游供应商，找到侵权源头。

合法来源抗辩制度的主观要件是对于产品构成专利侵权不知情。

关于客观要件，《最高人民法院关于审理侵犯专利权纠纷案件应用法律若干问题的解释（二）》第25条规定：合法来源，是指通过合法的销售渠道、通常的买卖合同等正常商业方式取得产品。

（二）开源软件接收者是否可以主张合法来源抗辩的分析

从主观要件上来看，如果开源软件的接收者不知道开源软件涉及专利侵权的，则符合主张合法来源抗辩的主观要件。

从客观要件上来看，合法来源抗辩是指通过合法正当的渠道取得产品。这里涉及两个问题：第一，开源软件是否构成产品；第二，通过开源许可证获得许可是否构成合法获得产品。

关于第一个问题，笔者认为开源软件本身可能不构成“产品”。因为开源软件本身并不是专利保护的对象，软件的算法和规则结合相关硬件才是获得专利保护的前提条件。这里的“产品”更多的含义是一种实体物，而非专利这种无形物。

虽然在Cascades诉Samsung一案中美国联邦法院将Android操作系统（软件）视同专利产品，但笔者认为这一结论不能简单套用到合法来源抗辩制度中。因为这又涉及第二个问题，即“产品”的合法获取问题。“产品”的合法获取是针对销售商而言的，但很难说开源软件的许可人是合法来源抗辩制度所要保护的那种销售商。

综上所述，笔者认为开源软件的接收者不能仅以其受到软件许可为由，对其

实施专利的行为主张合法来源抗辩。

第三节

主流开源许可证专利条款介绍和评述

一、GPL 许可证

GPL 许可证有三个版本，分别是 GPL v1、GPL v2 和 GPL v3。其中，GPL v1 没有涉及专利的条款，GPL v2 和 GPL v3 有涉及专利的条款，现介绍和评述如下。

（一）GPL v2

GPL v2 涉专利条款介绍和评述如下。

1. GPL v2 序言

【条款】序言部分：最后，任何自由程序都会不断受到软件专利的威胁。我们希望避免这样的威胁，即自由程序的再分发者会单独地获得专利，使该程序成为专有财产。为了防止这种情况，我们已经明确表示，任何专利都必须为每个人的自由使用提供许可，否则这样的专利不应被授权。①

【条款评述】此为反对软件专利的宣示性条款，指出软件专利对于自由构成威胁，并呼吁如果不是为了使得每个人可以自由使用软件，那么就不应该去申请专利。笔者认为此条款为宣示性条款，可能缺少约束力。例如，如果有开源软件的分发者利用开源软件去申请了专利，也很难说他构成了对于 GPL v2 的违反，从而导致对其的著作权授权相应终止。当然，也有相反的观点认为序言部分也构成分发开源软件的前提条件，如果违反该条款也将导致对其的著作权许可遭到取消。

① GPL v2：Preamble：Finally，any free program is threatened constantly by software patents. We wish to avoid the danger that redistributors of a free program will individually obtain patent licenses，in effect making the program proprietary. To prevent this，we have made it clear that any patent must be licensed for everyone's free use or not licensed at all.

2. GPL v2 第 7 条

【条款】7. 如果由于法院判决或专利侵权指控或任何其他原因（其他原因不限于专利问题），你被施加的一些条件（无论是通过法院命令、协议或其他方式）与本许可的条件相冲突，它们也并不能免除你在本许可证项下的义务。如果你不能同时满足本许可证规定的义务和任何其他相关的义务，那么结果就是你根本就不应分发本程序。例如，如果一项专利许可不允许所有通过你直接或间接获得软件拷贝的人以免许可费的方式再分发本程序，那么你要同时满足专利许可和本许可证的要求的唯一的办法就是彻底不分发本程序。①

【条款评述】此条规定，如果一项专利许可只允许你使用涉及开源代码的专利，而不许可其他任何人使用该专利，那么你就不应该分发本程序。笔者认为，此条款构成有约束力的条款，是行使 GPL v2 许可证项下著作权的前提条件，如若违反将导致许可证项下的著作权许可遭到取消。

3. GPL v2 第 8 条

【条款】8. 如果本程序的分发和/或使用在某些国家受到专利或被版权保护的交互界面的限制，将本程序置于本许可证之下的原始版权人可以增加一个明确的地域分发限制，将这些国家排除在外，这样就只允许在未被排除的国家或国家之间分发。在这种情况下，这样的限制被视为许可证本体的一部分。②

【条款评述】有些时候，涉及软件的专利在有的国家得到保护，那么就允许原始版权人增加地域分发限制，将这些国家排除在外。这是因为专利保护存在地域范围，一项发明在有的国家受到专利保护，但不代表在其他国家受到专利保护。

---

① GPL v2：7. If, as a consequence of a court judgment or allegation of patent infringement or for any other reason (not limited to patent issues), conditions are imposed on you (whether by court order, agreement or otherwise) that contradict the conditions of this License, they do not excuse you from the conditions of this License. If you cannot distribute so as to satisfy simultaneously your obligations under this License and any other pertinent obligations, then as a consequence you may not distribute the Program at all. For example, if a patent license would not permit royalty - free redistribution of the Program by all those who receive copies directly or indirectly through you, then the only way you could satisfy both it and this License would be to refrain entirely from distribution of the Program.

② GPL v2：8. If the distribution and/or use of the Program is restricted in certain countries either by patents or by copyrighted interfaces, the original copyright holder who places the Program under this License may add an explicit geographical distribution limitation excluding those countries, so that distribution is permitted only in or among countries not thus excluded. In such case, this License incorporates the limitation as if written in the body of this License.

（二）GPL v3

GPL v3 涉专利条款介绍和评述如下。

1. GPL v2 序言

【条款】序言：最后，每个程序都会不断受到软件专利的威胁。各国不应允许专利限制通用计算机上软件的开发和使用，但在那些（有专利限制）的国家中，我们希望避免这样一种特殊的危险，即专利被用于一个自由程序，从而使其成为一个实际上的私有财产。为了防止这种情况，GPL 保证专利不能被用来使程序变得不自由。①

【条款评述】此为反对软件专利的宣示性条款，指出软件专利对于自由构成威胁，会使得开源软件变成私有财产。笔者认为此条款为宣示性条款，可能缺少约束力。例如，如果有开源软件的分发者利用开源软件去申请了专利，也很难说他构成了对于 GPL v2 的违反，从而导致对其著作权授权相应终止。

2. GPL v2 第 10 条第 3 款

【条款】你不能对本许可证授予或者确认的权利的实施行为施加以任何进一步的限制。例如，你不能对实施本许可证所授予的权利，强制收取许可证使用费、版税或者其他费用，并且不能对制作、使用、销售、许诺销售、进口整个程序或者部分的行为，以侵犯专利为由，发起诉讼（包括交叉诉讼和反诉）。②

【条款评述】此条款禁止对使用开源软件的行为施加任何限制，包括以侵犯专利为由发起专利侵权诉讼。如若违反，根据 GPL v2 第 8 条的规定将终止对你的许可，包括著作权的许可也包括专利许可。

① GPL v3：Preamble：Finally，every program is threatened constantly by software patents. States should not allow patents to restrict development and use of software on general – purpose computers，but in those that do，we wish to avoid the special danger that patents applied to a free program could make it effectively proprietary. To prevent this，the GPL assures that patents cannot be used to render the program non – free.

② GPL v3：10 … You may not impose any further restrictions on the exercise of the rights granted or affirmed under this License. For example，you may not impose a license fee，royalty，or other charge for exercise of rights granted under this License，and you may not initiate litigation（including a cross – claim or counterclaim in a lawsuit）alleging that any patent claim is infringed by making，using，selling，offering for sale，or importing the Program or any portion of it.

3. GPL v2 第 11 条

【条款】11. 专利

【第 1 款】“贡献者”指在本许可证项下授予程序或者基于程序的作品使用权的版权持有人。前述被授权的作品被称为贡献者的“贡献者版本”。①

【第 2 款】贡献者的“基本专利权利要求”是贡献者拥有或控制的所有专利权利要求，无论是已经获得的还是控制的，但在本许可证许可的情况下以某种方式制造、使用或销售其贡献者版本的行为将可能侵犯“基本专利权利要求”，但“基本专利权利要求”不包括仅由于进一步修改贡献者版本而侵犯的专利权利要求。出于本定义的目的，“控制”包括以符合本许可证要求的方式获得专利从属许可的权利。②

【条款评述】此处是对相关概念的定义。根据“基本专利权利要求”的定义，涉及的软件专利包括贡献者所有的以及贡献者有权实施的专利。如果对于软件贡献版的使用将导致侵害相关专利，则该等专利就需要纳入 GPL v2 许可证的许可范围，许可给公众使用。但是，如果是经他人进一步修改贡献者的代码所产生的专利，则不在贡献者对外进行专利许可的范围；原因也很简单，因为这些由他人修改代码而涉及的专利本身就不属于贡献者的专利，贡献者也无权对外授权许可。

【第 3 款】每个贡献者根据贡献者的基本专利权利要求授予你非排他性、全球性、免版税的专利许可，以制作、使用、销售、许诺销售、进口和以其他方式运行、修改和传播其贡献者版本的内容。③

【条款评述】此为专利许可条款，要求贡献者在著作权许可的同时还进行专利许可。要求进行双重许可是 GPL v3 的一项重大修订，能为开源软件的使用者提供最大限度的保护。目前市面上要求双重许可的开源许可证还是少数。

---

① A “contributor” is a copyright holder who authorizes use under this License of the Program or a work on which the Program is based. The work thus licensed is called the contributor’s “contributor version”.

② A contributor’s “essential patent claims” are all patent claims owned or controlled by the contributor, whether already acquired or hereafter acquired, that would be infringed by some manner, permitted by this License, of making, using, or selling its contributor version, but do not include claims that would be infringed only as a consequence of further modification of the contributor version. For purposes of this definition, “control” includes the right to grant patent sublicenses in a manner consistent with the requirements of this License.

③ Each contributor grants you a non-exclusive, worldwide, royalty-free patent license under the contributor’s essential patent claims, to make, use, sell, offer for sale, import and otherwise run, modify and propagate the contents of its contributor version.

【第4款】在以下三段中，“专利许可”是任何不执行专利的明示协议或承诺，无论名称如何（例如，明确许可实施专利或不起诉专利侵权的契约）。将这样的专利许可“授予”一方意味着作出不针对该方主张专利权前述的协议或承诺。①

【条款评述】此条款是对专利许可的解释，即无论形式是怎样的，都指向于不针对该方提出侵权主张。

【第5款】如果你明知需要一个专利许可才能传输一个受保护作品，很明显这将导致人们无法根据本许可证通过现有的公共网络或其他服务来免费获得相应的源代码，你必须选择下述之一：（1）使公众可以根据本许可证通过现有的公共网络或其他服务来免费获得相应的源代码；（2）放弃你就该特别作品享有的专利利益；（3）以符合本许可证要求的方式，将专利授权许可延伸到下游的接收者。“明知需要”指你明确地知道，在没有专利许可的情况下，在某些国家你传输一个受保护作品或者你的接收者使用此受保护作品，将会侵犯一项或者多项在该国明显存在的专利，而且你也有理由知道这些专利是有效的。②

【条款评述】此条规定专门针对传输但不修改开源软件的用户。由于这类用户并未对开源软件进行贡献，因而这些人往往不知道开源软件中涉及的专利情况。所以，该条款规定只有用户明知所传输的开源软件中涉及专利，才有义务排除相关状况；这是对这类用户的保护，使他们不至于落入著作权许可被终止的境地。但从反面来讲，该条款又能在一定程度上减小开源软件的专利侵权风险，因为该条款为明知开源软件专利侵权风险的人设置了专利风险排除义务。笔者认为，既然这些人明知相关专利风险，说明这些人要么是专利权人（包括被许可人），要么是和专利权人相熟悉的人，而这些人是有条件放弃专利权益，或者是

---

① In the following three paragraphs, a “patent license” is any express agreement or commitment, however denominated, not to enforce a patent (such as an express permission to practice a patent or covenant not to sue for patent infringement). To “grant” such a patent license to a party means to make such an agreement or commitment not to enforce a patent against the party.

② If you convey a covered work, knowingly relying on a patent license, and the Corresponding Source of the work is not available for anyone to copy, free of charge and under the terms of this License, through a publicly available network server or other readily accessible means, then you must either (1) cause the Corresponding Source to be so available, or (2) arrange to deprive yourself of the benefit of the patent license for this particular work, or (3) arrange, in a manner consistent with the requirements of this License, to extend the patent license to downstream recipients. “Knowingly relying” means you have actual knowledge that, but for the patent license, your conveying the covered work in a country, or your recipient’s use of the covered work in a country, would infringe one or more identifiable patents in that country that you have reason to believe are valid.

对后续按照 GPL v3 接收软件的人进行专利许可，抑或是通过影响专利权人作出使公众免予专利侵权风险的安排。

【第 6 款】如果根据或涉及一个单独的交易或者相关安排，你传输或者通过（使接收者）获得传输方式的方式传播一个受保护作品，并授予一些受保护作品的接收方专利许可，授权他们使用、传播、修改或者传输某份受保护作品的一个特定副本，那么你授予的专利许可，将自动延伸至受保护作品或者基于受保护作品的所有接收方。①

【条款评述】此条针对的是专利权人单独对某一软件用户实施专利许可，且专利权人本身也受到 GPL v3 约束的情况（专利权人本身也复制、修改、分发了按照 GPL v3 分发的该软件）。在这种情况下，专利权人的专利许可自动延伸到其他所有根据 GPL v3 接收该开源软件的用户。对于这个问题，美国法院曾经有一个相关判例。② 该案中，谷歌公司开发的 Android 系统中带有一款 Dalvik JIT 编译器，该编译器使用了 Cascades 的方法专利。为此，谷歌公司和 Cascades 达成了一项单独的协议，Cascades 在协议中授权谷歌公司在任何 Google 产品中使用、销售或实践该专利。谷歌公司许可 Samsung 和 HTC 公司在生产的手机中使用 Android 系统，这些系统中带有 Dalvik JIT 编译器。Cascades 发现这一情况后，起诉 Samsung 和 HTC 公司，主张他们侵害了 Cascades 针对 Dalvik JIT 编译器所享有的方法专利。Samsung 和 HTC 公司抗辩说，带有 Dalvik JIT 编译器的 Android 系统是谷歌授权给他们使用的，既然 Cascades 许可谷歌将 Dalvik JIT 编译器方法专利用于 Android 系统，那么就构成专利权利用尽。Cascades 则认为他与谷歌协议中约定的谷歌可以在任何 Google 产品中使用专利，这些 Google 产品并不包含在 Samsung 和 HTC 手机中的 Android 系统。最终法院认为该案构成权利用尽，Samsung 和 HTC 不侵犯 Cascades 的专利。

【第 7 款】如果专利许可未囊括专利保护范围、禁止行使本许可证特别授予的一项或多项权利或以不行使本许可证特别授予的一项或多项权利为条件，则该专利许可是“歧视性的”。如果你是与从事软件分发业务的第三方达成的协议的

① If, pursuant to or in connection with a single transaction or arrangement, you convey, or propagate by procuring conveyance of, a covered work, and grant a patent license to some of thc parties receiving the covered work authorizing them to use, propagate, modify or convey a specific copy of the covered work, then the patent license you grant is automatically extended to all recipients of the covered work and works based on it.

② Cascades Computer Innovation LLC v. Samsung Electronics Co. Ltd.

一方，根据该协议，你根据你传输作品活动的范围向第三方付款，并且第三方向“将从您那里接收受保护的作品的任何一方”授予一个与你传送的受保护作品的副本（或从这些副本制作的副本）相关，或主要针对“包含受保护作品的特定产品或组合”并与之相关的“歧视性专利许可”，除非你在 2007 年 3 月 28 日之前达成该安排或授予专利许可，否则你不得传输受保护的作品。①

【条款评述】此条规定专利许可不得是歧视性的，也就是说专利许可要对自由实施开源软件著作权的所有行为开放，包括复制、修改、分发等。如果说专利许可仅针对部分行为，如仅针对复制行为开放，而不针对修改、分发的行为开放，那么就说专利许可是歧视性的。歧视性的专利许可是被禁止的，因为这违背了自由软件的宗旨，实际上相当于对自由软件设限。

二、LGPL v2.1 许可证

LGPL 有两个版本比较流行，分别是 LGPL v2.1 和 LGPL v3，前者有相关专利条款而后者没有。现介绍 LGPL v2.1 涉专利条款如下：

（一）LGPL v2.1 序言

【条款】最后，软件专利对任何自由程序的存在构成了持续的威胁。我们希望确保一个公司不能通过从专利持有人那里获得限制性的许可来有效地限制自由程序的使用者。因此，我们坚持认为库的一个版本获得的任何专利许可，必须与本许可中规定的完全自由使用统一。②

【条款评述】此为反对软件专利的宣示性条款，指出软件专利对于自由构成威胁。笔者认为此条款为宣示性条款，可能缺少约束力。例如，如果有开源软件

① A patent license is “discriminatory” if it does not include within the scope of its coverage, prohibits the exercise of, or is conditioned on the non-exercise of one or more of the rights that are specifically granted under this License. You may not convey a covered work if you are a party to an arrangement with a third party that is in the business of distributing software, under which you make payment to the third party based on the extent of your activity of conveying the work, and under which the third party grants, to any of the parties who would receive the covered work from you, a discriminatory patent license (a) in connection with copies of the covered work conveyed by you (or copies made from those copies), or (b) primarily for and in connection with specific products or compilations that contain the covered work, unless you entered into that arrangement, or that patent license was granted, prior to 28 March 2007.

② Finally, software patents pose a constant threat to the existence of any free program. We wish to make sure that a company cannot effectively restrict the users of a free program by obtaining a restrictive license from a patent holder. Therefore, we insist that any patent license obtained for a version of the library must be consistent with the full freedom of use specified in this license.

的分发者利用开源软件去申请了专利，也很难说他构成了对于 LGPL v2.1 的违反，从而导致对其的著作权授权相应终止。

（二）LGPL v2.1 第 11 条

【条款】如果由于法院判决或专利侵权指控或任何其他原因（其他原因不限于专利问题），你被施加的一些条件（无论是通过法院命令、协议或其他方式）与本许可的条件相冲突，它们也并不能免除你在本许可证项下的义务。如果你不能同时满足本许可证规定的义务和任何其他相关的义务，那么结果就是你根本就不应分发库。例如，如果一项专利许可不允许所有通过你直接或间接获得软件拷贝的人以免许可费的方式再分发库，那么你要同时满足专利许可和本许可证的要求的唯一办法就是彻底不分发库。①

【条款评述】这条的含义是，如果你受到专利许可的限制，导致你无法满足本许可证规定的开放源代码等义务，那么你就不应该分发开源软件。笔者认为，这条主要是针对贡献者的，要求贡献者不得将有专利风险的代码贡献到开源软件之中，以减小开源软件的侵权风险。

（三）LGPL v2.1 第 12 条

【条款】如果本程序的分发和/或使用在某些国家受到专利或被版权保护的交互界面的限制，将本程序置于本许可证之下的原始版权人可以增加一个明确的地域分发限制，将这些国家排除在外，这样就只允许在未被排除的国家或国家之间分发。在这种情况下，这样的限制被视为许可证本体的一部分。②

【条款评述】有些时候，涉及软件的专利在有的国家得到保护，那么就允许

① If, as a consequence of a court judgment or allegation of patent infringement or for any other reason (not limited to patent issues), conditions are imposed on you (whether by court order, agreement or otherwise) that contradict the conditions of this License, they do not excuse you from the conditions of this License. If you cannot distribute so as to satisfy simultaneously your obligations under this License and any other pertinent obligations, then as a consequence you may not distribute the Library at all. For example, if a patent license would not permit royalty-free redistribution of the Library by all those who receive copies directly or indirectly through you, then the only way you could satisfy both it and this License would be to refrain entirely from distribution of the Library.

② If the distribution and/or use of the Library is restricted in certain countries cither by patents or by copyrighted interfaces, the original copyright holder who places the Library under this License may add an explicit geographical distribution limitation excluding those countries, so that distribution is permitted only in or among countries not thus excluded. In such case, this License incorporates the limitation as if written in the body of this License.

原始版权人增加地域分发限制，将这些国家排除在外。这是因为专利保护存在地域范围，一项发明在有的国家受到专利保护，但不代表在其他国家受到专利保护。

三、AGPL v3 许可证

（一）AGPL v3 第 8 条

【条款】

8. 终止授权

除非本许可证明确规定，否则你不得传播或修改一个受保护作品。任何以其他方式传播或修改受保护作品的尝试都是无效的，并将自动终止你在本许可证项下的权利（包括第 11 节第 3 段中提到的任何专利许可）。[①]

【条款评述】此为本许可证附条件终止条款，终止的效果是同时终止著作权和专利权的许可。说明该许可证和 GPL v3 一样，也是采用的著作权和专利权双重许可。

（二）AGPL v3 第 11 条

条款介绍和条款评述同 GPL v3。

四、Apache 2.0 许可证

Apache 2.0 第 3 条

【条款】获得专利权许可

根据本许可证的条款和条件，每一个贡献者在此给予你永久的、全球性的、非排他的、免费的、免税的、不可撤销的（本节另有声明除外）专利许可，许可包括制造、委托制造、使用、许诺销售、销售、进口以及其他形式转让作品。前述专利许可仅限于贡献者可授权的专利权利要求，授权的权利要求必然会被贡献者提交的“贡献”或“贡献”与原始作品的组合所侵犯。如果你针对任何实体提起了专利诉讼（包括诉讼中提出交叉请求或反请求）声称原始作品或者某一个已经纳入原始作品的“贡献”对你构成直接侵权或帮助侵权，那么根据原始作

① You may not propagate or modify a covered work except as expressly provided under this License. Any attempt otherwise to propagate or modify it is void, and will automatically terminate your rights under this License (including any patent licenses granted under the third paragraph of section 11).

品的本许可证曾经给予你的任何专利许可均会在你提起诉讼之日被终止。①

【条款评述】（1）此为专利许可条款，说明 Apache 2.0 许可证也采取的是著作权和专利权的双重许可。（2）对于所许可的专利范围作了细致规定：不仅包括所贡献代码本身所蕴含的专利，还包含所贡献代码和原作品结合所形成的专利。这是因为在多数情况下，所贡献的那一部分代码往往不包含全部专利技术特征，很多技术特征都存在于既有的原作品之中。（3）此条款还属于专利报复条款，即规定如果你向按照 Apache 2.0 接收软件的人提起专利起诉，那么该许可证对于你的专利许可也会在你提起诉讼之日被终止。

五、BSD + Patent 许可证

BSD + Patent 许可证是在 2 – clause BSD 许可证的基础上加上了涉专利条款，具有明确的专利许可，介绍如下：

BSD + Patent 第 2 条第 2 款

【条款】根据本许可的条款和条件，每个版权所有者和贡献者特此授予根据本许可被赋予权利的人（被许可人/接收者）永久的、全球范围内的、非排他性的、免费的、免版税的、不可撤销的（不满足条件的除外）专利许可，以制作、已经制作、使用、提供出售、出售、进口和以其他方式转让本软件。此类专利许可，仅适用于开源软件的著作权人和贡献者可授权的专利权利要求，不论是已经获得的还是日后获得的。这些被授予的权利要求必然会被以下行为侵犯：②

---

① Grant of Patent License. Subject to the terms and conditions of this License, each Contributor hereby grants to You a perpetual, worldwide, non-exclusive, no-charge, royalty-free, irrevocable (except as stated in this section) patent license to make, have made, use, offer to sell, sell, import, and otherwise transfer the Work, where such license applies only to those patent claims licensable by such Contributor that are necessarily infringed by their Contribution(s) alone or by combination of their Contribution(s) with the Work to which such Contribution(s) was submitted. If You institute patent litigation against any entity (including a cross-claim or counterclaim in a lawsuit) alleging that the Work or a Contribution incorporated within the Work constitutes direct or contributory patent infringement, then any patent licenses granted to You under this License for that Work shall terminate as of the date such litigation is filed.

② Subject to the terms and conditions of this license, each copyright holder and contributor hereby grants to those receiving rights under this license a perpetual, worldwide, non-exclusive, no-charge, royalty-free, irrevocable (except for failure to satisfy the conditions of this license) patent license to make, have made, use, offer to sell, sell, import, and otherwise transfer this software, where such license applies only to those patent claims, already acquired or hereafter acquired, licensable by such copyright holder or contributor that are necessarily infringed by:

a）贡献本身的侵犯（被许可的著作权人的著作权的被许可人的侵犯和贡献者作出的非著作权客体的添加，无论是源代码形式还是二进制形式）；①

b）（著作权人或者贡献者实施的）贡献与（贡献被提交给的）原始作品的组合，前提是在贡献被添加时这种添加导致该组合必然受到侵犯。本条的专利许可不适用于包含贡献的任何其他组合。②

【条款评述】以上为专利许可条款，规定的许可人是著作权人和贡献者；规定所许可的专利是前述许可人可以对外许可的专利，包括现有的以及今后将获得的专利；被许可人，是根据本许可证被赋予权利的人。

上述条款对所许可专利作了进一步规定，包括贡献代码本身涉及的专利以及贡献代码和原始作品组合所形成的专利。这一规定和 Apache 2.0 是相同的。但此条款又进一步规定，所许可专利不包含贡献代码与其他非开源软件组合形成的专利。这一规定排除了两种情况：第一种情况是所贡献代码偶然和其他专有软件共同组合而成的专利，第二种情况是排除了与贡献者自己的其他专有软件共同组合而成的专利，赋予了贡献者更大的自由度。

六、Mozilla 许可证

Mozilla 许可证主要有 Mozilla v1.1 和 Mozilla v2。现将涉专利条款介绍如下：

（一）Mozilla v1.1 许可证

1. Mozilla v1.1 1.10.1

【条款】

专利权利要求

指授予者现在拥有或以后获得的任何专利权利要求，包括但不限于授予者可许可的任何专利中的方法、工艺和设备权利要求。③

【条款评述】此条款是对专利权利要求的定义，包含现有的和今后所有的专

---

① (a) their Contribution(s) (the licensed copyrights of copyright holders and non-copyrightable additions of contributors, in source or binary form) alone; or

② (b) combination of their Contribution(s) with the work of authorship to which such Contribution(s) was added by such copyright holder or contributor, if, at the time the Contribution is added, such addition causes such combination to be necessarily infringed. The patent license shall not apply to any other combinations which include the Contribution.

③ 1.10.1. "Patent Claims" means any patent claim(s), now owned or hereafter acquired, including without limitation, method, process, and apparatus claims, in any patent Licensable by grantor.

利，包含自有的以及可以对外授权许可的专利。

2. Mozilla v1. 1 2. 1 B

【条款】根据制作、使用或销售原始代码可能会侵犯的专利权，你被豁免以下行为：制作、委托制作、使用、实践、销售、提供销售和/或以其他方式处置原始代码（或其部分）。①

【条款评述】第 2. 1 条款是关于最初开发者对外知识产权许可的条款，其中 2. 1 A 是最初开发者将开源软件著作权对外许可的约定，2. 1 B 是最初开发者将开源软件涉及的专利权对外许可的约定。

3. Mozilla v1. 1 2. 1 D

【条款】尽管有上述第 2. 1（B）条的规定，但不授予以下行为专利许可：1）你从原始代码中删除的代码；2）独立于原始代码的代码；3）由于修改原始代码或原始代码与其他软件或设备结合而造成的侵权行为。②

【条款评述】此条是对专利许可范围进行的限缩性解释，排除的专利包括：(1) 你从原始代码中删除的代码。笔者认为删除代码本身就表明你不希望相关专利纳入开源软件之中，更关键的是你的这个贡献版本也不会产生侵害所删除代码涉及专利权的情况，因此这是一个各方都能接受的约定。开源软件的宗旨并不是为了获得其他人的专利权，而仅仅是确保开源软件可以自由使用。(2) 独立于原始代码的代码。笔者认为相互独立的代码可以分别运行和使用，因此即便是其他独立代码和开源软件结合产生专利侵权问题，但由于开源软件可以单独运行而不必依赖这些独立代码，因此并不影响开源软件的自由使用。(3) 原始代码（包含其修改）与其他软件和设备结合侵害专利权的情况。笔者认为由于这些结合侵权的情况不为贡献者所控制，即便存在相关专利往往也不属于贡献者所有或控制，因此也可以排除在授权范围之外。

其他独立的代码，以及代码和其他设备结合造成的侵权行为。(范围缩小)

---

① B. under Patents Claims infringed by the making, using or selling of Original Code, to make, have made, use, practice, sell, and offer for sale, and/or otherwise dispose of the Original Code (or portions thereof).

② D. Notwithstanding Section 2. 1 (b) above, no patent license is granted: 1) for code that You delete from the Original Code; 2) separate from the Original Code; or 3) for infringements caused by: i) the modification of the Original Code or; ii) the combination of the Original Code with other software or devices.

（二）Mozilla v2 许可证

1. Mozilla v2 1. 11

【条款】贡献者的专利要求

指贡献者可许可的专利中的任何专利权利要求，包括但不限于方法、过程和设备的权利要求，由于本许可证的授予，而可能被“制造、使用、销售、许诺销售、委托制作、进口或转让贡献或贡献者版本”所侵犯的权利要求。①

【条款评述】此为对贡献者专利（或称专利要求）的定义。

2. Mozilla v2 2. 1

【条款】

2. 1. 许可

每位贡献者在此授予你一个全球性的、免税的、非排他性的许可：

在那些贡献者可许可的知识产权（专利或商标除外）的范围内，不管受保护的软件是未修改的，还是修改过的，或是作为更大的作品的一部分，它都被许可：使用、复制、提供、修改、展示、表演、分发以及其他开发受保护的软件的“贡献”；根据该贡献者的专利权利要求，授权你制造、使用、销售、许诺销售、委托制造、进口和以其他方式转换贡献或贡献者版本。②

【条款评述】此为专利许可条款，因此 Mozilla v2 也是著作权和专利权双重许可许可证。

3. Mozilla v2 2. 1

【条款】

2. 3. 许可范围的限制

第 2 节中授予的许可是根据本许可授予的唯一权利；除此以外，根据本许可证受保护的软件的分发和许可，没有暗示授予额外的权利或者许可。尽管有上述

---

① 1. 11. “Patent Claims” of a Contributor means any patent claim(s), including without limitation, method, process, and apparatus claims, in any patent Licensable by such Contributor that would be infringed, but for the grant of the License, by the making, using, selling, offering for sale, having made, import, or transfer of either its Contributions or its Contributor Version.

② Grants Each Contributor hereby grants You a world-wide, royalty-free, non-exclusive license: under intellectual property rights (other than patent or trademark) Licensable by such Contributor to use, reproduce, make available, modify, display, perform, distribute, and otherwise exploit its Contributions, either on an unmodified basis, with Modifications, or as part of a Larger Work; and under Patent Claims of such Contributor to make, use, sell, offer for sale, have made, import, and otherwise transfer either its Contributions or its Contributor Version.

第2.1条b节的规定，但是对于以下情况，贡献者仍然不会授权你专利许可：

a. 贡献者已经从受保护的软件中移除的任何代码。

b. 因以下原因造成的侵权行为：(1) 你或者其他第三方对受保护的软件的修改导致的；(2) 将贡献和其他软件（并非贡献者版本的一部分）进行组合导致的。另外，还有由于缺失了贡献而导致的受保护的软件构成的专利侵权。

本许可证不授予任何贡献者的商标、服务标记或标识的任何权利（为遵守第3.4节中的发布声明时必需使用的情形除外）。①

【条款评述】此处是对在Mozilla许可证项下所许可的专利范围的限制。其规定如下专利不属于授权范围：(1) 贡献者从软件中删除的代码所涉及的专利需要排除。笔者认为删除代码本身就表明你不希望相关专利纳入开源软件之中，更关键的是你的这个贡献版本也不会产生侵害所删除代码所涉及专利权的情况，因此这是一个各方都能接受的约定。开源软件的宗旨并不是为了获得其他人的专利权，而仅仅是确保开源软件可以自由使用。(2) 你自己或者其他第三方对软件的修改导致的专利侵权。笔者认为这一规定是防止用户通过故意修改软件去侵害其他在先贡献者专利权的情况。(3) 将贡献和其他软件（并非贡献者版本的一部分）进行组合导致的侵权不属于许可范围。笔者认为这一规定也是防止用户通过将软件和硬件进行组合的方式故意侵害其他在先贡献者专利权的情况。

---

① Limitations on Grant Scope

The licenses granted in this Section 2 are the only rights granted under this License. No additional rights or licenses will be implied from the distribution or licensing of Covered Software under this License. Notwithstanding Section 2.1 (b) above, no patent license is granted by a Contributor:

for any code that a Contributor has removed from Covered Software; or

for infringements caused by: (i) Your and any other third party's modifications of Covered Software, or (ii) the combination of its Contributions with other software (except as part of its Contributor Version); or under Patent Claims infringed by Covered Software in the absence of its Contributions.

This License does not grant any rights in the trademarks, service marks, or logos of any Contributor (except as may be necessary to comply with the notice requirements in Section 3.4).

第十章 开源与不正当竞争

第一节 开源软件与不正当竞争中的混淆行为

根据我国《反不正当竞争法》（2019 年修正）第 6 条的规定，禁止经营者实施引人误认为是他人商品或者与他人存在特定联系的混淆行为。

涉及开源软件的混淆行为主要为使用有一定影响的商品名称（软件名称）以及有一定影响的企业名称、社会组织名称、姓名（软件开发者名称）。这两种行为是实践中多发的行为。

一、使用开源软件名称的混淆行为

使用开源软件名称的行为极为普遍，有时甚至是不可避免的。但并非对于开源软件名称的所有使用行为都构成混淆行为，除此之外还包括合理使用以及商标性使用。它们之间的关系如下：

首先，如果对于软件名称的使用是商业使用，那么这种行为要么是不正当竞争中的混淆行为（前提条件是软件名称具备一定影响力），要么是商标侵权行为。所谓商业使用，是指将软件名称用于软件本身、软件交易文书，或者广告宣传、展览以及其他商业活动中，其目的在于识别软件来源。

其次，在存在商业使用的前提下，如果软件名称同时也被注册为商标，那么就直接认定为商标侵权行为；如果软件名称虽然未被注册为商标，但具有一定影响力，那么就构成不正当竞争中的混淆行为。

最后，不属于以上情况的对于软件名称的使用行为一般不构成侵权，其中主要的使用行为是合理使用。

不难看出，未注册为商标的开源软件名称可以寻求反不正当竞争法的保护，但前提条件是该软件名称具备一定的市场知名度，且软件名称具有区分软件来源的作用。其保护的逻辑在于，具备一定市场知名度的软件名称为权利人带来了竞争优势，因此禁止他人混淆。

但开源软件具有它的特殊性，因为任何人在遵守开源许可证的前提下都可以自由复制、分发、修改开源软件，在这个过程中社会大众都有可能使用到开源软件的名称。如果最初的著作权人怠于维护其软件名称的权利，那么软件名称在社会中的广泛使用所建立的知名度有可能不会被归为权利人的贡献，从而无法被认定为权利人的竞争优势。另外，由于使用该软件名称的主体较为广泛，长此以往该软件名称将逐渐丧失区分商品来源的功能，从而无法受到反不正当竞争法的保护。

二、使用开源软件开发者名称的混淆行为

使用开源软件开发者名称的行为也经常发生，其使用形式往往是开发者名称的简称。在开发者是企业或者社会组织时，其企业名称的简称也往往被注册为商标。

如上文分析的那样，首先，必须构成商业使用才有可能构成使用开源软件开发者名称的混淆行为。

其次，如果是商业使用企业名称简称，但该名称简称同时还是注册商标，则构成商标侵权。

最后，如果是商业使用企业名称简称，但该名称简称未被注册为商标，在企业名称具备市场知名度且能区分软件来源的情况下，构成不正当竞争中的混淆行为。

在企业名称遭到他人混淆的情况下，权利人维权的成功率要高于软件名称被使用的情况。原因在于，企业名称的使用主体一般不具有广泛性，这能大概率确保企业名称知名度的竞争优势归于企业所有。在这种情况下，如果企业名称具备区分软件来源的作用，就会受到反不正当竞争法的保护。

第二节 开源软件与不正当竞争中的侵害商业秘密行为

一、概述

开源软件也会涉及商业秘密问题。商业秘密，是指不为公众所知悉、具有商业价值并经权利人采取相应保密措施的技术信息和经营信息。开源软件主要涉及的是技术信息（技术秘密）。

我们都知道，软件都具备某些特定的功能，这些功能往往对应着一些可以解决某些技术问题的技术方案，这就为软件成为商业秘密创造了前提条件。此外，软件的这些功能都是通过代码实现的，包括源代码和目标代码。但人们往往很难通过阅读目标代码来获悉软件中蕴含的技术方案，在源代码处于保密状态的情况下，源代码本身也可能成为商业秘密的保护主体。

而对于开源软件而言，其源代码本身就是开源的，在开源之后涉及的商业秘密法律问题较少。实践中多发的情况是，企业员工私自将具有重大价值的企业所开发的源代码放到开源社区，造成商业秘密的泄露问题。

例如，2019 年深圳某知名无人机公司源代码被员工泄露到海外平台，造成公司巨额损失，该员工被以侵犯商业秘密罪判处有期徒刑六个月，并处罚金 20 万元人民币。①

再如，浙江某公司员工在 GitHub 上非法披露软件源代码，人民法院判公司赔 500 万元。②

这些案例中涉及对软件代码所涉商业秘密保护对象的深入探讨，笔者将在下节进行介绍。

---

① 《深圳知名无人机公司代码被员工泄露到海外平台》，载 https：//www. oschina. net/news/106251/shenzhen - uav - code - leak，最后访问日期 2023 年 9 月 21 日。

② 《最高判赔 500 万元！广东高院发布保护商业秘密典型案例》，载 https：//www. 163. com/dy/article/H5G3L9SG055004XG. html，最后访问日期 2023 年 9 月 21 日。

(一)软件源代码既是商业秘密的载体也可以是保护客体

虽然软件源代码在著作权法上参照文字作品保护，但这些代码均是为了实现某种功能，承载了解决某类问题的技术方案，因此软件源代码本身作为一种信息，其具有技术属性，可以作为商业秘密保护的客体。

在深圳花儿绽放网络科技股份有限公司（以下简称深圳花儿绽放公司）、浙江盘兴数智科技股份有限公司（以下简称浙江盘兴数智公司）等侵害技术秘密纠纷一案（参见最高人民法院〔2021〕最高法知民终 2298 号民事判决）中，原告深圳花儿绽放公司将其开发的“有客多”软件（一款帮助建立微店的软件）源代码授权许可给被告浙江盘兴数智公司使用，不料被告员工私自将“有客多”软件源代码上传到 GitHub 上开源，造成源代码的公开。原告主张保护的商业秘密即为其交付给被告的 965 个不为公众所知悉的源代码文件，并根据该等源代码文件梳理出了 20 个相对应的技术点。

最高人民法院在〔2021〕最高法知民终 2298 号民事判决中认可 965 个源代码中的 962 个源代码构成商业秘密，主要原因是经鉴定该等源代码文件不为公众所知悉，且原告对“有客多”软件源代码采取了 VPN 统一安全授权、SVN 账号密码加密授权等保密措施。此外，“有客多”软件是原告开发完成，并为原告吸引了相当数量的客户、带来了现实的经济利益，被告也实际向原告支付了软件许可使用费，故涉案软件源代码显然具有商业价值。

(二)软件中的技术方案亦是商业秘密保护客体

虽说软件源代码是商业秘密的保护客体，但这并不排斥软件的技术方案可以作为商业秘密（或称技术秘密）。

技术秘密是指凭借经验或技能产生的，在工业化生产中适用的技术情报、数据或知识，包括产品配方、工艺流程、技术秘诀、设计、图纸（含草图）、试验数据和记录、计算机程序等，而且这些技术信息尚未获得专利等其他知识产权法的保护。

源代码之所以可以作为技术秘密保护，是因为源代码是技术方案的载体。如果源代码仅仅是简单、公知的成员变量定义或变量对应的方法，那么源代码就不构成商业秘密。

在深圳花儿绽放公司、浙江盘兴数智公司等侵害技术秘密纠纷一案中，原告主张 965 个源代码构成其商业秘密。经鉴定机构鉴定，这 965 个源代码文件在侵权发生之前不为公众所知。所谓的不为公众所知，是指这965个源代码从未在互联网上（特别是相关开源社区）开源。一审法院广东省深圳市中级人民法院对此也予以确认。

但被告在二审中新提交的由其委托的鉴定机构出具的鉴定报告显示，这965个源代码中的“GoodsBuyDetail. java”“Area. java”“CusmallStatisticsInfo. java”3个文件中的代码由且仅由成员变量定义及成员变量对应的geter、seter等方法组成，其中成员变量属于常见命名，该种定义成员变量并生成ge×××、set×××等方法的形式是Java编程语言推荐的标准写法，属于所述领域的行业惯例。

最高人民法院采纳了被告在二审中提交的该鉴定意见，认为这3个源代码文件属于所述领域的行业惯例，且原告未合理说明该些变量命名方式及对应生成方法的独特性，因此，最高人民法院认定该3个源代码文件“为公众所知悉”。

不难看出，虽然没有证据证明这3个文件中的源代码曾经被公开，但由于3个文件中的源代码所承载的变量命名方式及对应的生成方法（技术方案）被证实属于行业内的惯常做法，所以，最高人民法院据此认定这3个文件中的源代码为公众所知悉。

第十一章 开源与进出口管制

导言 开源软件作为数字信息技术的重要力量日益成为大国博弈的重要赛道。世界软件技术发达的主要国家均对开源软件采取“鼓励自主发展 + 谨慎出口”的技术保护策略。尽管开源哲学是无国界的，但是软件本身的优劣却代表着一个国家在软件领域的影响力和综合国力，各国对其采取谨慎出口的态度具有合理性。并且随着国际博弈的深入，开源软件在进出口管制政策方面受到的管制将会越来越明显，企业在制定开源合规战略时也必须将境内外的进出口管制政策作为合规的重要政策参考。本章将分别介绍中美两国对于开源软件出口的主要限制措施，以帮助企业更好地建立开源软件及相关技术进出口管制法律层面合规的风险意识。

第一节 美国出口管制法律对开源软件的限制

一、美国《出口管理条例》解读

《出口管理条例》（Export Administration Regulations，EAR）是美国联邦政府管制出口的主要法律规定，由美国商务部（US Department of Commerce）下的产

业与安全局（Bureau of Industry and Security，BIS）发布并定期修订。

开源软件是否受到美国《出口管理条例》的限制以及何种行为受到限制，需要从《出口管理条例》中对于“出口”和“受制于EAR的物品”等概念的定义入手。

（一）“受制于EAR的物品”

最新修规定的EAR第734条规定了EAR的管辖范围。该条文在产业与安全局的官方网站中不时更新。截至本书撰写时，第734条的最新修订版为2023年5月23日版本。

其中，第734.2条规定了“受制于EAR”的定义。“受制于EAR”是EAR中专用的术语，用于描述BIS根据EAR行使监管管辖权的对象和活动。[①] 这些对象和活动具体规定在EAR的第734.2条至第734.5条和第734.9条。

第734.3条规定的具体受制对象包括：（1）在美国境内的所有物品，包括在美国对外贸易区的物品或通过美国从一个国家过境到另一个国家的物品；（2）所有原产于美国的物品；（3）包含受到管制的美国原产的商品的外国制造的商品、与受到管制的美国原产的软件捆绑销售的外国制造的商品、与受到管制的美国原产的软件混合的外国制造的软件以及外国制造的混合了受管制的美国原产的技术；（4）根据EAR第736.2（b）（3）条规定的具体的“技术”以及“软件”所得来的外国生产的直接产品；（5）如EAR第736.2（b）（3）条所述的完整工厂或工厂任何主要组成部分的某些外国生产的“直接产品”[②]。

从上述定义规定可以得出的初步结论是，开源软件有可能落入“受制于EAR的物品”的第3项和第4项规定的范围。大量知名的开源软件均起源于美国，因此世界各地的开发者基于原产于美国的开源软件进行的修改、改进、组合均可能落入第3项规定的“受到管制的美国原产的软件混合的外国制造的软件”的范围。因此，还需要进一步分析开源软件是否属于“受到管制的美国原产的软件”。

EAR第734.3（b）条规定了“不受制于EAR”的情形，其中第3款（i）

① “Subject to the EAR” is a term used in the EAR to describe those items and activities over which BIS exercises regulatory jurisdiction under the EAR. 参见EAR第734.2条。

② 参见EAR第734.3条（a）项。

项规定“根据 EAR 第 734. 7 条，已经发布的信息和软件”不受制于 EAR。EAR 第 734. 7 条用一整条规定了什么是“已经发布”。

（二）“已经发布”

EAR 第 734. 7 条规定，“除了本条（b）和（c）规定的情况外，未分类的技术或者软件如果是‘已经发布的’，已经向公众公开并且不限制公众的进一步传播，那么就不属于 EAR 管辖的‘技术’或‘软件’。例如，通过下列情形已经向公众发布：（1）任何希望获得或者购买这样的已经发布的信息的人，都可以不受限制地订阅。（2）在图书馆中或者其他公共的收藏中，以有形或者无形的形式向公众开放和提供的。（3）在大型会议、小型会议、研讨会、贸易展览或展览会上向不特定的感兴趣的公众开放，无限制地分发的。（4）以任何形式（例如，不限于印刷出版的形式）向公众进行公开传播（也就是无限制地分发），包括发布在向公众公开的物联网网站上。（5）提交书面创作、手稿、演示文稿、计算机可读的数据集、公示、图像、算法或者其他的知识的载体形式，目的是如果接受出版或者演示，这些信息就会公开。例如：（i）向国内外的期刊、杂志、报纸或行业出版物的合著者、编辑或审稿人公开；（ii）向进行基础研究的研究人员公开；（iii）向公开的会议或者其他的公开的集会的组织者公开”。

就 EAR 的上述规定可以得出的初步结论是，在 EAR 生效之前已经发布在互联网上或者其他渠道向不特定的开发者公开提供的开源软件，符合上述“已经发布”的定义，可以免于受到 EAR 的管辖。

（三）软件“已经发布”但是仍受到 EAR 约束的例外情形

EAR 对于“已经发布”的软件原则上不采取管制措施，但是下列情形仍受到 EAR 管制①：

“（b）已发布的加密软件，如果属于 ECCN 5D002 类别②的，仍受 EAR 的约束，除非它是分类为 ECCN 5D002 的公开加密目标代码软件，并且相应的源代码符合 EAR 第 742. 15（b）条中规定的标准”；

---

① 参见 EAR 第 734. 7（b）、（c）条。

② EAR 界定了某些可能受到出口限制的事项（包括软件和技术）的范围。“ECCNs”（Export Control Classification Numbers）是 EAR 法下用于不同种类物品（包括软件和技术）的编码。参见《了解开源科技和美国出口管制》白皮书，载 https：//www. linuxfoundation. org/resources/publications/understanding - us - export - controls - with - open - source - projects，最后访问日期：2023 年 9 月 23 日。

"（c）以下内容仍受EAR管辖：属于ECCN 0A501类的，用于生产枪支、枪支枪身或机匣的'软件'或'技术'，并以电子格式在互联网上发布，如AMF或G代码，并且可以插入计算机数控机床、增材制造设备或任何其他利用'软件'或'技术'来生产枪支枪身或机匣或完整的枪支设备的设备中"。

从上述规定可知，加密软件只要属于ECCN 5D002类别，原则上受到EAR的管制，无论是否已经发布。但是仍有例外情形：如果属于ECCN 5D002类别的加密软件是一个公开加密目标代码的软件，并且源代码根据EAR第742. 15（b）条规定也是"公开可以获得的"，那么这样的加密软件在已经发布的情况下，仍不受EAR的限制。

EAR第742. 15（b）条①规定如下：

（1）范围和资质：在履行了本节（b）（2）段规定的通报要求的前提下，属于ECCN 5D002分类的"已经公开"加密软件的源代码不受EAR的约束。此类源代码应当是公开可用的。即使它需要支付许可费或使用该源代码开发的任何产品的商业生产或销售的特许权使用费的明确协议，也属于公开可用。

（2）非标准的加密软件的通报要求。根据EAR第772条定义的"非标准加密"技术②，如果软件的分类属于ECCN 5D002，向公众提供源代码的具体要求如下：你必须通过电子邮件通知BIS和ENC加密请求协调员，电子邮件中应提供加密软件的源代码的网址，或者你也可以直接在电子邮件中提供加密软件的公开可获得的源代码副本。如果你更新或修改源代码，则还需要向上述对象各自提供一份每次更新或修改的源代码的副本；如果你是选择将源代码发布到互联网上，则每次互联网位置发生更改时，你都必须通知BIS和ENC加密请求协调员，但你无须再通知他们位于之前通知的地址中的加密源代码的更新或修改。任何情况下，请将通知或副本提交至crypt@ bis. doc. gov和enc@ nsa. gov。

结合上述规定，EAR第742. 15（b）条实质上规定了两种不同的加密软件的情形。加密软件如果想要摆脱EAR的管控，首先，应当符合源代码公开可获得

---

① 参见https：//www. bis. doc. gov/index. php/documents/regulations - docs/2342 - part - 742 - control - policy - ccl - based - controls/file，最后访问日期：2023年9月23日。

② 根据EAR的定义，"非标准加密"是指"结合或使用专有或未公布的加密功能实施'加密'，包括尚未被正式认可的国际标准机构（如IEEE、IETF、ISO、ITU、ETSI、3GPP、TIA和GSMA）采用或批准的，以及尚未公布的加密算法或协议"，参见《了解开源科技和美国出口管制》，载https：//www. linuxfoundation. org/resources/ publications/understanding - us - export - controls - with - open - source - projects，最后访问日期：2023年9月23日。

的条件；其次，如果加密软件是标准加密软件，则无额外的要求，第 742.15（b）（2）条不存在适用的必要。如果加密软件属于 EAR 第 772 条定义的“非标准加密”技术，则还需要履行第 742.15（b）（2）条的义务，进行事先通报。通报后，源代码公开可获得的非标准加密软件也能免于受到 EAR 的管辖。

二、主流开源基金会关于 EAR 的相关声明

（一）Apache 基金会

2019 年 5 月，Apache 基金会博客发布了《Apache 基金会关于非美国子公司已添加到美国联邦登记公告实体清单裁决中的声明》。其中提到，对于美国“实体清单”中所列的主体在出口和再出口方面的限制仅限于 EAR 适用的服务和交易，源代码公开可获得的加密软件的源代码，正如 BIS 在 2016 年 9 月 20 日所澄清的那样，属于“公开可获得”或“已经公开”的，因此不受到 EAR 的管辖。但是涉及加密软件的开源项目，在此后必须按照 EAR 的规定持续地公开源代码并向 BIS 和 NSA 发送通知①。

Apache 基金会的官网上也有关于“出口 ASF 产品”的声明。声明指出：“Apache 软件基金会是一家总部位于美国的非营利慈善机构，其产品都是通过公共论坛在线协作开发，并从美国境内的中央服务器分发。因此，美国出口法律和法规适用于 Apache 软件基金会软件的分发，并且随着产品和技术再出口到各地的不同地方，美国出口法律和法规仍然有效。BIS 通过 EAR 监管出口。这些法规描述了多种商品、技术和软件的出口规则和限制”。

“除非获得美国政府的正式授权，否则您不得直接或间接将 ASF 软件和/或技术数据出口或再出口到任何受美国禁运或贸易制裁的目的地”。

从 Apache 基金会的上述声明可以看出，Apache 基金会对 EAR 的管制是接受的，但是已经发布的开源项目不受 EAR 的管制。尽管如此，Apache 基金会及其管理的开源项目仍然是受美国政策管制的软件项目，可能随时因政策的改变受到影响，Apache 基金会不会对这种政策性风险作出任何承诺。

---

① See Statement by the Apache Software Foundation Regarding US Federal Register Notice of NON – US Affiliates Added to Entity List Ruling，THE APACHE SOFTWARE FOUNDATION BLOG，https：//news. apache. org/foundation/entry/statement – by – the – apache – software，最后访问日期：2023 年 9 月 23 日。

（二）GNU（自由软件基金会）

GNU组织在其官网中对于出口条例有以下观点："一些政府的出口限制或贸易制裁可能会影响到软件用户在国际范围内发布软件的自由。软件开发者也许没有能力去改变这些现实，但是我们可以拒绝自我审查。自由软件的开发者不得在软件许可证中要求用户遵守哪条特定法律，因为开发者无法保证用户所在国度或地区具备该法律条款。这样，自由软件许可证就不会给用户在法律之外添加额外的违反基本自由的限制。当然，自由软件可以仅仅在许可证中提及某条出口条例或相关法律，而不强制要求用户遵守。这样做只是为用户提供了信息而没有实际限制用户。如果某条出口限制法律是普遍存在，全部用户所在的地区都做出该限制的，那么在许可证中要求用户遵守该条例也不会被视为限制用户的自由。然而，这会存在潜在问题：一旦该条出口限制法律在某个用户的所在地区做了修改，那么该许可证也就不被视作自由的[①]"。

此外，在官网发布的《GNU许可证常见问题》中，还有如下官方问答：

"如果发布者要求我'表明并保证'我住在美国或者我有意遵循相关出口管制法律来发行该软件，那么该发布者是否违反了GPL？"

"这并不是违反GPL。这些分发商（几乎所有此类分发商都从事着销售自由软件和相关服务的商业活动）是在降低他们自己的法律风险，而不是在控制你的行为。美国的出口管制法可能会使其承担责任，如果他们明知故犯地把软件出口到某些国家或者把软件交给可能会这样做的第三方。通过获取他们客户或伙伴的此类声明，他们就能够在以后被监管机构盘查分发软件的去向之时保护自己。他们并不是在限制你对软件的做法，他们只想避免因你的所作所为而受到牵连。因为他们没有对软件添加额外的限制，所以他们没有违反GPL v3的第10节或GPL v2的第6节。FSF抵制把美国出口管制法律应用于自由软件。这些法律不但和自由软件的总目标不兼容，而且这些法律也没有实现任何有意义的政府目标。因为自由软件现在已经被几乎所有国家所用而且将来也应该这样，包括那些没有出口管制法的国家和没有参加美国主导的贸易禁运活动的国家。因此，实际上没有政府被美国的出口管制法剥夺了自由软件，反之，对我们而言，任何国家的公民都不应该被剥夺自由软件，无论他们的政府政策是什么样的。不管你住

---

① 参见《什么是自由软件》，载https：//www.gnu.org/philosophy/free-sw.zh-cn.html，最后访问日期：2023年9月23日。

在哪里，也不管你要干什么，你都可以从我们这里获得由FSF发布的所有GPL软件的拷贝。与此同时，FSF理解美国的商业分销商遵守美国法律的诉求。他们有权选择他们分发具体自由软件的对象；使用该权利并不违反GPL，除非他们添加了GPL许可之外契约式限制。”①

GNU的上述观点，表明了GNU反对开源软件的作者直接在开源软件中或者开源许可证中要求软件的接收者进行“自我审查”，即反对在没有法律明确规定出口限制的情况下，对开源软件的出口直接附加限制，以尽量维护不同法域下的开源软件的使用自由。同时，对于已经发布的开源软件和将要发布的开源软件，GNU也十分有信心地表示出口法律政策并不会实现任何有意义的政府目标，因为事实上没有开源软件受到出口管制法的限制。这一观点符合EAR实施以来的现状，已发布的开源软件几乎都没有受到EAR的影响。

（三）Linux基金会

Linux基金会认为，公开发布给全世界享用的开源技术是不受制于EAR的。为了符合EAR的要求，如果开源技术是公开的，不受进一步传播的限制，那么它是“已发布的”，因此“不受制”于EAR②。下列典型的开源软件相关事项将不受EAR的约束：

（1）已公开发布的开源软件不受制于EAR。

（2）已公开发布的开源规格不受制于EAR。

（3）已公开发布的，说明硬件设计的开源文档不受制于EAR。

（4）已公开发布的开源软件二进制不受制于EAR。

对于加密软件的特殊管理规定，Linux基金会也非常有信心地表示Linux基金会的所有开源项目，包括加密软件，都符合源代码公开可获取的条件，部分非标准加密软件也已经向BIS和国家安全局进行了备案，因此Linux基金会的所有开源项目不受EAR的管制③。

---

① 参见《GNU常见问题》，载https://www.gnu.org/savannah-checkouts/gnu/www/licenses/gpl-faq.zh-cn.html，最后访问日期：2023年9月23日。

② 参见《了解美国对开源项目的出口管制》，载https://www.linuxfoundation.jp/blog/2020/07/understanding-us-export-controls-with-open-source-projects-cn/，最后访问日期：2023年9月23日。

③ 参见《了解开源科技和美国出口管制》，载https://www.linuxfoundation.org/resources/publications/understanding-us-export-controls-with-open-source-projects，最后访问日期：2023年9月23日。

三、代码托管平台 GitHub 关于 EAR 的相关声明

全球最大的代码托管平台 GitHub 对于美国的出口管制政策同样发布了声明。声明指出："GitHub. com、GitHub Enterprise Server 以及您上传至其中任一产品的信息都需遵守贸易管制法规，包括美国出口管理条例（Export Administration Regulations，EAR）。"① 由此可见，GitHub 的运营主体作为一家美国公司，同样需要遵守 EAR 的规定；国内企业如果长期依赖于 GitHub 上的开源项目，则可能会面临政策改变导致的开源项目关闭的风险。就目前的情况而言，在 GitHub 上已经发布的开源项目并未受到影响。② 但是，也有报道指出，近年来，GitHub 封禁了大量俄罗斯开发者的账户。③

四、开源断供风险与企业合规建议

EAR 的第 734.7 条规定可以说是对于开源软件的发展至关重要的一项规定。在 EAR 刚刚出台之时，各大开源基金会和知名开源软件的开发公司纷纷表示将会遵守该条例的规定，一度引起了国内开源软件开发者的广泛讨论，各大开源论坛纷纷开始担忧开源软件是否也会像芯片技术一样受到美国的"断供"，一时间舆论哗然。

随后，Linux 基金会发布《了解开源科技和美国出口管制》白皮书，对 EAR 的规定进行了详细的解读，方才平息实务界的担忧。但是各大开源基金会的解释并没有停止国内的开源实务界和理论界的思考，毕竟，根据现有的 EAR 规定，开源软件是否"已经发布"是判断受到出口管制的关键因素。

对"已经发布"的开源软件采取"管辖例外"的态度是符合实践操作的。因为开源软件一经发布，软件的源代码、核心算法等值得保护的技术秘密均已经进入公众的视野，发布行为事实上将导致进出口管制政策试图保护的技术秘密或

---

① 参见 https：//docs. github. com/zh/site – policy/other – site – policies/github – and – trade – controls，最后访问日期：2023 年 9 月 23 日。

② See GitHub says Chinese developers are safe from export restrictions，https：//www. scmp. com/abacus/culture/article/3029385/github – says – chinese – developers – are – safe – export – restrictions? campaign = 3029385&module = perpetual_scroll_0&pgtype = article，最后访问日期：2023 年 9 月 23 日。

③ See GitHub suspends accounts of Russian devs at sanctioned companies，https：//www. bleepingcomputer. com/news/security/github – suspends – accounts – of – russian – devs – at – sanctioned – companies/，最后访问日期：2023 年 9 月 23 日。

潜在的国家秘密丧失“秘密性”，因此对“已经发布”的开源软件强加管制已经丧失必要性和可操作性。

但是对于日后发布的开源软件，是否还能获得 EAR 的豁免就成为一个不得而知的问题。可以预想的是，随着技术的发展，必然还会有新的开源软件不断产生并且发布到互联网上。这一行为的完成，即意味着该开源软件已经通过了 EAR 的审核，并且在发布的那一刻成为不受 EAR 管辖的软件。因此，能够发布出来的新开源软件，必然是符合 EAR 规定的软件。那么反过来看，没有成功发布的开源软件，则有可能属于美国政府管制的限制性的软件技术，除非出现泄密，否则再也无法成为开源软件。这对于美国以外的开源软件使用者来说是“无感”的，因为凡是出现在网络上的开源软件，都是幸存者偏差中的“幸存者”；但是世界各国不得不意识到的潜在问题是，很多软件原本可以成为开源软件，但是由于美国政府开始对软件出口施加管制，而再也无法成为一个自由的软件技术。

除此之外，EAR 的出现对于我国企业的开源软件合规仍具有一定的战略警醒意义。因为 EAR 是不断更新修订的，随着大国间博弈的深入，很难保证不会出现新的出口管制政策颠覆现有的开源体系。因此企业在开源软件合规时，需要对来自美国的开源软件作出风险的预防措施，例如，企业在引入时需要提前对开源软件来源网站、代码托管平台、开源基金会发布的关于是否执行出口管制措施的相关声明进行了解。企业在确保开源软件目前属于“已经发布”的不受限制软件后，也可以寻找潜在的替代产品，以防止政策突变导致的断供。

第二节 国内出口管制法律对开源软件的限制

一、《出口管制法》解读

（一）《出口管制法》的管制主体

根据《出口管制法》第 2 条第 3 款，该法所称出口管制，是指国家对从中华人民共和国境内向境外转移管制物项，以及中华人民共和国公民、法人和非法人组织向外国组织和个人提供管制物项，采取禁止或者限制性措施。该法第44条规定，中华人民共和国境外的组织和个人，违反该法有关出口管制管理规定，危害中华人民共和国国家安全和利益，妨碍履行防扩散等国际义务的，依法处理并追究其法律责任。

从该规定可以看出，《出口管制法》的管制主体不仅包含我国境内的出口经营者，还包括境外负责进口的组织和个人即进口商和最终用户①，以及出口流程中提供代理、货运、寄递、报关、第三方电子商务交易平台和金融等服务的提供方。②

（二）出口管制的主管部门

《出口管制法》由中华人民共和国第十三届全国人民代表大会常务委员会第二十二次会议于2020年10月17日通过，自2020年12月1日起施行。

《出口管制法》第5条规定，国务院、中央军事委员会承担出口管制职能的部门（以下统称国家出口管制管理部门）按照职责分工负责出口管制工作。国务院、中央军事委员会其他有关部门按照职责分工负责出口管制有关工作。

（三）《出口管制法》的管制物项

《出口管制法》第2条第1款规定："国家对两用物项、军品、核以及其他与维护国家安全和利益、履行防扩散等国际义务相关的货物、技术、服务等物项（以下统称管制物项）的出口管制，适用本法"。

两用物项，是指既有民事用途又有军事用途或者有助于提升军事潜力，特别是可以用于设计、开发、生产或者使用大规模杀伤性武器及其运载工具的货物、技术和服务。军品，是指用于军事目的的装备、专用生产设备以及其他相关货物、技术和服务。核，是指核材料、核设备、反应堆用非核材料以及相关技术和服务。上述管制物项包括与物项相关的技术资料等数据。

《出口管制法》第4条规定："国家实行统一的出口管制制度，通过制定管制清单、名录或者目录（以下统称管制清单）、实施出口许可等方式进行管理。"《出口管制法》并不对所有的物品的出口都要进行审查，而是限于特定的范围和用途。从前述的概念定义可以看出，受到管制限制的主要是涉及军事与重大国家

---

① 参见《出口管制法》第18条。

② 参见《出口管制法》第20条。

安全利益的物项。

根据该法第4条的规定，判断一个物项是否属于《出口管制法》管制的物项，还需要比对国家出口管制管理部门制定的“管制清单”。

除了“管制清单”外，《出口管制法》第9条还赋予了国家出口管制管理部门在取得国务院或中央军事委员会批准的前提下对出口管制清单以外的货物、技术和服务实施临时管制。

《出口管制法》第10条还规定了根据维护国家安全和利益、履行防扩散等国际义务的需要，经国务院批准，或者经国务院、中央军事委员会批准，国家出口管制管理部门会同有关部门可以禁止相关管制物项的出口，或者禁止相关管制物项向特定目的国家和地区、特定组织和个人出口。

（四）《出口管制法》的管制环节

首先，根据《出口管制法》第2条的规定，“出口管制”包含“从中华人民共和国境内向境外转移管制物项”，还包含“中华人民共和国公民、法人和非法人组织向外国组织和个人提供管制物项”。

其次，根据《出口管制法》第45条的规定，《出口管制法》不仅仅管制单纯地从境内向境外转移、提供的“出口”行为，也适用于过境、转运、通运、再出口或从保税区、出口加工区等海关特殊监管区域和出口监管仓库、保税物流中心等保税监管场所向境外出口的行为。

（五）对滥用出口管制措施的地区采取对等措施

《出口管制法》第48条规定了对任何国家或者地区滥用出口管制措施危害中华人民共和国国家安全和利益的，中华人民共和国可以根据实际情况对该国家或者地区对等采取措施。该规定系《出口管制法》的一大亮点，在现今大国博弈的背景下，该条款的实施同样会影响到一些中国软件企业的开源规划。

（六）违反《出口管制法》的相关法律责任

违反《出口管制法》的法律责任包含行政责任和刑事责任。对于未取得出口经营资格的违法行为，行政责任包括警告，责令停止违法行为，没收违法所得：违法经营额50万元以上的，并处违法经营额5倍以上10倍以下罚款；没有违法经营额或者违法经营额不足50万元的，并处50万元以上500万元以下罚款。对于擅自出口管制物项、出口禁止出口的管制物项、超出出口许可证件规定的许可范围出口管制物项的行为，行政责任为没收违法所得：违法经营额50万元以上的，并处违法经营额5倍以上10倍以下罚款；没有违法经营额或者违法经营额不足50万元的，并处50万元以上500万元以下罚款；情节严重的，责令停业整顿，直至吊销相关管制物项出口经营资格。

对于违反法律规定，出口国家禁止出口的管制物项或者未经许可出口管制物项的，还可以依法追究刑事责任。

二、国产自主开源软件违反《出口管制法》的风险分析

（一）软件是否属于《出口管制法》的管制物项

首先，软件属于《出口管制法》第2条规定的“技术”范畴，同时，软件的源代码可以归类于管制物项相关的技术资料等数据。因此从概念上来说，软件这一类物品受到《出口管制法》的规制并没有障碍。

其次，软件的开源发布行为可能构成“视同出口”行为。《出口管制法》规定了中华人民共和国公民、法人和非法人组织向外国组织和个人提供管制物项这种“视同出口”的行为同样受到该法管制。软件的开源与分发，虽然不涉及实体物品的跨境转移，但是可能属于管制物项的跨境间接提供。软件一旦在互联网中公开源代码，只要是境外主体可以自由访问的网络环境，软件的源代码就不再受到地理限制和国别限制，因而符合“视同出口”的定义。

最后，部分特殊软件属于《中国禁止出口限制出口技术目录》（已失效）中的软件技术。《中国禁止出口限制出口技术目录》于2001年发布，2008年第一次修订，2020年8月再次修订。本书撰写之时，商务部和科技部已经完成了对《中国禁止出口限制出口技术目录》第三次修订的公开征求意见。本次修订拟删除技术条目32项，修改36项，新增7项，修订后的目录共139项；其中，禁止出口技术24项，限制出口技术115项。此次修订对该目录进行较大幅度删减，细化部分技术条目控制要点，为加强国际技术合作创造积极条件。[①]

就《中国禁止出口限制出口技术目录》而言，其中包含众多以软件为载体形式的技术，如《中国禁止出口限制出口技术目录》规定，禁止“空间数据传输技术（编号：056002J）”的出口，控制要点包括涉及卫星控制信息传输保密技

① 参见《关于〈中国禁止出口限制出口技术目录〉修订公开征求意见的通知》，载 http://fms.mofcom.gov.cn/article/tongjiziliao/202212/20221203376696.shtml，最后访问日期：2023年9月23日。

术的软件与硬件。同时，限制“计算机通用软件编制技术（编号：056201X）”“石油装备核心部件设计制造技术（编号：183607X）”“基础软件安全增强技术（编号：186203X）”“信息处理技术（编号：056101X）”等项目的相关软件的出口。

因此，从物项种类到行为定义，软件都有可能落入《出口管制法》禁止或限制出口的技术范围，而开源软件的协作方式也符合“视同出口”的行为特征。开源软件合规需要考虑我国的出口管制法律的相关风险。下文将分别通过两种开源发布方式分析企业未经审查擅自将国家禁止或限制的软件技术开源的法律风险。

（二）国产自主开源软件发布在GitHub上的违法风险分析

GitHub是美国微软公司旗下的代码托管网站，也是目前全世界最为流行的代码托管平台。根据GitHub的官网介绍，GitHub的服务器位于美国，开发者与GitHub之间达成的协议以及对网站或服务的任何访问或使用均受美国联邦法律及加利福尼亚州法律管辖，而不考虑法律冲突条款。开发者必须接受将位于加利福尼亚州旧金山市/县的法院作为唯一管辖地和审判地。[①] 因此，如果中国企业将GitHub作为唯一的开源代码仓库，则属于我国《出口管制法》规定的“出口”行为，一旦中国企业发布的软件属于受到临时限制、长期限制或禁止出口的软件，则很有可能违反我国的《出口管制法》。

同理，我国企业在使用境外开源软件的过程中，如果对开源软件进行了修改，产生了新的“贡献”代码，将这样的“贡献”回馈给开源社区或捐赠给开源基金会的行为，也构成“出口”的行为。是否违反《出口管制法》仍需要具体判断软件代码的相关技术是否属于我国限制或禁止出口的软件技术。

（三）国产自主开源软件发布在Gitee上的违法风险分析

Gitee是我国自主创建维护的代码托管平台。有观点认为，将自主开源软件发布在国产开源平台上，不应认定为“出口”。[②] 笔者对此持不同意见。互联网具有跨地域访问的特性，软件源代码是否公开，是否涉及“视同出口”，其实并

---

① 参见《GitHub文档》，载https：//docs. github. com/zh/site - policy/github - terms/github - terms - of - service#r - miscellaneous，最后访问日期：2023年9月23日。

② 参见《开源软件出口管制合规政策与管控策略研究》，载https：//www. secrss. com/articles/40635，最后访问日期：2023年9月23日。

不限于其被上传到境内主体运营的网络平台还是境外主体运营的网络平台。只要Gitee不限制境外主体对开源软件的访问和下载，那么发布在Gitee上与发布在GitHub上并没有本质区别。唯一的区别在于，代码在首次开源之前，是否存在审核以及审核的标准。Gitee目前已经建立了对上传开源代码的机制，尽管在审核机制上线之初也引起了一些争议①，但是笔者认为平台审核机制对于开源软件的出口管制合规是有必要的。如果开源发布者忽略了一些开源软件可能存在的禁止或限制出口的风险，那么国产的代码托管平台可以起到最后一道防火墙的作用，防止蕴含了关键技术的开源代码成为“泼出去的水”。

三、国产自主开源软件出口管制合规建议

开源软件技术是无国界的，但是开源软件技术的发布者是有国籍的。我国的企业在开源软件研发和开放的道路上，正在以飞快的速度追赶软件发达国家，在做好“走出去”的同时，也要注意到出口管制风险管控。企业应当关注开源软件的研发方向是否涉及出口管制物项。对于涉及军工、国家重要的科研项目的软件研发，企业在作开源发布决定时要慎之又慎，以免在不经意间违反出口管制相关法律。

① 参见《突变！Gitee仓库开源必须审核，官方回应》，载https：//new.qq.com/rain/a/20220519A07ZVJ00，最后访问日期：2023年9月23日。

第十二章 开源代码引入阶段合规

第一节 开源软件合规准备工作

进行开源软件合规是为防范采用外部开源代码相关的法律和安全风险，确保企业合法、合规、安全地使用开源软件的重要过程，一般企业在进行开源合规工作前需要进行下面几个方面的准备工作：

一、了解开源软件许可证

开源软件协会公布了一百多种开源软件许可证，其中常用的许可证有十多种。进行开源软件合规工作前最基础的准备工作需要了解开源软件许可证，特别是常用许可证协议的主要内容，了解开源许可证的授权机制和原理。了解各种类别的开源软件许可证的特点，例如，了解开源软件许可证的许可内容和范围，是否同时包含版权许可和专利许可；了解开源软件许可证授予使用、分发行为的许可的条件，包括使用、运行、修改、分发和其他自研/第三方软件代码合并为一个更大作品时需要满足的条件和履行的义务；了解许可证对开源软件及其派生作品是否需要强制公开源代码，以及对如何公开源代码的具体要求；了解开源软件传染性和例外的相关要求；了解开源软件许可证的兼容性和变更许可证及其条款规定；了解开源软件许可证授权终止和恢复的规定；了解开源许可证无担保和责任限制的规定；了解许可证对于版权、修改、归属等声明内容的要求等。

通过对上述几个方面开源软件许可证的初步了解，可以对使用开源软件制度的运作机制和开源软件许可证内容有一个大致的了解，这是企业开展开源软件合规工作的基础准备。

二、制定开源软件合规管理指导政策

制定开源软件合规管理指导政策是为了确保企业在引入、使用、管理、发布和贡献开源软件时符合法律规定和公司管理目标。以下是制定开源软件合规管理指导政策的一些建议：

首先，应当明确开源软件合规政策的目标。该目标一般为通过外部优质开源代码的采用，避免重复开发，提高软件开发效率的同时，确保企业遵守所有开源代码所适用的开源许可证所规定的义务，最小化采用外部开源代码的法律风险，同时加强对外部开源代码安全性和可用性的审查，尽量避免可能的安全漏洞和风险，最后将企业优质的软件项目以开源方式向社会提供，用公益方式回馈开源社区和社会的同时提升企业的知名度和美誉度。

其次，制定开源软件管理指导政策应当由法律和技术方面的专业人士共同参与，以确保政策在技术层面可行，并符合所有适用的法律法规。

再次，制定开源软件管理指导政策，应当明确政策的适用范围，例如，明确政策适用于整个企业还是仅适用于企业的每个部门或特定项目。

最后，每个企业的政策都应根据其特定需求和风险进行有针对性的制定。开源软件合规管理指导政策应该是一份灵活的文档，能够适应组织的不同项目和部门的需求。在制定政策时，最好与组织内的利益相关者密切沟通和合作，以确保开源合规政策制定的合理性，并可被成功执行。此外，政策应该是持续演进的，以适应不断变化的开源领域实践。

三、设立开源软件合规管理机构

企业应设立开源软件合规管理机构，并需要法律和技术两方的人员参与，确保机构的人员具备所需的法律知识和技能。法律人员主要管控许可证法律风险，技术人员主要从开源代码漏洞安全可行性角度管控技术风险。

企业开源软件合规管理机构一般设立开源软件管理委员会作为决策协调机

构，设立开源软件管理办公室作为执行机构。开源软件管理委员会主要由涉及开源软件的各职能部门负责人组成（例如，引入开源代码研发部、开源软件产品运维支持部门、法律部/知识产权部、合规部、采购部等），采取定期会议的方式负责开源软件合规管理事项的决策和部门协调；开源软件管理办公室作为常设机构，负责开源软件合规管理的日常管理工作。另外，可以设一个由内外部技术专家组成的技术咨询专家委员会和一个由法律专家组成的法律咨询专家委员会作为企业开源软件合规管理工作的咨询辅助委员会。

设立开源软件合规管理机构需要与企业组织内的各个部门和利益相关者密切合作，需要一些时间磨合来确保其能够有效运作。

四、制定开源软件合规管理流程

制定开源软件合规管理流程是确保企业在引入、使用、发布和贡献开源软件时能够合规的重要一环节。从企业角度，一般可以分为企业开源软件引入阶段的合规管理流程，企业使用阶段的开源软件合规管理流程，企业发布阶段的开源软件合规管理流程。前述是从企业整体角度的合规流程。企业也可以针对具体的软件项目，制定采用开源代码的软件项目合规管理流程，该流程也可再细分为引入、使用、发布和贡献等具体阶段的流程要求。

制定开源软件合规管理流程需要与企业内的各个部门合作，以确保流程能够无缝集成到企业的日常运营中。此外，不同企业的需求和合规要求可能会有所不同，因此流程需要根据组织的特定情况进行调整。同时，要确保流程的文档化和记录，以便进行持续监测和改进。

五、进行开源软件合规使用的技术工具

进行开源软件合规需要借助一定的技术工具，如开源代码安全漏洞扫描工具、开源代码部件许可证扫描工具，帮助企业通过代码扫描，评估开源代码安全性和漏洞情况，了解开源代码适用的许可证类型、版本号、开源代码的使用方式、依赖关系等情况。开源代码的技术扫描工具可以使用在开源软件合规的引入、使用、发布和贡献整个流程。

六、进行开源软件合规培训

进行开源软件合规的培训是确保企业内的员工了解和遵守开源软件合规管理

政策和流程的重要一步。下面是进行开源软件合规工作培训涉及的一般流程和内容：

首先是明确培训目标和培训范围。培训的目标是帮助企业员工了解开源许可证的常见种类，理解和遵守开源软件合规管理政策和流程；培训的范围是涉及开源软件管理流程的相关企业部门的员工，开源软件合规培训适用于技术人员、法务人员和企业管理人员，因为开源软件合规涉及组织的各个方面。培训应该根据员工的角色和职责进行定制，以确保他们能够开展特定的开源软件合规工作。

明确培训目标和培训范围后，应根据目标和范围制订开源软件合规培训计划和培训内容。接着便应选择培训师资，开源软件合规培训可以选择企业内外部的专业人员作为培训师资，确保培训师资具有相关的开源软件合规法律与技术知识和经验。之后，应根据培训内容和培训师资，在培训前确定培训材料，例如，培训手册、案例研究、练习题等。培训材料应存档妥善保存，方便后续能继续利用。选择适合企业的培训方法，可以是面对面培训、在线培训或混合式培训。在培训后，要进行必要的测试或评估，以确保员工对培训内容有所了解，并能够应用所学知识。根据评估结果，进行必要的改进。此外，还应为员工提供在日常工作中需要的开源软件合规相关咨询资源，例如内外部的法律和技术顾问的咨询支持。

开源软件合规领域实践发展变化迅速，培训后需要定期进行更新培训，以便企业员工了解最新的开源软件领域情况。记录员工的培训情况，包括日期、培训内容和测评情况等信息。这些记录可能在开源软件合规审计时使用。

第二节 开源代码引入阶段合规工作

一、外部开源代码的来源合规性审查

进行外部开源代码的来源合规性审查是确保企业在使用、修改、分发和发布开源软件合规的前置审查步骤之一。外部开源代码的来源合规性审查的启动，是

由企业的软件开发部门发起，提出将某外部开源代码纳入企业内部代码仓库，并提出对外部代码来源进行前置审查，该审查一般由企业开源软件管理办公室具有法律背景的员工和技术背景的员工协助完成，

外部开源代码的来源合规性审查的目标是审查外部开源代码来源的真实性和合法性。因为提供开源代码的渠道非常多，有企业或机构发布的项目，也有个人发布的项目；有的发布在官网，有的发布在第三方网站；有的企业自己发布在业内常用的代码仓库（例如，https：//github. com/和 https：//gitee. com/），也存在第三方转发的情况。

因此，进行外部开源代码的来源合规性审查的人员应当针对企业的软件开发部门提出将某外部开源代码纳入企业内部代码仓库的来源情况进行核实。了解的情况包括但不限于：该第三方代码具体来源于何处，是企业机构发布的项目还是个人发布的项目，项目发布者业内声誉如何；第三方代码发布在业内常用的代码仓库还是第三方自己的官网；该项目是否负有许可证协议，该协议名称以及是否属于常用的开源许可证；该项目是否有机构或个人进行日常维护，不时发布新的版本和吸纳贡献者提交的贡献；该项目是否有完善的开源社区支持，开源社区的规模和活跃度；该第三方开源代码被其他机构使用的情况，是否在该领域内被广泛地采用。

综合了解前述情况后，由外部开源代码的来源合规性审查的人员给出该外部开源代码来源的审查意见，供企业开源软件合规管理机构决策。

二、外部开源代码的安全性和可用性审查

进行外部开源代码的安全性和可用性审查是确保企业在使用、修改、分发和发布开源软件合规的前置审查步骤之一。外部开源代码的安全性和可用性审查的启动是由企业的软件开发部门发起，提出将某外部开源代码纳入企业内部代码仓库，并提出对外部开源代码的安全性和可用性进行前置审查，该审查一般由企业开源软件管理办公室具有技术背景的员工在代码扫描的技术工具的辅助下完成，必要时可以请由内外部技术专家组成的技术咨询专家委员会予以支持。

在代码扫描技术工具的辅助下，企业开源软件管理办公室具有技术背景的员工对该第三方开源代码的软件安全性和软件适用性作出技术评估审查，供企业开源软件合规管理机构决策使用。

三、外部开源代码适用的开源许可证和公司开源政策符合度审查

进行外部开源代码适用的开源许可证和公司开源政策符合度初步审查也是确保企业在使用、修改、分发和发布开源软件合规的前置审查步骤之一。外部开源代码适用的开源许可证和公司开源政策符合度审查分为两方面：一方面是法律符合性审查，另一方面是技术符合性审查。

法律符合性审查，指企业开源软件管理办公室具有法律背景的员工（必要时可以请由内外部法律专家组成的法律咨询专家委员会予以支持），对该外部开源代码所适用的开源许可证义务和企业软件产品（包括同硬件相结合的软件部分）的软件政策（例如，是否提供后续修改后代码的源代码；是否将整个软件产品的源代码作为开源项目发布或向软件/包含软件的产品的接收者提供等）进行符合性审查。根据审查结果提出法律符合性评估审查意见，供企业开源软件合规管理机构决策。

技术符合性审查，指企业开源软件管理办公室具有技术背景的员工（必要时可以请由内外部技术专家组成的技术咨询专家委员会予以支持），对该外部开源代码所包含的技术方案和技术路线和企业软件产品（包括同硬件相结合的软件部分）的技术方案和技术路线进行符合性审查。根据审查结果提出技术符合性评估审查意见，供企业开源软件合规管理机构决策。

四、外部开源代码知识产权审查

进行外部开源代码知识产权审查也是确保企业在使用、修改、分发和发布开源软件合规的前置审查步骤之一。

外部开源代码所适用的开源许可证均规定，相关开源代码以原样形式提供，不提供任何形式的担保。例如，EPL2.0 规定“程序在‘原样’的基础上提供，无明示或暗示的任何种类的担保或条件，包括但不限于对所有权、不侵权、适销性或适用于特定目的的任何担保或条件。每个接收方都负有单独的责任确定使用和分发程序的适当性，并承担与根据本协议行使其权利相关的所有风险”。因此，引入外部开源代码并在企业自己的软件或包含软件的产品中使用，仍然存在侵犯第三方知识产权的风险。另外有的外部第三方开源代码使用的许可证包含专利授权，例如，GPL v3.0，Apache 2.0 和 CDDL－1.0 等；也有的第三方开源

代码使用的许可证不包含专利授权，例如 The 2 – Clause BSD，The 3 – Clause BSD 和 MIT 等。因此，在使用无论包含或不包含专利授权的外部开源代码时均需要进行必要的知识产权审查。

进行外部开源代码知识产权审查一般由企业开源软件管理办公室具有法律背景的员工和技术背景员工，在外部专利法律机构的协助下进行，主要进行外部第三方开源代码相关技术领域内的包括专利在内的技术文献的检索，同时检索查询该外部开源代码是否被广泛采用，是否引发过专利、著作权等知识产权的相关争议或诉讼。

在前述检索查询基础上，提出外部开源代码知识产权审查意见，供企业开源软件合规管理机构决策。

五、外部开源代码的引入批准

企业开源软件管理办公室在完成前述外部开源代码的来源合规性审查、外部开源代码的安全性和可用性审查、外部开源代码适用的开源许可证与公司开源政策符合度审查和外部开源代码知识产权审查之后，汇总前述四个审查的审查意见并提交给作为企业开源软件合规决策和协调机构的开源软件管理委员会进行审查。

在综合评估前述四个方面的审查意见后，如果引入该外部开源代码符合企业的开源软件合规政策，则由开源软件管理委员会作出外部开源代码的引入批准。开源软件管理委员会正式作出引入批准后，相应管理文件予以记录，并且企业可以将该开源代码作为安全合规的开源代码导入企业内部代码仓库，并进行代码编号。

企业在开源代码的使用阶段，例如，软件开发中需要使用该开源代码时则直接从企业内部代码仓库中提取，并注明代码编号，以便后续管理中溯源。

六、外部开源代码后续情况跟踪、定期进行复核和更新

考虑到外部开源代码项目发布后，该项目的管理者会不断合并其自身和其他贡献者提交的贡献，并可能发布新的版本，另外还存在项目管理者变更许可证的情况，在开源软件管理委员会作出外部开源代码的引入批准，该开源代码作为安全合规的开源代码导入企业内部代码仓库后，企业开源软件管理办公室或者企业

软件开发部门还应当在持续关注外部开源项目后续更新和开源社区动态，视情况启动该开源项目代码更新评审流程，或因该项目变更开源许可证而启动该开源代码合规性复核流程，持续更新企业内部的开源代码软件库中代码和相关许可证信息，通过对同一项目多版本代码的存档，丰富企业的开源代码仓库，并确保企业开源软件管理持续合规。

第十三章 软件开发阶段开源代码使用合规

第一节 确定软件产品的使用场景和相应的开源政策

软件开发阶段开源代码使用合规工作的第一步是应当确定计划开发的软件产品的使用场景，并确定企业对该款软件产品或者包含软件的实体产品的开源政策。

不同的开源软件许可证对不同的软件应用场景规定了不同的义务。因此，在开发企业软件产品的初期就应当明确：该款软件是仅用于企业内部使用，还是需要公开对外分发或提供下载；是仅运行在企业服务器上为用户提供交互服务，还是需要为每位使用者提供一份软件副本；该软件是只分发目标代码，还是需要同时分发源代码；该软件运行存在人机的交互界面，还是仅运行在系统底层为其他应用程序提供支持（无人机交互界面）。以上这些使用场景都需要在进行软件产品开发前予以明确。

另外在软件开发初期还需要根据企业的商业及社会责任等多方面因素考量后决定该款软件产品的开源政策。企业需要根据该款软件的具体情况，决定该款软件产品是否公开发布其源代码。

如果企业选择公开软件源代码的政策，可通过公益性地将该软件项目源代码以开源许可证形式许可给社会公众使用，通过广泛的传播使用，通过广大使用者的参与并提交贡献，有利于该软件的推广、更新和完善，另外也有利于提升企业的知名度和社会形象。如果选择不公开软件源代码的政策，则该项目的源代码将以商业秘密形式存在，竞争对手难以知悉并模仿，也可以保持企业的竞争优势；另外源代码的保密，可以避免网络黑客知悉后进行有针对性的网络攻击，在某种程度上有利于企业系统和数据安全。

第二节 企业开发软件产品采用的外部开源代码的使用范围方式和产品开源政策的符合性审查（包括许可证的传染性和兼容性审查）

企业在确定软件产品的使用场景和相应的开源政策后，就需要根据软件应用场景和是否开放源代码的政策对企业开发软件产品采用的外部开源代码的使用范围方式进行符合性审查。前述符合性审查需要由企业开源软件管理办公室具有法律背景的员工、技术背景员工和软件开发团队协同进行。

例如，如果企业对该款计划开放的软件产品的开源政策是不公开源代码，则在选择外部开源代码时应当尽量选择在开放源代码方面没有传染性的 Apache 许可证、MIT 许可证或 BSD 系列许可证，而不要选择具有强传染性的 GUN 通用公共许可证系列。如果一定要用到强传染性的 GUN 通用公共许可证系列需在软件依赖关系上作出许可证规定的属于传染性例外情形的安排。

又如，如果企业对该款计划开放的软件产品的开源政策是公开源代码，并选择了 GNU 通用公共许可证系列适用于企业的开源软件项目，则在选择外部开源代码时需要对开源许可证的兼容关系予以考虑，如因 EPL-2.0 许可证（GNU 通用公共许可证版本 2.0 或该许可证的任何后续版本是 EPL-2.0 许可证的第二许可证，符合条件时可以为适用 EPL-2.0 许可证的开源代码更换 GNU 通用公共许可证）或 MPL-2.0 许可证（GNU 通用公共许可证版本 2.0，GUN 宽松通用公共许可证版本 2.1，GUN Affero 通用公共许可证版本 3.0 或者这三个许可证的任何后续版本是 MPL-2.0 许可证规定的第二许可证，符合条件可以为适用 MPL-2.0

许可证的开源代码更换 GNU 通用公共许可证）具有和 GNU 通用公共许可证单向的兼容性，适用前述许可证的开源代码可以优先考虑。

第三节 软件开发使用的外部供应商提供的模块或组件审查

如果软件产品开发中除了采用外部第三方开源代码和自研代码外，还需要其他外部供应商提供软件产品中特定的模块或组件，则需要进行软件开发使用的外部供应商提供的模块或组件审查。

软件开发使用的外部供应商提供的模块或组件审查由企业开源软件管理办公室具有法律背景的员工、技术背景员工和企业采购部门协同进行。审查的方式一般是：首先，要求外部供应商说明其提供软件模块或组件包含的外部开源代码情况，如名称、适用何种开源许可证、依赖关系、使用方式等。其次，利用代码扫描技术辅助工具对外部供应商提供的模块或组件信息进行核对，并同时进行软件漏洞、安全性和可行性审查。再次，则对外部供应商提供的模块或组件根据该库软件产品的使用场景和开源政策进行符合性审查。最后，根据前述审查情况决定是否将该外部供应商提供的模块或组件合并入企业的软件产品中。

第四节 制作软件产品 SBOM 表及更新审查

SBOM 表的概念发展自实物产品领域的物料清单 BOM 表（Bill of Materials），在软件领域则称为软件物料清单（Software Bill of Materials），即软件的构成材料信息表，记录着项目中使用了哪些模块或组件，这些模块或组件的名称、版本、许可证、来源以及各模块或组件之间的引用与依赖关系等。

企业开发软件产品或包含在实物产品中的软件时，应当制作软件产品的SBOM 表，软件产品的 SBOM 表的制作工作需要由企业开源软件管理办公室具有法律背景的员工、技术背景员工和软件开发团队协同完成。

SBOM 表的制作应当伴随软件开发的全过程。SBOM 表中所有涉及的第三方开源代码或外部供应商模块或组件的加入，都需要通过前述提及的“软件产品开源政策的符合性审查”。审核通过后正式加入 SBOM 表，后续任何 SBOM 表的调整和更新亦需要通过软件产品开源政策的符合性审查。

第五节

软件开发阶段开源代码许可证义务符合性审查，后续阶段需要履行义务提示

在软件产品开发完成后，应当根据软件产品 SBOM 表中所有开源代码涉及的许可证，结合该开源代码的使用方式和后续软件产品的使用场景进行软件开发阶段开源代码许可证义务符合性审查，后续阶段需要履行义务提示。

例如，在软件产品中使用并修改了一个适用 Apache2. 0 许可证的开源模块，审核工作人员则将根据 Apache2. 0 许可证的要求，核查是否在被修改的文件中加入了一个显著的声明，表示企业曾修改过这些文件。经过企业开源软件管理办公室人员核查，如果开发人员在修改时已经设置了修改声明则通过核查，如果没有则需要在发布软件产品前予以改正。

又如，GNU 通用公共许可证版本 3 规定，如果企业按照 GNU 通用公共许可证版本 3 第 6 条规定传输了该外部开源软件的目标代码，该目标代码包含在企业的实物产品中，在向用户转移该实物产品时，按照 GNU 通用公共许可证版本 3 规定传输的相应的源代码必须附带安装信息。企业实物产品的“安装信息”是指用来安装和执行由修改相应的源代码形成的用户产品中受保护作品修改版，所需的任何方法、步骤、授权密钥或者其他信息。“安装信息”应当足以保证被修改

的目标代码的继续运行不会仅因为曾被修改过而受到阻止或者干扰。基于前述规定，经过企业开源软件管理办公室人员核查，如果研发团队已经起草了相关转移给用户实物产品的安装信息，则需要提示实物产品后续的制造销售环节予以具体实施；如果没有起草相关转移给用户实物产品的安装信息，则应当在交付给后续制造和销售环节前，及时补充起草并提示后续环节予以实施。

第十四章 开源代码发布阶段合规

导言 在软件产品发布前，应当由企业开源软件管理办公室具有法律背景的员工根据产品 SBOM 表中列明的开源软件许可证、软件组件依赖关系和产品实际发布的方式，提示并指导企业后续软件产品发布或销售部门落实开源代码发布阶段需要履行的开源许可证义务。

第一节 源代码提供符合开源许可证要求

企业开源软件管理办公室具有法律背景的员工根据产品 SBOM 表中列明的开源软件许可证要求，提示并指导企业后续软件产品发布或销售部门落实向用户提供源代码的义务，以符合开源许可证的要求。

例如，企业以目标代码形式分发的软件产品中包括以独立作品形式聚合在一起的适用 GNU 通用公共许可证版本 2 的开源代码，则应当做到如下之一：(1）附带完整的相应的机器可读的源代码，这些源代码必须根据上述第 1 条和第 2 条的规定在软件交换的通常的媒介上分发；(2）附带一份至少三年内有效的书面要约，收费不超过企业实施物理分发源代码的成本，向任何第三方提供相应源代码的完整机读副本，这样的源代码也必须根据上述第 1 节和第 2 节的条款在用于软件交换的通常媒介上分发；(3) 附带企业收到的关于提供被分发的相应源代码的要约的信息。(这个选择只允许非商业分发，并且仅限于根据企业收到的程序是目标代码形式或可执行形式，且附随符合前述 b 分项规定那样的要约。)

又如，企业的软件产品中包括以独立作品形式适用 GNU Affero 通用公共许可证版本 3.0 的开源代码，且企业修改了该开源代码，并通过计算机网络远程以交互形式向用户提供服务，则企业应当在提供交互服务时以醒目的方式向用户提供获得企业修改后开源代码版本相应源代码的机会，如通过一些标准或习惯的方便进行软件复制，或免费提供从企业网络服务器上对相应源码的访问。

再如，企业以分发的软件产品中包括适用 CDDL - 1.0 许可证的开源代码，企业应当使该开源代码以可执行形式获得时，必须使源代码格式可获得，并且该源码格式必须只能根据 CDDL - 1.0 的条款分发。企业必须通知该开源代码的可执行格式接收者，如何以合理的方式在或通过通常用于软件交换的媒介上获得该受保护软件的源代码格式。

第二节 许可证声明（包括但不限于著作权、修改、权利归属、免责等）发布符合开源许可证要求

企业开源软件管理办公室具有法律背景的员工根据产品 SBOM 表中列明的开源软件许可证要求，提示并指导企业后续软件产品发布或销售部门落实许可证声明义务，以符合开源许可证的要求。

例如，企业以分发的软件产品中包括适用 Apache 许可证版本 2.0 的开源代码时，企业应当（如果企业修改了该开源代码）使任何修改的文件带有一个显著的声明，表示企业修改过这些文件；并且企业分发的任何开源代码的派生作品的源代码中，必须原封不动地保留作品源代码中的著作权、专利、商标和权利归属声明。除非某些声明同派生作品的任何部分都无关；并且如果该开源代码的分发内容中包含了一个“NOTICE”文本文件，那么在分发任何开源代码的派生作品时，必须一起发布一个 NOTICE 文本文件中的权利归属声明的可读副本，除非某

些声明同派生作品的任何部分都无关。前述权利归属声明的可读副本至少应放在以下位置之一：放在属于派生作品的一部分的 NOTICE 文本文件里；如果源代码或登记文件与派生作品一起提供，则放置在源代码或登记文件中；放置在派生程序所产生的显示内容中，在一些第三方通知通常出现的地方。

例如，企业拟分发的软件产品中包括适用 Mozilla 公共许可证版本 2.0 的开源代码时，企业履行的义务为消极义务，即不得删除或更改包含在开源代码的源代码格式中的任何关于许可声明的内容（包括版权声明、专利声明、免责声明或责任限制）。

又如，企业拟分发的软件产品中包括适用 The 3 – Clause BSD License 的开源代码时，企业履行的声明义务为：在分发开源代码时，必须在源代码中保留声明版权、条件列表和免责声明；在分发二进制代码时，必须在分发时提供的登记文件和/或其他材料中，复制上面的版权声明、条件列表和免责声明。

再如，企业拟分发的软件产品中包括适用 MIT 许可证的开源代码时，企业履行的声明义务为，无论以源代码形式还是以二进制代码形式的开源代码的分发，必须将版权声明和许可声明包括在开源代码的所有的副本或重要部分中。

第三节
提供产品安装信息义务符合开源许可证要求

如果软件产品中包括的开源代码适用 GNU 通用公共许可证版本 3 或者 GNU Affero 通用公共许可证版本 3.0，则企业开源软件管理办公室具有法律背景的员工需要根据 GNU 通用公共许可证版本 3 或者 GNU Affero 通用公共许可证版本 3.0 的要求，提示并指导企业后续软件产品发布或销售部门提供产品安装信息，以符合开源许可证的要求。

GNU 通用公共许可证版本 3 和 GNU Affero 通用公共许可证版本 3.0 规定的用户产品的“安装信息”是指用来安装和执行由修改相应的源代码形成的用户产品中受保护作品修改版，所需的任何方法、步骤、授权密钥或者其他信息。“安装信息”应当足以保证被修改的目标代码的继续运行不会仅因为曾被修改过，而受到阻止或者干扰。

GNU 通用公共许可证版本 3 和 GNU Affero 通用公共许可证版本 3.0 要求企业在传输或体现在实物形式的用户产品中的目标代码时，除了需要传输相应的源代码外，必须附带用户产品的安装信息（但在传输者或第三方都不具备在“用户产品”中安装“修改版的目标代码”的能力时除外）。

第四节 将软件产品作为开源项目发布合规

如果企业决定将软件产品作为开源项目予以发布，企业开源软件管理办公室具有法律背景的员工和技术背景的员工协作完成开源软件项目的发布合规。

发布开源项目合规工作包括但不限于：根据软件项目的具体情况选择适用该软件项目的开源许可证；发布该开源软件项目的平台和社区；根据开源软件的 SBOM 表设置根目录 third party 文件夹；根据开源软件具体情况设置 ACKNOWLEDGEMENT、NOTICE、COPYRIGHT、LICENSE 等文件；根据企业开源政策，设置合并贡献者提交的 CONTRIBUTING 文件；根据开源软件具体情况和企业开源政策，设置免责和责任限制声明文件等内容。

后 记

随着信息技术的迅猛发展和全球数字化的推进，软件产业已经逐渐成为科技发展、社会经济发展和人们日常生活高度依赖的基础工具。而随着时代的变化，软件本身的开发模式也在不断变化。以开源软件为主导的开发模式，更加契合当下“共建、共享”的世界潮流，日益受到世界各国的关注和重视。

在开源软件快速发展的浪潮中，也不乏大量中国本土软件公司和开源组织的身影。我国的软件市场发展迅速且需求量极大，中国的软件企业使用和贡献了大量开源软件项目，也为开源软件的发展作出了大量的贡献，我国的开源软件的开发者数量已经位居世界前列。同时，一批国产的开源软件和开源许可证也在逐步走向世界舞台，与世界共享技术成果。

开源软件不仅是软件开放和应用革新，也是对法律和企业合规的挑战。开源许可证将技术层面的开源软件与法律层面的著作权、专利权、商标权等法律保护体系联系到一起。企业想要安全合规地使用开源软件，就必须遵守开源许可证的相关义务并了解相关法律风险，本书希望能够为企业的开源软件合规提供一定的参考。

本书的撰写离不开作者所在律师事务所同事和相关开源软件合规项目客户的大力支持，在此一并致以谢意。